Christiane Griese, Helga Marburger, Thomas Müller (Hrsg.)
Bildungs- und Bildungsorganisationsevaluation

Christiane Griese, Helga Marburger,
Thomas Müller (Hrsg.)

Bildungs- und Bildungsorganisationsevaluation

―

Ein Lehrbuch

DE GRUYTER
OLDENBOURG

ISBN 978-3-11-040039-7
e-ISBN (PDF) 978-3-11-041385-4
e-ISBN (EPUB) 978-3-11-043851-2

Library of Congress Cataloging-in-Publication Data
A CIP catalog record for this book has been applied for at the Library of Congress.

Bibliografische Information der Deutschen Nationalbibliothek
Die Deutsche Nationalbibliothek verzeichnet diese Publikation in der Deutschen
Nationalbibliografie; detaillierte bibliografische Daten sind im Internet über
http://dnb.dnb.de abrufbar.

© 2016 Walter de Gruyter GmbH, Berlin/Boston
Umschlaggestaltung: mareandmare/istock/Thinkstock
Satz: PTP Protago-TEX-Production, Berlin
Druck und Bindung: CPI books GmbH, Leck
♾ Gedruckt auf säurefreiem Papier
Printed in Germany

www.degruyter.com

Vorwort

Evaluation ist in aller Munde. Evaluiert werden Projekte und Programme, Leistungen, Produkte und Dienstleistungen, Prozesse und Strukturen, Ziele und Outputs. Evaluationen haben Bedeutung im Kontext der Etablierung von neuen Steuerungsmodellen in allen Politikfeldern. Dabei werden insbesondere Organisationsentwicklungsprozesse und Qualitätsmanagement fokussiert. Der Bedeutungszuwachs von Evaluation manifestiert sich in Prozessen der Institutionalisierung und Kanonisierung: So sind Institute für Qualitätsentwicklung oder Qualitätsentwicklungsabteilungen in Organisationen gegründet worden, Berufsverbandsstrukturen wie etwa die *Deutsche Gesellschaft für Evaluation* sind entstanden. Standards und Lernarrangements für Evaluator(inn)en sind ein Beleg für die wachsende Professionalisierung in diesem Sektor.

Bei der Durchsicht von Veröffentlichungen über Evaluation im Bildungsbereich dokumentiert sich ein breites Themenspektrum. Neben der Grundlagenliteratur zu konzeptionellen Ansätzen sowie Methoden, Verfahren und Instrumenten empirischer Sozial- und Bildungsforschung adressieren die meisten Bände jedoch lediglich ein ausgewähltes Handlungsfeld (z. B. Schule und Unterricht, Kinder- und Jugendarbeit, Sprachförderung, Werteerziehung) oder präsentieren die Ergebnisse einzelner Evaluationsprojekte.

Vor dem skizzierten Hintergrund will dieses Lehrbuch eine Lücke schließen. Es hat den Anspruch, Evaluation in Bildungsorganisationen in einer umfassenden und zugleich kompakten Weise darzustellen, die sich auf die Bandbreite bestehender Bildungsorganisationen wie auf das Spektrum verschiedener Inhaltsdimensionen von Bildung bezieht. Dabei erfolgt die Fokussierung von Bildungsorganisationsevaluation unter der Prämisse, dass Umsetzungsmöglichkeiten des jeweiligen Bildungsauftrags von strukturell-organisationalen Gegebenheiten abhängen. Die Fokussierung auf inhaltliche Dimensionen von Bildungsevaluation geht davon aus, dass der jeweilige inhaltliche Referenzrahmen die zu evaluierenden Bildungsprozesse und -outputs konstituiert.

Das Lehrbuch möchte zur Employability beitragen. Gemeint ist damit, dass Studierende sozial- und bildungswissenschaftlicher Studiengänge auf sehr unterschiedliche Aufgabenfelder vorbereitet werden müssen und in sehr unterschiedliche Berufs-(Bildungs-)Domänen gehen. In diesen Domänen stehen die Gestaltung von Bildungsprozessen und damit auch die Durchführung von Evaluationen im interdependenten Verhältnis zu den organisationalen Bedingungen. Sind diese Berufsfelder auch nicht in erster Linie forschungsorientiert, so ist doch Forschungsexpertise notwendig. Denn an der Schnittstelle von theoretisch fundierter Methodenbeherrschung und einer die Bedarfe und Bedingungen der Organisation – Zwecke, Strukturen, Personal, Adressat(inn)en – einbeziehenden Expertise werden verschiedene Formen von Evaluation durchgeführt.

Aus diesen Überlegungen ergibt sich für das Lehrbuch folgender Aufbau mit vier inhaltlichen Hauptteilen.

Der erste Teil des Lehrbuchs bietet einen Überblick über Entstehungsbedingungen, Funktionen und Bedeutungen von Evaluationen, stellt unterschiedliche theoretische Ansätze vor und führt in aktuelle Diskussionen im Bildungsbereich ein.

Der zweite Teil geht auf die zentralen Formate, Methoden und Instrumente der Evaluationsforschung ein. Dabei wird die Eignung und Reichweite verschiedener Evaluationsverfahren mit Blick auf die spezifischen Anforderungen der adressierten Handlungsfelder ausgelotet.

Die Beiträge des dritten Teils sondieren das Spektrum von Bildungsorganisationen, in denen Evaluation schon heute hohe Relevanz hat und/oder künftig haben wird. Dabei handelt es sich zum einen um klassische Bildungsorganisationen, deren Kernaufgabe traditionell in der Vermittlung von Bildung besteht und die von nahezu allen Gesellschaftsmitgliedern in Anspruch genommen werden. Zum anderen werden Organisationen fokussiert, deren Bildungsanspruch eher mittelbar besteht, die gleichwohl Bildungsintentionen wesentlich mit verfolgen. Auch diese Organisationen adressieren potenziell alle Gesellschaftsmitglieder.

Der vierte Teil greift sowohl inhaltliche Dimensionen auf, die schon länger zum Gegenstand der Bildungsevaluation gehören, als auch solche, deren Evaluierbarkeit noch auf dem Prüfstand steht.

Das Lehrbuch richtet sich an eine breite Leserschaft, insbesondere an Studierende und Lehrende bildungs- und sozialwissenschaftlicher Studiengänge an Universitäten und Fachhochschulen, an Lehrende und Lernende in der Erwachsenenbildung bzw. Fort- und Weiterbildung sowie an Mitarbeiter/-innen in Bildungsorganisationen, die für die Konzeptualisierung und Durchführung von Evaluationsprojekten verantwortlich zeichnen.

Die Autorenschaft umfasst Vertreter/-innen aus Hochschulen, Bildungs- und Kulturmanagement sowie außeruniversitären Einrichtungen der Bildungsforschung. Wir bedanken uns an dieser Stelle herzlich bei den Autor(inn)en nicht nur für die kollegiale Zusammenarbeit, sondern vor allem dafür, dass sie bereit waren, ihre Expertise in das von den Herausgeber(inne)n erarbeitete Lehrbuchkonzept einzubringen und sich dabei auf die vorgegebene Ausrichtung, Struktur und Systematik einzulassen.

Christiane Griese, Helga Marburger und Thomas Müller

Inhalt

Vorwort —— V

Teil I: Kontexte, Theorien, Debatten

Helga Marburger
Entwicklungslinien, Funktionsbestimmungen, institutionelle und disziplinäre Verortung von Evaluation —— 3

Christiane Griese
Bildungsorganisationen und Bildung als Objektbereich von Evaluation —— 25

Thomas Müller
Evaluation im Spannungsfeld von Bildungspolitik, Bildungsforschung und Bildungspraxis —— 41

Teil II: Formen, Methoden und Instrumente

Jörg Nicht
Quantitative Verfahren, qualitative Verfahren und ihre Triangulation —— 61

Karsten Speck
Programm-, Prozess- und Produktevaluation —— 83

Susanne Giel
Programmtheorie in der Bildungsevaluation —— 105

Bernd Benikowski
Planung und Durchführung von Evaluationsmaßnahmen —— 123

Teil III: Evaluation in ausgewählten Bildungsorganisationen

Ergin Focali
Evaluation in Kindertagesstätten —— 145

Christiane Griese
Evaluation in der Schule —— 163

Claudia Gómez Tutor
Evaluation in Hochschulen —— 189

Evelyn Dahme
Evaluation in der Volkshochschule —— 213

Nora Wegner
Evaluation in Museen und Ausstellungen – das Publikum im Mittelpunkt —— 239

Steffen Höhne
Evaluationstheater? Zu Möglichkeiten und Grenzen von Evaluierung im Bereich der darstellenden Künste —— 259

Teil IV: Inhaltsdimensionen von Bildungsevaluation

Rebecca Lazarides und Sonja Mohr
Leistungsevaluation und Kompetenzmessung in Schule und Unterricht —— 277

Henning Schluß
Evaluation (inter-)religiöser Kompetenz —— 295

Gabriele Weiß
Evaluation ästhetischer und kultureller Bildung —— 313

Ekkehard Nuissl
Evaluation in der berufsbezogenen Weiterbildung —— 335

Carl Deichmann
Evaluation politischer Bildung —— 359

Anja Henningsen und Uwe Sielert
Evaluation sexueller Bildung —— 381

Autor(inn)en —— 411

Teil I: **Kontexte, Theorien, Debatten**

Helga Marburger
Entwicklungslinien, Funktionsbestimmungen, institutionelle und disziplinäre Verortung von Evaluation

1 Erste Annäherung

Eine erste Annäherung an das ebenso komplexe und vielschichtige wie sich vital ausdifferenzierende Feld *Evaluation* ist auf vielfältige Weise möglich. So etwa
- über eine etymologische Begriffsherleitung: Evaluation als Zusammensetzung aus dem lateinischen Nomen „valor" (Wert) und dem Präfix „e-/ex-" (aus) mit der Bedeutung „einen Wert aus etwas ziehen" (Stockmann 2004, 2);
- über ein alltagsweltliches Verständnis von Evaluationshandeln: „Irgend etwas wird von irgend jemandem nach irgend welchen Kriterien in irgend einer Weise bewertet" (Kromrey 2001, 106);
- über eine Schlagwortrecherche in einschlägigen Online-Portalen;
- über aktuelle Diskurse, beispielsweise zu Möglichkeiten und Grenzen von Evaluation.

Der hier gewählte Weg fokussiert auf den Klappentext eines im Jahr 1972 von Christoph Wulf im Piper Verlag, München herausgegebenen Bandes mit dem Titel „Evaluation. Beschreibung und Bewertung von Unterricht, Curricula und Schulversuchen". Wulf war zur damaligen Zeit wissenschaftlicher Mitarbeiter am *Deutschen Institut für Internationale Pädagogische Forschung* in Frankfurt am Main (DIPF) und hatte zwei längere Forschungsaufenthalte in den USA genutzt, um dort mit den wichtigsten Protagonisten der Evaluationsliteratur Kontakt aufzunehmen. Deren zentrale Texte bzw. zentrale Textauszüge machte er dann in von ihm selbst und Fachkolleg(inn)en aus dem DIPF vorgenommenen Übersetzungen erstmalig im oben genannten, den angloamerikanischen Diskussionsstand repräsentierenden Sammelband einem an pädagogischen Fragen und Problemen interessierten deutschsprachigen Leserkreis zugänglich.

Dieser Klappentext beinhaltet exemplarisch und in kompakter Form Hinweise auf alle für den gewählten Referenzzeitraum (1967–1972) wesentlichen Merkmalsbestimmungen von Evaluation, ihre gesellschaftlich-politische Einbettung, den theoretisch-konzeptionellen Hintergrund und die multiple Adressierung von Evaluationsbefunden. Gleichzeitig bildet er eine Folie, auf der sich die seitdem erfolgten inhaltlichen Bedeutungszuwächse, methodologischen Präzisierungen und die Ausweitung der Anwendungsbereiche gut konturieren lassen.

> Zu diesem Band: Eine demokratische Bildungsreform muss sich der Frage nach der Legitimität intendierter Innovationen stellen. Um Reformen in bildungspolitischer, pädagogischer und ökonomischer Hinsicht zu legitimieren, bedarf es wissenschaftlich gewonnener Erkenntnisse darüber, welche Auswirkungen sie auf die Schüler und darüber hinaus auf die Gesellschaft haben. Solche Kenntnisse dienen außer zur wissenschaftlichen Fundierung bildungspolitischer und pädagogischer Entscheidungen auch zur Revision und zur Verbesserung der Innovationen selbst. Daher ist es notwendig, neue Curricula, neue Formen der Unterrichtsorganisation, der Lehrerbildung und Schulversuche kritisch auf ihre Wirkung hin zu untersuchen, d. h. zu evaluieren. Eine solche Evaluation richtet sich auf die Sammlung, Verarbeitung und Interpretation von Daten mit dem Ziel, bestimmte Fragen über Innovationen zu beantworten und Entscheidungen über sie zu treffen. Das schließt die Beschreibung und die Bewertung der Qualität und Angemessenheit von Zielen, Inhalten und Methoden usw. ein. Mithilfe einer systematischen Evaluation, deren Theorie, Methodologie und Technologie in den Beiträgen dieses Bandes dargeboten wird, lassen sich viele Fragen beantworten, die sich Lehrern, Eltern, Beamten der Schulverwaltung, Bildungspolitikern und Erziehungswissenschaftlern im Rahmen der modernen Bildungsreform aufdrängen (Wulf 1972, Klappentext).

Der Klappentext dokumentiert, dass mit „evaluieren" und „Evaluation" ein offensichtlich damals *neuer wissenschaftlicher Fachbegriff* aus den USA in den deutschen Sprachgebrauch eingeführt wird. Er verweist auf ein systematisches, wissenschaftsbasiertes Verfahren, das im Kontext von Innovationen im Bildungsbereich für notwendig erachtet wird, um diese Reformen sowohl unter pädagogischen wie bildungspolitischen, aber auch unter wirtschaftlichen Gesichtspunkten rechtfertigen zu können. Dieser Legitimationsbedarf resultiert aus der Selbstverortung in Moderne und Demokratie, einem Referenzsystem, in dem nicht mehr unhinterfragbare Traditionen und Autoritäten (personale und/oder institutionelle), sondern rationale, transparente und partizipative Entscheidungsprozesse das gesellschaftliche Leben konstituieren. Entsprechend dieser Logik adressieren die Befunde von Evaluation gleichzeitig sehr unterschiedliche Akteursgruppen: Politik, Administration, Wissenschaft, Abnehmer (hier Schüler/-innen bzw. deren Eltern), Professionelle (hier Lehrkräfte). Ihnen allen sollen die Befunde wissenschaftlich fundierte Entscheidungshilfe über unterschiedliche Fragenkomplexe im Zusammenhang mit den intendierten Reformen und deren Umsetzung bieten, und zwar nicht nur mit Blick auf unmittelbare Auswirkungen bei den Zielgruppen, sondern auch hinsichtlich langfristiger gesellschaftlicher Auswirkungen. Im Mittelpunkt von Evaluationen stehen somit Wirkungen. Dazu werden Daten gesammelt, verarbeitet und interpretiert und diesbezüglich werden Bewertungen vorgenommen, die normativ an den Leitkategorien „Qualität" und „Angemessenheit" ausgerichtet sind.

Nach diesem der ersten Orientierung dienenden Zugriff sollen im folgenden Abschnitt zunächst der im Klappentext mit den Termini „demokratisch" und „modern" markierte Entstehungs- und Begründungskontext von Evaluation sowie die theoretische Konzeptualisierung im angloamerikanischen Raum in wesentlichen Grundzügen beleuchtet werden. Der nächste Schritt dient der Charakterisierung der ersten Rezeptionsphase Anfang der 1970er-Jahre in der Bundesrepublik Deutschland, die durch den

Sammelband von Wulf eingeleitet wurde. Es schließt sich die Skizzierung von Prozessen und Debatten unterschiedlicher Provenienz aus den 1990er- und 2000er-Jahren an, die wesentlich zum derzeitigen konzeptionellen Verständnis von Evaluation und zur Ausprägung der aktuellen Evaluationslandschaft geführt haben.

2 Entwicklungslinien

Erste Ansätze von Evaluation lassen sich in den USA bereits in den 1930er- und 1940er-Jahren datieren, als es unter dem Stichwort *Progressive Education Movement* im Rahmen der Reformprogramme des *New Deal* zur Verminderung der depressionsbedingten Arbeitslosigkeit auch zu umfangreichen Reformbemühungen im Bildungswesen kam. Tyler (vgl. Smith/Tyler 1942) gilt mit seiner an 30 Schulen durchgeführten *Eight Year Study* (1932–1940) als Vorläufer der erziehungswissenschaftlichen Evaluationsforschung. Er entwickelte ein Konzept, das auf den Vergleich der beabsichtigten Ziele (*goals*) eines Curriculums mit den im Umsetzungsprozess tatsächlich erreichten Lernergebnissen (*objectives*) der Schüler/-innen abzielte. Der von Tyler in diesem Zusammenhang verwendete Begriff *evaluation* stand somit für die Ermittlung und Beschreibung von Wirkungsgraden der Zielerreichung: „However, since educational objectives are essentially chances in human beings [...], then evaluation is the process for determining the degree to which these chances are actually taking place" (Tyler 1950, 69 zit. n. Kuper 2005, 31).

Die gesellschaftspolitische Fundierung und methodisch-konzeptionelle Ausdifferenzierung des Ansatzes sowie seine expansive praktische Umsetzung auf US-bundes- und einzelstaatlicher Ebene in hunderten von Schulen und anderen Bildungseinrichtungen erfolgte jedoch erst in den 1960er-Jahren. Ausgelöst durch den Sputnikschock und forciert durch zunehmende soziale und Rassenkonflikte starteten in dieser Zeitspanne milliardenschwere staatliche Sozial- und Bildungsprogramme, wie *Head Start* (Vorschulprogramm für Unterschichtskinder), *Job Corps* (Arbeitsbeschaffungsprogramm für arbeitslose Jugendliche), *Manpower Training* (Berufsbildung) (vgl. Stockmann/Meyer 2014, 31). Die Verabschiedung des *Elementary and Secondary Education Act* im Jahr 1965 beinhaltete nochmals enorme Investitionserhöhungen für diese Bereiche und institutionalisierte zudem die Evaluation der mit Bundesmitteln geförderten Maßnahmen in Form obligatorischer jährlicher Evaluationsberichte (vgl. Stufflebeam 1972, 114).

Eine exemplarische Begründung für solche gesetzliche Verankerung liefert Stufflebeam, einer der damaligen Protagonisten der Evaluationsliteratur: „Die Vorschrift, solche Evaluationsuntersuchungen durchzuführen, ist sinnvoll und meiner Meinung nach längst fällig gewesen. Geldgeber und Öffentlichkeit haben das Recht, zu erfahren, ob ihre hohen Bildungsausgaben die gewünschten Erfolge erzielen. Noch stärker benötigen die Pädagogen selbst evaluative Informationen, um eine rationale Grundlage für Entscheidungen über alternative Pläne und Verfahren zu haben" (Stufflebeam 1972, 114).

Evaluation sollte somit den durch die Reformpolitik intendierten strukturellen Wandel wissenschaftsbasiert begleiten und unter Berücksichtigung des finanziellen Ressourceneinsatzes die zur Zielerreichung effektivsten Maßnahmen öffentlich transparent und sachlich nachvollziehbar identifizieren. Dazu werden von den Protagonisten formale Regeln und Kriterien für die Erfolgs- und Wirkungskontrolle entwickelt. Beispielhaft formuliert Scriven: „Evaluation [...] besteht im Sammeln und Kombinieren von Verhaltensdaten mit einem gewichteten Satz von Skalen, mit denen entweder vergleichende oder numerische Beurteilungen erlangt werden sollen, und in der Rechtfertigung (a) der Datensammlungsinstrumente, (b) der Gewichtungen, (c) der Kriterienauswahl" (Scriven 1972, 61). In diese Richtung weist auch die programmatische Setzung von Stake, einem ebenfalls prominenten Evaluationstheoretiker jener Zeit: „Beschreibung und Beurteilung sind erforderlich; sie sind in der Tat die beiden grundlegenden Evaluationshandlungen" (Stake 1972, 95). Diese Vorgaben beziehen sich zwar primär auf Curriculumevaluation, doch zum einen wird der Curriculumbegriff sehr weit gefasst und zum anderen wird die generelle Übertragbarkeit auf andere Arten von Evaluation explizit postuliert (vgl. Scriven 1972, 60). De facto erfolgte im US-amerikanischen Raum auch die rasche Ausweitung dieses Evaluationskonzepts in alle Sektoren des öffentlichen und Non-Profit-Bereichs, und Evaluationsforschung entwickelte sich zum stärksten Wachstumsfaktor innerhalb der amerikanischen Sozialwissenschaft (vgl. Wottawa/Thierau 1998, 67).

Die erste Auseinandersetzung mit der angloamerikanischen Evaluationsdebatte erfolgte auch in der Bundesrepublik Deutschland im Bildungsbereich. Das von Wulf 1972 unter anderem mit Texten von Stufflebeam, Scriven und Stake herausgegebene Sammelwerk bediente zum einen das seit der sogenannten „realistischen Wende" der Pädagogik Ende der 1960er-Jahre stark zugenommene Interesse der erziehungswissenschaftlichen Fachdisziplin an empirischen Forschungskonzepten. Zum anderen standen zu dieser Zeit Fragen von Curriculumrevision und Schulentwicklung im Zentrum der bundesdeutschen Bildungsreformpolitik zum Abbau von schicht- und geschlechtsspezifischer Bildungsbenachteiligung, aber auch mit Blick auf Erhalt bzw. Maximierung der internationalen Wettbewerbsfähigkeit durch Steigerung des Anteils an höheren Bildungsabschlüssen. Vergleichbar mit den skizzierten Entstehungs- und Begründungszusammenhängen in den USA war auch der bildungspolitische Aufbruch Ende der 1960er-, Anfang der 1970er-Jahre in der BRD von politisch initiierten anwendungsorientierten Bildungsforschungsaktivitäten begleitet. 1971 beschloss die *Bund-Länder-Kommission für Bildungsplanung und Forschungsförderung* (BLK) eine „Rahmenvereinbarung für koordinierte Vorbereitung, Durchführung und wissenschaftliche Begleitung von Modellversuchen im Bildungswesen" (Wottawa/Thierau 1998, 74). Gut eine Dekade später bilanzieren Hellstern und Wollmann in ihrem „Handbuch zur Evaluierungsforschung" (vgl. 1984, 36) über 800 von der BLK unterstützte Evaluierungsstudien und Begleitforschungsvorhaben.

Im Unterschied zur Evaluation der Effektivität breit angelegter, zentralstaatlich initiierter Programme wie in den USA ging es in der BRD in erster Linie um eine wissenschaftliche Begleitung von Schulversuchen und Modellprojekten, um seitens der Bildungspolitik aus den Befunden wissenschaftsbasierte Begründungen für projektierte flächendeckende Veränderungen auf der Bildungssystemebene ableiten zu können. Besonders prominent sind hier die Untersuchungen zum Vergleich von Gesamtschulen als dem innovativen Modell mit dem traditionellen dreigliedrigen Schulsystem (vgl. Fend 1982) sowie die zu „Ganztagsschulen und anderen Formen ganztägiger Förderung" (Ipfling 1981).

Der originäre Fachterminus für das hier adressierte anwendungsorientierte empirische Forschungshandeln ist im damaligen bundesdeutschen Reformdiskurs „Begleitforschung" bzw. „wissenschaftliche Begleitung". Auch nach Rezeption der angloamerikanischen Evaluationsliteratur bleibt er lange Zeit der gängigere Begriff, erst seit Mitte, Ende der 1990er-Jahre wird er durch den Terminus „Evaluation" abgelöst (vgl. Widmer u. a. 2009, 444).

Dieser Begriffs- und – wie im Folgenden noch zu zeigen sein wird – Konzeptadaption vorausgegangen war in der BRD eine „winterschlafende Evaluationsdiskussion" (Beywl zit. n. Hense 2006, 37). Ein entsprechender bildungspolitischer Beratungsbedarf war in der BRD in den 1980er- und frühen 1990er-Jahren offensichtlich gering: Gesamtschulen sollten das dreigliedrige Schulsystem nicht mehr ersetzen, sondern wurden diesem bei Wahlfreiheit für die Nutzer/-innen additiv hinzugefügt ebenso wie Ganztagsangebote im Vorschul- und Grundschulbereich. Zudem lenkte die deutsche Wiedervereinigung das Interesse von Bildungsforschung und Bildungspolitik auf die Erfassung und Analyse von Transformationsprozessen.

Drei sich überlappende und teilweise stark interagierende Prozesse und Debatten werden dafür verantwortlich gemacht (vgl. Rolfes/Wilhelm 2014, 23 ff.; Stockmann/Meyer 2014, 35 ff.), dass Evaluation in Deutschland um die Jahrtausendwende einen enormen Bedeutungszuwachs erfuhr, und zwar quantitativ durch Ausweitung in alle öffentlich finanzierten oder mitfinanzierten Domänen und qualitativ von einem temporär Innovationen begleitenden hin zu einem dauerhaft implementierten Regelverfahren.

1. Zunächst ist die mit dem ökonomischen Strukturwandel der 1980er-Jahre einhergehende zunehmende Verknappung öffentlicher Mittel zu nennen, die spätestens im Zuge der Finanzierung der Vereinigung der beiden deutschen Staaten zur Forderung nach nachweisbarer, effizienter Verwendung von Steuergeldern und dem Abbau bzw. der Kontrolle von Subventionen unter transparenten Kosten-Nutzen-Erwägungen führte. „Die sachgerechte Nutzung der öffentlichen Gelder muss explizit legitimiert werden" (Rolfes/Wilhelm 2014, 23). Evaluation soll dazu die notwendige Datengrundlage liefern.
2. Beschränkte finanzielle Ressourcen und die Reduzierung von Staatsausgaben bilden auch den Hintergrund für die Reform- und Modernisierungsdebatte, die sich ebenfalls in den 1990er-Jahren unter dem Stichwort *New Public*

Management (NPM) bzw. *Neue Steuerungsmodelle* (NSM) verdichtet (vgl. Stockmann 2006, 61 ff.). Adressiert ist damit vor allem das kommunale Verwaltungs- und Planungshandeln, das in Anlehnung an betriebswirtschaftliche Ansätze aus dem privatwirtschaftlichen Unternehmensbereich nun auch am Primat von Wirksamkeit, Wirtschaftlichkeit und Optimierungsbedarf ausgerichtet werden sollte. Während die traditionelle Verwaltung über sogenannte Inputgrößen (z. B. finanzielle Mittel, personelle Kapazitäten, Ausstattung) gesteuert wird, ist Kernelement des NPM somit die Orientierung am Output und Outcome: „Nicht mehr die zur Verfügung stehenden Produktionsmittel, sondern die erbrachten Leistungen (Produkte) oder auch die durch die Leistungen erzielten Wirkungen sollen Diskussionspunkt und Ausrichtungsmaßstab des Verwaltungshandelns werden" (Schedler/Proeller 2000, 60, zit. n. Stockmann 2006, 62).

Federführend für diese Entwicklung ist die von Städten, Gemeinden und Kreisen gemeinsam getragene *Kommunale Geschäftsstelle für Verwaltungsvereinfachung* (KGSt)[1], die das Neue Steuerungsmodell 1993 vorstellt (vgl. KGSt 1993) und 1994 exemplarisch für den Bereich der Kinder- und Jugendhilfe verdeutlicht (vgl. KGSt 1994): „Leistungen sollen in standardisierter Form als Produkte beschrieben und die Kosten zurechenbar werden, damit bei der Vergabe von Fördergeldern auf dem Markt die günstigsten Leistungen eingekauft werden können" (Haubrich 2009, 445). Ökonomische Effizienz- und Bewertungslogik sowie eine verstärkte Ergebnisorientierung werden somit aus dem privatwirtschaftlichen Bereich auf den öffentlichen Sektor übertragen. Evaluation fällt in diesem Kontext vor allem die Rolle der Effizienzüberprüfung zu.

3. Als weiterer Treiber für den Bedeutungszuwachs von Evaluation wird die Förderpolitik der *Europäischen Union* genannt. Mit der Ausweitung der Mitgliedstaaten und der Steigerung des EU-Budgets wuchs auch die Skepsis gegenüber Zweckmäßigkeit und Wirksamkeit des Mitteleinsatzes. Als Konsequenz wurde bereits Anfang der 1990er-Jahre eine rechtliche Verpflichtung der Mitgliedstaaten zur Evaluation EU-kofinanzierter Programme und Maßnahmen eingeführt. Dies betraf zunächst die Strukturfonds (*Europäischer Fonds für regionale Entwicklung, Europäischer Sozialfonds, Europäischer Landwirtschaftsfonds*) und wurde mit dem Programmplanungszeitraum von 2000 bis 2006 dann auf alle EU-Programme ausgedehnt. „Drei Evaluationen waren verpflichtend durchzuführen: eine Ex-ante-Bewertung, eine Halbzeitbewertung Ende 2003 und eine Ex-post-Bewertung 2008" (Grajewski/Meyer 2014, 41). Außerdem gab die *Kommission der Europäischen Gemeinschaft* verbindliche Leitfäden mit detaillierten Anweisungen für die Planung, Durchführung und Auswertung der Evaluationen heraus (vgl. Grajewski/Meyer 2014, 41).

---

[1] 2005 umbenannt in Kommunale Geschäftsstelle für Verwaltungsmanagement (KGSt).

Im Zusammenwirken dieser skizzierten jüngeren Entwicklungspfade findet Evaluation auch Eingang in nahezu alle Politikfelder auf nationaler Ebene. So kann auf Bundesebene die in der *Gemeinsamen Geschäftsordnung der Bundesministerien* (GGO) rechtsförmig verankerte *Gesetzesfolgenabschätzung* als Form der Evaluation gelten (vgl. Stockmann/Meyer 2014, 48). Auch in zahlreichen Bundesländern finden sich entsprechende Verankerungen in der GGO oder in eigens geschaffenen Verwaltungsvorschriften. Gemäß der am 1. September 2000 in Kraft getretenen GGO des Bundes ist bei jeder Vorlage von Gesetzen und Rechtsverordnungen eine Gesetzesfolgenabschätzung durchzuführen. Der betreffende GGO-Paragraf lautet:

> (1) Unter Gesetzesfolgen sind die wesentlichen Auswirkungen des Gesetzes zu verstehen. Sie umfassen die beabsichtigten Wirkungen und die unbeabsichtigten Nebenwirkungen.
> [...]
> (7) In der Begründung zum Gesetzesentwurf ist durch das federführende Ressort festzulegen, ob und nach welchem Zeitraum zu prüfen ist, ob die beabsichtigten Wirkungen erreicht worden sind, ob die entstandenen Kosten in einem angemessenen Verhältnis zu den Ergebnissen stehen und welche Nebenwirkungen eingetreten sind (GGO, § 44).

Als gesetzliche Vorgabe zur Evaluation nationaler Politiken gilt auch die in der *Bundeshaushaltsverordnung* (BHO) verankerte *Ergebnisprüfung*: „§ 7 der BHO verlangt vor der Planung eine Wirtschaftlichkeitsuntersuchung und nach der (Teil-)Realisierung dieser Maßnahme eine Erfolgskontrolle" (Grajewski 2009, 78). Sowohl Gesetzesfolgenabschätzung wie Wirtschaftlichkeitsuntersuchung und Erfolgskontrolle sind als Ex-ante-, On-going- und Ex-post-Evaluationen umzusetzen.

Das Gebot zur Evaluation hat inzwischen aber auch unmittelbaren Eingang in Bundes- und Landesgesetze gefunden. Prominentes Beispiel ist hier die mit der Einführung des *Sozialgesetzbuches* (SGB) III (Arbeitsförderung) verankerte umfassende Evaluierung der Arbeitsmarktpolitik (sog. Hartz-Gesetze, § 280 ff.). Entsprechendes gilt auch für Maßnahmen im Bereich „Grundsicherung für Arbeitsuchende" (SGB II, z. B. § 55), Maßnahmen der „Kinder- und Jugendhilfe" (SGB VIII, z. B. § 22a), Maßnahmen der „Sozialen Pflegeversicherung" (SBG IX, z. B. § 7a, Satz 7), um nur einige weitere Beispiele aus der Sozialgesetzgebung zu nennen. Seit der Novelle des *Hochschulrahmengesetzes* (HRG) im Jahr 1998 ist Evaluation auch dort verankert, was ebenfalls in die überwiegende Mehrzahl der Hochschulgesetze der Länder übernommen wurde (vgl. Schmidt 2009, 163 f.). Der Empfehlung der *Kultusministerkonferenz* (KMK) von 2004 folgend, haben auch die meisten Bundesländer eine „ergebnisorientierte Evaluation" in ihre Schulgesetze übernommen (vgl. Maag Merki 2009, 157).

3 Funktionen von Evaluation

Mit der skizzierten quantitativen und qualitativen Bedeutungszunahme von Evaluation korrespondiert eine entsprechende Weitung ihrer *Funktionszuschreibung*. Exemplarisch verdeutlichen lässt sich dies an den Analysen von Reinhard Stockmann, einem Soziologen, der seit Mitte der 1990er-Jahre sowohl forschungspraktisch wie theoretisch-konzeptionell den Evaluationsdiskurs in Deutschland, aber auch international maßgeblich prägt. Seine kontinuierlich erscheinenden Aufsätze, Artikel, Monografien und Vorträge werden breit rezipiert und als Referenz genutzt. Als Hochschullehrer an der Universität des Saarlandes und Leiter des dort angesiedelten *Centrums für Evaluation* (CEVal) hat er nachhaltig zur akademischen Institutionalisierung von Evaluation beigetragen (siehe 5).

Seine vielfach zitierte Systematik der Leitfunktionen entwickelte Stockmann Ende der 1990er-Jahre. Doch war sein Modell zunächst auf Zweckbestimmungen im Kontext von Management- und Steuerungsprozessen auf sektoralen Ebenen beschränkt, das heißt auf Funktionen im Hinblick auf Entscheidungsträger und Stakeholder in ihren jeweiligen Handlungsfeldern. Mit seinem im Jahr 2010 unter dem Titel „Die Rolle der Evaluation in der Gesellschaft" (Stockmann 2010) im Internet veröffentlichten Text folgte er dann auf analytischem Wege der sich real vollziehenden gesamtgesellschaftlichen Evaluationsdynamik. In diesem Text werden „drei gesellschaftliche Funktionen" identifiziert und expliziert. In seiner aktuellen Buchpublikation „Evaluation. Eine Einführung" (Stockmann/Meyer 2014) werden diese „gesellschaftlichen Funktionen" unter dem Label „übergeordnete Zwecke" dann mit dem Modell „Leitfunktionen von Evaluation" zu einem Gesamtkonzept integriert.

Folgt man Stockmann, so kann Evaluation nachstehenden „übergeordneten Zwecken dienen:
- der *gesellschaftlichen Aufklärung*, um anhand allgemein akzeptierter Normen und Werte die Relevanz von Politiken zu überprüfen,
- der *Legitimitätsbeschaffung* demokratischer Regime, um die Glaubwürdigkeit und Akzeptanz von politischen Entscheidungen auf eine rationale, überprüfbare Basis zu stellen,
- der *Optimierung der Programmsteuerung*, um die Effektivität, die Effizienz und Nachhaltigkeit von Projekten und Programmen zu erhöhen" (Stockmann/Meyer 2014, 80).

Auf *sektoraler Ebene* werden dann die in der folgenden Abbildung erfassten *Leitfunktionen* unterschieden.

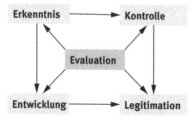

Abb. 1: Leitfunktionen von Evaluation (Stockmann/Meyer 2014, 81).

Konkretisierend kann dazu ausgeführt werden (vgl. Stockmann/Meyer 2014, 81 ff.):
1. Evaluationen sollen Erkenntnisse liefern, um notwendige Entscheidungsprozesse über Maßnahmen, Projekte, Programme, Systeme auf sachliche Grundlagen zu stellen: Erkenntnisse etwa über die Bedarfe der Zielgruppe, die Akzeptanz von Angeboten, den Grad der Zielerreichung usw.
2. Die Erhebung von Daten liefert nicht nur *Erkenntniszuwachs* für rationale Entscheidungsfindung, sondern generiert auch direkt oder indirekt *Kontrollwissen* über die Art und Weise der Umsetzung einer neuen Maßnahme, aber auch etablierter Regelangebote sowie über Grad und Maß der Aufgabenerfüllung der jeweils zuständigen Akteure.
3. Der Informationsgewinn liefert auch bilanzierendes Wissen, das sich für die Programmentwicklung im Sinne eines Lernprozesses nutzen lässt. So kann entweder bereits im Programmverlauf nachjustiert werden oder es lassen sich Konsequenzen für künftige Optimierungen ziehen.
4. Auch auf sektoraler Ebene liefern Evaluationen Legitimation. Mit ihren Informationen lässt sich für Maßnahmen und Programme nachprüfbar belegen, mit welchem Input welcher Output und welcher Outcome erzielt wurden, um so Mitteleinsatz und Mittelvolumen zu rechtfertigen.

Die vier Funktionen „Gewinnung von Erkenntnissen", „Ausübung von Kontrolle", „Auslösung von Entwicklungs- und Lernprozessen", „Legitimation der durchgeführten Maßnahmen, Projekte und Programme" lassen sich allenfalls analytisch trennen, im Evaluationshandeln sind sie jedoch eng verknüpft (vgl. Stockmann/Meyer 2014, 81).

4 Formate, Objekte und Standards

EU-Mittelvergabe-Praxis, Handhabung der Gesetzesfolgenabschätzung, Erfolgskontrolle im Kontext der Anforderungen der Bundeshaushaltsordnung, Erfüllung der in diversen Bundes- und Landesgesetzen sektoral fixierten Prüfverfahren und Rechenschaftslegung bedingen unterschiedliche *Formate von Evaluation*, und zwar in Abhängigkeit von
– der Analyseperspektive (Fokus auf Planungs-, Prozess- oder Wirkungsphase),
– der prioritären Funktion (Schwerpunktsetzung auf Erkenntnis-, Optimierungs-, Kontroll- oder Legitimationsfunktion),
– der Positionierung zum Evaluationsgegenstand (Nähe bzw. Distanz der Evaluatoren zum Evaluationsobjekt).

Mit Blick auf die unterschiedlichen Phasen einer *Programm- bzw. Maßnahmenentwicklung* von der Planung über die Implementierung hin zur Verstetigung lassen sich folgende *Untersuchungsformate* unterscheiden:

- **Ex-ante-Evaluationen:** Sie zielen in der Planungsphase auf die Sondierung der finanziellen, personellen und institutionellen Rahmenbedingungen eines Programms (Input), um bereits während der Konzeptionalisierung mögliche Nebenwirkungen sowie Nachhaltigkeitsaspekte ausloten zu können.
- **On-going-Evaluationen:** Sie begleiten den Durchführungsprozess, indem sie kontinuierlich Daten über die Umsetzung der Planungsvorgaben mit ihren jeweiligen Effekten erheben und bewerten, um gegebenenfalls unmittelbar gegensteuern zu können.
- **Ex-post-Evaluationen:** Sie erfassen bilanzierend nach Abschluss der Implementierung die erzielten Wirkungen und die möglicherweise eingetretenen unbeabsichtigten Nebenwirkungen eines Programmes oder einer Maßnahme mit ihren kausalen Dependenzen und stellen die Nachhaltigkeitsfrage (vgl. Stockmann/ Meyer 2014, 83 ff.; Kuper 2005, 15 ff.).

Mit Blick auf eine *Priorisierung der Evaluationsfunktionen* lässt sich zwischen *formativen* und *summativen* Evaluationen unterscheiden. Diese auf Scriven (vgl. 1972, 61 ff.) zurückgehende Klassifikation lässt sich anhand seiner folgenden Metapher gut veranschaulichen: „When the cook tastes the soup it is formative evaluation and when the guest tastes the soup it is summative" (Scriven 1991, 19, zit. n. Kuper 2005, 17).

Formative Evaluationen erfolgen somit prozessorientiert und aktiv gestaltend, um die laufenden Interventionen gegebenenfalls zu modifizieren oder zu verbessern. Summative Evaluationen erfolgen dagegen ergebnisorientiert, bilanzierend, um Interventionen hinsichtlich ihrer Effekte bzw. ihres Nutzens abschließend zu bewerten. Während bei einer On-going-Evaluation prinzipiell beide Perspektiven eingenommen werden können (d. h. die des Kochs oder die des Gastes, um im Bild von Scriven zu bleiben), haben Ex-ante-Evaluationen gewöhnlich formativen und Ex-post-Evaluationen in der Regel summativen Charakter. Durch entsprechende Rückkopplungsschleifen für Folgeprojekte können Letztere jedoch auch formative Relevanz erhalten (vgl. Stockmann/Meyer 2014, 84).

Mit Blick auf eine *favorisierte Nähe oder Distanz zum Evaluationsobjekt* kann zwischen *interner* und *externer* Evaluation unterschieden werden. Auch diese Gegenüberstellung rekurriert auf Scriven, der dafür das Begriffspaar „Professionelle und Amateur-Evaluation" (vgl. Scriven 1972, 64 ff.) wählte. Die *professionelle* Evaluation hat für Scriven nicht nur den Vorteil der höheren methodenspezifischen Fachkompetenz, sondern vor allem den der größeren Unabhängigkeit vom Evaluationsgegenstand, was der Objektivität den Evaluationsbefunden gegenüber dienlich ist. In der *Amateur*-Evaluation sieht er dagegen den Vorzug, dass sie von Personen durchgeführt wird, die als Beteiligte in den Evaluationsgegenstand involviert sind und somit nicht nur den besseren Feldzugang haben, sondern auch die Relevanz der Befunde für praktische Entscheidungen sicherstellen können.

Um Missverständnissen hinsichtlich der berufsfachlichen Kompetenz der von Scriven als „Amateure" klassifizierten Personen vorzubeugen und den Optionsfokus für die Formatwahl stringent auf den gewünschten Grad der Nähe bzw. Distanz zum Evaluationsgegenstand zu lenken, sind die heute gängigen Bezeichnungen „externe" und „interne" Evaluation sowie „Selbstevaluation" und „Fremdevaluation".

> Externe Evaluationen werden von Personen durchgeführt, die nicht dem Fördermittelgeber oder der Durchführungsorganisation angehören. [...] Als intern werden Evaluationen bezeichnet, wenn sie von der gleichen Organisation vorgenommen werden, die auch das Programm oder das Projekt durchführen. Wird diese interne Evaluation von Mitarbeitern der Abteilung (dem Referat) durchgeführt, die gleichzeitig mit der operativen Durchführung des Programms betraut sind, dann wird von „Selbstevaluation" gesprochen (Stockmann/Meyer 2014, 88 f.).

Eine Kombination von Selbst- und Fremdevaluation integriert die Vorzüge der jeweiligen Herangehensweise.

Die im jeweiligen Fokus von Evaluation stehenden „Gegenstände" sind *thematisch breit gefächert*, kommen doch prinzipiell mindestens alle politisch gesteuerten Handlungsfelder für Evaluationen in Betracht: der Bildungsbereich, der Gesundheitsbereich, der Kulturbereich, der Bereich der Sozialen Arbeit, Justiz und öffentliche Verwaltung, Stadt-, Regional- und Umweltentwicklung, Arbeitsmarktentwicklung, Forschungs-, Technologie- und Innovationsentwicklung – um hier die zentralen Domänen zu nennen.

Ebenso weit ist das Spektrum der adressierten *Evaluationsobjektgruppen*, es reicht von Personen über Produkte, Zielvorgaben, Techniken und Methoden, Systeme/Strukturen, Umwelt-/Umgebungsfaktoren, Projekte/Programme bis hin zu Forschungsergebnissen/Evaluationsstudien (vgl. Wottawa/Thierau 1998, 59).

Die Tabelle 1 veranschaulicht exemplarisch diese Spannbreite von Objektgruppen und thematischen Inhalten.

So unterschiedlich die *Evaluationsformate*, so heterogen die *adressierten thematischen Inhalte* und *Objektgruppen*, so vielfältig sind auch die zum Einsatz kommenden *methodischen Instrumente* und *Verfahren*. Grundsätzlich steht hier das gesamte Methodeninventar empirischer Sozialforschung zur Verfügung, und zwar sowohl aus dem quantitativen wie aus dem qualitativen Segment (siehe hierzu Teil II).

Für die Entwicklung des Evaluationsdesigns, die Wahl der Evaluationsformate, Instrumente und Verfahren wie auch die praktische Durchführung von Datenerhebung und -analyse und anschließender Ergebnispräsentation wurden jedoch *Standards* entwickelt, die für alle (professionellen) Evaluationen zumindest als Orientierungsrahmen Gültigkeit beanspruchen (vgl. DeGEval 2002, 2). Ihren Ursprung haben diese Standards in der oben bereits skizzierten angloamerikanischen Evaluationsdebatte, die 1975 zur Gründung des *Joint Committee on Standards for Educational Evaluation* führte, deren Mitglieder dann im Jahr 1981 die *Standards for Evaluations of Educational Programs, Projects and Materials* verabschiedeten (vgl. Joint Committee 1981). Dabei wird der Begriff Standard folgendermaßen definiert: „Ein Standard ist ein Prinzip, auf das sich die in einem Fachgebiet tätigen Praktiker geeinigt haben, und dessen Beachtung dazu beiträgt, dass die Qualität und die Fairness der jewei-

Tab. 1: Gruppen von Evaluationsobjekten und thematische Inhalte (Wottawa/Thierau 1998, 60).

Personen (Verhalten, Leistung, Fähigkeiten, Einstellungen etc.) Lernerfolg der Teilnehmer eines Weiterbildungsseminars, Verhaltensänderungen von Rauchern nach einer Anti-Raucher-Kampagne	**Umwelt-/Umgebungsfaktoren** Wirkung von Straßenlärm auf den nächtlichen Ruheschlaf, Wirkungen bestimmter architektonischer Strukturen auf das subjektive Wohlbefinden
Produkte Wirkung verschiedener Psychopharmaka auf die psychische Gesundheit, Vergleich der Verkaufswirksamkeit verschiedener Körperpflegelinien	**Techniken und Methoden** Vergleich verschiedener Lesetechniken hinsichtlich der Lesegeschwindigkeit, Vergleich verschiedener Präsentationstechniken im Hinblick auf die Behaltensleistung des Auditoriums
Zielvorgaben Auswirkungen der Konzentration der Lehrziele auf soziales Lernen und/oder fachliches Lernen, Auswirkungen der Betriebsziele „Mitarbeiterorientierter Führungsstil" versus „Aufgabenorientierter Führungsstil" auf das Arbeits- und Betriebsklima	**Projekte/Programme** Wirksamkeit einer Aufklärungskampagne zu Aids, Auswirkungen eines psychotherapeutischen Behandlungsprogramms im Strafvollzug
Systeme/Strukturen Vergleich von Privathochschulen versus staatlichen Hochschulen im Hinblick auf die berufliche Qualifikation, Wirkung einer flachen versus einer steilen Hierarchiestruktur in einem Unternehmen auf den Kontrollspielraum der Mitarbeiter	**Forschungsergebnisse/Evaluationsstudien** Bewertung der methodischen Vorgehensweise in einer Evaluationsstudie, zusammenfassende Bewertung der Forschungsergebnisse auf einem bestimmten Fachgebiet

ligen beruflichen Tätigkeit – z. B. Evaluation – verbessert werden" (Joint Committee 2000, 24).

Mit Blick auf die kontinuierliche Ausweitung der Evaluationsfelder erfolgte schon bald eine Überarbeitung und Generalisierung der Standards, die dann im Jahr 1994 vom *Joint Committee* unter dem Titel *Program Evaluation Standards* erneut verabschiedet wurden (vgl. Joint Committee 1994).

1999 wurden auf Veranlassung der 1997 gegründeten *Deutschen Gesellschaft für Evaluation* (DeGEval) diese Standards übersetzt und im deutschen Sprachraum verbreitet, zwei Jahre später als „Standards für Evaluation" in modifizierter Form von der Mitgliederversammlung der DeGEval einstimmig als eigene Regulative verabschiedet mit dem Ziel, „die Qualität von Evaluationen sichern und entwickeln [zu] helfen" (DeGEval 2002, 2).

Gemäß dieser Programmatik haben Evaluationen vier „grundlegende Eigenschaften" aufzuweisen: Nützlichkeit, Durchführbarkeit, Fairness, Genauigkeit (vgl. DeGEval 2002). Diese Qualitätsdimensionen werden durch insgesamt 25 Einzelstandards operationalisiert, die neben den Besonderheiten der Auftragsforschung sowohl wissenschaftliche Gütekriterien als auch forschungsethische Leitlinien explizieren.

> *Nützlichkeit:* Die Nützlichkeitsstandards sollen sicherstellen, dass die Evaluation sich an den geklärten Evaluationszwecken sowie am Informationsbedarf der vorgesehenen Nutzer ausrichtet. [...]
> *Durchführbarkeit:* Die Durchführbarkeitsstandards sollen sicherstellen, dass eine Evaluation realistisch, gut durchdacht, diplomatisch und kostenbewusst geplant und durchgeführt wird. [...]
> *Fairness:* Die Fairnessstandards sollen sicherstellen, dass in einer Evaluation respektvoll und fair mit den betroffenen Personen und Gruppen umgegangen wird. [...]
> *Genauigkeit:* Die Genauigkeitsstandards sollen sicherstellen, dass eine Evaluation gültige Informationen und Ergebnisse zu dem jeweiligen Evaluationsgegenstand und den Evaluationsfragestellungen hervorbringt und vermittelt (DeGEval 2002).

Die Standards für Evaluation – ihre Entwicklung in den USA wie ihre Adaption im deutschsprachigen Raum – sind sowohl ein wichtiger Indikator für den als auch Meilenstein in dem Prozess der Professionalisierung von Evaluation. Gleichzeitig bilden sie die Referenz für die institutionelle und wissenschaftliche Verortung von Evaluation. Unter beiden Aspekten wird daher auf die Standards in den folgenden Abschnitten noch ausführlicher eingegangen.

5 Institutionelle Verortung und Professionalisierung

Ein weiteres Mal ist ein kurzer historischer Rückblick auf den US-amerikanischen Entwicklungsverlauf von Evaluation hilfreich für das aktuelle Verständnis von Evaluation in der doppelten Spezifik von Handlungsfeld und wissenschaftlicher Forschungsdisziplin.

Bereits die Unterscheidung von Scriven (vgl. 1972, 64 ff.) zwischen „professioneller" und „Amateur-Evaluation" wie die Gründung des *Joint Committee on Standards for Educational Evaluation* als Zusammenschluss mehrerer pädagogisch und psychologisch ausgerichteter Fachorganisationen zum Zweck der Erarbeitung entsprechender Regulative im Jahr 1975 können als Indikatoren für die in den 1970-er Jahren erfolgte *Professionalisierung* von Evaluation im angloamerikanischen Raum gewertet werden. Sie war eingebettet in die ebenfalls schon skizzierte damalige starke Nachfrageentwicklung nach Evaluation im öffentlichen und Non-Profit-Bereich, die dazu geführt hatte, dass sich ein neuer Dienstleistungssektor mit attraktiven Handlungsmöglichkeiten und beruflichen Entwicklungschancen für Psychologen, Bildungs- und Sozialwissenschaftler/-innen etablierte. Korrespondierend lässt sich eine Ausweitung von Studienangeboten und postgradualen Trainingsprogrammen mit Evaluationsinhalten beobachten (vgl. Wottawa/Thierau, 67 f.) – auch dies ein Merkmal von Professionalisierung.

Als weiterer wichtiger Schritt für die voranschreitende Professionalisierung gilt die Veröffentlichung der *Standards for Evaluations of Educational Programs, Projects and Materials* durch das *Joint Committee* im Jahr 1981. Diese Standards kodifizierten sowohl die berufsfachlichen wie die berufsethischen Grundsätze von Evaluation. Hinzu kommt als Professionalisierungsschub auch das generelle Anwachsen eigenständiger Evaluationsliteratur im akademischen Kontext (Fachbücher, Fachzeitschriften) wie auf der Ebene von Arbeitshilfen und Leitfäden.

Schließlich ist der Aufbau eigener berufsständiger Fachorganisationen für die in diesem Feld beruflich tätigen Personen oder Organisationen zu nennen. Als besonderer Meilenstein gilt hier der Zusammenschluss der *Evaluation Research Society* und des *Evaluation Network* im Jahr 1986 zur *American Evaluation Association* (AEA), der bis heute weltweit mitgliederstärksten und einflussreichsten Evaluationsgesellschaft (vgl. Stockmann/Meyer 2014, 33).

Vergleichbare Entwicklungen setzten im bundesdeutschen Raum erst Ende der 1990er-Jahre ein. Die Diskurse der 1970er- und 1980-er Jahre um Begleitforschungen oder Evaluationen erfolgten sektoral begrenzt in den jeweiligen bereichsspezifischen Fachdisziplinen und Kontexten und sind ausgerichtet an den dort jeweils aktuell priorisierten Ansätzen, Methoden und Techniken. Mitbedingt war dies auch dadurch, dass diese Forschung nicht wie die Evaluationsforschung in den USA weitgehend durch spezifische Evaluationsdienstleister ausgeführt wurde, sondern entweder durch universitäre fachgebietsorientierte Einrichtungen im Rahmen von Drittmittelprojekten oder zunehmend von ressortspezifischen Forschungs- und Entwicklungseinrichtungen des Bundes und der Länder nach thematischer Einschlägigkeit in das eigene Aufgabenspektrum übernommen wurden. So wurde etwa die Begleitforschung zur Gesamtschule und zu Formen ganztägiger Beschulung überwiegend von universitären Fachgebieten aus dem Bereich der Erziehungswissenschaft durchgeführt, Evaluationen zur Gewaltprävention bei Jugendlichen beispielsweise übernahm das *Deutsche Jugendinstitut* (DJI), Evaluationen zu arbeitsmarktpolitischen Programmen beispielsweise das *Institut für Arbeitsmarkt- und Berufsforschung* (IAB), Evaluationen von Programmen der Berufsvorbereitung zur Förderung von benachteiligten Jugendlichen etwa das *Bundesinstitut für Berufsbildung* (BIBB).

Als Folge dieser *disziplinären bzw. bereichs- und themenspezifischen Segmentierung* der Evaluationsforschung wurden insbesondere beklagt:
- ein nur mangelhafter Erfahrungsaustausch von Evaluations-Know-how über die verschiedenen Anwendungsfelder hinweg,
- eine unzureichende Identifizierung übergreifender Fragestellungen von Evaluation,
- wenig Weiterentwicklung hinsichtlich grundlegender Theorien und Methoden und entsprechend geringe Wissensakkumulation über Fachgrenzen hinaus (vgl. Hellstern/Wollmann 1984, 34; Wottawa/Thierau 1998, 67 f.).

Hier Abhilfe zu schaffen, gehörte und gehört zu den Hauptzielen der *DeGEval*, gegründet 1997 als *Deutsche Gesellschaft für Evaluation* als „Berufs- und Interessenverband für Personen und Organisationen, die sich praktisch oder theoretisch mit Evaluation befassen" (www.degeval.de). Satzungsgemäß verfolgt sie drei Hauptziele:
- „die Professionalisierung von Evaluation
- die Zusammenführung unterschiedlicher Perspektiven der Evaluation sowie
- Information und Austausch über Evaluation" (www.degeval.de).

Die bereits genannte Übersetzung und Verbreitung der US-amerikanischen *Standards for Evaluations* war eine der ersten Maßnahmen in diese Richtung, die Erarbeitung und Verabschiedung der eigenen „Standards für Evaluation" (2001) schuf die entscheidende Grundlage für die Etablierung eines professionsspezifischen Anforderungsprofils und beruflichen Ethos. Ergänzend kamen im Jahr 2004 „Empfehlungen zur Anwendung der Standards im Handlungsfeld der Selbstevaluation" hinzu. Ebenfalls 2004 veröffentlichte die DeGEval die Broschüre „Empfehlungen zur Aus- und Weiterbildung in der Evaluation".

Die enorme Zustimmung zu diesem Gesamtvorhaben dokumentieren die stetig wachsenden Mitgliederzahlen. Aktuell (Stand: Oktober 2015) hat die DeGEval 612 persönliche und 179 institutionelle Mitglieder, darunter Universitäten, Bundes- und Landesministerien, Bundes- und Landesinstitute, zivilgesellschaftliche Stiftungen, aber auch Beratungs- und Managementunternehmungen aus dem privatwirtschaftlichen Bereich.

Ein nicht unerheblicher Anteil von Mitgliedern aus dem benachbarten Ausland, insbesondere aus Österreich und Luxemburg, veranlasste die DeGEval bereits im Jahr 2005 auf ihrer Jahrestagung eine Umbenennung zu verabschieden, die dem national übergreifenden Charakter des Verbandes Rechnung trug. Die offizielle Bezeichnung lautet seitdem *DeGEval – Gesellschaft für Evaluation e. V.*

Die internationale Vernetzung dokumentiert sich auch in der intensiven Kooperation mit der *Schweizer Gesellschaft für Evaluation* (SEVAL). Gemeinsam durchgeführte Fachtagungen und gemeinsame Publikationen zur international vergleichenden Bestandsaufnahme und Perspektivenentwicklung von Evaluation (z. B. Widmer u. a. 2009) markieren kontinuierlichen Professionalisierungsfortschritt. Auch die 2002 gegründete *Zeitschrift für Evaluation* (ZfEv) wird wesentlich von der DeGEval unterstützt und leistet als transdisziplinäres Publikationsorgan einen wichtigen Beitrag zum Professionalisierungsprozess. Auch das zeitgleich an der Universität des Saarlandes gegründete *Centrum für Evaluation* (CEval) zielt auf die transdisziplinäre Theorie- und Methodenentwicklung und ist damit ein wichtiger Akteur der Professionalisierung. Außerdem ist das Centrum aktiv in der Entwicklung und Durchführung von Fort- und Weiterbildungsangeboten für Evaluatoren. Einen weiteren Professionalisierungserfolg stellt seit 2004 das Angebot eines viersemestrigen Weiterbildungsstudiengangs *Master of Evaluation* der *Universität des Saarlandes* in Kooperation mit der *Hochschule für Technik und Wirtschaft des Saarlandes* und der *Katholischen Hochschule für Sozialarbeit Saarbrücken* dar (vgl. Stockmann/ Meyer 2014, 51 f.).

Trotz dieser beachtlichen Fortschritte verweisen insbesondere Stockmann und Meyer (vgl. 2014, 51 ff.) auf zwei bislang nur ansatzweise gelöste Problemlagen bzw. Herausforderungen:

Die erste Problemlage bzw. Herausforderung sehen sie im auch weiterhin bestehenden *Nebeneinander von fachdisziplinären und transdisziplinären Diskursen*, die einer stärkeren Vernetzung bedürfen. So konkurrieren sowohl die „Zeitschrift für Evaluation" wie die DeGEval als transdisziplinäre Unternehmungen mit den einzelnen Fachdisziplinen um Beiträge (Texte, Tagungs- und Kongressvorträge) und um Mitglieder bzw. Abonnent(inn)en. Selbst innerhalb der DeGEval erfolgt eine sektorale Aufgliederung nach Arbeitskreisen entlang traditioneller Fachdisziplinen bzw. Arbeitsfelder (vgl. Böttcher u. a. 2014, 210 ff.), sodass der intersektoralen Bündelung von Evaluationswissen und dem steten intersektoralen kollegialen Austausch auch künftig eine herausragende Rolle im Professionalisierungsprozess zukommt.

Diese Aufgabenstellung verweist auch auf die zweite Herausforderung: Die Notwendigkeit einer Auslotung der wissenschaftlichen Verortung von Evaluation.

6 Wissenschaftliche Verortung

„Obwohl Evaluation den Anspruch auf Wissenschaftlichkeit erhebt, wird sie […] von grundlagen- bzw. disziplinorientierten Forschern nicht immer als vollwertige Wissenschaft anerkannt", lautet die aktuelle Problemdiagnose von Stockmann und Meyer (2014, 65). Auf dem Prüfstand steht somit der Wissenschaftscharakter von Evaluation. Und in der Tat rechtfertigen bzw. erfordern sogar zentrale, in der einschlägigen Evaluationsliteratur von den frühen Anfängen bis zur Gegenwart durchgängig als konstitutiv genannte Charakteristika von Evaluation eine differenzierte Sondierung dieser Frage.

So weisen bereits die zu Beginn des Kapitels exemplarisch zitierten frühen Begriffs- bzw. Merkmalsbestimmungen von Scriven, Stufflebeam und Stake zentral auf das *Verwertungsinteresse* von Evaluation und die Ausrichtung auf *Nutzen und Nützlichkeit*. Diese Zwecksetzung enthält auch die Definition des *Joint Committee on Standards for Educational Evaluation*. Hier wird Evaluation definiert als: „Die systematische Untersuchung der Verwendbarkeit oder Güte eines Gegenstandes" (Joint Committee 1999, 25).

Diese Zwecksetzung findet sich auch in der 2002 erstmals von der DeGEval publizierten Evaluationsdefinition, die in dieser Form unverändert auch in ihren aktuellen Publikationen als Referenzrahmen fungiert: „Evaluation ist die systematische Untersuchung des Nutzens oder Wertes eines Gegenstandes. Solche Evaluationsgegenstände können z. B. Programme, Projekte, Produkte, Maßnahmen, Leistungen, Organisationen, Politik, Technologien oder Forschung sein. Die erzielten Ergebnisse, Schlussfolgerungen oder Empfehlungen müssen nachvollziehbar auf empirisch gewonnenen qualitativen und/oder quantitativen Daten beruhen" (DeGEval 2002; Böttcher u. a. 2014, 7).

Solche *Verwertungsorientierung* steht im Gegensatz zur *Zweckfreiheit* von Grundlagenforschung. So formulieren Bortz und Döring in ihrem Lehrbuch „Forschungsmethoden und Evaluation" (2006, 99) *idealtypisch*: „Die ‚reine' Grundlagenforschung [...] fragt nicht nach dem Nutzen oder nach Anwendungsmöglichkeiten ihrer Forschungsergebnisse. Ihr eigentliches Ziel ist die Generierung von Hintergrundwissen, deren funktionaler Wert nicht unmittelbar erkennbar sein muss und der deshalb von nachgeordneter Bedeutung ist."

Ein weiterer Unterschied zur Grundlagenforschung wird in der *Gebundenheit* bzw. *Offenheit* der Forschungsziele gesehen. Evaluationsforschung ist strikt an konkret vorgegebenen Zielen ausgerichtet (Nutzen oder Wert einer konkreten Maßnahme, eines konkreten Programms usw.), während sich Grundlagenforschung in einem thematischen Rahmen „frei" bewegt, das heißt, im quasi „spielerischen' Umgang mit der untersuchten Materie" wissenschaftliches Neuland zu erschließen versucht (Bortz/Döring 2006, 99).

Unterschiedlich ist auch die *Art und Weise der Finanzierung*. Die Mittelvergabe für Grundlagenforschung erfolgt nach Exzellenzkriterien überwiegend durch Forschungsgemeinschaften (z. B. DFG) oder Stiftungen (z. B. *Heisenberg-Stiftung*, *Alexander-von-Humboldt-Stiftung*), Evaluationsforschung ist in der Regel *Auftragsforschung*. Auftraggeber sind Ministerien, Behörden, Unternehmen, die zur Begleitung und Bewertung einer von ihnen geplanten oder durchgeführten Maßnahme finanzielle Mittel bereitstellen, wobei ein *außerwissenschaftliches* Erkenntnis- und Verwertungsinteresse den Untersuchungsgegenstand und das Erkenntnisziel generieren (vgl. Bortz/Döring 2006, 99; Stockmann/Meyer 2014, 65).

Dieser Sachverhalt impliziert auch besondere *zeitliche und finanzielle Restriktionen*: „Damit Ergebnisse der Evaluationsforschung ihre Nützlichkeit entfalten können, müssen sie in einem zuvor definierten Umfang zu einem bestimmten Zeitpunkt vorliegen, andernfalls können sie in Entscheidungsprozessen (z. B. im Rahmen der Programmsteuerung oder für die Legitimierung von Förderentscheidungen) nicht mehr berücksichtigt werden" (Stockmann/Meyer 2014, 65).

Ein weiterer wesentlicher Unterschied zwischen Grundlagenforschung und Evaluationsforschung wird unter dem Stichwort *Wertfreiheit von Forschung* diskutiert (vgl. Bortz/Döring 2006, 99). Denn Rollenbild und Selbstverständnis von Evaluation sind nicht ausreichend als „neutral konstatierendes Faktensammeln" zu charakterisieren, sondern beinhalten ebenfalls „Begutachtung in einem weit verstandenen Sinn" (Ditton 2010, 610). Evaluationen sind per Definition mit Bewertungen verbunden. Diese Bewertungen sind allerdings keine subjektiven Werturteile der Evaluationsforscher/-innen, sondern wiederum per Definition analytische Beurteilungen, die intersubjektiv nachprüfbar sein müssen (vgl. Stockmann/Meyer 2014, 66).

Das *Gütekriterium der Intersubjektivität* verweist auf das Segment von Grundlagen- und Evaluationsforschung, in dem keine prinzipiellen Unterschiede bestehen: die Auswahl und Anwendung von *Datenerhebungs-* und *Auswertungsverfahren*. Wie bereits dargestellt, kommt in der Evaluationsforschung prinzipiell das gesamte Methodeninventar der *empirischen* Sozialforschung entsprechend der dort charakterisierten Regeln und Gütekriterien zum Einsatz. Dies dokumentiert insbesondere die Qualitätsdimension „Genauigkeit" der „Standards für Evaluation" (DeGEval 2002), deren Operationalisierung in neun Einzelstandards in deutlicher Analogie zu den Gütekriterien der Sozialforschung erfolgt. Besonders im Fokus stehen dabei neben dem Kriterium der *Intersubjektivität* die Kriterien der *Validität* und *Reliabilität*.

Auch die Qualitätsdimension „Fairness" der „Standards für Evaluation" ist ausgerichtet an den *ethischen Grundpositionen* von Wissenschaftlichkeit und unterstreicht somit den Wissenschaftscharakter von Evaluation. Die Postulierung und Ausdifferenzierung der *Nützlichkeitsstandards* und *Durchführbarkeitsstandards* bieten einerseits Legitimation für die Infragestellung vollwertiger Wissenschaftlichkeit von Evaluation – geht es dabei doch um Regulative für wissenschaftsexterne Zwecke wie beispielsweise die adäquate Berücksichtigung der unterschiedlichen Informationsbedarfe verschiedener Stakeholder oder der Partizipationsinteressen von Betroffenen im Forschungsvorhaben. Andererseits können sie aber auch als Indikatoren einer konzeptionellen und theoretischen Auseinandersetzung gewertet werden, die gerade die wissenschaftliche Spezifik einer noch zu begründenden eigenständigen sozialwissenschaftlichen Evaluationsdisziplin ausmachen könnte. Entsprechende Diskurse zeichnen sich ab (vgl. Balzer/Beywl 2015, 18–27).

7 Fazit

Folgt man der Einschätzung Kupers (vgl. 2005, 27), wonach Evaluation nicht nur eingebettet ist in den Entwicklungsverlauf der Modernisierung, sondern selbst Folge wie Anlass der Modernisierung zentraler Bereiche der menschlichen Praxis ist, so lässt sich unschwer eine weitere Zunahme an Evaluationsbedarfen prognostizieren. Damit verbunden ist auch die Erwartung weiterer Diskussionsprozesse hinsichtlich ihrer disziplinären und institutionellen Verortungen. Gerade die von zahlreichen Evaluationsprotagonisten unterschiedlicher Provenienz sehr einhellig als konstitutiv für Evaluation beschriebene Spannung zwischen dem Anspruch auf Wissenschaftlichkeit und den Erfordernissen der Praxisbezogenheit, Wertsicherheit und praktischer Anwendbarkeit lässt hier nicht den *einen* Lösungsweg antizipieren (vgl. Ditton 2010, 610; Kuper 2005, 13; Stockmann/Meyer 2014, 66 f.). Viel wahrscheinlicher sind dynamische, sich flexibel den jeweiligen Gegebenheiten des Feldes anpassende Konzepte, die zwischen transdisziplinärem und sektoralem Zugriff changieren. Dementsprechend werden akademische Ausbildungsanteile verstärkt sowohl in die Studiengänge der betreffenden Einzeldisziplinen Eingang finden als auch Modelle für eine selbstständige Disziplin und korrespondierende Studiengänge ausgelotet werden.

8 Vertiefungsaufgaben und -fragen

1. Recherchieren Sie die Evaluationsstandards der *Deutschen Gesellschaft für Evaluation* (DeGEval). Bei welchen Standards handelt es sich um eindeutig operationalisierbare („harte") Standards, bei welchen Standards handelt es sich um („weiche") Faktoren mit einem deutlichen subjektiven Ermessensspielraum? Geben Sie Beispiele.
2. Diskutieren Sie Unterschiede und Gemeinsamkeiten von Grundlagenforschung, angewandter Forschung und Evaluationsforschung. Erstellen Sie eine entsprechende Übersicht.
3. Diskutieren Sie Vor- und Nachteile einer transdisziplinären bzw. fachdisziplinären Zuständigkeit für Evaluation und erstellen Sie eine entsprechende Übersicht.
4. Recherchieren Sie nach Aus-, Fort- und Weiterbildungsangeboten für Evaluator(inn)en. Wer sind die Anbieter? Wer wird adressiert? Welche Inhalte werden in welchem Umfang mit welchen Zielperspektiven vermittelt? Erfolgt eine Zertifizierung oder eine Graduierung? Diskutieren Sie Ihre Befunde mit Blick auf den aktuellen Professionalierungsprozess von Evaluation.

9 Literatur

Balzer, Lars/Beywl, Wolfgang (2015): evaluiert. Planungsbuch für Evaluationen im Bildungsbereich. Bern: hep verlag ag.
Bortz, Jürgen/Döring, Nicola (2006): Forschungsmethoden und Evaluation für Human- und Sozialwissenschaften. 4. überarbeitete Auflage. Heidelberg: Springer Medizin Verlag.
Böttcher, Wolfgang/Kerlen, Christiane/Maats, Peter,/Schwab, Oliver/Sheikh, Sonja (Hrsg.) (2014): Evaluation in Deutschland und Österreich. Stand und Entwicklungsperspektiven in den Arbeitsfeldern der DeGEval – Gesellschaft für Evaluation. Münster, New York: Waxmann.
Deutsche Gesellschaft für Evaluation (DeGEval). URL: http://www.degeval.de (Stand: 14.9.2015).
Deutsche Gesellschaft für Evaluation (DeGEval) (2002): Standards für Evaluation. Köln: DeGEval Eigenverlag.
Ditton, Hartmut (2010): Evaluation und Qualitätssicherung. In: Tippelt, Rudolf/Schmidt, Bernhard (Hrsg.): Handbuch Bildungsforschung. 3. durchgesehene Auflage. Wiesbaden: Springer VS, S. 607–623.
Fend, Helmut (1982): Gesamtschule im Vergleich. Bilanz der Ergebnisse des Gesamtschulversuchs. Weinheim: Beltz Verlag.
Gemeinsame Geschäftsordnung der Bundesministerien im Wortlaut. URL: http://www.bmi.bund.de/cln_144/SharedDocs/Downloads/DE/Veroeffentlichungen/ggo.html (Stand: 14.9.2015).

Grajewski, Regina (2009): Evaluation in der Agrarpolitik in Deutschland. In: Widmer, Thomas/Beywl, Wolfgang/Fabian, Carlo (Hrsg.): Evaluation. Ein systematisches Handbuch. Wiesbaden: VS Verlag für Sozialwissenschaften, S. 75–86.

Grajewski, Regina/Meyer, Stefan (2014): Stand der Evaluation in der Strukturpolitik. In: Böttcher, Wolfgang/Kerlen, Christiane/Maats, Peter/Schwab, Oliver/Sheikh, Sonja (Hrsg.): Evaluation in Deutschland und Österreich. Stand und Entwicklungsperspektiven in den Arbeitsfeldern der DeGEval – Gesellschaft für Evaluation. Münster, New York: Waxmann, S. 37–59.

Haubrich, Karin (2009): Evaluation in der Sozialen Arbeit in Deutschland. Entwicklungslinien und Besonderheiten der Evaluationsdebatte am Beispiel der Kinder-, Jugend- und Familienhilfe. In: Widmer, Thomas/Beywl, Wolfgang/Fabian, Carlo (Hrsg.): Evaluation. Ein systematisches Handbuch. Wiesbaden: Springer VS, S. 441–449.

Hellstern, Gerd-Michael/Willmann, Hellmut (1984): Evaluierung und Evaluierungsforschung – ein Entwicklungsbericht. In: Hellstern, Gerd-Michael/Wollmann, Hellmut (Hrsg.): Handbuch zur Evaluierungsforschung. Opladen: Westdeutscher Verlag, S. 17–93.

Hense, Jan U. (2006): Selbstevaluation. Erfolgsfaktoren und Wirkungen eines Ansatzes zur selbstbestimmten Qualitätsentwicklung im schulischen Bereich. Frankfurt a. M.: Verlag Peter Lang GmbH.

Ipfling, Heinz-Jürgen (Hrsg.) (1981): Modellversuch mit Ganztagsschulen und anderen Formen ganztägiger Förderung. Bonn: Köllen.

Joint Committee on Standards for Educational Evaluation (1981): Standards for Evaluations of Education Programs, Projects and Materials. New York: McGraw-Hill.

Joint Committee on Standards for Educational Evaluation (1994): The Program Evaluation Standards. Thousand Oaks: Sage Publications.

Joint Committee on Standards for Educational Evaluation (1999): Handbuch der Evaluationsstandards. Die Standards des "Committee on Standards for Educational Evaluation". Opladen: Leske + Budrich.

Joint Committee on Standards for Educational Evaluation (2000): Handbuch der Evaluationsstandards. Die Standards des „Committee on Standards for Educational Evaluation". 2. durchgesehene Auflage. Opladen: Leske + Budrich.

KGSt (1993): Das neue Steuerungsmodell. Begründungen. Konturen. Umsetzungen. KGSt-Bericht Nr. 5/1993. Köln: KGSt.

KGSt (1994): Outputorientierte Steuerung in der Jugendhilfe. KGSt-Bericht Nr. 9/1994. Köln: KGSt.

Kromrey, Helmut (2001): Evaluation – ein vielschichtiges Konzept. Begriff und Methodik von Evaluierung und Evaluationsforschung. URL: http://www.hkromrey.de/SuB_2001-2-kromrey.pdf (Stand: 14.9.2015).

Kuper, Harm (2005): Evaluation im Bildungssystem. Stuttgart: Kohlhammer GmbH.

Maag Merki, Katharina (2009): Evaluation im Bildungsbereich Schule in Deutschland. In: Widmer, Thomas/Beywl, Wolfgang/Fabian, Carlo (Hrsg.): Evaluation. Ein systematisches Handbuch. Wiesbaden: Springer VS, S. 157–162.

Rolfes, Manfred/Wilhelm, Jan L. (2014): Evaluationspraxis und Evaluationsforschung im Kontext der Stadt- und Regionalentwicklung. In: Böttcher, Wolfgang/Kerlen, Christiane/Maats, Peter/Schwab, Oliver/Sheikh, Sonja (Hrsg.): Evaluation in Deutschland und Österreich. Stand und Entwicklungsperspektiven in den Arbeitsfeldern der DeGEval – Gesellschaft für Evaluation. Münster, New York: Waxmann, S. 21–35.

Schmidt, Uwe (2009): Evaluation an deutschen Hochschulen – Entwicklung, Stand und Perspektiven. In: Widmer, Thomas/Beywl, Wolfgang/Fabian, Carlo (Hrsg.): Evaluation. Ein systematisches Handbuch. Wiesbaden: Springer VS, S. 163–169.

Scriven, Michael (1972): Die Methodologie der Evaluation. In: Wulf, Christoph (Hrsg.): Evaluation. Beschreibung und Bewertung von Unterricht, Curricula und Schulversuchen. München: R. Piper & Co. Verlag, S. 60–91.

Smith, Eugene R./Tyler, Ralph Winfred (1942): Appraising and Recording Student Progress. New York: Harper & Row.

Stake, Robert E. (1972): Verschiedene Aspekte pädagogischer Evaluation. In: Wulf, Christoph (Hrsg.): Evaluation. Beschreibung und Bewertung von Unterricht, Curricula und Schulversuchen. München: R. Piper & Co. Verlag, S. 92–112.

Stockmann, Reinhard (2004): Was ist eine gute Evaluation? Einführung zu Funktionen und Methoden von Evaluationsverfahren. URL: http://www.ceval.de/typo3/fileadmin/user_upload/PDFs/workpaper9.pdf (Stand: 14.9.2015).

Stockmann, Reinhard (2006): Evaluation und Qualitätsentwicklung. Eine Grundlage für wirkungsorientiertes Qualitätsmanagement. Münster, New York, München, Berlin: Waxmann.

Stockmann, Reinhard (2010): Die Rolle der Evaluation in der Gesellschaft. URL: http://scidoc.sulb.uni-saarland.de/volltexte/2010/3101/pdf/Rolle_der_Eva_in_der_Gesellschaft.pdf (Stand: 14.9.2015).

Stockmann, Reinhard/Meyer, Wolfgang (2014): Evaluation. Eine Einführung. 2. überarbeitete und aktualisierte Auflage. Opladen, Toronto: Verlag Barbara Budrich.

Stufflebeam, Daniel L. (1972): Evaluation als Entscheidungshilfe. In: Wulf, Christoph (Hrsg.): Evaluation. Beschreibung und Bewertung von Unterricht, Curricula und Schulversuchen. München: R. Piper & Co. Verlag, S. 113–145.

Widmer, Thomas/Beywl, Wolfgang/Fabian, Carlo (Hrsg.) (2009): Evaluation. Ein systematisches Handbuch. Wiesbaden: Springer VS.

Wottawa, Heinrich/Thierau, Heike (1998): Lehrbuch Evaluation. 2. vollständig überarbeitete Auflage. Bern, Göttingen, Toronto, Seattle: Verlag Hans Huber.

Wulf, Christoph (Hrsg.) (1972): Evaluation. Beschreibung und Bewertung von Unterricht, Curricula und Schulversuchen. München: R. Piper & Co. Verlag.

Christiane Griese
Bildungsorganisationen und Bildung als Objektbereich von Evaluation

1 Vorbemerkungen

Vor den Hintergrund aktueller Debatten um die Effizienzsteigerung von Bildung bzw. Bildungsorganisationen im Sinne einer Kosten-Nutzen-Abwägung hat es womöglich schon im vorherigen Kapitel überrascht zu lesen, dass gerade der öffentliche Bildungssektor sowohl in den USA als auch in der Bundesrepublik Deutschland nicht von einem Evaluationssturm mitgerissen wurde, sondern vielmehr eine Vorreiterrolle einnahm. Der vorangegangene Text hat dafür grundlegende gesellschaftliche, politische wie bildungspolitische Entwicklungslinien in einer historischen Perspektive sichtbar werden lassen, sodass Evaluation im Bildungsbereich keineswegs allein als Folge oder gar Auswuchs neoliberaler Politik angesehen werden kann.

Vielmehr ergibt sich gerade aus der zentralen Rolle von Bildung in einer demokratisch verfassten Gesellschaft die Plausibilität von Evaluation. Bildung, das heißt die Gestaltung von Bildungsprozessen und -biografien der Gesellschaftsmitglieder, ist dasjenige Gut, das mit dem Eintritt in die Moderne zur grundlegenden Strategie heranreift, um standes- und herkunftsbezogene Privilegien zu überwinden. Nur indem das moderne Staatswesen jedem Bürger und jeder Bürgerin den Zugang zu Bildung ermöglicht, schöpft es für die Entwicklung und das Wachsen der Gesellschaft insgesamt die notwendigen individuellen Potenziale ab und aus. Zu diesem Zweck etablieren Staaten, hier in Deutschland seit Ende des 18. Jahrhunderts, gezielt Bildungsorganisationen. Gleichzeitig sind Bildungsorganisationen das Ergebnis eines *Prozesses der Bürokratisierung von Bildungsverläufen*. Die bürokratisierte Struktur soll in erster Linie gewährleisten, dass Bildung den gesamtgesellschaftlichen Bedarfen entsprechend organisiert und durchgeführt werden kann. Besonders augenfällig zeigt sich das im Schulsystem, dem dezidiert gesellschaftliche Funktionen übertragen wurden, die über Prozesse der Qualifikation (in Unterricht und Lehre), der Selektion (auf der Grundlage von Prüfungen und Zertifikaten) sowie der Integration (Vermittlung von Normen und Werten, Einleben in soziale Rollen) den Arbeitsmarkt, die sozialen Strukturen sowie das politische System reproduzieren (vgl. Fend 1980, 17).

In diesem Sinne können *Bildungsorganisationen als Dienstleistungsgeber* für die Gesellschaft angesehen werden. Der Staat bzw. ihm nachgeordnete staatliche Behörden, mithin die öffentliche Hand als verantwortliche Instanzen, haben die Erfüllung der genannten gesellschaftlichen Funktionen zu sichern sowie deren Finanzierung zu gewährleisten. Vor diesem Hintergrund liegt es nahe, dass dort ein dezidiertes Interesse besteht, Daten, Fakten, Belege und Informationen über die Outputs und Outcomes „ihrer" Organisationen zu bekommen.

Um davon ausgehend die aktuelle Situation von Evaluation im Bildungssektor zu verstehen, ist es notwendig, sich an dieser Stelle mit den Spezifika der für diesen Zusammenhang zentralen Objektbereiche von Evaluation näher vertraut zu machen. Dazu wird im Folgenden ein dem Lehrbuch zugrunde gelegtes Verständnis von Organisation und Bildungsorganisation erläutert. Dazu gehört auch, Evaluation in den Kontext von Bildungsorganisationen derzeit stark verfolgten Organisationsentwicklungskonzepten zu stellen. In Abschnitt 3 werden Merkmale des „Objektes" Bildung als Produkt bzw. Dienstleistung skizziert. Darauf aufbauend wird der Begriff Bildungsqualität eingeführt, der die Voraussetzung schafft, um Bildung überhaupt plausibel in einen evaluierbaren Aggregatzustand zu überführen.

2 Organisation, Bildungsorganisation und (Bildungs-)Organisationsentwicklung

„Blickt man auf moderne Erziehungs- und Bildungsprozesse, dann fällt schnell deren hoher Organisationsgrad auf. Kaum ein gesellschaftlicher Bereich wird wohl so stark anhand seiner Organisationen identifiziert" (Drepper/Tacke 2012, 205). Aktuell verlaufen Bildungsbiografien in hoch entwickelten Industriestaaten (fast ausschließlich) im Rahmen von konsekutiv aufeinander aufbauenden Bildungsorganisationen: Kindertagesstätten, Schulen, Fach- und Hochschulen, Betriebe, Jugendhilfeeinrichtungen, Weiterbildungsinstitutionen. Die zu Bildenden bzw. sich Bildenden „erleben und erfahren [vor allem] die Organisationshaftigkeit" von Bildungsprozessen und damit in erster Linie „die Ordnungs- und Planungswirklichkeit" (Drepper/Tacke 2012, 206) der jeweiligen Bildungsorganisation, auch wenn es sich um eine Museumsführung oder einen Theaterbesuch handelt.

2.1 Organisationsverständnis

Organisationen allgemein präsentieren sich als soziale Gebilde, die nach innen eine Strukturform (*Struktur der Binnenverhältnisse*) aufweisen und sich nach außen abgrenzen, gleichzeitig aber auch eine Struktur der Außenbeziehungen entwickelt haben. Eine Organisation entsteht und steht in Abhängigkeit vom sie umgebenden und sich im Wandel befindlichen gesamtgesellschaftlichen Werte- und Normensystem. Organisationen weisen eine sichtbare Struktur auf, die durch Organigramme, Arbeitsverträge, Zielvereinbarungen etc. manifestiert wird.

Eine Vielzahl organisationstheoretischer Betrachtungsweisen hebt unterschiedliche Merkmale von Organisationen hervor. Es kann unter anderem der bürokratische Charakter einer Organisation fokussiert (Bürokratiemodell von Max Weber), aber auch die innere Systemik von Organisationen, ihre soziale Verfasstheit betrachtet werden wie im organisationspsychologischen Human Relations-Ansatz (vgl. Kieser/ Ebers 2006, S. 133 ff.).

Als rationale Systeme zeichnen sich Organisationen dadurch aus, dass sie spezifische, eindeutig definierte Ziele und Zwecke verfolgen. Es ist damit zu rechnen, dass eine rationale Organisation (Unternehmen, Schule, Hochschule, Verwaltung) intern einen hohen Formalisierungsgrad der kollektiven Beziehungen aufweist, indem präzise und explizite Regeln das Verhalten der Beteiligten steuern bzw. deren Rollen und Rollenbeziehungen festschreiben (vgl. Scott 1986, zit. n. Kron u. a. 2013, 226). Das bis heute gültige bzw. dominante, auch für Bildungsorganisationen konstitutive Organisationsverständnis leitet sich von Max Webers Bürokratietheorie ab. Demnach sind Bürokratien durch klar definierte Zuständigkeiten, Arbeitsaufgaben und Verantwortungsbereiche, außerdem eindeutige Hierarchien gekennzeichnet.

> Die Über- und Unterordnungen ebenso wie die Bereiche der Arbeitsteilung und Zuständigkeiten sind nicht willkürlich, sondern klar geregelt und werden ebenso wie Arbeits-(Amts-)Vorgänge in der Regel schriftlich fixiert bzw. dokumentiert. Schließlich stehen in diesem idealtypischen Bild nicht Personen im Vordergrund, sondern Funktionen. Loyalitäten gelten also den jeweiligen Funktionsinhabern, die wiederum ihre Funktion mit einem Höchstmaß an „Objektivität" zu vollführen haben, womit eine sachliche rationale Aufgabenerfüllung sichergestellt ist und alle Menschen ohne „Ansehen ihrer Person" gleichbehandelt werden und – so das Idealbild – vor Willkürakten geschützt sind (Focali 2011b, 41).

Aus einem solchen, vor allem zweckrationalen und bürokratisch ausgerichteten Verständnis der Logiken von Organisationen (zentrale Organisationsprinzipien wie Aufgabenspezialisierung, Über- und Unterordnungen, zentrale Steuerungsmechanismen und Zielvorgaben, hohes Maß an Kontrolle und Zwang zur permanenten schriftlichen Dokumentation) ergibt sich die Plausibilität der Einführung und Nutzung von Evaluation, um jene Logiken zu bedienen bzw. den Bestand der Organisation zu sichern.

2.2 Spezifik von Bildungsorganisationen

Sowohl Dimensionen von Bildung, die vor dem Hintergrund gesellschaftlich definierter Relevanz realisiert werden sollen, als auch spezifische Handlungsfelder, in denen Bildungsprozesse gestaltet werden, sind inzwischen in der Bundesrepublik Deutschland in hohem Maße organisational verankert. Das bedeutet: Bildungsprozesse finden vor allem normiert und formalisiert statt, werden in dafür etablierten Bildungsorganisationen bürokratisch verwaltet und neuerdings im Zuge der Modernisierung von Verwaltungen im Rahmen von Organisationsentwicklungsbestrebungen professionell gemanagt.

Bildungsorganisationen im engeren Sinne sind Bestandteile eines umfassenden Bildungssystems, das alle Institutionen des staatlich verantworteten Bildungssektors umfasst und Bildungsprozesse als „Kernaufgabe" organisiert. Damit ist diesem System eine spezifische gesellschaftliche Funktion eingeschrieben, die sich als Recht auf Bildung in der Verfassung manifestiert und auf allen Ebenen des Bildungssystems als Forderung nach Realisierung von Chancengerechtigkeit für alle Gesellschaftsmitglieder an die Bildungsorganisationen gestellt wird. In den letzten Jahren hat sich jedoch die Landschaft der Bildungsangebote deutlich ausdifferenziert. Es entstand auch ein außerstaatlich-privatwirtschaftlicher Bildungssektor, Unternehmen entdeckten das „Geschäftsfeld" Bildung für sich, sei es als Kerngeschäft (private Sprachschulen, Kindergärten) oder auch als Zusatzgeschäft bildungsbranchenfremder Unternehmen (wie Maschinenbaubetriebe, Beerdigungsinstitute) (vgl. Griese/Marburger 2011, 14).

Stehen Bildungsorganisationen im Fokus von Evaluation, so werden auf der *Mikroebene* die Lern- und Bildungsprozesse der Lernenden und Lehrenden (Kurse und Unterricht, Lernarchitektur, Didaktik und Methodeneinsatz) betrachtet, auf der *Mesoebene* richtet sich der evaluative Blick auf die einzelne konkrete Bildungsorganisation (der Kindergarten um die Ecke, die Integrierte Sekundarschule im Stadtbezirk X, die Universität Y) und auf der *Makroebene* auf das jeweilige funktionale System (System der frühkindlichen Bildung, Schul- und Hochschulsystem, Jugendbetreuungssystem, Gesundheitssystem etc.). Alle drei Ebenen werden seit Anfang des 21. Jahrhunderts in der Bundesrepublik Deutschland regel- und routinemäßig evaluiert: auf der *Mikroebene* zum Beispiel durch Selbstevaluation von Lehrkräften über ihren Unterricht oder Teilnehmerbefragungen von Volkshochschulkursen, auf der *Mesoebene* durch Schulinspektion von Schulen einer Region oder von Hochschulen auf der Grundlage von Systemakkreditierungen und auf der *Makroebene* mithilfe bundesweiter und internationaler Schulleistungsstudien oder Hochschulrankings.

Aus Sicht der Organisationtheorie werden Bildungsorganisationen einerseits als institutionalisierte, lose gekoppelte und mikropolitische Gebilde (vgl. detailliert bei Röbken 2008, 24–34), andererseits als professionelle Bürokratien beschrieben. Die Spezifik von Bildungsorganisationen im Vergleich zu anderen Organisationen lässt sich am deutlichsten im Rahmen der Betrachtung als professionelle Bürokratie erkennen: Bildungsorganisationen weisen zum einen zwar auch „einen hohen Grad an Formalisierung" auf, entziehen sich jedoch „einer unmittelbaren Steuerung, etwa durch eine zentrale Schul- oder Hochschulleitung" (Röbken 2008, 20).

Für eine Bildungsorganisation ist außerdem grundlegend bzw. typisch, dass sie die Aufgabenerledigung und Zweckerfüllung (anders als in anderen bürokratischen Organisationen) eben nicht „durch klar definierte Regeln, Verfahrensweisen, Prinzipien und Hierarchien" sicherstellt, sondern auf der Basis der „Standardisierung von Fähigkeiten ihrer Mitarbeiter" (Röbken 2008, 20).

> Professionelle Bürokratien rekrutieren sorgfältig und über viele Jahre ausgebildete Spezialisten – in anderen Worten Professionelle – für die Erledigung ihrer Kernaufgaben und statten sie mit

einem großzügigen Gestaltungsspielraum aus. Gestaltungsspielraum bedeutet, dass die Professionellen ihre Arbeit relativ unabhängig von ihren Kollegen durchführen können, dafür arbeiten sie aber eng mit ihren Klienten zusammen (Röbken 2008, 20).

Für das hier gewählte Ziel, Bildungsorganisationen als Objektbereich von Evaluation zu betrachten, ist das Spezifikum von *Bildungsorganisationen als Expertenorganisation* von Bedeutung. Insofern die (akademischen) Mitarbeiter(inn)en einer Bildungsorganisation (Lehrkräfte, Dozent(inn)en, Fachwissenschaftler/-innen, aber auch Berater/-innen und Therapeut(inn)en) als (Bildungs-)Expert(inn)en ausgewiesen sind, gelten für sie professionsbezogene Standards und Normen wie insbesondere Eigenverantwortlichkeit, Autonomie, Klientenbezug. Bei der Entfaltung der Expertise während der Berufsausübung treffen diese Handlungslogiken dann auf jene der bürokratisch verfassten Organisation. „Hierbei überschneiden sich, so die Grundannahme, pädagogische und organisationale Handlungslogik, also Professions- und Organisationsrolle, was zum Widerstand der Experten (Pädagoginnen und Pädagogen) gegen die organisatorischen (bürokratischen) Regeln" (Focali 2011b, 45) führen kann.

Diese Situation kann als *Barriere* zur Etablierung von Evaluation im Bildungsbereich angesehen werden und zu konkreter Widerständigkeit führen, den an die Bildungsorganisation gerichteten (politisch gewünschten) Evaluationsauftrag zu erfüllen. Denn den tendenziellen Anliegen von Evaluation, wirkungsvolle Prozessketten zu identifizieren, Lernoutputs auf Bildungsprozesse zurückzuführen, sich dominant an Outputs zu orientieren und Nutzungserwartungen zu formulieren, stehen Handlungslogiken von Professionellen im Bildungsbereich entgegen: Ihnen geht es um Ressourcenorientierung und Förderung, ganzheitliches Denken, Verschiedenheit, Kreativität und Ergebnisoffenheit, individuelle Gestaltung von Kommunikation und Interaktion. Vor diesem Hintergrund wird die zunehmende Dominanz von Evaluationsmaßnahmen in Bildungsorganisationen auch als Deprofessionalisierungstendenz kritisch diskutiert (vgl. Tacke 2005), eben weil mit Evaluation standardisierte Verfahrensweisen Einzug halten, die autonomes, vielgestaltiges, flexibles professionelles Expertenhandeln eher einzuschränken als zu befördern scheinen.

Insgesamt kann konstatiert werden: Der Evaluations-Objektbereich Bildungsorganisation lässt sich nicht leicht operationalisieren, denn Bildungsorganisationen „zeigen die organisationstypischen Charakteristika der Nichttrivialität, der externen Nichtsteuerbarkeit, Eigensinnigkeit und Eigenlogik im besonderen Maße" (Drepper/Tacke 2012, 210). Trotzdem wurde der Bildungssektor zu einem Paradebeispiel dafür, wie in wenigen Jahren Evaluation in allen strukturellen Ebenen verankert und verstetigt wurde. Das gelang vor allem durch die Einbettung in eine politisch forcierte und gesetzlich fixierte Gesamtstrategie von Bildungsorganisationsentwicklung.

2.3 Bildungsorganisationsentwicklung

Jede Organisation, auch eine Bildungsorganisation, ist jedoch trotz dieser Widersprüchlichkeit darauf angewiesen, in der Organisation verankerte und gemeinsam angestrebte Organisationsziele zu verfolgen, um ihren Bestand als solche und insbesondere in einer sich ständig wandelnden gesellschaftlichen Umwelt (politisch, ökonomisch, sozial, kulturell) zu sichern. Insofern sind Bildungsorganisationen – zumal jene aus Steuermitteln finanzierten – auch genötigt, sich selbst ständig zu verändern, um ihre Kernziele funktionsadäquat weiterhin erreichen zu können. Um solchen Ansprüchen im Bildungsbereich gerecht werden zu können, wurden Organisationsentwicklungsstrategien aus dem unternehmerisch-wirtschaftlichen Managementbereich adaptiert bzw. in den letzten 20 Jahren in die unterschiedlichen Organisationsstrukturen des Bildungssystems eingepflegt. Diese politische Agenda hatte Evaluation als eines der grundlegenden Steuerungsverfahren eines Organisationsentwicklungsprozesses an Bord. Die Legitimität der (nunmehr verpflichtenden) Durchführung von Evaluationen von Bildungsorganisationen und ihres Outputs bzw. die Verankerung einer Evaluationsstrategie innerhalb der konkreten Bildungsorganisation – zum Beispiel dezidiert formuliert in Leitbildern als Teil des Organisationszieles – war vor diesem Hintergrund gesichert. Evaluative Verfahren der Bestandsaufnahme, Selbstuntersuchung und Diagnose, der Stärken-Schwächen-Analyse, der Sammlung und Bewertung von organisations-, personal- und produktbezogenen Daten, Phasen der Konzeptentwicklung und Zielklärung wurden so zu unverzichtbaren Instrumenten im Rahmen von Organisationsentwicklungsvorhaben und -maßnahmen. Evaluation etablierte sich damit als immanenter Bestandteil systematischer Entwicklungsarbeit in allen Bildungsorganisationen.

Der breite Konsens, auf dem die Akzeptanz für Evaluation von und in Bildungsorganisationen ruht, wurde auch dadurch initiiert, dass im Bildungsbereich Organisationsentwicklung vor allem mit dem Label *Lernende Organisation* eingeführt wurde. Auf Bildungsorganisationen abzielende Organisationsentwicklungskonzepte wurden pädagogisch attribuiert und damit auf genuin pädagogische Vorstellungen vom Lernen bezogen: „Organisationsentwicklung schafft gezielt Lernanlässe und -situationen für Personen, Gruppen und das gesamte System, geht prozess- und problemorientiert vor und integriert dabei Analyse- und Entscheidungsprozesse, inhaltliche und soziale Prozesse" (Rolff 1993, 153).

Auch mit der Ausrichtung des Konzepts auf ein systemisch konstruktivistisches Verständnis von Bildungsprozessen sowie auf die konkreten Bedingungen vor Ort (z. B. in der Einzelschule) konnte die Professionalität der Bildungsexpert(inn)en positiv angesprochen und (unproblematische) Anschlussfähigkeit vermittelt werden. Dadurch konnte durchaus Professionalität nach außen aufgewertet werden. Da traditionell in der BRD Bildungsorganisationen (jedenfalls öffentlich finanzierte) nicht angehalten waren, ihre Outputs beweiskräftig zu belegen, waren Zweifel an pädagogischer Expertise in der Öffentlichkeit stets vorhanden. Wenn nun eine Bildungsorganisation die Möglichkeit erhält, in der Öffentlichkeit, gegenüber konkurrierenden Bildungsakteuren über Daten und Fakten ihre Professionalität, ihre Qualität, das heißt, Effizienz und Effektivität von Bildungsangeboten zu präsentieren, dann kann das positive Rückwirkungen auf die Organisationsentwicklung generieren (Identifikation der Mitarbeiterschaft nach innen, Erhöhung der Attraktivität nach außen für Abnehmer/-innen). Je nachdem, wie nun Evaluationsergebnisse ausfallen, bewertet und präsentiert werden, können Erfolg und damit professioneller Zuwachs dokumentiert werden.

3 Bildung und Bildungsqualität

Wie die Bildungsorganisation, so ist auch deren Organisationszweck „Bildung" mit besonderen Merkmalen ausgestattet, die den Zugriff durch Evaluation beeinflussen. Bildungsqualität wird im Folgenden als die Art und Weise der Fokussierung auf Bildung dargestellt, die eine Operationalisierung von Bildung als Evaluationsobjekt erst möglich macht.

3.1 Bildung

Es ist hier nicht der Platz, den Bildungsbegriff als Kernbegriff der Erziehungswissenschaft bildungshistorisch und -theoretisch zu erörtern (eine Übersicht bei Focali 2011a). Der folgende Verweis fasst die zentralen Dimensionen von Bildung zusammen, wie sie in der Fachwissenschaft, aber auch im Alltagsbewusstsein verankert sind. Bildung wird verstanden als
- individueller Wissens- und Kompetenzbestand,
- individueller Prozess des Lernens, d. h. der Persönlichkeitsentfaltung,
- Prozesse im Sinne der Höherentwicklung der Gattung,
- Lernangebote bildender Institutionen (vgl. Focali 2011a, 22).

Im Zusammenhang mit den oben beschriebenen Organisationsentwicklungsprozessen im Bildungssektor wird Bildung neuerdings auch in Bezug auf ihre *Produktmerkmale* diskutiert. Dabei wird konsensual betont, dass Bildung „selbstverständlich kein Produkt [sei], das man erwerben kann wie eine Waschmaschine oder ein Bücherregal" (Böttcher u. a. 2010, 9). Auch der häufig in diesen Debatten genutzte *Dienstleistungsbegriff* ist nicht gänzlich unumstritten, da auch Dienstleistungen (wie Wellnessangebote, die Maniküre von Fingernägeln, die Reinigung von Kleidung) bzw. deren Effekte ohne das Zutun der Konsumenten erbracht werden. Trotz bestehender Unterschiede zwischen solchen Dienstleistungen und *Bildungsdienstleistungen* wird der Dienstleistungscharakter der Bildung von verschiedenen Autor(inn)en jedoch hervorgehoben: „Dazu zählen die typischen Bildungsdienstleistungen wie Unterrich-

ten, Betreuen, Entwickeln und Beraten. Daneben bestehen weitere *Bildungsleistungen* in der Vermittlung bestimmter Werte, Interessen oder Ideen, z. B. bezüglich einer bestimmten bildungspolitischen oder humanistischen Ausprägung. Diese haben analog der beschriebenen Dienstleistungen gleichfalls einen immateriellen Charakter" (Hagemann/Vaudt 2011, 98). Die folgenden *Produkteigenschaften* machen eine solche Zuordnung plausibel:
– Eine Dienstleistung ist ein immaterielles Produkt.
– Dienstleistungen sind nicht lagerfähig. Es ist also keine Produktion auf Vorrat möglich. Das heißt, die Dienstleistung wird im Moment ihrer Nachfrage erzeugt. Wenn es sich um Dienstleistungen „am Menschen" (Massage, Pediküre) handelt, müssen Produzent und Abnehmer gleichzeitig anwesend sein.
– Eine Dienstleistung ist stets ein Unikat, auch wenn sie immer wieder erbracht wird. Das wird zusätzlich beeinflusst von den nie gleichen Rahmenbedingungen, unter denen sie erbracht wird. Insofern besteht ein entscheidender Unterschied zur Produktion an einer Taktstraße. Dies wiederum erzeugt die breit diskutierten Probleme bei der Mess- und Vergleichbarkeit ihrer Qualität (vgl. Dörfler 2007, 38).

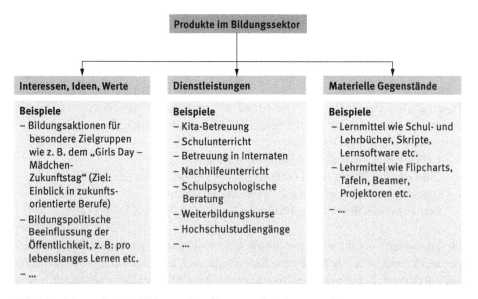

Abb. 1: Produkttypologie im Bildungssektor (Hagemann/Vaudt 2011, 98).

Für das hier anvisierte Ziel, Bildung als Objektbereich von Evaluation zu fokussieren, sind solche Begriffsdebatten insofern von Belang, als die inhärente Eigentümlichkeit des Dienstleistungsproduktes Bildung zu klären ist.

Bildung ist ein „Produkt", das eben vor allem durch die „Eigenart des Prozesses" bestimmt wird:

> Der Ablauf der [...] Erzeugung von Lernen und Bildung kann nicht auf der Basis klarer Kausalitäten und beherrschbarer Prozesse gesteuert und optimiert werden. Darüber hinaus kommen die Ergebnisse [...] nicht allein durch die Arbeit des Lehrpersonals sowie durch die bereitgestellten Strukturen zustande, sondern immer nur in Kooperation. [...] Schließlich kann das Eintreffen von beabsichtigten Wirkungen und deren Bewertung zu sehr unterschiedlichen Zeitpunkten, anhand unterschiedlicher Bewertungskriterien und insofern mit stark divergierenden Ergebnissen erfolgen (Terhart 2000, 825).

Gerade jedoch diese komplexen Prozessqualitätsbedingungen sind kaum evident umfänglich zu erfassen.

Es sind Menschen, die Bildungsprozesse durchlaufen, die auf einen pädagogischen Input jedoch kaum zuverlässig einen vorher berechneten Output liefern, sodass es kaum gelingen kann, die Organisation bzw. Gestaltung von Bildungsprozessen und deren Effekte in einen kausalen Ursache-Wirkungszusammenhang zu stellen. Vielmehr bleiben pädagogische Prozesse weitgehend *ergebnisoffen*. Die Konsumenten/Abnehmer/-innen von Bildung sind gleichzeitig Co-Produzenten sowohl des Bildungsprozesses als auch seiner Ergebnisse. Ob also eine Bildungsmaßnahme Nutzen entfaltet, ist von der Mitwirkung der „Kunden" als Seminarteilnehmer/-innen, Ausstellungsbesucher/-innen, Schüler/-innen oder Studierende abhängig (vgl. Vaudt 2011, 143). In der Pädagogik ist man sich dieser Schwierigkeit, die als Technologiedefizit oder Legitimationslücke benannt wird, durchaus bewusst. Nichtsdestotrotz werden Bildungsorganisationen und die in ihnen professionell Tätigen immer auch mit Erwartungen nach Planungssicherheit und Effektprognosen konfrontiert. In dem verpflichtenden Anspruch nach Evaluation von Bildungsprozessen und Lernergebnissen ist diese Erwartungshaltung institutionalisiert und legitimiert.

Für den Bereich der öffentlich finanzierten Bildungsangebote kommt eine zusätzliche Spezifik des Evaluationsobjektes Bildung dazu. Der öffentliche Auftrag, Bildung als „eine organisierte und dauerhafte Form der Kommunikation mit dem Ziel, Lernerfolg zu realisieren" (UNESCO 1997), bereitzustellen, ist als *Bildungsrecht* für alle definiert. Bildung wurde und wird in diesem Kontext vor allem als *Allgemeingut* angesehen, dessen vorerst zweckfreier Erwerb gleichzeitig Menschenrecht ist bzw. der individuellen Persönlichkeitsentfaltung dienen soll und von den Bildungsorganisationen der öffentlichen Hand allen Gesellschaftsmitgliedern im Sinne der Gewährleistung von Chancengerechtigkeit zur Verfügung zu stellen ist. Wenn jedoch Bildung in einem organisationalen Kontext generiert wird, dann lässt sich ein Verständnis von Zweckfreiheit und Kostenneutralität nicht mehr ohne Weiteres plausibilisieren. Mit der Herausbildung eines nationalstaatlichen Bildungssystems (verschiedene Schulformen, Verwaltung und Administration, Gebäude, materielle und personelle Ausstattung) konnten bildungsökonomische Überlegungen dazu, „ob sich der Einsatz von Ressourcen (Finanzen, Zeit, Anstrengungen) für die Aneignung von Bildungsgütern lohne" (Griese/Marburger 2011, 7), nicht mehr missachtet werden. Insofern ist davon auszugehen, dass mit dem Entstehen eines Systems von Bildungsorganisationen immer auch Formen und Mechanismen von Ertrags-Wirkungs-Kontrolle Einzug halten mussten (wie z. B. die Schulvisitation in Preußen bereits Mitte des 19. Jahrhunderts).

3.2 Bildungsqualität

Es zeigt sich, dass Bildung wegen ihrer wirkungsunsicheren sowie komplexen „Herstellungsbedingungen" und des hohen Anteils der Lernenden am Output eines vorab organisierten Bildungsprozesses (Auswahl von Themen, Didaktik, Ausstattung ...) als schwieriges, wenn nicht *sperriges* Evaluationsobjekt gelten kann. Um Bildung als Gegenstand von evaluativen Maßnahmen handhabbar zu machen, beziehen sich für Evaluationsprojekte definierte Kategorien und Indikatoren denn auch auf die Qualität von Bildung. Der Qualitätsbegriff rückt also in den Vordergrund.

Die Identifikation von Qualität über „Listen von Merkmalen" kann als „Ordnungsmerkmal der Moderne" angesehen werden und ermöglicht es immerhin, einen eher offenen, intuitiven, unbestimmten und allgemeinen Begriff zu fassen und zu operationalisieren. Auch die Unterscheidung von Struktur-, Prozess- und Ergebnisqualität und die Zuhilfenahme von Qualitätskriterien gibt Orientierung (vgl. Meyer/Siemer 2006, 66). Dabei stammt der Begriff Qualität ursprünglich aus der industriellen Produktion, wo anhand technischer und damit scheinbar objektiver Kriterien ein Produkt bewertet wurde: „Als Maß der Qualität galt die Einhaltung technischer Normen und Spezifikationen" (Stockmann 2006, 23). Bereits seit den 1960er-Jahren gewann jedoch die situativ, kontextuell und kulturell bestimmte *Qualitätsbeurteilung* durch Kunden/-innen bzw. Abnehmer/-innen an Bedeutung. Die Qualität ergibt sich nun vor allem aus Zufriedenheit, Nützlichkeit und Verwendbarkeit: „Damit rückte die Beurteilung von Eigenschaften eines Produkts, die durch die persönlichen Bedürfnisse des Kunden bestimmt wird, in den Mittelpunkt des Qualitätsverständnisses" (Stockmann 2006, 23).

Terhart konstatierte bereits im Jahr 2000, dass „Qualität [...] zu einem der leitenden Begriffe innerhalb des allgemeinen Bildungsdiskurses geworden" sei sowie „eine Prominenz erreicht" habe, „die durchaus derjenigen früherer Leitkonzepte wie etwa Kindgemäßheit, Chancengleichheit, Emanzipation oder Wissenschaftsorientierung entspricht" (Terhart 2000, 809). Es scheint so, als ob es mit der Einführung des Qualitätsbegriffs als Referenz zu einem entscheidenden *Paradigmenwechsel* gekommen ist, dass gar eine Lösung gefunden sei, um Legitimitäts- bzw. Technologielücken pädagogischer Prozesse zu schließen, wenig präzis formulierte und kaum evident belegte pädagogische Ziele nun einer objektiven und empirisch gesicherten Qualitätskontrolle unterziehen zu können. Der Siegeszug von Evaluation im Bildungsbereich vermag auch aus dieser Hoffnung auf (mehr) Wirkungssicherheit gespeist worden sein. So gelang es in nur zwei Jahrzehnten, den Bildungsorganisationen des staatlichen Bildungssektors Standardisierungsvorgaben und Evaluationsverfahren als Bestandteil des Handlungsfeldes handlungsleitend einzuschreiben.

Der Rückgriff auf den Begriff „Qualität" meint immer auch schon eine wertende Aussage. Die *Dominanz*, die dieser Begriff zur Bewertung von Organisationen (*gute* Schule), Prozessen (*guter* Unterricht) und individuellen Lebensläufen (*erfolgreiche* Bildungskarriere, *gutes* Leben) erreicht hat, – so die Kritiker/-innen – ging mit einer moralischen Aufwertung einher, „weil es einen großen Bedarf an wertenden (also vereinfachenden) Aussageformen gibt, die durch die Kombination mit Diagnosen besonders leistungsfähig Komplexität reduzieren können und dies mit Heilsversprechen, Verbesserungen und Rationalisierungen verbinden" (Meyer/Siemer 2006, 74). Von dieser kritischen Perspektive ist Evaluation als Basisverfahren von Qualitätsentwicklung direkt angesprochen. „Die politische Reaktion auf PISA war geradezu ein Bekenntnis zu [Qualitäts-]‚Standards', ein Ausdruck der vor wenigen Jahren noch überhaupt nicht gebräuchlich war und heute wie eine Zauberformel gebraucht wird, der die Lösung aller Probleme zugetraut wird" (Oelkers 2003, 135). Oelkers sieht darin nur den Austausch von Begriffen – statt Zielen verfolgt man nun Standards, „ohne damit mehr zum Ausdruck zu bringen als die alte Wunschprosa" (Oelkers 2003, 135). Außerdem können auch diese Bildungsstandards, die letztlich gute Schule, erfolgreiches Lernen, zukunftsträchtige Bildungsabschlüsse definieren wollen, keine Objektivität für sich reklamieren, vielmehr sind diese vor dem Hintergrund kultureller, gesellschaftlicher und politischer Normsetzungen entstanden.

Meyer und Siemer, die sich kritisch mit der Nutzung des Qualitätsbegriffs im Bildungsbereich auseinandersetzen, machen für den Erfolg von Qualitätskonzepten eine hohe *Anschlussfähigkeit* an die „pädagogische Semantik" (Meyer/Siemer 2006, 72) verantwortlich, weil „Qualität immer verbessern will" (Meyer/Siemer 2006, 72), so wie Bildungs- und Erziehungsprozesse dies eben auch anstreben: in Bezug auf Fähigkeiten der Lernenden, Chancen auf dem Ausbildungs- und Arbeitsmarkt, Bewältigung von Lebenskrisen etc. Bildet Qualität den Referenzrahmen für die Bewertung einer Bildungsorganisation, dann – und das erweitert die Bewertungsperspektive – wird „Fremdreferentialität" (Meyer/Siemer 2006, 72) zugeführt. Das bedeutet, Abnehmer/-innen, Adressat(inn)en, Teilnehmer/-innen, Kund(inn)en können ihre Bedürfnisse und Wünsche, ihre Qualitätskriterien in den Qualitätsdiskurs durchaus machtvoll einfließen lassen (z. B. Eltern gegenüber Lehrkräften bei der Beurteilung von Leistungen, studentische Gremienvertreter bei der Mitgestaltung von Leistungsparametern). Insofern wird verständlich, dass Evaluationen im Bildungsbereich verstärkt auch Aspekte der *Kundenzufriedenheit* abfragen bzw. die in der Öffentlichkeit wahrgenommene Qualität einer konkreten Bildungsorganisation sich dominant aus der Qualitätsbeurteilung der zu Bildenden zu ergeben scheint: Sind Studierende mit der Notengebung in einem Modul individuell zufrieden, dann ergeben sich positive Bewertungen in Bezug auf die Lehrveranstaltung und die Lehrkraft.

Dieses Beispiel verweist auf den Tatbestand, dass in einem Bildungsprozess unterschiedliche *Qualitätsverständnisse* virulent sein können: das der Lehrenden, der Lernenden, des Organisationsmanagements, aber auch der Abnehmer, Geldgeber, Öffentlichkeit etc. Wenn außerdem im Bildungsbereich keine geldwerte Qualität definiert werden kann, sondern vor allem eine „Transformationsqualität" maßgeblich erzeugt werden soll, das heißt wachsendes „Empowerment im Sinne zunehmender Selbstbestimmung der Teilnehmer von Bildungsprozessen zum Qualitätsausweis" (Terhart 2000, 817) und -nachweis erhoben wird, dann entsteht für evaluative Maßnahmen zur Messung solcher Transformationseffekte die Frage, welche der Beteiligten dann eigentlich die Qualität einschätzen können.

Bei näherer Betrachtung stellt sich also heraus, dass auch die Bezugsnormen, die hinter dem Begriff „Bildungsqualität" stehen, die Problematiken bei der evaluativen Erfassung von Bildung nicht aufzulösen vermögen.

Als *Leitkategorie* für Bildungsevaluationen dient Bildungsqualität trotzdem in der Logik von Bildungsorganisationsentwicklung als grundlegendes Instrument, nämlich als „verabredeter Gütemaßstab, der auf den offiziellen Zwecksetzungen des Bildungssystems insgesamt bzw. einzelner Bildungs- und Sozialeinrichtungen basiert und der insofern dann auch als Bezugspunkt für die Ermittlung und ggf. den Vergleich der faktischen Wirkung dieser Einrichtungen herangezogen werden kann" (Terhart 2000, 815).

Organisationsentwicklung zielt im Wesentlichen auf *Qualitätsentwicklung* ab. Im Rahmen von Organisationen, auch Bildungsorganisationen, avancierte spätestens seit Anfang des 21. Jahrhunderts Qualität „zur wichtigsten Erfolgsdeterminante" (Stockmann 2006, 25). Im Rahmen von Organisationsentwicklungsprozessen galt es, ein Qualitätsmanagement in der Organisation insbesondere als Führungsaufgabe und im Leitbild zu etablieren, wie es inzwischen an Hochschulen, in Schulverwaltungen, Einrichtungen der sozialen und politischen Arbeit, in Kulturinstitutionen geschehen ist. In Bildungsorganisationen hat man sich am Qualitätskonzept des *Total Quality Management* (TQM) orientiert. Die zentralen Grundlagen bzw. Zielstellungen sind dabei Kundenorientierung, Prozessorientierung, kontinuierliche Qualitätsverbesserung, Qualitätssicherung und ein professionelles Management. Aus diesen Grundsätzen leiten sich dann nicht nur „logisch" die Notwendigkeit von Evaluationsmaßnahmen ab (permanent gilt es, den Ist-Stand zu erheben und zu bewerten), sondern auch die Sachverhalte, auf die sich Evaluation bezieht: Teilnehmerzufriedenheit bei einem Ausstellungsbesuch, Kompetenzzuwachs im Unterricht, gewählte Lernarchitektur in Volkshochschulkursen usw.

Auch die deutliche Zweckorientierung einer in Organisationen eingebundenen Evaluation weist auf die *Funktion* evaluativer Maßnahmen innerhalb eines Organisations-Qualitäts-Entwicklungskonzepts zurück: Um Qualitätsentwicklung in der Organisation steuern zu können, dienen die über Evaluation erhobenen Informationen, Daten, Erkenntnisse zuerst der Kontrolle von Prozessen sowie deren Legitimation. Im Sinne einer „Lernenden Organisation" dienen Evaluationsergebnisse dazu, Transparenz zu schaffen über interne Strukturen, Abläufe und Maßnahmen, die wiederum Dialog- bzw. Lernanlässe darstellen, um möglichst viele Mitarbeiter/-innen an der weiteren Entwicklung zu beteiligen.

Die Feststellung der Qualität ist das Ziel aller (Bildungs-)Evaluationen. Die (Weiter-)Entwicklung von Qualitätsstandards und dauerhafte Sicherung der Qualität von Bildungsmaßnahmen ist daher für Bildungsanbieter als Nachweis des Nutzens ihrer Angebote ein zentrales Thema: Neben Gütesiegeln, Zertifizierungen nach DIN ISO 9000 ff., EFQM und anderen Qualitätsmanagement-Systemen sind in der Praxis auch Benchmarking-Konzepte bei Anbietern von Bildungsangeboten, die nach dem Prinzip „Lernen am Klassenbesten" funktionieren, weit verbreitet (Vaudt 2011, 143).

So kann grundsätzlich festgehalten werden, dass erst mit der Fokussierung auf Bildungsqualität es plausibel gelingen konnte, ökonomische Denkmodelle von Effizienz (Verhältnis von Ressourcenaufwand und Ertrag) und Effektivität (Verhältnis von Absicht und Wirkung) auf Bildungsprozesse zu übertragen und in Bildungsorganisationen zu adaptieren: Welche Lehrperson, welcher Bildungsanbieter könnte legitim etwas dagegen haben, die Qualität, also die Güte des Bildungsangebotes (des Kurses, des Unterrichtsprojekts, des Ausbildungsmoduls) „nicht mehr allein an guten Absichten, sondern an den erzielten Wirkungen sowie schließlich am Verhältnis von Aufwand und Ertrag [zu] bemessen" (Terhart 2000, 812).

4 Fazit und Ausblick

Indem Bildungsprodukte und -prozesse, Bildungsstrukturen, -organisationen und -systeme zu Gegenstandsbereichen von Evaluationen werden, wird Evaluation im Sinne eines wertenden, begutachtenden und kontrollierenden Verfahrens auch Teil der Bildungsorganisation. War zu Beginn der Etablierung von Evaluationsmaßnahmen im Bildungsbereich in der Bundesrepublik Deutschland der Bezug zu Innovation und Reform dominant, indem es „nur" um die Evaluation von Reformvorhaben und Modellversuchen ging, um deren Effekte zu erheben bzw. Nachhaltigkeit zu sichern, ist nun Evaluation zu einem *bürokratisierten* Steuerinstrument geworden. Die dabei gewählte Bezugsgröße Bildungsqualität ist deshalb „so attraktiv, weil sie die Wiedereinführung von Kontrollierbarkeit suggeriert, und sei es nur graduell und mit einer bestimmten Wahrscheinlichkeit" (Meyer/Siemer 2006, 72).

Insgesamt wird in der Evaluationsliteratur davon ausgegangen, dass in Bildungsorganisationen, insbesondere öffentlich finanzierten, wie Schulen und Hochschulen, sich die unterschiedlichen zukunftsweisenden Funktionen von Evaluation noch nicht gänzlich entfalten konnten. Stockmann kommt zu dem Schluss:

> Qualitätsmanagement und Evaluation stehen im Bildungsbereich nicht nur weitgehend unverbunden nebeneinander, sondern die Potenziale beider Instrumente werden auch nicht ausreichend ausgeschöpft. Die Reduktion von Qualitätsmanagement auf die Einführung kaufmännischer Prinzipien, auf Controlling und Zielvereinbarungen, sowie die Reduktion der Evaluation auf wenige Verfahren wie vor allem Lehrevaluationen sowie die Konzentration auf „peer review"-Verfahren beschränken die vorhandenen Möglichkeiten zur Qualitätsentwicklung im Bildungsbereich (Stockmann 2006, 37).

Noch ist außerdem die Nutzung von Evaluation als Kontrollinstrument dominant, was eben auch zu distanzierten bis ablehnenden Haltungen der Organisationsmitglieder führen kann.

„Letztlich entscheidend aber ist wie so häufig – der Tag danach" (Terhart 2000, 827). Damit wies Terhart bereits vor 15 Jahren darauf hin, dass Erfolg und Akzeptanz qualitätsentwickelnder Maßnahmen wie die Evaluation damit steht und fällt, wie mit erhobenen Daten und gesammelten Erkenntnissen umgegangen wird. Der inzwischen immense Ressourcenaufwand aus dem öffentlichen Steueraufkommen, das heißt aus den Bildungshaushalten des Bundes und der Länder (für Projektmittel, Gründung von Institutionen und deren Ausstattung, Weiterbildung von Personal, investierte Arbeitsstunden), der für Evaluation von Bildungsqualität und von Bildungsorganisationen vom Bildungssystem, in den Bildungsorganisationen selbst und von einer Vielzahl von Stakeholdern erbracht wird, macht nur Sinn, wenn daraus Konsequenzen gezogen und diese auch in der Praxis – erlebbar – umgesetzt werden. Dies scheint jedoch immer noch die größte Schwierigkeit bei der Durchführung von Evaluation zu sein, wenn 15 Jahre nach Terharts Kritik in der *Zeitschrift für Pädagogik* – unter anderen – Sybille Volkholz im *Berliner Tagesspiegel* (8. August 2015) für eine breite Öffentlichkeit moniert:

> Tatsächlich hat die empirische Wende in der Bildungsforschung seit der Jahrtausendwende etliche Leistungstests und -vergleiche [...] hervorgebracht, bis hin zu den daran anschließenden Ländervergleichen des Instituts zur Qualitätsentwicklung im Bildungswesen (IQB) und ihren Vera-Tests. Dadurch werden den Länderministerien, aber auch den Schulen Unmengen von Daten zur Verfügung gestellt. Dies steht aber in einem eklatanten Missverhältnis zu ihrer Rezeption und Nutzung durch die Politik, durch Bildungsverwaltungen und Landesinstitute – oder gar durch die Schulen selbst.

Ob jedoch die von Volkholz vorgeschlagene zusätzliche Neugründung eines gesamtdeutschen, von Bund und Ländern getragenen Bildungsinstituts zur Behebung dieses Nutzungsdefizits beitragen würde, darf bezweifelt werden. Diese Idee verharrt jedenfalls im Modus des Strebens nach Institutionalisierung und würde einen weiteren Baustein von Bürokratisierung bedeuten.

Vor dem Hintergrund des hier explizit geäußerten politischen Willens, Bildungsevaluation auch künftig institutionell zu stärken, lässt sich als Ausblick – vor allem an die Adresse zukünftiger Mitarbeiter/-innen in Bildungsorganisationen – formulieren: Bildungsevaluation wird auf der Basis der gesetzlichen Verankerungen Bestand haben. Die Aufgabe besteht deshalb – in Auseinandersetzung mit den geschilderten Problemlagen bei der Umsetzung von evaluativen Maßnahmen – darin, ihre Durchführung in den Bildungsorganisationen selbst zu professionalisieren. Dazu gibt es inzwischen nicht nur eine Reihe von Angeboten der Fort- und Weiterbildung von Mitarbeiter(inne)n, sondern auch ein *professionelles Konzept des Bildungsmanagements*. Die Einfügung einer spezifischen Organisationseinheit (Stabsstelle, Referat, Abteilung) mit der Funktion, Bildungsmanagement professionell zu realisieren, wäre eine Voraussetzung, um Bildungsbedarfe zu erfassen, Bildungsprodukte und -programme auf dieser Grundlage zu konzipieren, deren Durchführung zu planen bzw. zu koordinieren, aber eben auch um Evaluation und Programmrevision auf professionellem Niveau sowie standort- bzw. kontextbezogen zu gewährleisten (vgl. Griese/Marburger 2011, 14 f.). Evaluation in und von Bildungsorganisationen hätte so ihre institutionelle Verortung sowie professionelle Legitimität nachhaltig und sinnstiftend für alle Akteure gesichert.

5 Vertiefungsaufgaben und -fragen

1. Stellen Sie eine Liste von Merkmalen zusammen, durch die Bildung als Allgemeingut, Produkt und Dienstleistung charakterisiert wird. Wo sehen Sie Unterschiede, aber wo zeigen sich auch Überschneidungen?
2. Wodurch zeichnen sich Bildungsorganisationen aus? Recherchieren Sie entsprechende organisationstheoretische Ansätze und diskutieren Sie deren jeweilige spezifische Perspektive auf Bildungsorganisationen.
3. Wählen Sie eine Bildungsorganisation aus und zeigen Sie auf, wie sich in ihr die allgemeinen Merkmale einer Organisation als sozialem System konkret manifestieren.

6 Literatur

Böttcher, Wolfgang/Holtappels, Heinz Günter/Brohm, Michaela (2006): Evaluation im Bildungswesen. In: Böttcher, Wolfgang/Holtappels,Heinz Günter/Brohm, Michaela (Hrsg.): Evaluation im Bildungswesen. Eine Einführung in Grundlagen und Praxisbeispiele. Weinheim und München: Juventa, S. 7–21.

Böttcher, Wolfgang/Hogrebe, Nina/Neuhaus, Julia (2010): Bildungsmarketing. Qualitätsentwicklung im Bildungswesen. Weinheim und Basel: Beltz.

Dörfler, Volker (2007): Dienstleistungsbetrieb Schule. Konsequenzen für das pädagogische Management. München: Martin Meidenbauer Verlagsbuchhandlung.

Drepper, Thomas/Tacke, Veronika (2012): Die Schule als Organisation. In: Apelt, Maja/Tacke, Veronika: Handbuch Organisationstypen. Wiesbaden: Springer, S. 205–237.

Fend, Helmut (1980): Theorie der Schule. München, Wien, Baltimore: Urban und Schwarzenberg.

Focali, Ergin (2011a): Bildung. In: Griese, Christiane/Marburger, Helga (Hrsg.): Bildungsmanagement. Ein Lehrbuch. München: Oldenbourg, S. 21–35.

Focali, Ergin (2011b): Organisation. In: Griese, Christiane/Marburger, Helga (Hrsg.): Bildungsmanagement. Ein Lehrbuch. München: Oldenbourg, S. 37–54.

Griese, Christiane/Marburger, Helga (Hrsg.) (2011): Bildungsmanagement. Ein Lehrbuch. München: Oldenbourg.

Hagemann, Tim/Vaudt, Susanne (2011): Bildungsmarketing. In: Griese, Christiane/Marburger, Helga (Hrsg.): Bildungsmanagement. Ein Lehrbuch. München: Oldenbourg. S. 97–119.

Kieser, Alfred, Ebers, Mark (Hrsg.) (2006): Organisationstheorien. 6. Auflage. Stuttgart: Kohlhammer.

Kron, Friedrich W./Jürgens, Eiko/Standop, Jutta (2013): Grundlagen Pädagogik. 8. aktualisierte Auflage. München/Basel: Ernst Reinhardt UTB.
Meyer, Michael/Siemer, Stefan Hermann (2006): Qualität als flexibles Schema. In: Böttcher, Wolfgang/Holtappels, Heinz Günter/Brohm, Michaela (Hrsg.): Evaluation im Bildungswesen. Eine Einführung in Grundlagen und Praxisbeispiele. Weinheim und München: Juventa, S. 65–77.
Oelkers, Jürgen (2003): Wie man Schule entwickelt. Eine bildungspolitische Analyse nach PISA. Weinheim und Basel: Beltz.
Röbken, Heinke (2008): Bildungsmanagement in der Schule. Bildungseinrichtungen effektiv und nachhaltig führen. München: Oldenbourg.
Rolff, Hans-Günter (1993): Wandel durch Selbstorganisation. Theoretische Grundlagen und praktische Hinweise für eine bessere Schule. Weinheim: Juventa.
Scott, W. Richard (1986): Grundlagen der Organisationstheorie. Frankfurt a. M./New York: Campus.
Stockmann, Reinhard (2006): Qualitätsmanagement und Evaluation im Vergleich. In: Böttcher, Wolfgang/Holtappels, Heinz Günter/Brohm, Michaela (Hrsg.): Evaluation im Bildungswesen. Eine Einführung in Grundlagen und Praxisbeispiele. Weinheim und München: Juventa, S. 23–38.
Tacke, Veronika (2005): Schulreform als aktive Deprofessionalisierung? Zur Semantik der Lernenden Organisation im Kontext der Erziehung. In: Klaetzki, Thomas/Tacke, Veronika (Hrsg.): Organisation und Profession. Wiesbaden: Springer VS, S. 165–198.
Terhart, Ewald (2000): Qualität und Qualitätssicherung im Schulsystem. Hintergründe – Konzepte – Probleme. In: Zeitschrift für Pädagogik 46, Heft 6, S. 809–829.
UNESCO (1997): Lernfähigkeit: Unser verborgener Reichtum. UNESCO-Bericht zur Bildung für das 21. Jahrhundert. Hrsg. von der Deutschen UNESCO-Kommission. URL: http://www.unesco.de/dePors_bericht.html (Stand: 05.10.2015).
Vaudt, Susanne (2011): Bildungscontrolling. In: Griese, Christiane, Marburger, Helga (Hrsg.): Bildungsmanagement. Ein Lehrbuch. München: Oldenbourg, S. 139–156.
Volkholz, Sybille (2015): Aus Pisa wirklich lernen. Tagesspiegel 8. August 2015. URL: http://www.pressreader.com/germany/der-tagesspiegel/20150806/.../TextView (Stand: 11.08.2015).

Thomas Müller
Evaluation im Spannungsfeld von Bildungspolitik, Bildungsforschung und Bildungspraxis

1 Problemaufriss

Einer verbreiteten Definition zufolge ist Evaluation als Bestimmung des Wertes von etwas zu verstehen (vgl. Scriven 1991, 139). Der schon terminologisch vorhandene Wertbezug und die oft erwähnte doppelte Aufgabenstellung – einerseits Informationen zur Verfügung zu stellen, andererseits Bewertungen vorzunehmen – deuten darauf hin, dass Evaluationsforschung keine konfliktfreie Angelegenheit ist. Wissenschaftliche Evaluationen, so eine gängige Einschätzung, finden „im Spannungsfeld divergierender Interessen" (Diekmann 2007, 372) statt und gleichen insofern immer einem „Balanceakt" (Kuper 2005, 44).

In der einschlägigen Literatur findet man schon relativ früh den Hinweis auf unterschiedliche Interessen und Erwartungen – etwa in einem Lehrbuch, das Erfahrungen mit Programmevaluationen im Amerika der 1960er-Jahre zusammenfasst. Darin weist die Autorin Carol H. Weiss darauf hin, dass Erwartungen an Evaluationen gemäß der Position, die eine Person im Evaluationskontext einnimmt, variieren: Führende Entscheidungsträger versprechen sich von einer Evaluation etwas anderes als diejenigen, die das zu evaluierende Programm leiten, jene, die in dem Programm beschäftigt sind, oder die Adressaten des Programms. Zwischen diesen Akteuren stehen jene, die eine Evaluation planen, durchführen und auswerten: Sie werden nicht nur mit den Interessen der anderen Akteure konfrontiert, sondern müssen gegebenenfalls zwischen diesen und ihren eigenen Interessen vermitteln (vgl. Weiss 1974, 35).

Der folgende Beitrag greift diese Überlegungen auf und bezieht sie auf den Bildungsbereich. Auch dort verbinden verschiedene Akteure mit wissenschaftlichen Evaluationen unterschiedliche Erwartungen, die harmonieren können, aber nicht müssen. Aus einer Perspektive, die von der Makroebene des Bildungssystems ausgeht, thematisiert der Beitrag drei zentrale Akteure und deren Beziehungsgefüge, die – in Anlehnung an einen Begriff aus der Governance-Forschung (vgl. z. B. Abs u. a. 2015) – als *Akteurskonstellationen* bezeichnet werden. Im Zentrum stehen dabei Entwicklungen in der alten Bundesrepublik und im vereinten Deutschland. Im Bildungssystem der DDR und in der dortigen pädagogischen Forschung war der Evaluationsbegriff nicht vergleichbar prominent. Gleichwohl wurde die Frage nach dem Verhältnis von Zielen und Ergebnissen des Bildungssystems im Rahmen von „Bewährungsuntersuchungen" durchaus gestellt und im Sinne einer „Effektivitätskontrolle" pädagogischer Prozesse aus bildungssoziologischer Sicht angemahnt (vgl. Meier 1974, 101 ff.).

Seit der ersten Hochphase der Evaluationsforschung sind wichtige Akzentverschiebungen in Politik, Administration und Wissenschaft vorgenommen worden. Evaluation bezieht sich heute weniger auf reformpolitische, staatlich finanzierte Programme und Maßnahmen, sondern eher auf Personen und individuelle Leistungen, die auf der Grundlage spezifischer Vorgaben (Standards) ermittelt und beurteilt werden (vgl. Lind 2011). Auf der gesamtgesellschaftlichen Ebene verschiebt sich der Fokus von der Evaluation staatlicher, programmatischer Interventionen zum Zwecke gesellschaftspolitischer Reformen hin zur Ergebnisevaluation zum Zwecke der Qualitätssicherung und Leistungsüberprüfung öffentlicher Verwaltung (vgl. Wollmann 2010).

Ein Hintergrund dieser Entwicklung ist in der (heute schon nicht mehr ganz so) neuen Kultur der Rechenschaftslegung *(accountability)* zu sehen. Demnach sind alle, die bestimmte Ressourcen erhalten, dazu aufgefordert, die Nutzung dieser Ressourcen zu rechtfertigen und entsprechende Erträge nachzuweisen. In dieser Logik stehen nicht nur individuelle Akteure in der Verantwortung, zu belegen, wie sie die ihnen zur Verfügung gestellten Mittel einsetzen, sondern auch kollektive und korporative Akteure. Dies gilt nicht zuletzt für das Bildungssystem, das auf seine Effizienz hin geprüft wird, „indem Evaluationen in Schule und Hochschule – intern oder extern, die einzelne Einrichtung betreffend oder wie die PISA-Studie bundesweit und international – regelmäßig durchgeführt [...] werden" (Leschinsky/Cortina 2008, 24).

Der nächste Abschnitt erläutert die Annahme unterschiedlicher Rollen in und Interessen an Evaluation näher und bezieht sie auf den Bildungsbereich. Die drei folgenden Abschnitte gehen jeweils näher auf eine Instanz im Bildungssystem ein. Im Abschnitt 3 stehen die Perspektiven von Bildungspolitik und Bildungsverwaltung im Vordergrund, im Abschnitt 4 jene der Bildungsforschung, im Abschnitt 5 die der pädagogischen Praxis. Jeder Abschnitt definiert zunächst die jeweilige Instanz und sondiert anschließend die Bedeutung wissenschaftlicher Evaluation, indem er historische Entwicklungslinien, ausgewählte Beispiele und aktuelle Tendenzen anspricht. Der Beitrag endet mit einer kurzen Zusammenfassung und einem Ausblick, auf den Vertiefungsaufgaben folgen.

2 Akteurskonstellationen im Kontext von Bildungsevaluationen

Auch wenn Bildungsevaluationen viel mit Evaluationen in anderen gesellschaftlichen Handlungsfeldern gemeinsam haben, sind einige Besonderheiten zu berücksichtigen (vgl. Nevo 2006, 441 f.):
- Die Wurzeln von Bildungsevaluation liegen in der Leistungserfassung und Leistungsbewertung von Schüler(inne)n, die in Schulen von Lehrkräften weltweit seit Jahrhunderten durchgeführt werden.

- Die Einbeziehung der Öffentlichkeit in die Praxis und Nutzung von Bildungsevaluationen ist besonders stark, denn Bildung gilt als ein öffentliches Gut, das für jedes Mitglied der Gesellschaft unmittelbar relevant ist – weitaus relevanter als andere Felder von Evaluation wie etwa Justiz oder Stadtentwicklung.
- Die Rolle professioneller Pädagog(inn)en und ihre Erfahrung als Evaluator(inn)en (wenn auch hauptsächlich von Schüler(inne)n) darf nicht ignoriert werden bei der Entwicklung und Umsetzung von Bildungsevaluationen.

Ein weiterer Punkt lässt sich ergänzen: Für Evaluationen im Bildungsbereich gilt in besonderer Weise, dass sie „eine Verständigung über Ziel- und Inhaltsfragen erfordern" (Ditton 2010, 607). Demnach müssen die verschiedenen Akteure, die in Bildungsevaluationen involviert sind, ihre Interessen untereinander koordinieren. Die bewusste Ausklammerung von Inhalten und die Indifferenz gegenüber Zielsetzungen können im Bildungsbereich hingegen zu massiven Problemen führen. Diese entstehen etwa dann, wenn Effizienz als einziges Gütekriterium pädagogischer Organisationen oder pädagogischer Arbeit betrachtet wird (vgl. z. B. Helmke 2009).

Die Diskussion über unterschiedliche Interessen an und Rollen in Evaluationen ist vor allem im Kontext von Programmevaluationen geführt worden. Gleichwohl sind Programme nicht die einzigen Objekte von Evaluationen, auch wenn sie – insbesondere im Kontext der *experimentellen Reformpolitik* der 1960er- und 1970er-Jahre, als die Evaluation innovativer Interventionen enorm an Bedeutung gewann (vgl. Hellstern/Wollmann 1983) – lange Zeit einen Schwerpunkt der Evaluationsforschung bildeten.

Um die verschiedenen Rollen und Interessen im Kontext von Evaluation zu systematisieren, kann man erstens fragen, in welcher Beziehung einzelne Akteure zum Gegenstand der Evaluation stehen. Für ein differenzierteres Verständnis der Rollen ist zweitens zu klären, in welcher Beziehung die verschiedenen Akteure zur Evaluationsmaßnahme stehen (vgl. Kuper 2005, 21). Bezogen auf die erste Frage sind mindestens drei Konstellationen zu berücksichtigen, die sich auch überschneiden können (vgl. Weiss 1974, 35 f.):

1. Die Akteure können *Initiatoren* beziehungsweise *Auftraggeber* des evaluierten Programms sein und dieses finanzieren. Sie sind interessiert an Informationen, die helfen, übergreifende Fragen zu entscheiden, etwa über die Fortsetzung, den Ausbau oder die Beendigung einer Maßnahme.
2. Die Akteure können *Adressaten* beziehungsweise *Klienten* des evaluierten Programms sein. Ihr Interesse an Evaluation besteht etwa darin zu erfahren, ob das Programm ihren Zielen dient und ihnen tatsächlich nützt.
3. Die Akteure können *an der praktischen Entwicklung, Durchführung und Administration des evaluierten Programmes beteiligt* sein. Dabei ist zu unterscheiden zwischen denen, die ein Programm leiten, und denen, die es ausführen. Die Programmleitung interessiert eher, welche Strategien geeignet sind, um dem Programm zum Erfolg zu verhelfen. Die Mitarbeiter/-innen eines Programms haben hingegen eher praktische Fragen, die das Alltagsgeschäft betreffen.

Bezogen auf die zweite Frage nach der Rolle, die ein Akteur in einer Evaluation spielt, sind mindestens vier Varianten zu unterscheiden. Auch hier variieren die Interessen vermutlich je nach Rolle und decken sich nicht unbedingt untereinander:
1. Ein Akteur ist *Auftraggeber* der Evaluation und finanziert diese.
2. Ein Akteur ist *Auftragnehmer* der Evaluation und mit ihrer Konzipierung, Durchführung und Auswertung betraut.
3. Ein Akteur ist *Teilnehmender* an der Evaluation und wird evaluiert.
4. Ein Akteur ist *Adressat* der Evaluation, an den sich die Evaluationsergebnisse richten.

Aufbauend auf diesen Unterscheidungen lassen sich auch im Bildungssystem Akteure identifizieren, die bei Evaluationen bestimmte Rollen spielen und in unterschiedlichen Konstellationen auftreten. Im Folgenden stehen drei „systemrelevante" Akteure im Mittelpunkt: erstens die *Bildungspolitik*, die in direkter, zum Teil gespannter Verbindung mit der *Bildungsadministration* steht; zweitens die *Bildungsforschung*, die traditionell enge Beziehungen zur Bildungspolitik pflegt, zugleich aber darum bemüht ist, ein eigenständiges wissenschaftliches Profil zu gewinnen; drittens die *Bildungspraxis*, deren professionelle Akteure einerseits von Vorgaben der Bildungspolitik und Bildungsverwaltung abhängen, andererseits über ein eigenständiges professionelles Selbstverständnis verfügen.

3 Vom Reforminstrument zum Steuerungsprogramm: wissenschaftliche Evaluation im Kontext von Bildungspolitik und Bildungsverwaltung

Allgemein kann Bildungspolitik definiert werden als jener Politikbereich, „der die gesellschaftlich verantwortete Bildung mit ihren Zielen, Institutionen und Instrumenten umfasst" (Schulz-Vanheyden 2010, 53). Einer etwas älteren Definition nach ist Bildungspolitik zu verstehen als „das Gebiet gesellschaftlicher Handlungen und politischer Entscheidungen, welche die institutionelle Ordnung des pädagogischen Lebens im Gemeinwesen und deren Weiterentwicklung aufgrund bestimmter Zielvorstellungen zum Gegenstand haben" (Anweiler u. a. 1992, 15). Deutlich wird damit, dass Bildungspolitik eine zweifache Funktion erfüllt: Zum einen gibt sie Ziele vor, zum anderen übt sie ordnenden Einfluss auf das Bildungssystem insgesamt aus.

Insofern besteht in der Bildungspolitik eine enge Verbindung zwischen politischem und administrativem Handeln, die allerdings nicht frei von Spannungen ist: Auch wenn die politische Führung wechselt (und mit ihr die Ziele und Themen), hat die Bildungsadministration ihre Ordnungs- bzw. Steuerungsfunktion kontinuierlich zu erfüllen. Aus diesem Grund ist es durchaus sinnvoll, zwischen Politik und Verwaltung zu trennen und die Verwaltung als einen eigenständigen Bereich im Bildungssystem zu begreifen, der gegenüber einer an Wahlzyklen orientierten und unter Umständen kurzatmig oder opportunistisch agierenden Politik als Korrektiv wirkt und für Stabilität sorgt (vgl. Terhart 2003, 82f.).

In modernen, demokratisch verfassten Gesellschaften sind bildungspolitische Ziele und Maßnahmen diskutabel und veränderbar. Deutlich wird dies etwa, wenn man die Leitideen verschiedener Bildungsreformen miteinander vergleicht. Sie variieren in Abhängigkeit von (partei-)politischen Grundpositionen, werden aber auch von der öffentlichen Meinung und strukturellen Gesichtspunkten (etwa finanziellen Spielräumen) beeinflusst. Aus bildungshistorischer Perspektive kann man beispielsweise für die USA konstatieren, dass in einem politisch konservativen Klima – etwa in den 1950er- und 1980er-Jahren – Wettbewerb und Qualität im Mittelpunkt bildungspolitischer Bemühungen standen, während in einer politisch liberalen bzw. sozialdemokratisch geprägten Ära – etwa in den 1930er- und 1960er-Jahren – Gleichheit und Partizipation zu den bildungspolitischen Leitideen gehörten (vgl. Tyack/Cuban 1995, 44f.). Ähnliches lässt sich für die alte Bundesrepublik festhalten: Die Bildungsreformen der 1960er- und 1970er-Jahre zielten darauf, mittels staatlicher Interventionen Gleichheit herzustellen und den quantitativen Ausbau des Bildungssystems (Stichwort „Bildungsexpansion") zu befördern. Demgegenüber zählen Exzellenz, Qualität und Wettbewerb zu den Zielen der Bildungsreformen, die Mitte der 1990er-Jahre begonnen wurden und bis heute andauern (vgl. Helmke u. a. 2000).

Als Instrument zur Überprüfung der Zielerreichung war Evaluation in unterschiedlichen Phasen der Bildungsreform von Bedeutung. In den 1960er- und 1970er-Jahren, als umfangreiche staatliche Interventionsprogramme in den USA und in der BRD durchgeführt wurden, hatte die Bildungspolitik mindestens ein dreifaches Interesse an Evaluationen (vgl. Wulf 1972, 9; Vestman/Conner 2006):

- Erstens wollte man wissen, ob die initiierten Maßnahmen tatsächlich ihre Ziele erreichen (Wirksamkeit im Sinne von *Effektivität* als Verhältnis von Absicht und Wirkung).
- Zweitens wollte man angesichts steigenden Kostendrucks wissen, welchen Nutzen die initiierten Maßnahmen tatsächlich haben (Wirksamkeit im Sinne von *Effizienz* als Verhältnis von Aufwand und Ertrag).
- Drittens war man daran interessiert, die Reformen gegenüber einer zunehmend kritischen Öffentlichkeit durch Wirksamkeitsnachweise zu rechtfertigen und damit auch das eigene politische Handeln zu legitimieren.

Das dreifache Interesse der Bildungspolitik an Evaluationen ist häufig so verstanden worden, als bestünde von politischer Seite die Erwartung, dass Evaluationen einen Beitrag zu einer verwissenschaftlichten Politik leisten, indem sie Entscheidungsprozesse rationalisieren: „Mit objektiver Information über die Ergebnisse von Programmen können vernünftige Entscheidungen über Haushaltszuteilungen und Projektplanung gemacht werden" (Weiss 1974, 20). Diese insbesondere von Befürwortern von Evaluationen geäußerte Hoffnung hat sich allerdings schon damals als eine Illusion erwiesen. Viele Indizien sprechen dafür, dass sich die Bildungspolitik auch in der Reformphase der 1960er- und 1970er-Jahre nicht von Evaluationsergebnissen in ihren Entscheidungen leiten ließ. Vielmehr griff sie bei Bedarf auf Erkenntnisse aus Bildungsforschung und Erziehungswissenschaft zurück, um sich zu informieren, aber nicht, um Empfehlungen wissenschaftlicher Evaluationen direkt zu folgen (vgl. Müller/Waldow 2011, 245 ff.). Die Gründe hierfür sind vielfältig. Erwähnt sei hier nur, dass in bildungspolitischen Entscheidungen nicht nur die Ergebnisse wissenschaftlicher Evaluationen zu berücksichtigen waren und dass diese Entscheidungen unter Zeitdruck stattfanden, sodass manche Evaluationen erst vorlagen, als schon längst über das Programm entschieden worden war.

Im Großen und Ganzen hat sich an den Interessen, die von bildungspolitischer Seite im Hinblick auf Evaluationen bestehen, vermutlich bis heute wenig geändert. Effizienz- und Effektivitätsnachweise sind in ihrer Bedeutung sogar gestiegen, und auch der Legitimationsdruck, unter dem bildungspolitisches Handeln steht, hat zugenommen (vgl. Terhart 2003, 75). Allerdings sind auch einige wichtige Akzentverschiebungen zu berücksichtigen.

In der bildungspolitischen Diskussion finden sich seit Mitte der 1990er-Jahre vermehrt Hinweise darauf, dass angesichts knapper Kassen und öffentlicher Verschuldung eine Steigerung der Bildungsausgaben nicht infrage käme. Die bisherige Gleichung, dass mehr Geld bessere Erträge bringe, könne für den Bildungsbereich insgesamt und insbesondere das Schulsystem nicht länger gelten. Hinzu komme, dass die Politik nicht länger bereit sei, in eine verbesserte Ressourcenausstattung zu investieren (vgl. Lange 1999, 145). Vor diesem Hintergrund ändert sich der Erwartungshorizont der Bildungspolitik gegenüber Bildungseinrichtungen. Bezogen auf Schulen heißt es nun:

> Einerseits geht es darum, wie trotz finanzieller Restriktionen ein Optimum an Leistungen der Schulen im Interesse von Schülern gesichert werden kann. Andererseits wird aber auch gefragt, was die Ergebnisse der Arbeit von Schulen angesichts des hohen Mittelaufwands für das Bildungswesen in den öffentlichen Haushalten sind. Damit tritt die Frage nach den „Erträgen" der Arbeit von Schulen zunehmend in den Vordergrund (Lange 1999, 145).

Die Fokussierung auf die kurz- und langfristigen Erträge der Arbeit pädagogischer Organisationen hat – in Kombination mit den bildungspolitischen Leitideen der Exzellenz und Qualität – zu einer steuerungsstrategischen Umstellung im gesamten Bildungssystem geführt, mit der sich auch der Stellenwert von Evaluation ändert. Die Rede ist seitdem von evaluationsbasierter Outputsteuerung, die die bislang geltende Inputsteuerung ablösen soll (vgl. z. B. Böttcher 2002). Nach der Entscheidung zur regelmäßigen Teilnahme an internationalen Schulleistungsvergleichsuntersuchungen wie PISA und der Initiierung vergleichender Lernstandserhebungen auf nationaler Ebene ist seit Anfang der 2000er-Jahre von der *Kultusministerkonferenz* (KMK) eine bildungspolitische Gesamtstrategie entwickelt worden, in deren Zentrum *Bildungsmonitoring* als eine Form der Evaluation steht, die als Dauerbeobachtung des Bildungssystems Veränderungen und Wirkungen deskriptiv-analytisch zu erfassen versucht. Zentrale Elemente des Bildungsmonitorings sind die Formulierung von Bildungsstandards, die Überprüfung der Zielerreichung durch Vergleiche und eine indikatorengestützte Bildungsberichterstattung (vgl. Döbert/Weishaupt 2012).

Die Ergebnisorientierung der zeitgenössischen Bildungsreform scheint dazu beizutragen, dass sich die Bildungspolitik auf ihre Ordnungsfunktion konzentriert und die administrative Perspektive stärkt, während die Funktion der Zielsetzung und mit ihr verbundene politische Gestaltungsansprüche in den Hintergrund treten. Dies zeigt sich gerade auch im Hinblick auf Evaluationen: Anders als früher sind sie nicht mehr vorrangig dazu gedacht, die Wirksamkeit einer innovativen Maßnahme zu überprüfen. Vielmehr scheinen sie selbst als bildungspolitische Maßnahme zu fungieren, deren Ziel darin besteht, die Leistungen des Bildungssystems zu erfassen. „Schon die Tatsache, dass flächendeckende Qualitätskontrollen durchgeführt werden, kann eine Lenkungswirkung haben, auch unabhängig davon, welche konkreten Maßnahmen und Interventionen zur Qualitätsentwicklung eingeleitet werden" (Bellmann 2006, 499).

Der neue Stellenwert von Evaluationen, die quasi selbst zum Programm werden, zeigt sich auch daran, dass das neue Steuerungsmodell und die mit ihm verbundenen Reformen *inhaltsoffen* sind. Konkret ist damit gemeint, dass

> die aktuell diskutierten Schulreforminstrumente keine didaktische oder pädagogische Programmatik in inhaltlicher oder methodischer Hinsicht enthalten, wie dies beispielsweise in den 1960er-Jahren mit der Einführung von naturwissenschaftlichen Fächern oder in den 1980er-Jahren mit der Forderung nach neuen Lernformen oder Öffnung des Unterrichts der Fall war. In inhaltlicher Hinsicht wird dies beispielsweise an den Bildungsstandards als Instrumenten der Programmsteuerung deutlich: In ihnen manifestiert sich weniger als in bisherigen Lehrplänen der Anspruch, Vorgaben für die Inhaltsebene zu machen (Wacker u. a. 2012, 22 f.).

In diesem Sinne heißt es bereits in der Expertise „Zur Entwicklung nationaler Bildungsstandards", dass der Staat für Bildungsqualität sorgt, indem er Ziele definiert und ihre Erreichung auch tatsächlich überprüft (vgl. Klieme u. a. 2003, 12). Demgegenüber gewährt die Bildungspolitik den Schulen „inhaltliche und pädagogische Freiräume" (Klieme u. a. 2003, 15), was zugleich bedeutet, dass sie die Wege zur Zielerreichung absichtlich offenlässt. Hieraus ergeben sich neue Spannungen, die weiter unten angesprochen werden.

4 Zwischen Wahrheitssuche und Politiknähe: wissenschaftliche Evaluation im Kontext empirischer Bildungsforschung

„Bildungsforschung" ist ein Sammelbegriff für die im Kontext der Bildungsreform der 1960er-Jahre einsetzenden Bestrebungen, eine interdisziplinäre, international ausgerichtete, an erfahrungswissenschaftlichen Methoden orientierte, sowohl politik- wie praxisrelevante Forschung im Bildungsbereich zu etablieren (vgl. Becker 1979). Die Nähe zu Bildungspolitik und Bildungsadministration besteht seit den Anfängen empirischer Bildungsforschung, die für diese Bereiche wichtige Dienstleistungsaufgaben erfüllt: „Die wichtigste Aufgabe der Bildungsforschung liegt darin, wissenschaftlich begründete Informationen bereitzustellen, an der [sic!] sich die Bildungs- und Erziehungspraxis orientieren kann, um auf dieser Grundlage rationale und ideologiefreie bildungspolitische und bildungspraktische Entscheidungen treffen zu können" (Edelmann u. a. 2012, 15 f.). Diese Aufgabenbeschreibung ähnelt durchaus den traditionellen Funktionszuschreibungen, wonach Evaluation durch objektive Informationen dazu beiträgt, rationale Entscheidungen zu fällen (vgl. Weiss 1974, 20).

Die Einbindung in einen reformpolitischen Funktionszusammenhang ist jedoch auch eine Bürde in der Entwicklung empirischer Bildungsforschung gewesen, denn die Kriterien wissenschaftlicher Forschung stimmen nicht zwangsläufig mit politischen Erwartungen überein: Während für wissenschaftliche Forschung im engeren Sinne die Suche nach Wahrheit, Exaktheit, Wertfreiheit und ein distanzierter Blick auf den Untersuchungsgegenstand konstitutiv sind, können die Auftraggeber einer Evaluationsstudie etwa die Zweckbindung der Evaluation in den Mittelpunkt rücken oder die Ergebnisse einer Evaluationsstudie politisch zu vereinnahmen suchen.

Aufgrund dieser Spannung sind Fragen nach dem wissenschaftlichen Status und der politischen Relevanz von Evaluationsforschung im Bildungsbereich immer wieder kontrovers diskutiert worden. Zugespitzt formuliert stehen sich in der Diskussion zwei Sichtweisen unversöhnlich gegenüber: Aus einer streng wissenschaftlichen Perspektive bestehen Zweifel, ob eine auf Evaluationsdienstleistungen konzentrierte Bildungsforschung überhaupt als „echte Wissenschaft" gelten kann. Bestritten wird damit nicht das hohe methodische Niveau der empirisch-quantitativen Bildungsforschung, sondern die Formen der Produktion, Darstellung und Verwertung empirischen Wissens werden problematisiert. Aus einer politisch-pragmatischen Perspektive ist es hingegen gerade die Produktion vermeintlich „harter Fakten", die der empirisch-quantitativen Bildungsforschung und den von ihr genutzten Methoden und Instrumenten politische Attraktivität verleiht, weil datengetriebene Entscheidungen gegenüber anderen wissens- und haltungsbasierten Entscheidungen als weniger anfechtbar gelten. Manche Vertreter der empirischen Bildungsforschung machen sich dieses Argument zu eigen, wenn sie die Alternativlosigkeit empirischer Daten als Entscheidungsgrundlage betonen: „Alternativen – wie bspw. die nicht erfahrungsgestützte Orientierung an Ideen und Ideologien oder auch an pädagogischen Klassikern – liefern heute keine adäquaten Anhaltspunkte für Handlungsmöglichkeiten und Reformmaßnahmen" (Tippelt/Reich-Claasen 2010, 23).

Diese Aussage verweist auf einen Unterschied zur Evaluations- und Bildungsforschung der 1960er- und 1970er-Jahre. Gerade für die erziehungswissenschaftliche Bildungsforschung der damaligen Zeit scheint zu gelten, dass sie sich stark mit den politischen Ideen und inhaltlichen Zielen der Bildungsreform identifizierte (vgl. Zedler 1985) und sie nicht zugunsten von Daten verwarf. Dies wird etwa an der Debatte um technische und praktische Evaluationsansätze deutlich, die auch in der Erziehungs- und Bildungsforschung stattfand: Während sich *technische Ansätze* auf die Überprüfung der Wirksamkeit einer innovativen Maßnahme beschränkten, versuchten *praktische Ansätze*, darüber hinaus den Wert einer Maßnahme und ihre gesellschaftlichen Geltungsbedingungen zu berücksichtigen und so ein komplexeres Bild der evaluierten Maßnahme zu zeichnen (vgl. Kordes 1984). In diesem Zusammenhang sind auch die vielfältigen Bemühungen um eine Demokratisierung von Evaluation zu sehen, die es ermöglichen soll, die Evaluierten stärker einzubinden als etwa klassische Programmevaluationen der 1960er- und 1970er-Jahre. Diese wurden dafür kritisiert, dass sie den Interessen und Bedürfnissen der Adressaten einer Maßnahme zu wenig Aufmerksamkeit schenkten, eine technokratische, bevormundende Tendenz aufwiesen und unterstellten, sie wüssten schon, was gut für die Betroffenen sei (vgl. Fuchs 1970; Greene 2006).

Die von wissenschaftlicher wie politischer Seite gleichermaßen vorhandene Reformorientierung weckte große Erwartungen an die erziehungswissenschaftliche Politikberatung, die jedoch bereits Anfang der 1970er-Jahre enttäuscht wurden, als die Politik wissenschaftlich empfohlene Maßnahmen unter Finanzierungsvorbehalt stellte und die eigenen Reformziele revidierte. Infolgedessen war das Verhältnis zwischen Bildungspolitik und Bildungsforschung rund 20 Jahre eher distanziert, bevor es zu einer erneuten Annäherung in der zweiten Hälfte der 1990er-Jahre kam (vgl. Tillmann 2008).

Die wachsende politische Nachfrage nach empirischem Wissen und der damit einhergehende „Aufstieg" (Aljets 2015) der empirisch-quantitativen Bildungsforschung zeigen sich gegenwärtig sowohl semantisch als auch strukturell: So ist nicht nur die Rede von einer zweiten „empirischen Wende" in Bildungspolitik und Bildungsforschung, sondern auch die Forschungsförderung des *Bundesministeriums für Bildung und Forschung* hat sich zugunsten der empirischen Bildungsforschung geändert (vgl. Buchhaas-Birkholz 2009), die in ihrer Funktion als Evaluationsdienstleister strukturell gestärkt wurde. Ein Beispiel hierfür ist die 2003 erfolgte Gründung des *Instituts zur Qualitätsentwicklung im Bildungswesen* (IQB), das an der Berliner Humboldt-Universität angesiedelt wurde. Das IQB ist mit der Entwicklung von Bildungsstandards wie mit der Überprüfung von Lernergebnissen in den Schulen der einzelnen Bundesländer betraut worden und zählt insofern zu den tragenden Säulen institutionalisierter Dauerevaluation in der Bundesrepublik Deutschland.

Entwicklungen im angloamerikanischen Raum aufgreifend und zugleich modifizierend, ist *Evidenzbasierung* zum Schlüsselbegriff geworden, der Bildungsforschung und Bildungspolitik konzeptionell integrieren soll. Postuliert wird beispielsweise eine evidenzbasierte Bildungspolitik, die zwar nicht die unterschiedlichen Funktionslogiken von Wissenschaft und Politik außer Kraft setzen kann, aber die „Resonanzfähigkeit" zwischen beiden Bereichen erhöhen soll (vgl. Thiel 2014, 121). Passend dazu wird der Bildungsforschung von politischer Seite „Wissen für Handeln" als Zielperspektive und Forschungsstrategie anempfohlen (vgl. BMBF 2008), wobei die Chancen der Erzeugung und Verwendung wissenschaftlichen Wissens im Vordergrund stehen. Demgegenüber kann man den Eindruck gewinnen, dass beide Seiten Risiken und Limitationen ihres Bündnisses zwar durchaus sehen, aber bislang nicht so grundsätzlich reflektieren, dass damit Konsequenzen verbunden wären.

Die hier in groben Umrissen dargestellten Entwicklungen werfen gleichwohl die grundsätzliche Frage nach der Beziehung auf, in der Politik und Evaluationsforschung zueinander stehen können und sollen. Zu dieser Frage gibt es im Diskurs der neueren Evaluationsforschung drei Positionen. Sie teilen die gängige Auffassung, dass Information und Bewertung die beiden Hauptaufgaben von Evaluation sind, unterscheiden sich aber darin, welche Rolle sie der Politik zuweisen (vgl. Vestman/Conner 2006, 230 ff.):

1. Der ersten Position zufolge ist im Hinblick auf beide Aufgaben eine Trennung zwischen Forschung und Politik nicht nur wünschenswert, sondern auch möglich. Demnach wäre der oder die Evaluierende ein wertneutraler Beobachter, der autonom agiert und eine objektive Analyse vorlegt, auf deren Grundlage die politisch Verantwortlichen eine Entscheidung treffen.
2. Der zweiten Position zufolge ist es möglich und wünschenswert, im Hinblick auf das Bereitstellen von Informationen zwischen Forschung und Politik zu trennen. Wenn es jedoch um eine Bewertung geht, ist diese Trennung nicht möglich. Demnach wäre der Evaluierende ein Experte, der Fragen der Effizienz und Effektivität beantwortet, dem dabei aber auch klar ist, dass er sich nicht im Elfenbeinturm „reiner" Wissenschaft befindet, sondern in einem politischen Kontext agiert.
3. Der dritten Position zufolge ist es weder möglich noch wünschenswert, bezogen auf die beiden Aufgaben Forschung und Politik voneinander zu trennen. Ausgehend von einem weiten Politikverständnis wäre der Evaluierende demnach jemand, der eine wertneutrale, rein beschreibende Position für ausgeschlossen hält. Vielmehr akzeptiert er die Wertebindung von Faktenwissen und begreift sie sogar als Chance für gesellschaftspolitische Veränderungen.

Auch wenn diese Positionen Idealtypen darstellen, können sie doch dazu anregen, die Rolle von Evaluation im Kontext von Bildungsforschung differenzierter zu beurteilen. Sie bieten zugleich Ansatzpunkte dafür, die immer wieder gestellte Frage, ob sich die Evaluationsforschung zu einer autonomen Wissenschaftsdisziplin entwickelt, zu diskutieren.

5 Zwischen Feedbackorientierung und Dauerbeobachtung: wissenschaftliche Evaluation im Kontext der Bildungspraxis

Der Begriff der Bildungspraxis bezieht sich ganz allgemein auf „Handlungsprozesse in pädagogischen Einrichtungen" (Terhart 2003, 83) oder anders gesagt: auf pädagogische Organisationen und die in ihnen stattfindenden Interaktionen. Im Regelfall begegnen sich in solchen organisierten Interaktionen Fachkräfte, die einen pädagogischen Beruf ausüben bzw. einer pädagogischen Profession angehören, und ihre Klienten. So verstanden, ist „Bildungspraxis" ein Begriff für den Bereich institutionalisierter und organisierter Erziehung und Bildung, in dem nicht nur *individuelle Akteure* miteinander interagieren (Lehrkräfte, Schüler(inne)n, Eltern etc.), sondern auch *kollektive Akteure* (Initiativen, Vereine etc.), die an die Entscheidungen ihrer Mitglieder gebunden sind, sowie *korporative Akteure*, die unabhängig von ihren Mitgliedern handlungs- und entscheidungsfähig sind, wie etwa Schulen (vgl. Wacker u. a. 2012, 17 f.).

Wenn man Evaluation im Kontext der Bildungspraxis thematisiert, sind zwei Besonderheiten zu berücksichtigen. Die erste Besonderheit trifft auf jede evaluierte Praxis zu und lässt sich dahingehend zuspitzen, dass die evaluierten Praktiker die Innenseite der Praxis am besten kennen. Als diejenigen, die eine evaluierte Maßnahme durchführen, verfügen die Praktiker über ein spezifisches Wissen, das weder externe Evaluatoren noch Auftraggeber einer Evaluation haben, und legen eigene Kriterien für die Bewertung ihrer Arbeit zugrunde, die gemeinhin nicht identisch sind mit den Kriterien der Evaluatoren (vgl. Merkens 2004, 83). Die zweite Besonderheit betrifft vor allem pädagogische Praxis und pädagogische Professionen. Wie bereits erwähnt, ist Evaluation im Sinne der Bewertung und Beurteilung individueller Leistungen ein zentraler Bestandteil pädagogischer Professionalität, der in pädagogischen Organisationen zum Alltagsgeschäft gehört.

Beide Besonderheiten zu beachten, stellt eine Gelingensbedingung jeder Bildungsevaluation dar, die gerade bei externen Evaluationen wichtig ist. Ignorieren Evaluierende diese Besonderheiten, so provozieren sie Konflikte mit der Praxis und nehmen leichtfertig in Kauf, dass die Evaluierten eine externe Evaluation nicht als hilfreiche Anregung zur Verbesserung, sondern als äußere Bedrohung wahrnehmen, die sie „vor Gericht" (Weiss 1974, 26) stellt und womöglich ihren Job kostet. Gerade externe Evaluationen müssen plausibel machen, dass sie nützlich sind, zu konkreten Verbesserungen beitragen und sich auch dann für die Praxis lohnen, wenn sie den Arbeitsalltag stören und verzögern.

Das Versprechen praktischer Nützlichkeit und Verbesserung war und ist für Evaluationen im Bildungsbereich typisch. Im Reformkontext der 1960er- und 1970er-Jahre wurden verschiedene Modellversuche politisch initiiert und wissenschaftlich evaluiert. Ein bekanntes Beispiel hierfür ist die 1969 beschlossene Einführung von

Gesamtschulen mit dem Ziel, die Durchlässigkeit von Schulstrukturen und damit die Chancengleichheit im Schulsystem zu erhöhen. Die wissenschaftliche Evaluation untersuchte insgesamt 12 Gesamtschulversuche und verglich diese mit Schulen des dreigliedrigen Schulsystems (vgl. Fend 1982). Ein anderes Beispiel ist die 1972 initiierte Kollegstufe Nordrhein-Westfalen – ein Schulversuch zur Reform der gymnasialen Oberstufe, den ein Forscherteam wissenschaftlich begleitete und evaluierte. Die Evaluation konzentrierte sich dabei von vornherein auf die Perspektive der Adressat(inn)en: „Nicht das wissenschaftliche Interesse des einzelnen Forschers und nicht das politische des Auftraggebers sollte den Forschungsgegenstand bestimmen, vielmehr das der betroffenen Lehrer und Schüler" (Fischer u. a. 1986, 558).

Dieser auf die Bedürfnisse der Adressat(inn)en abgestimmten Evaluation liegt das schon erwähnte praktische Evaluationsmodell zugrunde, das aus der Handlungs- bzw. Aktionsforschung stammt. Der Versuch, die Evaluierten nicht als Objekte der Evaluation zu begreifen, sondern sie in die Evaluation einzubeziehen und so den Dissens zu überwinden, der zwischen Evaluatoren und Evaluierten häufig besteht, ist allerdings bis heute umstritten. Kritiker wenden ein, dieser Dissens sei prinzipiell unüberwindbar, auch wenn die Aktionsforschung ihn zu negieren suchte, „indem die Evaluatoren zu Handelnden und die Handelnden zu Evaluatoren mutierten. Resultat war ein doppelter Dilettantismus, weil die Evaluatoren nicht immer über die Kompetenzen der im Feld Handelnden und die im Feld Handelnden nicht über die Kompetenzen der Evaluatoren verfügt haben. Für den Gewinn an kommunikativer Validität, der mit diesem Modell gerne verknüpft worden ist, ist also ein hoher Preis bezahlt worden" (Merkens 2004, 83).

Während man Evaluationen im Reformkontext der 1960er- und 1970er-Jahre oft für die Bewährungskontrolle von Modellversuchen nutzte, sind sie in den letzten 15 Jahren zu einem flächendeckenden Instrument des Qualitätsmanagements geworden, um die Erträge von Bildungsorganisationen zu kontrollieren. Damit geht eine Akzentverschiebung von der Programm- hin zur *Personenevaluation* einher (vgl. Lind 2011, 175 ff.). Im Schulbereich liegt der Evaluationsfokus auf individuellen Leistungen von Schüler(inne)n, zunehmend auch auf (angehenden) Lehrkräften, deren Kompetenzen gemessen werden. Die Ergebnisse von Personenevaluationen werden nicht nur in Beziehung gesetzt zu den Leistungen pädagogischer Organisationen, sondern zuweilen auch mit den Leistungen des gesamten Bildungssystems identifiziert. Dies zeigt sich etwa in der vereinheitlichenden Rede von „Schulleistungen" und „Schülerleistungen" (kritisch hierzu Heid 2007) sowie in Ranglisten von Einzelschulen oder von im globalen Maßstab miteinander konkurrierenden Bildungssystemen, die oftmals massenmedial skandalisiert werden (Stichwort „PISA-Schock").

Die institutionalisierte Dauerbeobachtung individueller und korporativer Akteure der Bildungspraxis verbinden Bildungspolitik und Bildungsforschung mit dem Anspruch, den pädagogischen Organisationen ihre Evaluationsergebnisse zurückzumelden. *Feedback* soll zur Qualitätsentwicklung sowie zur Professionalisierung der pädagogischen Fachkräfte beitragen. Bezogen auf den Schulbereich heißt es: „Informierendes und unterstützendes Feedback ist nicht nur im Unterricht eine zentrale Leitidee, sondern auch bei Schul- und Unterrichtsentwicklung. Genau hier liegt der Nutzen von Qualitätssicherung. So erhalten Lehrkräfte – einzeln und als Kollegien – Rückmeldungen aus Vergleichsarbeiten, Schüler- und Elternbefragungen und Inspektionsberichten. Auch hier ist zu vermuten, dass sehr viel von einem informierenden Inhalt – jenseits von Rangvergleichen – und wertschätzenden Feedback-Formen abhängt" (Klieme 2009, 47). Deutlich wird an dieser Stelle, dass die Ergebnisse wissenschaftlicher Evaluationen nicht allein für Bildungspolitik und -verwaltung gedacht sind, sondern auch der Bildungspraxis helfen sollen. Allerdings bleibt offen, wie gerade die professionellen Akteure der Bildungspraxis mit den wissenschaftlichen Ergebnissen umgehen sollen. Zu Vergleichsarbeiten in den Jahrgangsstufen 3 und 8 (VERA 3 bzw. 8) heißt es etwa auf der Homepage des *Instituts für Schulqualität der Länder Berlin und Brandenburg* (ISQ) lapidar, diese sollten „fachliche und pädagogisch-psychologische Impulse für schulinterne Aktivitäten liefern und die Kooperation innerhalb und zwischen Schulen stärken" (ISQ o. J.). Entscheidend für die Resonanz in der Bildungspraxis scheint jedoch zu sein, die empirischen Daten so aufzubereiten, dass sie auch von Akteuren verstanden und genutzt werden können, die nicht Experten für die Methoden empirisch-quantitativer Bildungsforschung und die Auswertung empirischer Daten sind. Noch einen Schritt weiter als diejenigen, die eine neue Feedback-Kultur postulieren, gehen manche Bildungswissenschaftler, die der Bildungspraxis eine Übersetzung „von Daten zu Taten" versprechen (vgl. Schratz/Westfall-Greiter 2012).

Den Hoffnungen auf Feedback und Wissenszuwachs stehen eher ernüchternde Erfahrungen in der Praxis gegenüber: Im Alltagsgeschäft pädagogischer Organisationen werden Lernstandserhebungen, Kompetenzmessungen und Vergleichsarbeiten nicht nur als Gewinn, sondern auch als Belastung empfunden. Dementsprechend zurückhaltend schätzen Lehrkräfte den Nutzen standardbasierter Leistungsmessungen ein (vgl. Maier 2010). Darüber hinaus sind die für die USA detailliert dokumentierten, aber auch in Deutschland beobachteten Reaktionen auf Dauerevaluation in Bildungsorganisationen zu berücksichtigen. „Teaching to the Test", die mehr oder minder heimliche Vorbereitung der Schüler/-innen auf Testaufgaben und -formate, ist vielleicht die bekannteste Taktik von schulischer Seite, um bei externen Evaluationen besser abzuschneiden. Die Rede ist hier von korrumpierenden bzw. nicht intendierten Effekten, die als „Nebenwirkungen" institutionalisierter Dauerevaluation auftreten (vgl. Bellmann/Weiß 2009).

Vor diesem Hintergrund treten Konfliktlinien zwischen dem Management von Bildungsorganisationen und dem professionellen Selbstverständnis pädagogischer Fachkräfte deutlich hervor. Während sich beispielsweise das schulische Qualitätsmanagement vorrangig an Effizienzgesichtspunkten orientiert, sehen die Lehrkräfte ihre Aufgabe darin, ihr professionelles Wissen eigenverantwortlich und fall- bzw. situationsbezogen anzuwenden. Das räumen seit einiger Zeit auch Reformprotagonisten aus der Bildungsforschung ein. So heißt es in einer Zwischenbilanz zum Stand der Qualitätssicherung im Bildungswesen: „Die Autonomie professionellen pädagogischen Handelns stellt eine zentrale Herausforderung für die Idee der systematisierten Qualitätssicherung dar. Die Eigenlogik und der Fallbezug des pädagogischen Handelns können nie voll aufgehen in standardisierten Kriterien, Bewertungsverfahren und Zielmarken, wie sie beispielsweise in Bildungsstandards festgelegt werden" (Klieme/ Tippelt 2008, 12).

6 Fazit und Ausblick

Dieser Beitrag ging von der Annahme aus, dass wissenschaftliche Evaluation eingewoben ist in ein Netz unterschiedlicher Interessen. Die Gründe hierfür sind zum einen systematischer Art: Spannungen und Konflikte bestehen *per definitionem*, insofern Evaluation auf Bewertung zielt. Als Bewertung kann Evaluation nicht objektiv sein, sondern allenfalls intersubjektiv prüfbar. Auch wenn man den Aspekt der Bewertung ausklammert – etwa wenn sich Evaluatoren darauf zurückziehen, nur Informationen zu liefern – verschwindet nicht das Problem einer Vereinnahmung dieser Informationen durch andere Akteure. Diese und weitere Schwierigkeiten zeigen sich vermutlich in allen gesellschaftlichen Handlungsfeldern, in denen wissenschaftliche Evaluationen stattfinden. Sie resultieren nicht zuletzt daraus, dass Evaluationsforschung gemeinhin als anwendungsbezogene Forschung und/oder Auftragsforschung verstanden wird. Für Letztere ist die *wechselseitige Abhängigkeit* zwischen Auftraggeber und Auftragnehmer geradezu konstitutiv.

Zum anderen hat dieser Beitrag verdeutlicht, dass bei der Anwendung von Evaluationen im Bildungsbereich einige Besonderheiten zu berücksichtigen sind, und zwar durchaus im Sinne von Gelingensbedingungen einer Bildungsevaluation. In groben Umrissen wurden das dynamische Beziehungsgefüge und die besonderen Spannungen zwischen den drei Akteuren Bildungspolitik und -verwaltung, Bildungsforschung und Bildungspraxis skizziert. Diese Dreiteilung hat zweifelsohne ihre Grenzen und bedarf der Verfeinerung. Bezogen auf die aktuelle Bildungsreform, in der Evaluation nicht einfach nur an Bedeutung gewinnt, sondern einen neuen, programmatischen Stellenwert bekommt, lassen sich gleichwohl folgende Punkte festhalten:
- Bildungspolitik und -administration fungieren in der Regel als Auftraggeber von Evaluationen. Ihr vorrangiges Interesse besteht gegenwärtig darin, die Effizienz des Bildungssystems zu kontrollieren; ihre (unausgesprochene) Prämisse lautet hierbei, mit weniger Ressourcen größere Erträge zu erzielen. Ob dies tatsächlich zu erreichen ist, steht auf einem anderen Blatt und lässt sich vermutlich nur durch neue Evaluationen beantworten. Bemerkenswert ist, dass Bildungspolitik und -verwaltung nicht nur fordern, die Leistungen des Bildungssystems zu überprüfen, sondern auch selbst zum Evaluationsobjekt werden: Sie müssen sich der Beobachtung durch transnationale Organisationen (vgl. Strietholt u. a. 2014)

- ebenso stellen wie einer diskutierenden Öffentlichkeit, die ihre Leistungen gegebenenfalls kritisch evaluiert.
- Die quantitative empirische Bildungsforschung hat in ihrer Rolle als politisch geforderter Evaluationsdienstleister in gewissem Sinne eine herausgehobene Position in den hier beleuchteten Akteurskonstellationen, da sie entscheidungsrelevante Informationen erzeugt und bereitstellt, über die alle anderen Akteure nicht verfügen – vor allem jene nicht, die evaluiert werden. Diese Sonderrolle führt allerdings zu eigentümlichen Schwierigkeiten, wobei gegenwärtig eine große Politiknähe zu konstatieren ist, die mit Tendenzen der Entpolitisierung einherzugehen scheint (vgl. Bellmann 2015). In diesem Beitrag wurde dies anhand des Bedeutungszuwachses der Ordnungsleistung der Politik und der Inhaltsoffenheit und Zielindifferenz der Bildungsforschung illustriert.
- Die Akteure der Bildungspraxis, vor allem die professionellen Akteure in pädagogischen Organisationen, stehen in gewisser Weise „zwischen den Stühlen" bzw. in der Gefahr, im Rahmen der institutionalisierten Dauerevaluation zerrieben zu werden. Diese Gefahr und die mit ihr verbundenen Nebenwirkungen bestehen vermutlich fort, solange es keine überzeugende Lösung für die praktische Vermittlung der wissenschaftlichen Daten gibt. Nicht zu unterschätzen sind allerdings auch die Beharrungskräfte der Praxis: Analysen vorangegangener Reformen verdeutlichen, dass von dem Agenda-Setting und der Formulierung bildungspolitischer Leitideen bis zur Implementation in der Praxis ein weiter Weg zurückzulegen ist. Ein Scheitern ist hierbei nicht ausgeschlossen (vgl. Tyack/Cuban 1995).

Diese Überlegungen sollten nicht missverstanden werden als Plädoyer gegen wissenschaftliche Evaluation im Bildungsbereich. Der hier angedeutete Widerstreit der Interessen stellt kein Defizit dar, das es zu überwinden gilt, denn Spannungen können durchaus konstruktiv sein und produktiv gewendet werden. Die Herausforderung für Evaluierende, die im Bildungsbereich arbeiten, scheint darin zu bestehen, Konflikte zwischen Bildungspolitik und -administration, Bildungsforschung und Bildungspraxis nicht nur zur Kenntnis zu nehmen, sondern sie auch bei der Planung, Durchführung und Auswertung von Bildungsevaluationen in Rechnung zu stellen.

7 Vertiefungsaufgaben und -fragen

1. Ordnen Sie die unterschiedlichen Rollen in einer Programmevaluation den in diesem Beitrag behandelten Akteuren des Bildungssystems zu. Sind die Zuordnungen eindeutig oder kommen unterschiedliche Konstellationen in Betracht? Wenn ja, erläutern Sie diese.
2. Welche Interessen hat die Bildungspolitik an Evaluationen? Wie verändert sich der Stellenwert von Evaluationen im Kontext der gegenwärtigen Bildungspolitik?

3. Die politische Aufwertung von Evaluationen hat zum Aufstieg der empirischen Bildungsforschung entscheidend beigetragen. Diskutieren Sie das Verhältnis von Forschung und Politik, das sich gegenwärtig abzeichnet. Beziehen Sie dabei die drei systematischen Positionen aus Abschnitt 4 ein.
4. Evaluationen haben meist das Ziel, die Bildungspraxis zu verbessern. Prüfen Sie diese Zielsetzung aus der Perspektive eines pädagogischen Berufs ihrer Wahl. Wägen sie dabei Vor- und Nachteile der Zielsetzung ab.
5. Erarbeiten Sie in einer Kleingruppe eine Übersicht der Spannungen zwischen Bildungspolitik, Bildungsforschung und Bildungspraxis. Ordnen und gewichten Sie die einzelnen Punkte anschließend in einer Diskussion: Welche Spannungen sind aus Ihrer Sicht besonders wichtig? Welche halten Sie für nebensächlich? Begründen Sie Ihre Position.

8 Literatur

Abs, Hermann Josef/Brüsemeister, Thomas/Schemmann, Michael/Wissinger, Jochen (Hrsg.) (2015): Governance im Bildungssystem. Analysen zur Mehrebenenperspektive, Steuerung und Koordination. Wiesbaden: Springer VS.

Aljets, Enno (2015): Der Aufstieg der Empirischen Bildungsforschung. Ein Beitrag zur institutionalistischen Wissenschaftssoziologie. Wiesbaden: Springer VS.

Anweiler, Oskar/Fuchs, Hans-Jürgen/Dorner, Martina/Petermann, Eberhard (1992): Bildungspolitik in Deutschland 1945–1990. Ein historisch-vergleichender Quellenband. Opladen: Leske + Budrich.

Becker, Hellmut (1979): Was ist Bildungsforschung? In: Röhrs, Hermann (Hrsg.): Erziehungswissenschaft und die Pluralität ihrer Konzepte. Wiesbaden: Akademische Verlagsgesellschaft, S. 215–226.

Bellmann, Johannes (2006): Bildungsforschung und Bildungspolitik im Zeitalter ‚Neuer Steuerung'. In: Zeitschrift für Pädagogik 52, Heft 4, S. 487–504.

Bellmann, Johannes (2015): Symptome der gleichzeitigen Politisierung und Entpolitisierung der Erziehungswissenschaft im Kontext datengetriebener Steuerung. In: Erziehungswissenschaft 26, Heft 50, S. 45–54.

Bellmann, Johannes/Weiß, Manfred (2009): Risiken und Nebenwirkungen Neuer Steuerung im Schulsystem. Theoretische Konzeptualisierung und Erklärungsmodelle. In: Zeitschrift für Pädagogik 55, Heft 2, S. 286–308.

Böttcher, Wolfgang (2002): Kann eine ökonomische Schule auch eine pädagogische sein? Schulentwicklung zwischen Neuer Steuerung, Organisation, Leistungsevaluation und Bildung. Weinheim/München: Juventa.

Buchhaas-Birkholz, Dorothee (2009): Die „empirische Wende" in der Bildungspolitik und in der Bildungsforschung. Zum Paradigmenwechsel des BMBF im Bereich der Forschungsförderung. In: Erziehungswissenschaft 20, Heft 39, S. 27–33.

Bundesministerium für Bildung und Forschung (BMBF) (Hrsg.) (2008): Wissen für Handeln – Forschungsstrategien für eine evidenzbasierte Bildungspolitik. Fachtagung im Rahmen der deutschen EU-Ratspräsidentschaft. Berlin: Bundesministerium für Bildung und Forschung.

Diekmann, Andreas (2007): Empirische Sozialforschung. Grundlagen, Methoden, Anwendungen. Reinbek bei Hamburg: Rowohlt.

Ditton, Hartmut (2010): Evaluation und Qualitätssicherung. In: Tippelt, Rudolf/Schmidt, Bernhard (Hrsg.): Handbuch Bildungsforschung. Wiesbaden: VS, S. 607–623.

Döbert, Hans/Weishaupt, Horst (2012): Bildungsmonitoring. In: Wacker, Albrecht/Maier, Uwe/Wissinger, Jochen (Hrsg.): Schul- und Unterrichtsreform durch ergebnisorientierte Steuerung. Empirische Befunde und forschungsmethodische Implikationen. Wiesbaden: VS, S. 155–173.

Edelmann, Doris/Schmidt, Joel/Tippelt, Rudolf (2012): Einführung in die Bildungsforschung. Stuttgart: Kohlhammer.

Fend, Helmut (1982): Gesamtschule im Vergleich. Bilanz der Ergebnisse des Gesamtschulversuchs. Weinheim/Basel: Beltz.

Fischer, Bernd/Gruschka, Andreas/Meyer, Meinart A./Naul, Roland/Schenk, Barbara (1986): Schüler auf dem Weg zu Studium und Beruf. Erträge der Bildungsgangforschung des nordrhein-westfälischen Kollegschulversuchs. In: Zeitschrift für Pädagogik 32, Heft 4, S. 557–577.

Fuchs, Werner (1970): Empirische Sozialforschung als politische Aktion. In: Soziale Welt 21, Heft 1, S. 1–17.

Greene, Jennifer C. (2006): Evaluation, Democracy, and Social Change. In: Shaw, Ian F./Greene, Jennifer C./Mark, Melvin M. (Hrsg.): Handbook of Evaluation. Policies, Programs and Practices. London: Sage, S. 118–140.

Heid, Helmut (2007): Was vermag die Standardisierung wünschenswerter Lernoutputs zur Qualitätsverbesserung des Bildungswesens beizutragen? In: Benner, Dietrich (Hrsg.): Bildungsstandards. Chancen und Grenzen, Beispiele und Perspektiven. Paderborn u. a.: Schöningh, S. 29–48.

Hellstern, Gerd-Michael/Wollmann, Hellmut (1983): Experimentelle Politik – Reformstrohfeuer oder Lernstrategie. Bestandsaufnahme und Evaluierung. Opladen: Westdeutscher Verlag.

Helmke, Andreas (2009): Unterrichtsqualität und Lehrerprofessionalität. Diagnose, Evaluation und Verbesserung des Unterrichts. Seelze-Velber: Klett/Kallmeyer.

Helmke, Andreas/Hornstein, Walter/Terhart, Ewald (2000): Qualität und Qualitätssicherung im Bildungsbereich. Zur Einleitung in das Beiheft. In: Zeitschrift für Pädagogik, 41. Beiheft, S. 7–14.

Institut für Schulqualität der Länder Berlin und Brandenburg e. V. (ISQ) (o. J.): Vergleichsarbeiten. URL: https://www.isq-bb.de/Vergleichsarbeiten.4.0.html (Stand: 01.10.2015).

Klieme, Eckhard (2009): Leitideen der Bildungsreform und der Bildungsforschung. In: Pädagogik, Heft 5, S. 44–47.

Klieme, Eckhard/Tippelt, Rudolf (2008): Qualitätssicherung im Bildungswesen. Eine aktuelle Zwischenbilanz. In: Zeitschrift für Pädagogik, 53. Beiheft, S. 7–13.

Klieme, Eckhard u. a. (2003): Zur Entwicklung nationaler Bildungsstandards. Berlin: Bundesministerium für Bildung und Forschung.

Kordes, Hagen (1984): Evaluation. In: Lenzen, Dieter (Hrsg.): Enzyklopädie Erziehungswissenschaft. Band 2: Methoden der Erziehungs- und Bildungsforschung. Stuttgart: Klett, S. 359–366.

Kuper, Harm (2005): Evaluation im Bildungssystem. Eine Einführung. Stuttgart: Kohlhammer.

Lange, Hermann (1999): Qualitätssicherung in Schulen. In: Die Deutsche Schule 91, Heft 2, S. 144–159.

Leschinsky, Achim/Cortina, Kai S. (2008): Zur sozialen Einbettung bildungspolitischer Trends in der Bundesrepublik. In: Cortina, Kai S./Baumert, Jürgen/Leschinsky, Achim/Mayer, Karl Ulrich/Trommer, Luitgard (Hrsg.): Das Bildungswesen in der Bundesrepublik Deutschland. Strukturen und Entwicklungen im Überblick. Reinbek: Rowohlt, S. 21–51.

Lind, Georg (2011): Verbesserung des Unterrichts durch Selbstevaluation. Ein Plädoyer für unverzerrte Evidenz. In: Bellmann, Johannes/Müller, Thomas (Hrsg.): Wissen, was wirkt. Kritik evidenzbasierter Pädagogik. Wiesbaden: VS, S. 173–195.

Maier, Uwe (2010): Vergleichsarbeiten im Spannungsfeld zwischen formativer und summativer Leistungsmessung. In: Die Deutsche Schule 102, Heft 1, S. 60–69.

Meier, Artur (1974): Soziologie des Bildungswesens. Eine Einführung. Berlin: Volk und Wissen.

Merkens, Hans (2004): Evaluation in der Erziehungswissenschaft – eine neue Herausforderung? In: Zeitschrift für Pädagogik 50, Heft 1, S. 77–87.

Müller, Thomas/Waldow, Florian (2011): Expertenwissen für Bildungsreformen. Beziehungen zwischen Bildungsforschung und Bildungspolitik in Schweden und Deutschland. In: Bellmann, Johannes/Müller, Thomas (Hrsg.): Wissen, was wirkt. Kritik evidenzbasierter Pädagogik. Wiesbaden: VS, S. 235–255.

Nevo, David (2006): Evaluation in Education. In: Shaw, Ian F./Greene, Jennifer C./Mark, Melvin M. (Hrsg.): Handbook of Evaluation. Policies, Programs and Practices. London: Sage, S. 441–460.

Schratz, Michael/Westfall-Greiter, Tanja (2012): Von Daten zu Taten. Evidenzbasierte Bildungsprozesse in Gang setzen. Supplement zum Friedrich Jahresheft. Seelze: Friedrich.

Schulz-Vanheyden, Elmar (2010): Bildungspolitik. In: Jordan, Stefan/Schlüter, Marnie (Hrsg.): Lexikon Pädagogik. Hundert Grundbegriffe. Stuttgart: Reclam, S. 53–56.

Scriven, Michael (1991): Evaluation Thesaurus. Fourth Edition. Newbury Park u. a.: Sage.

Strietholt, Rolf/Bos, Wilfried/Gustafsson, Jan-Eric/Rosén, Monica (Hrsg.) (2014): Educational Policy Evaluation Through International Comparative Assessments. Münster: Waxmann.

Terhart, Ewald (2003): Erziehungswissenschaft zwischen Forschung und Politikberatung. In: Vierteljahrsschrift für wissenschaftliche Pädagogik 79, Heft 1, S. 74–90.

Thiel, Felicitas (2014): Evidenzbasierte Bildungspolitik – Generierung und Nutzung wissenschaftlichen Wissens. In: Bundesministerium für Bildung und Forschung (Hrsg.): Bildungsforschung 2020 – Herausforderungen und Perspektiven. Berlin/Bonn, S. 116–127.

Tillmann, Klaus-Jürgen (2008): Erziehungswissenschaft und Bildungspolitik – von den 1970er Jahren zur PISA-Zeit. In: Die Deutsche Schule 100, Heft 1, S. 31–42.

Tippelt, Rudolf/Reich-Claassen, Jutta (2010): Stichwort „Evidenzbasierung". In: DIE – Zeitschrift für Erwachsenenbildung, Heft 4, S. 22–23.

Tyack, David/Cuban, Larry (1995): Tinkering toward Utopia. A Century of Public School Reform. Cambridge, Mass./London: Harvard University Press.

Vestman, Ove Karlsson/Conner, Ross F. (2006): The Relationship between Evaluation and Politics. In: Shaw, Ian F./Greene, Jennifer C./Mark, Melvin M. (Hrsg.): Handbook of Evaluation. Policies, Programs and Practices. London: Sage, S. 225–242.

Wacker, Albrecht/Maier, Uwe/Wissinger, Jochen (2012): Ergebnisorientierte Steuerung – Bildungspolitische Strategie und Verfahren zur Initiierung von Schul- und Unterrichtsreformen. In: Wacker, Albrecht/Maier, Uwe/Wissinger, Jochen (Hrsg.): Schul- und Unterrichtsreform durch ergebnisorientierte Steuerung. Empirische Befunde und forschungsmethodische Implikationen. Wiesbaden: VS, S. 9–33.

Weiss, Carol H. (1974): Evaluierungsforschung. Methoden zur Einschätzung von sozialen Reformprogrammen. Opladen: Westdeutscher Verlag.

Wollmann, Hellmut (2010): Politikevaluierung. In: Nohlen, Dieter/Schultze, Rainer-Olaf (Hrsg.): Lexikon der Politikwissenschaft. Band 2. München: Beck, S. 751–754.

Wulf, Christoph (Hrsg.) (1972): Evaluation. Beschreibung und Bewertung von Unterricht, Curricula und Schulversuchen. München: Piper.

Zedler, Peter (1985): Stagnation und Bewertungswandel. Zu Stand, Entwicklung und Folgen ausbleibender Strukturreformen im Bildungswesen. In: Zeitschrift für Pädagogik 31, Heft 4, S. 501–524.

Teil II: **Formen, Methoden und Instrumente**

Jörg Nicht
Quantitative Verfahren, qualitative Verfahren und ihre Triangulation

Wenn es bei Evaluation um die Bewertung eines Gegenstandes geht, dann ist zu fragen, welche Kriterien für eine solche Bewertung herangezogen werden und wie die Bewertung *methodisch* erfolgen soll. Die Wahl der geeigneten Verfahren und Instrumente für eine Evaluation ergibt sich nicht automatisch. „Entscheidungen darüber sind in jedem Einzelfall in gründlicher Auseinandersetzung mit dem Untersuchungsgegenstand und der Fragestellung zu treffen *und zu begründen*" (Kromrey 2009, 300).

Aufgrund der Ausdifferenzierung des Methodenpools in den Sozialwissenschaften steht heute eine Vielzahl von Methoden für Evaluationsvorhaben zur Verfügung. Die Methodenvielfalt bringt jedoch das Problem mit sich, eine sinnvolle Auswahl für ein Evaluationsvorhaben zu treffen. Erschwerend kommt hinzu, dass die Gegenstände von Evaluationen in der Regel spezifisch sind. Die simple Anwendung eines bestimmten Methodentyps oder -reservoirs unabhängig vom Evaluationsgegenstand ist deshalb weder sinnvoll noch erfolgversprechend. Die einzige Möglichkeit, mit diesen Herausforderungen umzugehen, besteht darin, sich am Beginn einer Evaluation über die Fragestellung klar zu werden und gegenstandsabhängig Methoden auszuwählen und diese gegebenenfalls miteinander zu kombinieren.

1 Evaluationsmethoden im Bildungsbereich: die Frage der Eignung

Im Bildungsbereich und in Bildungsorganisationen sind Evaluationen alltäglich geworden. In einer ersten Phase seit den späten 1960er-Jahren wurden auch in der Bundesrepublik Deutschland Evaluationen üblich. Entsprechend der theoretischmethodischen Diskussion jener Zeit galt das Experiment als methodischer Königsweg. In einer zweiten Phase Ende des letzten Jahrtausends sind vielfältige Evaluationsbemühungen mit verschiedenen Methoden zu beobachten.

Obgleich die Methodenausbildung in viele Studiengänge, die für Tätigkeiten im Bildungsbereich qualifizieren, integriert ist, scheint einerseits eine Scheu vor der Anwendung von Methoden zu bestehen, wenngleich andererseits viele Akteure einräumen, dass Projekte und Maßnahmen mithilfe *geeigneter Methoden* zu evaluieren seien. Die Problemlage gründet darauf, dass zwar eine Vielzahl unterschiedlicher Methoden zur Erforschung von spezifischen Sachverhalten vorhanden ist, die Spezifik der eigenen Fragestellung jedoch keine 08/15-Übertragung von Methoden auf das eigene Evaluationsprojekt erlaubt. Denn viele der heute anerkannten Methoden wurden im Kontext der Grundlagenforschung entwickelt und entsprechen spezifischen erkenntnistheoretisch-methodologischen Prämissen bzw. Anforderungen, die nicht ohne Weiteres in Evaluationen zu erfüllen sind. Zudem wird insbesondere bei der Evaluationsforschung deutlich, dass die Methoden gegenstandsadäquat sein müssen, um zu sinnvollen Aussagen bezüglich zu evaluierender Maßnahmen zu gelangen: Die Wahl bestimmter Untersuchungssettings wie der Einsatz bestimmter Verfahren kann nicht „automatisch" erfolgen. Eine dem zu evaluierenden Gegenstand angemessene Auswahl der Methoden setzt allerdings voraus, dass der Untersuchungsgegenstand gründlich analysiert wurde (vgl. Kromrey 2009, 300). Zudem müssen geeignete Methoden oft an den Gegenstand angepasst und entsprechende Untersuchungsdesigns, Indikatoren etc. entlang der Fragestellung entwickelt werden.

In Bezug auf Akkreditierungen auch im Bildungsbereich gibt Gutknecht-Gmeiner (2013) zu bedenken, dass eine spezifische fachliche Ausbildung noch nicht dazu befähige, in diesem fachlichen Feld auch Evaluationen durchzuführen. So bestünde oft Unklarheit über Zweck, Fragestellungen und Kriterien/Indikatoren einer Evaluation (vgl. auch Kromrey 2004, 49 ff.). Für eine Evaluation seien zudem im Team Kompetenzen in der Erhebung und Auswertung von Daten, Erfahrung und Kenntnisse in der Interpretation von Befunden notwendig. Darüber hinaus bedarf es Sozial- und Kommunikationskompetenz, um Personen zu interviewen und mit der evaluierten Einrichtung oder der Agentur sowie im Team Aushandlungsprozesse gestalten zu können. „Theoretisches Wissen über Evaluation, ihre Zwecke, Fragestellungen und Methoden hilft, schwierige Entscheidungen zu treffen und die eigenen Aufgaben und Rollen angemessen auszufüllen und zu reflektieren" (Gutknecht-Gmeiner 2013, 239).

Evaluationen im Bildungsbereich stellen an die Evaluator(inn)en vielfältige Anforderungen, weshalb verschiedene Kompetenzen wie Methoden-, aber auch Sozialkompetenzen im Evaluationsteam vorhanden sein sollten (vgl. Gutknecht-Gmeiner 2013, 240). In der Regel wird ein Auftraggeber eine Evaluation an einen fachlich-methodisch ausgewiesenen Auftragnehmer übertragen. Allerdings kann nicht jeder Forscher jede einzelne Methode sicher und vor allem gegenstandsbezogen anwenden. Vielmehr wird eine Arbeitsteilung bei der Operationalisierung und methodischen Durchführung der Evaluation erfolgen müssen.

Vor diesem Hintergrund versucht dieser Beitrag, eine knappe, systematisierende Einführung in Methoden der Evaluationsforschung zu geben – wohl wissend, dass die Entgegensetzung quantitativer und qualitativer Forschungsmethoden, wie sie während und in Folge des Positivismusstreits häufig getroffen wurde, wenig zielführend ist und in der gegenwärtigen Forschungs- und Evaluationspraxis durch eine Kombination von Methoden überwunden wird. Als Beispiel für die enge Verbindung qualitativer und quantitativer Sozialforschung sei hier nur die qualitative Inhaltsanalyse nach Mayring (2015) genannt, mit deren Hilfe aus qualitativen Daten (z. B. Interviews oder schriftlichen Aufsätzen) quantitative Daten generiert werden können. So wurden auch im Rahmen der DESI-Studie (*Deutsch-Englisch Schülerleistungen International*) Aufsätze von Schüler(inne)n kodiert und dann mithilfe von quantitativen Auswertungsstrategien Ergebnisse erzielt. Dieser Beitrag konzentriert sich auf qualitative

Methoden der Datengewinnung und -analyse, auch wenn üblicherweise quantitative Methoden der Evaluationsforschung im Mittelpunkt von Einführungen stehen (vgl. etwa Gollwitzer/Jäger 2009. 136 ff.).

In der Diskussion über Methoden der Evaluationsforschung stehen sich zwei methodologische Positionen gegenüber: Die *erste Position* geht davon aus, dass die Evaluationsforschung keine eigenständige Disziplin ist, sondern eine spezifische Anwendung empirischer Forschungsmethoden auf eine besondere Gruppe von Fragestellungen (vgl. z. B. Rossi/Freeman 1993; Rossi u. a. 1999). Entscheidend ist, dass es bei der Evaluationsforschung um die Bewertung des (intendierten) Erfolges einer Maßnahme geht, „um Auswirkungen von Wandel in Natur, Kultur, Technik und Gesellschaft oder um die Analyse bestehender Institutionen oder Strukturen" (Bortz/Döring 2006, 97). Um Konzepte, Untersuchungspläne, Implementierungen und die Wirksamkeit sozialer Interventionsprogramme bewerten zu können, sollen empirische Forschungsmethoden systematisch angewendet werden (vgl. Bortz/Döring 2009, 96). Nach Bortz und Döring sollte Evaluationsforschung den Standards der empirischen Grundlagenforschung entsprechen (vgl. Bortz/Döring 2009, 98). Die *zweite Position* geht davon aus, dass Evaluationsforschung eine eigenständige Disziplin mit spezifischen methodischen Prämissen ist. Dabei geht es um die Verbesserung praktischer Maßnahmen sowie um Evaluation als Bewertung. Bewertungen pädagogischer Handlungen oder Maßnahmen sind inzwischen alltäglich geworden und werden mit unterschiedlichen Methoden durchgeführt.

2 Analyseformen

Insofern Evaluation auf die Bewertung eines bestimmten Gegenstandes (Evaluationsobjekt) hinsichtlich bestimmter Eigenschaften (Evaluationskriterien) zielt, lassen sich verschiedene Analyseformen unterscheiden (vgl. Gollwitzer/Jäger 2009, 135 f.):

- Bei der *Wirksamkeitsanalyse* geht es darum, ob die angestrebten Ziele einer Maßnahme oder Intervention auch erreicht wurden. So wird etwa die Einführung des Rügener Inklusionsmodells, das die inklusive Beschulung der Kinder auf der Ostseeinsel Rügen vorsieht, hinsichtlich der Wirksamkeit analysiert, indem gefragt wird, ob die Kinder im Rahmen dieses Modells mindestens genauso gut lernen wie in der konventionellen, getrennten Beschulung von Kindern mit und ohne spezifischem Förderbedarf (vgl. Voß u. a. 2013).
- Bei der *Effizienzanalyse* geht es um die Frage, wie effizient eine Maßnahme ist bzw. in welcher Relation Aufwand und Ertrag stehen. Eine Evaluation könnte beispielsweise fragen, inwieweit eine gemeinsame Beschulung von Kindern gleiche oder gar geringere Kosten verursacht als eine getrennte Beschulung.
- Die *Bedarfsanalyse* fragt nach möglichem Veränderungsbedarf und wie die Veränderung konkret auszusehen hat. So kann der Bedarf nicht nur aus den politischen Vorgaben zur Inklusion bestehen, sondern auch als Bedarf definiert wer-

den, einen Schulstandort zu erhalten, was aber nur möglich ist, wenn alle Kinder eines Ortes gemeinsam beschult werden.
- Die *Analyse von Konzeptionen* beschäftigt sich mit der Qualität eines Konzeptes, indem gefragt wird, ob alle Aspekte, die eine inklusive Beschulung kennzeichnen und kennzeichnen sollen, im Konzept enthalten sind.
- Schließlich untersucht die *Implementierungskontrolle*, wie die Umsetzung der Maßnahme erfolgt. So könnte gefragt werden, inwieweit die beteiligten Akteure das Inklusionsmodell unterstützen und wo es Abweichungen vom Konzept gibt.

Die Evaluationskriterien müssen im Rahmen der Evaluation empirisch messbar gemacht, also operationalisiert werden. Allerdings ist die Frage, wie man Wirksamkeit, Effizienz, Bedarf usw. misst, alles andere als einfach zu beantworten. Quantitative wie qualitative Verfahren der Datengewinnung sind grundsätzlich geeignet, konkrete Evaluationsfragen zu beantworten, wobei Fragen der Wirksamkeit und Effizienz von Maßnahmen eher mit quantitativen Methoden untersucht werden, während für Fragen nach dem Bedarf, der Konzeptionsqualität und der Implementation eher qualitative Methoden geeignet erscheinen (vgl. Gollwitzer/Jäger 2009, 136). Somit ist die Voraussetzung für den (sinnvollen) Einsatz von Methoden, dass bestimmt wird, was die Kriterien des Erfolges sein sollen. Will beispielsweise ein Verein, der Grundschulen und Betriebe vernetzen möchte, um insbesondere Kindern aus sozioökonomisch schwachen Familien berufliche Optionen aufzuzeigen, wissen, ob die Kinder berufliche Vorstellungen entwickeln, so handelt es sich vordergründig um eine Frage der Wirkung: Inwieweit haben sich die beruflichen Vorstellungen der Kinder verändert, inwieweit realisieren sie berufliche Optionen und zeigen erhöhte Leistungsbereitschaft? Im Rahmen eines auf drei oder fünf Jahre angelegten Projektes lassen sich solche Fragen aber nur begrenzt beantworten. Vielmehr könnte hier stärker die Implementierung und das Konzept an sich im Vordergrund der Evaluation stehen, indem gefragt wird, welche Bedingungen zu einer langfristigen Kooperation zwischen Grundschule und Betrieb führen und welche Qualität das Konzept (im Vergleich zu anderen Konzepten in diesem Themenfeld) aufweist.

Eine Unterscheidung verschiedener Analysearten mit korrespondierenden Methoden hat den Vorteil, dass die Vielfalt an Evaluationsthemen in eine Systematik gebracht wird, die es erlaubt, quantitative und qualitative Methoden miteinander zu kombinieren. Im Bildungsbereich bestehen Evaluationsbedarfe auf unterschiedlichen Ebenen und in unterschiedlichen Hinsichten. Das Spektrum kann dabei von der Evaluation des Schulsystems insgesamt bis hin zur Bewertung des eigenen Unterrichts oder der Umsetzung einer Maßnahme in der sozialen Arbeit reichen.

3 Quantitative Methoden der Datengewinnung

Standardisierte Fragebögen und Tests sind verbreitete Methoden empirisch-quantitativer Sozial- und Bildungsforschung, um Informationen über einen Untersuchungsgegenstand zu gewinnen. Geklärt werden muss, was der zu untersuchende Fall ist: Sind es Individuen, Gruppen, Organisationen oder das Bildungssystem insgesamt. Im Bildungsbereich untersucht man, wie auch in anderen Bereichen, Phänomene, die auf verschiedenen Ebenen beschrieben werden, wenngleich man beim Einsatz von Fragebögen und Tests auf das Individuum als einzelnen Fall (z. B. bei Kompetenzen) abzielt.

Schaut man sich aktuelle Evaluationsprojekte an, so fällt auf, dass Fragen der Wirksamkeit, Effektivität und Effizienz im Vordergrund stehen. So wird in Schulleistungsvergleichsstudien wie VERA 3 danach gefragt, wie hoch die Lesekompetenz der Schüler/-innen am Ende des dritten Schuljahrgangs ist, um zu erfahren, welche Qualität das Schulsystem hat (vgl. Maier 2008). Diese und andere Vergleichsstudien werden in regelmäßigen Abständen mit erheblichem Aufwand durchgeführt, was sich auch darin ausdrückt, dass eigene Institute zur Qualitätsentwicklung oder -sicherung im Schulbereich in den einzelnen deutschen Bundesländern gegründet worden sind. Diese Institute sind insbesondere hinsichtlich ihrer quantitativen Methodenkompetenz ausgewiesen.

Inhaltsbereiche sind nicht immer direkt zugänglich oder beobachtbar. Das betrifft insbesondere individuelle Bildungsprozesse. Lernen entzieht sich weitgehend der direkten Beobachtung. Wir können nur sehen, ob ein Kind etwas im Unterricht tut. Ob es tatsächlich lernt, kann die Lehrkraft nicht erkennen. Vielmehr haben wir es bei Kompetenzmessungen mit Lernergebnissen zu tun, die gemessen werden können, wenngleich nicht alle Ergebnisse von Lernprozessen messbar sind.

Um ein nicht direkt beobachtbares (latentes) Konstrukt auf der Basis von beobachtbaren Indikatoren zu erfassen, wird ein *Messmodell* benötigt, mit dem der Zusammenhang zwischen Konstrukt und einzelnen Indikatoren hergestellt wird. So wird im Rahmen der Evaluation des Rügener Inklusionsmodells (RIM) neben den Förderschwerpunkten Lernen und Sprache auch die emotional-soziale Entwicklung untersucht. Dabei wird auf den sogenannten SDQ (*Strengths and Difficulties Questionnaire*) zurückgegriffen, mit dem Verhaltensauffälligkeiten und -stärken bei Kindern und Jugendlichen im Alter von 4 bis 16 Jahren erfasst werden sollen mittels einer Fremdbeurteilung durch Lehrkräfte. Der SDQ besteht aus fünf Einzelskalen (Indikatoren) mit jeweils fünf Merkmalen (Items): Emotionale Probleme, Hyperaktivität/Aufmerksamkeitsprobleme, Probleme im Umgang mit Gleichaltrigen, Verhaltensauffälligkeiten und prosoziales Verhalten. Die Rohwerte der vier erstgenannten Skalen werden zu einem *Gesamtproblemwert* zusammengefasst, der auch in der Evaluation des RIM genutzt wird neben der Skala Prosoziales Verhalten (vgl. Voß u. a. 2013).

Die Anzahl der Items pro latenter Variable (Indikator) sind gleich, um eine gleiche Gewichtung zu erhalten. Zunächst einmal sollen die latenten Variablen auch voneinander unabhängig sein. In jedem Fall sollte das Messmodell empirisch getestet werden, wozu sich strukturentdeckende Verfahren (explorative Faktorenanalyse) oder strukturprüfende Verfahren (wie die konfirmatorische Faktorenanalyse) eignen (vgl. Gollwitzer/Jäger 2009, 140). Daran lässt sich leicht ablesen, dass die Nutzung quantitativer Verfahren anspruchsvoll und aufwendig ist. In der Regel greift man in Evaluationen deshalb auf vorhandene, bereits getestete Konstrukte bzw. Skalen zurück. Zudem zeigen die kurzen Ausführungen, dass mithilfe quantitativer Methoden keinesfalls die Wirklichkeit abgebildet wird. Vielmehr wird mithilfe des Messmodells versucht, verlässliche Aussagen zur Wirksamkeit von Maßnahmen zu gewinnen, wobei die Vielzahl möglicher Einflussfaktoren gerade im Bildungsbereich empirisch oft nicht hinreichend kontrolliert werden kann.

Bei vielen Evaluationen im Bildungsbereich dürfte die Struktur der Daten einschließlich der Messniveaus relativ einfach sein. Lankes u. a. (2013) bezeichnen die Vereinfachung der Messniveaus als einen pragmatischen Weg, der beschritten werden muss, damit auch methodisch nicht hinreichend ausgebildete Personen durch Schulungen solche Evaluationen durchführen können. „Die Evaluationsergebnisse stützen die These, dass Evaluationslaiinnen/-laien mit vertretbarem Schulungsaufwand zur Durchführung von Evaluationen befähigt werden können, wenn diese Evaluationen einem standardisierten Verfahren folgen, das nur in bestimmten Bereichen auf den jeweiligen Evaluationsgegenstand, im Fall des Peer-Review die evaluierte Einrichtung, angepasst werden muss" (Gutknecht-Gmeiner 2013, 251).

Die Untersuchung der Validität der Kombination verschiedener Evaluationsinstrumente von Lankes u. a. (2013) zeigt, dass Evaluatoren bei der externen Evaluation quantitative Befragungsergebnisse zwar berücksichtigen, allerdings ist der Effekt der Befragungsergebnisse auf die Bewertung der Unterrichtsqualität im Evaluationsbericht nur klein. Die Autoren sehen darin eine Diskrepanz zwischen der Bedeutung der quantitativen Befragung aufgrund der großen Zahl der Befragungsteilnehmer und der Relevanz, den die Evaluatoren diesen Ergebnissen einräumen. Die Effekte der Unterrichtsbeobachtungsdaten auf berichtete Ergebnisse sind am größten (vgl. Lankes u. a. 2013, 211).

4 Qualitative Methoden der Datengewinnung

Qualitative Methoden der Datengewinnung haben in der Evaluationsforschung eine lange Tradition. Manche Autoren gehen davon aus, dass gerade qualitative Methoden für Fragestellungen der Evaluation geeignet sind. In deutschsprachigen Standardwerken zur Evaluation werden qualitative Verfahren hingegen vergleichsweise kurz abgehandelt (vgl. Bortz/Döring 2006; Gollwitzer/Jäger 2009). Dabei können Daten, die mithilfe qualitativer Verfahren gewonnen werden, auch quantitativen Analysen zugeführt werden. Im Folgenden werden verschiedene qualitative Verfahren der Datenerhebung kurz vorgestellt, insofern sie besondere Relevanz für die Evaluation in Bildungsorganisationen haben. Als die drei wesentlichen Methoden der qualitativen Datenerhebung gelten die Befragung (Interviews und Gruppendiskussionen), die Beobachtung und die Erfassung vorhandener Verhaltensspuren. Auf die Erfassung solcher Spuren wird in diesem Text nicht eingegangen, da sie gegenwärtig eine vergleichsweise geringe Rolle spielt. Alle Möglichkeiten der Datenerfassung können auch so betrieben werden, dass dabei oder daraus quantitative Daten entstehen.

4.1 Befragung: Interviews und Gruppendiskussionen

Sozialwissenschaftliche Interviews sind eine weitverbreitete Variante der Datenerhebung. Von diesen Interviews, zu denen hier auch Gruppendiskussionen gezählt werden, sind zunächst einmal andere Formen des Interviews zu unterscheiden, die zum Beispiel im Rahmen von Bewerbungen oder in den Medien geführt werden. Aufgrund der relativ offenen Gestaltung der Interviewsituation soll der Sichtweise des befragten Subjekts besser Rechnung getragen werden können als in standardisierten Interviews oder Fragebögen (vgl. Flick 2007, 194).

Aufgrund der Verbreitung sozialwissenschaftlicher Interviews, aber auch aufgrund unterschiedlicher methodologischer Prämissen sind verschiedene *Interviewmethoden* zu unterscheiden. Sie reichen von stark standardisierten bis hin zu sehr offenen, narrativen Formen. Das Interview als qualitatives Verfahren kennzeichnet dabei grundsätzlich – im Unterschied zum Fragebogen mit offenen Anteilen – eine Flexibilität bei den Antworten. Die Interviewfragen (auch als Leitfaden bezeichnet) werden von den Forschenden methodisch vorbereitet (durch Interviewerschulung und Leitfadenkonstruktion). Der *Leitfaden* hat eine doppelte Funktion: Zum einen soll sich der oder die Forschende damit im Interview als kompetent darstellen. Zum anderen soll mithilfe des Leitfadens eine Fokussierung im Interview vorgenommen werden, die dem Forschungsinteresse entspricht (vgl. Meuser/Nagel 2010), indem der Interviewer sich im Gesprächsverlauf am Leitfaden orientieren kann und damit in der Lage ist, das Gespräch zu steuern. Insofern fungiert ein Leitfaden als eine Art Gerüst oder Struktur in der Phase der Datenerhebung, um die Ergebnisse bei der späteren Auswertung vergleichbar zu machen.

Die Interviewten werden über den Erhebungszweck informiert, sie unterzeichnen in der Regel eine Datenschutzerklärung und das Interview wird zumindest auditiv aufgezeichnet. Die Interaktionsbeteiligung ist im Vergleich zu anderen Interaktionstypen extrem asymmetrisch: Der Interviewer hat das einseitige Fragerecht und damit das Recht zur Themensteuerung. Zudem ist der Interviewer zur Neutralität verpflichtet; er soll auf persönliche Stellungnahmen verzichten sowie das Frage- und Rückmeldehandeln methodisch kontrollieren. Demgegenüber steht Interviewten ein monologisches Rederecht zu (vgl. Deppermann 2014, 139 f.).

Interviews unterscheiden sich hinsichtlich der Standardisierung des Leitfadens und der Nutzung spezifischer Fragetechniken. Hinsichtlich des Standardisierungsgrades werden „strukturierte", „halbstrukturierte" und „unstrukturierte" Interviews unterschieden. In *strukturierten Interviews* sind Reihenfolge und Formulierung der Fragen sowie meist auch die Antwortmöglichkeiten festgelegt. *Unstrukturierte Interviews* folgen einem groben Rahmen – in der Regel ist das ein vorgegebenes Thema (vgl. Lammers 2010, 122; Kromrey 2009, 364). *Halbstrukturierte Interviews* sind zwar auch durch die Festlegung von Fragen in Form des Leitfadens bestimmt. Zugleich ermöglichen sie es, vom Leitfaden abzuweichen und Themen entsprechend der Relevanz zu vertiefen. Ein mündlich geführtes Telefoninterview durch ein Meinungsforschungsinstitut ist in der Regel ein standardisiertes Interview, weil es Fragen und Antwortmöglichkeiten vorgibt. Da in Evaluationen meist nicht gänzlich neue Gegenstände erforscht werden, sondern bereits Wissen über diese Gegenstände besteht, ist eine theoriegeleitete Entwicklung *halbstrukturierter Leitfäden* möglich.

In der Literatur finden sich Verweise auf verschiedene *Interviewtypen* wie das narrative Interview, das fokussierte oder das problemzentrierte Interview. Diese Interviewtypen haben eine große Bedeutung für die Entwicklung gegenwärtiger Fragetechniken. So werden für diese Interviewformen Hinweise zur Abfolge von verschiedenen Frageformen gegeben (offene Fragen, geschlossen-konfrontative Fragen). Im *problemzentrierten Interview* nach Witzel (2000) kommt Fragen eine aktive, das Gespräch mitgestaltende Explorationsfunktion zu, während Fragen im *narrativen Interview* als die Erzählung „störend" bzw. als Ablenkung der Interviewten vom eigenen Erleben gelten. Inwieweit diese Interviewtypen in der Evaluationsforschung überhaupt verwendet werden, ist bisher im deutschsprachigen Raum nicht erforscht worden. In der Regel dürfte sich ein pragmatisches Vorgehen etabliert haben, das Impulse aus verschiedenen Interviewtypen bezieht (Einstieg, konfrontative Fragen).

Ein weiterer, für die Evaluationsforschung relevanter Typ von Interview ist das *Expert(inn)en-Interview*, bei dem es sich um eine spezifische Form des Leitfadeninterviews handelt. Es wurde von Meuser und Nagel (2010) entwickelt. Dabei werden Personen als Akteure in einem Funktionskontext angesprochen, den sie repräsentieren. So können Lehrkräfte als Unterrichtsexperten gelten. Hinter den Überlegungen zum Experteninterview steht die wissenssoziologische Unterscheidung von „Laie/Laiin" und „Experte/Expertin" sowie „Allgemeinwissen" und „spezialisiertem Wissen". Allerdings bleibt, trotz der wissenssoziologischen Fundierung, in der Forschungspraxis oft recht vage, wer als Experte/Expertin bzw. Spezialist/in anzusehen ist und wer nicht (vgl. Mey/Mruck 2010; Flick 2010, 215). Flick weist darauf hin, dass solche Experten-Interviews in der Regel mit Mitarbeitern einer Organisation in einer spezifischen Funktion geführt werden. „Die Konzentration auf den Status des ‚Sachverständigen' in einer bestimmten Funktion bei der Anwendung des Experten-Interviews schränkt die Bandbreite der potenziell relevanten Informationen, die der Befragte ‚liefern' soll, deutlicher als bei anderen Interviews ein" (Flick 2007, 215). Dabei geht es um spezifisches Erfahrungs-, Praxis- und Handlungswissen, denn

Experten verfügen über spezifische Deutungen, die sich auf ein professionelles bzw. berufliches Handlungsfeld beziehen.

Bei der Durchführung eines Experten-Interviews bestehen verschiedene Schwierigkeiten, auf die Meuser und Nagel (2010) hinweisen. So kann der Experte das Interview blockieren aufgrund mangelnder Expertise im Feld. Weiterhin besteht die Möglichkeit, dass der Experte den Interviewer zum Mitwisser in aktuellen Konflikten macht und über soziale Aspekte des Arbeitsumfeldes spricht und nicht über das Thema des Interviews. Zudem passiert es, dass der Experte (auch) in die Rolle des Privatmenschen wechselt und das Expertenwissen nicht deutlich im Mittelpunkt steht. Im „rhetorischen Interview" besteht die Gefahr, dass der Experte in einem Vortrag referiert und nicht die ihm gestellten Fragen aufgreift. Der Experte spricht dabei über ein Nebenthema und dem Interviewenden gelingt es nicht, das Interview auf das Hauptthema zu fokussieren.

Im Vorfeld der Durchführung von Interviews sollten folgende Aspekte geklärt werden (vgl. Hopf 2007, 351 f.; Lammers 2010, 120):

- **Festlegung der Leitfadenkonstruktion:** Eine Entscheidung muss über die grundlegende Ausrichtung des Interviews getroffen werden, von der wiederum die Art von Fragen und Nachfragen abhängt sowie das Einbeziehen zusätzlichen Materials. Dabei wird auch entschieden, ob eine Narration im Vordergrund stehen soll oder die Erhebung allgemeiner Deutungen und komplexer Argumentationen.
- **Formulierung der Fragen:** Fragen sollten verständlich formuliert sein, das heißt an die Bedürfnisse der jeweiligen Zielgruppe angepasst sein (z. B. Kinder, Erwachsene mit spezifischer Fachsprache). Das setzt voraus, dass sich der Interviewte mit dem Interviewten vorher (gedanklich) auseinandersetzt.
- **Anzahl der Fragen:** Wie viele Fragen gestellt werden, hängt nicht allein von der Themenstellung ab, die es möglichst umfassend zu bearbeiten gilt. Vielmehr kann nur eine begrenzte Anzahl von Fragen gestellt werden, um den Interviewten nicht zu überfordern. Zugleich sollte die Interviewlänge auch aufgrund der Auswertungsressourcen begrenzt werden.
- **Reihenfolge der Fragen:** In der Dramaturgie des Interviews spielt die Reihenfolge, in der die Fragen gestellt werden, eine besondere Rolle. So kann es sein, dass ein Interviewter von einer zu offen gestellten Frage mit entsprechend hoher Komplexität überfordert ist („Wie schätzen sie insgesamt die Einführung der Maßnahme ein?").
- **Testung des Fragebogens:** Wie beim Einsatz standardisierter Fragebögen üblich, sollte der Leitfaden vorab getestet werden, um Länge des Interviews, Komplexität der Fragen etc. einschätzen zu können. Zugleich sollte der Interviewer dadurch Sicherheit im Umgang und in der flexiblen Anwendung des Leitfadens gewinnen. Der Leitfaden entbindet den Interviewer nicht davon, die zu stellenden Fragen auch zu kennen.

Interviews haben auch einige spezifische Nachteile (vgl. Lammers 2010, 121):
- Der Interviewte antwortet dem Interviewenden und seine Antworten sind insofern nur bedingt anonymisierbar. Der Interviewte ist möglicherweise gehemmt. Bei der Darstellung der Ergebnisse sind „heikle" Aussagen nicht zu verwenden.
- Ein Leitfadeninterview dauert in der Regel deutlich länger als das Ausfüllen eines standardisierten Fragebogens. Damit sind auch höhere Kosten bei der Interviewdurchführung und Interviewauswertung verbunden.
- Die Interviewten können sozial erwünschte Antworten geben.

Die Befragung mehrerer Personen kann zwar grundsätzlich auch als eine Form des Interviews verstanden werden, folgt aber einer anderen methodologischen Prämisse. Das traditionelle Verfahren des *Gruppeninterviews* ist von Mangold (1973) auf grundlegende Weise modifiziert und von Bohnsack anschließend weiterentwickelt und grundlagentheoretisch gerahmt worden (vgl. Bohnsack 2003; Loos/Schäffer 2001). Mangold hebt hervor, dass in Diskussionen mit informellen Gruppen – gemeint sind Personen, die einander bereits kennen – die Gruppenstruktur und „Gruppenmeinung" zum Ausdruck kommt. Der Fall bzw. die Analyseeinheit sei bei der Auswertung von Gruppendiskussionen nicht die einzelne Person, die ihre Meinung in Gruppensituationen vertritt, sondern die Diskussionsgruppe insgesamt. Mangold begründet dies wie folgt: „Informelle Gruppenmeinungen drücken sich kaum vollständig in den Äußerungen des einzelnen aus, sondern werden gleichsam arbeitsteilig vorgetragen" (Mangold 1973, 251).

Bei Gruppendiskussionen steht die Interaktion der Interviewten im Vordergrund. Sie können zwar auch dazu dienen, die Positionen und Einschätzungen zu einem bestimmten Sachverhalt der Reihe nach abzufragen, um so angesichts begrenzter Zeit möglichst viele Informationen zu sammeln. Allerdings ist das Potenzial dieser Methode damit nicht ausgeschöpft. Vielmehr geht es darum, die verschiedenen Sichtweisen der Interviewten zu erheben, wobei sie auch in eine Diskussion treten sollen. „Gruppendiskussionen bieten die Möglichkeit, Sichtweisen, Einstellungen, Geschichten und Selbstrepräsentationen in einem gegebenen kulturellen und kollektiven Kontext zu erheben. Sie können Aufschluss darüber geben, wie Meinungen und Sichtweisen konstruiert sind und artikuliert werden" (Mäder 2013, 24). Die Besonderheit von Gruppendiskussionen ist, dass die Beteiligten im interaktiven Prozess Bedeutungen ko-konstruieren (vgl. Mäder 2013, 26 f.), was mit den entsprechenden Verfahren auch analysiert werden kann (vgl. Nicht 2013).

Wenngleich dieses Verfahren vielfach angewendet werden dürfte, besteht ein *Desiderat* bezüglich der methodologischen und methodischen Auseinandersetzung mit der Gruppendiskussion. Bisher nimmt sie in der Forschungsliteratur einen eher randständigen Platz ein (vgl. Mäder 2013, 28). So sind keine klaren Regeln formuliert, wie eine solche Diskussion zustande kommt oder hervorgerufen werden kann. Insbesondere über die Zusammensetzung der Diskussionsgruppe ist im Einzelfall zu entscheiden. Generell gelten Gruppen von mehr als fünf Personen als ungünstig, weil die Gefahr besteht, dass die Teilnehmer gleichzeitig sprechen, wodurch die einzelnen Beiträge in Transkription nicht mehr identifizierbar sind.

Der generelle *Vorteil* des Verfahrens besteht darin, dass unterschiedliche Positionen zu einem Sachverhalt entwickelt oder gar zugespitzt werden können. Dabei können die Diskussionsteilnehmer auch unterschiedlich stark in die Diskussion involviert sein. Das wird wiederum als *Nachteil* betrachtet: Die Interviewten kommen nicht in der Weise zu Wort wie in Einzelinterviews. In Evaluationszusammenhängen, in denen es um organisationale Strukturen geht, können zurückhaltende Äußerungen auch für die generelle Beteiligung und Einbindung der Akteure in diese Strukturen verstanden werden.

4.2 Beobachtungen

Durch Befragung von einzelnen Akteuren oder Gruppen kann Wissen über Handlungen oder Prozesse generiert werden, konkrete Handlungen oder Prozessverläufe werden dadurch allerdings für den Evaluierenden nicht direkt sichtbar (vgl. Flick 2009, 123). Mithilfe von Beobachtungen soll ein direkterer Zugang zu Handlungen und Prozessverläufen erfolgen.

Beobachtungen können nach dem *Strukturierungs-* bzw. *Standardisierungsgrad* unterschieden werden: Ein hoher Grad der Strukturierung liegt vor, wenn mit einem geschlossenen Beobachtungsraster gearbeitet wird. In diesem Fall spricht man auch von einer systematischen Beobachtung. Ähnlich wie bei standardisierten Interviews wird das beobachtete Geschehen (Situation) anhand von Merkmalsausprägungen bestimmt. Dagegen liegt ein geringer Grad der Strukturierung vor, wenn in der Beobachtung situativ auf den Verlauf des Geschehens reagiert wird.

Weiterhin werden Beobachtungen entlang der Differenz *teilnehmend/nicht teilnehmend* unterschieden: Bei einer teilnehmenden Beobachtung nimmt die beobachtende Person an den Interaktionen des Felds, das beobachtet wird, mehr oder weniger aktiv teil. Bei einer nicht teilnehmenden Beobachtung beobachtet der Forscher das Feld von außen. Bei Beobachtungen insbesondere in Schulklassen wird der Beobachtende meist von den Schüler(inne)n, aber auch der Lehrkraft in die Interaktion miteinbezogen, sodass eine nicht teilnehmende Beobachtung im strengen Sinne nicht möglich ist. Entscheidend ist, dass solche Veränderungen der Forscherrolle protokolliert und im Analyseprozess transparent gemacht werden.

Beobachtungen können in *natürlichen* und in *künstlichen* Situationen sowie in experimentellen und in nicht experimentellen Settings erfolgen. In Evaluationsprojekten im Bildungsbereich wird in der Regel in natürlichen, nicht experimentellen Situationen bzw. Settings beobachtet.

Meist beobachtet ein Forscher andere Personen *(Fremdbeobachtung)*. Steht die eigene Person im Fokus, so spricht man von *Selbstbeobachtung*. Solche Beobachtungen spielen insbesondere bei bestimmten Varianten der Selbstevaluation eine Rolle, wenn es etwa um die Wahrnehmung der eigenen Rolle bei ersten unterrichtspraktischen Versuchen im Lehramtsstudium geht, bei denen die Studierenden ihre Passung mit dem Berufsfeld evaluieren sollen.

Beobachtungen können eher *offen* oder eher *verdeckt* erfolgen: Bei einer offenen Beobachtung wissen die Beobachteten von der Beobachtung oder können zumindest erkennen, dass sie beobachtet werden. Bei einer verdeckten Beobachtung ist das nicht der Fall (z. B. bei der Beobachtung durch einen Einwegspiegel). Entscheidend für offene Beobachtungen ist, dass sie das Geschehen beeinflussende Effekte hervorrufen können, weil die Beobachteten ihr Handeln an den Beobachtenden anpassen. Bei verdeckten Beobachtungen bestehen oft untersuchungsethische Bedenken, die in der Evaluation von besonderer Bedeutung sind, da die Beobachteten meist auch Beteiligte sind, deren Interessen in Bezug auf die zu evaluierende Maßnahme transparent einbezogen werden müssen.

Die oben kurz beschriebenen Beobachtungsmethoden unterscheiden sich hinsichtlich der Distanz, die der Beobachtende zwischen sich und dem Feld hält. Zudem unterscheiden sie sich hinsichtlich der Kontrolle über die Untersuchungsbedingungen und den Grad der Standardisierung der Untersuchungssituation. Gegenüber Interviews und Fragebögen haben Beobachtungen den Vorteil, dass Handlungen und Prozesse für den Forschenden „direkt" zugänglich sind (vgl. Flick 2009, 128). In der Evaluationspraxis werden allerdings Beobachtungen kombiniert mit anderen Formen der Datenerhebung (siehe Abschnitt 6).

5 Auswertung qualitativer Daten

Die Auswertung qualitativer Daten hat in den letzten Jahrzehnten eine methodologische und methodische Ausdifferenzierung erlebt. Zahlreiche Handbücher, die sich auf qualitative Forschung in verschiedenen Disziplinen beziehen (vgl. etwa Mey/Mruck 2010), können dafür als Indiz gelten. Insofern Evaluationsforschung an Methodologie und Methoden der Grundlagenforschung anknüpft und deren Standards beachtet, sind auch qualitative Analysemethoden an grundlegende Überlegungen zur qualitativen Forschung gebunden.

Eine Prämisse qualitativer Forschung besteht darin, dass sie *rekonstruktiv* ist. Dabei unterscheidet eine rekonstruktiv verfahrende Sozialforschung zwischen Konstruktionen ersten und zweiten Grades: Konstruktionen ersten Grades sind als Vorstellungen von Individuen über Gegenstände des Alltagslebens und über die Beziehungen der Menschen zu ihren „Mitmenschen" zu verstehen. Dieses Wissen wird im Alltag entwickelt und konstruiert, das heißt, aufgrund alltäglicher Erfahrungen bilden Individuen Sinnstrukturen aus, die ihr Handeln prägen und sich in Äußerungen manifestieren (vgl. Kleemann u. a. 2009, 19). Allein auf dieses Alltagswissen – abstrakter: auf die Konstruktionen und Interpretationen gesellschaftlicher Wirklichkeit durch die Akteure – kann die Sozialforschung zugreifen. Schütz schlussfolgert: „Die Konstruktionen, die der Sozialwissenschaftler benutzt, sind daher sozusagen Konstruktionen zweiten Grades: es sind Konstruktionen jener Konstruktionen, die im Sozialfeld von den Handelnden gebildet werden" (Schütz 1953/1971, 7).

Mit der Unterscheidung von Konstruktionen ersten und zweiten Grades sind zwei basale erkenntnistheoretische Überlegungen verknüpft: Erstens darf die Konstruktion von Sinn, also das Alltagswissen, nicht verwechselt werden mit dem Alltag selbst. Zweitens kann der Forscher weder diesen Alltag erspüren oder in anderer Weise unmittelbar erfahren, sondern nur *rekonstruieren*. Auch Beobachtungen sind in diesem Sinne Rekonstruktionen. Folgt man der Unterscheidung von Konstruktionen ersten und zweiten Grades, so bleibt zu klären, wie auf methodisch kontrollierte Weise auf die Alltagskonstruktionen zugegriffen werden kann. Diesbezüglich bestehen zwischen den verschiedenen Ansätzen qualitativer Forschung erhebliche Unterschiede, wobei aus epistemologischen Differenzen bereits unterschiedliche Wege der Datengenerierung hervorgehen, wie oben nur angedeutet werden konnte.

Die Auswertung qualitativer Daten ist nicht trivial. Möglicherweise scheint ein qualitativer Zugang einfacher zu sein als ein quantitativer aufgrund der Alltagsnähe der Herangehensweise: Wir sind es gewohnt, andere Menschen zu befragen oder zu beobachten. Aber wie die vorangegangenen Abschnitte zeigten, ist eine sozialwissenschaftliche Befragung bzw. Beobachtung anderen Kriterien unterworfen als die zunächst ähnlich scheinenden alltäglichen Zugänge zur Welt. Entsprechend unterliegt auch die Auswertung von Daten wissenschaftlichen Kriterien, wobei unterschiedliche Positionen zu Gütekriterien qualitativer Forschung vorliegen. Generell muss eine Intersubjektivität des Vorgehens, also eine Nachvollziehbarkeit gegeben sein.

Der Prozess der Datenauswertung gliedert sich im ersten Schritt in die Strukturierung bzw. Analyse des Materials. Im zweiten Schritt bedarf es einer Darstellung der Ergebnisse, die zum Auswertungsprozess zu zählen ist, die aber, wie Oswald (2003) sehr treffend bemerkt, Schreibkompetenzen voraussetzt, um inhaltlich korrekte Analysen durchführen zu können, aber auch, um die Lesbarkeit eines Evaluationsberichts zu sichern.

Für die Auswertung soll an dieser Stelle folgendes allgemeine Vorgehen vorgeschlagen werden:

1. **Festlegung des Auswertungsmaterials und Transkription des Materials nach angemessenen Regeln:** Anhand der Fragestellung ist zu klären, ob eine vollständige Transkription erfolgen soll oder ob eine begründete Auswahl vorgenommen werden kann. Darüber hinaus muss man sich darüber verständigen, wie genau die Transkription erfolgen soll. Wenn bereits schriftliches Material (z. B. Protokolle) vorliegt, muss auch hier eine Auswahl an Daten getroffen werden. Bei diesem Schritt sind Ressourcen, die für die Evaluation zur Verfügung stehen, und die geforderte Wissenschaftlichkeit (Genauigkeit) abzuwägen. Insbesondere Transkriptionen werden schnell zeit- und damit kostenintensiv. Zuweilen wird selbst auf die wörtliche Transkription verzichtet und Sätze werden sinngemäß

notiert. Vor diesem Vorgehen ist zu warnen, weil nur bestimmte Analysen mit diesem Material möglich sind. Das Material sollte im Zweifel einer Re-Analyse (mit erweiterter oder anderer Fragestellung) unterzogen werden können.
2. **Festlegung der Auswertungsmethode:** Im Prinzip muss bereits vor der Datenerhebung festgelegt werden, mit welcher Auswertungsmethode die Daten analysiert werden. Daraus ergibt sich die Interviewform wie das Vorgehen bei der Transkription. Eine genaue Planung und Durchführung einer Evaluation und damit gründliche Datenerhebung kann eine insgesamt schlanke Erhebung ermöglichen, was etwa auch den Ressourcen aller Beteiligten entgegenkommt.
3. **Analyse des Materials mithilfe der jeweiligen Methoden:** In der deutschsprachigen Diskussion haben sich verschiedene Verfahren der Analyse etabliert, wobei auch die entwickelte Software eine Bedeutung haben dürfte, wie die Daten ausgewertet werden. Die wahrscheinlich gebräuchlichste Software ist MAXqda, die sich stark an der Inhaltsanalyse von Mayring orientiert und auch Quantifizierungen erlaubt. Atlas.ti (http://atlasti.com/de/) wird auch von Forschern genutzt, die der Grounded Theory verpflichtet sind. Da die Inhaltsanalyse in ihren verschiedenen Varianten sehr verbreitet ist, wird sie unten etwas genauer dargestellt.
4. **Kriteriengeleitete, systematische Darstellung der einzelnen Fälle**, wobei im ersten Schritt immer eine Beschreibung des Materials erfolgt. Oswald (2003, 71 f.) sieht eine Schwierigkeit der qualitativen Forschung darin, dass die Analyse- und die Schreibphase vergleichsweise umfangreich sind.

5.1 Inhaltsanalyse

Mit der Inhaltsanalyse werden verschiedene Bedeutungsträger, also nicht nur schriftliche Texte, sondern auch Videosequenzen, systematisch und objektiv hinsichtlich spezifischer Elemente betrachtet, um daraus Schlüsse zu ziehen, die verallgemeinert werden können. Kromrey (vgl. 2009, 300 f.) bemerkt lakonisch, dass die Inhaltsanalyse, wie auch andere Verfahren der empirischen Sozialforschung eine spezifische Form einer „alltäglichen Vorgehensweise" sei, nämlich deren Systematisierung.

Mithilfe einer sozialwissenschaftlichen Inhaltsanalyse werden „Sachverhalte" untersucht. Solche Sachverhalte können Ereignisse oder Situationen sein, Einstellungen von Personen, Merkmale der Zielgruppen, von Dokumenten oder bildungspolitische bzw. soziale Kontexte von dokumentierten Ereignissen und Situationen. Die zu analysierenden Sachverhalte können dabei manifest zum Beispiel in Texten auftreten (als direkte Aussagen) oder sie sind indirekt aus den Texten zu erschließen.

Von der sozialwissenschaftlichen Inhaltsanalyse ist die literaturwissenschaftliche Inhaltsanalyse abzugrenzen, die sich der Hermeneutik bedient (vgl. Kromrey 2009, 303). Insofern die Inhaltsanalyse sowohl manifesten als auch latenten Sinn zu erfassen versucht, grenzt sie sich von Verfahren wie der Objektiven Hermeneutik ab, die auf latente Sinnstrukturen abzielt. Gleichwohl beansprucht die Inhaltsanalyse objektiv zu sein in dem Sinne, dass „die Resultate der Zuordnung ‚*intersubjektive*' Geltung beanspruchen können. Zu diesem Zweck müssen die Zuordnungsregeln von dem Vercoder (der Vercoderin) einheitlich und konsistent angewendet werden" (Kromrey 2009, 303).

Die sozialwissenschaftliche Inhaltsanalyse zerlegt einen Text in einzelne Bestandteile mithilfe von Kategorien, die entweder an das Material herangetragen oder aus dem Material heraus entwickelt werden. Ein Kategorienschema, bestehend aus einzelnen Kategorien, kann dabei auf der Grundlage theoretischen bzw. empirischen Wissens konstruiert werden. In der Evaluationsforschung dürfte aber vor allem auch eine Rolle spielen, dass Evaluationsfragen – zerlegt in Teilfragen – zu beantworten sind, die als Grundlage für die Kategorienbildung dienen (können). Zugleich besteht die Möglichkeit, induktiv aus dem Material heraus Kategorien zu entwickeln, was in der Evaluationspraxis mitunter unpraktikabel ist aufgrund des Aufwandes, der mit einer solchen Kategorienbildung verbunden ist. Aber auch in diesem Fall ist es unerlässlich, den Forschungsstand vor der Analyse des Materials aufzuarbeiten.

Bei der Inhaltsanalyse werden Oberbegriffe formuliert (Kategorien), die für problemrelevante Dimensionen und Teildimensionen stehen. Kromrey sieht Kategorien als äquivalent zu Fragen im standardisierten Fragebogen, wobei die Unterkategorien den Antwortvorgaben in einem Fragebogen entsprechen (vgl. Kromrey 2009, 310). Mit diesem Vergleich rückt Kromrey die Inhaltsanalyse in die Nähe von standardisierten Verfahren der empirischen Sozialforschung. Eine so verstandene Inhaltsanalyse zielt maßgeblich auch auf eine Quantifizierung ab, die im Evaluationskontext durchaus sinnvoll ist, weil sie einen pragmatischen Weg der Reduktion der Datenkomplexität bei vergleichsweise hoher Intersubjektivität des Vorgehens gewährleistet. Mayring nennt deshalb die Inhaltsanalyse auch qualitativ orientiert (vgl. Mayring 2010, 604) und zeigt damit an, dass die Trennung von quantitativ und qualitativ bei diesem Verfahren eher eine analytische denn eine in der Praxis vorhandene Differenz ist.

Kromrey bezeichnet die Bildung des Kategorienschemas als das Kernstück der Inhaltsanalyse und zugleich als den problematischsten Teil des Verfahrens (vgl. Kromrey 2009, 334), da verschiedene Entscheidungen getroffen werden müssen und ein intensiver Prozess der theoretischen Vorarbeit und des Abgleichs mit dem empirischen Material notwendig ist. Im deutschsprachigen Raum wird Mayring mit der Inhaltsanalyse assoziiert, der ein Lehrbuch vorgelegt hat, das in mehreren Auflagen (gegenwärtig in der 12. Auflage, 2015) vorliegt. Darin werden verschiedene Varianten der Inhaltsanalyse vorgestellt und mithilfe von Ablaufschemata handhabbar gemacht. Die Wurzeln der Inhaltsanalyse reichen aber weiter zurück (vgl. Kromrey 2009, 307). Zur Popularität der Inhaltsanalyse dürfte die Möglichkeit der Quantifizierung beigetragen haben und die Möglichkeit, das Verfahren in verschiedenen Feldern einzusetzen. Schließlich spricht auch für das Verfahren, dass das Kodierverfahren vorsieht, dass das Material von (mindestens) zwei Personen kodiert wird und sich mit entsprechenden Verfahren auch die Übereinstimmung der Kodierung berechnen und als Gütemaß angeben lässt.

Die Inhaltsanalyse deckt allerdings nicht alle Problemstellungen ab. Zwar können verschiedene manifeste Inhalte damit vergleichsweise schnell kodiert und damit Komplexitäten des Materials reduziert werden, wodurch dieses Verfahren für Evaluationen interessant ist. Darüber hinaus sollen latente Themen analysiert werden können. Aber die Inhaltsanalyse vernachlässigt mit der Konzentration auf den Inhalt, also die Frage, *was* gesagt wird, die Frage danach, *wie* etwas gesagt wird. Die interaktive bzw. kommunikative Dimension von Interviews wird nicht systematisch betrachtet. So sieht Deppermann Defizite generell in den Überlegungen zur Auswertung von Interviews darin, dass sie keine gegenstandsbezogenen und auswertungsmethodischen Konsequenzen daraus ziehen, „dass Interviews interaktiv konstituierte soziale Ereignisse sind". Er fragt deshalb: „Über welche Art von sozialer Wirklichkeit können Interviews Auskunft geben und wie sieht eine Auswertungsmethodologie aus, die die interaktive Konstitutionsweise von Interviews angemessen in Rechnung stellt?" (Deppermann 2014, 136 f.)

5.2 Auswertung von Gruppendiskussionen und Daten aus interaktiven Settings

Wenn Gruppendiskussionen oder Daten, die Interaktionsprozesse beschreiben, ausgewertet werden sollen, ist die interaktive Dimension zu beachten. Bei der Auswertung der Gruppendiskussionen kann zwischen den Interpretationen der Diskutierenden und ihrem verbalisierten Beziehungshandeln während der Diskussion unterschieden werden. Die Diskussionsgruppe konstruiert während der Gruppendiskussion nicht nur Sinn in Form von Interpretationen, sondern generiert zugleich soziale Beziehungen. Ausgehend von dieser Überlegung wird bei einer solchen Auswertung qualitativer Daten nicht nur nach den Interpretationen der Individuen gefragt, sondern auch nach der Kokonstruktion von Bedeutung sowie nach der Konstruktion von Beziehungen. Ein solches Vorgehen ist auch offen dafür, Daten zu analysieren, die im unterrichtlichen Setting gewonnen wurden.

6 Triangulation

Die Verknüpfung quantitativer und qualitativer Verfahren ist gegenwärtig häufig anzutreffen (vgl. Flick 2009, 11). Auch bei der Evaluation des Rügener Inklusionsmodells werden verschiedene Methoden miteinander verknüpft. In zahlreichen Texten zu Evaluation und Evaluationsforschung wird darauf hingewiesen, dass eine Verknüpfung quantitativer und qualitativer Methoden oft pragmatisch erfolgt. Eine solche Verknüpfung ermöglicht prinzipiell einen mehrperspektivischen Zugang auf den jeweiligen Untersuchungsgegenstand. Außerdem ist eine kommunikative Validierung möglich. Aber wie kann eine solche Verknüpfung erfolgen? Um diese Frage zu beantworten, greift dieser Abschnitt auf die aus der Schulforschung bekannte

Unterscheidung von drei Triangulationsmodellen zurück, die Krüger und Pfaff (2008) getroffen haben. Sie unterscheiden zwischen Konvergenzmodellen, Phasenmodellen sowie Komplementaritätsmodellen der Triangulation. Aktuell werden in der Evaluation häufig verschiedene (qualitative und quantitative) Verfahren trianguliert (vgl. Flick 2004). Qualitative Evaluation legt dabei mehr Gewicht auf die Perspektive der Beteiligten (Akteure, Nutzer, Zielgruppen) und die Beschreibung der Abläufe eines Programms. Fragen richten sich dabei auf die Pragmatik qualitativer Methoden in diesem Feld (methodischer Aufwand bei kleinen Fallzahlen), die Bewertung durch qualitative Verfahren sowie die Vermittlung von Erkenntnissen an Auftraggeber.

Konvergenzmodelle streben zwei Ziele an: Das erste Ziel ist methodischer Art. Die Triangulation von quantitativen und qualitativen Methoden kann als Strategie der Validierung von Forschungsergebnissen eingesetzt werden; sie ermöglicht es aber auch, Verfahren und Instrumente zu evaluieren. Das zweite Ziel ist inhaltlicher Art und besteht darin, ein „kaleidoskopartiges" Gesamtbild eines Gegenstands durch die Kombination verschiedener Zugänge zu erhalten. Insgesamt sollen die Ergebnisse nicht divergieren, sondern einander ergänzen (vgl. Krüger/Pfaff 2008, 160).

Phasenmodelle zielen auf einen sequenziellen Einsatz der jeweiligen Methoden im Ablauf der Gesamtuntersuchung. Dies erlaubt es, die jeder Methode spezifische Form der Beobachtung und der Konstruktion des Gegenstandes zuzulassen. Die Ergebnisse der Teiluntersuchungen werden aufeinander bezogen. Krüger und Pfaff schlussfolgern hieraus: „Der sequenzielle Einsatz quantitativer und qualitativer Forschungsmethoden innerhalb eines Untersuchungsdesigns kann unter methodologischen Gesichtspunkten als der unproblematischste Triangulationsansatz bewertet werden, da es hierbei nicht zu unzulässigen Vermischungen der Forschungslogiken kommt, sondern qualitative und quantitative Teilstudien zumeist gesondert voneinander behandelt werden" (Krüger/Pfaff 2008, 161).

Komplementaritätsmodelle berücksichtigen insbesondere, dass verschiedene Methoden ihren Gegenstand auf je spezifische Weise konstruieren. Im Unterschied zu Phasenmodellen bedeutet dies, dass verschiedene methodische Zugänge der Beobachtung und Untersuchung unterschiedlichen Gegenständen vorbehalten bleiben. „Der Einsatz von Forschungsprogrammen und -methoden wird in Komplementaritätsmodellen durch den Gegenstand selbst bestimmt. Dabei sollen die Zugänge separat voneinander auf den Gegenstand angewandt werden, wobei forschungslogische Standpunkte und methodische Instrumentarien nicht vermischt werden dürfen" (Krüger/Pfaff 2008, 161 f.). Damit wird eine mehrperspektivische Erfassung des Gegenstandes (in der sozialen Realität) durch ein multimethodisches Vorgehen erreicht. Der Nachteil dieses Vorgehens liegt im hohen methodischen und forschungsökonomischen Aufwand (vgl. Krüger/Pfaff 2008, 172).

Zu berücksichtigen ist bei der Unterscheidung der drei Modelle, dass sie idealtypischen Charakter hat, denn gerade Phasen- und Komplementaritätsmodelle lassen sich in empirischen Untersuchungen und insbesondere bei Evaluationen nicht immer eindeutig voneinander unterscheiden.

Inzwischen liegen auch einzelne Forschungen darüber vor, inwieweit eine Triangulation verschiedener Methoden gelingt. Es zeigt sich, dass bei externen Evaluationen in Schulen die Evaluatoren (geschulte Lehrkräfte) sich stärker auf ihre eigenen Beobachtungen beziehen als auf quantitative Daten: „Die Bedingungen erfordern eine gewisse Pragmatik im Umgang mit wissenschaftlichen Standards und setzen Grenzen bei den zur Anwendung kommenden Methoden. Gleichwohl besteht der Anspruch, die – wenn auch einfachen – Methoden und Verfahren professionell einzusetzen und damit im Rahmen der Möglichkeiten zu zuverlässigen Ergebnissen zu kommen" (Lankes u. a. 2013, 199). Allerdings wird auch deutlich, dass die Verbindung von Daten in einem solchen Setting nicht automatisch gelingt.

7 Diskussion, Kritik und Ausblick

Die einzelnen Forschungsmethoden sind mit spezifischen Schwierigkeiten verbunden. Bezogen auf die in diesem Beitrag angesprochenen quantitativen Verfahren ist festzuhalten, dass der Nachweis der Wirksamkeit von Maßnahmen insbesondere der Neuen Steuerung ein anspruchsvolles Vorhaben darstellt. Vor allem sind die wissenschaftlichen Kriterien der Wirksamkeitsprüfung anspruchsvoll:
– Ein empirischer Nachweis der Wirksamkeit müsste auf einem quasi-experimentellen Design beruhen (vgl. Fend 2011, 11).
– Interventionen konfundieren mit anderen Faktoren (curriculare Veränderungen, Reform der Lehrerbildung etc.) und lassen sich somit nicht isolieren. Insbesondere bei Vergleichen verschiedener Länder sind systembedingte Unterschiede (Bildungssysteme) nicht hinreichend empirisch als Einzelvariable zu isolieren.
– Implementationen auf der Makroebene sind langfristige Prozesse, deren Effekte nur über einen längeren Zeitraum erst sichtbar werden und entsprechende langfristige Forschungsstrategien erfordern (vgl. Fend 2011, 12).

Die Schwierigkeiten sprechen für Fend nicht grundsätzlich gegen solche Verfahren, sondern er möchte die Erwartungen dämpfen, dass sich kausale Zusammenhänge von Makrostrukturen und Effekten auf Lernebene in kürzeren Zeiträumen finden lassen. Fend bewertet die theoretische Frage, wie die Mechanismen, die zur Steigerung der Lernergebnisse führen könnten, gefunden und belegt werden könnten, als größere Schwierigkeit im Vergleich zu methodischen Fragen (vgl. Fend 2011, 12). Damit gerät die Frage in den Blick, wie insbesondere schulische Vermittlungsprozesse, aber auch Prozesse der Schulorganisation evaluiert werden können. Hier zeigt sich, dass selbst Verfechter quantitativer Verfahren in diesen keinen Königsweg der Evaluation im Bildungsbereich sehen.

Qualitative Verfahren allein sind jedoch auch nicht (immer) hinreichend und für alle Fragestellungen geeignet. Darüber hinaus besteht die Gefahr, dass qualitative Verfahren mit ihrer Standardisierung sich von rekonstruktiven Theorien lösen. In der

Folge sieht Knoblauch einen theorielosen, qualitativen Empirismus entstehen. Auswertungen werden hierbei automatisiert und die Interpretation letztlich den Programmierern von Analysesoftware überlassen. „Es werden unter dem Titel der Grounded-Theory-Methodologie Kodierungen praktiziert, die denen der klassischen Inhaltsanalyse oder der standardisierter Methoden alle Ehre machen würden – die allerdings wenigstens noch die Interreliabilität der Kodierungen und Kodierer_innen angeben" (Knoblauch 2014, 78 f.).

Eine solche Ablösung vom interpretativen Paradigma ist auch bei Evaluationen zu befürchten, da aufgrund des zeitlichen und finanziellen Rahmens Abkürzungs- und Vereinfachungsstrategien gewählt werden. Generell muss auch in Evaluationen gelten, dass die gewählten Methoden transparent gemacht und begründet werden.

Noch nicht abgeschlossen ist die Diskussion um Standards der Evaluation, die sowohl für quantitative als auch für qualitative Evaluation geeignet sind (vgl. Flick 2009, 11). Wenngleich eine Ausdifferenzierung von Methoden in den letzten Jahrzehnten zu konstatieren ist, sind noch nicht alle methodischen Probleme in diesem Bereich gelöst.

8 Vertiefungsaufgaben und -fragen

1. Bei Evaluationen lassen sich verschiedene Analyseformen (z. B. Wirksamkeitsanalysen) unterscheiden. Finden Sie zu jeder Analyseform ein Evaluationsbeispiel, beschreiben und klassifizieren Sie die gewählten Methoden.
2. Welche Vorteile haben quantitative Analysemethoden für die Evaluation von Projekten im Bildungsbereich?
3. Von welcher Prämisse gehen qualitative Methoden aus und was bedeutet dies für die Evaluationspraxis?
4. Analysieren Sie ein Evaluationsprojekt, das auf quantitative und qualitative Methoden zurückgreift, daraufhin, welches Modell der Triangulation genutzt wird.

9 Literatur

Bohnsack, Ralf (2003): Dokumentarische Methode und sozialwissenschaftliche Hermeneutik. In: Zeitschrift für Erziehungswissenschaft 6, Heft 4, S. 550–570.
Bortz, Jürgen/Döring, Nicola (2006): Forschungsmethoden und Evaluation für Human- und Sozialwissenschaftler. 4. Auflage. Heidelberg: Springer.
Deppermann, Arnulf (2014): Das Forschungsinterview als soziale Interaktionspraxis. In: Mey, Günter/Mruck, Katja (Hrsg.): Qualitative Forschung. Analysen und Diskussionen – 10 Jahre Berliner Methodentreffen. Wiesbaden: Springer VS, S. 133–149.
Fend, Helmut (2011): Die Wirksamkeit der Neuen Steuerung. Theoretische und methodische Probleme ihrer Evaluation. In: Zeitschrift für Bildungsforschung 1, Heft 1, S. 5–24.

Flick, Uwe (2004): Triangulation. Eine Einführung. Wiesbaden: VS.
Flick, Uwe (2007): Qualitative Sozialforschung. Eine Einführung. Reinbek: Rowohlt.
Flick, Uwe (2009): Qualitative Methoden in der Evaluationsforschung. In: Zeitschrift für Qualitative Forschung 10, Heft 1, S. 9–18.
Flick, Uwe (2010): Triangulation. In: Mey, Günter/Mruck, Katja (Hrsg.): Handbuch Qualitative Forschung in der Psychologie. Wiesbaden: VS, S. 278–289.
Gollwitzer, Mario/Jäger, Reinhold S. (2009): Evaluation kompakt. Weinheim und Basel: Beltz.
Gutknecht-Gmeiner, Maria (2013): Experten, Gutachterinnen oder Dilettanten: Welche Evaluationskompetenz und Schulung benötigen Peers? In: Zeitschrift für Evaluation 12, Heft 2, S. 235–256.
Hopf, Christel (2007): Qualitative Interviews – ein Überblick. In: Flick, Uwe/von Kardorff, Ernst/Steinke, Ines (Hrsg.): Qualitative Forschung. Ein Handbuch. Reinbek: Rowohlt, S. 349–360.
Kleemann, Frank/Krähnke, Uwe/Matuschek, Ingo (2009): Interpretative Sozialforschung. Eine praxisorientierte Einführung. Wiesbaden: VS.
Knoblauch, Hubert (2014): Qualitative Methoden am Scheideweg. Jüngere Entwicklungen der interpretativen Sozialforschung. In: Mey, Günter/Mruck, Katja (Hrsg.): Qualitative Methoden. Analysen und Diskussionen – 10 Jahre Berliner Methodentreffen. Wiesbaden: Springer VS, S. 73–86.
Kromrey, Helmut (2004): Evaluation oder Selbstevaluation? Dilemmata im peer-review-Konzept. In: Merkens, Hans (Hrsg.): Evaluation in der Erziehungswissenschaft. Wiesbaden: VS, S. 47–57.
Kromrey, Helmut (2009): Empirische Sozialforschung. Modelle und Methoden der standardisierten Datenerhebung und Datenauswertung. Stuttgart: Lucius & Lucius.
Krüger, Heinz-Hermann/Pfaff, Nicolle (2008): Triangulation quantitativer und qualitativer Zugänge in der Schulforschung. In: Helsper, Werner/Böhme, Jeanette (Hrsg.): Handbuch der Schulforschung. Wiesbaden: VS, S. 157–179.
Lammers, Frank (2010): Interview und Fragebögen als Diagnosetechniken. In: Kaune, Axel/Bastian, Harald (Hrsg.): Change-Management mit Organisationsentwicklung: Veränderungen erfolgreich umsetzen. Berlin: Schmidt, S. 118–133.
Lankes, Eva-Maria/Vaccaro, Didier/Gegenfurtner, Andreas (2013): Wie kommen Evaluationsteams zu ihrer Einschätzung der Unterrichtsqualität bei externen Evaluationen? In: Unterrichtswissenschaft 41, Heft 3, S. 197–215.
Loos, Peter/Schäffer, Burkhard (2001): Das Gruppendiskussionsverfahren. Theoretische Grundlagen und empirische Anwendung. Opladen: Leske + Budrich.
Mäder, Susanne (2013): Die Gruppendiskussion als Evaluationsmethode – Entwicklungsgeschichte, Potenziale und Formen. In: Zeitschrift für Evaluation 15, Heft 1, S. 23–50.
Maier, Uwe (2008): Vergleichsarbeiten im Vergleich – Akzeptanz und wahrgenommener Nutzen standardbasierter Leistungsmessungen in Baden-Württemberg und Thüringen. In: Zeitschrift für Erziehungswissenschaft 11, Heft 3, S. 453–474.
Mangold, Werner (1973): Gruppendiskussionen. In: König, René (Hrsg.): Grundlegende Methoden und Techniken der empirischen Sozialforschung. Erster Teil. Stuttgart: Enke, S. 228–257.
Mayring, Philipp (2015): Qualitative Inhaltsanalyse. Grundlagen und Techniken. 12. Auflage. Weinheim und Basel: Beltz.
Meuser, Michael/Nagel, Ulrike (2010): ExpertInneninterview. In: Becker, Ruth/Kortendiek, Beate (Hrsg.): Handbuch Frauen- und Geschlechterforschung. Wiesbaden: VS, S. 376–379.
Mey, Günter/Mruck, Katja (2010). Handbuch Qualitative Forschung in der Psychologie. Wiesbaden: VS.
Nicht, Jörg (2013): Schulklassen als soziale Netzwerke. Eine netzwerkanalytische Studie zu Peer-Beziehungen in binationalen-bilingualen Schulprojekten. Wiesbaden: Springer VS.

Oswald, Hans (2003): Was heißt qualitativ forschen? In: Friebertshäuser, Barbara/Prengel, Annedore (Hrsg.): Handbuch qualitative Forschungsmethoden in der Erziehungswissenschaft. Weinheim, München: Juventa, S. 71–87.

Rossi, Peter H./Freeman, Howard E. (1993): Evaluation: A Systematic Approach. Newbury Park u. a.: Sage.

Rossi, Peter H./Freeman, Howard E./Lipsey, Mark W. (1999): Evaluation. A Systematic Approach. 6th Edition. Thousand Oaks u. a.: Sage.

Schütz, Alfred (1953/1971): Wissenschaftliche Interpretation und Alltagsverständnis menschlichen Handelns. In: Schütz, Alfred: Gesammelte Aufsätze I. Den Haag: Martinus Nijhoff. S. 3–54.

Voß, Stefan/Blumenthal, Yvonne/Mahlau, Kathrin/Diehl, Kirsten/Sikora, Simon/Hartke, Bodo (2013): Evaluationsergebnisse des Projekts „Rügener Inklusionsmodell (RIM) – Präventive und Integrative Schule auf Rügen (PISaR)" nach drei Schuljahren. Universität Rostock.

Witzel, Andreas (2000): Das problemzentrierte Interview. In: Forum Qualitative Sozialforschung 1, Heft 1, Art. 22. URL: http://nbn-resolving.de/urn:nbn:de:0114-fqs0001228 (Stand: 02.10.2015).

Karsten Speck
Programm-, Prozess- und Produktevaluation

1 Relevanz des Themenfeldes für Bildungsorganisationen

Evaluationen haben im Bildungsbereich eine lange Tradition (vgl. Rossi u. a. 1988; Newmann u. a. 1995; Grohmann 1997; Heiner 1999; Kirckpatrick/Kirckpatrick 2006). Der internationale Evaluationsdiskurs wurde vor allem durch Evaluationen von Bildungs- und Sozialprogrammen in den 1960er-Jahren angeregt (vgl. Wulf 1972; Stufflebeam 2001; Stufflebeam/Coryn 2014). Im deutschsprachigen Raum ist der Stellenwert von Evaluationen im Bildungsbereich in den 1990er-Jahren im Zuge einer breiten Qualitäts- und Professionalisierungsdiskussion, umfassender Schulleistungs- und Kompetenzmessungen, neuer Steuerungs- und Finanzierungsmodelle sowie nicht zuletzt knapper öffentlicher Kassen nochmals deutlich gestiegen.

In sehr vielen Bildungsorganisationen finden inzwischen Evaluationen statt, um die Qualität von Programmen, Prozessen und Angeboten zu analysieren, zu bewerten, zu verbessern sowie nicht zuletzt nach innen und außen zu legitimieren. Entsprechende Evaluationsansätze kommen in Kindertagesstätten (vgl. Beyersdorff 2010), Schulen (vgl. Kempfert/Rolff 2005; Mittelstädt 2006; Bauer 2007; Döbert/Dedering 2008; Buhren 2011), Hochschulen (vgl. Rindermann 2001; Böttcher u. a. 2006), Volkshochschulen und Fort- und Weiterbildungseinrichtungen (vgl. Reischmann 2006; Nuissl 2013) sowie Museen und Theatern (vgl. Birnkraut 2011; Hennefeld/Stockmann 2013) zum Einsatz. Die Motive für solche Evaluationen sind dabei äußerst vielfältig. Es gibt sowohl Evaluationen, die aufgrund einer intrinsischen Motivation der Leitungskräfte oder pädagogischen Fachkräfte (z. B. Erkenntnisgewinn, Reflexion, Dialog, Verbesserung) als auch einer extrinsischen Motivation (z. B. Überprüfung, Kontrolle, Rechenschaftslegung, Legitimation) durchgeführt werden.

2 Begriffsklärungen

Für eine fundierte Diskussion ist ein differenziertes Verständnis zentraler Begrifflichkeiten aus dem Evaluationsdiskurs im Bildungsbereich unerlässlich. Zu zentralen Evaluationsbegriffen gehören unter anderem Fremd- und Selbstevaluation sowie Programm-, Prozess- und Produktevaluation. Auf die Begriffe soll nachfolgend eingegangen werden.

2.1 Fremd- und Selbstevaluation

Im deutschsprachigen Diskurs zur Evaluation in Bildungsinstitutionen gibt es zwei relativ getrennte Diskursstränge, und zwar zur Fremdevaluation und zur Selbstevaluation. Im Fokus der klassischen Fachbücher und -publikationen zur Evaluation im Bildungsbereich steht die Fremdevaluation. In den Fachbüchern und -publikationen wird unter einer Evaluation in der Regel eine Fremdevaluation verstanden und zumeist eine enge Verknüpfung mit standardisierten Methoden und der quantitativen Logik der Sozialforschung hergestellt (vgl. Rossi u. a. 1988; Wottawa/Thierau 1998; Stockmann 2004, Bortz/Döring 2006). Die *Deutsche Gesellschaft für Evaluation* (DeGEval) definiert in einem erweiterten Verständnis eine Evaluation demgegenüber folgendermaßen (2008, 15): „Evaluation ist die systematische Untersuchung des Nutzens oder Wertes eines Gegenstandes. Solche Evaluationsgegenstände können z. B. Programme, Projekte, Produkte, Maßnahmen, Leistungen, Organisationen, Politik, Technologien oder Forschung sein. Die erzielten Ergebnisse, Schlussfolgerungen oder Empfehlungen müssen nachvollziehbar auf empirisch gewonnenen qualitativen und/oder quantitativen Daten beruhen".

Die *Selbstevaluation* wurde als eigenes Evaluationsverfahren Ende der 1980er-Jahre, Anfang der 1990er-Jahre von Maja Heiner (1988) und Hiltrud von Spiegel (1993, 1997) in den deutschsprachigen Bereich eingeführt und inzwischen in unterschiedlichsten Bildungsbereichen erfolgreich erprobt (z. B. Kulturelle Bildung, Unterricht und Schule, Lehre und Hochschule, Weiterbildung). Eine Selbstevaluation ist ein spezifisches Verfahren der Evaluation, welches – angelehnt an sozialwissenschaftliche Methoden und Verfahren – auf die Untersuchung und Verbesserung des eigenen beruflichen Handelns und der Ergebnisse durch die pädagogischen Fachkräfte selbst abzielt und eine freiwillige, selbstgesteuerte, zielgerichtete und datengestützte Analyse, Beschreibung und Bewertung anhand selbst festgelegter Kriterien umfasst. Die *Deutsche Gesellschaft für Evaluation* versteht unter Selbstevaluationen „systematische, datenbasierte Verfahren der Beschreibung und Bewertung [...], bei denen die praxisgestaltenden Akteure identisch sind mit den evaluierenden Akteuren" (DeGEval 2004, 2). Dabei werden Instrumente, Methoden und Verfahren aus den Bildungs- und Sozialwissenschaften übertragen und genutzt.

2.2 Programmevaluation

In der internationalen Fachliteratur werden darüber hinaus die Begriffe Programm-, Prozess- und Produktevaluationen genutzt, die auf unterschiedliche Evaluationsschwerpunkte hinweisen. Der Begriff der *Programmevaluation* wird in der internationalen Evaluationsliteratur sehr häufig und deutlich häufiger als die Begriffe Prozess- und Produktevaluation genutzt. Er dient in einem sehr weiten Verständnis als Oberbegriff unterschiedlichster Evaluationsansätze und -schwerpunkte von Bildungsprogrammen, -projekten und -maßnahmen. In der deutschsprachigen Fachliteratur trifft der Begriff Programmevaluation auf eine etwas geringere Resonanz. Er wird – meist ohne nähere Erläuterungen und Abgrenzung – vor allem bei der Evaluation von Bildungs- und Sozialprogrammen verwendet. Legt man die internationalen Standards für Programmevaluationen zugrunde, dann umfasst eine Programmevaluation Folgendes:

- the systematic investigation of the quality of programs, projects, subprograms, subprojects, and/or any of their components or elements, together or singly
- for purposes of decision making, judgments, conclusions, findings, new knowledge, organizational development, and capacity building in response to the needs of identified stakeholders
- leading to improvement and/or accountability in the users' programs and systems
- ultimately contributing to organizational or social value (Yarbrough u. a. 2010, XXV).

Im Rahmen einer Programmevaluation können also entweder das gesamte Programm oder aber einzelne Teilkomponenten eines Programms untersucht werden (z. B. Strategien, Prozesse oder Ergebnisse). Klärungsbedürftig erscheint, was unter dem Begriff Programm in einer Programmevaluation verstanden werden kann. Programme können den internationalen Standards für Programmevaluationen folgend, sehr allgemein definiert werden als:

- a set of planned systematic activities
- using managed resources
- to achieve specified goals
- related to specific needs
- of specific, identified, participating human individuals or groups
- in specific contexts
- resulting in documentable outputs, outcomes, and impacts
- following assumed (explicit or implicit) systems of beliefs (diagnostic, causal, intervention, and implementation theories about how the program works)
- with specific, investigable costs and benefits (Yarbrough u. a. 2010, XXIII).

Aufgrund des breiten Verständnisses von Programmevaluation stehen im Fokus der Evaluationsaktivitäten unter anderem folgende Aspekte:
- die realen Bedarfe und Bedürfnisse von potenziellen Teilnehmenden,
- die bildungspolitischen Ziele, Strategien und Alltagstheorien,
- die Kontexte und Rahmenbedingungen,
- die Aktivitäten, Arbeitsabläufe und Prozesse,
- die Herausforderungen und Probleme,
- die Ressourcen und Kosten sowie
- die Ergebnisse, der Nutzen und die Wirkungen der Programme bzw. Projekte.

2.3 Prozessevaluation

Der Begriff der Prozessevaluation wird in der Fachdiskussion und Evaluationspraxis im Vergleich zur Programmevaluation deutlich seltener genutzt. Unter einer Prozessevaluation kann die systematische, begleitende Identifizierung, Dokumentation und Analyse der Stärken und Schwächen bei der Implementierung und Durchführung von aktuell laufenden Programmen, Projekten oder Maßnahmen verstanden werden, um daraus zeitnahe Rückmeldungen, handlungsleitende Schlussfolgerungen sowie Veränderungen zur Optimierung abzuleiten.

Im Fokus von Prozessevaluationen stehen im Bildungsbereich häufig
- die Implementierungsstrategien und -effekte von Entscheidern (z.B. Politiker/-innen, Träger, Leitungskräfte),
- die Kontextbedingungen der Implementierung und Umsetzung,
- die Aktivitäten, Angebote, Arbeitsprozesse und -abläufe der Fachkräfte,
- die interne und externe Kommunikation und Kooperation der Professionellen,
- die Inanspruchnahme und Zufriedenheit der Teilnehmenden sowie
- die Überprüfung der richtigen und plantreuen Umsetzung (z.B. Zeit, Maßnahmen, Personal, Kosten).

In einer Prozessevaluation steht also die Implementierung und Durchführung von Programmen, Projekten oder Maßnahmen im Mittelpunkt, während die Zielerreichung eher nachrangig behandelt wird. Da es deutliche Überschneidungen zwischen einer Prozessevaluation und einer formativen Evaluation gibt, werden beide Begriffe oft synonym verwendet. In der Praxis werden viele Bildungsprogramme und -projekte mit einer verpflichtenden, formativen Evaluation verknüpft (mitunter auch „wissenschaftliche Begleitung" benannt), um frühzeitig Probleme und Fehlentwicklungen zu identifizieren, eine Rückkopplung an die Beteiligten und Betroffenen zu ermöglichen und Veränderungen im Verlauf vorzunehmen. Für ertragreiche Prozessevaluationen im Bildungsbereich ist es sinnvoll, die unterschiedlichen Bedürfnisse der Entscheider, Fachkräfte und Teilnehmenden sowie die Komplexität und Wechselwirkungen innerhalb der Programme, Projekte oder Maßnahme angemessen zu berücksichtigen. Mitunter sind Prozessevaluationen auch sehr stark auf das professionelle Handeln der pädagogischen Fachkräfte ausgerichtet und werden zudem von den Fachkräften selbst durchgeführt. In diesen Fällen handelt es sich um Selbstevaluationen.

2.4 Produktevaluation

Die *Produktevaluation* steht im Fokus vieler Evaluationsaufträge, wobei vielfach auch andere Bezeichnungen dafür verwendet werden (Wirkungsevaluation, Ergebnisevaluation, Output-Evaluation, Outcome-Evaluation, Transferevaluation). Bei einer Produktevaluation im Bildungsbereich geht es entweder um die Analyse und Bewertung eines konkreten Produktes (z. B. einer Lernsoftware) (enges Verständnis) oder aber um die Überprüfung und Bewertung der Zielerreichung und der intendierten und nichtintendierten sowie kurz- und langfristigen Effekte eines Programms, Projektes bzw. einer Maßnahme (weites Verständnis).

Im Fokus von Produktevaluationen im Bildungsbereich stehen in der Praxis dementsprechend entweder
- der Gebrauchswert eines Produkts (z. B. Bildungssoftware, Bücher), oder aber
- die Überprüfung und Bewertung der Zielerreichung,
- die Zufriedenheit und Bewertung bei den Teilnehmenden,
- die Lernerfolge, Kompetenzgewinne, Einstellungs- und Verhaltensänderungen bei den Teilnehmenden sowie
- Kosten-Nutzen-Analysen zu den Programmen, Projekten bzw. Maßnahmen (Effektivität und Effizienz).

Die Produktevaluation im weiteren Verständnis wird meist am Ende von kompletten Programmen, Projekten bzw. Maßnahmen eingesetzt. Sie zielt auf die Entscheidungsfindung über die Beibehaltung, die Anpassung, die Erweiterung oder die Einstellung eines Programms, Projektes bzw. einer Maßnahme sowie die Optimierung künftiger Aktivitäten ab. Die Produktevaluation weist insofern deutliche Überschneidungen mit einer summativen Evaluation auf und wird oft synonym verwendet.

3 Übersicht über verschiedene Evaluationsansätze und Evaluationsmodelle

Inzwischen gibt es eine kaum noch überschaubare Anzahl an (Selbst-)Evaluationsansätzen und -modellen im Bildungsbereich. Im Folgenden soll daher zunächst ein grober Überblick über verschiedene Ansätze und Modelle zur Fremdevaluation und Selbstevaluation gegeben werden, bevor dann auf ein oft und international im Bildungsbereich eingesetztes Evaluationsmodell von Stufflebeam, das sogenannte CIPP-Modell, eingegangen wird, welches breit angelegt ist, unterschiedliche Perspektiven berücksichtigt, verschiedene Evaluationsschwerpunkte umfasst und auf eine Verbesserung von Programmen, Projekten und Maßnahmen ausgerichtet ist.

3.1 Fremdevaluationsansätze und -modelle

In der internationalen Fachliteratur stehen vor allem Programmevaluationen im Fokus des Fach- und Forschungsinteresses. Für eine zweckmäßige Auswahl von vorliegenden Evaluationsansätzen und -modellen liegen inzwischen verschiedene Systematisierungsversuche und Differenzierungsmerkmale vor. Stufflebeam und Coryn

(2014) ordnen in einer aktuellen Systematisierung beispielsweise insgesamt 23 Evaluationsansätze und -modelle fünf Evaluationskategorien zu (ähnlich auch Stufflebeam 2001). Die fünf Evaluationskategorien lauten: I. Pseudoevaluationen, II. Quasi-Evaluationsstudien, III. Verbesserungs- und rechenschaftsorientierte Evaluationsansätze, IV. Evaluationsansätze mit einer Sozialagenda oder Interessenvertretung sowie V. Eklektische Evaluationsansätze. Die Systematisierung von Stufflebeam und Coryn verweist erstens auf unterschiedliche Niveaus von Evaluationen (z. B. Pseudoevaluationen versus übrige Evaluationsansätze und -modelle), zweitens auf eine große Vielfalt an Evaluationsansätzen und -modellen und drittens auf unterschiedliche Ziele, Adressaten, Schwerpunkte und methodische Ausrichtungen der Evaluationsansätze und -modelle (vgl. Tabelle 1).

Tab. 1: Systematisierung von Evaluationsansätzen und -modellen (in Anlehnung an Stufflebeam/Coryn 2014).

I.	**Pseudoevaluations**
1.	Public Relations Studies
2.	Politically Controlled Studies
3.	Pandering Evaluations
4.	Evaluations by Pretext
5.	Empowerment Under the Guise of Evaluation
6.	Customer Feedback Evaluation
II.	**Quasi-Evaluations Studies**
7.	Objectives-Based Studies
8.	The Success Case Method
9.	Outcome Evaluation as Value-Added Assessment
10.	Experimental and Quasi- Experimental Studies
11.	Cost-Studies
12.	Connoisseurship and Criticism
13.	Theory-Based Studies
14.	Meta-Analysis
III.	**Improvement- And Accountability-Oriented Evaluation Approaches**
15.	Decision- and accountability-Oriented Studies
16.	Consumer-Oriented Studies
17.	Accreditation and Certification
IV.	**Social Agenda And Advocacy Evaluation Approaches**
18.	Responsive or Stakeholder-Centered Evaluation
19.	Constructivist Evaluation
20.	Deliberative Democratic Evaluation
21.	Transformative Evaluation
V.	**Eclectic Evaluation Approaches**
22.	Utilization-Focused Evaluation
23.	Participatory Evaluation

Die vorliegenden Evaluationsansätze und -modelle lassen sich, wie Tabelle 2 zu entnehmen ist, unter anderem hinsichtlich folgender Merkmale unterscheiden:

Tab. 2: Unterscheidungsmerkmale von Evaluationsansätzen und -modellen (in Anlehnung an DeGEval 2008; ergänzend Wulf 1972; Stufflebeam 2001; Fitzpatrick u. a. 2010; Stufflebeam/Coryn 2014).

Übergreifender Anspruch	z. B. begleitend/gestaltend (formative Evaluation), bilanzierend/entscheidend (summative Evaluation), entwickelnd (präformative Evaluation)
Zweck(e)/Ziel(e)	z. B. Erkenntnisgewinn, Überprüfung, Kontrolle, Rechenschaftslegung, Legitimation, Reflexion, Dialog, Verbesserung,
Dimension(en)/ Schwerpunkt(e)	z. B. Konzepte und Strategien (Konzeptqualität), Rahmenbedingungen und Personen (Strukturqualität), Verfahren/Abläufe/Handlungen (Prozessqualität), Wirkungen/Output/Outcome (Ergebnisqualität)
Steuerungsort	z. B. Selbstevaluation vs. Fremdevaluation, interne vs. externe Evaluation
Zeitpunkt	z. B. zu Beginn (Ex-ante), während (On-going) oder nach (Ex-post) einem Programm/Projekt; Initialisierungs-, Implementierungs- oder Institutionalisierungsphase eines Programms/Projekts
Methodischer Zugang	z. B. quantitativ (hypothesenprüfend) vs. qualitativ (explorativ konstruktivistisch) vs. multi-methods
Methode(n)	z. B. Fragebogen, Test, Interview, Gruppendiskussion, Beobachtung, Ethnografie
Partizipationsanspruch	z. B. freiwillig vs. verpflichtend
Adressaten	z. B. entscheiderorientiert vs. mitarbeiterorientiert vs. kundenorientiert
Bezugswissenschaft	z. B. Erziehungswissenschaft, Psychologie, Ethnologie, Soziologie, Politikwissenschaft, Wirtschaftswissenschaft

Eine Analyse der verschiedenen Evaluationsansätze und -modelle macht jeweils auf spezifische Besonderheiten und damit einhergehende Vor- und Nachteile aufmerksam. Stufflebeam und Coryn (2014) haben ungeachtet dessen versucht, auf der Basis einer Überprüfung der internationalen Evaluationsstandards für Programmevaluationen zentrale Evaluationsansätze und -modelle empirisch miteinander zu vergleichen und zu bewerten. Sie kommen zu sehr unterschiedlichen Gesamteinschätzungen der verschiedenen Ansätze und Modelle. Das CIPP-Modell erfüllt demnach die Evaluationsstandards am besten (85,7 %), während (quasi-)experimentelle und zielbasierte Evaluationsansätze am schlechtesten abschneiden (51,3 % bzw. 43,1 %) (vgl. Abbildung 1). Ausschlaggebend für das schlechte Abschneiden der (quasi-)experimentellen und zielbasierten Evaluationsansätze sind unter anderem niedrige Werte bei der Nützlichkeit bzw. der Rechenschaftspflicht. Wenngleich eine Befangenheit von Stufflebeam aufgrund der Entwicklung des CIPP-Modells nicht ausgeschlossen werden kann, vermitteln das Gesamtrating und die Einzelratings dennoch einen groben Überblick über Anforderungen an Evaluationsansätze und -modelle sowie die Stärken bestehender Ansätze und Modelle.

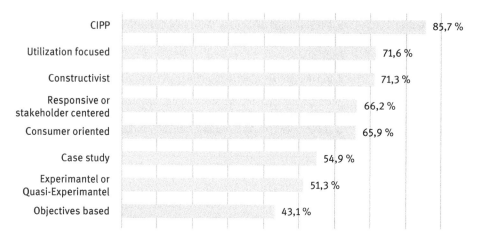

Abb. 1: Vergleich der Ratings von acht zentralen Evaluationsansätzen und -modellen anhand der internationalen Evaluationsstandards für Programmevaluationen in Prozent (Stufflebeam/Coryn 2014, 236).

3.2 Selbstevaluationsansätze und -modelle

Ähnlich wie bei der Fremdevaluation existieren auch für die Selbstevaluation unterschiedliche Ansätze und Modelle, die zunächst aus dem Sozialbereich angeregt worden sind und in erster Linie auf eine Prozessevaluation des pädagogischen Handelns der Fachkräfte abzielen. Unterscheiden lassen sich zumindest drei grundlegende Ansätze und Modelle, und zwar a) die „begründungszentrierte Selbstevaluation" nach Heiner (vgl. Heiner 1988; Heiner u. a. 1998; Heiner 1999), b) die „kriteriengeleitete Selbstevaluation" nach von Spiegel (vgl. 1993, 1997, 2001) und c) die „nutzenfokussierte Evaluation" nach Beywl u. a. (vgl. Beywl/Bestvater 1998; Beywl 1999; Beywl/Schepp-Winter 2000).

In Abgrenzung zu stärker standardisierten Ansätzen der Selbstevaluation aus dem angelsächsischen Raum, entwickelte Heiner – als Vorreiterin der Selbstevaluation im deutschsprachigen Raum – sehr früh den Ansatz „einer begründungsorientierten, prozessbegleitenden, primär qualitativen Selbstevaluation", bei dem zirkuläre Zielfindungsprozesse durch eine Untersuchung der eigenen Wahrnehmungs- und Deutungsmuster ermöglicht werden sollen (Heiner 1988, 11). Im Fokus des Ansatzes steht also eine Analyse der eigenen Informationen, Urteile und Begründungen. Heiner

benennt übereinstimmend dazu folgende drei Grundfragen für eine Selbstevaluation: „Welche Ziele will ich ansteuern?, Was kann ich tun, um sie zu erreichen?, Was habe ich erreicht und wie ist das Erreichte zu bewerten?" (Heiner 1998, 179). Die „begründungszentrierte Selbstevaluation" nach Heiner zeichnet sich durch
- eine prozessbegleitende und in den alltäglichen Arbeitsablauf zu integrierende Reflexion und Klärung der Erwartungen, Ziele, Urteile und Interventionsbegründungen,
- ein „heuristisches Suchverfahren" sowie
- ein systematisches Vorgehen und zeitlich begrenztes Projekt aus.

Von Spiegel hat demgegenüber einen Ansatz und Leitfaden für Selbstevaluationsprojekte entwickelt, der sich an einem klassischen, sozialwissenschaftlichen Forschungsprozess orientiert und zahlreiche Arbeitsschritte umfasst (vgl. von Spiegel 2001). Das entsprechende Vorgehen beschreibt sie folgendermaßen: „Man entwickelt – je nach Erkenntnisinteresse – eine oder mehrere spezifische Untersuchungsfragen, formuliert Hypothesen über mögliche Zusammenhänge, entwickelt Kriterien (Maßstäbe) zur Beurteilung der Ergebnisse, beschreibt Indikatoren für die Datenerhebung, entwirft einen Untersuchungsplan, konstruiert im Hinblick auf die Indikatoren einen Erhebungsbogen zur Sammlung der entsprechenden Daten und wertet diese nach der Erhebungsphase systematisch und anhand der zuvor festgelegten Bewertungskriterien aus" (von Spiegel 2004, 146).

Prägend für die „kriteriengeleitete Selbstevaluation" nach dem Ansatz von Spiegel ist
- die Anlehnung an den klassischen Forschungsprozess,
- die Formulierung, Eingrenzung und Operationalisierung von Untersuchungsfragen,
- die frühzeitige Festlegung von konkreten Bewertungsmaßstäben (Indikatoren),
- die datengestützte Bewertung der Ergebnisse,
- die Teamorientierung und kollegiale (Zwischen-)Reflexion während einer Selbstevaluation sowie
- die Bereitstellung bzw. die Nutzung von Arbeitshilfen.

Beywl und Schepp-Winter (2000) haben den Ansatz einer „nutzenfokussierten Evaluation" von pädagogischen und sozialen Programmen und Projekten entwickelt und stellen dabei Bezüge zur Selbstevaluation her. Ihrer Einschätzung nach ist eine Selbstevaluation vor allem dann sinnvoll, wenn der Evaluationsgegenstand vollständig in der Zuständigkeit der Fachkräfte liegt, eine Klarheit über die Ziele und Verfahren besteht, die Fachkräfte ein eigenes Interesse an der Selbstevaluation haben bzw. sich dafür leicht motivieren lassen und die Fachkräfte eine Grundqualifikation in der Selbstevaluation haben (vgl. Beywl/Schepp-Winter 2000, 32). Deutlich wird gleichwohl eine Anlehnung des Ansatzes der Selbstevaluation an bestehende Arbeitsschritte und Standards der Fremdevaluation (vgl. Beywl/Bestvater 1998; Beywl/

Schepp-Winter 2000). Die „nutzenfokussierte Evaluation" nach Beywl u. a. hebt sich dementsprechend durch
- die Anlehnung an eine externe Evaluation,
- die Einhaltung entsprechender Evaluationsstandards,
- eine intensive Auseinandersetzung mit den Werten, Interessen, Erwartungen und Ängsten der Beteiligten und Betroffenen sowie
- ein hohes Maß an Partizipationsmöglichkeiten der Betroffenen und Beteiligten hervor.

Zusammenfassend betrachtet bestehen also unterschiedliche Ansätze einer Selbstevaluation, sodass in der Praxis geklärt werden muss, welches Verständnis und welcher Ansatz von Selbstevaluation präferiert wird.

3.3 CIPP-Modell von Daniel L. Stufflebeam

Daniel L. Stufflebeam hat bereits in den 1960er-Jahren für die Evaluation von nationalen, pädagogischen Reformen in den USA das sogenannte CIPP-Evaluationsmodell konzipiert und es danach systematisch weiterentwickelt (Stufflebeam 1972; 1984; 2003; 2007; Stufflebeam/Coryn 2014). Das Evaluationsverständnis des CIPP-Modells hat Stufflebeam (2003, 34) so zusammengefasst: „Evaluation is the process of delineating, obtaining, providing, and applying descriptive and judgmental information about the merit and worth of some object's goals, design, implementation, and outcome to guide improvement decisions, provide accountability reports, inform institutionalization/dissemination decisions, and improve understanding of the involved phenomena." Dem CIPP-Modell liegt die zentrale Annahme zugrunde, dass es weniger auf die Messung objektiver Daten, den Einsatz von sehr präzisen Testverfahren oder die Durchführung von Experimentalstudien ankommt, sondern vielmehr darauf, „that evaluation's most important purpose is not to prove, but to improve" (Stufflebeam 2003, 31). Der Name CIPP steht dabei stellvertretend für die vier Schlüsselkomponenten des Evaluationsmodells und zugleich vier relevante Evaluationstypen, und zwar die *Context Evaluation* der Ziele, die *Input Evaluation* der Pläne, die *Process Evaluation* der Aktivitäten sowie die *Product Evaluation* der Outcomes.
- In der *Context Evaluation* sollen unter anderem die Zielgruppen und deren Bedarfe analysiert werden, um darauf aufbauend Entscheidungen für die Programmziele und -prioritäten zu treffen.
- In der *Input Evaluation* geht es vor allem darum, die Programmstrategien und Implementierungsverfahren zu analysieren, um darauf aufbauend Entscheidungen zu treffen.
- In der *Process Evaluation* besteht der Anspruch darin, laufende Ereignisse und Aktivitäten von Programmen zu dokumentieren, zu bewerten und auf Fehler

zu untersuchen, um die Prozessdokumentation und Entscheidungsfindungen zu unterstützen.
- Die *Product Evaluation* zielt darauf ab, Beschreibungen und Bewertungen zu den Ergebnissen von Programmen zu erhalten, um Entscheidungen über die Weiterführung, Neuausrichtung, Beendigung oder die Installierung eines Programmes zu ermöglichen (vgl. Stufflebeam 1984; 2003; 2007; Stufflebeam/Coryn 2014).

In den vier Typen einer Evaluation steht jeweils eine spezifische Frage im Mittelpunkt: 1. Was muss getan werden? (*Context Evaluation*), 2. Wie sollte es getan werden? (*Input Evaluation*) 3. Ist es getan worden? (*Process Evaluation*) und 4. War es erfolgreich? (*Product Evaluation*) (vgl. Stufflebeam 2007, 1). Nach Stufflebeam können die vier Evaluationstypen einzeln oder zusammen bearbeitet werden. Für eine umfassende Programmevaluation erscheint es jedoch sinnvoll, alle vier Evaluationstypen zu berücksichtigen. In einer Weiterentwicklung des CIPP-Modells hat Stufflebeam (2007) die Produktevaluation nochmals in vier Bestandteile aufgegliedert, und zwar die Impaktevaluation, die Effektivitätsevaluation, die Nachhaltigkeitsevaluation und die Transferfähigkeitsevaluation. Zentrale Schlüsselmerkmale des CIPP-Modells sind
- die Ermittlung der Ziele, Strategien, Implementierungen und Outcomes von Programmen,
- die Sammlung von beschreibenden *und* wertenden Informationen zu den Programmen (mittels qualitativer und quantitativer Methoden),
- die Förderung des Verständnisses von der Dynamik der untersuchten Phänomene,
- die Orientierung an vorliegenden nationalen Evaluationsstandards bei der Evaluation,
- der fachliche Anspruch einer Verbesserung und Rechenschaftslegung von Programmen und
- die Förderung von informierten Entscheidungen über die Weiterführung, Neuausrichtung, Beendigung oder Installierung von Programmen (vgl. Stufflebeam 2003).

Das CIPP-Modell eignet sich darüber hinaus – nach Stufflebeam (2003, 34 f.) – sowohl für eine formative Evaluation, das heißt eine proaktive Sammlung und Präsentation von Informationen zur Verbesserung eines Programms als auch für eine summative Evaluation, das heißt einen gezielten Rückblick auf ein gesamtes Programm zur Rechenschaftslegung (vgl. Tabelle 3).

Das CIPP-Modell gehört inzwischen zu einem der bekanntesten, entscheidungsorientierten Evaluationsmodelle und wird weltweit sehr häufig bei der Evaluation von Programmen, Projekten und Maßnahmen eingesetzt. Bei Evaluationen im Bildungsbereich kommt das CIPP-Modell vor allem deshalb häufig zum Einsatz, weil es a) zentrale Bestandteile von Programmen, Projekten und Maßnahmen berücksichtigt (Kontextbedingungen, Inputs, Prozesse und Ergebnisse), b) die theoretische Grundlage

Tab. 3: Die Relevanz der vier Evaluationstypen für die Verbesserung und Rechenschaftspflicht (Stufflebeam 2003, 35).

	Context Evaluation	Input Evaluation	Process Evaluation	Product Evaluation
Verbesserung/ Formative Ausrichtung	Anleitung für die Auswahl der Ziele und die Festlegung von Prioritäten eines Programms	Anleitung für die Auswahl der Programm-/Angebotsstrategie	Anleitung für die Implementierung eines Programms	Anleitung für die Beendigung, die Weiterführung, die Veränderung oder die Installierung eines Programms
Rechenschaftspflicht/ Summative Ausrichtung	Beschreibung der Ziele und Prioritäten sowie der Grundlage für ihre Auswahl zusammen mit einer Beschreibung der ermittelten Bedarfe, Chancen und Probleme	Beschreibung der gewählten Programm-/Angebotsstrategie und des Vorgehens sowie der Gründe für die Auswahlentscheidung im Vergleich zu anderen Alternativen	Beschreibung des tatsächlichen Prozesses und seiner Kosten	Beschreibung der Erfolge und Bewertungen im Verhältnis zu den Bedarfen, Kosten und den Entscheidungen über Fortsetzung, Änderung oder Beendigung

für eine formative und summative Evaluation von Programmen, Projekten, Personen, Produkten, Organisationen, Politik und Systemen bietet, c) Stakeholder umfassend bei der Planung und Auswertung beteiligt und d) eine empirische Entscheidungsgrundlage für eine verbesserte Praxis anstrebt.

4 Anwendungsbezogene Überlegungen

Für die Umsetzung einer Fremd- und Selbstevaluation sowie das CIPP-Modell sind Evaluationsstandards, Arbeitsschritte und Leitlinien hilfreich. Hierzu liegen bereits umfangreiche Vorarbeiten vor, auf die im Folgenden kurz eingegangen werden soll.

4.1 Evaluationsstandards für Fremdevaluation

Für die Umsetzung einer Programmevaluation gibt es seit vielen Jahren internationale Fachpublikationen (vgl. Rossi u. a. 1988) sowie internationale und nationale Evaluationsstandards und -empfehlungen (vgl. JCSEE/Sanders 2006; Yarbrough 2010; Beywl/ Widmer 2012 bzw. DeGEval 2008), an denen sich bei Evaluationen orientiert werden kann.

Das *Joint Committee on Standards for Educational Evaluation* hat beispielsweise in mehreren Überarbeitungsschritten insgesamt 30 Evaluationsstandards für Programmevaluationen mit Handlungsempfehlungen für Evaluator(inn)en sowie Evaluationsnutzer/-innen formuliert (vgl. Yarbrough 2010; Beywl/Widmer 2012). Für den deutschsprachigen Raum sind besonders die Arbeiten der *Gesellschaft für Evaluation* von Bedeutung. Von der Gesellschaft für Evaluation wurden insgesamt 25 Evaluationsstandards für Evaluation im Allgemeinen entwickelt (vgl. DeGEval 2008), die sich an den Evaluationsstandards des *Joint Committee on Standards for Educational Evaluation* und den ähnlich ausgerichteten Standards der *Schweizerischen Evaluationsgesellschaft* orientieren. Sie sollen eine Orientierung für Evaluationen bieten und deren Qualität in unterschiedlichen Einsatzfeldern und für verschiedene Evaluationszwecke sichern und verbessern. Die Evaluationsstandards wurden inzwischen durch „Empfehlungen für die Aus- und Weiterbildung in der Evaluation", „Empfehlungen für Auftraggebende von Evaluationen" sowie „Empfehlungen zur Anwendung der Standards im Handlungsfeld der Selbstevaluation" ergänzt. Den Standards der *Gesellschaft für Evaluation* zufolge sollen Evaluationen vier grundlegende Eigenschaften aufweisen, und zwar: 1. Nützlichkeit, 2. Durchführbarkeit, 3. Fairness und 4. Genauigkeit (vgl. DeGEval 2008, 10). Für diese vier Eigenschaften wurden von der *Gesellschaft für Evaluation* jeweils drei bis sieben Standards formuliert, die unterschiedliche Funktionen haben:

> Die Nützlichkeitsstandards sollen sicherstellen, dass die Evaluation sich an den geklärten Evaluationszwecken sowie am Informationsbedarf der vorgesehenen Nutzer ausrichtet. [...]
> Die Durchführbarkeitsstandards sollen sicherstellen, dass eine Evaluation realistisch, gut durchdacht, diplomatisch und kostenbewusst geplant und ausgeführt wird. [...]
> Die Fairnessstandards sollen sicherstellen, dass in einer Evaluation respektvoll und fair mit den betroffenen Personen und Gruppen umgegangen wird. [...]
> Die Genauigkeitsstandards sollen sicherstellen, dass eine Evaluation gültige Informationen und Ergebnisse zu dem jeweiligen Evaluationsgegenstand und den Evaluationsfragestellungen hervorbringt und vermittelt (DeGEval 2008, 10 ff.).

Die insgesamt 25 Standards bieten eine gute Grundlage für die Planung, Durchführung, Auswertung und Kritik von Evaluationen in Bildungsinstitutionen. Die acht *Nützlichkeitsstandards* fordern 1. eine Identifizierung der Beteiligten und Betroffenen, 2. eine Klärung der Evaluationszwecke, 3. eine Glaubwürdigkeit und Kompetenz der Evaluatoren, 4. eine Auswahl und einen angemessenen Umfang der Informationen, 5. eine Transparenz der zugrunde liegenden Werte, 6. eine Vollständigkeit und Klarheit der Berichterstattung, 7. eine Rechtzeitigkeit der Evaluation sowie 8. einen Nutzen der Evaluation.

Die drei *Durchführungsstandards* zielen auf 1. ein angemessenes Verfahren, 2. ein diplomatisches Vorgehen sowie 3. eine Effizienz von Evaluationen ab.

Die fünf *Fairnessstandards* sehen für eine Evaluation 1. formale Vereinbarungen, 2. den Schutz individueller Rechte, 3. eine vollständige und faire Überprüfung,

4. eine unparteiische Durchführung und Berichterstattung sowie 5. eine Offenlegung der Ergebnisse vor.

Die neun *Genauigkeitsstandards* verlangen von Evaluator(inn)en 1. eine Beschreibung des Evaluationsgegenstandes, 2. eine Kontextanalyse, 3. eine Beschreibung von Zwecken und Vorgehen, 4. eine Angabe der Informationsquellen, 5. eine Nutzung valider und reliabler Informationen, 6. eine systematische Fehlerprüfung, 7. eine Analyse qualitativer und quantitativer Informationen, 8. begründete Schlussfolgerungen sowie 9. eine Veröffentlichung der Evaluationsergebnisse für Meta-Evaluationen.

4.2 Arbeitsschritte einer Selbstevaluation

Zum schrittweisen, forschungsorientierten Vorgehen bei einer Selbstevaluation liegen aus dem Sozial- und Bildungsbereich (vgl. Heiner 1988; von Spiegel 1993; 1997; 2001; 2013; Beywl/Bestvater 1998; Beywl/Schepp-Winter 2000; König 2007; Buhren 2011) umfangreiche Arbeitshilfen mit Arbeitsschritten und Handlungsempfehlungen vor. Legt man die Arbeitshilfen zugrunde, dann sollte eine Selbstevaluation mindestens folgende 13 Arbeitsschritte umfassen:

1. Klärung der zeitlichen, finanziellen, personellen, sächlichen und kooperativen Rahmenbedingungen und Ressourcen für eine Selbstevaluation,
2. Eingrenzung des anvisierten Bereichs und Themas der Selbstevaluation,
3. Beschreibung der Ausgangssituation in dem Bereich der Selbstevaluation,
4. Festlegung der konkreten Ziele und des Nutzens der Selbstevaluation unter den Fachkräften, Vorgesetzten und Kooperationspartnern,
5. Formulierung der konkreten Fragestellung der Selbstevaluation und Präzisierung mit Vorannahmen (Hypothesen) zu den erwarteten Untersuchungsergebnissen,
6. Formulierung von gewünschten Wirkungs- und Handlungszielen sowie (Erfolgs-) Indikatoren im anvisierten Bereich der Selbstevaluation,
7. Auswahl der Informationsquellen/Befragten sowie der Erhebungsmethode und -instrumente für die Selbstevaluation,
8. Entwicklung und Erprobung von Erhebungsinstrumenten für die Selbstevaluation,
9. Durchführung der Selbstevaluation,
10. Auswertung und Zusammenfassung der Ergebnisse der Selbstevaluation,
11. Kollegiale Interpretation und Bewertung der Ergebnisse der Selbstevaluation auf der Basis der formulierten Wirkungs- und Handlungsziele sowie (Erfolgs-)Indikatoren,
12. Darstellung und Veröffentlichung der Ergebnisse der Selbstevaluation in einem Bericht mit Schlussfolgerungen und geplanten Veränderungsmaßnahmen,
13. Umsetzung der Schlussfolgerungen und geplanten Veränderungsmaßnahmen in der eigenen Praxis.

Damit Bewertungen in der Selbstevaluation vorgenommen werden können, sollten vorher die pädagogischen Ziele in einer konkretisierten Form vorliegen. Hierfür kann auf die in der Praxis vielfach erprobte S.M.A.R.T.-Regel (vgl. Doran 1981) zurückgegriffen werden. Nach der S.M.A.R.T.-Regel müssen Ziele folgende Kriterien erfüllen: 1. Spezifisch (konkret und auf das Arbeitsfeld bezogen), 2. Messbar (mit beobachtbaren Indikatoren verknüpft), 3. Akzeptabel (für unterschiedliche Beteiligtengruppen annehmbar), 4. Realistisch (anspruchsvoll und zugleich nicht unterfordernd/überfordernd) und 5. Terminiert (Datum für die Zielerreichung). Wenn die Ziele in einer so konkretisierten Form vorliegen, können die Zielerreichung in der Praxis leichter überprüft sowie Schlussfolgerungen und Veränderungsmaßnahmen abgeleitet werden.

4.3 Checkliste für das CIPP-Modell

Stufflebeam hat sowohl für die Evaluator(inn)en als auch die Nutzer/-innen und die *Stakeholder* von Evaluationen eine gemeinsame Checkliste zum CIPP-Modell erstellt (vgl. zum Folgenden Stufflebeam 2007). Die Checkliste soll Evaluator(inn)en dabei unterstützen, Programme mit langfristigen Zielen zu evaluieren. Sie soll zum einen den Evaluator(inn)en helfen, pünktliche Evaluationsberichte anzufertigen, um Praktiker/-innen dabei zu unterstützen, effektive Dienstleistungen für die anvisierten Zielgruppen zu planen, durchzuführen, zu institutionalisieren und/oder zu verbreiten. Zum anderen soll die Checkliste Evaluator(inn)en dabei helfen, die Geschichte eines Programms zu betrachten und zu beurteilen sowie einen Evaluationsbericht über die Güte, Tauglichkeit und Bedeutung eines Programms sowie die daraus gezogenen Lehren zu erstellen.

Die Checkliste besteht aus insgesamt zehn Teilen und gibt jeweils Hinweise für die Evaluator(inn)en bzw. die Nutzer/-innen und Stakeholder/-innen. Im Einzelnen umfasst die Checkliste Anregungen 1. zu den vertraglichen Vereinbarungen, 2. zur Kontextevaluation, 3. zur Inputevaluation, 4. zur Prozessevaluation, 5. zur Impaktevaluation, 6. zur Effektivitätsevaluation, 7. zur Nachhaltigkeitsevaluation, 8. zur Transferfähigkeitsevaluation, 9. zur Meta-Evaluation sowie 10. zum zusammenfassenden Abschlussbericht der Evaluation.

Die Checkliste beinhaltet also zusammenfassend betrachtet Empfehlungen zu den vertraglichen Vereinbarungen (1.), zu den vier Evaluationskomponenten des CIPP-Modells, wobei die Produktevaluation in der Checkliste nochmals in vier Formen unterteilt wird (2.-8.), zur Evaluation von Evaluationen (9.) sowie zur Erstellung des Abschlussberichts (10.). In der Checkliste wird vor allem Wert gelegt auf den Abschluss von Evaluationsvereinbarungen, die nachhaltige Funktion von Evaluationen (Verbesserungsanspruch), die Nutzung vorhandener Informationen und Daten, die Berücksichtigung der internationalen und nationalen Evaluationsstandards sowie die rechtzeitige Kommunikation relevanter Evaluationsbefunde (vgl. Stufflebeam 2007).

5 Ausgewählte Evaluationsbeispiele

Im Folgenden wird auf drei ausgewählte Beispiele für Programmevaluationen (Lehrerausbildung, Service Learning, *Deutsche Forschungsgemeinschaft*) und ein Beispiel für eine wissenschaftlich begleitete Selbstevaluation (Implementation neuer Medien in Schulen) eingegangen.

In einer Studie zur zweiten Phase der *Lehrerausbildung* (Vorbereitungsdienst/ Referendariat) sollten die Qualität der zweiten Phase der Lehrerausbildung aus Sicht unterschiedlicher Beteiligtengruppen analysiert und Vorschläge zur Verbesserung der Lehrerausbildung formuliert werden (vgl. Schubarth u. a. 2007). Im Fokus der Studie standen die (selbsteingeschätzten) Kompetenzen der Lehramtskandidat(inn)en in der zweiten Phase. In der Studie wurde sich bei den Evaluationsschwerpunkten am CIPP-Modell von Stufflebeam orientiert. So wurden unterschiedliche Akteursgruppen der zweiten Phase (Lehramtskandidat/-innen, Seminarleiter/-innen, Ausbildungslehrer/ -innen und Schulleiter/-innen) mittels einer standardisierten, schriftlichen Befragung a) zu Rahmenbedingungen und Ausbildungsvorgaben (Kontextevaluation), b) zu den Eingangsvoraussetzungen (Input-Evaluation), c) zum Ausbildungsprozess (Prozessevaluation) sowie d) zu den selbst wahrgenommenen Kompetenzen der Lehramtskandidat(inn)en (Ergebnisevaluation) befragt. Angenommen wurde, dass die Rahmenbedingungen, die Ausbildungsvorgaben, die Eingangsvoraussetzungen und der Ausbildungsprozess wichtige Einflussgrößen für die Qualität der Ausbildung in der zweiten Phase der Lehrerausbildung sind und einen Einfluss auf die subjektiven Gesamteinschätzungen der Kompetenzen bei den Lehramtskandidat(inn)en haben.

Die Analysen zeigten, dass die subjektiven Gesamteinschätzungen der Kompetenzen bei den Lehramtskandidat(inn)en sehr stark beeinflusst wurden von a) der wahrgenommenen Vermittlung der Kompetenzen im Vorbereitungsdienst, b) der beruflichen und persönlichen Gesamtbelastung, c) dem Ausbildungshalbjahr und d) der Bewertung der Ausbildungsschule der Lehramtskandidat(inn)en. Im Rahmen der Studie konnten insofern Verknüpfungen zwischen unterschiedlichen Qualitätsdimensionen nachgewiesen werden.

Im Rahmen einer Wirkungsstudie sollte der Erfolg eines landesweiten *Service Learning Programms in Schulen* daraufhin analysiert werden, 1. wie die Schüler/-innen sowie die Lehrer/-innen die Service Learning-Projekte beurteilen und 2. welchen Kompetenz- und Erkenntnisgewinn die Schüler/-innen aus den Service Learning-Projekten erzielen (vgl. Speck u. a. 2013). Zur Beantwortung der Untersuchungsfragestellungen wurde ein Untersuchungsmodell entwickelt, welches sich auf das Evaluationsmodell von Stufflebeam stützte und die vier Evaluationskomponenten *Context*, *Input*, *Process* und *Product* berücksichtigte. Die einzelnen Komponenten wurden über unterschiedliche Aspekte abgefragt. So wurden 1. für die Kontextevaluation u. a. die Freiwilligkeit der Beteiligung, die thematische Ausrichtung des Projektes, die Verknüpfung des Projektes mit dem Unterricht, 2. für die Inputevaluation unter anderem die Motive für die Projektmitarbeit sowie soziodemografische und Persönlichkeitsmerkmale der Schüler/-innen, 3. für die Prozessevaluation unter anderem die Beziehung zwischen den Lernenden und den Projektverantwortlichen, die Intensität und Dauer der Projektarbeit und die Projektqualität sowie 4. für die Produktevaluation unter anderem Variablen zum Engagement, zur Bildung und zur Schulqualität erfasst.

Die Ergebnisse der Studie belegten auf der einen Seite, dass Service Learning-Projekte Wirkungen auf der Schülerebene erzielen (z. B. Informiertheit, Wissensbestände, Empathiefähigkeit, Lernstrategien der Schüler/-innen). Auf der anderen Seite konnte gezeigt werden, dass die Projektqualität einen entscheidenden Einfluss auf die Wirkungen hat: Positive Wirkungen von Service Learning konnten in erster Linie dort nachgewiesen werden, wo die Projekte die Qualitätsstandards von Service Learning erfüllten und sich somit durch eine hohe Projektqualität auszeichneten.

Auch im *Hochschulbereich* finden Programmevaluationen statt. Beispielgebend sind hier die Evaluationsaktivitäten der *Deutschen Forschungsgemeinschaft* (DFG). Die DFG ist eine Organisation, die der Wissenschaftsförderung dient, zum großen Teil von Bund und Ländern finanziert wird und durch die Selbstverwaltung der beteiligten wissenschaftlichen Einrichtungen getragen wird. Eine wesentliche Aufgabe der DFG besteht darin, über wettbewerblich ausgerichtete Programme besonders gute Forschungsvorhaben von Wissenschaftler(inne)n an Hochschulen und Forschungsinstituten finanziell zu unterstützen. Für die Konzipierung und Veränderung entsprechender Förderprogramme setzt die DFG Programmevaluationen ein. Die DFG nutzt die Programmevaluationen vor allem, um die zahlreichen, eigenen Förderprogramme bewerten zu lassen, Veränderungen in der Forschungslandschaft zu erkennen, die eigenen Förderprogramme und Arbeitsprozesse besser an den Bedarf der Forschenden anzupassen und die Förderverfahren zu optimieren und effektiver zu steuern (vgl. DFG 2015). In den Programmevaluationen der DFG kommen quantitative und evaluative Studien mit unterschiedlichen sozialwissenschaftlichen Methoden zum Einsatz (z. B. statistische Analysen, Befragungen, bibliometrische Auswertungen). Die Studien sollen sich dabei an festgelegten Standards orientieren und werden veröffentlicht (vgl. DFG 2015).

Im Rahmen eines bundesweiten Modellversuchsprogrammes zur Implementation neuer Medien in Schulen – das Modellversuchsprogramm trug den langen Titel „Systematische Einbeziehung von Informations- und Kommunikationstechnologien in Lehr- und Lernprozesse" (SEMIK) – gründete sich ein Selbstevaluationsverbund mit Lehrkräften aus vier Projekten. Im Selbstevaluationsverbund wurde sich an gängigen Arbeitsschritten bei einer Selbstevaluation im pädagogischen Bereich orientiert, das heißt Klärung des Evaluationsbereiches, Bestimmung der Ziele und Standards, Festlegung der Indikatoren, Entwicklung der Instrumente, Sammlung der Daten, Auswertung und Interpretation der Daten, Feedback, Formulierung und Umsetzung von Konsequenzen. Im Rahmen des Selbstevaluationsverbunds wurden so zahlreiche Instrumente zur Selbstevaluation entwickelt, erprobt und weiterentwickelt. Im Einzelnen wurden Fragebögen, Gesprächsleitfäden, pädagogische Tagebücher, Beobachtungsbögen, Checklisten zur Unterrichtsplanung und -auswertung sowie Planungs-

und Dokumentationsinstrumente eingesetzt. In einer Nacherhebung konnte eruiert werden, welche Erträge die Selbstevaluation aus Sicht der Beteiligten erbracht hat. Positiv bewerteten die Beteiligten demnach vor allem den Nutzen der Selbstevaluation für die Qualitätssicherung und -entwicklung der Projekte (Entwicklung) sowie die vertiefte Auseinandersetzung mit dem eigenen professionellen Handeln (Professionalisierung). Gleichzeitig gab es Herausforderungen bei der Abstimmung der Lehrkräfte aus den unterschiedlichen Schulen (vgl. Hense/Mandl 2003).

6 Diskussion, Kritik und Ausblick

Das Thema Evaluation boomt ohne Zweifel im Bildungsbereich. Dabei zeichnen sich unter anderem drei Trends ab: *Erstens* werden Fremdevaluationen oftmals bereits bei der Initiierung von Programmen, Projekten und Maßnahmen implementiert und beinhalten kleinere Zwischenevaluationen, um bereits im Prozessverlauf auf Entwicklungen reagieren zu können. Letztlich kommt den Auftraggebern im Bildungsbereich hier eine hohe Verantwortung zu, die Belastung der pädagogischen Fachkräfte zu begrenzen, ein fehlerfreundliches Evaluations- und Arbeitsklima für die Fachkräfte zu schaffen sowie die Evaluationsergebnisse ernst zu nehmen und sie weniger zur Kontrolle, Legitimation und Öffentlichkeitsarbeit, sondern vielmehr zur Verbesserung der Programme, Projekte und Maßnahmen zu nutzen.

Zweitens werden pädagogische Fachkräfte im Bildungsbereich zunehmend von Arbeitgebern und Fördermittelgebern mit der Erwartung konfrontiert, im alltäglichen Handeln eine Selbstevaluation (verpflichtend) durchzuführen und die Wirkungen ihrer Arbeit detailliert nachzuweisen. Evaluationen und Reflexionen werden somit mit hohen Erwartungen verknüpft und zum integralen Bestandteil der professionellen Tätigkeit von Fachkräften im Bildungsbereich erhoben. Als problematisch erweisen sich das meist sehr diffuse Verständnis von Selbstevaluation bei Arbeitgebern und Fördermittelgebern, die überhöhten Wirkungserwartungen an Selbstevaluationen, die meist wenig in den Arbeitsalltag integrierbaren Evaluationsverfahren und -instrumente sowie die fehlenden bzw. geringen Zeitressourcen, die den Fachkräften für die Selbstevaluation zur Verfügung stehen.

Drittens gewinnen IT-gestützte Formen der Fremd- und Selbstevaluation im Bildungsbereich zunehmend an Bedeutung (z. B. Onlinebefragungen, SAP-Anwendungen, spezielle Evaluations- und Selbstevaluationstools). Der IT-gestützte Einsatz erleichtert die Durchführung und Auswertung von Evaluationen sowie die umgehende Präsentation von Evaluationsergebnissen. Gleichzeitig besteht die Gefahr, dass ausschließlich standardisierte Evaluationsdesigns Verwendung finden, sich die Evaluationsinstrumente durch den regelmäßigen Einsatz „abnutzen" und interessante Fragen und Rückmeldungen nicht erfasst werden können.

Kritisch anzumerken ist hinsichtlich des Forschungsstandes schließlich, dass bislang wenig untersucht wurde, welche konkreten Wirkungen, Nebenwirkungen und

Nachhaltigkeitseffekte Fremd- und Selbstevaluationen im Bildungsbereich haben. Oder anders formuliert: Den zahlreichen Forderungen nach Evaluationen stehen weitgehend mangelnde Evaluationsbefunde zum Nutzen, zur Nutzung und zu den Nutzungsstrategien von Evaluationen gegenüber. Hierfür werden komplexe, theoriebasierte Wirkungsmodelle von Evaluationen sowie eine qualitative und quantitativ ausgerichtete Evaluationsforschung benötigt.

7 Vertiefungsaufgaben und -fragen

1. Erläutern Sie zentrale Gemeinsamkeiten und Unterschiede zwischen einer Fremdevaluation und einer Selbstevaluation. Arbeiten Sie heraus, wo die Vor- und Nachteile der Fremd- und Selbstevaluation im Bildungsbereich bestehen.
2. Recherchieren Sie zunächst aus dem Internet einen wissenschaftlichen Abschlussbericht einer Programmevaluation im Bildungsbereich, in dem das Evaluationsdesign ausführlicher beschrieben wird. Notieren Sie dann die spezifischen Merkmale der Evaluation und ordnen Sie die Evaluation – sofern möglich – der Systematisierung von Stufflebeam und Coryn (2014) zu.
3. Recherchieren Sie die Evaluationsstandards der *Gesellschaft für Evaluation* (vgl. DeGEval 2008). Erläutern Sie dann jeweils an einem Standard, wie Sie 1. die Nützlichkeitsstandards, 2. die Durchführbarkeitsstandards, 3. die Fairnessstandards und 4. die Genauigkeitsstandards in einer eigenen Evaluation für ein konkretes Programm im Bildungsbereich umsetzen würden.
4. Entwickeln Sie zentrale Arbeitsschritte für die Evaluation eines von Ihnen selbst gewählten Programms oder Projekts anhand des CIPP-Modells von Stufflebeam. Überprüfen Sie die Stärken und Schwächen Ihres Vorgehens anhand der Evaluationsstandards der *Gesellschaft für Evaluation* (vgl. DeGEval 2008).
5. Versetzen Sie sich in die Rolle einer wissenschaftlichen Beraterin bzw. eines wissenschaftlichen Beraters von pädagogischen Fachkräften, die eine Selbstevaluation vornehmen wollen. Welche fachlichen Empfehlungen und Tipps würden Sie den Fachkräften geben?

8 Literatur

Bauer, Karl-Oswald (Hrsg.) (2007): Evaluation an Schulen. Theoretischer Rahmen und Beispiele guter Evaluationspraxis. Weinheim und München: Juventa.

Beyersdorff, Sabine (2010). Werkzeugkiste Interne Evaluation. Handbuch zur Begleitung interner Evaluationen zum Berliner Bildungsprogramm für die Bildung, Erziehung und Betreuung von Kindern in Tageseinrichtungen bis zu ihrem Schuleintritt. Berlin: Verlag Das Netz.

Beywl, Wolfgang (1999): Ein Beispiel nutzenfokussierter Evaluation aus der Erziehungshilfe. In: Peterander, Franz/Speck, Otto (Hrsg.): Qualitätsmanagement in sozialen Einrichtungen. München und Basel: Ernst Reinhardt Verlag, S. 240–248.

Beywl, Wolfgang/Bestvater, Hanne (1998): Selbst-Evaluation in pädagogischen und sozialen Arbeitsfeldern. Ergänzung und Alternative zur Fremdevaluation. In: Bundesvereinigung Kulturelle Jugendbildung (Hrsg.): Qualitätssicherung durch Evaluation. Konzepte, Methoden, Ergebnisse – Impulse für die kulturelle Kinder- und Jugendbildung. Remscheid: Eigenverlag, S. 33–44.

Beywl, Wolfgang/Schepp-Winter, Ellen (2000): Zielgeführte Evaluation von Programmen. Ein Leitfaden. In: Bundesministerium für Familie, Senioren, Frauen und Jugend (BMFSFJ) (Hrsg.): Materialien zur Qualitätssicherung in der Kinder- und Jugendhilfe. QS-H. 29, Bonn.

Beywl, Wolfgang/Widmer, Thomas (2012): Die Standards für Programmevaluation des Joint Committee on Standards for Educational Evaluation. Englischsprachige Originalversion (2010) und deutschsprachige Übersetzung (2012) URL: http://www.fhnw.ch/ph/iwb/download/bildungsmanagement/jcsee-standards (Stand: 13.07.2015).

Birnkraut, Gesa (2011): Evaluation im Kulturbetrieb. Wiesbaden: VS

Bortz, Jürgen/Döring, Nicola (2006): Forschungsmethoden und Evaluation für Human- und Sozialwissenschaftler. 4. Auflage. Heidelberg: Springer Medizin Verlag.

Böttcher, Wolfgang/Holtappels, Heinz Günther/Brohm Michaela (Hrsg.) (2006): Evaluation im Bildungswesen. Eine Einführung in Grundlagen und Praxisbeispiele. Weinheim und München: Juventa.

Buhren, Claus G. (2011): Selbstevaluation in Schule und Unterricht. Ein Leitfaden für Lehrkräfte und Schulleitungen. Kronach: Carl Link.

Deutsche Forschungsgemeinschaft (DFG) (2015): Programm-Evaluation. Berichte, Studien und Dokumentationen. URL: http://www.dfg.de/dfg_profil/foerderatlas_evaluation_statistik/programm_evaluation (Stand: 11.07.2015).

Deutsche Gesellschaft für Evaluation (DeGEval) (2004): Empfehlungen zur Anwendung der Standards für Evaluation im Handlungsfeld der Selbstevaluation. Alfter: Eigenverlag.

Deutsche Gesellschaft für Evaluation (DeGEval) (2008) (Hrsg.): Standards für Evaluation, 4. unveränderte Auflage. Mainz: Eigenverlag.

Döbert, Hans/Dedering, Kathrin (2008): Externe Evaluation von Schulen. Historische, rechtliche und vergleichende Aspekte. Münster: Waxmann.

Doran, George T. (1981): There is a S.M.A.R.T. way to write management's goals and objectives. In: Management Review 70, Heft 11, S. 35–36.

Fitzpatrick, Jody L./Sanders, James R./Worthen, Blaine R. (2010): Program evaluation. Alternative approaches and practical guidelines. 4. Ed. Pearson.

Grohmann, Romano (1997): Das Problem der Evaluation in der Sozialpädagogik, Frankfurt a. M.: Peter Lang.

Heiner, Maja (1999): Qualitätsentwicklung durch Evaluation. In: Peterander, Franz/Speck, Otto (Hrsg.): Qualitätsmanagement in sozialen Einrichtungen. München und Basel: Ernst Reinhardt Verlag, S. 63–88.

Heiner, Maja (Hrsg.) (1988): Selbstevaluation in der sozialen Arbeit. Fallbeispiele zur Dokumentation und Reflexion beruflichen Handelns. Freiburg: Lambertus.

Heiner, Maja/Meinhold, Marianne/von Spiegel, Hiltrud/Staub-Bernasconi, Silvia (1998): Methodisches Handeln in der Sozialen Arbeit. 4. erweiterte Auflage. Freiburg: Lambertus.

Hennefeld, Vera/Stockmann, Reinhard (Hrsg.) (2013): Evaluation in Kultur und Kulturpolitik. Eine Bestandsaufnahme. Münster: Waxmann.

Hense, Jan/Mandl, Heinz (2003): Selbstevaluation – Ein Ansatz zur Qualitätsverbesserung pädagogischer Praxis und seine Umsetzung am Beispiel des Modellversuchsprogramms SEMIK. (Forschungsbericht Nr. 162). München: Ludwig-Maximilians-Universität, Department Psychologie, Institut für Pädagogische Psychologie.

Joint Committee on Standards for Educational Evaluation (JCSEE)/Sanders, James R. (2006): Handbuch der Evaluationsstandards. Die Standards des Joint Committee on Standards for Educational Evaluation. 3. Auflage. Wiesbaden.: VS.
Kempfert, Guy/Rolff, Hans-Günter (2005): Qualität und Evaluation. Ein Leitfaden für pädagogisches Qualitätsmanagement. Weinheim und Basel: Beltz.
Kirckpatrick, Donald L./Kirckpatrick, James D. (2006): Evaluating training programs. The four levels. 3. Ed., San Francisco: Mcgraw-Hill Professional.
König, Joachim (2007): Einführung in die Selbstevaluation. Ein Leitfaden zur Bewertung der Praxis sozialer Arbeit. 2. Auflage. Freiburg: Lambertus.
Mittelstädt, Holger (2006): Evaluation von Unterricht und Schule. Strategien und Praxistipps. Mülheim an der Ruhr: Verlag an der Ruhr.
Newman, Dianna L./Scheirer, Mary Ann/Shadish, William R./Wye, Christopher (1995): Guiding Principles for Evaluators. Version of the American Evaluation Association. Task force on Guiding principles for Evaluators. In: New directions for program evaluation, Nr. 66, S. 19–26.
Nuissl, Ekkehard (2013): Evaluation in der Erwachsenenbildung. Gütersloh: Bertelsmann.
Posavac, Emil J./Carey, Raymond G. (2013): Program evaluation. Methods and case studies. 8. Ed., Prentice-Hall.
Reischmann, Jost (2006): Weiterbildungs-Evaluation. Lernerfolge messbar machen. Augsburg: Ziel.
Rindermann, Heiner (2001): Lehrevaluation: Einführung und Überblick zu Forschung und Praxis der Lehrveranstaltungsevaluation an Hochschulen. Landau: Empirische Pädagogik.
Rossi, Peter H./Howard E. Freeman/Hofmann, Gerhard (1988). Programm-Evaluation. Einführung in die Methoden angewandter Sozialforschung. Stuttgart: Enke.
Schubarth, Wilfried/Speck, Karsten/Seidel, Andreas (2007): Endlich Praxis! Die Zweite Phase der Lehrerbildung. Potsdamer Studien zum Referendariat. Frankfurt a. M.: Peter Lang.
Speck, Karsten/Ivanova-Chessex, Oxana/Wulf, Carmen (2013): Wirkungsstudie Service Learning in Schulen. Forschungsbericht über eine repräsentative Befragung von Schülerinnen und Schülern aus sozialgenial-Schulprojekten in Nordrhein-Westfalen. Im Auftrag der Aktiven Bürgerschaft e. V. URL: http://www.aktive-buergerschaft.de/fp_files/sozialgenial_Print/Wirkungsstudie_Service_Learning_Forschungsbericht_Uni_Oldenburg_web.pdf (Stand: 31.07.2015).
Stockmann, Reinhard (2004): Evaluationsforschung. Grundlagen und ausgewählte Forschungsfelder. Opladen: Leske + Budrich.
Stufflebeam, Daniel L. (1972): Evaluation als Entscheidungshilfe. In: Wulf, Christoph (Hrsg.): Evaluation. Beschreibung und Bewertung von Unterricht, Curricula und Schulversuchen. München: R. Piper & Co. Verlag, S. 113–145.
Stufflebeam, Daniel L. (1984): The CIPP-Model for Programm Evaluation. In: Madaus, G.F./Scriven, M./Stufflebeam, D.L.: Evaluation Model. View-points on Educational and Human Services Evaluation, second printing, Boston, Lancester: The Hague, Dordrecht, S. 117–141.
Stufflebeam, Daniel L. (2001): Evaluation Models. New direction for evaluation. A publication of the American Evaluation Association. San Francisco: Jossey-Bass.
Stufflebeam, Daniel L. (2003): The CIPP model for evaluation. In: Stufflebeam, Daniel L./Kellaghan, T. (Eds.): The International Handbook of Educational Evaluation. Boston: Kluwer Academic Publishers, S. 31–62.
Stufflebeam, Daniel L. (2007): CIPP Evaluation model checklist. A tool for applying the CIPP Model to assess long-term enterprises Intended for use by evaluators and evaluation clients/stakeholders. Second Edition. URL: http://www.wmich.edu/sites/default/files/attachments/u350/2014/cippchecklist_mar07.pdf (Stand: 31.07.2015).
Stufflebeam, Daniel L./Coryn, Chris L.S. (2014): Evaluation Theory, Models, and Applications. 2. Ed., San Francisco: Jossey-Bass.

von Spiegel, H. (2013): Methodisches Handeln in der Sozialen Arbeit. München und Basel: Reinhardt-Verlag.
von Spiegel, Hiltrud (1993): Aus Erfahrung lernen. Qualifizierung durch Selbstevaluation. Münster: Votum.
von Spiegel, Hiltrud (1997): Perspektiven der Selbstevaluation. In: Bundesministerium für Familie, Senioren, Frauen und Jugend (BMFSFJ) (Hrsg.): Materialien zur Qualitätssicherung in der Kinder- und Jugendhilfe. 2. Jg., Heft 11, Bonn: Eigenverlag, S. 32–48.
von Spiegel, Hiltrud (2001): Leitfaden für Selbstevaluationsprojekte in 18 Arbeitsschritten. In: Heil, Karola/Heiner, Maja/Feldmann, Ursula (Hrsg.): Evaluation sozialer Arbeit. Eine Arbeitshilfe mit Beispielen zur Evaluation und Selbstevaluation. Frankfurt a. M.: Deutscher Verein, S. 59–91.
Wottawa, Heinrich/Thierau, Heike (1998): Lehrbuch Evaluation. 2. vollständig überarbeitete Auflage. Bern, Göttingen, Toronto, Seattle: Hans Huber.
Wulf, Christoph (1972). Evaluation. München: Piper.
Yarbrough, Donald B./Shulha, Lyn M./Hopson, Rodney K./Caruthers, Flora A. (2010): The program evaluation standards. A guide for evaluators and evaluation users. 3. Ed., Sage: Thousand Oaks.

Susanne Giel
Programmtheorie in der Bildungsevaluation

1 Vom Nutzen der Beschäftigung mit Programmtheorien

Bewertungsverfahren in Bildungsorganisationen sind so alt wie diese Einrichtungen selbst. Vor allem wurden und werden die Lernenden bewertet. Individuelle Leistungsmessungen erfüllen dabei die Funktion, über Zulassungen zu entscheiden sowie Auskunft darüber zu geben, mit welchem Erfolg Lernende Bildungsmaßnahmen durchlaufen haben. Bildungsevaluation bezieht sich jedoch weniger auf die Bewertung von Lernenden als vielmehr auf die Evaluation von Bildungsorganisationen oder Bildungsprogrammen. Im Rahmen von Organisationsevaluationen ist das Vorgehen häufig – typisch etwa bei Hochschulevaluationen – angelehnt an ein umfassendes Qualitätsmanagementsystem. Hierbei werden alle wichtigen Abläufe und Ergebnisse von Bildungsorganisationen erfasst und in der Regel von externen Expert(inn)en überprüft bzw. zertifiziert (vgl. z. B. Kromrey 2005).

Sogenannte Programmevaluationen haben im Unterschied dazu nicht die Organisationen, sondern die durchgeführten Programme zum Gegenstand. Programme sind ein „beschriebenes und durchgeführtes [...] Bündel von Aktivitäten, Interventionen, Maßnahmen, Projekten oder Teilprogrammen" (Univation 2015). Auch die Evaluation von einzelnen Maßnahmen bzw. Projekten orientiert sich an der Logik von Programmevaluationen, bei denen der Fokus auf Resultaten liegt, die in Folge von Interventionen unter ausgewiesenen Bedingungen erbracht werden. Beispiele für große Bildungsprogramme wären etwa das vom *Bundesministerium für Bildung und Forschung* geförderte Projekt JOBSTARTER oder das europäische Bildungsprogramm ERASMUS. Evaluationen solcher Programme fragen danach, ob die Programme wie geplant umgesetzt werden, ob sie das erreichen, was sie erreichen sollen, und wie sie besser gestaltet werden können. Ganz ähnliche Fragen werden auch an Programme wie die unten beschriebenen (zeitlich befristeten) Modellprojekte zur Prävention von Rechtsextremismus gestellt, oder an einzelne Maßnahmen wie die ebenfalls unten beschriebene Einführung einer internetbasierten Lernumgebung.

Konzepte theoriebasierter Evaluation sind auf Programmevaluationen zugeschnitten (vgl. Chen 1990; Chen/Rossi 1984; Weiss 1995; Pawson/Tilley 2004). Der Dreh- und Angelpunkt dieser Konzepte besteht in sogenannten Programmtheorien. Der Begriff „Programmtheorie" lässt sich vorab definieren als Annahme darüber, in welcher Weise ein Programm Veränderungen herbeiführen wird (vgl. Bickman 1987). Insofern eignet sich dieses Evaluationskonzept insbesondere für Evaluationen, die die *Wirkung* von Programmen erfassen sollen, sowie für solche, bei denen es darum geht, Programme zu *verbessern*.

Im Kontext von Bildung ergeben sich vielfältige Anlässe, sich mit den *Wirkungen* von Maßnahmen und Angeboten zu beschäftigen: Pädagogische Fachkräfte, die spezifische Lehrmethoden, Lehrtechniken, Sensibilisierungs- oder Motivationsstrategien einsetzen, möchten erfahren, was diese bewirken. Politische Entscheidungsträger wollen wissen, inwieweit Programme die intendierten Wirkungen zeigen oder welche Bildungsprogramme die größten Erfolge haben. Auch die Nutzer/-innen von Bildungsangeboten (z. B. als Teilnehmende von Weiterbildungsmaßnahmen, als Eltern von Schüler(inne)n) machen möglicherweise die Entscheidung für die Teilnahme von den zu erwartenden Resultaten abhängig.

Auch für die *Verbesserung* von Bildungsangeboten sind theoriebasierte Evaluationskonzepte attraktiv: Gerade die Frage danach, *wie* Lernangebote lanciert, gestaltet und auf jeweilige Zielgruppen zugeschnitten werden sollten, damit Lernen besser gelingt, ist für einen theoriebasierten Ansatz prädestiniert. Eine wichtige Vertreterin dieses Ansatzes, Patricia Rogers (2000), gab einem ihrer Artikel den Titel „Not whether programs work, but how they work". Gerade dann, wenn weniger interessiert, ob Bildungsangebote überhaupt funktionieren, sondern wie sie gelingen und wie sie besser gelingen, bietet es sich an, das Design der Evaluation an Programmtheorien auszurichten.

Traditionell gelten randomisierte Kontrollgruppenvergleiche als das Paradedesign der Wirkungsforschung. Deren Grundprinzip besteht darin, ein Vergleichsszenarium zu schaffen, in dem versucht wird, alle möglichen Einflussfaktoren zwischen Ursache (Programm) und der daraus resultierenden Wirkung zu kontrollieren, um damit eindeutig den Einfluss der Intervention auf das Resultat zu erfassen (vgl. z. B. Campbell/Stanley 1963). Als „Goldstandard" gilt das randomisierte, kontrollierte Experiment oder Salomon-Four-Design (*randomized controlled trial*). Hierbei werden vier äquivalente Gruppen gebildet, die sich darin unterscheiden, ob sie an einer Intervention teilnehmen und zu welchem Zeitpunkt (vor und nach einer Intervention) sie an Datenerhebungen teilnehmen. Die Vergleichsgruppen erhält man dabei idealerweise durch Randomisierung, also die zufällige Verteilung auf Maßnahme- und Kontrollgruppen. Ist ein randomisiertes Vergleichsgruppendesign nicht möglich, so verwendet man als Alternative quasi-experimentelle Designs. Deren Prinzip besteht darin, auf anderem Weg externe Einflüsse – in der Regel statistisch – zu kontrollieren (vgl. Cook/Campbell 1979).

Ein alternatives Vorgehen zu experimentellen Designs ist schon deswegen erforderlich, weil nur selten die praktischen und konzeptionellen Voraussetzungen für deren Umsetzung erfüllt sind (vgl. Kromrey 2001). Ein solches Vorgehen scheitert in der Regel bereits daran, dass die Maßnahmen, die evaluiert werden sollen, sich noch in der Entwicklung befinden oder – in der Bildung typischerweise – kaum standardisiert umgesetzt werden. Oftmals werden Interventionen an zu niedrigen Fallzahlen erprobt, um überhaupt verlässliche Aussagen treffen zu können, auch geeignete Kontrollgruppen sind häufig nicht zur Hand. Noch schwerer wiegt, dass bereits vor der Evaluation eine ausreichend breite Wissensbasis vorliegen muss, um festlegen zu können, welche Wirkungen eigentlich möglich und dementsprechend auch messbar sind. Unerwartete und nicht-intendierte Veränderungen lassen sich mit diesem Design also nicht erfassen.

Auch wenn es um die Erfassung von Verbesserungspotenzialen geht, ist die Wahl des Designs nicht ohne Weiteres zu treffen. Häufig werden im Bildungsbereich Zufriedenheitsmessungen eingesetzt, oft in der Form von schriftlichen und mündlichen Befragungen von Teilnehmenden. Selbstverständlich sind zufriedene Lernende positiv zu bewerten, jedoch ist mit der Zufriedenheit keine Aussage über das Resultat und den Erfolg eines Bildungsangebots getroffen (vgl. Kromrey 1994).

In der Bildungsevaluation bilden Performanzmessungen eine klassische Strategie, um den Lernerfolg festzustellen. Dabei wird auf ohnehin durchgeführte Tests oder eigens entwickelte Prüfaufgaben zurückgegriffen. Hierbei besteht das Problem, dass Testergebnisse vor allem etwas über die Lernenden aussagen, zum Beispiel darüber, wie intensiv sie sich auf den Test vorbereitet haben, welche Vorkenntnisse sie mitbringen oder wie gut sie mit Testsituationen zurechtkommen. Der Beitrag, den das Lehrangebot dabei leistet, ist mit dieser Strategie nicht feststellbar, erst recht lässt sich daraus kein Verbesserungspotenzial der Lehre ableiten. An dieser Stelle sei auf Hattie (2013) verwiesen, der in einer Metaanalyse von Bildungsstudien aus aller Welt die Effektstärken verschiedener Faktoren auf Lernleistungen von Schüler(inne)n in Kernfächern (Erstsprache, Mathematik, Naturwissenschaften) identifiziert. Nach Domänen aufgeteilt wird die Lernleistung zu 50 % von den Lernenden selbst, zu 30 % von Lehrpersonen und dem Unterricht beeinflusst, die verbleibenden 20 % teilen sich Elternhaus, Peers und die Schule als Institution (vgl. Beywl 2015). Mit diesen Ergebnissen ist zwar belegt, dass tatsächlich die Lehre (das Handeln der Lehrperson und das zugrunde liegende didaktische Konzept) einen Unterschied ausmacht. Gleichzeitig wird jedoch deutlich, dass allein aus der Messung der Lernleistung keine Rückschlüsse auf die Güte des Lernangebots zu ziehen sind.

2 Programmtheorien – der konzeptionelle Schlüssel theoriebasierter Evaluationen

Der Begriff „theoriebasierte Evaluation" mag zunächst irritieren, denn selbstverständlich ist jede Evaluation, jede empirische Untersuchung theoriegeleitet (vgl. Kromrey 2009, 14). Der Kern theoriebasierter Evaluationen besteht jedoch darin, dass die dem evaluierten Programm und der Evaluation zugrunde liegenden Theorien nicht implizit genutzt werden, sondern expliziert werden müssen. Dabei ist hervorzuheben, dass von einem sehr breiten Theorieverständnis ausgegangen wird. Ganz allgemein lässt sich der Zusammenhang zwischen mindestens zwei Sachverhalten, der entweder bereits empirisch bestätigt oder (noch) Vermutung ist, als Theorie bezeichnen (vgl. Kromrey 2009, 47). Also umfasst der Begriff der Theorie ein breites Spektrum an

Wissensbeständen: Dieses reicht von Annahmen und Ad-hoc-Theorien, die eher auf gesundem Menschenverstand und individueller oder professioneller Erfahrung basieren, bis hin zu empirisch überprüften Hypothesen.

Eingrenzen lässt sich der Begriff der Programmtheorie damit, dass er sich immer auf (mehr oder weniger) bestätigte Annahmen zum *Programm* bezieht, also immer Aussagen dazu umfasst, wie ein Programm Veränderungen und Stabilisierungen erreicht oder erreichen soll. Solche Annahmen finden sich beispielsweise in Programmleitlinien und Projektkonzepten. Relevant sind auch die mehr oder weniger impliziten Wissensbestände von Fachkräften, die diese in ihrem professionellen Handeln verfolgen: Hierbei kann das Wissen aus der Aus- oder Weiterbildung ebenso relevant sein wie alltägliche, praktische Erfahrungen. Ebenfalls kann es sich um sozialwissenschaftliche Wissensbestände wie spezifische Lerntheorien oder auch um – in anderen Evaluationen und der Wirkungsforschung – empirisch belegte Wirkzusammenhänge handeln. Entscheidend ist, dass ein Bezug zum Evaluationsgegenstand, dem Programm, Projekt oder der Maßnahme, bestehen muss.

Häufig werden diese Programmtheorien in Modellen dargestellt, die textbasiert (etwa in Tabellenform) oder visuell (etwa als Flussdiagramm) die Ablauf- oder Wirklogik veranschaulichen. In der Abbildung 1 finden sich einige prominente Modelltypen, die hier vor allem Anregungsfunktion haben sollen (vgl. ausführlich hierzu Giel 2013, 116 ff.).

Diese Modelle sind naturgemäß Vereinfachungen und können der Wirklichkeit in all ihrer Komplexität nicht gerecht werden. Sie sind gleichzeitig wesentlich differenzierter und detaillierter als schlichte Input-Output- oder Ursache-Wirkungs-Modelle. Sie helfen, Evaluationen zu strukturieren und vor allem mit Evaluationsbeteiligten (entlang der Programmtheorien) zu kommunizieren.

Die explizierten Programmtheorien bilden die Grundlage für die Konzipierung, das Design und die Durchführung von Evaluationen, sie werden in der Datenauswertung und -interpretation genutzt (vgl. Coryn u. a. 2011). Letztlich bilden sie die Basis für die Bewertungen, die die Evaluation vorzunehmen hat. Eine Gemeinsamkeit aller theoriebasierten Evaluationsansätze besteht darin, dass die Annahmen des Programms anhand des tatsächlichen Geschehens im Programm überprüft werden. Statt der Differenz zwischen Veränderungen bzw. Stabilisierungen bei Versuchs- und Kontrollgruppen oder vorab definierten Zielen zieht die theoriebasierte Evaluation Programmtheorien als Bewertungsgrundlage heran.

Wenn die Evaluation herausgearbeitet hat, wie ein Programm, ein Projekt oder eine Maßnahme unter spezifischen Bedingungen funktionieren soll, wie und wodurch beispielsweise spezifische Kompetenzen erworben werden sollen, dann ist zu entscheiden, welche Lehraktivitäten, welche Kompetenzen und welche Bedingungen empirisch zu untersuchen sind. Erst hiervon ausgehend ist zu entscheiden, welche Erhebungsmethoden und -instrumente einzusetzen sind. Die produzierten Daten sind dann mit den Annahmen abzugleichen. Auf dieser Grundlage ist zu bewerten, ob das

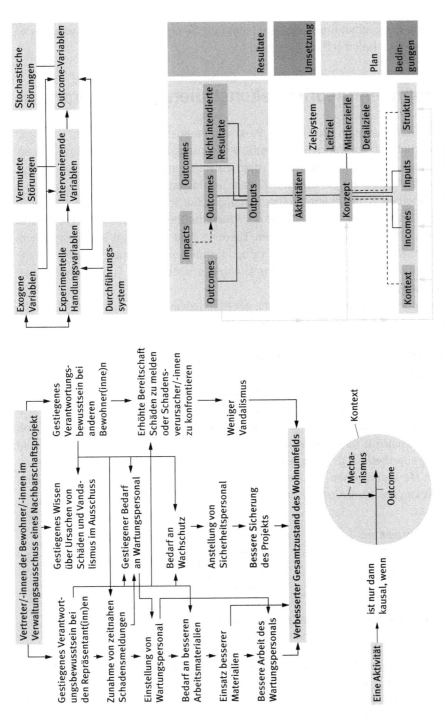

Abb. 1: Verschiedene Darstellungstypen grafisch aufbereiteter Programmtheorien (Bartsch u. a. 2015, 92; Beywl u a. 2009).

Programm wie geplant umgesetzt wurde und ob die ergriffenen Maßnahmen zu den erwarteten Resultaten geführt haben.

3 Programmtheorien rekonstruieren und überprüfen

Wie kommt Evaluation nun zu den Programmtheorien und wie werden diese mit der Wirklichkeit konfrontiert? Die größte Herausforderung besteht darin, systematisch und methodisch nachvollziehbar zu Programmtheorien zu gelangen (vgl. Leeuw 2003). Es wäre ein Missverständnis anzunehmen, dass die Programmtheorien „abholbereit" mit einem Programm mitgeliefert würden. Ebenso unangebracht wäre es, Evaluierende als Gralshüter der Programmtheorien zu betrachten, die qua Methode oder Profession ihre eigenen Theorien dem Programm überstülpen können. Vielmehr gehen theoriebasierte Evaluationsansätze davon aus, dass zunächst die einem Programm zugrunde liegenden Annahmen über dessen Funktionsweise herauszuarbeiten sind.

Nach der genauen Auftragsklärung gilt es in jedem Fall, zunächst Programmdokumente zu sichten und die Umsetzenden zu Wort kommen zu lassen. Diese ersten Hinweise sind zunächst auf ihre Konsistenz, Schlüssigkeit und Stichhaltigkeit zu überprüfen. Hiervon ausgehend sind für eine auf Programmtheorien basierende Evaluation grob zwei unterschiedliche Herangehensweisen denkbar (vgl. ausführlich hierzu Giel 2013). Für den Fall, dass das zu evaluierende Programm bereits gut ausgereift und stabil ist, ihm außerdem leicht zugängliche Programmtheorien unterliegen, lässt sich das weitere Vorgehen analog zu einem klassischen Hypothesentest planen – ein Vorgehen, das man als linear bezeichnen könnte (siehe Abbildung 2). Bei diesem erfolgt nach Herausarbeitung der Programmtheorie, deren Operationalisierung, die Übersetzung in Messvorschriften, Datenerhebung und Datenanalyse sowie die Gegenüberstellung von Annahmen und Daten.

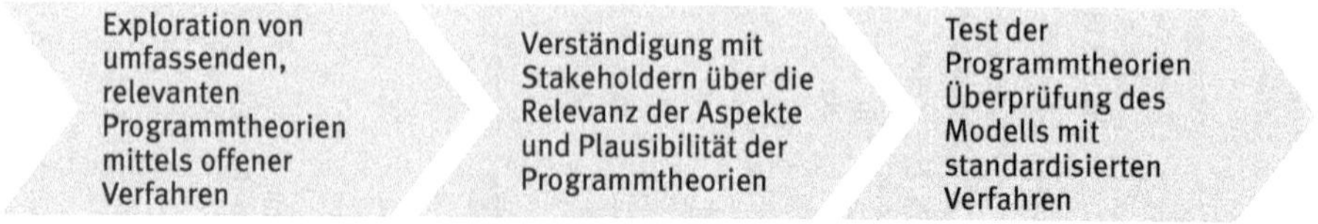

Exploration von umfassenden, relevanten Programmtheorien mittels offener Verfahren	Verständigung mit Stakeholdern über die Relevanz der Aspekte und Plausibilität der Programmtheorien	Test der Programmtheorien Überprüfung des Modells mit standardisierten Verfahren

Abb. 2: Der lineare Forschungsprozess theoriebasierter Evaluation (eigene Darstellung).

Für den Fall, dass sich Programme, Projekte oder Maßnahmen, die evaluiert werden sollen, noch in der Entwicklung befinden, oder wenn die zugrunde liegenden Annahmen nicht ohne Weiteres zugänglich sind, empfiehlt sich ein alternatives Vorgehen. Unter solchen Umständen ist es angemessener, die Rekonstruktion der Programmtheorien mit deren Überprüfung in der Umsetzung zu verbinden. Das heißt, dass das Erschließen von Programmtheorien mit deren Überprüfung verschränkt ist. Vorstellen lässt sich ein solcher iterativer Forschungsprozess analog zum *Theoretical Sampling* der *Grounded Theory*, bei dem ein kontinuierlicher Abgleich zwischen Hypothesen und Empirie erfolgt (vgl. Strauss/Corbin 1996).

Die Überprüfung geschieht in diesem dynamischen Forschungsprozess dadurch, dass Schritt für Schritt unterschiedliche Perspektiven auf den Evaluationsgegenstand einbezogen werden (siehe Abbildung 3). Die unterschiedlichen Perspektiven ergeben sich unter anderem durch die Einbeziehung verschiedener Personengruppen, wie Durchführende, Teilnehmende, externe Expert(inn)en etc. Auch können Daten, die zu verschiedenen Zeitpunkten erhoben werden – zu Beginn von Programmen, nach ersten Teilnahmen, nach umgesetzten Verbesserungen, mit gewissem Zeitabstand rückblickend – wertvolle Informationen liefern.

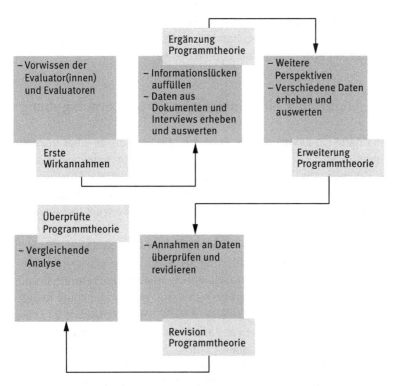

Abb. 3: Der dynamische Forschungsprozess theoriebasierter Evaluation (in Anlehnung an Giel 2013, 248).

Die Annahmen werden zu überprüften Zusammenhängen, indem diese aus verschiedenen Blickwinkeln auf der Grundlage unterschiedlicher Daten beleuchtet werden, bis sie bestätigt oder eben widerlegt sind. Unabhängig davon, an welcher dieser beiden grundlegenden Herangehensweisen sich die Evaluation orientiert: Am Ende können empirisch begründete Aussagen über Programmresultate und Wirkzusammenhänge in einem Programm getroffen werden.

4 Programmtheorien in der Evaluationspraxis

Anhand von zwei Beispielen soll nun erläutert werden, welche Konsequenzen ein theoriebasiertes Vorgehen für die Durchführung von Evaluationen hat. Im ersten Fall handelt es sich um ein Projekt aus dem Hochschulbereich, bei dem es darum ging, für die Übung zur „Einführung in die Methoden empirischer Sozialforschung" eine internetbasierte Lernumgebung zu entwickeln. Hierbei handelte sich also um eine Evaluation in einer klassischen Bildungsorganisation, einer Universität, mit formativem Charakter. Im zweiten Fall hatte die Evaluation den Auftrag, Aussagen über die Wirkfähigkeit von Modellprojekten zur Prävention von Rechtsextremismus, Antisemitismus und Rassismus zu treffen. Hierbei handelt es sich also um eine wissensgenerierende Evaluation eines eher informellen Lernprozesses.

4.1 Beispiel 1: Einführung einer internetbasierten Lernumgebung

Im ersten Beispiel hatte die Evaluation die Funktion, die Einführung einer internetbasierten Lernumgebung so zu begleiten, dass flankierend Verbesserungsvorschläge abgeleitet werden können. Mit einem theoriebasierten Vorgehen ist der Fokus darauf gerichtet, wie sich mit der Einbeziehung des Internets Lernprozesse unterstützen lassen und wie E-Learning-Elemente das bestehende didaktische Konzept (besser) stützen können.

Mit dieser „theoriebasierten Brille" war zunächst einmal festzustellen, dass sich das gesamte Konzept der Übung zur „Einführung in die Methoden empirischer Sozialforschung" an einer konstruktivistischen Didaktik orientierte. Eine zentrale Grundannahme konstruktivistischer Lerntheorien besteht darin, und das ist heute nahezu unumstritten, dass Lernen in erster Linie eine Aktivität der Lernenden ist, dass Wissens- und Kompetenzzuwächse nur in der aktiven Auseinandersetzung mit dem jeweiligen Lerngegenstand gelingen können. Stangl (2015) umreißt diese auf Piaget zurückgehende Grundvorstellung von Lernen folgendermaßen: „Unterricht kann nach dieser Auffassung nicht (mehr ausschließlich) als Transport von Wissen begriffen werden, sondern stellt lediglich ein Arrangement von Lernmöglichkeiten dar, wobei sich die Lernumgebung als entscheidend für die Wissenskonstruktion des Lernenden erweist".

Da es sich beim Lernen um einen voraussetzungsvollen Prozess handelt, der hohe Motivation, Selbstdisziplin, einen Anlass sowie auch einen Input benötigt, sollen Lernende sich nicht völlig selbst überlassen bleiben. Insofern wurde das didaktische Konzept um folgende Komponenten ergänzt:

- **Problemorientiertes bzw. aufgabenorientiertes Lernen** (vgl. Reusser 2005; Reinmann-Rothmeier/Mandl 2007): Werden Lernende vor eine möglichst alltagsnahe, praktische Herausforderung gestellt, kommen sie dazu, sich über reines Faktenwissen hinaus anwendungsbezogenes Wissen zu erschließen. Damit entsteht statt trägem Wissen, das nur theoretisch abrufbar ist, handlungsrelevantes Wissen. Außerdem ist durch die Bezugnahme auf alltägliche Praxis ein höheres Engagement zu erwarten und die Chance eröffnet, dass Lernende an eigene Erfahrungen anknüpfen können. Den Studierenden wurde die Aufgabe gestellt, ein kleines Forschungsprojekt zu einem vorgegebenen Rahmenthema zu entwickeln. Die genaue Festlegung des Untersuchungsgegenstands und der Fragestellung(en) trafen die Lernenden selbst.
- **Kooperatives Lernen:** Die Idee des kooperativen Lernens beruht auf der Annahme, dass sich Lernen grundsätzlich durch seinen sozialen Charakter in alltäglichen Praxiskontexten auszeichnet („situiertes Lernen", vgl. Lave/Wenger 1991) und demzufolge vor allem in Peergruppen das Lernen als sozialer Prozess befördert wird. Durch die Zusammenarbeit in Gruppen kann voneinander gelernt sowie im gegenseitigen sprachlichen Austausch die Auseinandersetzung mit dem Lerngegenstand verstärkt und das Gelernte intensiver angeeignet werden (vgl. Slavin 1993; Arnold 2003, 38). Im gewählten Beispiel bearbeiteten die Studierenden in Lerngruppen über das gesamte Semester hinweg eine Übungsaufgabe in selbstorganisierter Form. Die Bearbeitung erforderte, dass die Ideen über die Umsetzung in Absprache miteinander erfolgten und Entscheidungen argumentativ zu fällen waren.
- **Lehrende in der Rolle von Moderator(inn)en** (vgl. z. B. Bremer 2003): Zwar liegt die Kontrolle und Verantwortung für die Lernprozesse in den Händen der Lernenden und Lerngruppen, diese werden jedoch durch Lehrende begleitet. Deren Aufgabe und Funktion besteht darin, die Lernenden zu „coachen". Dabei geht es nicht darum, Informationen und Wissen zu vermitteln, sondern Bearbeitungs- und Lernstrategien anzubieten. So sollen die Lernenden etwa durch die Strukturierung der Arbeitsaufgaben sowie kontinuierliche Rückmeldungen von den Erfahrungen der Lehrenden profitieren (vgl. Collins u. a. 1989). Die Übungsaufgabe war in Teilaufgaben untergliedert, die Arbeitsgruppen konnten Beratungen in Anspruch nehmen, in denen Gruppenentscheidungen moderiert wurden, ohne Vorgaben oder Angaben dazu, wie eine „richtige Lösung" aussehen könnte.

Die internetbasierte Lernumgebung sollte die so umrissenen didaktischen Grundzüge unterstützen. Im Allgemeinen wird dem Einsatz von internetbasierten Informations- und Kommunikationstechniken das Potenzial zugeschrieben, problemorientiertes Lernen zu befördern sowie für das Lernen in Gruppen zusätzliche Chancen bereitzuhalten (vgl. z. B. Reinmann-Rothmeier 2003, 13 ff.). Folgendermaßen sollte das Potenzial abgerufen werden:

- Die Studierenden erhalten zusätzliche Gestaltungsräume zur Organisation ihres individuellen und Gruppenlernens; Orte und Zeiten des Lernens können flexibler gewählt werden. Damit entstehen häufigere Gelegenheiten zur flexiblen Beschäftigung mit dem Lerngegenstand.
- Für Studierende ergeben sich Zugriffsmöglichkeiten auf eine breitere Informationsbasis und Lernmaterialien, die jederzeit zugänglich sind. Somit eröffnen sich ihnen zusätzliche Optionen, ihr Lernen individuell zu gestalten und sich mit dem Lerngegenstand auseinanderzusetzen.
- Die Lernenden können weitere Variationen und Werkzeuge der Interaktion mit Lehrenden und anderen Lernenden nutzen, wie zum Beispiel E-Mail und Diskussionsforen. Damit ergeben sich zusätzliche fachbezogene Interaktionen und damit zusätzliche Lernprozesse.
- Informationen und Lernmaterialien können netzwerkartig angeboten werden, sodass sich Studierende individuelle Lernwege erschließen können. Dadurch ist die eigenständige Organisation des Lerngegenstands und des Lernwegs möglich.
- Es können zusätzliche Optionen zur Instruktion und Betreuung angeboten werden. Zwischen den Präsenzterminen können Lehrende und Tutor(inn)en Strukturierungshilfen und Feedback anbieten. Im Ergebnis erhalten die Lernenden passgenaue Unterstützung und Handlungssicherheit.

Aus der Auseinandersetzung mit den theoretischen Grundlagen der internetbasierten Lernumgebung ergaben sich für die Evaluation spezifische Fragestellungen jenseits typischer Lehrevaluationserhebungen, die durch schriftliche Einzel- und mündliche Gruppenerhebungen sowie die in Punkten bewerteten Test- und Übungsergebnisse beantwortet wurden:
- Inwieweit kennen die Studierenden das internetbasierte Lernangebot?
- Wie häufig und zu welchen Anlässen greifen sie darauf zu bzw. nehmen sie es in Anspruch?
- Inwieweit erleben sie die internetbasierten Angebote als nützlich für den individuellen Lernprozess und für die Zusammenarbeit in der Gruppe?
- Auf welche Weise beschäftigen sich die Studierenden alleine und in der Gruppe mit den zusätzlichen Materialien?
- Wie können die Studierenden die Strukturierungshilfen und das Feedback nutzen?

Mit dem Fokus auf diese Grundfragen konnten diverse Fehlannahmen in der Umsetzung identifiziert und revidiert werden. Zur Illustration seien die folgenden genannt: Dadurch, dass in der ersten Veranstaltung die internetbasierte Lernumgebung vorgestellt wurde, konnte nicht davon ausgegangen werden, dass alle Studierenden das Angebot kennen und wissen, was es damit auf sich hat. In der Konsequenz wurde zum einen schriftliches Informationsmaterial erstellt und verteilt, zum anderen das Angebot kontinuierlich in die Präsenzveranstaltungen einbezogen. Die offenen Erhebungen (leitfadengestützte Interviews, Gruppendiskussionen) mit den Studierenden machten deutlich, dass zwar die Strukturierung der Übungsaufgabe den Lernprozess unterstützte, dabei jedoch der Überblick über den gesamten Forschungsprozess verloren ging. Als Konsequenz wurde nun von Beginn an der gesamte Forschungsprozess einbezogen, es wurden alle Materialien zu den einzelnen Planungsschritten bereitgestellt und es wurde aufgezeigt, wie diese miteinander in Beziehung stehen.

Ein Herzstück der internetbasierten Lernumgebung musste ebenfalls umorganisiert und mit neuem Akzent versehen werden. Tipps für die Bearbeitung orientierten sich an bespielhaften typischen Fehlern (um der Falle zu entgehen, den Studierenden die Illusion zu vermitteln, dass es den einen richtigen Lösungsweg gibt). Diese so benannten „typischen Fehler" lösten Abwehrreaktionen aus. Eine Studentin drückte das folgendermaßen aus: „Also, ich muss sagen, das mit den typischen Fehlern, das hab ich vermieden anzusehen ... wenn ich doch schon die ganzen Fehler mache, dann muss ich mir doch nicht noch angucken, was andere für Fehler machen." In der Folge wurden die Bearbeitungshinweise nun entlang einer „Beispielaufgabe" zu einem anderen Rahmenthema vermittelt. In der schriftlichen Kommunikation (E-Mail, kommentierte Dokumente) wurde besonders auf konstruktive Formulierungen und Wortwahl geachtet.

4.2 Beispiel 2: Prävention von Rechtsextremismus, Antisemitismus und Rassismus

Beim zweiten Beispiel handelt es sich um die Evaluation von Modellprojekten der durch das *Bundesministerium für Familie, Senioren, Frauen und Jugend* geförderten Bundesprogramme „Vielfalt tut gut" und „Toleranz fördern – Kompetenz stärken". In diesen Programmen sollten Modellprojekte innovative Ansätze zur Prävention von Rechtsextremismus, Antisemitismus und Rassismus erproben. Hierunter fielen verschiedene Bildungs- und Begegnungsformate zum Nationalsozialismus, zu aktuellen Erscheinungsformen von Antisemitismus, zur Konfliktbearbeitung oder auch Hinführungen von Grundschulkindern zum historischen Lernen.

Im Unterschied zum ersten Beispiel lag den erprobten Handlungsansätzen kein geschlossenes theoretisches Gerüst zugrunde, auch agierten die Modellprojekte auf einer ungesicherten Wissensbasis. Charakteristisch für diese wie im Grunde genommen für alle Modellprogramme ist es, dass sie explizit die Aufgabe verfolgen, Neues zu entwickeln und Antworten auf aktuelle Herausforderungen zu finden, etwa auf neue Erscheinungsformen von Diskriminierungen und Vorurteilen. Speziell in der Erprobungsphase ist außerdem davon auszugehen, dass die Praxis veränderlich ist und kontinuierlich auf der Grundlage von Erfahrungen angepasst werden muss.

Unter diesen Bedingungen kann nur eingeschränkt auf theoretische und empirisch überprüfte Wissensbestände zurückgegriffen werden. Die Programmtheorien müssen erst einmal rekonstruiert werden. Im Beispiel ging es also zunächst darum, die den Modellprojekten zugrunde liegenden Annahmen zu identifizieren, vor allem darüber, auf welche Weise sie einen Beitrag zur Prävention leisten wollen. Dies geschah in mehreren Schritten.

Die offiziellen Projektkonzepte bildeten den Ausgangspunkt, um zunächst die Bedingungen, die geplanten Aktivitäten und angestrebten Ziele der Modellprojekte festzustellen. Da die Dokumente aus der Zeit vor deren praktischer Umsetzung stammten und auch weil in der Regel Schriftform und Praxisform auseinanderfallen, galt es nun einen ersten Eindruck von dem tatsächlichen Projektgeschehen zu gewinnen. Im Rahmen eines Projektbesuchs wurde anhand von Leitfadeninterviews überprüft, inwieweit das zuvor niedergelegte schriftliche Konzept auch mit der Praxis der Modellprojekte übereinstimmte. Auch konnten Verständnisfragen geklärt und Informationslücken geschlossen werden. Dieser erste Besuch vor Ort wurde in der Regel mit der teilnehmenden Beobachtung einer Projektaktivität verbunden. Hierbei konnten Eindrücke über die Interaktion zwischen Modellprojektteam und den jeweiligen Zielgruppen gesammelt werden. Es entstanden Projektkurzbeschreibungen für alle Modellprojekte, in denen die Bedingungen, das Konzept und die angestrebten Ziele festgehalten waren.

In ausgewählten Modellprojekten wurden diese ersten Projektbeschreibungen in Erhebungen mit jeweils dem gesamten Projektteam vertieft. Mit der Methode der Fokusgruppe (vgl. Mäder 2013) wurden die Teams in ein Gespräch über die ihrer Projektarbeit zugrunde liegenden Wirkannahmen gebracht. Die das Gespräch strukturierenden Leitfragen zielten darauf ab, die Fachkräfte anzuregen, das eigene Vorgehen Dritten (also der Evaluation) gegenüber nachvollziehbar zu machen und gleichzeitig darüber in einen fachlichen Austausch miteinander zu treten. Vorwiegend anhand von Beispielen aus der Praxis berichteten die Beteiligten, was sie tun, mit welcher Intention sie es tun, welche Reaktionen sie erhoffen und welche sie in ihrem Tun beobachten.

Als Resultat der Interpretation der Daten aus den Fokusgruppen entstanden erste Wirkmodelle, das heißt grafische Darstellungen von vermuteten Wirkbeziehungen zwischen Interventionen und Resultaten aus der Perspektive der Projektteams. Diese Modelle galt es, im nächsten Erhebungsschritt aus der Sicht der Zielgruppen zu überprüfen. Da es sich bei den Modellvorhaben nicht um standardisierte Projektaktivitäten handelte – die Modellprojekte waren oft selbst noch im Suchen begriffen – boten sich auch hier offene Erhebungsmethoden an, die Relevanzsetzungen der Befragten bzw. Beobachteten ermöglichen. Dabei war die konkrete Erhebungsmethode nicht vorgegeben, die Methodenwahl richtete sich vielmehr nach den Wirkannahmen. Häufig fiel die Entscheidung für Gruppenerhebungen, nicht zuletzt weil die Interventionen in der Regel in Gruppensituationen vermittelt wurden und nicht selten auf Gruppenverhalten abzielten. Die Auswahl derjenigen, deren Perspektive einbezogen werden sollte, fand in Absprache mit den Projektteams statt. Das wichtigste vorgegebene Auswahlkriterium lautete: Es soll sich um typische Zielgruppenmitglieder handeln, die vor nicht allzu langer Zeit durch typische Projektinterventionen erreicht wurden. Ergänzend wurde berücksichtigt, wenn sich das Projektteam besondere Erkenntnisse von bzw. über spezifische Zielgruppen versprach.

Die Dateninterpretation mündete in Fallstudien, die in einem nächsten Schritt mit den Wirkannahmen der Modellprojekte abgeglichen wurden. Der Abgleich der beiden Perspektiven (die interne Sicht der Modellprojektteams, die externe Sicht der Zielgruppen) floss in ein Wirkmodell, das bestätigte Wirkzusammenhänge wie auch Widersprüche zwischen den Perspektiven und konzeptionelle Lücken enthielt. Dieses Wirkmodell wurde anschließend mit den betreffenden Projektteams kritisch überprüft und mit deren Erfahrungen (aus nunmehr ca. zweijähriger Projektumsetzung) angereichert. Ebenfalls wurde es im Rahmen von Workshops mit allen Modellprojekten des Programms hinterfragt und auf seine Stichhaltigkeit hin beleuchtet.

Einen empirisch gut abgesicherten und aus mehreren Perspektiven überprüften Wirkzusammenhang soll Abbildung 4 repräsentieren. Dieser entstand in der Evaluation eines der untersuchten Modellprojekte, das darauf zielte, für Kinder im Grundschulalter einen Zugang zum historischen Lernen im Allgemeinen, zum Nationalsozialismus im Besonderen zu schaffen. In den projekteigenen Räumen, einem Jugendmuseum, wurden in unterschiedlichen „Abteilungen" Materialien und Medien zu diversen Schwerpunktthemen bereitgestellt. Ziel war es, Interesse für Geschichte zu

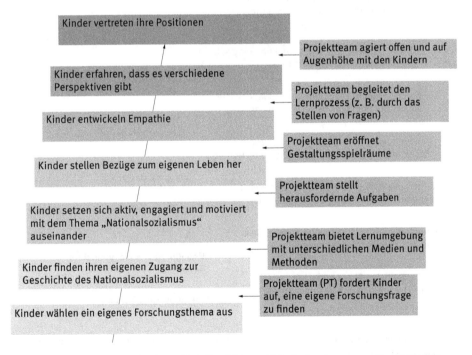

Abb. 4: Wirkzusammenhang in einem Modellprojekt zum historischen Lernen von Grundschulkindern (eigene Darstellung).

wecken und Kinder darin zu begleiten, Position zu beziehen, eine eigene Meinung zu entwickeln und sich damit auseinanderzusetzen, dass es verschiedene Perspektiven und Meinungen gibt.

Eine vergleichende, projektübergreifende Analyse der verschiedenen identifizierten Wirkzusammenhänge sowie die Recherche von externen theoretischen Wissensbeständen ergab ein allgemeines Wirkmodell, das allgemeine Prinzipien eines auf Prävention ausgerichteten resilienzfördernden pädagogischen Handelns enthält (vgl. z. B. Fröhlich-Gildhoff/Rönnau-Böse 2014): Soll die Prävention von Rechtsextremismus, Antisemitismus und Rassismus erfolgreich sein, dann muss eine Orientierung an den Ressourcen der Beteiligten, die Förderung der sozialen Integration, das Schaffen einer positiven Identifikation und die Förderung von Selbstwirksamkeitserfahrungen gelingen. Denn wer sich in andere Personen hineinversetzen kann und sich der eigenen Gestaltungsspielräume bewusst ist, erkennt die Stärke in sich selbst und nicht in der Feindschaft und Abgrenzung zu (und Abwertung von) anderen. Zusammenfassend und stark vereinfacht lässt sich ein allgemeines Präventionsmodell wie in Abbildung 5 darstellen.

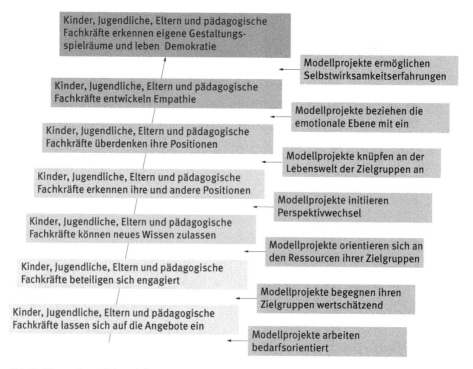

Abb. 5: Allgemeines Wirkmodell zur Prävention von Rechtsextremismus, Antisemitismus und Rassismus (eigene Darstellung).

Mit dem im zweiten Beispiel gewählten qualitativen Vorgehen lassen sich quantifizierende Aussagen wie etwa „Mit einer Wahrscheinlichkeit von x% verhindern die Präventionsprogramme, dass die Teilnehmenden jetzt und später rechtsextrem, antisemitisch bzw. rassistisch denken und handeln" nicht treffen. Und doch kann die auf die Programmtheorie ausgerichtete Evaluation Aussagen zur Wirkfähigkeit spezifischer Handlungsansätze treffen. Mit dem Vorgehen lässt sich empirisch belegen, unter welchen Bedingungen eine spezifische pädagogische Praxis intendierte Wirkungen erzielen kann.

5 Chancen und Grenzen theoriebasierter Evaluation

Abschließend stellt sich die Frage, welche Vorteile eine auf Programmtheorien ausgerichtete Evaluation von Bildungsprogrammen, -projekten und -maßnahmen bietet. Diese Frage lässt sich auf drei Ebenen beantworten:
1. Wie unterstützt das Konzept der theoriebasierten Evaluation die Durchführung der Evaluation?
2. Welche Erkenntnisse sind möglich?
3. Welchen Ertrag ziehen diejenigen, die ein Programm durchführen, aus einem solchen Vorgehen?

Die Explikation der dem Programm, Projekt oder der Maßnahme zugrunde liegenden Annahmen verschafft der Evaluation zunächst einen Überblick über den Evaluationsgegenstand. Orientiert sich die Evaluation an einem theoriebasierten Design, so lässt sich der gesamte Prozess mithilfe der Programmtheorien strukturieren. Durch die Beschäftigung mit den Annahmen, die den zu evaluierenden (Bildungs-)Programmen zugrunde liegen, erhält die Evaluation Hinweise darauf, welche Fragen eigentlich von Relevanz sind. Eine Beschäftigung damit, welche Intentionen mit einem Bildungsangebot verfolgt werden, mit welchen Interventionen diese erzielt werden sollen und unter welchen Bedingungen dies geschehen soll, eröffnet Evaluierenden einen Zugang zu den neuralgischen Punkten des Evaluationsgegenstands. Mit vertiefenden Analysen der dahinterliegenden Grundannahmen und (mehr oder weniger empirisch abgesicherten) Wissensbestände können die Fragestellungen konkretisiert und spezifiziert werden. Dies kann letztlich auch die Wahl der Datenquellen und Erhebungsinstrumente erleichtern. Nicht zuletzt liefern die Programmtheorien die Interpretationsfolie für die Daten und damit die Bewertungsgrundlage.

Der Abgleich zwischen den Annahmen über das Programm und den empirischen Befunden lässt – je nach Auftrag – Erkenntnisse auf verschiedenen Ebenen zu: darüber, inwieweit das Programm tatsächlich wie geplant umgesetzt wird, inwieweit mit den umgesetzten Interventionen die intendierten Veränderungen bzw. Stabilisierungen erzielt werden können, an welcher Stelle die Annahmen über das Programm eben nicht mit den Daten in Einklang stehen. Mit der konsequenten Fokussierung auf das

Wie liefern die Daten auch Hinweise darauf, woran es liegen kann, dass die anvisierten Resultate nicht erzielt werden können.

Insbesondere diejenigen, die ein Programm durchführen, können einen großen Nutzen aus einem solchen Vorgehen ziehen: Bereits die Phase der Ausarbeitung und Formulierung der Programmtheorie schafft Transparenz und Klarheit. Oftmals führt eine Auseinandersetzung mit den eigenen Annahmen und den Annahmen im Team dazu, die Resultate der eigenen Leistungen realistischer einzuschätzen. Die Beschäftigung mit den verschiedenen Wissensbeständen und mit empirisch belegten Programmtheorien schafft darüber hinaus eine Qualifizierung der Programmbeteiligten. Im ersten Beispiel war es wichtig herauszuarbeiten, welche theoretischen Konzepte der Lehrveranstaltung zugrunde lagen, um dann zu untersuchen, welche Potenziale korrespondierend dazu eine internetbasierte Lernumgebung entfalten kann. Schon die Ausformulierung erster Annahmen regte zu Anpassungen in den bereitgestellten Materialien an. Im zweiten Beispiel war der im Rahmen der Fokusgruppe moderierte Austausch über die Wirkannahmen für die beteiligten Teams von großer Bedeutung: Er verschaffte Transparenz und Klarheit in den Teams, verdeutlichte Übereinstimmungen und unterschiedliche Herangehensweisen. Die Beteiligten selbst erlebten diese Erhebung als bereichernd und inspirierend für ihre fachliche Arbeit, weil das explizierte Wissen nun als gemeinsame Wissensbasis verfügbar ist (vgl. Beywl/Giel 2012).

Neben diesen Potenzialen von Evaluationen, die auf Programmtheorien basieren, muss jedoch auch hervorgehoben werden, dass ein solches Vorgehen an diverse Bedingungen und Voraussetzungen geknüpft ist: Mit der zusätzlichen Aufgabe, die Hintergrundannahmen von Programmen zu explizieren, benötigen theoriebasierte Evaluationen zusätzliche Ressourcen. Ebenfalls vorausgesetzt sind fundierte und breite Methodenkenntnisse im Evaluationsteam, die es ermöglichen, entsprechend der Programmtheorie geeignete Datenerhebungs- und Auswertungsstrategien zu nutzen. Der zusätzliche Aufwand der theoriebasierten Evaluation wird jedoch mit nützlichen Erkenntnissen über den Evaluationsgegenstand belohnt.

6 Vertiefungsaufgaben und -fragen

1. Skizzieren Sie das Theorieverständnis, das der Rekonstruktion und Überprüfung von Programmtheorien zugrunde liegt.
2. Wie lassen sich die in Beispiel 1 (siehe Abschnitt 4.1) formulierten Wirkannahmen grafisch darstellen? Entwerfen Sie ein Wirkmodell.
3. Rekonstruieren Sie die Programmtheorie Ihres Lieblingsseminars. Welche didaktischen Mittel nutzt der/die Lehrende, um einen Lernerfolg bei Ihnen anzuregen?
4. Rekonstruieren Sie die Programmtheorie einer Ihnen bekannten Evaluation.
5. Sammeln Sie verschiedene Methoden, mit denen sie Programmtheorien von Bildungsmaßnahmen erschließen können.

7 Literatur

Arnold, Patricia (2003): Kooperatives Lernen im Internet. Qualitative Analyse einer Community of Practice im Fernstudium. Münster; New York; München; Berlin: Waxmann.

Bartsch, Samera/Beywl, Wolfgang/Niestroj, Melanie (2015): Der Programmbaum als Evaluationsinstrument. In: Giel, Susanne/Klockgether, Katharina/Mäder, Susanne (Hrsg.): Evaluationspraxis. Professionalisierung – Ansätze – Methoden. Münster u. a.: Waxmann, S. 87–110.

Beywl, Wolfgang (2015): Hattie & Co: Übertragung auf Hochschullehre und Weiterbildung? Vortrag an der Justus-Liebig-Universität, 26.02.2015.

Beywl, Wolfgang/Giel, Susanne (2012): Nutzungsfokussierte Evaluation am Beispiel eines multizentrischen Programms. In: Strobl, Rainer/Lobermeier, Olaf/Heitmeyer, Wilhelm (Hrsg.): Evaluation von Programmen und Projekten für eine demokratische Kultur. Wiesbaden: Springer VS, S. 101–126.

Beywl, Wolfgang/Niestroj, Melanie (2009): Der Programmbaum. Landmarke wirkungsorientierter Evaluation. In: Univation (Hrsg.): Das A-B-C der wirkungsorientierten Evaluation. 2. Auflage. Köln: Univation – Institution für Evaluation GmbH, S. 137–149.

Bickman, Leonard (Hrsg.) (1987): Using Program Theory in Evaluation. New Directions for Program Evaluation. San Francisco: Jossey-Bass.

Bremer, Claudia (2003): Lessons learned: Moderation und Gestaltung netzbasierter Diskussionsprozesse in Foren. In: Kerres, Michael/Voß, Britta (Hrsg.): Digitaler Campus. Münster u. a.: Waxmann, S. 191–201.

Campbell, Donald T./Stanley, Julian C. (1963): Experimental and Quasi-Experimental Designs for Research on Teaching. In: Gage, N.L. (Hrsg.): Handbook of Research on Teaching. Chicago: Rand McNally, S. 171–246.

Chen, Huey-Tsyh (1990): Theory driven evaluations. Newbury Park, Beverly Hills, London, New Delhi: Sage.

Chen, Huey-Tsyh/Rossi, Peter H. (1984): Evaluating with Sense. The Theory-Driven Approach. In: Evaluations Studies Review Annual, Band 9. Beverly Hills, London, New Delhi: Sage, S. 337–356.

Collins, Alan/Brown, John S./Newman, Susan E. (1989): Cognitive Apprenticeship: teaching the Crafts of Reading, Writing, and Mathematics. In: Resnick, Lauren B. (Hrsg.): Knowing, Learning and Instruction. Hillsdale: Lawrence Erlbaum Associates, S. 453–494.

Cook, Thomas D./Campbell, Donald T. (1979): Quasi-Experimentation. Design & Analysis Issues for Field Settings. Chicago: Rand McNally College.

Coryn, Chris L./Noakes, Lindsay A./Westine, Carl D./Schröter, Daniela C. (2011): A Systematic Review of Theory-Driven Evaluation Practice From 1990 to 2009. In: American Journal of Evaluation 32, Heft 2, S. 199–226.

Fröhlich-Gildhoff, Klaus/Rönnau-Böse, Maike (2014): Resilienz. München: Reinhardt.

Giel, Susanne (2013): Theoriebasierte Evaluation. Konzepte und methodische Umsetzungen. Münster u. a.: Waxmann.

Hattie, John, 2013: Lernen sichtbar machen. Überarbeitete deutschsprachige Ausgabe von „Visible Learning" besorgt von Wolfgang Beywl und Klaus Zierer. Baltmannsweiler: Schneider Verlag Hohengehren.

Kromrey, Helmut (1994): Evaluation der Lehre durch Umfrageforschung? Methodische Fallstricke bei der Messung von Lehrqualität durch Befragung von Vorlesungsteilnehmern. In: Mohler, Peter Ph. (Hrsg.): Universität und Lehre. Ihre Evaluation als Herausforderung an die Empirische Forschung. Münster; New York: Waxmann, S. 91–114.

Kromrey, Helmut (2001): Evaluation – ein vielschichtiges Konzept. In: Sozialwissenschaften und Berufspraxis 24, Heft 2, S. 105–131.

Kromrey, Helmut (2005): Zur Verbindung von Akkreditierung und Evaluation. Von der Klärung unterschiedlicher Verfahrenslogiken zu den Möglichkeiten einer überschneidungsfreien Vernetzung. In: Benz, Winfried/Kohler, Jürgen/Landfried, Klaus (Hrsg.): Handbuch Qualität in Studium und Lehre. Stuttgart, Berlin: Raabe, Beitrag F2.2, S. 1–18.

Kromrey, Helmut (2009): Empirische Sozialforschung. 12. überarbeitete und ergänzte Auflage. Stuttgart: Lucius & Lucius.

Lave, Jean; Wenger, Etienne (1991): Situated Learning: Legitimate Peripheral Participation. Cambridge: Cambridge University Press.

Leeuw, Frans L. (2003): Reconstructing Programme Theories: Methods Available and Problems to be Solved. In: American Journal of Evaluation 24, Heft 1, S. 5–20.

Mäder, Susanne (2013): Die Gruppendiskussion als Evaluationsmethode – Entwicklungsgeschichte, Potenziale und Formen. In: Zeitschrift für Evaluation 12, Heft 1, S. 23–51.

Pawson, Ray/Tilley, Nick (2004): Realistic Evaluation. 7. Auflage. London, Thousand Oaks, New Delhi: Sage.

Reinmann-Rothmeier, Gabi (2003): Didaktische Innovation durch Blended Learning. Leitlinien anhand eines Beispiels aus der Hochschule. Bern u. a.: Huber.

Reinmann-Rothmeier, Gabi/Mandl, Heinz (2007): Problemorientiertes Lernen mit Multimedia. In: Geißler, Karlheinz A./von Landsberg, Georg/Reinartz, Manfred (Hrsg.): Handbuch Personalentwicklung und Training. Köln: Deutscher Wirtschaftsdienst. S. 1–20.

Reusser, Kurt (2005): Problemorientiertes Lernen – Tiefenstruktur, Gestaltungsformen, Wirkung. In: Beiträge zur Lehrerbildung 23, Heft 2, S. 159–182.

Rogers, Patricia J. (2000): Program Theory. Not Whether Programs Work, But How They Work. In: Stufflebeam, Daniel L./Madaus, George F./Kellaghan, Thomas (Hrsg.): Evaluation Models. Viewpoints on Educational and Human Services Evaluation. 2. Auflage. Boston u. a.: Kluwer, S. 209–232.

Slavin, Robert E. (1993): Kooperatives Lernen und Leistung: Eine empirisch fundierte Theorie. In: Huber, Günter L. (Hrsg.): Neue Perspektiven der Kooperation. Grundlagen der Schulpädagogik, Band 6. Baltmannsweiler: Schneider Verlag Hohengehren, S. 151–170.

Stangl, Werner (2015): Die konstruktivistischen Lerntheorien. URL: http://www.stangl-taller.at/ARBEITSBLAETTER/LERNEN/LerntheorienKonstruktive.shtml (Stand: 17.07.2015).

Strauss, Anselm L./Corbin, Juliet (1996): Grounded Theory. Grundlagen qualitativer Sozialforschung. Weinheim: Beltz Psychologie Verlagsunion.

Univation Institut für Evaluation Dr. Beywl & Associates GmbH (2015): Programm. URL: http://eval-wiki.org/glossar/Programm (Stand: 27.07.2015).

Weiss, Carol H. (1995): Nothing As Practical As Good Theory: Exploring Theory-Based Evaluation for Comprehensive Community Initiatives. In: Connell, James P./Kubisch, Anne C./Schorr, Lisbeth B./Weiss, Carol H.: New Approaches to Evaluation Community Initiatives. Concepts, Methods, and Contexts. Washington, D.C.: Aspen Institute, S. 65–92.

Bernd Benikowski
Planung und Durchführung von Evaluationsmaßnahmen

1 Grundlegende Voraussetzungen

Die pädagogische Arbeit hat sich in den letzten Jahrzehnten zunehmend professionalisiert. Dazu gehört es, den komplexen Bildungsprozess besser verstehen und bewerten zu können. Ebenso ist die systematische Erfassung der Qualität und Wirkung einer Bildungsmaßnahme ein wichtiger Baustein von pädagogischen Maßnahmen geworden. Qualitätsmanagement und Bildungs-Controlling haben an Bedeutung erheblich zugenommen. Insbesondere die wissenschaftliche Diskussion um Evaluationsmaßnahmen in der pädagogischen Arbeit hat ein differenziertes Begriffs- und Prozesswissen hervorgebracht (vgl. Böttcher 2010; Gollwitzer/Jäger 2014; Hölbling 2009).

Allerdings kann durchaus kritisch gefragt werden, ob in der Umsetzung neuer pädagogischer Maßnahmen tatsächlich immer eine systematische Evaluation durchgeführt wird. Das gilt wahrscheinlich besonders für kleinere Bildungsprogramme, die mit einem begrenzten finanziellen Budget entwickelt und umgesetzt werden. Professionelle Bildungsarbeit kann aber auf eine systematische Bewertung der Abläufe und Ergebnisse nicht verzichten. Eine Einschätzung, ob Lernziele tatsächlich erreicht worden sind oder die Lernprozesse die gewünschte Wirkung erzielen, ist nur möglich, wenn man sich auf systematische qualitative oder quantitative Informationen verlassen kann. Anders können pädagogische Entscheidungen nicht getroffen werden. Evaluationsmaßnahmen sollten ein systematischer Bestandteil jedes Bildungsprozesses sein, natürlich in einer angemessenen Größe zum Gesamtprojekt. Evaluation kann sich auf einzelne Bildungsprogramme beziehen, aber auch auf die organisatorischen Abläufe einer gesamten Bildungsinstitution oder definierter Teilbereiche.

Während die (bildungs-)wissenschaftliche Forschung Modelle für einen komplexen Lernprozess entwirft und untersucht (vgl. Aeppli u. a. 2014), richtet die evaluative Arbeit den Fokus auf ausgewählte Bewertungskriterien, die auf bestimmte Interessen einer Bildungseinrichtung oder eines Auftraggebers zurückzuführen sind. Anders als in der objektivierenden wissenschaftlichen Arbeit sind es in der Evaluation durchaus interessengeleitete Kriterien, die bei der Bewertung in den Vordergrund rücken. Dies ist bei der Planung und Durchführung einer Evaluationsmaßnahme unbedingt zu unterscheiden. Die Festlegung der Bewertungskriterien richtet sich nach strategischen Gesichtspunkten oder organisatorischen Bedarfen. Die Planung und Durchführung einer Evaluationsmaßnahme besteht eigentlich aus zwei Teilen, und zwar zunächst aus einer interessengeleiteten Auswahl der Bewertungskriterien sowie im zweiten Schritt aus einer wissenschaftlich fundierten Erhebung und Auswertung dieser Kriterien. Die Durchführung einer Evaluation besteht aus einem Klärungsprozess der Ziele und Interessen und einer methodischen Umsetzung, die valide Ergebnisse dazu liefert. Der erste Teil ist die Steuerung eines zielgerichteten Kommunikationsprozesses, der zweite Teil ist wissenschaftliches Arbeiten. Wer eine Evaluationsmaßnahme professionell durchführen möchte, wird bei der Planung die in Abbildung 1 dargestellten Schritte bearbeiten und entscheiden müssen.

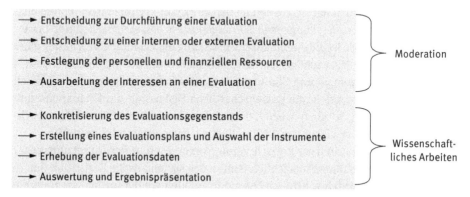

Abb. 1: Planungsschritte für eine Evaluationsmaßnahme (eigene Darstellung).

Im Folgenden wird die Planung und Durchführung einer Evaluationsmaßnahme an einem beispielhaften Lernprogramm diskutiert und dargestellt. Die prinzipielle Vorgehensweise gilt aber in gleicher Weise für die Evaluation einer Bildungseinrichtung oder einzelner Teilbereiche.

2 Die Entscheidung zur Durchführung einer systematischen Evaluation

Wenn in einer pädagogischen Maßnahme eine systematische Evaluation implementiert werden soll, dann muss dies von Anfang an in die Planung und Konzeption einbezogen werden. Es scheint manchmal der Fall, dass die Planung einer neuen Bildungsmaßnahme und die Implementierung evaluativer Instrumente zwei eigenständige Projekte sind und unabhängig von einander konzipiert werden. Das bringt folgende Schwierigkeiten mit sich: Besonders in der formativen Evaluation sind bestimmte Zeitpunkte der Datenerhebung einzuhalten und können kaum später nachgeholt werden. Darüber hinaus erhöhen sich Aufwand und Kosten. In die Planung und Konzipierung einer pädagogischen Maßnahme sollte also bereits zu Beginn die Entscheidung getroffen werden, wie fundiert und systematisch ein Projekt formativ (prozessbezogen) und summativ (ergebnisbezogen) bewertet werden soll. Dieser Entscheidungsprozess berücksichtigt die unterschiedlichen Interessen und Interessengruppen.

Die verantwortliche Projektleitung und ihr Team sollten gemeinsam erarbeiten, welchen Nutzen eine Evaluation für die konkrete Maßnahme hat, und diese Entscheidung im Sinne der Projektziele begründen. Wer sich gegen eine Evaluation entscheidet, sollte sich über die Konsequenz einer fehlenden Bewertungsgrundlage im Klaren sein. Möglicherweise ist es manchmal die Vorstellung eines immensen Evaluationsaufwandes, der viele Projektentwickler vor einer systematischen Evaluation zurückschrecken lässt.

Das erklärt sich vielleicht aus den historischen Ursprüngen evaluativer Maßnahmen. Ein erstes Evaluationsprojekt wurde 1930 vom US-amerikanischen Präsidenten Roosevelt zur Bewertung der Effekte eines sozialen Programms („New Deal") gegen Arbeitslosigkeit in Auftrag gegeben (vgl. Gollwitzer/Jäger 2014). Ein anderes Beispiel sehr großer Evaluationsanstrengungen stammt aus dem Jahre 1957, als die amerikanische Regierung die Wirkung der landesweiten Einführung neuer Lehr- und Lernmethoden systematisch evaluieren wollte (vgl. Gollwitzer/Jäger 2014). Solche Evaluationsprojekte benötigten erhebliche planerische und finanzielle Ressourcen. Mittlerweile kann sich Evaluation auf große Programme genauso beziehen, wie auf einzelne pädagogische Organisationen oder Maßnahmen. Deswegen noch einmal: Die verantwortlichen Entwickler eines neuen pädagogischen Projektes durchdenken zu Beginn der Maßnahme, wie sie am Ende der Durchführung die Einhaltung der Lernziele, den gewählten pädagogischen Prozess oder die Qualität der Arbeit systematisch bewerten wollen und können. Eine systematische Evaluation ist eine Investition in den Erfolg eines Bildungsprojekts, der sich selbstverständlich durch eine erhöhte Qualität, eine höhere Kundenakzeptanz und weitere Aufträge amortisieren muss. Auch mit einem kleineren Budget können wichtige ausgewählte Bewertungsfragen beantwortet werden.

In der ersten Planungsphase kann zunächst noch offengelassen werden, ob die Evaluation von einer externen Institution oder mit eigenen Mitteln (Selbstevaluation) durchgeführt werden soll. Wichtig ist in diesem Schritt, sich für eine systematische Bewertung der pädagogischen Maßnahme durch eine Evaluation zu entscheiden und diese professionell vorzubereiten. In diese erste Diskussionsphase schleichen sich jedoch oft Argumente ein, die eine planmäßige Implementierung verhindern:

- **„Mit den Ergebnissen können wir sowieso nichts anfangen!"**
  Eine valide Evaluation hat die Aufgabe, aussagekräftige Bewertungskriterien zu entwickeln. Dies ist eine unverzichtbare und zentrale Arbeitsphase, in der die eigenen Interessen identifiziert werden und der Nutzen der Evaluation geklärt werden muss.
- **„Wir haben keine finanziellen Ressourcen für eine Evaluation."**
  Wenn der Nutzen der Evaluation herausgearbeitet wurde, stehen auch die Kosten in einem anderen Licht. Die systematische Bewertung der pädagogischen Maß-

nahme gehört zum professionellen Handwerkszeug und kann nicht durch subjektive Meinungen ersetzt werden. Auch mit kleinen Budgets können wertvolle Evaluationskonzepte umgesetzt werden.

- **„Wir wissen doch eigentlich gar nicht, wie das gehen soll."**
Möglicherweise führen umfangreiche Evaluationskonzepte für große Lernprogramme dazu, dass man sich nicht in der Lage fühlt, eine systematische Evaluation umzusetzen. Abgesehen davon, dass externe Hilfe eingeholt werden kann, kann nicht auf fundierte Bewertungsinstrumente aus Kompetenzmangel verzichtet werden.

- **„In der pädagogischen Arbeit muss man für die Ergebnisse offen sein."**
Wer eine Evaluationsmaßnahme plant, muss frühzeitig Bewertungskriterien definieren. Es ist vielleicht manchmal verführerisch, erst nach Ablauf eines pädagogischen Projektes die Bewertungskriterien festzulegen, um eine negative Beurteilung zu vermeiden. Evaluation bedeutet, ein systematisches Feedback auf bestimmte Sachverhalte zu bekommen, nur so sind Weiterentwicklungen und Anpassungen möglich.

Verantwortliche Entscheider oder Gestalter von Bildungsprojekten legen zu Beginn einer neuen Maßnahme fest, ob eine systematische Evaluation integriert werden soll. Aus professioneller Sicht sind verlässliche Bewertungsinstrumente unverzichtbar. Wer erst nach Abschluss bewertet, gerät durchaus in die Gefahr, bestimmte Bereiche auszublenden und sich eher auf die positiven Ergebnisse zu konzentrieren. Eine wirklich kritische und konstruktive Einschätzung einer pädagogischen Maßnahme ist nur möglich, wenn zu Beginn klar ist, was als Erfolg zu bewerten ist.

3 Selbstevaluation oder externe Evaluation

Eine Evaluation kann prinzipiell mit eigenen Ressourcen durchgeführt werden (Selbstevaluation) oder durch eine externe Institution (Fremdevaluation). Für beide Ansätze gibt es Argumente und beide können auch methodisch-wissenschaftlich abgesichert umgesetzt werden (vgl. Berger/Granzer 2009; AWO Bundesverband e. V. 2012). Das gilt in gleicher Weise für kleine wie für große Bildungsprojekte. Im Rahmen der Planung kann sich an folgenden Kriterien orientiert werden:

Legitimation und Objektivität
Eine Evaluation soll eine Bewertung ermöglichen, die möglichst frei von subjektiven Einflüssen ist. Bei einer Selbstevaluation besteht die Gefahr, dass bestimmte – vor allem negative – Ergebnisse nicht mit der notwendigen Objektivität aufgenommen und verarbeitet werden. Hier gelten die gleichen Kriterien wie für die sonstige wissenschaftliche Arbeit. Eigene persönliche und institutionelle Interessen können zu einer verzerrenden Fehlerquelle werden. Während – wie oben beschrieben – die Auswahl

der Bewertungskriterien durchaus subjektiv und interessengesteuert ist, wird bei der methodischen Umsetzung mit wissenschaftlichen Gütekriterien gearbeitet.

Besonders wenn die Ergebnisse einer Evaluation für die Außendarstellung bestimmt sind – etwa für die Kundenkommunikation und Öffentlichkeitsarbeit –, wirkt eine externe Evaluation überzeugender und objektiver.

Kompetenzen
Ein wichtiges Kriterium für die Entscheidung zu einer Selbst- oder Fremdevaluation ist das Vorhandensein der notwendigen Kompetenzen zur Durchführung evaluativer Maßnahmen. Es geht um die Moderation eines Bewertungsprozesses in der Organisation und die Umsetzung wissenschaftlich fundierter Erhebungen. Die Durchführung einer Selbstevaluation verlangt die Fähigkeit zum Projektmanagement und zur Durchsetzungsfähigkeit bei unterschiedlichen Interessen im eigenen Haus.

Wer sich für eine Selbstevaluation entscheidet, sollte überprüfen, ob ein Team gebildet werden kann, das die Anforderungen abdeckt. Die Durchführung einer Evaluation ist ein komplexer professioneller Prozess, der nicht unterschätzt werden sollte. Auch bei der Auswahl eines externen Evaluators sollte selbstverständlich auf Kompetenzen und Erfahrungen geachtet werden.

Kosten
Eine Selbstevaluation ist nicht immer die preiswertere Entscheidung. Um einen verlässlichen Bewertungsprozess zu implementieren, zu moderieren, durchzuführen, auszuwerten und zu präsentieren, müssen eigene Ressourcen eingesetzt und kalkuliert werden. Der Vorteil von erfahrenen externen Evaluatoren ist die höhere Professionalität und auch Effizienz. Viele Instrumente sind erprobt und müssen nicht erst entwickelt werden. Bei der Entscheidung zur Beauftragung sollten auf jeden Fall die eigenen Kosten realistisch bewertet werden. Denkbar ist auch die Auslagerung von Teilmodulen, um die Selbstevaluation durch erprobte Instrumente (Fragebogen, Auswertungsverfahren) zu ergänzen.

Zugang zu Feld und Daten
Nicht ganz unwichtig ist die Frage, welcher Zugang zu den zu befragenden Personen aufgebaut werden kann. Hier gibt es manchmal Vorteile für eine Selbstevaluation, weil bereits Kontakt und Vertrauen zu Lernenden oder Unternehmen bestehen und dies genutzt werden kann. Anderseits beinhaltet dieses Vertrauen auch mögliche Verzerrungen der Ergebnisse.

Eine Entscheidung für eine Selbstevaluation oder eine externe Beauftragung bzw. Unterstützung ist Bestandteil des Planungsprozesses. Primäres Ziel dabei ist immer die Umsetzung einer qualitativ hochwertigen Evaluation. Eine vorzeitige Entscheidung, aufgrund der Kosten auf externe Begleitung zu verzichten, kann schnell die Güte der erwarteten Evaluationsergebnisse gefährden.

4 Interessen und Interessengruppen

Eine Evaluation ist keine wissenschaftliche Forschung zu einer pädagogischen Maßnahme oder Organisation, sondern soll eine fundierte, transparente und nachvollziehbare Bewertung ermöglichen (vgl. Nuissl 2013). Es gibt unterschiedliche Interessen an einer systematischen Evaluation. Eine Prozessevaluation (formative Evaluation) ermöglicht einen Blick auf die Abläufe, eine Ergebnisevaluation (summative Evaluation) erlaubt eine Einschätzung, ob die erzielten (Lern-)Wirkungen tatsächlich den Erwartungen entsprechen. Interessenslagen sind nicht objektivierbar, sondern spiegeln die Erwartungen und Ansprüche unterschiedlicher Akteure wider. In der Planung einer Evaluation werden sich die zentralen Bewertungskriterien der entscheidenden Akteure wiederfinden. Im folgenden Beispiel wird das veranschaulicht:

Es geht um die Durchführung einer Weiterbildungsaktivität für Führungskräfte. Bereits in der Planungsphase sollen die verschiedenen Interessen berücksichtigt werden. Vorgesehen ist es, eine Gruppe von ca. 20 Ingenieuren auf zukünftige Führungsaufgaben vorzubereiten. Die Lernarchitektur soll aus Selbstlerneinheiten, Präsenzphasen, digitalen Lernmedien und Coachingangeboten bestehen.

Der Anbieter des Lernprogramms möchte wissen, ob die teilnehmenden Ingenieure mit dem Angebot zufrieden sind und sich gut begleitet gefühlt haben. Wichtig ist es aber auch zu erfahren, ob die Erwartungen der auftraggebenden Personalabteilung erfüllt worden sind. Vorrangiges Ziel (des Bildungsanbieters) ist es, dass das Lernprogramm ein weiteres Mal in dem Unternehmen durchgeführt werden kann und Umsatz generiert.

Das Unternehmen ist daran interessiert, die Führungskompetenz bei den Mitarbeiter(inne)n zu verbessern. Dabei spielt aber auch der Aufwand eine entscheidende Rolle. Wie verhalten sich die direkten (Lernprogramm, Dozenten) und indirekten Kosten (Freistellung der Ingenieure für Lernaktivitäten) zum Lernergebnis? Eine besondere Erwartung der Personalabteilung ist neben dem Kompetenzerwerb auch eine gesteigerte Motivation zur Übernahme von Führungsverantwortung. Obwohl dies Bewertungskriterien des Kundenunternehmens sind, ist es aber auch für den Anbieter des Lernprogramms wichtig, diese zu kennen und zu berücksichtigen. Dann ermöglicht die eigene Evaluation auch eine fundierte Rückmeldung an den Auftraggeber.

Auch die Entwickler des Bildungsangebotes haben ein Interesse an geeigneten Bewertungskriterien, die sich eher auf den Lernprozess beziehen. Dies sind bestimmte Lernangebote, die Nutzung der digitalen Angebote oder das begleitende Tutoring. Für die Entwickler sind sowohl prozessuale, formative Kriterien von Bedeutung, wie letztlich auch die summative Wirkung, also die durch das Bildungsprogramm ausgelösten Lerneffekte.

Nicht vergessen werden sollten auch die im Programm tätigen Dozenten, Trainer oder Coaches. Sie haben ein Interesse, eine Bewertung ihrer pädagogischen Arbeit zu erhalten, um ihr eigenes Lehrverhalten zu optimieren oder auch zu korrigieren. Besonders wenn Lehrkräfte nur temporär für einen Weiterbildner arbeiten, ist der Bedarf an einem qualifizierten (Evaluations-)Feedback sehr hoch. Darüber hinaus spielen die Mitarbeiter/-innen eine Schlüsselrolle bei möglichen Veränderungen des Lernangebotes und sollten aktiv in den Evaluationsprozess einbezogen werden. Gleichzeitig können Lehrende auch selber Evaluationsfragen beantworten, etwa wenn es um die Bewertung der digitalen Medien aus Dozentensicht geht.

Diese im Beispiel genannten Interessengruppen stehen für unterschiedliche Bedarfe an eine systematische Bewertung. In vielen Bereichen gibt es Überschneidungen, manche Kriterien sind nicht deckungsgleich. Bei der Planung eines Evaluationsvorhabens sollte genau überlegt werden, welche Interessen mit evaluativen Methoden beantwortet werden sollen. Wenn es letztlich auch immer eine einzelne Gruppe ist, die das Vorhaben verantwortet und umsetzt, kann es doch hilfreich sein, auch andere Interessen zu bedienen. So ist es ohne Frage nützlich für einen Anbieter, einem an Weiterbildung interessierten Unternehmen fundierte evaluierte Daten über den Erfolg eines Lernprogramms zu geben.

Dann sollte sich auch die durchführende Organisation der Evaluation die eigenen Ziele verdeutlichen. So kann es das Ziel sein, einzelne Prozesse des Lernprogramms zu bewerten, um innovative Entwicklungen und Verbesserungen zu forcieren. Evaluationsdaten ermöglichen, einzelne Module eines Lernprogramms gemäß unterschiedlicher Kriterien einzuschätzen und Anpassungen oder Verbesserungen vorzunehmen. Positive Evaluationsergebnisse können auch ein überzeugender Bestandteil der Öffentlichkeitsarbeit sein.

Es gibt also zahlreiche Interessen an einer Evaluation. Die Auswahl hängt von strategischen, pädagogischen oder unternehmerischen/organisatorischen Überlegungen ab. Wer eine Evaluationsmaßnahme plant, sollte also entscheiden, für welche Interessen eine systematische Bewertung durchgeführt werden soll. Natürlich hängt die Auswahl auch von den vorhandenen finanziellen oder zeitlichen Ressourcen ab, möglicherweise auch von dem Zeitpunkt, zu dem die Ergebnisse vorliegen sollen. Die Moderation dieses Klärungsprozesses ist ein wichtiger Bestandteil der Planung und Durchführung einer Evaluationsmaßnahme. Übliche Verfahren sind Workshops, in denen die relevanten Akteure gemeinsam an der Herausarbeitung der Interessen arbeiten. Der wichtige Schritt in der Planung des Evaluationsvorhabens ist dann die Reduzierung auf die zentralen Interessen. In einem ersten Schritt werden erst mögliche Interessen und Interessengruppen identifiziert, um dann zu entscheiden, welche dieser Interessen in der Evaluation berücksichtigt werden (Abbildung 2).

Abb. 2: Interessen und Interessengruppen einer Evaluation (eigene Darstellung).

5 Von den Interessen über den Evaluationsgegenstand zu den Evaluationszielen

Wenn nach einer ersten Moderationsphase herausgearbeitet worden ist, welche Interessen mit der Evaluation verfolgt werden sollen, müssen diese Interessen umgewandelt werden in wissenschaftlich operationalisierbare Evaluationsziele. Nun beginnt der wissenschaftliche Teil der Evaluation. Der Begriff des Evaluationsgegenstandes ist in der Regel einfach zu bestimmen. Es handelt sich um die Maßnahme oder das Programm, für das eine verlässliche und fundierte Bewertung erstellt werden soll. Der Evaluationsgegenstand kann ein landesweites Bildungsprogramm sein oder auch ein einzelner Onlinekurs. Eine Sprachschule kann sich als Organisation mit allen komplexen Prozessen evaluieren oder auch den Fokus nur auf ein einzelnes Lernkonzept richten. Ein Unternehmen kann systematisch bewerten, welche Wirkungen mit den Budgets für Qualifizierungsmaßnahmen bei den Mitarbeiter(inne)n erzielt worden sind, oder auch nur ein einzelnes Bildungsangebot eines neuen Kooperationspartners bewerten.

Weitaus schwieriger als die Bestimmung des Evaluationsgegenstandes ist die Erarbeitung der Evaluationsziele bzw. Bewertungskriterien. Wenn sich eine Sprachschule, ein Trainingszentrum, eine Universität oder eine Schule für den konkreten Evaluationsgegenstand entschieden hat, müssen die Evaluationsziele geklärt werden. Dies ist insbesondere bei pädagogischen Maßnahmen keine einfache Aufgabe, sondern bereits wichtiger Teil des Planungsprozesses. Idealerweise wird dies von einer Arbeitsgruppe relevanter Verantwortlicher, Gestalter oder Umsetzer der pädagogischen Maßnahme gemeinsam entwickelt. Manchmal ist es auch eine Vorgabe des Managements, Erfolg und Wirkung eines Projektes einer Evaluation zu unterziehen. Insgesamt ist es aber ein unverzichtbarer Arbeitsschritt in der Planungsphase, die konkreten Ziele bzw. Bewertungskriterien nachvollziehbar herauszuarbeiten.

Wenn eine Sprachschule den „Erfolg" eines Sprachprogramms bewerten möchte, muss festgelegt werden, was genau darunter zu verstehen ist. „Erfolg" zu messen, bedeutet in der Evaluation die „Output-Variablen" zu bewerten, also eine sogenannte Ergebnis- oder summative Evaluation durchzuführen. Output-Variablen können in diesem Fall Wortschatz, Grammatikkenntnisse, Schreib- und Lesefähigkeit oder die Bewältigung kommunikativer Situationen sein. Im Prinzip entsprechen die Lernziele eines Lernangebotes den Output-Variablen. Es kommen aber noch andere „Erfolgskriterien" hinzu: Zufriedenheit mit der Kursgestaltung, Atmosphäre in der Lerngruppe, Aufbau von Selbstsicherheit oder Selbstvertrauen.

In der pädagogischen Arbeit sind Output-Variablen als Erfolgskriterien kritisch zu sehen, da die Lernergebnisse nicht nur von der Qualität des Lernangebotes abhängen, sondern auch von der individuellen Leistungsfähigkeit und Motivation des einzelnen Lernenden. Im Lernergebnis drückt sich also sowohl die Wirkung eines Lernangebotes aus, wie auch die individuelle Lernleistung des Teilnehmers. In der Evaluation von pädagogischen und sozialen Projekten ist es daher üblich, den Fokus nicht nur auf das Ergebnis, sondern auch auf den Prozess zu legen. Eigentlich erlaubt erst eine solche Gesamtbewertung, die Leistungsfähigkeit einer pädagogischen Maßnahme einzuordnen.

So kann auch in eine andere Richtung nachgedacht werden: Eine betriebliche Bildungsmaßnahme erzielt vor allem darum eine hohe Lernwirkung, weil die Teilnehmer/-innen eine überdurchschnittliche Motivation aufweisen und neben den angebotenen Seminaren zusätzliche individuelle Lernleistungen erbringen. Die Teilnehmer/-innen haben viel gelernt, obwohl das eigentliche Seminarangebot nicht sehr wirkungsvoll war. Oder werfen wir einen Blick auf den Vergleich von Schülerleistungen. Bei völlig identischen Lernprogrammen (identische Inhalte, identische Lehrkräfte) würden in verschiedenen Klassen keine übereinstimmenden Lernleistungen erzielt, wenn Einflussfaktoren wie etwa die soziale Herkunft bei den Klassengruppen unterschiedlich sind.

In der Bewertung von pädagogischen Produkten müssen daher immer die Ergebnisse und die Prozesse insgesamt betrachtet werden, um die Qualität eines Lernangebotes tatsächlich bewerten zu können. Bei neuen Lernangeboten ist ein Blick auf die Abläufe unverzichtbar. „Eine formative Evaluation ist prozessbegleitend (Prozessevaluation), hier wird die Bildungsmaßnahme (eLearning-Produkt oder eLearning-

Szenarien) kontinuierlich während des gesamten Entwicklungsprozesses getestet. Die formative Evaluation zielt auf eine entwicklungsbegleitende Optimierung eines Lernangebotes" (Mayer/Kriz 2010, 17). Wenn Bildungsmaßnahmen bereits seit einem längeren Zeitraum eingeführt sind – also die Prozesse „stabil" sind –, ist vielleicht vor allem der summative Aspekt von größerer Bedeutung.

Es ist nun die nächste Aufgabe, sowohl für die Bewertung des Ergebnisses (Lernerfolges) als auch der Wirksamkeit des Ablaufes Bewertungskriterien zu definieren, die den Interessen bzw. Zielen der Evaluation gerecht werden. An dieser Stelle entsteht sehr oft Diskussionsbedarf. Die Ermittlung der eigentlichen Bewertungskriterien ist kein festgelegter Algorithmus, sondern ein Vereinbarungsprozess der beteiligten Akteure. Nicht immer besteht aber eine einheitliche Meinung darüber, welche Faktoren, Module oder Instrumente für den Lernprozess eine wichtige Rolle spielen. Auch über das handlungsleitende theoretische Modell einer Bildungsmaßnahme muss von den beteiligten Personen kein identisches Verständnis vorhanden sein.

Wer aber ein Programm evaluieren möchte, muss die Kriterien definieren, die den Lernprozess oder die Lernwirkung tatsächlich repräsentieren. Ein solcher Arbeitsschritt ist unumgänglich. Wenn die Bewertungskriterien geklärt sind, kann anschließend die methodisch-wissenschaftliche Umsetzung beginnen. Die Klärung der Bewertungskriterien darf aber nicht als ein rein technischer Akt missverstanden werden. Besonders wenn ein Lernprojekt auch eine persönliche Entwicklung eines Teilnehmers intendiert, scheinen transparente Kriterien schwierig eingrenzbar zu sein. Es scheint einfacher, Lernziele (Ergebnisse) im Bereich des Aufbaus einer Fremdsprachkompetenz zu benennen, als bei einem Trainingsprogramm zum Aufbau kommunikativer Kompetenz. Evaluative Maßnahmen stoßen selbstverständlich an die gleichen Grenzen der Messbarkeit von Veränderung wie auch sonst in der erziehungswissenschaftlichen Forschung. Wiederum soll das ein Beispiel aus der Weiterbildungspraxis verdeutlichen:

Ein Weiterbildner bietet ein Lernprogramm für die Führungskräfte eines internationalen Konzerns an. Die Lernangebote sollen in den Arbeitsablauf und -alltag integriert und nicht – oder nur zu geringen Teilen – außerhalb der Beschäftigungszeiten stattfinden. Geplant ist eine flexible Weiterbildungsarchitektur, die Selbstlern- und kurze Präsenzphasen intelligent verzahnt. Als Lernmedium ist die Nutzung von mobilen Geräten wie Tablet-PCs vorgesehen. Der Vorteil ist die besondere Mobilität: Das mobile Gerät (Handy, Tablet etc.) kann der Mitarbeiter oder die Mitarbeiterin immer bei sich tragen und kurzfristig zur Lernarbeit nutzen.

Die per e- oder mobile-Learning vermittelten Lerneinheiten werden gemäß des didaktischen Konzeptes „Impulslernen" konzipiert und aufbereitet. Das bedeutet, dass der theoretische Input bewusst kurz gehalten wird – mit dem Ziel, dass von den wenigen vermittelten Inhalten bis zu 80 % aufgenommen und behalten werden. Um möglichst viele unterschiedliche Lerntypen zu bedienen, ist es vorgesehen, Inhalte in Form verschiedener Medien zu vermitteln (Text, Grafik, Filme, etc), was sich im Rahmen von e- oder mobile-Learning-Architekturen einfach und benutzerfreundlich integrieren lässt. Lernmaterialien, die in Eigenverantwortung per e- oder mobile-Learning bearbeitet werden, finden dann den besten Zugang zum Lernenden, wenn ein hoher Wiedererkennungswert vorliegt. Um einen großen Wiedererkennungswert zu ermöglichen, werden Lernfilme in dem Unternehmen aufgenommen oder den Lernenden bekannte Personen gezeigt, die ihnen bestimmte Lerninhalte erläutern.

Um den Lernerfolg durch praktische Anwendung des theoretischen Inputs zu verfestigen, werden die Impulslerneinheiten jeweils mit Transferaufgaben verknüpft, die im Rahmen von Übungsphasen direkt im Arbeitsalltag umgesetzt werden sollen. Die gesammelten Erfahrungen beschreiben die Teilnehmer/-innen in wöchentlichen Feedbackbögen. Hierauf erhalten die Lernenden individuelle Rückmeldungen von ihrem Trainer mit weiteren Anregungen für die zukünftige Umsetzung. Durch diese gezielte und stetige Beantwortung von Aufgaben und Feedbackbögen zu jeder Lerneinheit können Lernfortschritte gemeinsam eingeschätzt werden und es kann ein steter Kontakt zwischen Lernenden und Trainern aufgebaut werden. Für den Lernerfolg ist es von zentraler Bedeutung, dem Lernenden ein regelmäßiges Feedback über den laufenden Lernprozess zu ermöglichen.

Über das didaktische Moment des Feedbacks wurde beabsichtigt, den sozialen Bezug und den Austausch zwischen Lernenden und Trainer sowie unter den Lernenden zu fördern. Hierfür musste eine soziale Lernumgebung aufgebaut werden, die die Selbstlernphasen um Präsenz-Coachings und reale Ansprechpartner ergänzt. Intensiv-Coachings ermöglichen eine individuelle Begleitung des Lernenden.

Die Entscheidung darüber, ob das Projekt systematisch evaluiert werden soll, war gefallen. Die Interessen waren die weitere Verbesserung des Lernprogramms und überzeugende Argumente für den Kunden, die die Wirksamkeit des Konzeptes belegen. Jetzt mussten die Bewertungskriterien definiert werden. Dazu wurde eine Arbeitsgruppe aus folgenden Personen gebildet: ein Trainer, ein Coach, ein Programmentwickler und ein Vertreter des Managements der Bildungseinrichtung.

Bezogen auf das hier genutzte Beispiel eines Lernprogramms könnte über folgende Bewertungskriterien nachgedacht werden:

1. **Entwicklung von Bewertungskriterien für den Lernprozess**
   Das Lernprogramm besteht aus verschiedenen Modulen. Um das Konzept weiterzuentwickeln, kann es wichtig sein, die einzelnen Programmteile bewerten zu können.
   - Sind die didaktischen Implikationen (Selbstlernen, Handlungslernen) von den Teilnehmer(inne)n verstanden worden? Konnten die angebotenen Lernmaterialien genutzt werden?
   - Konnten die Lernenden mit den technischen Anforderungen umgehen? Waren die erklärenden Instruktionen verständlich? Entsprachen die geplanten Lernzeiten den Erwartungen?
   - Haben die geplanten Prozessketten (Impulslerneinheit – Transferaufgabe – Umsetzung im Arbeitsprozess – Feedback) funktioniert? War den Teilneh-

mer(inne)n diese Prozesskette nachvollziehbar und entsprach sie ihren Lernbedürfnissen?
- Hat sich der Theorieansatz des Mikro-Lernens (Impulslernen) in der Umsetzung bestätigt?

2. **Bewertungskriterien für die Lernergebnisse bzw. die Lernwirkung**
Auf den ersten Blick scheinen doch die geplanten Lernziele mit den Kriterien der summativen Evaluation identisch. Es können aber noch weitere Bewertungskriterien interessant sein, etwa zur Frage der Umsetzung des Erlernten in die Praxis oder der grundsätzlichen Eignung der Lernziele.
- Sind die geplanten Kompetenzen bei den Teilnehmer(inne)n aufgebaut worden?
- Welche Lernerfahrungen konnten in der praktischen Arbeit des Unternehmens übertragen werden (Transfer)?
- Wie werden von den Führungskräften im Unternehmen die Lernwirkungen bewertet? Wurden diese als nützlich und zielführend angesehen?
- Wie hat sich die Lernmotivation entwickelt? Sind die Teilnehmer/-innen an weiteren Lernaktivitäten interessiert? Welche Selbstlernimpulse konnten angestoßen werden?
- Waren die Teilnehmer/-innen mit dem Lernprogramm zufrieden?
- War der Auftraggeber mit dem Lernprogramm zufrieden und möchte er weitere ähnliche Lernaktivitäten unternehmen?

Alle diese Kriterien sind beispielhaft, zeigen aber das Spektrum möglicher Evaluationsziele bzw. -kriterien. Am Ende dieser Planungsphase hat die Arbeitsgruppe (mit oder ohne externer Unterstützung) den Evaluationsgegenstand definiert und die Kriterien erarbeitet. Es ist jetzt festgelegt, welche Elemente oder Wirkungen des Lernprogramms in den Fokus gestellt werden. Es wird an dieser Stelle auch darum gehen, die wichtigsten Kriterien auszuwählen. Diese Auswahl hängt sowohl von der Interessenlage, als auch von den zeitlichen und finanziellen Ressourcen ab. Sie ist kein wissenschaftlicher Prozess, sondern eine interne Entscheidungsfindung, die sich an strategischen Gesichtspunkten orientiert (vgl. Dietzel 2014; Kauffeld 2010; Meisel/Feld 2009).

Die zentrale Frage dabei ist: Erhält der Bildungsanbieter durch die Evaluation die notwendigen Impulse oder Daten, um das Lernangebot weiter zu entwickeln oder anzupassen? Eine Evaluation sollte nicht auf eine reine Programmlegitimation reduziert werden, sondern möglichst immer auch Zukunftsimpulse beinhalten.

6 Erstellung eines Evaluationsplans und Auswahl der Instrumente

Bis zu dieser Phase in der Planung des Evaluationsprozesses ging es vor allem um einen intensiven Klärungsprozess, der definieren sollte, welche Bewertungskriterien für das Lernprogramm (Evaluationsgegenstand) im Interesse der prozessverantwortlichen Bildungseinrichtung liegen. Es müssen nun Methoden und Instrumente ausgewählt werden, mit denen verlässliche Daten zu den festgelegten Bewertungskriterien erhoben werden können. Es geht darum, die Erhebungsverfahren festzulegen, Zeitpunkte zu klären und mögliche Ansprechpartner (z. B. für Befragungen) zu benennen.

Prinzipiell stehen alle anerkannten wissenschaftlichen Verfahren der empirischen Sozialforschung auch für eine Evaluationsmaßnahme zur Verfügung (vgl. Aeppli u. a. 2014; Häring 2003; Kuckartz/Dresing 2008; Porst 2013; Reischmann 2006; Kallus 2010). In der praktischen Arbeit überwiegen oft schriftliche Befragungen oder Interviews. Das Erhebungsdesign hängt von der Größe eines Projektes und den finanziellen Ressourcen ab. Wenn das Budget begrenzt ist, sollte man sich auf zentrale Kriterien beschränken. Dies bedeutet, dass die Auswahl der Bewertungskriterien eingegrenzt wird, aber die wissenschaftlich-methodische Qualität vollständig gewährleistet bleibt. Die Variante, letztlich alle Kriterien zu erfassen und dabei die wissenschaftlich-methodische Güte zu reduzieren, ist keine Alternative. Es liegen dann zwar viele Daten vor, aber die Aussagekraft ist gering. Eine seriöse Evaluationsmaßnahme muss auch für wenige Kriterien eine verlässliche methodische Qualität sicherstellen. Dies gilt für eine Selbstevaluation in gleicher Weise wie für eine externe Beauftragung.

Besonders bei der Durchführung der formativen Evaluation eines Bildungsprojektes ist es üblich, die Akteure der Nutzung und Durchführung zu befragen. Das sind neben den Lernenden die Dozenten, die Kursbegleiter, die Tutoren oder sonstige Experten. Wichtig ist hierbei immer, die Validität dieser Rückmeldungen richtig einzuschätzen. Die Bewertung eines Lernenden zu seinem Lernzuwachs ist keine objektive Größe, sondern eine subjektive Selbsteinschätzung. Dabei sind verschiedene verzerrende Einflüsse denkbar. Wenn etwa Erwartungen sehr hoch waren, wird der Lernzuwachs als gering eingeschätzt. Oder: Manchmal sind den Lernenden Verhaltensänderungen gar nicht bewusst und werden erst durch eine Befragung von Kollegen oder Führungskräften deutlich. Die Subjektivität von befragten Personen ist nur dann wissenschaftlich kritisch, wenn diese Perspektive in der Auswertung nicht berücksichtigt wird. Hilfreich ist auf jeden Fall, wenn man unterschiedliche Gruppen befragen kann und sich valide Übereinstimmungen ergeben.

Die gleiche Sorgfalt benötigt die Konstruktion eines validen Befragungsinstrumentes. Hier kann immer wieder eine große Fehlerquelle ausgemacht werden. Es muss für jedes einzelne Item klar sein, wie es verstanden und bewertet werden soll. Manchmal finden sich in Fragen doppelte Bewertungen: „Der Dozent konnte verständlich referieren und gab ausreichend Zeit für die Aufgabenbewältigung". Eine wissenschaftliche Auswertung einer solchen Aussage ist nicht möglich, da unklar bleibt, welche der beiden genannten Eigenschaften in welchem Maß bewertet wurde. Es ist ein unverzichtbarer Arbeitsschritt, bei der Konstruktion des Erhebungsinstruments auf Verständlichkeit und Eindeutigkeit zu achten und sich darüber ein Feedback einzuholen. Zu dem im Beispiel beschriebenen Lernprogramm wurde eine formative Evaluation durchgeführt, um die Nutzung der einzelnen Elemente einschätzen zu können und um Verbesserungspotenzial zu identifizieren. Unmittelbar nach Abschluss des Bildungsprojektes wurden die Teilnehmer/-innen durch einen Online-Fragebogen gebeten, das Lernprogramm zu bewerten. In dem Online-Fragebogen (siehe Tabelle 1) wurden zu jedem einzelnen Element des Programms verständliche und eindeutige Items entwickelt.

Neben der Bewertung des Lernprozesses sollte auch das Lernergebnis betrachtet werden. Für die summative Evaluation des Lernprogramms wurden ebenfalls die Teilnehmer/-innen befragt. Damit ist eine Reduzierung der Auswertung auf die Selbsteinschätzung der Teilnehmer/-innen verbunden. Eine weitere Dimension zu einer verlässlichen Analyse wäre es gewesen, die jeweiligen Führungskräfte zu befragen, inwieweit sie Verhaltensänderungen in der Praxis beobachtet hätten. Auf diese Perspektive wurde aus Ressourcengründen verzichtet. Das Evaluationsergebnis würde sich also ausschließlich auf die Selbstbewertung der Lernenden beziehen. Daher war es bei der Konstruktion des Erhebungsinstrumentes enorm wichtig, sehr transparente und nachvollziehbare Items zu entwickeln. Im Gegensatz zu einer objektivierenden Erhebung des Lernzuwachses (etwa durch Leistungstests) wurde die Selbsteinschätzung als wichtiges Kriterium definiert, da sie für die Motivation zur Teilnahme an weiteren Lernangeboten sehr wesentlich war.

Im summativen Evaluationsbogen (siehe Tabelle 2) sollten nicht unmittelbar die Lernzuwächse bewertet werden, sondern die auf der Grundlage des Erlernten verbesserten Verhaltensweisen in der beruflichen Tätigkeit. Deshalb wurde der Evaluationsbogen erst drei Monate nach Abschluss des Lernprogramms ausgefüllt, als also schon eine ausreichende Bewertung neuer Kompetenzen möglich war. Der Lernzuwachs unmittelbar nach Seminarende war nicht das zentrale Bewertungskriterium, viel wichtiger war die Verbesserung des Führungsverhaltens drei Monate nach Abschluss des Lernprogramms.

Die Auswahl der Erhebungsinstrumente und die Erstellung des Erhebungsplans ist der wissenschaftliche Kernbereich der Evaluation und garantiert die Qualität der Ergebnisse. Insgesamt sind folgende Aufgaben zu leisten:
– Auswahl und Konstruktion der geeigneten Erhebungsinstrumente, die eine Rückmeldung zu den Bewertungskriterien ermöglichen,
– Festlegung der zu befragenden Personen (Lernende, Dozenten, Führungskräfte, Kunden, Nutzer etc.) und Klärung, wie die zu befragenden Personen angesprochen werden sollten (Einladung zur Mitarbeit, Sicherung einer ausreichenden Beteiligung),

Tab. 1: Evaluationsbogen (Auszug) aus der formativen Evaluation des Lernprogramms für Führungskräfte (gaus gmbh).

Lernbriefe	trifft voll zu	trifft etwas zu	teils, teils	trifft weniger zu	trifft gar nicht zu
Die Texte der Lernbriefe waren verständlich.	○	○	○	○	○
Die Textmenge war ausreichend.	○	○	○	○	○
Die Lernbriefe haben mir hilfreiche Anregungen für meine Arbeit gegeben.	○	○	○	○	○
Ich konnte die Inhalte der Lernbriefe gut auf meine persönliche Situation übertragen.	○	○	○	○	○
Lernfilme	trifft voll zu	trifft etwas zu	teils, teils	trifft weniger zu	trifft gar nicht zu
Die Filme waren sehr anschaulich.	○	○	○	○	○
Die Lernfilme haben mir hilfreiche Anregungen für mein Verhalten gegeben.	○	○	○	○	○
Es hat Spaß gemacht, sich die Filme anzusehen.	○	○	○	○	○
Ich konnte die Inhalte der Lernfilme gut auf meine persönliche Situation übertragen.	○	○	○	○	○
Die Bedienung der Tablets hat mir keine Schwierigkeiten bereitet.	○	○	○	○	○
Coaching	trifft voll zu	trifft etwas zu	teils, teils	trifft weniger zu	trifft gar nicht zu
Das Coaching hat mir weitere Anregungen für mein Verhalten gegeben.	○	○	○	○	○
Das Coaching hat mich für das weitere Lernen motiviert.	○	○	○	○	○
Ich hätte mir ein Einzelcoaching gewünscht (statt Kleingruppe).	○	○	○	○	○
Die Inhalte des Coachings waren gut gewählt.	○	○	○	○	○
In den Coachings wurde angemessen auf meine Situation eingegangen.	○	○	○	○	○
Feedback	trifft voll zu	trifft etwas zu	teils, teils	trifft weniger zu	trifft gar nicht zu
Das regelmäßige Feedback war sehr wichtig für mich.	○	○	○	○	○
Die Feedbacks waren verständlich formuliert.	○	○	○	○	○
Das Feedback hat mir gute Anregungen gegeben.	○	○	○	○	○

Tab. 2: Evaluationsbogen (Auszug) aus der summativen Evaluation des Lernprogramms (gaus gmbh).

Allgemein	trifft voll zu	trifft etwas zu	teils, teils	trifft weniger zu	trifft gar nicht zu
Meine Führungsarbeit hat sich durch das Lernprogramm verbessert.	○	○	○	○	○
Folgende Lerneinheiten waren im Nachhinein für mich besonders hilfreich: *(Bitte nutzen Sie dieses Feld für Ihre Anmerkungen.)*					
Meine Erwartungen an das Lernprogramm wurden erfüllt.	○	○	○	○	○
Ich würde das Lernprogramm weiterempfehlen.	○	○	○	○	○
Umsetzung von Lerninhalten in die Praxis	○	○	○	○	○
Ich habe Lerninhalte aus dem Programm in die Praxis umgesetzt.	○	○	○	○	○
Falls ja, welche sind dies? *(Bitte nutzen Sie dieses Feld für Ihre Anmerkungen.)*					
Durch das Lernprogramm ist meine Führungsarbeit systematischer geworden.	○	○	○	○	○
Ich habe im Lernprogramm gelernt, professionell Feedback zu geben.	○	○	○	○	○
Ich führe seit dem Lernprogramm häufiger Feedback-Gespräche.	○	○	○	○	○
Durch das Lernprogramm habe ich gelernt, motivierende Zielvereinbarungen zu entwickeln.	○	○	○	○	○
Ich habe im Lernprogramm gelernt, Grenzen bei ungewünschtem Verhalten zu setzen.	○	○	○	○	○
Ich sorge seit dem Lernprogramm stärker dafür, dass meine Mitarbeiter meinen Orientierungsrahmen kennen.	○	○	○	○	○

- Erarbeitung eines Zeitplans der durchzuführenden Befragungen und gegebenenfalls weiterer wissenschaftlicher Instrumente, Sicherstellung der logistisch-technischen Anforderungen (etwa bei einer Online-Befragung).

Die Auswertung der Evaluationsdaten unterliegt uneingeschränkt wissenschaftlichen Qualitätskriterien. Auch wenn die Auswahl der Bewertungskriterien auf unterschiedlichen Interessenkonstellationen beruht, müssen die Ergebnisse objektiv und valide ausgewertet werden. Nur dann wird eine Evaluation ihre Wirkung entfalten können.

Dennoch ist es hilfreich, darüber nachzudenken, wie die Ergebnisse präsentiert und dargestellt werden können, um auch tatsächlich fundiert über mögliche Verbesserungen oder Veränderungen eines Lernprogramms entscheiden zu können.

Evaluationsergebnisse werden nicht nur von Wissenschaftler(inne)n gelesen und genutzt, sondern teilweise auch von Kundenunternehmen, potenziellen Teilnehmer/-innen, Auftraggeber(inne)n oder Lehrenden. Eine gute Darstellung der Ergebnisse versucht, die Perspektive dieser Nutzer einzunehmen sowie Daten und Ergebnisse so zu präsentieren, dass sie auf Fragen dieser Gruppen eine Antwort geben können. Evaluation hilft, zu bewerten und zu entscheiden – und dies sollte auch die Ergebnispräsentation unterstützen.

7 Evaluation als Dialoginstrument bei Online-Projekten

Es soll noch einmal ein besonderer Blick auf die Evaluation von Online-Projekten gerichtet werden (vgl. Mayer/Kriz 2010; Klimsa/Issing 2010). Digitale Medien können eine sehr kurzfristige Rückmeldung ermöglichen. Die Entwicklung digitaler Lernangebote war immer damit verbunden zu überprüfen, ob Lernende mit der angebotenen Soft- und Hardware tatsächlich gut umgehen konnten. Es ging darum, die Nutzerperspektive einzunehmen und die technische Handhabung der Lernprogramme so zu gestalten, dass die Lernenden sicher und einfach navigieren bzw. lernen konnten.

Wer einen Lernstoff an einem digitalen Medium bearbeitet, kann sehr einfach zu seinem aktuellen Lernempfinden online befragt werden. Es muss kein Fragebogen gesucht und per Post verschickt werden, sondern es führt ein in der Regel gut sichtbarer „Schaltknopf" zu einer entsprechenden Seite, in der die Rückmeldungen und Bewertungen nur eingegeben und direkt verschickt werden können. Das ist ein unschätzbarer Vorteil, da die Qualität der Evaluationsdaten von einer ausreichenden Rücklaufquote abhängt. Der Online-Aufwand ist gering, was die Teilnahmewahrscheinlichkeit erhöht. Es kann auch nur zu einzelnen Kriterien eine Einschätzung der Lernenden abgerufen werden („War die Übungsaufgabe verständlich beschrieben?"), da die Evaluationsfragen in das Lernprogramm integriert sind, und nicht erst zum Ende oder nach einer definierten Phase kumulativ erhoben werden.

Digitale Lernprogramme ermöglichen ein schnelles und direktes Feedback der Teilnehmer/-innen. Bereits während der Durchführung zeigen die Bewertungen der Lernenden, ob erfolgreich und zielführend gearbeitet werden kann. Dabei können sich die Online-Rückmeldungen auf die Lerninhalte (Praxisnähe, geeignete Auswahl, Schwierigkeitsgrad etc.), auf den Lernprozess (Aufnahme neuen Wissens durch verschiedene Medien, Transfer in die Praxis, Vertiefung etc.) oder auch die Nutzung (Handhabung der digitalen Geräte, Datenübertragung, Navigation und Orientierung etc.) beziehen. Die direkten Rückmeldungen der Teilnehmenden können auch eine

Erwartungshaltung erzeugen. Wenn bestimmte Teile eines Lernangebotes kritisiert worden sind, dann wird oftmals eine Reaktion der Lernprogrammverantwortlichen vorausgesetzt. Andernfalls kann durchaus die Bereitschaft zur Beantwortung der Evaluationsfragen sinken. Online-Befragungen erlauben aber auch eine kurzfristige Reaktion, weil der Teilnehmerkreis bekannt ist und direkt per Email erreicht werden kann. Auch wenn die eigentlichen Bewertungen anonymisiert durchgeführt werden, kann die gesamte Lerngruppe kontaktiert werden. Online-Befragungen werden dann zu einem effektiven Dialoginstrument zwischen Lehrenden und Lernenden. Sich aus den Evaluationsfragen ergebende Verbesserungen des Lernangebots können durchgeführt werden oder es kann zumindest mitgeteilt werden, dass Anregungen zukünftig aufgegriffen werden. Kontinuierliche Online-Evaluationen digitaler Lernprogramme können die Kommunikation mit den Lernenden zu einem konstruktiven Dialog werden lassen.

Noch erwähnt werden soll hier, dass Online-Erhebungen eine direkte und automatisierte Datenauswertung ermöglichen. Das Ergebnis liegt unmittelbar vor und kann auch den Lernenden anonymisiert zur Verfügung gestellt werden.

8 Zusammenfassung und Fazit

In diesem Aufsatz sind es drei zentrale Aussagen, die bei der Planung und Durchführung einer Evaluation unbedingt berücksichtigt werden sollten:

- **Jede Bildungsmaßnahme sollte systematisch bewertet werden können.**
  In der professionellen Bildungsarbeit kann auf eine systematische Bewertung der Abläufe und Ergebnisse nicht verzichtet werden. Ohne transparente Kriterien stehen Entscheidungen über Veränderung, Verbesserung oder Fortsetzung einer Bildungsmaßnahme auf einer unsicheren Basis. Dies gilt in gleicher Weise für die Bewertung der Leistungsfähigkeit einer Bildungseinrichtung. Eine Evaluation sichert die Bereitstellung valider Bewertungskriterien und kann sowohl bei kleinen Maßnahmen als auch bei großen Programmen wirkungsvoll umgesetzt werden.
- **Eine Evaluation ist eine interessengeleitete Bewertung von Bildungsmaßnahmen oder -institutionen.**
  In der ersten Phase ist ein Prozess zu moderieren, in dem vor allem die Interessen an der Evaluation systematisch herausgearbeitet werden müssen. In einer Evaluation geht es um die Bewertung von Lern- oder Bildungsprogrammen, aber auch um die Bewertung einer ganzen Bildungsorganisation oder einzelner Teilbereiche. Was konkret zu bewerten ist, hängt von den subjektiven Interessen der beteiligten Akteure ab. Dies gilt in gleicher Weise für die formative wie auch die summative Evaluation. Diese Arbeitsphase ist ein transparenter Kommunikationsprozess, an dessen Ende die verschiedenen Interessen an einer Evaluation dokumentiert und vereinbart sind. Auf dieser Grundlage können dann die eigent-

lichen Bewertungskriterien wissenschaftlich entwickelt werden. Dieser Prozess sollte professionell (gegebenenfalls extern) gesteuert und moderiert werden.
- **Eine Evaluation ist ein wissenschaftliches Verfahren zur Bereitstellung valider Bewertungskriterien.**

In der zweiten Phase geht es um die Entwicklung einer wissenschaftlichen Methodik für die Erhebung und Auswertung der Bewertungskriterien. Hier gelten die üblichen Maßstäbe wissenschaftlicher Arbeit. Es ist ein Erhebungsdesign zu entwickeln, das einen guten Feldzugang ermöglicht, und es sind Erhebungsmethoden zu erarbeiten, die verlässliche und aussagekräftige Daten und Ergebnisse liefern. Die Ergebnisse der Evaluation sind die Grundlage von Entscheidungsprozessen zur weiteren Gestaltung der Bildungsprogramme. Der Erkenntnisgewinn zur wissenschaftlichen Modell- und Theoriebildung steht nicht im Vordergrund.

9 Vertiefungsaufgaben und -fragen

1. In der wissenschaftlichen Arbeit ist die Einhaltung der wissenschaftlichen Gütekriterien eine unverzichtbare Grundlage. Bei der Evaluation geht es immer um eine Bewertung, die von verschiedenen Interessen abhängt. Welche Auswirkung hat dies auf die Planung und Durchführung einer Evaluationsmaßnahme und welche Probleme können auftreten?
2. Es wurde explizit darauf hingewiesen, dass eine Evaluation ein unverzichtbares Instrument sowohl für die Durchführung einer pädagogischen Maßnahme als auch für die Leistungsfähigkeit einer pädagogischen Organisation sein sollte. Begründen Sie den Stellenwert einer Evaluation für kleine, aber auch für große Bildungsprojekte. Wie entkräften Sie die aufgeführten Gegenargumente?
3. Zur Durchführung einer Evaluation kann ein externer Evaluator beauftragt, es können aber auch eigene Ressourcen genutzt werden. Beschreiben Sie die Vor- und Nachteile einer Fremd- und einer Selbstevaluation. Sind auch Konzeptionen vorstellbar, die sowohl externe als auch interne Ressourcen nutzen?
4. Wie unterscheidet sich die Evaluation von Online-Bildungsprojekten von traditionellen Lernangeboten. Welche besonderen Möglichkeiten und gegebenenfalls Risiken können Sie feststellen?

10 Literatur

Aeppli, Jürg/Gasser, Luciano/Gutzwiller, Eveline/Schärer, Annette T. (2014): Empirisches wissenschaftliches Arbeiten: Ein Studienbuch für die Bildungswissenschaften. Stuttgart: UTB.
AWO Bundesverband e. V. (Hrsg.) (2012): Schriftenreihe Theorie und Praxis 2012: Evaluation und Selbstevaluation in der Jugendsozialarbeit – eine Arbeitshilfe. Berlin.
Berger, Regine/Granzer, Dietlinde (2009): Praxishandbuch Selbstevaluation: Anwendung, Umsetzung und Vorlagen. Weinheim: Beltz.
Böttcher, Wolfgang/Dicke, Jan/Hogrebe, Nina (Hrsg) (2010): Evaluation, Bildung und Gesellschaft. Steuerungsinstrumente zwischen Anspruch und Wirklichkeit. Münster, New York, München, Berlin: Waxmann.
Dietzel, Benjamin (2014): Evaluationsverfahren als Ausgangspunkt für Diskussions- und Reflexionsprozesse. In: Qualität in der Wissenschaft 8, Nr. 2–3, S. 81–89.
Gollwitzer, Mario/Jäger, Reinhold S. (2014): Evaluation kompakt. Weinheim: Beltz.
Häring, Karin (2003): Evaluation der Weiterbildung von Führungskräften. Wiesbaden: Springer.
Hölbling, Gerhart/Stössel, Dieter/Bohlander, Hanswalter (2009): Bildungscontrolling: Erfolge messbar machen. Leitfaden für die Bildungspraxis Band 33. Bielefeld: Bertelsmann.
Kallus, Wolfgang K. (2010): Erstellung von Fragebogen. Stuttgart: UTB.
Kauffeld, Simone (2010): Nachhaltige Weiterbildung. Betriebliche Seminare und Trainings entwickeln, Erfolge messen, Transfer sichern. Heidelberg: Springer.
Klimsa, Paul/Issing, Ludwig (Hrsg.) (2010): Online-Lernen: Planung, Realisation, Anwendung und Evaluation von Lehr- und Lernprozessen online. München: Oldenbourg.
Kuckartz, Udo/Dresing, Thorsten/Rädiker, Stefan/Stefer, Claus (2008): Qualitative Evaluation: Der Einstieg in die Praxis. 2., aktualisierte Auflage. Wiesbaden: Springer VS.
Mayer, Horst Otto/Kriz, Willy (Hrsg.) (2010): Evaluation von eLernprozessen. München: Oldenbourg.
Meisel, Klaus/Feld, Timm C. (2009): Veränderungen gestalten: Organisationsentwicklung und -beratung in Weiterbildungseinrichtungen. Münster: Waxmann.
Nuissl, Ekkehard (2013): Evaluation in der Erwachsenenbildung. Bielefeld: Bertelsmann.
Porst, Rolf (2013): Fragebogen: Ein Arbeitsbuch. 4. Auflage. Heidelberg: Springer VS.
Reischmann, Jost (2006): Weiterbildungs-Evaluation: Lernerfolge messbar machen. 2. Auflage. Hergensweiler: ZIEL.

Teil III: **Evaluation in ausgewählten Bildungsorganisationen**

Ergin Focali
Evaluation in Kindertagesstätten

1 Gesellschaftspolitische und pädagogische Relevanz von Evaluation in Kindertagesstätten

In den letzten 20 Jahren hat die öffentliche und fachwissenschaftliche Diskussion um Qualitätsentwicklung und damit verbundene Evaluation in Kindertagesstätten[1] im deutschsprachigen Raum einen immensen Bedeutungszuwachs erfahren. Die vielfältigen Ursachen hierfür spiegeln gesellschaftliche Wandlungsprozesse und damit einhergehende veränderte Anforderungen an Tageseinrichtungen für Kinder wider.

Zu den Gründen für die vermehrte Auseinandersetzung um Verfahren zur Qualitätsentwicklung und Qualitätssicherung zählt der Diskurs um den vielfach beschworenen demografischen Wandel: So wird der „demographische Wandel [...] in Deutschland häufig als eine Gefahr für die ökonomische, kulturelle und soziale Entwicklung Deutschlands angesehen und der Geburtenrückgang primär als eine Bedrohung der Sicherheit der Renten dargestellt" (Bertram 2008, 4). Geburtenraten, die Vereinbarkeit von Familie und Beruf speziell auch für Frauen und Angebote frühpädagogischer Betreuung hängen aber unmittelbar zusammen, wie es zahlreiche Studien, aber auch ein Blick in die Nachbarländer belegen. Danach zeigt ein Vergleich der OECD, dass „Deutschland – was die Erwerbsbeteiligung kinderloser Frauen betrifft – sich international gut behaupten kann, dass Deutschland aber im Ranking der Staaten erstaunlich weit zurückfällt, wenn man prüft, wie stark sich Mütter mit mehreren Kindern aus dem Erwerbsleben zurückziehen. In Deutschland scheint also das Vorhandensein von Kindern die Erwerbsarbeit von Frauen stärker zu beeinträchtigen als in vielen anderen vergleichbaren Staaten" (BMFJS 2005).

Dies galt im Übrigen nicht für die DDR. Dort waren Tageseinrichtungen für Kinder, auch unter drei Jahren, seit den 1950er-Jahren beinahe flächendeckend vorhanden (vgl. Honig 2012, 94). Dies wirkt bis heute nach: „Mütter in den ostdeutschen Bundesländern sind [...] auch mit kleinen Kindern und mit größerer Kinderzahl noch sehr viel häufiger als Mütter in den westdeutschen Bundesländern auf einer Vollzeitstelle

---

[1] Wenn im Folgenden die Evaluation von Kindertagesstätten dargestellt wird, steht diese Begrifflichkeit synonym für alle frühpädagogischen Angebote der Kindertagesbetreuung. Gemeint sind Tageseinrichtungen für Kinder in Deutschland wie Krippen, Kindergärten und Horte. Diese frühpädagogischen Handlungsfelder „lassen sich nach Alter der Kinder unterscheiden: unter dem Begriff ‚Krippe' werden öffentlich finanzierte Betreuungsangebote für Kinder unter drei Jahren verstanden; Kindergärten sollen Einrichtungen für Kinder vom vollendeten dritten Lebensjahr bis zum Schuleintritt heißen; Horte richten sich an Schulkinder und sollen ihnen Angebote der Versorgung, Betreuung, Bildung und Erziehung machen" (Honig 2012, 92).

erwerbstätig" (BMFJS 2005). In der Bundesrepublik wurde der Ausbau von Kindertagesplätzen hingegen erst nach und nach forciert: „Während im Jahr 1970 im Bundesdurchschnitt nur für 32,9 % der Drei- bis Sechsjährigen ein Kindergartenplatz zur Verfügung stand [...], besuchen jetzt etwa 96 % der Kinder dieser Altersgruppe einen Kindergarten" (Fölling-Albers 2013, 37).

Mit der quantitativen Zunahme von frühpädagogischen Angeboten wuchs auch der Anspruch an die Qualität der Kindertageseinrichtungen, der allerdings spätestens mit dem sogenannten „PISA-Schock" fundamental erschüttert wurde. Hier zeigte sich unter anderem, dass die Qualitätsanforderungen deutscher Kindertagesstätten mit internationalen Standards nicht mithalten konnten (vgl. Fthenakis 2003; Landeszentrale für politische Bildung Baden-Württemberg 2014). Durch „PISA" wurde der „Bildungs- und Förderauftrag der Kindertageseinrichtungen nochmals ganz akut in den Vordergrund gerückt" (Esch u. a. 2006, 11). Frühkindliche Bildung und der damit verbundene Diskurs um die Qualität frühkindlicher Betreuung ist spätestens seit den Internationalen Vergleichsstudien PISA und IGLU vermehrt Gegenstand der bildungspolitischen pädagogischen Diskussion (vgl. Fölling-Albers 2013, 37).

Weiterhin muss in vorliegendem Zusammenhang der Umbau der öffentlichen Verwaltungen benannt werden, der, orientiert am neoliberalen *New Public Management-Modell*, zunehmend auch alle Bereiche der Kinder- und Jugendhilfe tangiert und von diesen ein dienstleistungsorientiertes Denken und Handeln einfordert (vgl. Kimmerle 2013, 153f.). „Dass viele Träger von Tageseinrichtungen in den letzten Jahren Konzepte der Qualitätssicherung und -entwicklung eingeführt haben, ist nicht zuletzt vor diesem Hintergrund zu sehen" (Esch u. a. 2006, 12).

Neben diesen eher gesellschaftspolitisch oder ökonomisch motivierten Argumenten führten aber auch fachwissenschaftliche Erkenntnisse und Grundlagenforschung zur frühkindlichen Entwicklung, nicht zuletzt auch die Befunde der neurowissenschaftlichen Forschung der letzten Jahre, zu einer auch qualitativ veränderten Diskussion und Weiterentwicklung der Anforderungen an Pädagogik im frühen Kindesalter. Dass die ersten Lebensjahre von entscheidender Bedeutung für den weiteren Lebensweg aber eben auch für die schulische Entwicklung sind, hat sich mittlerweile herumgesprochen. Die Frage aber, wie Tageseinrichtungen für Kinder den an sie gestellten Anforderungen hinsichtlich ihres Bildungsauftrages gerecht werden sollen, macht die Notwendigkeit systematischer Evaluation deutlich. Wie Laewen es ausdrückt, hat sich im Bereich der frühen Kindheit im vergangenen Jahrzehnt eine gravierende Veränderung vollzogen. So kam es zu einer Umgestaltung von Kindertagesstätten „von Betreuungseinrichtungen mit Bildungsauftrag zu Bildungseinrichtungen mit Betreuungsauftrag" (Laewen 2006, 103 zit. n. Fölling-Albers 2013, 44).

Allerdings hat der Forschungsstand offenbar noch nicht die Ebene des praktischen pädagogischen Handelns erreicht. So bleibt, wie die „Nationale Untersuchung zur Bildung, Erziehung und Betreuung in der frühen Kindheit" (NUBBEK) gezeigt hat, die „Qualität familienergänzender Arrangements hinter den hochgesteckten Erwartungen zurück" (Tietze u. a. 2013, 104). Aktuell lässt sich festhalten, „dass es um die frühkindliche Bildungsförderung im engeren Sinn in den bundesdeutschen Kindertageseinrichtungen schlecht bestellt ist" (Tietze u. a. 2013, 104). Spätestens hier wird die Verzahnung von gesellschaftspolitischer und pädagogischer Relevanz systematischer Evaluation im Bereich frühkindlicher Pädagogik sichtbar.

Qualitätsentwicklung und die damit verbundene Evaluation als Qualitätsmessungs- und Qualitätssicherungsverfahren in Kitas stehen also in einem Spannungsfeld aus ökonomischen, pädagogisch-fachlichen und gesellschaftspolitischen Motivationen und Zielrichtungen, was für die Durchführung und Adressierung dieser Verfahren von elementarer Bedeutung ist.

Ausgangspunkt der nachfolgenden Beschreibung von Evaluation als Verfahren der Qualitätsentwicklung und Qualitätsmessung in Kindertagesstätten ist zunächst ein Blick auf deren rechtliche Grundlagen. Im Weiteren werden die zentralen Begrifflichkeiten – Evaluation (hier auch die Bedeutung von Selbst- und Fremdevaluation) und Qualität (hier auch Dimensionen von pädagogischer Qualität) erörtert. Hierauf aufbauend werden Verfahren zur Qualitätsbestimmung und Qualitätsentwicklung in Kindertagestätten vorgestellt sowie exemplarisch ein Evaluationsdurchgang skizziert.

2 Evaluation von pädagogischer Qualität in Kindertagesstätten: Begrifflichkeit und rechtliche Grundlagen

Wenn im Vorliegenden die Evaluation von Kindertagesstätten beschrieben wird, so sind hiermit allgemein gesprochen, systematische Verfahren zur Qualitätsentwicklung und Qualitätssicherung in der Frühpädagogik gemeint. So wird der „Begriff Evaluation […] in der Früh- und Schulpädagogik auch im Sinne von Qualitätsentwicklungs- und Selbstbewertungsverfahren verwendet" (Carle/Metzen 2013, 858).

Die Notwendigkeit und Verpflichtung zur Evaluation frühkindlicher Bildungsarbeit ergibt sich aus den gesetzlichen Vorgaben, wie sie im Sozialgesetzbuch (SGB) VIII festgehalten sind. Im Paragrafen 22a SGB VIII heißt es dazu:

„Die Träger der öffentlichen Jugendhilfe sollen die Qualität der Förderung in ihren Einrichtungen durch geeignete Maßnahmen sicherstellen und weiterentwickeln. Dazu gehören die Entwicklung und der Einsatz einer pädagogischen Konzeption als Grundlage für die Erfüllung des Förderungsauftrages sowie der Einsatz von Instrumenten und Verfahren zur Evaluation der Arbeit in den Einrichtungen".

Somit schreibt das SGB VIII Evaluationen in Kindertagesstätten vor. Evaluation, also die „akkurate Einschätzung des Wertes einer Einrichtung oder Maßnahme mit Methoden und Instrumenten der empirischen Sozialforschung" (Kreft-Mielenz 1996, 189), kann dabei durch unterschiedliche methodische Verfahren geschehen. So gibt es unterschiedlichen Möglichkeiten von Messen, Einschätzen und

Evaluieren, diese müssen reliabel und valide sein. Dabei müssen „zwei Personen, die mit einem Verfahren die pädagogische Konzeption inhaltlich auswerten, zum gleichen Ergebnis kommen", um Zuverlässigkeit also Reliabilität für sich in Anspruch nehmen zu können (Becker-Stoll/Wertfein 2013, 851). Die Gültigkeit, also Validität meint, dass nur das abgebildet wird, was auch gemessen werden soll. Allerdings ist „,Messen' in pädagogischen Zusammenhängen ein eher selten angewandter Begriff" (Becker-Stoll/Wertfein 2013, 851). Die Begriffe Einschätzen oder Bewerten treffen die Zielrichtung der Evaluation im pädagogischen Bereich eher. Evaluationen können eher formativ ausgerichtet sein, hierbei ist es das Ziel, die evaluierte Maßnahme oder Einrichtung im Prozess der Untersuchung fortlaufend zu modifizieren, zum Beispiel bei mehrperspektivisch-prozesshaften Verfahren, wie sie weiter unten beschrieben werden. Demgegenüber stehen summative Evaluationen, die die Leistungsfähigkeit der untersuchten Maßnahme, zum Beispiel im Rahmen der Vergabe von Gütesiegeln, abschließend bewerten (vgl. Schreyer u. a. 2003, 352 f.). Den Trägern steht es frei, welche Qualitäts-Feststellungsverfahren sie anwenden (vgl. Schäfer 2003, 138).

In den jeweiligen Bundesländern sind es unterschiedliche Verfahren, die zur Anwendung kommen. Entscheidend sind unter anderem die jeweiligen Qualitätsvereinbarungen zwischen den Kostenträgern und den jeweiligen Trägern der Kinder- und Jugendhilfe.

Bei der Evaluation der pädagogischen Arbeit kommen aber in praktisch allen Verfahren Methoden der „Selbst- oder Fremdevaluation zur Anwendung" (Becker-Stoll/Wertfein 2013, 851).

Selbstevaluation meint „ein systematisches Nachdenken und Bewerten der eigenen beruflichen Praxis" (Becker-Stoll/Wertfein 2013, 852). Während eine unsystematische Reflexion des eigenen Handelns ja zumeist ständig stattfindet, ist die Selbstevaluation „stärker strukturiert und kriteriengeleitet" (Becker-Stoll/Wertfein 2013, 852). Sie erhöht „die individuellen Gestaltungsspielräume der Mitarbeiterinnen und kann sich darum auch positiv auf die Arbeitszufriedenheit auswirken" (Esch u. a. 2006, 247).

Während die Selbstevaluation auf einer Bewertung des eigenen beruflichen Handelns abzielt, ergänzt die Fremdevaluation diese durch externe geschulte Beobachter. Von daher erfordert die Fremdevaluation zumeist einen höheren organisatorischen und in der Regel auch finanziellen Aufwand (vgl. Becker-Stoll/Wertfein 2013, 852). Fremdevaluation sollte dabei „nicht nur als reines Kontrollinstrument betrachtet werden, weil es den Mitarbeiter/inne/n durch eine neutrale Außenperspektive die Möglichkeit der Reflexion und damit weitere Anknüpfungsmöglichkeiten für Verbesserungspotenziale bietet" (Esch u. a. 2006, 247).

Allgemein lässt sich festhalten: Evaluationen in Kindertagesstätten sind gesetzlich vorgeschrieben. Die Verfahren zur systematischen Überprüfung und Weiterentwicklung der Qualität der Einrichtung und der pädagogischen Arbeit sind dabei unterschiedlich und können intern und extern durchgeführt werden. Interne Evaluationen dienen dabei „der Selbstvergewisserung der Ebenen-Akteure, die externe Evaluation der Beratung der Zielvereinbarungserreichung" (Carle/Metzen 2013, 867). Hieraus ergibt sich allerdings die Frage der Operationalisierbarkeit von (pädagogischer) Qualität. Was heißt Qualität und wie lässt sie sich messen?

3 Zum Verständnis pädagogischer Qualität

Der heute verwendete Qualitätsbegriff stammt ursprünglich aus der Industrieproduktion, wo er dazu dient, die Güte eines Produktes zu bestimmen, und wurde im Rahmen betriebswirtschaftlicher Unternehmenskonzepte auf Dienstleistungsunternehmen im Allgemeinen übertragen. Dabei gehören Kindertagesstätten zu den sogenannten „komplexen Dienstleistungen", was eine der Schwierigkeiten bei der Bestimmung ihrer Qualität ausmacht (vgl. Esch u. a. 2006, 19). So stellt sich natürlich die Frage, was überhaupt Qualität im pädagogischen Zusammenhang ausmacht, woran man sie erkennen kann, immerhin wird man am Ende eines pädagogischen Prozesses selten über ein fertiges Produkt („fertig erzogenes Kind") verfügen.

Das in der Europanorm ISO 9000: 201-12 formulierte Verständnis von Qualität, wie es für Dienstleistungen zur Anwendung kommt und Grundlage für Qualitäts-Gütesiegel im Kindergartenbereich ist, führt nur bedingt weiter. Danach ist Qualität der „Grad, in dem ein Satz inhärenter Merkmale (An)Forderungen erfüllt". Vor diesem Hintergrund beschreibt Esch „Qualität als Denkeinheit, die nicht wirklich greifbar ist" (Esch u. a. 2006, 18).

Und so verwundert es nicht, dass es weder alltagssprachlich noch in der interdisziplinären, fachwissenschaftlichen Diskussion eine einheitliche Definition darüber gibt, was Qualität eigentlich ist, beziehungsweise was sie ausmacht. Das Verständnis von Qualität hängt vielmehr von den Zielen, Vorstellungen und Wünschen der jeweiligen Betrachter ab. In diesem Sinne hat auch jede Kindertageseinrichtung ihre eigene, spezifische Qualitätsvorstellung, „die sich in den eigenen, individuell gestalteten Qualitätsmerkmalen ausdrückt" (Franken o. J., 9).

Qualität ist in diesem Sinne in jedem Fall als dynamisch und veränderbar anzusehen. Sie muss immer im jeweiligen Zusammenhang gesehen werden. Geht man von Kindern (und deren Eltern) als Adressaten pädagogischen Handelns aus, so lässt sich mit Tietze pädagogische Qualität dahingehend definieren, dass diese gegeben ist, „wenn die jeweiligen pädagogischen Orientierungen, Strukturen und Prozesse das körperliche, emotionale, soziale und intellektuelle Wohlbefinden und die Entwicklung und Bildung der Kinder in diesen Bereichen aktuell wie auch auf Zukunft gerichtet fördern" (Tietze 2008, 17 zit. n. Becker-Stoll/Wertfein 2013, 847). Hiermit folgt das Verständnis pädagogischer Qualität von Tietze dem für Kindertagesstätten im § 22, 3 SGB VIII festgelegten „Förderungsauftrag", der die „Erziehung, Bildung und Betreuung des Kindes" umfasst und sich „auf die soziale, emotionale, körperliche und geistige Entwicklung des Kindes" bezieht.

Versteht man Betreuung, Bildung und Erziehung als Dienstleistungen, können Qualitätsmanagementkonzepte grundsätzlich auch auf den Betrieb von Kindertageseinrichtungen übertragen werden. Da aber Bildungsentwicklung von Kindern nicht nur in Kindertagesstätten, sondern in hohem Maße daheim in der Familie stattfindet, gilt es, auch die Bedürfnisse und Ansprüche der Eltern systematisch mitzuerfassen. In diesem Sinne orientiert sich Qualität in der Frühpädagogik also am Kindeswohl und an den Bedürfnissen seiner Eltern und entwickelt Standards, um die Entwicklung der Kinder zu erforschen (vgl. Becker-Stoll/Wertfein 2013, 846).

Schließlich berücksichtigt ein dienstleistungsorientiertes Qualitätsverständnis auch die Bedürfnisse und Zufriedenheit der Mitarbeiter(innen): „Mitarbeiterorientierung trägt der Tatsache Rechnung, dass qualitativ hochwertige Dienstleistungen am ehesten von qualifizierten, zufriedenen Beschäftigten erbracht werden können" (Esch u. a. 2006, 20).

Evaluation im frühpädagogischen Bereich dient also der „Sicherung und Weiterentwicklung des Bildungs-, Erziehungs- und Betreuungsauftrages in der Kindertagesstätte" (Schäfer 2003, 136). Hierbei fließen Informationen über Kinder und ihre Familien ebenso ein, wie solche über die pädagogische Arbeit in der Einrichtung, Tätigkeiten von Erzieher/-innen, Leitung und Träger, Mitarbeiterzufriedenheit usw. Zielsetzung ist die systematische Verbesserung der pädagogischen Arbeit in der Kindertagesstätte (vgl. Braun 2005). In diesem Sinne ist Qualitätsentwicklung in Kindergärten als Kreislaufprozess zu betrachten und gehört zum professionellen Handeln von pädagogischen Fachkräften dazu (vgl. Schubert/Herrnberger 2013, 190).

4 Dimensionen pädagogischer Qualität

Wie dargestellt, wird die zu evaluierende Qualität von Kindertageseinrichtungen als Dienstleistungsqualität aufgefasst. Dienstleistungen, insbesondere pädagogische, weisen eine hohe Komplexität auf, weshalb unterschiedliche Dimensionen der Qualität von Dienstleistungen differenziert werden und es unterschiedliche Zugänge zur Bestimmung von Qualität gibt. Klassisch werden für Dienstleistungsunternehmen die folgenden Dimensionen von Qualität unterschieden:
- Strukturqualität
- Prozessqualität
- Ergebnisqualität

Betrachtet man zunächst diese drei klassischen Ebenen der Qualitätsentwicklung, so lassen sich diese wie folgt skizzieren:

Mit Strukturqualität sind Faktoren gemeint, die als „Rahmenbedingungen [...] situationsunabhängig und zeitlich stabil sind" (Schubert/Herrnberger 2013, 173). Hierzu zählen:
- Gruppengröße
- Erzieher-Kind-Schlüssel
- räumlichen Bedingungen (qm pro Kind)

- Qualifikation der pädagogischen Fachkräfte durch Aus- und Weiterbildung
- Vorbereitungszeit
- Kontinuität der pädagogischen Fachkräfte
- Einkommen des Personals (vgl. Becker-Stoll/Wertfein 2013, 848)

Bei der Evaluation von frühpädagogischer Qualität erscheint die Strukturqualität am einfachsten erfassbar. So sind Aussagen über Gruppen- oder Raumgröße relativ einfach quantifizierbar. Schwieriger ist die Bestimmung beziehungsweise Messung oder Evaluation der Prozessqualität. Diese meint im weitesten Sinne die pädagogischen Interaktionen und Dynamiken in der pädagogischen Handlung. „Prozessqualität bezieht sich dabei auf das Gesamt der Interaktionen und Erfahrungen, die das Kind in der Kindergartengruppe mit seiner sozialen und räumlich-materiellen Umwelt macht" (Tietze 2003, 406).

Betrachtet man schließlich die Ergebnisqualität, verweist diese in Produktionsprozessen auf den „Output". Gerade die Erfassung der Ergebnisqualität für frühkindliche Bildungsprozesse muss, wie schon weiter oben angedeutet, als problematisch eingeschätzt werden:

> Es ist schon erhebungstechnisch kaum möglich, in der Messung von kindlicher Entwicklung, insbesondere in den ersten Lebensjahren, den Einfluss der Familie herauszuhalten. Woher weiß man, dass das Kind, das Linien genau schneidet, mit der Kinderschere nicht zu Hause lernt? Wie kann man das bei der Vielzahl von Kindern und den umfangreichen Lern- und Entwicklungsthemen so genau bestimmen? Ist es die Leistung der Kindertagesstätte oder die der Eltern? Oder hat das eine oder andere Kind „trotz Kindergarten" schneiden gelernt? Wahrscheinlich ist es das Zusammenspiel der Familie und der Erzieherinnen, was das Lernen des Kindes erfolgreich macht (Schubert/Herrnberger 2013, 176).

Deshalb wird speziell für pädagogische Dienstleistungen eine weitere Qualitätsdimension benannt:
- Orientierungsqualität (vgl. Tietze 2003, 407; Schubert/Herrnberger 2013, 173).

Die Orientierungsqualität „spiegelt das Bild vom Kind, welches die pädagogische Fachkraft vertritt und in ihrer Auffassung über Bildung und Entwicklung sowie im konkreten Erziehungsziel sowie Erziehungsmaßnahmen zum Ausdruck kommt" wider (Becker-Stoll/Wertfein 2013, 808). Hier kommen Werte, Normen und die pädagogischen Grundhaltungen zum Ausdruck (vgl. Schubert/Herrnberger 2013, 174). Tietze führt aus:

> Orientierungsqualität bezieht sich auf all die professionellen Leitbilder, pädagogischen Vorstellungen, Werte und Überzeugungen der an den pädagogischen Prozessen unmittelbar beteiligten Erwachsenen. Es geht dabei um durch die Profession legitimierte und gestützte Orientierung, um Vorstellungen über kindliche Bildung und Entwicklung und darüber, wie diese gestützt werden kann, und um pädagogische Ziele und Normen. Solche professionellen Orientierungen werden in der Ausbildung erworben und durch Fortbildung erweitert (Tietze 2003, 407 f.).

In jüngster Zeit werden innerhalb der bundesdeutschen Fachdiskussion um die Kindertagesstättenqualität zwei weitere Qualitätsdimensionen beschrieben:
- Kontextqualität
- Organisations-und Managementqualität (vgl. Schubert/Herrnberger 2013, 173)

Kontextqualität umfasst externe Unterstützungssysteme wie Fachberatung, Management- und Organisationsqualität, alle Fragen des Managements, der Leitung und Qualitätsentwicklung. Hierzu gehören unter anderem Transparenz von Entscheidungsprozessen, Beschwerdeverfahren, Moderation von Teamprozessen (vgl. Schubert/Herrnberger 2013, 174).

Es lässt sich zusammenfassen, dass ein dienstleistungsorientierter Qualitätsbegriff, der auf die pädagogische Qualität in Kindertagesstätten angewandt und diesbezüglich evaluiert werden soll, auf folgende Aspekte abzielt:
- Strukturdaten: personale, sachliche und immaterielle Ressourcen
- Kontext- und Organisationsqualität: Management und externe Unterstützung
- Orientierungsqualität: Ausrichtung auf das Kind und seine Familie
- Prozessqualität: Zusammenarbeit aller Beteiligter (vor allem Erzieher/-innen, Eltern, Kinder)

Die ermittelten Evaluationsdaten bzw. Qualitätshinweise können nicht auf andere Einrichtungen generalisiert werden, da sie ortsgebunden bzw. sozialraumgebunden sind (vgl. Esch u. a. 2006, 20). Strukturqualität (z. B. personale, soziale und räumlich-materielle Bedingungen), Orientierungsqualität (Konzepte, Vorstellungen, Werte) sowie Kontext- und Organisationsqualität (als erweiterte Strukturqualität) machen den Input des pädagogischen Settings aus, die Prozessqualität, also die realisierte Pädagogik, den Output.

Das angestrebte Ergebnis pädagogischen Handelns, also das eigentliche Ziel („fertig erzogenes Kind"), kann aufgrund der komplexen Wirkzusammenhänge (Elternhaus, persönliche Disposition, soziales Umfeld, Vorerfahrungen) nicht valide gemessen werden. Diese Ergebnisqualität kann in Anlehnung an Tietze als Outcome, als Effekt bezeichnet werden. Die These ist aber, dass die Verbesserung der messbaren Items Input (Orientierungs- und Strukturqualität) und Output (Prozessqualität) zu einer Erhöhung des nicht valide messbaren Outcome, dem Kindeswohl, führt. Eine „einseitige Orientierung an der Ergebnisqualität" ist aufgrund der komplexen Wirkfaktoren im frühpädagogischen Bereich „nicht üblich" (Schubert/Herrnberger 2013, 190).

5 Verfahren zur Qualitätsmessung und Qualitätssicherung

In der Bundesrepublik gibt es zahlreiche gängige Verfahren zur Evaluation von Kindertagesstätten. Die Auswahl der Verfahren ist von Träger zu Träger, aber auch von Bundesland zu Bundesland unterschiedlich. Dabei können grundsätzlich Zugänge unterschieden werden, die eher summativ ausgerichtet auf die Vergabe eines Gütesiegels (Beispiel DIN ISO 9000:2000) abzielen. Zum anderen gibt es eher formativ, also auf fortlaufende Modifikation ausgerichtete Verfahren, zum Beispiel mehrperspektivische Qualitätsmanagementverfahren (vgl. Schubert/Herrnberger 2013, 177). Herausragende Stellung in der allgemeinen Fachdiskussion nehmen unter anderem folgende Verfahren ein:
- Die Verfahren nach DIN ISO 9000 ff. und *Total Quality Management* (TQM),
- Verfahren zur Einschätzung der pädagogischen Prozessqualität wie der Nationale Kriterien Katalog (NKK) oder die Kindergarten Einschätz-Skala (KES-R),
- Dialogische Auseinandersetzungen aller Beteiligter mit den zu evaluierenden pädagogischen Qualitätsmerkmalen in Anlehnung an den Situationsansatz (Qualität im Situationsansatz – QuaSi – und Kronberger Kreis).

Ausgewählte Verfahren sollen im Folgenden kurz skizziert werden.

Beispiele für Gütesiegel: Verfahren nach DIN ISO 9000 ff.
Die Verfahren nach DIN ISO 9000 gehen nicht von pädagogisch fachlichen Merkmalen beziehungsweise Standards aus, sondern legen dienstleistungsorientierte Methoden der Qualitätsverbesserung zugrunde und bewerten deren Umsetzung. Das Zertifizierungsverfahren nach DIN ISO 9000:2000 ist ursprünglich für Produktionsbetriebe, Handels- oder Dienstleistungsunternehmen konzipiert. Von daher können mit diesem Verfahren „keine direkten Aussagen über die pädagogische Qualität von Kindertagesstätten getroffen werden" (Schubert/Herrnberger 2013, 185). Allerdings können Aussagen darüber getroffen werden, ob Kundenzufriedenheit hergestellt wird, beziehungsweise es zur Erfüllung von Kundenwünschen kommt, was als entscheidende Qualität angesehen wird. Vor allem die großen Trägerverbände (z. B. *Paritätischer Wohlfahrtsverband* oder *Arbeiterwohlfahrt*) nutzen die Möglichkeit solcher Zertifizierungen. Einige Träger haben dabei eigene fachlich pädagogische Ansprüche mit der Normreihe verknüpft. Maßgeblich für die Evaluation ist die Einrichtungsqualität, nicht die Produkt-/Ergebnis- bzw. Output-Qualität. Über ISO 9000 ff. hinausgehende Qualitätsmanagement-Verfahren sind: DIN EN ISO 9002 sowie *Total Quality Management* (T. Q. M).

Beispiel für Verfahren zur Einschätzung der pädagogischen Prozessqualität anhand von Einschätz-Skalen

KES-R meint die Kindergartenskala, mit deren Hilfe sich eine Reihe von Einrichtungen evaluieren. Diese von Tietze u. a. (2004) entwickelten Skalen werden fortlaufend aktualisiert und sind im deutschsprachigen Raum ebenso wie international etabliert. Hier werden Sicherheits- und Gesundheitsaspekte ebenso evaluiert wie „Anregungen und Aktivitäten für Kinder, die Interaktionsqualität zwischen den Erzieher/-innen und den Kindern, die Strukturierung der pädagogischen Arbeit sowie Merkmale die Erwachsene betreffend wie die Information von Eltern oder Aspekte der Arbeitsplatzqualität" (Schubert/Herrnberger 2013, 183). Über 1000 Qualitätskriterien stellt der „Nationale Qualitätskriterien Katalog" (NKK) zur Verfügung, der für die Evaluation in Tageseinrichtungen für Kinder von 0 bis 6 Jahren konzipiert ist. Weitere Skalen unter „Einbeziehung aller Bildungspläne in Deutschland und internationaler Standards" haben Schlecht u. a. (2008) vorgelegt.

Beispiel für ein Dialogisches Verfahren: Qualitätsentwicklung in Anlehnung an den Situationsansatz (QuaSi)

Der Mitte der 1970er-Jahre entwickelte Situationsansatz orientiert sich nicht an vorab bestimmten Bildungszielen oder zu erwerbenden Kompetenzen, „sondern rückt kindliche Lebenssituationen [...] und die zu ihrer Bewältigung erforderlichen Sozial- und Sachkompetenzen des Kindes in den Mittelpunkt der pädagogischen Arbeit" (Tietze 2013, 15). Somit wird in der pädagogischen Arbeit in Anlehnung an den Situationsansatz grundsätzlich von den sozialen und kulturellen Lebenssituationen der Kinder und ihrer Familien ausgegangen. Deshalb befinden sich Erzieher/-innen, Kinder und Eltern in einem fortlaufenden Austauschprozess. Vor diesem Hintergrund handelt es sich bei QuaSi um ein dialogisches Prinzip, weil Qualität nicht als objektiv feststehend aufgefasst wird, sondern immer von den Erwartungen, Wünschen und Ansprüchen aller Beteiligter abhängt, die es gilt, systematisch zu evaluieren. Hierzu werden unterschiedliche Methoden wie Gruppendiskussion, Befragung, Beobachtung, Dokumentenanalyse und andere eingesetzt.

Die Durchführung einer Evaluation soll im Folgenden exemplarisch vorgestellt werden.

6 Exemplarischer Ablauf einer Evaluationsmaßnahme: Implementierung des Berliner Bildungsprogramms

6.1 Grundsätzliche Zugänge

Vor der Durchführung von Evaluationen in Kindertagesstätten gilt es grundsätzlich, die allgemeinen Schritte der Evaluation zu klären. Dies ist sowohl für den Evaluationsprozess als Forschungssetting als auch für die Akzeptanz und Transparenz seitens der Belegschaft notwendig. So beschreibt Schäfer Transparenz als Voraussetzung für eine gelingende Evaluation. Hierzu gehören Klarheit über Zielsetzungen des Evaluationsvorhabens, Umgang und Konsequenzen aus den Ergebnissen, Berücksichtigung der Bedürfnisse aller Beteiligten, Bereitstellung von finanziellen und zeitlichen Ressourcen (vgl. Schäfer 2003, 136).

Erste allgemeine Schritte sind
- Klärung von Evaluationszielen (z. B. gesetzliche Grundlagen, Gütesiegel, Verbesserung der pädagogischen Qualität),
- Bedingungen der Evaluation (z. B. Ressourcen, Dauer, Aufwand),
- Fragestellung der Evaluation (z. B. Umsetzung des Bildungsprogrammes, Strukturverbesserung).

Weiterhin müssen vor jedem Evaluationsprozess die Verfahren, Instrumente, Art und Umfang der Beteiligung, organisatorische Abläufe und Umgang mit den Ergebnissen geklärt werden.

Dabei muss zwischen der internen und der externen Evaluation unterschieden werden.

Zu gängigen Methoden der internen, also der Selbstevaluation gehören unter anderem:
- strukturierte Gruppendiskussion,
- strukturierte kollegiale Beobachtung,
- Eltern-Fragebogen,
- Dokumentenanalyse, zum Beispiel Konzeption und ähnliches (vgl. Esch u. a. 2006, 234 f.).

Exemplarisch werden Methoden der externen Evaluation im Folgenden aufgezeigt.

6.2 Evaluation zur Implementierung des Berliner Bildungsprogrammes

Im Rahmen der Qualitätsvereinbarung Kindertagesstätten (QVTAG) werden alle Berliner Kindertagesstätten in einem Fünfjahresrhythmus durch einen von der Berliner Senatsverwaltung zertifizierten Anbieter evaluiert. Diese externe Evaluation ist verpflichtend und dient der kontinuierlichen Qualitätsentwicklung und Qualitätssicherung auf der Grundlage des Berliner Bildungsprogramms (vgl. Becker-Stoll/Wertfein 2013, 854). Verantwortlich für die Sicherung dieser Qualitätsvereinbarung zwischen Politik und Kitas ist das *Berliner Kita Institut für Qualitätsentwicklung* (BeKi), das den Gesamtprozess der externen Evaluation koordiniert, steuert und begleitet. Ziel ist es dabei, den Kindertagesstätten eine fachlich begründete Fremdeinschätzung zu ihrer pädagogischen Arbeit hinsichtlich der Umsetzung des Berliner Bildungsprogrammes (BBP) zu geben. Das BBP liegt seit September 2004 vor und legt fest,

- in welcher **Zielrichtung** Kinder bei der Ausschöpfung ihrer individuellen Möglichkeiten zur Aneignung von Welt unterstützt werden sollen,
- welchen **Bildungsinhalten** Kinder während ihrer Zeit in der Kita begegnen sollten und vor allem,
- welche **Aufgaben Erzieherinnen und Erzieher** haben, um Kinder darin zu unterstützen, sich die Kompetenzen für ein selbständiges und verantwortungsvolles Denken und Handeln in ihrem heutigen und späteren Leben anzueignen (Preissing 2007).

Die interne Evaluation soll dabei zu einem „intensiven Prozess der Reflexion und Einschätzung der eigenen Arbeit" (Heller/Preissing 2007, 4) im gesamten Team der Kita führen und wird in der Regel durch Kita-Leitung oder externe Fachkraft angeleitet. Materialien zur internen Evaluation zum Berliner Bildungsprogramm stellt das Land Berlin allen Trägern und Kitas zur Verfügung.

Evaluiert werden individuelle („Wie arbeite ich?") und einrichtungs- bzw. teambezogene Aspekte („Wie arbeiten wir?"). Hierzu gehören unter anderem folgende Fragen:

- Wo liegen unsere Stärken?
- Was gelingt uns gut?
- Was müssen wir neu durchdenken?
- Wo gibt es Veränderungsbedarf?
- Was ist zur weiteren Qualitätsentwicklung zu tun? (Heller/Preissing 2007, 4).

Die interne Evaluation verläuft wie folgt:
- Strukturierte Selbsteinschätzung jeder einzelnen Erzieherin: Anhand vorgegebener Werteskalen werden Qualitätskriterien kritisch beleuchtet, um das Niveau der Qualitätsentwicklung in Bezug auf die Implementierung des BBP einzuschätzen.
- Strukturierte Gruppendiskussion: Auf Basis der Evaluationsfragen und Qualitätskriterien wie in der Selbsteinschätzung werden Meinungen und Beurteilungen zur Arbeit des gesamten Teams bei der Realisierung des Berliner Bildungsprogramms geklärt. Eltern oder Trägervertreter können hierzu eingeladen werden.

- Festlegung von Schritten zur weiteren Umsetzung des Berliner Bildungsprogramms.

Bei der externen Evaluation geht es vor allem darum, Perspektiven der Trägervertretung, der Kita-Leitung, der Erzieher/-innen, der Einrichtung und der Eltern in ihrer Arbeit sichtbar zu machen bzw. zu berücksichtigen. Dazu gehören Aussagen zur mittelbaren wie unmittelbaren Arbeit mit den Kindern, zur Zusammenarbeit im Team und zur Gestaltung der partnerschaftlichen Zusammenarbeit mit den Eltern.

Dabei kommen unter anderem folgende in Tabelle 1 dargestellte Methoden zur Anwendung:

Tab. 1: Evaluationsmethoden (eigene Darstellung; für ausführliche Informationen vgl. Senatsverwaltung für Bildung, Jugend und Wissenschaft 2015).

Allgemeine Einschätzungen	Mündliche Befragungen	Beobachtungen	Schriftliche Befragungen
Dokumentenanalyse	Mündliche Befragung von Eltern	Beobachtung der Erzieher-Eltern-Interaktionen	Fragebogenerhebung bei pädagogischen Fachkräften
Einschätzung der Raumqualität	Mündliche Befragung von pädagogischen Fachkräften	Beobachtung der Erzieher-Kind-Interaktionen	Fragebogenerhebung der Leitungsperspektive
Einschätzung der Materialien	Mündliche Befragung der KitaLeitung	Beobachtung der Kind-Kind-Interaktionen	Fragebogenerhebung beim Träger
Gruppendiskussionen	Mündliche Befragung eines Trägervertreters	Beobachtung der Erzieher-Erzieher-Interaktionen	Fragebogenerhebung bei Eltern

Der Ablauf der Evaluation kann dabei wie folgt gestaltet werden:
- Eröffnungsgespräch
- Dokumentenprüfung
- Rundgang Kita
- Hospitation in den Gruppen
- Gespräche über das Evaluationsthema (BBP) mit: Team; Leitung/Träger; Eltern
- Beobachtungen
- Gruppendiskussion mit Erzieher(inne)n
- Interviews mit Erzieher(inne)n und der Leitung

Nach Auswertung der Daten erhalten Träger und Kita-Team eine individuelle Rückmeldung (persönliches Rückmeldegespräch) und einen Evaluationsbericht. Der Bericht enthält Aussagen zur erreichten Qualität (genaue Beschreibung und Wertschätzung von Erreichtem), Entwicklungschancen und -notwendigkeiten sowie konkrete Empfehlungen für die Weiterentwicklung der pädagogischen Qualität in der Einrichtung.

7 Fazit, Ausblick, Kritik

Der Diskurs um Qualitätsentwicklung und Qualitätssicherung in Tageseinrichtungen für Kinder und somit um die Evaluation frühkindlicher Bildungsprozesse hat seit einigen Jahren Hochkonjunktur. Die unterschiedlichen Gründe hierfür wurden benannt.

Die gesellschaftspolitische Bedeutung von Kindergärten ist seit Friedrich Fröbel bekannt. Fröbels Vision war die eines allgemeinen Kindergartens als erster Stufe des deutschen Bildungswesens und Vermittlungsinstanz zwischen Familienerziehung und Schulunterricht (vgl. Liegle 2012, 20). So wurden Kindergärten in ihrem Ursprung im ausgehenden 19. Jahrhundert von Friedrich Fröbel „als ergänzende Erfahrungswelt für Kinder konzipiert" (Honig 2012, 93), womit ein „pädagogischer Bildungsauftrag" verbunden war. Fröbels Idee einer frühpädagogischen „Menschenerziehung" ging somit weit über das Prinzip von Betreuungsanstalten, die es zu dieser Zeit schon gab, hinaus. Pädagogische Qualität im Elementarbereich hat hier ihren Ausgangspunkt.

Aber erst in den letzten 20 Jahren ist dieser Anspruch in der Bundesrepublik Deutschland wieder verstärkt in den Blick geraten. Gründe hierfür sind unter anderem der sozialintegrative Charakter öffentlicher Erziehung im Allgemeinen, Herstellung von Chancengleichheit, die Förderung der Vereinbarkeit von Familie und Beruf sowie ein Verständnis über die Bedeutung frühkindlicher Entwicklung nach dem Motto: „Auf den Anfang kommt es an".

Es muss aber auch festgehalten werden, dass es ökonomische Gesichtspunkte waren, die den Anstoß für die aktuelle Qualitätsdebatte gegeben haben. Verknappte Ressourcen, ein neues, anderes Verständnis im Verhältnis zwischen Staat und Bürger, letztlich der Umbau des Sozialstaates für die Erfordernisse einer immer stärker wettbewerbsorientierten Gesellschaft waren die Auslöser für diesen Diskurs.

Ein kritischer, d. h. prüfender Blick auf diese Entwicklung ist allenfalls marginal zu finden oder wird mit Unverständnis abgetan (vgl. z. B. Wehrmann 2004, 430). Es ist längst Standard, pädagogisches Handeln mit einem der Dienstleistung entlehnten Qualitätsverständnis zu bewerten. Und wer würde schon ernsthaft gegen Qualität in pädagogischen Einrichtungen plädieren? Soweit so gut. Das Dilemma macht hingegen Schäfer (2003, 13) deutlich: „Bildungsqualität zu verbessern, gelingt aber auch nicht dadurch, dass man in erster Linie klar definierte Standards ausweist, ständig überprüft und Förderziele festgelegt". Insofern muss systematisch gefragt werden, inwieweit die Evaluation pädagogischer Qualität sich wirklich am Kindeswohl orientiert, bzw. wieweit Bildungsansprüche zur Institutionalisierung von früher Kindheit führen, die schließlich nur noch auf eine bessere Nutzung des „Humanvermögens" hinauslaufen (vgl. Fölling-Albers 2013, 45).

Evaluation gehört – unabhängig von der Wettbewerbsorientierung – wie selbstverständlich immer schon zu pädagogischem Handeln. Genau genommen, sind es gerade die Handlungsschritte „Planen, Durchführen, Auswerten"", die ein pädagogisches Setting manifestieren und von erzieherischem Alltagshandeln zum Beispiel der Eltern abheben. Allerdings ist es, wie Esch ausführt, angesichts einer vielfach vorfindbaren Ressourcenverknappung schwierig, Akzeptanz für neue Konzepte zu finden, sind sie doch immer – und oft auch nicht zu Unrecht – dem Verdacht ausgesetzt, als Legitimierung für Einsparstrategien missbraucht zu werden (vgl. Esch u. a. 2006, 13). In Zeiten zunehmend verknappter Ressourcen (z. B. die fehlende monetäre Anerkennung erzieherischer Tätigkeit) ließe sich also schon fragen, ob die Investitionen in Dauerevaluationen wirklich pädagogische Qualität verbessern, oder ob es vielmehr Organisations- und Prozessentwicklungen, wie zum Beispiel bedarfsgerechte Fortbildungsveranstaltungen sind, die zum gewünschten Outcome, dem Kindeswohl beitragen. Eine Qualitätsoffensive, die am Kindeswohl orientiert ist, evaluiert die Vorgaben der politischen Entscheidungsträger und modifiziert diese fortlaufend. Frühpädagogische Qualität benötigt angemessene Ressourcen. Diese können nicht aus den Einrichtungen selbst generiert werden. Insofern gilt es, festzuhalten: Qualität ist nur dort, wo es den Kindern zugute kommt. So geht es letztlich bei jeder Evaluation von Prozessen frühkindlicher Bildung um die Frage, was gute Kindheit ausmacht. Dies muss Grundlage jeder Evaluation im Bereich der Frühpädagogik sein.

8 Vertiefungsaufgaben und -fragen

1. Benennen Sie Gründe und Ursachen für die Notwendigkeit systematischer Evaluation in Kindertagesstätten.
2. Diskutieren Sie die Bedeutung von Evaluationen in diesem Arbeitsfeld.
3. Was versteht man unter Qualität und was versteht man insbesondere unter pädagogischer Qualität?
4. Nennen Sie konkrete Beispiele, worin sich pädagogische Qualität zeigt.
5. Unterscheiden Sie anhand konkreter Beispiele die unterschiedlichen Dimensionen pädagogischer Qualität.
6. Benennen sie unterschiedliche Zugänge zur Evaluation von Kindertagesstätten.
7. Diskutieren Sie das „Für und Wider" von Gütesiegeln oder mehrperspektivischen Qualitätsentwicklungsverfahren in Kindertagesstätten.
8. Worin könnte eine Kritik am Evaluation-Paradigma im Arbeitsfeld Frühpädagogik begründet sein?

9 Literatur

Becker-Stoll, Fabienne/Wertfein, Monika (2013): Qualitätsmessung und Qualitätsentwicklung in Kindertageseinrichtungen. In: Stamm, Margrit/Edelmann, Doris (Hrsg.): Handbuch frühkindliche Bildungsforschung. Wiesbaden: Springer VS, S. 845–856.

Bertram, Hans (2014): Bevölkerungspolitik, Migration, alternde Gesellschaft, Jugendpolitik und Wandel des öffentlichen Bewusstseins. URL: https://www.sowi.hu-berlin.de/lehrbereiche/mikrosoziologie/profbertram/publikationen/2008/Enquete-Kommission (Stand: 31.10.2014).

BMFJS – Bundesministerium für Familie, Senioren, Frauen und Jugend (2005): Vereinbarkeit von Familie und Beruf – Genderreport. URL: http://www.bmfsfj.de/doku/Publikationen/genderreport/5-vereinbarkeit-von-familie-und-beruf.html (Stand: 02.12.2014).

Braun, Ulrich (2005): Evaluation in Kindertageseinrichtungen. In: KiTa aktuell NRW, Nr. 11/2005, S. 230–232; URL: http://www.kindergartenpaedagogik.de/1400.html (Stand: 06.12.2014).

Carle, Ursula/Metzen, Heinz (2013): Evaluation und Frühpädagogik. In: Stamm, Margrit/Edelmann, Doris (Hrsg.): Handbuch frühkindliche Bildungsforschung. Wiesbaden: Springer VS, S. 857–874.

Diller, Angelika/Leu, Hans Rudolf/Rauschenbach, Thomas (Hrsg.) (2005): Der Streit ums Gütesiegel. Qualitätskonzepte für Kindertageseinrichtungen. München: Verlag Deutsches Jugendinstitut e. V.

Dippelhofer-Stiem, Barbara (2012): Beruf und Professionalität im frühpädagogischen Feld. In: Fried, Lilian/Roux, Susanna (Hrsg.): Pädagogik der frühen Kindheit. Weinheim und Basel: Beltz, S. 129–163.

Esch, Karin/Klaudy, Elke Katharina/Micheel, Brigitte/Stöbe-Blossey, Sybille (2006): Qualitätskonzepte in der Kindergartenbetreuung. Ein Überblick. Wiesbaden: VS.

Focali, Ergin/Kimmerle, Christoph/Naumann, Gabriela (Hrsg.) (2013): Zukunft. Erziehen. Grundlagen, Perspektiven, Kontroversen der sozialpädagogischen Ausbildung. Berlin: Dohrmann.

Fölling-Albers, Maria (2013): Erziehungswissenschaft und frühkindliche Bildung. In: Stamm, Margrit/Edelmann, Doris (Hrsg.): Handbuch frühkindliche Bildungsforschung. Wiesbaden: Springer VS, S. 37–50.

Franken, Bernd (o. J.): Kindergarten heute – Qualitätsentwicklung (Titelnummer 232, aktualisierte Neuauflage). Freiburg im Breisgau: Herder.

Fthenakis, Wassilios E. (Hrsg.) (2003): Elementarpädagogik nach PISA. Wie aus Kindertagesstätten Bildungseinrichtungen werden können. Freiburg im Breisgau: Herder.

Heller, Elke/Preissing, Christa (2007): Materialien für die interne Evaluation zum Berliner Bildungsprogramm. URL: http://www.daks-berlin.de/downloads/material_interne_evaluation_bbp.pdf (Stand: 06.12.2014).

Honig, Michael-Sebastian (2012): Frühpädagogische Einrichtungen. In: Fried, Lilian/Roux, Susanna (Hrsg.): Pädagogik der frühen Kindheit. Weinheim und Basel: Beltz, S. 91–126.

Kimmerle, Christoph (2013): Ambivalente Auswirkung einer Ökonomisierung? Hintergründe, Prämissen und Leitbilder des Diskurses zur Organisations- und Qualitätsentwicklung in der Kinder- und Jugendhilfe. In: Focali, Ergin/Kimmerle, Christoph/Naumann, Gabriela (Hrsg.) (2013): Zukunft. Erziehen. Grundlagen, Perspektiven, Kontroversen der sozialpädagogischen Ausbildung. Berlin: Dohrmann, S. 153–156.

Kreft, Dieter/Mielenz, Ingrid (1996): Wörterbuch der Sozialen Arbeit. Aufgabenfelder, Praxisfelder, Begriffe und Methoden der Sozialarbeit und Sozialpädagogik. 4. Auflage. Weinheim und Basel: Beltz.

Landeszentrale für politische Bildung Baden-Württemberg (2014): Kindergarten-PISA. URL: http://www.lpb-bw.de/kindergarten-pisa.html (Stand: 06.12.2014).

Liegle, Ludwig (2012): Kindheit und Kind. In: Fried, Lilian/Roux, Susanna (Hrsg.): Pädagogik der frühen Kindheit. Weinheim und Basel: Beltz, S. 14–56.
Preissing, Christa (Hrsg.) (2007): Materialien für die interne Evaluation zum Berliner Bildungsprogramm. URL: https://www.berlin.de/imperia/md/content/sen-familie/kindertagesbetreuung/qvtag_anlage1.pdf?start&ts=1426771372&file=qvtag_anlage1.pdf (Stand: 09.01.2016).
Preissing, Christa/Heller, Elke (Hrsg.) (2009): Qualität im Situationsansatz. Qualitätskriterien und Materialien für die Qualitätsentwicklung in Kindertageseinrichtungen. Berlin, Düsseldorf, Mannheim: Cornelsen.
Schäfer, Gerd E. (Hrsg.) (2003): Bildung beginnt mit der Geburt. Ein offener Bildungsplan für Kindertageseinrichtungen in Nordrhein-Westfalen. Weinheim, Basel, Berlin: Beltz.
Schlecht, Daena/Förster, Charis/Wellner, Beate/Mörth, Annedore (2008): Kita – Wie gut sind wir? Skalen zur Einschätzung der pädagogischen Qualität nach internationalen Standards unter Einbeziehung aller Bildungspläne in Deutschland. Berlin, Düsseldorf, Mannheim: Cornelsen.
Schreyer, Inge/Hansen, Kirsten/Kalicki Bernhard/Nagel, Bernhard/Oberhuemer, Pamela (2003): Trägerqualität: die Steuerung von Bildungs-, Erziehungs- und Betreuungsqualität durch Evaluation. In: Fthenakis, Wassilios E. (Hrsg.) (2003): Elementarpädagogik nach PISA. Wie aus Kindertagesstätten Bildungseinrichtungen werden können. Freiburg im Breisgau: Herder. S. 352–370.
Schubert, Christian/Herrnberger, Grit (2013): Systematische Qualitätsentwicklung in der Kindertagesstätte. In: Focali, Ergin/Kimmerle, Christoph/Naumann, Gabriela (Hrsg.) (2013): Zukunft. Erziehen. Grundlagen, Perspektiven, Kontroversen der sozialpädagogischen Ausbildung. Berlin: Dohrmann, S. 170–191.
Senatsverwaltung für Bildung, Jugend und Wissenschaft (Hrsg.) (2015): Materialien für die interne Evaluation zum Berliner Bildungsprogramm für Kitas und Kindertagespflege. URL: http://www.beki-qualitaet.de/images/beki/Materialien_IE/IE-Materialien2014_Onlineversion.pdf (Stand: 09.01.2016).
Tietze, Wolfgang (2003): Notwendigkeit und Perspektiven von Qualitätsentwicklung und Qualitätssicherung in Kindertageseinrichtungen. In: Wehrmann, Ilse (Hrsg.): Kindergärten und ihre Zukunft. Weinheim, Basel, Berlin: Beltz, S. 406–418.
Tietze, Wolfgang, Groot-Wilken, Bernd (Hrsg.) (2004): Pädagogische Qualität entwickeln. Praktische Anleitung und Methodenbausteine für Bildung, Betreuung und Erziehung in Tageseinrichtungen für Kinder von 0–6 Jahren. Weinheim, Basel, Berlin: Beltz.
Tietze, Wolfgang/Becker-Stoll, Fabienne/Bensel, Joachim/Eckhardt, Andrea G./Haug-Schnabel, Gabriele/Kalicki, Bernhard/Keller, Heidi/Leyendecker, Birgit (Hrsg.) (2013): NUBBEK. Nationale Untersuchung zur Bildung, Betreuung und Erziehung in der frühen Kindheit. Weimar, Berlin: Verlag das Netz.
Tietze, Wolfgang/Viernickel, Susanne (Hrsg.) (2003): Pädagogische Qualität in Tageseinrichtungen für Kinder. Ein nationaler Kriterienkatalog. 2. Auflage. Weinheim, Basel, Berlin: Beltz.
Wehrmann, Ilse (Hrsg.) (2004): Kindergärten und ihre Zukunft. Weinheim, Basel, Berlin: Beltz.

Christiane Griese
Evaluation in der Schule

1 Entwicklungskontexte und Bedeutung von Evaluation in der Schule

Die Veröffentlichung der für Deutschland unbefriedigenden PISA-Ergebnisse im Jahr 2000 gilt als entscheidender Impuls dafür, dass Evaluation als zentrales Instrument von Qualitätssicherung und -entwicklung in der Schule der Bundesrepublik Deutschland Einzug gehalten hat.

Sowohl Schulpolitik als auch Schuladministration haben seit Beginn der 2000er-Jahre darauf hingewirkt, Evaluation im Rahmen der Einführung neuer Steuerungsverfahren im Schulwesen organisational zu etablieren. Dieses Streben mündete in allen Bundesländern in die Einführung von Bildungsstandards und Bildungsmonitoring, in die Gründung von Qualitätsagenturen wie beispielsweise Institute für Schulqualität sowie die Schaffung einer bei den Schulämtern angelagerten neuen administrativen Steuerungseinheit, den Schulinspektionen. Insgesamt ist festzustellen, dass damit maßgebliche Elemente eines neuen Steuerungsparadigmas – die Regulierung des Bildungssystems anhand von Effektivitätskategorien und Outputvariablen – verstetigt worden sind.

Dass mit dem Schlüsseljahr 2000 jedoch rasant Evaluation in den Schulalltag – zumindest als Anforderung – einfloss, ist nur im Kontext einer bereits seit Beginn der 1990er-Jahre andauernden Debatte um die Autonomie der Einzelschule zu verstehen. Bereits im Jahr 1995 in der vom Ministerpräsidenten Nordrhein-Westfalens in Auftrag gegebenen wegweisenden Denkschrift „Zukunft der Schule – Schule der Zukunft" ist ein solcher Paradigmenwechsel zu erkennen: die Abkehr von zentraler Steuerung als Motor für Schulentwicklung. Die „selbstständige (teil-autonome)" Einzelschule wurde bildungspolitisches Programm, was sich seit Mitte der 1990er-Jahre auch nach und nach in den entsprechend modifizierten Schulgesetzen aller Bundesländer niederschlägt, wo den Schulen – selbstverständlich im Rahmen der weiter bestehenden staatlichen Oberhoheit über das Schulwesen – nun Verantwortung für die Planung und Gestaltung des Unterrichts sowie die Organisation ihrer inneren Angelegenheiten zugesprochen wird.

Auch auf Bundesebene waren schon vor dem Bekanntwerden des unbefriedigenden Abschneidens der deutschen Schüler/-innen in internationalen Leistungsvergleichsstudien Aktivitäten im Gange, Qualität von Schule und Unterricht zu definieren sowie Qualitätsentwicklungsmaßnahmen zu konzeptualisieren. Insbesondere initiiert durch den politischen Willen der *Europäischen Union* zur gegenseitigen Anerkennung von Bildungsabschlüssen, zur Schaffung vergleichbarer Standards und Strukturen auch auf Bildungsebene bzw. vor dem Hintergrund von Globalisierungsbestrebungen wurde die *Kultusministerkonferenz* seit Ende der 1990er-Jahre aktiv und visierte die Qualitätssicherung im Schulwesen programmatisch als zentrale Aufgabe des Bildungswesens an. Damit war der Grundstein gelegt zur Entwicklung einer Outputsteuerung im Schulsystem auf der Basis der Formulierung nationaler Bildungsstandards. Vorangetrieben wurden diese auf Landes- wie auf Bundesebene initiierten Wandlungsprozesse durch die Orientierung an den „PISA-Siegern" bzw. daran, dass deren hohe Leistungsoutputs mit den dort etablierten strukturellen Bedingungen in Beziehung gesetzt wurden: Von entscheidender Bedeutung für die Qualität der Schülerleistungen gelten seither in Bildungspolitik und -wissenschaft Handlungsfreiheit und Rechenschaftspflicht der operativen Ebene (der Einzelschule), ausgerichtet auf verbindlich vorgegebene Standards und eingebunden in regelmäßige Evaluationsmaßnahmen zur Leistungsstandsüberprüfung.

Ausgangspunkt für die Schaffung gesetzlicher Rahmenbedingungen zur Qualitätsentwicklung von Schulen bildete die Erarbeitung länderübergreifender Bildungsstandards:

> Nationale Bildungsstandards formulieren verbindliche Anforderungen an das Lehren und Lernen in der Schule. Sie stellen damit innerhalb der Gesamtheit der Anstrengungen zur Sicherung und Steigerung der Qualität schulischer Arbeit ein zentrales Gelenkstück dar. Bildungsstandards benennen präzise, verständlich und fokussiert die wesentlichen Ziele der pädagogischen Arbeit, ausgedrückt als erwünschte Lernergebnisse der Schüler. Damit konkretisieren sie den Bildungsauftrag, den Schulen zu erfüllen haben (Klieme u. a. 2007, 11).

Um Maßnahmen der Sicherung von Schulqualität zu verstetigen, nahm auf Bundesebene im Jahr 2004 das *Wissenschaftliche Institut der Länder zur Qualitätssicherung* seine Arbeit auf. Es versteht sich als Qualitätsagentur der *Kultusministerkonferenz*, deren wichtigste Aufgabe ein kontinuierlich zu organisierendes länderübergreifendes Bildungsmonitoring ist: „Bildungsmonitoring bezeichnet die kontinuierliche, datengestützte Information von Bildungspolitik und Öffentlichkeit über Rahmenbedingungen, Verlaufsmerkmale, Ergebnisse und Erträge von Bildungsprozessen" (Böttcher u. a. 2008, 8).

2 Schulbezogene Evaluation – Referenzrahmen, strukturelle Bedingungen, Schwerpunkte

Im Folgenden soll erörtert werden, inwiefern Evaluation von Schulen (im Unterschied zu anderen Bildungsorganisationen) Spezifika aufweist. Dazu
- wird zuerst der bildungswissenschaftliche Referenzrahmen von Evaluation im Rahmen des schulbezogenen Qualitätssicherungskonzepts dargestellt, danach
- werden strukturelle Bedingungen aufgezeigt und abschließend
- wird Unterrichtsentwicklung als zentraler Evaluationsfokus vorgestellt.

2.1 Bildungswissenschaftlicher Referenzrahmen – Schulentwicklung und Qualitätssicherung

Wurde oben bereits festgestellt, dass die Grundlage zur Einführung von Schulevaluation bereits langjährige bildungspolitische Bestrebungen zur Veränderung von Steuerungsmechanismen (weg von der Input- hin zur Outputsteuerung) im Schulsystem bildeten, so ist nun außerdem festzuhalten: Debatten zur Konzeptionalisierung sowie Legitimation von Schulentwicklung, das heißt, der Entwicklung größerer Selbstständigkeit von Einzelschulen sind auch zentraler Gegenstand empirischer Bildungsforschung und bereits seit den 1970er-Jahren in Gang. 1973 legte der *Deutsche Bildungsrat* eine Empfehlung für eine „Verstärkte Selbstständigkeit der Schule und Partizipation der Lehrer, Eltern und Schüler" vor (vgl. Klafki 2002, 161). Auch institutionell wurde dieser bildungswissenschaftliche Trend – mit Unterstützung der Bildungspolitik – bereits früh verstetigt. Im Jahr 1972 beschloss der Landtag von Nordrhein-Westfalen die Einrichtung einer *Arbeitsstelle für Schulentwicklungsforschung an der Pädagogischen Hochschule Ruhr* (später *Institut für Schulentwicklungsforschung IFS an der Universität Dortmund*). Andauernde schulstrukturelle Überlegungen von Seiten der Schulpädagogik lassen sich auch schon für die 1980er-Jahre finden, wie ein Beitrag von Horst Rumpf in der *Zeitschrift für Pädagogik* von 1988 zum Ausdruck bringt: „Schulen, die sich heute nicht um ein eigenes Profil bemühen, gleichen Lehr-Lern-Behörden, die Zeugnisse produzieren wie Steuerbescheide. Schulen aber, die sich als Kulturinstitution verstehen, brauchen Handlungsspielräume, in denen sie ihr eigenes Profil entwickeln können" (Rumpf 1988, 8).

Die inzwischen in jedem Bundesland etablierten Institute für Schulqualität, so wie beispielsweise in Berlin das *Institut für Qualitätssicherung im Bildungswesen* (IQB) an der *Humboldt-Universität* sowie das *Institut für Schulqualität* (ISQ) an der *Freien Universität*, sind institutionalisierter Ausdruck einer gemeinsamen Strategie von Bildungspolitik und Bildungsforschung zur Realisierung der Outputsteuerung im Schulsystem, die eben auch zur Verstetigung von Evaluationsmaßnahmen führen musste.

Modelle und Verfahren, Aktivitäten und Anstrengungen, Schule zu entwickeln, lassen sich auf der Makro-, Meso- sowie Mikroebene der Organisation verorten. Auf der *Makroebene* geht es um das Gesamtsystem Schule. Themen sind Dezentralisierung, Wettbewerb und Autonomie. Konzeptionell ist Schulentwicklung dabei auf die Beschränkung staatlicher Steuerung, Kontrolle und Verantwortung zugunsten von Selbststeuerung, Selbstevaluation und Verantwortungsübernahme der Einzelschule ausgerichtet. Der Staat soll sich stärker auf die Vorgabe von Rahmungen und Zielen im Sinne einer Outputsteuerung konzentrieren und sich aus der Regulierung der schulinternen Prozesse zurückziehen (vgl. Blömeke u. a. 2007, 260).

Die Veränderungsmöglichkeiten auf der *Mesoebene* sollen sich auf die jeweilige Einzelschule beziehen. Das heißt, die Schule erhält mehr oder weniger weitreichende Steuerbefugnisse in Bezug auf Verfahren und Methoden zur Gestaltung von Personal- und Unterrichtsentwicklung, aber auch Organisationsentwicklung.

Dazu gehören unter anderem Leitbild- und Schulprogrammarbeit, aber auch Qualitätssicherungsmaßnahmen. Die Schulleitung erhält in diesem Kontext größere Steuerungskompetenzen bzw. Führungsaufgaben zugesprochen (vgl. Blömeke u. a. 2007, 260).

Mit dem „PISA-Schock" bekommt das Konzept der Autonomie von Einzelschulen einen bis dahin jedoch nicht erreichten Bedeutungszugewinn. Theoretische Modelle der „guten Schule", des „guten Unterrichts" sowie Kategorien und Verfahren zur Messung von Schul- und Unterrichtsqualität aus der empirischen Bildungs- und Schulforschung werden mit betriebswirtschaftlich und arbeitssoziologisch fundierten Qualitätsentwicklungsmodellen verknüpft (vgl. Riecke-Baulecke/Müller 1999). Die kriteriums- und evidenzbezogene Beschreibung und Bewertung von Schul- und Unterrichtsqualität, die Entwicklung von entsprechenden (evaluativen) Messverfahren und die Professionalisierung der Evaluationsforschung werden zu einem bedeutsamen Arbeitsfeld empirischer Bildungsforschung, finden Eingang in Forschungsprojekte bildungswissenschaftlicher Institute an Universitäten bundesweit. Bildungspolitische Vorstellungen und Zielperspektiven zur Schulentwicklung, zur Effizienzsteigerung schulischer Lernprozesse erhalten so auch wissenschaftliche Fundierung.

Auch der Gegenstandsbereich „Schul-Qualitäts-Management" etabliert sich in der universitären Forschung und Lehre beispielsweise im Rahmen von Studiengängen zum Bildungs- bzw. Schulmanagement. Aus der Betriebswirtschaftslehre transferierte Managementkonzepte und -modelle insbesondere in Bezug auf den Qualitätsbegriff, auf Verfahren der Qualitätsmessung und auch in Bezug auf Evaluationskonzepte, Instrumente und Verfahren (wie *Total Quality Management* oder Qualitätsentwicklung nach DIN EN ISO 9000:2000ff., ausführlich bei Baulecke 2014) werden in den bildungswissenschaftlichen Referenzrahmen eingebaut: „Qualitätssicherung umfasst alle Prozesse und Maßnahmen, die sicherstellen, dass ein festgelegtes Qualitätsniveau erreicht wird. Gleichzeitig sind darin auch die Methoden involviert, um die Qualität eines ‚Gegenstandes' auf der Grundlage von Standards bzw. Gütekriterien zu überprüfen" (Keller 2007, 100).

Parallel dazu entstand seit dem Jahr 2000 in Kooperation zwischen empirischer Bildungsforschung und Bildungspolitik ein ausdifferenziertes System von Qualitätssicherungsinstrumenten auf allen Ebenen – von der Zurverfügungstellung von Selbstevaluationsportalen für Lehrkräfte über Programme zur Unterstützung interner Evaluation der Einzelschule sowie der Gründung externer Instanzen der routinemäßigen und verpflichtenden Qualitätsmessung (wie z. B. Schulinspektionen) bis hin zu zentral durchgeführten Leistungsvergleichsmessungen auf regionaler, Bundesland- aber auch Bundesebene. Bildungsstandards und Bildungsmonitoring bilden dabei in diesem ausdifferenzierten Erhebungs- bzw. Evaluationssystem die tragenden Säulen.

2.2 Strukturelle Bedingungen

Die Spezifik der Bedeutung und des Verständnisses von Evaluation im Kontext des Schulsystems ergibt sich aus dem staatlichen Charakter der Organisation Schule bzw. daraus, dass das gesamte Schulwesen unter der Aufsicht des Staates steht, wie in Artikel 7 Abs. 1 des Grundgesetzes festgeschrieben. Das muss auch unter den Bedingungen einer schulgesetzlich verankerten, dezentralisierten Einzelschulentwicklung (bezogen auf Gestaltung von Unterricht, Erziehung und Schulleben, Personalauswahl und Budgetverwaltung) weiterhin gewährleistet bleiben, da gleichzeitig der Verfassungsgrundsatz der Chancengerechtigkeit für die Schule gilt. Somit blieb – auch nach der Übertragung von Verantwortungsbereichen auf die Einzelschule – die Notwendigkeit bestehen, steuernde schulaufsichtliche und schuladministrative Strukturen beizubehalten: „Schulautonomie hebt die Verantwortung des Staates für verbindliche Formulierung der von den Schulen zu verfolgenden Ziele und die Sicherung qualitativer Standards im Sinne gleicher Bildungs- und Erziehungschancen für alle Kinder und Jugendlichen, unabhängig von der ökonomischen Lage und dem kulturellen oder sozialen Status ihrer Herkunftsfamilien, nicht auf" (Gehrmann 2003, 66 f.).

Ist auch die Entstehung von Vielfalt, Differenz und Wettbewerb in der Schullandschaft bildungspolitisch und -ökonomisch angestrebt, so bleibt sie doch begrenzt durch den verfassungsrechtlichen Anspruch auf Bildungsgerechtigkeit. Bildungspolitisch wird der Strategie der standardbezogenen Outputsteuerung des Schulsystems dezidiert Potenzial zugeschrieben, diesen grundlegenden Anspruch tatsächlich zu realisieren (vgl. Ramm 2014, 38).

Vor allem aber richten sich die Forderungen nach Etablierung von Evaluationsprozessen sowie entsprechenden Verfahren und Instrumenten an die Bildungsverwaltung selbst. Sie ist seit Anfang der 2000er-Jahre aufgefordert, von der Inputsteuerung zur Outputsteuerung zu wechseln, Qualitäts- und Systemmonitoring zu verstetigen. Im Jahr 2006 präsentierte die *Kultusministerkonferenz* eine „Gesamtstrategie zum Bildungsmonitoring" mit dem Ziel, "Prozesse der Qualitätsentwicklung und Standardisierung auf allen Ebenen, von der einzelnen Schule bis zum gesamten Bildungssystem, systematisch umzusetzen und miteinander zu verbinden. Insbesondere muss sichergestellt werden, dass Informationen über die Qualität des Bildungssystems so weit wie möglich auch für die Entwicklung jeder einzelnen Schule genutzt werden können" (Raidt 2010, 50).

Dazu waren weitreichende organisationale Umbauprozesse auf der Ebene der Schulverwaltungen der Bundesländer zu initiieren bzw. entsprechendes Personal zu professionalisieren. Diese betrafen beispielsweise auch die Landesinstitute für Lehrerbildung und Schule, die sich nun in einem Prozess der „funktionalen Revision" (Raidt 2010, 52) verstärkt und verantwortlich Themen der Schul- und Qualitätsentwicklung zuwenden mussten. Im Sinne der neuen Steuerungsparadigmen (Selbsttätigkeit und Eigenverantwortung, Autonomie, Subsidiarität) waren für solche Leit-Institutionen traditionelle Leitbilder, Selbstverständnisse und Funktionszuschreibungen grundlegend zu modifizieren „in Richtung auf Beratung, Unterstützung, Einbeziehung von Fremdevaluation" (Raidt 2010, 52). Das machte es aber auch notwendig, im Kontext der Schwerpunktverschiebung hin zum Qualitätsmanagement Instrumente und Verfahren der Evaluation zu institutionalisieren bzw. zu professionalisieren.

So sah sich auch Schulaufsicht vor die Aufgabe gestellt, ihre Steuerungs- und Kontrollmechanismen gegenüber den Einzelschulen sowie ihre ursprüngliche Funktion der Umsetzung zentraler Vorgaben gegenüber den ihr „unterstellten" Schulen zu verändern. Die Ergebnisse dieses (noch unabgeschlossenen) mentalen wie strukturellen Umbaus der Steuersystematik im Schulwesen werden als ambivalent beschrieben. Zu beobachten sind „einerseits Flexibilität sowohl im schulorganisatorischen, vor allem aber auch im inhaltlich-gestalterischen Bereich schulischer Arbeit, andererseits eine nach wie vor bestehende Starre von Strukturen und Verfahrensweisen" (Huber 2011, 81). Jedoch kann auch bereits konstatiert werden, dass insgesamt die „Aspekte der Evaluation und Unterstützung betont werden" (Huber 2011, 81). Schulverwaltung und -administration haben nun vor allem Aufgaben des Qualitätsmanagements übernommen. Ziel soll es dabei sein, die Selbstständigkeit von Schulen zu stärken.

Zum zentralen Instrument der Balance zwischen notwendiger Außensteuerung und Gewährleistung von schulspezifischer Handlungsautonomie auf der Ebene der Einzelschule entwickelte sich dabei das *Schulprogramm*, das auf der Mesoebene der Schulentwicklung strukturelle Rahmung, schulbezogene Standards sowie strategische Zielperspektiven verbindlich verankert. Das Schulprogramm, das als schulinterne Richtlinie laut Schulgesetzen aller Bundesländer von Schulleitung und Kollegium verbindlich verfasst und weiterentwickelt werden muss, gilt inzwischen als grundlegendes handlungsleitendes Dokument. Es hat dabei eine „Doppelfunktion" inne: Es gilt als „Entwicklungsinstrument für die Schule und als Steuerungsinstrument auf der Systemebene" (Holtappels 2004, 11). Im Prozess der Erstellung und Weiterentwicklung eines Schulprogramms ist die Notwendigkeit der Durchführung von Evaluationsmaßnahmen zur Reflexion und Kontrolle erreichter Ziele und als Basis neuer Entwicklungsvorhaben fest integriert.

Zusammenfassend ist festzustellen, dass sich aus der Dezentralisierung des Schulsystems die Implementierung von Evaluation in der Schule notwendig ergibt: „Pendant dieser wesentlich größeren Handlungsfreiheit sind verpflichtende Selbst- und Fremdevaluationen" (Brugger 2009, 54).

2.3 Unterrichtsentwicklung als zentraler Evaluationsfokus

Unterricht war, ist und bleibt des „Kerngeschäft" von allgemeinbildender Schule. Insofern gilt auch der Unterrichtsentwicklung die Hauptaufmerksamkeit im Prozess der Schulentwicklung: „Kernfrage jeder Evaluation von Schule ist, inwieweit eine möglichst optimale Förderung der Lernprozesse der Schülerinnen und Schüler insbesondere im Unterricht gelingt" (Riecke-Baulecke u. a. 2005, 6).

Da letztlich die Gestaltung des Lernens in diesem Bildungsangebotsformat als Ursache für erbrachte Outputs, das heißt für in Tests aller Art dokumentierte und von der Schule bewertete sowie zertifizierte Leistungen gilt, steht dieser im Mittelpunkt von evaluierenden Maßnahmen. Eine solche Fokussierung lässt sich bereits an einer frühen Dokumentation zu Evaluationen im Schulbereich in den USA und Großbritannien aus den 1970er-Jahren ablesen, die vor allem auf Unterrichtsprogramme, Fachunterricht, Unterrichtsverhalten und -interaktionen von Lehrkräften sowie Schüler(inne)n gerichtet waren (vgl. Wulf 1972).

Insbesondere eine in der empirischen Bildungsforschung breit agierende Unterrichtsforschung versucht, Kriterien guten Unterrichts zu generieren bzw. Indikatoren für die Messung von Unterrichtsqualität zu operationalisieren. Konkrete Unterrichtsentwicklungsvorhaben in den Schulen, deren Planung, Durchführung und Evaluation orientieren sich daran, wobei es für das, „was nun als ‚gut' bezeichnet wird, [...] keine Rezepte geben" kann, weil hierfür „die Voraussetzungen, Bedingungen und Wirkungen unterrichtlichen Handelns [...] zu verschieden und zu komplex" sind (Arnold, Gómez Tutor 2007, 86).

Trotz dieser Evidenzlücke stehen inzwischen den Lehrkräften und Schulleitungen für Unterrichtsevaluationsmaßnahmen zahlreiche Kataloge von Beurteilungskriterien (mit durchaus normativem Charakter) zur Verfügung, auf deren Grundlage Unterricht evaluativ bewertet werden soll. Zwei seien beispielhaft benannt: Hilbert Meyers „Merkmale guten Unterrichts" (vgl. Meyer 2015) sowie „Schlüsselvariablen der Unterrichtsqualität", wie sie im Rahmen der UNESCO von Jere Brophy am *Institut für Pädagogische Psychologie der Michigan State University* formuliert und in der bundesdeutschen Schulentwicklungsforschung wegweisend aufgegriffen wurden. Demnach werden zwölf Variablen der Unterrichtsqualität von Helmke benannt (vgl. Helmke 2006, 65 ff.):

- Unterstützendes Klima im Klassenzimmer
- Lerngelegenheiten
- Orientierung am Lehrplan
- Aufbau einer Lern- und Aufgabenorientierung
- Innerer Zusammenhang der Inhalte
- Gut durchdachter Unterrichtsplan
- Übung und Anwendung
- Unterstützung der Lerntätigkeit
- Lehren von Strategien
- Kooperatives Lernen
- Kriteriumsorientierte Beurteilung
- Leistungserwartungen

Meyer fasst zehn Merkmale guten Unterrichts zusammen (vgl. Meyer 2015, 176):
- Klare Strukturierung des Lehr-Lern-Prozesses
- Intensive Nutzung der Lernzeit
- Stimmigkeit der Ziel-, Inhalts- und Methodenentscheidung
- Methodenvielfalt
- Intelligentes Üben
- Individuelles Fördern
- Lernförderliches Unterrichtsklima
- Sinnstiftende Unterrichtsgespräche
- Regelmäßige Nutzung von Schüler-Feedback
- Klare Leistungserwartungen und Kontrollen

Die Operationalisierung solcher Merkmale guten Unterrichts für die Durchführung einer Evaluation wird erschwert dadurch, dass Unterrichtsqualität als „Metakonstrukt" gilt. Das bedeutet, dass grundsätzlich die Vorstellung dominiert, dass Unterricht eine Wirkung für den Lernerfolg der Schüler/-innen entfaltet. Unterricht sei „auf die Optimierung des schulischen Lernens in Hinblick auf kognitive und psychosoziale Zielkriterien" gerichtet (Clausen 2002, 13). Dabei wird jedoch oft vernachlässigt, dass Unterricht in spezifischen strukturellen, sozioökonomischen und gesellschaftlichen Kontexten eingebettet ist. Schulform, Schulkultur, Klassenzusammensetzung, sozioökonomisches Umfeld determinieren auch, wenn nicht gar entscheidend Unterrichtserfolg und Lernoutputs.

Trotz einer inzwischen breit entfalteten empirischen Unterrichtsforschung bleiben die erhobenen Untersuchungsergebnisse vielfach widersprüchlich, insbesondere deshalb, weil offensichtlich die Vorannahme eines ursächlichen Wirkungszusammenhangs zwischen der Gestaltung eines „guten" Unterrichts einerseits und dem Lern-Leistungsoutput der Schüler/-innen andererseits schwer belegbar bleibt. So ließ sich zwar in Studien zeigen, dass ein klar strukturierter Unterrichtsverlauf oder deutlich formulierte Leistungserwartungen einen nachweisbaren Einfluss auf den Lernerfolg haben, der Einsatz jedoch von Freiarbeit oder anderen offenen Unterrichtsmethoden, aber auch die Klassengröße keine signifikanten Auswirkungen auf die Leistungen der Schüler/-innen hatten (vgl. Hattie 2014).

Problematisch erscheint dies vor allem dann, wenn die Nutzung von generierten Evaluationsergebnissen generell als Innovationswissen (vgl. Hameyer 2014) präsentiert wird, das dann als Grundlage zur Entwicklung von Unterrichts- und Schulqualität plausibel und ganz selbstverständlich dienen soll. Aus der Uneindeutigkeit solcher Erkenntnisse kann sich vielmehr bei den Akteuren der Evaluationsmaßnahme (Lehrkräfte, Schülerschaft, Eltern) ein Legitimationsdefizit für Evaluation in der Unterrichts- bzw. Schulpraxis ergeben.

3 Adressaten von Schulevaluation

Die Evaluation im schulischen Kontext zeichnet sich dadurch aus, dass sie nicht – wie im Rahmen von Forschungsvorhaben – in verallgemeinernden wissenschaftlichen Aussagen mündet, die wiederum in erster Linie für einen fachbezogenen Expertenkreis eingespeist und dort diskutiert bzw. für weitere Forschungen zur Verfügung gestellt werden. Vielmehr implizieren Evaluationsverfahren im Schulsystem, dass die dort gesammelten und einer Güte-Bewertung unterzogenen Daten zur Verbesserung der schulischen und unterrichtlichen Praxis dienen sollen – also klar zweckgerichtet Verwendung finden sollen. Da in erster Linie an der schulischen Praxis Beteiligte (Lehrkräfte, Schulleitungspersonal, Eltern, Schüler/-innen, schulische Kooperationspartner) die eigentlichen Adressaten der Evaluation sind, sind Erwartungen vor allem darauf gerichtet, dass Schul-Evaluationen „konkrete Aussagen bereitstellen, die in der Schule Tätige vor einem konkret anzugebenden Verwendungszusammenhang nachvollziehen können" (Moser 2011, 38).

Daraus ergibt sich womöglich eine besonders starke Fokussierung auf den Nutzen der Evaluation, so beispielsweise im Hinblick auf einen positiven Nachweis von Effekten eines kofinanzierten Lernprojekts, um weitere Mitteleinwerbung zu legitimieren oder das Image der Schule in der Öffentlichkeit zu verbessern. Für die Gestaltung des Evaluationsprozesses selbst folgt daraus eine nicht zu unterschätzende Spannung zwischen Theoriebezug (methodische Exaktheit, Einhaltung der wissenschaftlichen Gütekriterien Objektivität, Reliabilität und Validität) und Praxis (praktische Verwend- und Verwertbarkeit).

In schulbezogenen Selbstevaluationsprozessen sind außerdem die Adressat(inn)en gleichzeitig beteiligt an der Durchführung der Evaluation. Während einer externen Evaluation beispielsweise durch die Schulinspektion werden Evaluationsdaten über die visitierten Lehrkräfte und das Schulleitungspersonal an diese wieder zurückgemeldet. Im entsprechenden Evaluationsbericht sind sie gleichsam die „Objekte" der Evaluationsmaßnahme. Auch daraus können sich Interessenskonflikte, Missverständnisse, emotionale Störfaktoren vor allem in der Phase der Bewertung der Daten und in Bezug darauf, wie transparent mit weniger erfreulichen Befunden umzugehen ist, ergeben.

Im Sinne der Evaluation als Verfahren zur Sicherung von Bildungsmonitoring und Bildungsberichterstattung adressieren die Ergebnisse von Schulevaluationen aber in erster Linie bildungspolitische Verantwortungsvertreter. Auch hier ist das Interesse an positiv evaluierten Schulen hoch, um parteipolitisches Ansehen in der Öffentlichkeit zu erhöhen oder in der bevorstehenden Haushaltsdebatte eine vorteilhafte Ausgangslage zu sichern: „Über die Wirkung der Schulinspektion und Daten gestützter Steuerung in Gesellschaft, Politik und Schulkultur wird berichtet, dass sich der kulturpolitische Ausschuss des hessischen Landtages positiv verhalten hat und die Schulinspektion einen Beitrag zum fraktionsübergreifenden Konsens leistet, die selbstständige Schule und die neue Steuerung mit Bildungsstandards und darauf bezogenen Lernstandserhebungen und Abschlussprüfungen zu fördern" (Schnell 2010, 87).

4 Verfahren, Methoden und Instrumente der Evaluation

Betrachtet man Prozesse und Verfahren der Schulevaluation, so wird schnell ersichtlich, dass sowohl die Standards zur Durchführung von Evaluation als auch die verwendeten Methoden einem allgemeinen Portfolio von Evaluationsinstrumenten und -verfahren entstammen. Das heißt, auch für die Evaluation von Schulen sind die durch die *Deutsche Gesellschaft für Evaluation* formulierten Standards Nützlichkeit, Durchführbarkeit, Fairness und Genauigkeit grundlegend.

Externe, interne und Selbstevaluation sind die tragenden Säulen von schulischer Qualitätsentwicklung.

4.1 Externe Schulevaluation

Wenn die Evaluation von Personen durchgeführt wird, die nicht Mitglieder der zu evaluierenden Einzelschule sind, dann wird sie extern gesteuert. Die externe Evaluation einer Schule obliegt in der Bundesrepublik Deutschland grundsätzlich der Schulaufsichtsbehörde und dient dazu, die Standards, die für die Schule gelten, zu sichern, die Entwicklung und Fortschreibung der Schulprogramme zu unterstützen, Erkenntnisse über den Stand und die Qualität von Unterricht und Erziehung, Schulorganisation und Schulleben zu liefern sowie die Gleichwertigkeit, Durchgängigkeit und Durchlässigkeit des schulischen Bildungsangebots zu gewährleisten. Die Schulaufsichtsbehörde kann auch eine Mehrzahl von Schulen oder deren Klassen, Kurse und Stufen zum Zwecke schulübergreifender und schulartübergreifender Vergleiche sowie zentraler Schulleistungsuntersuchungen evaluieren. Die Beteiligung einer Schule an einer externen Evaluationsmaßnahme ist verpflichtend.

Das *Bildungsmonitoring* stellt das dabei umfassendste externe Evaluationsformat für die Schulen dar. Es realisiert die kontinuierliche und systematisierte Erhebung von datengestützten Informationen zur Erfassung der schulischen Leistungsoutputs (vgl. van Ackeren u. a. 2011, 155 ff.). Die Gültigkeit von Bildungsstandards materialisiert sich für Schulen, Lehrer- und Schülerschaft in regelmäßigen und verbindlich durchgeführten Vergleichsarbeiten in bestimmten Klassenstufen.

Im Bundesland Berlin beispielsweise wird die gesamte Bildungs-Schul-Biografie aller Schüler/-innen von Evaluationsmaßnahmen ihrer Leistungen begleitet. Neben der unregelmäßig wiederkehrenden (in Bezug auf die jeweils ausgewählten teilnehmenden Schulen) Teilnahme an internationalen Vergleichsstudien beginnen leistungsevaluierende Maßnahmen bereits in den Kindertagesstätten mit dem Führen eines Sprachlerntagebuches und einem Sprachfeststellungsverfahren ein Jahr vor Schuleintritt. Dann folgen Vergleichsarbeiten in der Grundschule sowie am Übergang in die weiterführenden Schulen, wo in Klasse 7 zusätzlich eine Lernausgangsuntersuchung absolviert werden muss. In Klasse 8 folgen nochmals Vergleichstests.

Auch die Leistungen der jeweiligen Schulabschlüsse, unter anderem der Mittlere Schulabschluss (für Schüler/-innen der 10. Jahrgangsstufe) und das Zentralabitur (eingeführt 2007) stellen Maßnahmen zur Qualitätssicherung dar, die der Output-Orientierung der Qualitätsmessung bzw. der Output-Steuerung des Schulsystems entsprechen.

Letztlich führten alle diese Maßnahmen dazu, Evaluation als zentrales Begleitverfahren in der Funktion von Output- und Systemkontrolle auf allen Ebenen des Schulsystems, eben auch in der Einzelschule zu verstetigen.

Die *Schulinspektion* ist ein Verfahren der Beobachtung und Begutachtung von schulischem Alltag und Unterricht, das bereits mit der Etablierung eines staatlichen Schulwesens seit 1837 unter anderem in Preußen durchgeführt wurde. Heute stellt sie die zentrale Evaluationsagentur auf Landesebene dar. Sie führt in regelmäßigen Abständen (in der Regel alle vier Jahre) ein formalisiertes Begehungs-/Visitationsverfahren in allen Schulen ihres Zuständigkeitsbereichs durch. Ein Evaluationsteam aus Mitarbeiter(inne)n der Schulinspektion, Lehrkräften bzw. Schulleitungsvertreter(inne)n anderer Schulen und einem Vertreter der Öffentlichkeit hält sich ca. drei Tage in der zu evaluierenden Schule auf, sichtet Datenmaterial, führt Gespräche mit den Schulmitgliedern, vor allem jedoch hospitiert und beobachtet das Team den Unterricht. Anschließend wird ein Evaluationsbericht erstellt, der der Schule zur Verfügung gestellt und mit der Schulkonferenz besprochen wird.

Zur Sicherstellung systematisch durchzuführender externer Evaluationen in den Schulen der Bundesrepublik Deutschland liegt seit dem Jahr 2011 ein länderübergreifender Qualitätsrahmen vor. Aufgrund der föderalen Verantwortung für das Schulwesen des jeweiligen Bundeslandes ist dieser jedoch kein verbindlicher Qualitätsrahmen für alle Schulen in der Bundesrepublik. Vielmehr hat jedes Bundesland

> im Rahmen der Verfahren zur Schulevaluation eigene Qualitätsrahmen entwickelt. Diese lehnen sich eng an das Modell zum Qualitätsmanagement der *European Foundation of Quality Management* (EFQM) an und untergliedern die Bereiche der Prozess-, Struktur- und Ergebnisqualität [...] Die Prozesse werden durch die jeweilige Strukturqualität bedingt. Auf der Ebene der Prozess- und Strukturqualität werden die Qualitätsdimensionen Leitung, Personalmanagement und Kooperation, Qualitätsentwicklung und Lern- und Arbeitsbedingungen eingeordnet, die wiederum eine Kerndimension, die ablaufenden Bildungs- und Erziehungsprozesse, an der Schule bedingt. Die Ergebnisqualität umfasst die resultierenden Effekte für den Auftrag der Schule in Bildung und Erziehung sowie die Komponente der Zufriedenheit mit den Abläufen der Schule (Ramm 2014, 33).

Die zu evaluierenden Kriterien ordnen sich dabei im Wesentlichen sechs zentralen Qualitätsbereichen zu: Lehr-Lernprozesse, Schulkultur, Schulmanagement, Professionalität der Lehrkräfte, Qualitätsentwicklung, Ergebnisse und Wirkungen. Auf der Basis dieser Matrix werden in einem Schul-Inspektionsbericht dann Rückmeldungen hinsichtlich der Stärken und Schwächen bzw. des Entwicklungsbedarfs der jeweiligen Schule gegeben.

Grundsätzlich hat die Schulinspektion drei zentrale Funktionen inne:
1. **Katalysator und Analyse:** Die Etablierung der Schulinspektion legitimiert sich im Wesentlichen durch Aufgaben, die sich aus der Unterstützung, Förderung und Begleitung von Schulentwicklungsprozessen ergeben. Dabei organisiert die Schulinspektion Schulbegehungen und Datenerhebungen und erstellt anschließend aus den gewonnenen Erkenntnissen „den inspizierten Schulen ein datengestütztes Bild ihres gegenwärtigen Entwicklungsstandes", „ein differenziertes Profil der Stärken und Schwächen der Schule" (Diedrich 2011, 5).
2. **Qualitätssicherungsagentur:** Schulinspektion hat dafür Sorge zu tragen, dass schulische Qualität im verfassungsgemäßen (Chancengerechtigkeit) sowie staatlich-hoheitlichen Rahmen sowie auf der Grundlage der Einhaltung vergleichbarer Standards schulübergreifend gewährleistet wird. Einerseits wird damit gesichert, dass „schulische Selbststeuerung nicht dem Belieben der Einzelschule" (Diedrich 2011, 5) überlassen wird, andererseits, dass die Schulen den Rechenschaftsauftrag gegenüber der Öffentlichkeit erfüllen.
3. **Evaluations-Schulforschung:** Die Schulinspektion der einzelnen Bundesländer ist der Ort im Schulsystem insgesamt, wo Erkenntnisse über die Entwicklung der Organisation erhoben und nach wissenschaftlichen Kriterien bzw. mit sozialwissenschaftlichen Methoden generiert und der Steuerungspraxis zur Verfügung gestellt werden.

Externe Evaluation im Sinne von Schulinspektion wurde als organisationaler Bestandteil der Schuladministration, als Behörde oder Abteilung im Zuge der Entwicklung eines Qualitätssicherungssystems institutionalisiert und juristisch verankert. Im Ergebnis einer Länderumfrage wurden strukturelle Unterschiede und Gemeinsamkeiten sichtbar. Auf formaler Ebene und in Bezug auf die Einordnung in eine gegebene Verwaltungsstruktur zeigen sich Unterschiede in der Benennung. Solche lauten: externe Evaluation (wie z. B. in Rheinland-Pfalz und Bremen), Schulinspektion (u. a. in Hessen, Berlin und Hamburg), Schulvisitation (Brandenburg), Qualitätsanalyse (Nordrhein-Westfalen), Fremdevaluation (Baden-Württemberg) und Maßnahmen zur Qualitätsentwicklung und Qualitätssicherung (Saarland). Die meisten Bundesländer verorten die externe Evaluation von Schulen als „organisatorisch eigenständigen Bestandteil der Schulbehörde" (wie u. a. in Mecklenburg-Vorpommern und Thüringen), nur in Niedersachsen und Sachsen wurde eine eigenständige Behörde geschaffen. In Bayern, Bremen und Nordrhein-Westfalen wurde dieser Bereich in die Schulaufsicht integriert (vgl. Burghardt 2011, 25 f.).

Ähnlich lesen sich die Aufgabenbeschreibungen der ländereigenen Schulevaluationsagenturen. Wenn auch mit kleineren Abweichungen lässt sich folgendes Portfolio erkennen (vgl. Burghardt 2011, 26):
– Analyse und Bewertung schulischer Prozesse,
– Identifikation von Verbesserungspotenzialen an den Einzelschulen,

- Ermittlung des Qualitätsgrades der Schule als Gesamtsystem (nicht bezogen auf Einzelpersonen),
- Aufbereitung, Zusammenführung und Transfer von schulbezogenen Erkenntnissen als Steuerungswissen zur Weiterentwicklung von Schule,
- Beratung und Unterstützung im Prozess der Schulentwicklung bzw. zur Revision von Defiziten/Schwächen.

Auf der schuladministrativen Ebene dokumentiert sich in der Schaffung der Schulinspektion der Wille zur outputorientierten Evaluation bzw. zur Qualitätssicherung. Sie dient somit der operativen Steuerung und Kontrolle der schulischen Arbeit und wird als Kern des Qualitätssicherungssystems für Schulen bezeichnet. Dabei geht es um die kontinuierliche Begleitung und das Controlling der Schulentwicklung, des schulischen Personal- und Ressourcenmanagements. Dabei besteht eine schulgesetzlich verankerte Pflicht zur kontinuierlichen Qualitätssicherung für die Schulen und die Schulaufsichtsbehörden.

Schulinspektion gilt bildungspolitisch als „Bestandteil einer empirischen Wende und einer bildungspolitischen Umsteuerung" sowie als institutioneller Ausdruck „eines zyklischen Qualitätsmanagements" (Schnell 2010, 87). Euphorisch wird der Schulinspektion die Kraft „eines Kulturwechsels zu mehr Qualität" unterstellt, wird die flächendeckende Einführung der Evaluation, etabliert vor allem durch landeseigene Institute für Schulqualitätsentwicklung, selbst als Organisations-Kultur-Wechsel gefeiert (Schnell 2010, 87).

Schulen bzw. Kollegien haben ein eher ambivalentes Verhältnis zu externen Evaluationsmaßnahmen. Dominant ist die Wahrnehmung von schulaufsichtlicher Kontrolle und zusätzlicher Belastung im Schul- und Unterrichtsalltag. Auch werden Problematiken wie fehlendes Vertrauen und Transparenz thematisiert. Vor allem aber entscheidet sich an der Frage nach der Nützlichkeit der erhobenen Daten für die Veränderung von Praxis sowie daran, ob sich nach festgestellten Defiziten beispielsweise während einer Schulinspektion tatsächlich Beratungs- und Unterstützungsangebote von Seiten der Schulbehörde realisieren lassen, wie Lehrkräfte gegenüber externen Leistungsmessungen eingestellt sind (vgl. Bonsen u. a. 2006).

4.2 Interne Evaluation

Im Rahmen einer internen Evaluation steuern Mitglieder der Organisation selbst die Evaluation, was für eine Schule zum Beispiel heißt, dass eine schulinterne Arbeitsgruppe (Steuergruppe) ein Schulentwicklungsvorhaben der eigenen Schule evaluiert. Die Durchführung regelmäßiger interner Evaluationsmaßnahmen ist in allen Bundesländern gesetzlich vorgeschrieben.

Formen der internen Evaluation haben den Vorteil, dass dabei die Einzelschule relativ autonom, entsprechend dem Paradigma der Lernenden Organisation (vgl. Griese 2011, 178 ff.), handeln kann, indem sie die Entscheidung darüber hat und fällt, welche Evaluationsziele und -gegenstände formuliert und ausgewählt, welche Evaluationsinstrumente eingesetzt werden.

Insbesondere im Rahmen von Schulprogrammarbeit sollen interne Evaluationsmaßnahmen von den Kollegien und Schulleitungen der Schulen durchgeführt werden. Diese dienen dann unter anderem
- als Diagnoseinstrument zur Stärken-Schwächen-Analyse,
- zur Bewertung schulinterner Arbeitsprozesse und -ergebnisse,
- zur Förderung des gemeinsamen Nachdenkens im gesamten Kollegium über die eigene Schule, pädagogische Zielstellungen und als selbstverständlich geltende Handlungsweisen,
- zur Anregung und Strukturierung schul- und unterrichtsbezogener Kommunikation und Kooperation,
- als Ausgangspunkt für systematische Schulentwicklungsgestaltung und kontinuierliches Bemühen um Übereinstimmung in grundsätzlichen Zielen und Handlungsweisen (vgl. Helmke u. a. 2012).

Damit geht es im Kern darum, die Potenziale von Evaluation für Organisationsentwicklung zu nutzen.

In der Evaluationsliteratur für Beteiligte in der Schule (vor allem Schulleitung und Lehrerkräfte) werden Instrumente und Verfahren detailliert beschrieben und deren Anwendbarkeit in der Schule erörtert. Solche Veröffentlichungen haben sich zur Aufgabe gemacht, „praktikable Verfahren und entsprechendes Know how [...], Wissen und Können im Bereich der Evaluation zu vermitteln" (Riecke-Baulecke 2012, 12).

So werden beispielsweise Verfahren der Bestandsaufnahme (Stärken-Schwächen- und Kennzahlenanalyse, Fragebogenerhebung etc.) vorgestellt. In Bezug auf Unterrichtsentwicklung sollen Verfahren der evidenzbasierten Unterrichtsdiagnostik, des Unterrichtsfeedbacks intern im Kollegium (kollegiales Feedback und Beratung), die Erhebung von Schülerfeedback und der Umgang mit Vergleichsarbeiten als Instrumente schulischer Selbstevaluation den evaluierenden Lehrkräften nahe gebracht werden (vgl. Helmke u. a. 2012).

In der Literatur wird für eine interne Schulevaluation vor allem eine Auswahl an sozialwissenschaftlichen Forschungsmethoden empfohlen. Laut Keller (vgl. Keller 2007, 21) sollen unter anderem Stärken-Schwächen-Analyse nach der Moderationsmethode, Qualitätsaudit auf der Grundlage eines Qualitätshandbuches, Fragebogen (für Lehrer, Eltern, Schülerschaft) sowie Beobachtungen (z. B. kollegiale Unterrichtsbeobachtungen, Videoaufnahmen) zum Einsatz kommen.

Ein relativ neuer Trend zur Messung von Unterrichtsqualität ist die Einbeziehung der Schülerschaft in den evaluativen Prozess der Reflexion und Bewertung von Unterricht. Theoretische Grundlage dafür ist die konstruktivistisch verankerte Annahme vom Lernen als selbstreferenzieller Prozess. Davon ausgehend können lern- und leistungsförderliche Wirkungen von Unterricht ohne die Reflexion durch die Adressaten, also die Schüler/-innen, schwerlich sichtbar gemacht werden, da Schüler/-innen als Experten für die Wahrnehmung und Interpretation von Lehrerverhalten und einer lernförderlichen Gestaltung von Unterricht gelten können.

Auch das Instrument der *Kollegialen Hospitation*, das aktuell vor dem Hintergrund der Initiierung von Teamentwicklung in Schulkollegien an Bedeutung gewinnt, ist Gegenstand von Weiterbildungsveranstaltungen für Lehrkräfte bzw. wird in praxisanleitender Literatur detailliert dargelegt und empfohlen (vgl. Kempfert/Ludwig 2008).

Während regelmäßig durchgeführte standardisierte Leistungstestverfahren als Instrument der externen Evaluation inzwischen für die Mehrheit der Schulen eine gewisse Normalität haben, ist die interne Evaluationspraxis in den Schulen weit weniger ausgeprägt (vgl. Riecke-Baulecke 2012). Eine Überblicksstudie zur Evaluationspraxis an deutschen Schulen konnte diesen Befund belegen. Auch Schulinspektionsberichte unter anderem aus Berlin oder Nordrhein-Westfalen, außerdem Befragungen von Schulleitungspersonal dokumentieren eine nur schwach ausgeprägte interne Evaluationskultur an den Schulen (vgl. Riecke-Baulecke 2012, 9). Es konnte auch nachgewiesen werden (z. B. in einer Befragung von Schulleitern in Schleswig-Holstein), dass selbst die konzeptuelle Einbindung von Evaluationsvorhaben in den Prozess der systematischen Schulentwicklung nur im Ansatz verfolgt wird. Das bedeutet, dass zwar Entwicklungsplanung vor allem als Arbeit mit und am Schulprogramm stattfindet, dabei aber Evaluation kaum als Instrument genutzt wird (vgl. Riecke-Baulecke 2012, 9).

Diesen defizitären Befunden liegt ein Bündel verschiedener Ursachen zugrunde. So existiert ein grundlegendes „Technologiedefizit" bei der Steuerung von pädagogischen Prozessen in Schulen, da zum Beispiel „kompetenzbezogene Ziele und Prozesseffekte schwer zu operationalisieren und zu überprüfen" (Riecke-Baulecke 2012, 11) sind. Aber auch die Frage nach einer professionellen Handhabung selbstevaluativer Verfahren und Instrumente ist noch ungeklärt. Weder Lehrkräfte noch Schulleitungspersonal besitzen – weder von ihren Ausbildungsschwerpunkten noch ihrer Funktionszuschreibungen her – von vornherein ausgewiesene Kompetenzen in der Anwendung sozialwissenschaftlich fundierter Evaluationsmethoden. Hieran zeigt sich die Notwendigkeit weiterer Maßnahmen zur Professionalisierung der Akteure schulinterner Evaluationsvorhaben.

4.3 Selbstevaluation

Im Kontext von Schulevaluation wird Selbstevaluation im Wesentlichen mit interner Evaluation gleichgesetzt, das heißt, wenn sich Schulen selbst evaluieren, dann gilt dies als interne Form der Evaluation, die sich von einer externen Fremdevaluation abgrenzt (vgl. Huber u. a. 2014, 59 f.). Im engeren Sinne kann Selbstevaluation aber auch ein individuell-selbstreflexives Verfahren der Selbstbeobachtung und Selbsteinschätzung meinen. Für die Schule kann das beispielsweise bedeuten: Eine Lehrkraft evaluiert ihren eigenen Unterricht, indem sie nach dem Unterricht ein Stundenprotokoll erstellt oder ein längerfristiges Unterrichtstagebuch führt. Solche Handlungsweisen dienen dann der persönlichen Bilanzierung von Lehrtätigkeit. Selbstreflexion gilt dabei als Merkmal ausgeprägter pädagogischer Professionalität. Zur Anregung und als Matrix für selbstreflexive Beobachtungen von Unterricht können Lehrpersonen beispielsweise auf „Kompetenzraster" für eine „kompetenzorientierte Selbstevaluation" zurückgreifen (vgl. Kempfert/Ludwig 2008, 99 ff.).

Inzwischen stehen für die Selbstevaluation verschiedene digitale Portale zur Verfügung, wo eine Lehrkraft allein oder auch gemeinsam mit der Klasse selbstevaluierend aktiv werden kann. Länderspezifische Bildungsportale stellen Zugänge zu Onlinefragesystemen bereit. Zu konkreten Unterrichtsverläufen, -themen, -projekten oder -methoden können Feedback und Bewertung durch die Eingabe in eine vorbereitete Matrix generiert werden. Nach dem Ausfüllen der Fragebögen findet dann durch die Institute für Schulqualität – als Serviceleistung für die Schule – eine professionelle Zusammenfassung und Auswertung der Daten statt. Ein breites Spektrum an Werkzeugen zum Unterrichtsfeedback findet sich beispielsweise bei IQESonline und im Rahmen des im Auftrag der KMK bereitgestellten Projektes EMU (Evidenzbasierte Methoden der Unterrichtsdiagnostik und -entwicklung (ausführlich dazu Helmke u. a. 2012, 57 ff.).

5 Idealtypischer Ablauf einer Evaluationsmaßnahme

Idealtypisch vorgestellt gilt Schulevaluation als Impulsgeber für einen Qualitätsentwicklungsprozess, der mündet in einen „Regelkreislauf von Zielvereinbarungen und Fortschrittsmessungen. Die Schulaufsicht hat in diesem Regelkreislauf eine wichtige steuernde Funktion. Sie vereinbart mit der einzelnen Schule Änderungsziele und überprüft die Zielerreichung durch Ist-Soll-Vergleiche" (Keller 2007, 21 f.). Angestrebt wird damit eine Gesamtanalyse der jeweiligen Einzelschule.

Dabei gilt grundlegend für schulische Evaluation: Sie
- ist ein systematischer Prozess und ein ziel- und zweckorientiertes Anliegen,
- beruht auf gemeinsam definierten Qualitätsmaßstäben und einer systematisch gewonnenen Datenbasis,
- überprüft und bewertet Praxis mit dem Ziel, diese weiterzuentwickeln,
- benutzt angemessene Evaluationsinstrumente,
- involviert alle Betroffenen auch durch Feedback und
- mündet in Maßnahmen und Entwicklungsanstrengungen der ganzen Schule (vgl. Buhren/Rolff 2012, 224).

Auch für die schulbezogene Evaluation gelten die Merkmale, Standards und Verfahrensweisen, die allgemeine Gültigkeit für alle Evaluationsvorhaben besitzen, wie sie von der *Gesellschaft für Evaluation* normativ formuliert worden sind. Wird im Schul-

kontext von Evaluation gesprochen, wird zudem auch hier auf ein in der Betriebswirtschaftslehre verankertes Managementverständnis rekurriert. Evaluation gilt als Teil des Managementkreislaufes, Evaluation in der Schule als Aufgabe des Schulmanagements, in dem vier „klassische Phasen" implementiert sind:
- Analyse/Ausgangsevaluation
- Zieldefinition/Planung
- Umsetzung/Steuerung
- Evaluation/Bilanzierung (vgl. Riecke-Baulecke 2012, 27)

Bei Rolff (vgl. 2002, 70 f.) werden hinsichtlich der praktischen Umsetzung von Unterrichtsentwicklung fünf Basisprozesse unterschieden: „Das Sammeln von Daten", „das Klären und Vereinbaren von Zielen", „die Überprüfung und Anpassung der zur Verfügung stehenden Mitteln", „die Planung und Umsetzung des Entwicklungsvorhabens" und immer auch „die Evaluation des Entwicklungsprozesses und seiner Ergebnisse".

Im Wesentlichen liegen dem Ablauf von Evaluationsmaßnahmen in der Schule die gleichen Modelle zugrunde, wie sie in allen Bildungsorganisationen üblicherweise eingesetzt werden. Eine gewisse Spezifik stellt der Anspruch dar, gegebenenfalls wegen der bisher wenig ausgeprägten Evaluationskultur, in Schulen Evaluationsphasen und -verfahren kleinschrittig und permanent als Begleiter der schulischen Qualitätsentwicklungsarbeit zu etablieren. „Kleine Evaluationen" sollen so für Nachhaltigkeit bei der Herausbildung einer Evaluationskultur sorgen. Dazu gehören:
- regelmäßige Bewertung des Leistungs- und Sozialverhaltens in der Klassenkonferenz,
- regelmäßige Reflexion der pädagogischen Arbeit in der Gesamtlehrerkonferenz,
- bilanzierende Arbeitsrückschau am Halbjahres- und Schuljahresende,
- gemeinsame Unterrichtsanalyse,
- Parallelarbeiten,
- Analyse der Schulstatistik,
- Schüler- und Eltern-Feedback,
- Abnehmer-Befragungen (vgl. Keller 2007, 21).

Für die schulischen Evaluationsakteure liegt inzwischen ausreichend handlungsanleitende Literatur vor, die nicht nur Evaluation allgemein erläutert, sondern zusätzliche Materialien für die konkrete Arbeit in der Schule zur Verfügung stellt, wie unter anderem Evaluationsfahrpläne (vgl. Ramm 2014, 70 ff.), Sammlung von Leitfragen zur Bestimmung des Evaluationsbereiches, Checklisten, Ablaufmodelle, Instrumente wie Fragebögen (vor allem auch zur Unterrichtsevaluation, vgl. u. a. Klein-Landeck u. a. 2010; Kiel 2012).

In einer idealtypisch konzeptionalisierten, auf Schulqualitätsentwicklung ausgerichteten Evaluationsmaßnahme sollten Bildungsstandards die grundlegende Referenz darstellen, um schulische und unterrichtliche Qualität messen und bewerten zu können. Dabei ist vorgesehen, dass in das je schulinterne Curriculum nationale

Bildungsstandards und die davon abgeleiteten ergänzenden Standards der Einzelschule einfließen. In Bezug auf ein zu evaluierendes Leistungsprofil der Schule bilden Ergebnisse von Vergleichsarbeiten (sowohl zentral als auch intern) die hauptsächliche Datengrundlage. Das zentrale handlungsleitende Dokument, in dem Standards verbindlich für alle an der Schule Beteiligten formuliert und die einzelnen Evaluationsziele und -aufgaben festgehalten sind, stellt das Schulprogramm dar.

Eine besondere Herausforderung stellt die Operationalisierung von zu evaluierenden Kriterien dar. Deshalb gilt als eine zentrale und über die spätere Aussagekraft der Daten entscheidende Phase im Evaluationsablauf die Identifizierung von messbaren Indikatoren. Rolff (2002) versucht, das zu verdeutlichen anhand des Evaluationsgegenstandes „selbstständiges Arbeiten von Schülerinnen und Schülern" – eines als herausragend geltendes Qualitätskriterium von „gutem" Unterricht. Werden jedoch Lehrkräfte gefragt, woran konkret die Selbsttätigkeit im Lernprozess der Schülerschaft erkennbar wird, zeigen sich Unsicherheiten in der Formulierung von Beobachtbarem. Rolff schlägt folgende Indikatoren vor:

> Die Schüler bearbeiten selbstständig das Material zum Thema.
> – Die Schüler bringen eigene Ideen zum Thema ein.
> – Die Schüler versuchen Lösungen zunächst ohne Hilfe des Lehrers zu finden.
> – Die Schüler entwickeln eigene Materialien zum Thema.
> – Die Schüler wenden sich bei Problemen an Mitschüler.
> – Die Schüler arbeiten in ihrem eigenen Rhythmus, ohne andere zu stören.
> – Die Schüler kümmern sich um individuelle Arbeitsaufgaben.
> – Die Schüler führen einen Arbeitshefter, in dem sie ihre Arbeitsprodukte dokumentieren (Rolff 2002, 122).

Das Instrument zur Sicherstellung von im Schulprogramm festgelegten Entwicklungszielen stellen *Zielvereinbarungen* dar. Zielvereinbarungen gelten aus bildungspolitischer Sicht als „Kennzeichen für eine outputgesteuerte Schulentwicklung" (Schnell 2010, 85) und wären vor dem Hintergrund der Vorstellung eines idealtypischen Evaluationsverlaufs der sinngebende, entwicklungsfördernde, zukunftsweisende Abschluss einer Evaluation in Hinblick auf Personalentwicklungsziele. Inwiefern dieses sich aus Evaluationsanstrengungen sinnvoll ergebende Entwicklungsinstrument auch für die einzelne Lehrkraft in den Schulen tatsächlich eingesetzt wird, ist noch weitgehend unerforscht.

6 Gelingensbedingungen

Eine konsensual als zentral erachtete Gelingensbedingung von Evaluationsvorhaben stellt die Rolle der Schulleitung dar. Das heißt, deren professionelles Management ist gefordert bzw. wird vorausgesetzt, damit es gelingt, systematische Qualitätsentwicklung als permanenten und nachhaltig Wirkung entfaltenden Prozess in der jeweiligen

Schule zu etablieren und damit auch Evaluationsprozesse zu initiieren. Schulleitung hat vor allem die Aufgabe, Chancen und Grenzen von Evaluation im Kollegium zu kommunizieren, Maßnahmen einzuleiten, Vorbehalte und Ängste gegenüber Evaluation abzubauen und zu verdeutlichen, dass Evaluation nur als gemeinsames Entwicklungsprojekt des Kollegiums einer Schule gelingen kann (vgl. Keller 2007, 114 ff.).

Hier zeigt sich die Notwendigkeit von Maßnahmen der Personalentwicklung im Sinne der Professionalisierung der Evaluatoren. Auf der Ebene der Schuladministration (externe Schulevaluation) ist der Bedarf bereits vor einigen Jahren erkannt worden und mündete in umfangreichen Qualifizierungsmaßnahmen für Mitarbeiter/-innen von Schulbehörden, die dann – wie in Nordrhein-Westfalen – als Qualitätsprüfer/-innen beispielsweise bei der Bezirksregierung Düsseldorf beschäftigt wurden (vgl. Schnell 2010, 86).

Aber auch bezogen auf das Schulpersonal – vor allem Schulleiter/-innen sowie Lehrkräfte – besteht im Bereich Evaluation dringender Professionalisierungsbedarf. In den letzten Jahren entstand deshalb eine Reihe von Fort- und Weiterbildungsangeboten, um die professionellen Kompetenzen des Schulleitungspersonals in diesem Bereich zu stärken. Unter anderem wurden weiterbildende Masterstudiengänge (wie an der *Technischen Universität Kaiserslautern* für „Schulmanagement") eingerichtet und akkreditiert, in deren Curricula Evaluation als zentraler Gegenstand zu finden ist. Hier wird der Lerngegenstand „Evaluation" in einer Weise präsentiert bzw. didaktisiert, dass Adressaten, Lehrkräfte und Schulleitungspersonal nicht nur Instrumente und Verfahren kennenlernen, sondern sich auch Wissen über sozialwissenschaftliche Referenzrahmen, politisch-rechtlich-administrative Kontextbedingungen von Schulevaluation aneignen mit dem Ziel, ihre Rolle als Initiator(inn)en und Moderator(inn)en für die Etablierung einer Schul-Evaluationskultur zu identifizieren und zu reflektieren.

In Bezug auf die externe Evaluation von Schulen ist vor allem noch Handlungsbedarf gegeben, um insbesondere die Beratungs- und Unterstützungsfunktion der Schulinspektion nicht nur zu stärken, sondern auch deutlicher mit den Schulen und Lehrkräften zu kommunizieren. Vor allem aufgrund von, während einer Inspektion festgestellten, Defiziten und Schwierigkeiten einer Schule ist es eine zentrale Aufgabe der Schulinspektion, beratend und unterstützend tätig zu werden, entsprechende Unterstützungsangebote zu offerieren bzw. Lösungen gemeinsam mit der Schule zu suchen. Noch scheint die Rolle als *task force* zu dominieren; identifizierte *failing schools* werden nach dem Vorbild von New York in ein entsprechendes *Turnaround*-Programm in Kooperation mit Schulinspektion, Senatsschulverwaltung und der *Robert-Bosch-Stiftung* aufgenommen (vgl. Bonsen/Frey 2015). Das ist zu honorieren, wirft aber auch die Frage auf, inwiefern Schulen auf einem „mittleren" Problemniveau ebenfalls von Hilfe profitieren können oder ob solche Schulen mit „kleineren" Schwierigkeiten (die nicht ausreichend prekär und dramatisch sind) letztlich auf sich allein gestellt bleiben, da beispielsweise die Forderungen nach zusätzlichen Ressourcen der Schulverwaltung nicht legitimiert erscheinen.

7 Problemlagen, Kritik, Ausblicke

Grundsätzlich kann in Bezug auf Evaluation von Schulen von einem Spannungsfeld von Input- und Outputsteuerung (vgl. Benner 2009, 51 ff.) ausgegangen werden, worin sich einerseits das Streben nach Schulautonomie und andererseits schulverwaltender Kontrollbedarf gegenüberstehen. In dieser Weise wird auch das Vorgehen der Schulinspektion kritisch wahrgenommen: „Mit externen Evaluationen ist die Chance verbunden, größere Transparenz über Stärken und Optimierungsbedarf zu schaffen, um fundierte Schlussfolgerungen für das Handeln ziehen zu können. Externe Evaluation, die zur Gängelung der Schule führt, wirkt kontraproduktiv, weil Gestaltungswille und Eigeninitiative erstickt werden" (Riecke-Baulecke 2005, 6).

Die Schwierigkeiten, erfolgreich, sinnvoll und zielführend Evaluation in die Bildungsorganisation Schule als Teil einer Analyse- und Rückmeldekultur zu verankern, ergeben sich auf vier Ebenen:
– Evaluationsgegenstand
– Wahrnehmung der Akteure (individuelle Ebene)
– Umgang mit Evaluationsergebnissen
– strukturelle Bedingungen der Organisation

Der *Evaluationsgegenstand* in Schulen umfasst Bildungsprozesse und ihre Outputs. Diese sind eingebettet in komplexe gesellschaftliche, politische, sozioökonomische und individuelle Bedingungskontexte und zeichnen sich durch hohe Wirkungsunsicherheit aus. So hängt hier Lernerfolg als in Evaluationen ermittelte Outputvariable nicht nur (manchmal eher sogar weniger) von der Qualität des Bildungsangebots (z. B. Unterricht, Unterrichtsgestaltung) ab, sondern auch von außerschulischen, familialen Kontextbedingungen, außerdem von individuellen Merkmalen des Lerners wie Motivation, Lernfähigkeit und -bereitschaft, die Erfolg oder Misserfolg verursachen. Solche komplexen Rahmenbedingungen jedoch können in einem ressourcenbegrenzten Evaluationsverfahren nicht abgebildet werden.

Die (eher kritische) *Wahrnehmung der Schul-Akteure* bezieht sich insbesondere auf Funktionen von Evaluation und noch dezidierter auf Defizite im Umgang mit Evaluationsergebnissen. Es gibt noch kaum Forschungen dazu, wie und mit welchen Auswirkungen Evaluationsergebnisse, die in den bzw. über Einzelschulen erhoben wurden, in ein Rückmeldesystem einfließen. Das heißt, noch ist der Eindruck bei vielen Lehrer(inne)n latent, dass keine angemessene zweck- und zielorientierte Auswertung bzw. Verwertung der Ergebnisse erfolgt. Dem steht eine normativ grundsätzlich positive Zuschreibung gegenüber, die zu suggerieren vermag, dass bereits die Durchführung von Evaluationsmaßnahmen ein Qualitätsmerkmal der Schule oder der Professionalität von Lehrkräften und Schulleitungspersonal sei. Die Schulentwicklungsliteratur scheut sich nicht, optimistische Wirkungsprognosen zu formulieren, wie „standardisierte Prüfungen wirken sich positiv auf die erreichten Leistungsstände aus" oder: „Den Lehrenden Feedback zu geben, [...] hat ausgesprochen positive Auswirkungen auf die Leistungen. Beurteilungen und Rückmeldungen wirken sich positiv auf Lehrerinnen und Lehrer aus und erhöhen die Arbeitszufriedenheit und Sicherheit im Beruf" (Ramm 2014, 63).

Es existiert in der Lehrerschaft eine eher distanzierte bis ablehnende Haltung gegenüber einem Evaluationsanspruch, die auf folgenden Vorstellungsmustern über Evaluation beruht:
- Evaluation wird oft als Kritik oder Bedrohung empfunden und kann verunsichern.
- Evaluation macht die Diskrepanz zwischen Anspruch und Wirklichkeit im Lehrerberuf sichtbar.
- Evaluationen erfordern Konfliktbereitschaft, außerdem (zu) viel Zeit und zusätzlichen (unbezahlten) Arbeitsaufwand.
- Evaluation tritt in einem rationalen Gewand auf, hat aber „emotionalen" Tiefgang.
- Evaluation wird mit Kontrolle in Zusammenhang gebracht (vgl. Rolff 2002, 133).

Der *Umgang mit Evaluationsergebnissen* wird vonseiten des schulischen Personals noch weitgehend als unbefriedigend empfunden oder erlebt. Der Eindruck ist virulent, dass Datenmengen (wenn nicht -massen) erzeugt werden bzw. bereits vorliegen, die keiner weiteren Aufbereitung zugeführt werden. Nicht nur in den Schulen selbst, auch in den übergeordneten Behörden, wie beispielsweise von der *Kultusministerkonferenz*, werden solche Defizite beobachtet: Es „zeigte sich, dass in den Ländern zwar vielfältige quantitative, statistische Informationen verfügbar sind, diese aber kaum für Qualitätsevaluation genutzt werden und sich erkennbare Bezüge zwischen der Erhebung von Kennzahlen und den übrigen Evaluationsstrategien in den Berichten der Bundesländer kaum finden" (Spangenberg 2012, 34).

Oft wird vor allem kritisch nachgefragt, inwiefern erzeugte Datenmengen tatsächlich derart aufgearbeitet werden, dass sie zu einer differenzierten und komplexen Diagnose verdichtet werden können, dass sie für die evaluierten Personen bzw. Institutionen handlungsleitende Agenda werden, dass sie im eigentlichen Sinne Veränderungen zu initiieren vermögen.

Die *strukturellen Bedingungen* an den Schulen bzw. deren personelle Ausstattung lassen es auch für die Zukunft kaum realistisch erscheinen, dass es gelingen könnte, Evaluation als schulische Struktureinheit im Sinne eines betrieblichen Controllings, so wie das inzwischen in anderen Bildungseinrichtungen (Volkshochschule, Hochschulen, Museen) beobachtbar ist, zu etablieren. In Schulen stattfindende Evaluationsmaßnahmen sind noch stark auf einzelne Leistungsoutputs oder kurze Phasen diagnostischer Ist-Analysen gerichtet und eben noch nicht zu einem System-Monitoring gereift. Ein solcher Anspruch zur Erhebung von umfassenden Daten zu Input-, Prozess-, Output- und Kontextfaktoren einer Schule (Input-Eingangsbedingungen, soziale Herkunft der Schüler, räumliche und technische Ausstattung, Altersstruktur des Kollegiums, Fluktuation des Kollegiums, Bildungsaspirationen der Eltern, Klassenfrequenz, Unterrichtsmethoden und -formen, außerunterrichtliche Angebote etc.) braucht eine verstetigte und anerkannte strukturelle Verortung. Erst eine solche organisationale Verankerung gäbe die Möglichkeit, Evaluation als zentrale Aufgabenzuschreibung an entsprechendes professionelles Personal zu übertragen und mit einer adäquaten finanziellen Ausstattung abzusichern.

> Bei weitgehender Regulierung durch den Staat steht und fällt die Frage der Evaluation damit, ob diese gefordert, gefördert und überprüft wird oder nicht. Die Klage, die Schulen würden nicht ausreichend evaluieren, wäre demnach an die Legislative (Parlamente, die Schulgesetze beschließen) und die Exekutive (Behörden, Unterstützungssysteme, die Aufsicht ausüben und für die Lehrerbildung verantwortlich sind) zu richten. Schule erfüllt einen gesetzlichen Auftrag und wenn darin die Evaluation nicht vorgesehen ist, sollte es nicht verwundern, wenn diese in Deutschland schwach ausgeprägt ist (Riecke-Baulecke 2012, 11 f.).

Ohne eine abgesicherte strukturelle Verortung eines Schul-Unterrichtscontrollings direkt vor Ort an der Einzelschule sowie ohne Professionalisierungsmaßnahmen für die Evaluationsbeteiligten bleibt die Durchführung von externer und interner Schulevaluation ein problematisches Unterfangen, das eher Belastungen erzeugt, als Unterstützung für die tägliche, qualitative hochwertige pädagogische Arbeit mit den Lernenden zu bieten.

Grundsätzlich wird immer wieder festgestellt, dass in der Bundesrepublik Deutschland die „Tradition […], mit überprüfbaren Zielen Schulentwicklung zu gestalten", nur schwach ausgeprägt ist (Riecke-Baulecke 2012, 11). Es gilt erst noch, eine Evaluationskultur als immanenten Bestandteil der Organisations-Schul-Kultur zu etablieren.

8 Vertiefungsaufgaben und -fragen

1. Auf einer Tagung der *Deutschen Gesellschaft für Bildungsverwaltung* äußerte sich der amtierende Dezernent für Bildung des Städtetages Baden-Württemberg, Norbert Brugger, wie folgt: „Eine Bildungsplanreform räumt den baden-württembergischen Schulen seit 2004 mehr Selbstständigkeit bei der Gestaltung ihrer Angebote ein. Sie suchen sich ihre Lehrerinnen und Lehrer nun auch überwiegend selber aus. Von den Schulträgern erhalten sie Budgets zur eigenständigen Mittelbewirtschaftung. Pendant dieser wesentlich größeren Handlungsfreiheit sind verpflichtende Selbst- und Fremdevaluationen. Auf nachdrücklichen Wunsch des Städtetages hat der Landtag von Baden-Württemberg einstimmig beschlossen, die kommunalen Schulträger nicht nur in die Erhebung evaluationsrelevanter Daten einzubeziehen, sondern ihnen auch die Ergebnisse der Fremdevaluationen zugänglich zu machen. In einem weiteren Schritt will der Verband erreichen, dass die Städte auch als Partner in die zwischen Schulen und staat-

licher Schulverwaltung auf Basis der Evaluationsergebnisse abzuschließenden Zielvereinbarungen einbezogen werden" (Brugger 2008, 54).

Erschließen Sie aus dem exemplarischen Text die Rolle und Bedeutung von Evaluation für aktuelle Schulentwicklungsprozesse, Beteiligte und Adressaten. Welche über die Einzelschule hinausgehende Bedeutung und Funktionen haben Evaluationen und vor allem aber auch die erhobenen Evaluationsergebnisse?

Arbeiten Sie hier angedeutete Tendenzen der Schul-(system-)entwicklung in Baden-Württemberg heraus. Wählen Sie ein zusätzliches Bundesland aus und recherchieren Sie, inwieweit diese (oder andere) Tendenzen dort sichtbar werden.

2. Welche Ursachen sehen Sie, dass Schulen nicht ausreichend evaluieren? Welche konkreten Maßnahmen könnten helfen, um Evaluation als Teil der Schulkultur verbindlich zu verankern?
3. Recherchieren Sie nach mindestens drei Weiterbildungsangeboten für Schulleiter/-innen bzw. für Lehrkräfte mit dem Schwerpunkt Evaluation. Analysieren Sie diese vergleichend nach Adressaten, konzeptioneller Ausrichtung, Inhalten und Zielen. Bewerten Sie die Angebote in Bezug auf die Evaluationsaufgaben, die in der Schule erfüllt werden sollen.
4. Informieren Sie sich über die Strategie im Umgang mit „schlecht" evaluierten Schulen in einem gewählten Bundesland. Welche Evaluationsergebnisse führen zu negativen Bewertungen? Welche beratenden und unterstützenden Maßnahmen werden Schulen vonseiten der Schulbehörden angeboten?

9 Literatur

Ackeren van, Isabell/Klemm, Klaus (2011): Entstehung, Struktur und Steuerung des deutschen Schulsystems. Eine Einführung. 2. überarbeitete und aktualisierte Auflage. Wiesbaden: Springer VS.

Arnold, Rolf/Gómez Tutor, Claudia (2007): Grundlinien einer Ermöglichungsdidaktik: Bildung ermöglichen – Vielfalt gestalten. Hergensweiler, Verlag ZIEL.

Baulecke, Ingrid (2014): Qualitätsmanagement an Schulen. Konzepte und Handlungsstrategien. (= Schulmanagement Handbuch 151). München, Oldenbourg.

Benner, Dietrich: Schule im Spannungsfeld von Input- und Outputsteuerung. (2009) In: Blömeke, Sigrid/Bohl, Thorsten/Haag, Ludwig u. a.: Handbuch Schule. Bad Heilbrunn: Klinkhardt, S. 51–63.

Blömeke, Sigrid/Herzig, Bardo/Tulodziecki, Gerhard (2007): Gestaltung von Schule: eine Einführung in Schultheorie und Schulentwicklung. Bad Heilbrunn: Julius Klinkhardt.

Böttcher, Wolfgang/Bos, Wilfried/Döbert, Hans/Holtappels, Heinz Günter (Hrsg.) (2008): Bildungsmonitoring und Bildungscontrolling in nationaler und internationaler Perspektive. Münster: Waxmann.

Bonsen, Martin/Büchter, Andreas/Peek, Rainer (2006): Datengestützte Schul- und Unterrichtsentwicklung. Bewertungen der Lernstandserhebungen in NRW durch Lehrerinnen und Lehrer. In: Rolff, Hans-Günter/Holtappels, Heinz Günter/Klemm, Klaus/Pfeiffer, Hermann und Schulz-Zander, Renate (Hrsg.): Jahrbuch der Schulentwicklung Band 14. Weinheim: Juventa. S. 125–148.

Bonsen, Martin/Frey, A. Kristina (2015): Failing schools und turnaround schools. In: Arnold, Rolf/Prescher, Thomas (Hrsg.): Lernort Schule. Wege zu einer offenen Lernkultur. Köln: Carl Link, S. 61–73.
Brugger, Norbert (2009): Kommunale Selbstverwaltung heute (Workshop 2). In: Deutsche Gesellschaft für Bildungsverwaltung (Hrsg.): Bildungsverwaltung im Wandel – neue Rollen für Bildungsverwalter. Tagungsband der Jahrestagung der DGBV 2008, S. 51–59.
Buhren, Claus C./Rolff, Hans Günter (Hrsg.) (2012): Handbuch Schulentwicklung und Schulentwicklungsberatung. Weinheim und Basel: Beltz.
Burghardt, Timo (2011): Vereinbarkeit der Zielsetzung der Schulvisitation mit den Erfordernissen schulaufsichtlicher Tätigkeiten. In: Zeitschrift für Bildungsverwaltung ZBV, Heft 2, S. 25–31.
Clausen, Marten (2002): Unterrichtsqualität: Eine Frage der Perspektive? Empirische Analyse zur Übereinstimmung, Konstrukt- und Kriteriumsvalidität. Münster: Waxmann.
Diedrich, Martina (2011): Schulinspektion unter dem Aspekt einer optimalen und vertrauensvollen Analyse und Beratung von Schulen. In: Zeitschrift für Bildungsverwaltung ZBV, Heft 2, S. 5–15.
Gehrmann, Axel (2003): Der professionelle Lehrer. Muster der Begründung – Empirische Rekonstruktion. Opladen: Leske + Budrich.
Griese, Christiane (2011): Schulentwicklung. In: Griese, Christiane/Marburger, Helga: Bildungsmanagement. Ein Lehrbuch. Oldenbourg: München. S. 171–191.
Hameyer, Uwe (2014): Innovationswissen – wirksame Schulentwicklung im System der Praxis. In: Holtappels, Heinz Günter (Hrsg.): Schulentwicklung und Schulwirksamkeit als Forschungsfeld. Theorieansätze und Forschungserkenntnisse zum schulischen Wandel. Münster New York: Waxmann, S. 49–74.
Hattie, John (2014): Lernen sichtbar machen für Lehrpersonen. Überarbeitete Deutschsprachige Ausgabe von „Visible Learning for Teachers" von Wolfgang Beywl und Klaus Zierer. Baltmannsweiler: Schneider Verlag Hohengehren.
Helmke, Andreas (2006): Unterrichtsqualität – Konzepte, Messung, Veränderung. Studienbrief im Fernstudiengang Schulmanagement. Technische Universität Kaiserslautern.
Helmke, Andreas/Helmke, Tuyet/Leutner, Detlef u. a. (2012): Interne Evaluation. Grundlagen und Verfahren. (= Schulmanagement Handbuch 144). München: Oldenbourg.
Holtappels, Heinz Günter (Hrsg.) (2004): Schulprogramme – Instrumente der Schulentwicklung. Konzeptionen, Forschungsergebnisse, Praxisempfehlungen. Weinheim und München: Juventa.
Huber, Stephan G. (2011): Die Rolle von Schulleitung und Schulaufsicht in der Schulentwicklung. In: Altrichter, Herbert/Helm, Christoph (Hrsg.): Akteure & Instrumente der Schulentwicklung. Baltmannsweiler: Schneider Verlag Hohengehren, S. 75–88.
Huber, Stephan G./Hader-Popp, Sigrid/Schneider, Nadine (2014): Qualität und Entwicklung von Schule. Basiswissen Schulmanagement. Weinheim und Basel: Beltz.
Keller, Gustav (2007): Schulisches Qualitätsmanagement von A–Z. Grundlagen der Schulpädagogik Band 57. Baltmannsweiler: Schneider Verlag Hohengehren.
Kempfert, Guy/Ludwig, Marianne (2008): Kollegiale Unterrichtsbesuche. Besser und leichter unterrichten durch Kollegen-Feedback. Weinheim und Basel: Beltz.
Kiel, Ewald (Hrsg.) (2012): Unterricht sehen, analysieren, gestalten. 2. Auflage. Bad Heilbrunn: Klinkhardt UTB.
Klafki, Wolfgang (2002): Gesellschaftliche Funktion und pädagogischer Auftrag der Schule in einer demokratischen Gesellschaft. In: Koch-Priewe, Barbara/Stübig, Heinz/Hendricks, Wilfried (Hrsg.): Schultheorie, Schulforschung und Schulentwicklung im politisch-gesellschaftlichen Kontext. Weinheim und Basel: Beltz, S. 41–62.
Klein-Landeck/Karau, Claus/Landeck, Ilka (2010): Unterrichtsentwicklung mit Erfolg. Zehn praxiserprobte Bausteine. Berlin: Cornelsen Scriptor.

Klieme, Eckhard u. a. (2007): Zur Entwicklung nationaler Bildungsstandards. Eine Expertise. Hrsg. vom BMBF, Berlin Bonn.
Meyer, Hilbert (2015): Unterrichtsentwicklung. Berlin: Cornelsen.
Meyer, Hilbert/Demuth, Reinhard (2009): Unterricht weiterentwickeln und beurteilen (= Schulmanagement Handbuch 132). München: Oldenbourg.
Moser, Heinz (2011): Das Spannungsverhältnis von Theorie und Praxis. In: Moser, Heinz (Hrsg.): Forschung in der Lehrerbildung. (= Professionswissen für Lehrerinnen und Lehrer, hrsg. von Grunder, Hans-Ulrich, Kansteiner-Schänzlin, Katja, Moser, Heinz). Baltmannsweiler: Schneider Verlag Hohengehren, S. 15–28.
Raidt, Tabea (2010): Ein Jahrzehnt Paradigmenwechsel. Auswirkungen von PISA auf Bildungspolitik und Bildungsverwaltung. In: Zeitschrift für Bildungsverwaltung ZBV, Heft 2, S. 43–58.
Ramm, Gesa (2014): Gute Schulen. Wissenschaftliche Befunde. Praktische Konsequenzen (= Schulmanagement Handbuch 149). München: Oldenbourg.
Riecke-Baulecke, Thomas/Müller, Hans-Werner (1999): Schulmanagement. Leitideen und praktische Hilfen. Braunschweig: Westermann.
Riecke-Baulecke, Thomas u. a. (2005): Externe Evaluation. Fakten. Gründe (= Schulmanagement Handbuch 116). München: Oldenbourg.
Riecke-Baulecke, Thomas (2012): Grundlagen. In: Helmke, Andreas/Helmke, Tuyet/Leutner, Detlef u. a.: Interne Evaluation. Grundlagen und Verfahren. (= Schulmanagement Handbuch 144). München: Oldenbourg, S. 6–44.
Rolff, Hans-Günter (2002): Instrumente und Verfahren der Schulentwicklung. Studienbrief im Fernstudiengang Schulmanagement. Technischen Universität Kaiserslautern.
Rumpf, Horst (1988): Schulen wie Finanzämter? Vom Nutzen der Arbeit an einem Schulprofil für Schüler und Lehrer. In: Pädagogik 40, Heft 11, S. 8–10.
Schnell, Herbert (2010): Evidenzbasierte Schulentwicklung – Inspektionsberichte und Zielvereinbarungen. In: Zeitschrift für Bildungsverwaltung ZBV, Heft 2, S. 85–89.
Spangenberg, Heike (2012): Schulstatistik als Instrument zur Qualitätssicherung. In: Zeitschrift für Bildungsverwaltung ZBV, Heft 2, S. 34–46.
Wulf, Christoph (1972): Evaluation. Beschreibung und Bewertung von Unterricht, Curricula und Schulversuchen. München: Piper.

Claudia Gómez Tutor
Evaluation in Hochschulen

Evaluation hat in Deutschland an Hochschulen noch keine lange Tradition, verglichen mit US-amerikanischen Hochschulen, in denen schon im ersten Drittel des 20. Jahrhunderts Evaluationen vorgenommen wurden. In Deutschland lassen sich zwei Zeiträume ausmachen, in denen das Thema an Hochschulen virulent wurde. Treibende Kraft für die Beschäftigung mit dem Thema Evaluation war zunächst im Zuge der Demokratisierungsbestrebungen der 68er-Bewegung eine klare Kritik an Gesellschaft und Wissenschaft. Damit verbunden ist die Frage der Hochschulreformen, die jedoch nicht alle Hochschulen erreichte und daher keine dauerhafte Etablierung von Evaluation nach sich zog (vgl. Rindermann 2009, 31 ff.).

Ein zweiter und weitaus effizienterer Ansatz zur Durchführung von Evaluation an Hochschulen begann in den 1990er-Jahren und kann inzwischen als etabliert gelten. Anlass für die Initiierung von Wandlungsprozessen waren die Diskussionen in der Öffentlichkeit über die Qualität der Universitäten und der vermehrte Wettbewerb unter den Hochschulen. So brachten Hochschulrankings vor dem Hintergrund von Fragen wie „Welche Uni ist die beste?" oder Initiativen studentischer Verbände (vgl. Bargel/El Hage 2000, 207) Bewegung in die Evaluation an Hochschulen.

1 Grundlagen und Bedeutung von Evaluation an Hochschulen

Ausgangspunkt für das Hinterfragen der Bildungsorganisation Hochschule war bei jeder Auseinandersetzung mit Evaluation die Änderung von Strukturen und „der Wunsch nach einer stärkeren Gewichtung der Lehre sowie die Einführung von Lehrevaluationsmaßnahmen" (Rindermann 2009, 35).

1.1 Rechtliche und bildungspolitische Voraussetzungen und Relevanz

Spätestens mit dem Hochschulrahmengesetz von 1998 (vgl. HRG 1998) wurde eine rechtliche Grundlage zur Evaluation geschaffen, da in §6 die „Bewertung der Forschung, Lehre, Förderung des wissenschaftlichen Nachwuchses und der Gleichstellung der Geschlechter" festgeschrieben ist. Parallel mit dem HRG wurde der Bolognaprozess vorangetrieben, der offiziell 1999 mit der Bolognaerklärung begann (vgl. BMBF 1999). Damit wurden die Durchführung von Evaluationen zur Feststellung von Qualität in der Lehre und die Verbesserung der Ausbildung endgültig in den Fokus genommen. Dies ist seither ein zentrales Thema bei der Entwicklung von Studiengängen.

Die Folgekonferenzen im Anschluss an Bologna dienten zur Präzisierung des Konzeptes des Lebenslangen Lernens und zur Etablierung der damit verbundenen Strukturvorgaben für die Durchführung der Akkreditierung von Studiengängen. Näher geregelt werden sollte neben der Studienstruktur und der Dauer sowie den Zugangsvoraussetzungen auch die Frage der Qualität von Studium und Lehre (vgl. Hanft 2014, 13 ff.). Evaluation ist damit zu einem festen Bestandteil im Rahmen von Qualitätssicherung und Qualitätsentwicklung an Hochschulen geworden (vgl. Ernst 2008) und findet ihren Niederschlag in den Hochschulgesetzen der einzelnen Bundesländer.

1.2 Bedeutung von Evaluation an Hochschulen

Eine Möglichkeit, herauszufinden, welcher Optimierungsbedarf vorhanden ist, welche Veränderungsprozesse eingeleitet werden oder in welchen Bereichen keine Veränderungen vorgenommen werden müssen, stellt die Evaluation dar. Ganz allgemein kann wie in anderen Bildungsorganisationen davon gesprochen werden, dass Evaluation an der Hochschule die Wirksamkeit der in der Institution ablaufenden Prozesse bewerten (vgl. Stockmann 2002) und damit der Entwicklung von Qualität – bezogen auf die Lehre, aber auch die Forschung – dienen soll (vgl. Ernst 2008, 15).

Evaluation ist nach der *Deutschen Gesellschaft für Evaluation* (DeGEval 2008, 15) zu verstehen als die „systematische Untersuchung des Nutzens oder Wertes eines Gegenstandes. [...] Die erzielten Ergebnisse müssen dabei nachvollziehbar auf empirisch gewonnenen qualitativen bzw. quantitativen Daten beruhen".

Zu diskutieren ist hierbei die jeweils zugrunde liegende Vorstellung von Qualität, weil sich daraus die entsprechenden Leitlinien und Kriterien für die Durchführung einer Evaluation ableiten. Im Sinne der Qualitätsnorm DIN EN ISO 9000 wird Qualität beschrieben als „Grad, in dem ein Satz inhärenter Merkmale [eines Produkts, eines Systems oder eines Prozesses] Anforderungen erfüllt" (Zollondz 2002, 152). Qualität kann damit im Rahmen der Qualitätssicherung und -entwicklung an Hochschulen ergebnisorientiert als Vergleich von Ausgangssituation und Endsituation und der Frage nach der Erfüllung der damit zusammenhängenden Anforderungen sowie der Verfügbarkeit von erhobenen Ergebnissen verstanden werden. Da es sich um Lehr- und Lernprozesse handelt, die keine eindeutige Beschaffenheit im Sinne immanenter Eigenschaften aufweisen können, wird deutlich, dass Qualität ein verhandelbares Gut und somit ein Konstrukt ist, das durch die unterschiedlichen Perspektiven und Wertsetzungen der Beteiligten normativ konstruiert wird (vgl. Heid 2000). Um die Qualität dennoch beurteilen zu können, muss ein gemeinsam ausgehandelter Bezugsrahmen im Sinne der Festlegung von Standards hergestellt werden. Im Bereich der Lehrerbildung wurden hierzu zum Beispiel Standards für die Bildungswissenschaften, die

Fachwissenschaften und die Fachdidaktiken entwickelt, die bei der Qualitätsüberprüfung zugrundegelegt werden (vgl. KMK 2015a, KMK 2015b).

Aufgrund von Standards kann dann ein Kriterium festgelegt werden, das angibt, ab welchem Erfüllungsgrad von Qualität gesprochen werden kann. Auf der Basis einer zielgerichteten, systematischen und kriteriengeleiteten Analyse von fachbezogenem Handeln, organisational verankerten Konzepten oder Maßnahmen, also empirischer Informationen, wird dann die Bewertung vorgenommen und die Entscheidung über mögliche Veränderungen und Optimierungen auf der Grundlage des vorhandenen Qualitätsbegriffs und der festgelegten Standards getroffen. Damit lässt sich sagen, „Evaluation expliziert bislang intransparente oder implizite Abläufe, Haltungen und Prozesse" (Ernst 2008, 15).

Evaluation, bezogen auf Lehr- und Lernprozesse, setzt jeweils an unterschiedlichen Phasen der Prozesse an und kann sowohl deren Planung, die Durchführung, die nachgängige Wirksamkeit und Nachhaltigkeit in den Blick nehmen (vgl. Rindermann 2009, 15; Stockmann 2002, 5) und summativ die Ergebnisse bewerten. Evaluation kann sich aber auch über den gesamten Prozess erstrecken und dient dann formativ der Begleitung, Beratung und Weiterentwicklung von Lehr- und Lernprozessen. Einige ausgewählte Ziele in den einzelnen Evaluationszusammenhängen stellt die Tabelle 1 dar (vgl. Ernst 2008).

Tab. 1: Analyseschwerpunkte und Ziele der Evaluation an der Hochschule (eigene Darstellung).

Planungshilfe	Hilfe bei der Durchführung	Bestimmung von Wirksamkeit
– Verwendung vorhandener Evaluationsergebnisse als Entscheidungshilfe für neue Maßnahmen, Konzepte oder Programme, da z. B. Alternativen verwendet werden – Schaffung einer Optimierungsgrundlage, um vorhandene Konzepte oder Prozesse zu verbessern	– Kontrolle von gesetzten Zielen und deren Erreichung – Korrektur im Verlauf (formative Evaluation) und Einführung neuer Sichtweisen – Initiierung von Reflexionsprozessen bei allen Beteiligten, wenn Evaluation dialogisch ausgerichtet ist	– Unterstützung bei der Durchsetzung von Maßnahmen, Programmen oder Prozessen – Kontrolle und Überwachung des Erfolgs – Gewinn von Reputation für die evaluierte Einzelmaßnahme und damit für das Gesamtsystem

1.3 Einbettung von Evaluation in die Qualitätssicherung an Hochschulen

Evaluation im Rahmen des Qualitätsmanagements in Lehre und Studium dient dazu, die hochschulinternen Ziele in diesem Bereich zu überprüfen und zu verbessern. Meist wird hierbei ein schrittweises Vorgehen vorgesehen, das sich in weiten Teilen an den PDCA-Kreislauf (vgl. Kostka/Kostka 2013) anlehnt und dabei die Schritte „PLAN/DO/CHECK/ACT" durchläuft. Im Einzelnen können diese Schritte folgendermaßen beschrieben werden:
- PLAN: Definition von Qualitätszielen
- DO: Klärung der notwendigen Ressourcen, Festlegung und Durchführung der Prozesse
- CHECK: Einführung bzw. Verwendung von systematischen Prozessen der Informationssammlung, wie z. B. Evaluationsmaßnahmen sowie deren Auswertung und Berichtlegung
- ACT: Durchführung von Verfahren der Nachsteuerung bei fehlender Zielerreichung

Es wird deutlich, dass Evaluation eingebettet ist in einen übergreifenden Ablauf und kontinuierlich, systematisch und methodisch reflektiert durchgeführt werden muss, wenn sie einen substanziellen Beitrag zum gesamten Qualitätsmanagement leisten soll. In der dritten Phase der Qualitätssicherung wird sie als konkrete Maßnahme und zentrales Element – ebenfalls entsprechend dem PDCA-Kreislauf geplant und durchgeführt – wirksam. Abhängig von der Definition der quantitativen und qualitativen Ziele (PLAN) und der Projektierung von Ressourcen und Prozessen (DO) kann sie erst ihre Wirkung entfalten (CHECK) und auf die Verbesserung von Lehre und Studium über entsprechende Feedbackverfahren und gegebenenfalls Zielvereinbarungen zwischen den verantwortlichen Instanzen hinwirken (ACT).

Zu beachten ist, dass Evaluation als interne und externe Evaluation in das Gesamtsystem eingebettet sein kann und damit entweder in der Verantwortung der hochschulinternen Einheiten auf Fächer- oder Fachbereichsebene (interne Evaluation) oder der Gutachter/-innen (externe Evaluation) liegt.

Evaluation in ihren unterschiedlichen Formen ist damit als ein Instrument im Rahmen der Qualitätssicherung zu betrachten. Seit der Bologna-Reform ist vor allem auch die Akkreditierung als Instrument der Sicherung gewisser Standards an der Hochschule zu nennen. Aber auch Benchmarking spielt eine Rolle. Im Folgenden werden davon ausgehend unterschiedlichen Formen der Qualitätssicherung kurz zur Abgrenzung aufgezeigt.

Die *Akkreditierung* zielt auf die studiengangbezogene Qualitätssicherung durch die Überprüfung von Studiengängen hinsichtlich fachlicher und struktureller Kriterien, Internationalisierung und Anerkennung sowie ihre Ausrichtung auf Employability (Beschäftigungsfähigkeit). Zentrales Element und hochschulpolitische Funktion von Akkreditierungen ist vor allem die Reduzierung des staatlichen Einflusses auf die Studiengangentwicklung oder andere hochschulische Prozesse. Bei der Akkreditierung von Studiengängen steht somit die Änderung des Steuerungsmodells im Zentrum, indem der bisher staatliche Einfluss bei der Einführung und Kontrolle von Studiengängen auf eine vom Akkreditierungsrat zugelassene externe Agentur übertragen wird.

Prinzipiell können unterschiedliche Akkreditierungsformen voneinander abgegrenzt werden:

- **Akkreditierung von Studiengängen als Programm- oder Clusterakkreditierung** durch vom Akkreditierungsrat zugelassene (akkreditierte) Akkreditierungsagenturen, deren Qualitätsverständnis und Unabhängigkeit jeweils geprüft werden. Nach festgelegten Abläufen, in die über die Vorgaben der Staat (KMK) und die Berufspraxis eingebunden sind, werden verschiedene Instanzen und alle Statusgruppen der Hochschule in die Qualitätssicherung einbezogen (vgl. HRK 2015) und untersucht, inwieweit die definierten Qualitätsansprüche erfüllt werden (vgl. Hanft 2014, 149). Gleichzeitig wird durch die Einbeziehung von Peers die Binnenperspektive geweitet. Der Blick von außen auf die vorgelegten Selbstreports (Studium, Lehre und/oder Forschung) wird in einer Vor-Ort-Begehung vertieft und über Empfehlungen, Anregungen oder Auflagen der Qualitätsentwicklungsprozess vorangebracht (vgl. Wolter/Kerst 2008, 144).
- **Akkreditierung von Qualitätsmanagementkonzepten einzelner Hochschulen**, wobei in dieser systemorientierten Sichtweise die „Wirksamkeit eines Qualitätsmanagementsystems bezogen auf Systemelemente" (Hanft 2014, 147) im Zentrum steht. Geprüft werden alle Strukturen und Prozesse im Bereich Studium und Lehre, die das „Erreichen der Qualifikationsziele und die hohe Qualität der Studiengänge gewährleisten, wobei die European Standards and Guidelines for Quality Assurance in Higher Education (ESG), die Vorgaben der Kultusministerkonferenz (KMK) und die Kriterien des Akkreditierungsrates Anwendung finden" (Akkreditierungsrat 2013, 18).
- **Institutionelles Qualitätsaudit (IQA)**, dessen Ziel es ist, inneruniversitär die Entwicklung von Qualität in Lehre und Studium voranzubringen und damit einen stetigen Verbesserungsprozess zu initiieren. Hierbei soll durch die stärkere Einbindung von Fachbereichen bzw. Fakultäten die Qualitätsentwicklung dezentralisiert werden, um so die Verantwortungsübernahme der Teilsysteme zu stärken. Das IQA stellt damit eine Weiterentwicklung der Systemakkreditierung dar, da ein kontinuierlicher Verbesserungsprozess auf Initiative der Beteiligten im Vordergrund steht und durch eine erweiterte Autonomie und Verantwortungsübernahme eine quasi intrinsische Motivation zur Qualitätsentwicklung unterstützt werden soll.
- **Institutionelle Akkreditierung** von Hochschulen bezieht sich auf nicht staatliche Hochschulen, die sich durch den Wissenschaftsrat akkreditieren lassen können, wobei dieser die „Prüfung wissenschaftlicher Qualitätsmaßstäbe

und die dafür erforderlichen finanziellen und strukturellen Voraussetzungen" (Hanft 2014, 150) übernimmt.

Im Rahmen des Bologna-Prozesses und der zunehmenden Autonomie von Hochschulen wurde auch die hochschulübergreifende Kooperation bei der Qualitätssicherung immer wichtiger. Die Potenziale von *Benchmarking* liegen in der Möglichkeit, dass Hochschulen durch die übergreifende Zusammenarbeit voneinander lernen und ihre Qualität weiterentwickeln können (vgl. Hanft 2014, 145). Unter einer prozessorientierten Perspektive werden ganze Prozessketten untersucht und eruiert, ob diese den hochschulintern gesetzten Qualitätszielen entsprechen bzw. wo Verbesserungspotenziale liegen.

Dafür stehen zwei Verfahren, das kennzahlen- und das prozessorientierte Benchmarking, zur Verfügung. Beim kennzahlenorientierten Verfahren werden im Wesentlichen über quantitative Daten Vergleiche von Input- und Outputgrößen (z. B. Kennzahlen zu Ressourcen, Ergebnissen, Studierendenzahlen) zugrundegelegt. Das prozessorientierte Verfahren analysiert Verwaltungsabläufe anhand qualitativer Beschreibungen. Prozessorientiertes Benchmarking setzt außerdem stärker auf Erfahrungsaustausch über Prozesse und versucht auf diese Weise, Problembereiche zu identifizieren und Entwicklungen anzustoßen.

2 Spezifika von Hochschulen und Möglichkeiten der Evaluation

Betrachtet man das Hochschulrahmengesetz, so wird deutlich, dass Hochschulen sich nach wie vor am humboldtschen Ideal der Universität orientieren, wobei die Gewinnung und Bewahrung von Erkenntnissen, die akademische Ausbildung der Studierenden und des wissenschaftlichen Nachwuchses, aber auch Wissenschaftstransfer auf Wirtschaft und Gesellschaft in den Blick zu nehmen sind.

Hochschulen können dabei als „loosely coupled systems" (vgl. Weick 1976) betrachtet werden, bei denen die vorhandenen Subsysteme (Verwaltung, Fachbereiche oder Fakultäten, Fächer, Arbeitsgruppen, Interessenvertretungen, etc.) häufig mit wenig gegenseitiger Beeinflussung nebeneinander liegen und agieren. Gleichzeitig entspringt aber genau hieraus die Leistungsfähigkeit des Systems, da die Teilsysteme mit unterschiedlichen Funktions- und Ordnungsprinzipien ausgestattet sind. Hochschulen sind damit im Spannungsfeld von dezentral organisierten Teilsystemen auf der einen Seite und einem zunehmend vorhandenen Verständnis der Notwendigkeit einer zentralen Leitung aufgrund der vielfältigen übergeordneten und interdisziplinär wie interinstitutionell zu klärenden Herausforderungen auf der anderen Seite zu sehen. Die wachsenden multiplen und konfligierenden Anforderungen und Ziele, denen Hochschulen ausgesetzt sind und die sich mit dem traditionellen Verständnis von Führung an der Hochschule nicht mehr vereinbaren lassen, bedeuten, dass die Hochschule ein einheitlicher, handlungs-, entscheidungs- und strategiefähiger organisationaler Akteur werden muss, will sie erfolgreich sein (vgl. Kloke/Krücken 2012, 14 f.).

Dennoch bleibt es ein Spannungsfeld, denn nach einer aktuellen Studie im Bereich der Organisation Hochschule kann festgehalten werden, „dass die im hochschulpolitischen Diskurs vielfach kritisierte interne lose Kopplung der Organisation ‚Universität', die einen direkten steuernden Durchgriff auf die dezentralen Ebenen unmöglich macht, nach wie vor von hoher Bedeutung ist" (Kloke/Krücken 2012, 27).

Qualitätsmanagement und damit auch Evaluation haben sich einzuordnen in diese wenig gekoppelten Systeme, die nach Altvater (2007, 19) „als komplexe soziale Systeme [...] über ein Höchstmaß an Undurchschaubarkeit, Unvorhersehbarkeit und Unberechenbarkeit verfügen". Evaluationsmaßnahmen zielen in der Regel auf die Frage, wie Erkenntnisgewinn und eine angemessene akademische Bildung erzeugt werden können, und betrachten in diesem Zusammenhang damit meist Lehre, aber auch Forschung. Unter den beschriebenen Voraussetzungen werden dann die Entscheidungen für Qualitätsmanagement getroffen, „wobei organisatorische Alternativen und Gestaltungsoptionen auch in der Logik von Effizienz und der Effektivität betrachtet und diskutiert werden" (Gómez Tutor/Menzer 2012, 130) müssen, was wiederum Interpretations- und Entscheidungsspielraum eröffnet.

Prozesse der Veränderung und Entscheidung für den jeweils anvisierten Bereich sind daher immer im Spannungsfeld von demokratischer Mitbestimmung auf der einen Seite und fehlendem Konsens durch mangelnde Abstimmung zwischen den einzelnen Subsystemen auf der anderen Seite zu verstehen, was sich auch aus dem Postulat der Freiheit von Lehre und Forschung ergibt und vor allem „indirekte und auf Freiwilligkeit setzende Formen der Steuerung präferiert" (Kloke/Krücken 2012, 13).

Die beschriebene lose Kopplung führt aufgrund der fehlenden Einheitlichkeit in Gestaltung, Koordination und Regulation der Organisation dazu, dass Zielkonflikte weitgehend dezentral in den Teilsystemen (Ebene der Fakultäten, Fächer oder Arbeitseinheiten) geklärt werden müssen. Diese lose Kopplung hat aber auch Vorteile, denn sie ist ein Garant dafür, dass sich bestimmte Entscheidungen, die nicht von allen Beteiligten befürwortet oder als überzeugend wahrgenommen werden, nicht flächendeckend ausbreiten und somit schneller wieder zurückgenommen werden können. Zudem verschafft sie hohe Freiheitsgrade, denn sie ermöglicht „eine Vielzahl lokal begrenzter und angepasster Experimente, die es gerade im Bereich der Lehre genauer nachzuverfolgen gilt" (Kloke/Krücken 2012, 27).

Hochschulen sind damit Gebilde, die sich in jeder Weise in einem Spannungsverhältnis befinden
- zwischen der Aufrechterhaltung der Einheit von Forschung und Lehre und der Freiheit von Forschung und Lehre,
- zwischen der Herstellung eines Forschungsbezugs in der Lehre und der Forderung nach Employability,

- zwischen dezentralen Entscheidungs- und Handlungsstrukturen durch lose Kopplung und der zunehmenden Verantwortungsübernahme durch die Hochschulleitung,
- zwischen Spitzenforschung und Exzellenzförderung und der Forderung nach Erhöhung des Studierendenanteils und damit Massenausbildung,
- zwischen der Einrichtung eines Qualitätsmanagements mit verpflichtender Evaluation als Instrument der Steuerung und der Freiwilligkeit von Hochschuldidaktik und Nachwuchsförderung.

Die Spannungsfelder zeigen, dass es sich im Wesentlichen um monetäre, geistige und soziale Ressourcenkonflikte handelt und es jeweils um die Vorstellung der „richtigen" Ausrichtung der Hochschule geht.

3 Adressaten und Gegenstände von Evaluation an Hochschulen

Ausgehend von der Annahme, dass Evaluation als Mittel der Organisationsentwicklung und Selbststeuerung durch die zunehmende Autonomie der Hochschulen zu sehen ist (vgl. Ernst 2008), muss jeweils geklärt werden, wer welches Interesse an und welchen Anspruch auf die zu gewinnenden Erkenntnisse hat und von wem bzw. woraus die entsprechenden Daten zu erhalten sind. Evaluation als Teil des Qualitätsmanagements bezieht alle Gruppen an der Hochschule mit ein und orientiert sich im Bereich der Lehre am „Student Life Cycle" (Perspektive vor, während, nach dem Studium), im Bereich der Forschung am Forschungsprozess (Entwicklung von Projekten, Durchführung und Dissemination).

Dementsprechend sind zunächst die Stakeholder als Adressaten für die Ergebnisse zu identifizieren, bevor die Adressaten im Sinne der Datenquelle festgelegt werden. Anspruchsgruppen mit berechtigten Interessen an der Qualitätsentwicklung und damit der Evaluation an Hochschulen sind aus einer internen und einer externen Perspektive zu betrachten. Hochschulintern sind es die unmittelbaren Angehörigen der Hochschule, also Lehrende, Studierende, Verwaltung und Hochschulleitung, aber auch die zuständigen staatlichen Vertreter und weitere Geldgeber, z. B. für Projekte. Ziele dieser Anspruchsgruppen sind u. a. die Erhöhung der Studierendenzahlen, die Qualität der Lehre und die Erhöhung der Forschungsleistung, aber auch Ansehen und Reputation.

Aus einer externen Perspektive sind es neue Zielgruppen („Kunden"), potenzielle Arbeitgeber der Studierenden, Wirtschaft und Gesellschaft, Ministerien, Akkreditierungsagenturen etc., die einen Anspruch auf transparente Daten erheben und daher qualitativ und quantitativ gute Leistungen in der Ausbildung und Fortbildung, positive Beiträge zu Forschung und Problemlösungen erwarten.

Adressaten der Evaluation (Datenquelle)	Ziele bzw. Gegenstände der Evaluation / Interesse von Stakeholdern	Dokumente und Produkte (Datensicherung)
Studienbewerber	– Beratung – Angebotsentwicklung	– Evaluationsbericht – Studienführer und Studieninformationsangebot – Beratungsangebote
Studierende allgemein	– Studentische Veranstaltungs-, Modul- oder Studiengangbewertungen – Workloaduntersuchungen	– Studentische Stellungnahme – Monitoring-Bericht – Workload-Bericht – Lehrevaluationsbericht
Spezielle Studierendengruppen im Rahmen der Heterogenität an der Hochschule (Studienanfänger, Fachwechsler, ausländische Studierende)	– Einschätzung von Voraussetzungen, Erfolg, Leistungsmotivation, Interessen, Erwartungen, sozialen Kompetenzen – Beratung – Angebotsentwicklung	– Unterstützungsangebote zu Selbstlern- und Selbstführungskompetenz – Beratungsangebote – Neue Studienangebote
Absolvent(inn)en	– Studienerfolg – Kompetenzerleben – Beratung – Weiterbildung	– Fort- und Weiterbildungsangebote – Alumni-Netzwerke
Lehrende	– Studentisches Feedback zur Lehre – Peer-Review durch Fachexperten und Kolleg(inn)en	– Lehrevaluationsbericht – Neue Lehrkonzepte – Verbesserung von Lehrkonzepten – Lehrpreis (individuell oder Gruppen)
Servicestellen an der Hochschule (Prüfungsamt, Beratungsstellen etc.)	– Optimierung von Verwaltungsabläufen	– Evaluationsbericht – Übersichten und Handreichungen
Hochschulleitung und Gremien	– Steuerungsmöglichkeit – Selbstevaluation (Transparenz in den Fachbereichen) – Öffentlicher Vergleich von Hochschule und Fachbereichen	– QM-Konzept – Lehrevaluationsbericht, Lehrbericht – Ranking

Abb. 1: Übersicht über Adressaten, Gegenstände und Ergebnisse von Evaluation (eigene Darstellung).

Hieraus leiten sich die Adressatengruppen und Gegenstände ab, die einer Evaluation unterzogen werden können. Abhängig vom Evaluationsziel im Bereich Lehre (z. B. Erkenntnisse über die Bewerbung und Annahme bzw. Ablehnung von Studienplätzen, Kompetenzentwicklung während des Studiums, Nutzen des Studiums für die spätere berufliche Tätigkeit, Qualität der Lehre und der Dienstleistungen an der Hochschule, Umgang mit Heterogenität) lassen sich unterschiedliche Zielgruppen festhalten. Im Bereich der Forschung sind es Ergebnisse von Forschungsprojekten, Veröffentlichungen oder eingeworbene Drittmittel, die evaluiert werden.

Die Evaluationsergebnisse werden jeweils meist schriftlich in unterschiedlichen Produkten dargestellt (Berichte, Rankings, etc.), diskutiert und entsprechende Maßnahmen generiert. Insofern geht es um einen kommunikativen Vorgang zur Entwicklung von Lehre und Forschung, der sich auf unterschiedliche Quellen stützt (vgl. Bargel/El Hage 2000, 207). Die Abbildung 1 gibt einen Überblick über mögliche Datenquellen, Ziele und entstehende Dokumente bzw. Produkte im Bereich der Lehre, die bei der Evaluation relevant sind.

Da die Vorgaben von staatlicher Seite im Hochschulrahmengesetz und in den landesspezifischen Hochschulgesetzen sehr allgemein sind, werden an den einzelnen Hochschulen entsprechende Konkretisierung dieser Regelungen notwendig, das heißt, „dass Lehrevaluationen durch Hochschulordnungen/Satzungen/Richtlinien zu regeln und […] Inhalte festzulegen sind" (Wettern 2007, 3). Hierzu zählen unter anderem Aspekte wie Geltungsbereich, Instrumentenwahl, Zweckbindung der Daten, Datensparsamkeit und Datenschutzbestimmungen, Datenverbleib und Veröffentlichung der Ergebnisse (vgl. Wettern 2007).

Welche Adressaten für die Evaluation angesprochen werden, welche Methoden tatsächlich eingesetzt werden und wer sich mit den erhobenen Ergebnissen auseinandersetzt, ist damit ein hochschulinterner, aber systematisierter Abstimmungsprozess auf der Grundlage von Vorgaben.

4 Verfahren, Methoden und Instrumente von Evaluation

Abhängig von der Zielsetzung der Evaluation können unterschiedliche Verfahren an der Hochschule eingesetzt werden. Ausgegangen werden kann von vier unterschiedlichen Zielen, die auch untereinander kombinierbar sind. Diese sind nach Stockmann (2002, 3) Erkenntnisgewinnung, Ausübung von Kontrolle, Schaffung von Transparenz, um in einen Dialog zu treten, sowie die Legitimation der Maßnahme durch die Dokumentation des Erfolgs. Die Evaluation setzt zur Zielerreichung an unterschiedlichen Bereichen an, und zwar bei den Studienprogrammen, die Studiengang, Lehrveranstaltungen und Lehr- und Lernprozesse mitbestimmen (1), den Prozessen innerhalb der Programme (2), der Institution Hochschule, die sowohl einen Rahmen schafft für die Studienprogramme sowie die Ausrichtung der Lehre mitprägt (3) und schließlich den Akteuren (Lehrende, Studierende, Verwaltung) und deren Interaktion (4) (vgl. Schmidt 2008, 157).

Große Bedeutung für den Erfolg einer Evaluation im Hochschulsystem hat die systematische und datengestützte Vorgehensweise, wobei sowohl in der Forschung als auch in der Lehre Evaluationen prinzipiell als interne oder als externe Verfahren durchgeführt werden können. Eine interne Evaluation bestimmt sich darin, dass sie von der Organisation bearbeitet wird, die auch das Programm oder die Maßnahme anbietet. Extern ist eine Evaluation dann organisiert, wenn unabhängige Personen, die weder finanziell noch organisatorisch in das Programm oder die Maßnahme involviert sind, die Datenerhebung und -auswertung durchführen. Dies hat den Vorteil, dass hier neben der Unabhängigkeit meist aufgrund der Auftragssituation die Expertise zur Durchführung von Evaluationen eingebracht werden kann (vgl. Stockmann 2002, 8 f.).

Innerhalb dieser Verfahrensabläufe sind dann die nach den Zielen und Anspruchsgruppen vorgesehenen Evaluationsmaßnahmen (z. B. Lehrveranstaltungs-, Studiengang-, Absolventenbefragung) angesiedelt, die jeweils quantitativ oder qualitativ bzw. mit einer Kombination von beidem vorgehen und unterschiedliche Instrumente einsetzen, die auch aus der empirischen Sozialforschung bekannt sind. Ebenso wie in der empirischen Sozialforschung sind hierbei Methoden zur Steuerung, zur Analyse, zur Datenerhebung sowie zur Datenauswertung und schließlich zur Berichtlegung und Kommunikation zu unterscheiden (vgl. Rindermann 2009).

Einen Überblick über Methoden, die im Bereich von Lehre und Forschung vorrangig eingesetzt werden, gibt die Tabelle 2.

Tab. 2: Verfahren zur Evaluation in Forschung und Lehre (eigene Darstellung).

Bereich	Methoden quantitativer Verfahren	Methoden qualitativer Verfahren
Forschung	– Kennzahlengestützte Abfrage (z. B. Anzahl und Umfang von Drittmittelprojekten, Anzahl der Zitationen, der Publikationen, der Rufe, Forschungspreise etc.)	– Peer-Review-Verfahren von Zeitschriften – Wettbewerbsorientierte Vergabe von Drittmitteln – Begutachtung bei Rufen
Lehre	– Fragebogengestützte Verfahren (abhängig von der Zielgruppe) – Messung von Workload – Abfrage von Studienfortschritt oder Prüfungserfolg – Tests – Checklisten	– Interview – Beobachtung – Gruppendiskussion – Protokollerstellung – SWOT-Analyse – (Lern-)Tagebücher – Workloadkurve, Schlüsselanhänger – Collagen

Die Verfahren sollen sich an wissenschaftlichen Standards, das heißt an Gütekriterien orientieren, aber gleichzeitig sowohl für die Evaluatoren als auch die Evaluierten weniger Aufwand erzeugen als eine empirische Studie, sodass sie Beteiligte und Betroffene möglichst wenig in Anspruch nehmen. Damit scheiden umfangreiche Forschungsmethoden aus, die zeitintensiv oder sehr kostspielig sind.

Am Beispiel der Workloaduntersuchung kann dieser Aspekt verdeutlicht werden. Eine Workloaduntersuchung überprüft, wie viel Arbeitszeit durchschnittlich begabte Studierende zum Bestehen eines Moduls aufwenden müssen (vgl. Müller 2013). Es wäre kontraproduktiv und wenig glaubwürdig, wenn die Dokumentation des studentischen Arbeitsaufwands für das Studium so viel Raum einnehmen würde, dass sie von den Studierenden als zusätzliche zeitliche Belastung empfunden würde. Erfolgreiche und effiziente Instrumente, die dies verhindern, müssen dementsprechend einfach bedienbar und möglichst unauffällig in den Studienalltag einbaubar sein. Dies gewährleistet beispielsweise die Workloadkurve, ein grafisches Instrument zur Einschätzung des Arbeitsaufwands, oder der Workloadschlüsselanhänger zur Messung der „realen" Workloadzeiten durch eine Art Stoppuhrfunktion, die kontinuierlich während der studentischen Arbeitszeiten eingesetzt werden kann. Dementsprechend müssen neben der Schlüssigkeit im Gesamtplan der Evaluation und der Praktikabilität die jeweiligen Vor- und Nachteile sowie die mögliche Aussagekraft der gewählten Methoden immer transparent gemacht und begründet werden (vgl. DeGEval 2008).

5 Ablauf einer Evaluationsmaßnahme

Die weitaus häufigsten Evaluationen im Bereich der Lehre finden als Lehrveranstaltungsevaluation regelmäßig in allen Lehrveranstaltungen eines Studienganges statt. Sie sind damit ein spezieller Teil der allgemeinen Evaluation in der Lehre und ein Teilbereich der Studiengangevaluation, die das gesamte Geschehen, das für den Studiengang relevant ist, in den Blick nimmt, also z. B. Studierbarkeit der Module, Prüfungsformen, Ausstattung, Dienstleistungen.

Aufgrund des in weiten Teilen an den Hochschulen ausgebauten Qualitätsmanagements bzw. aufgrund der etablierten Akkreditierungspraxis ist die Ausgangslage in der Regel so weit geklärt, dass das Ob und das Warum einer Evaluation nicht mehr verhandelt werden müssen, das heißt, „die Anforderungen an die Erhebungen sind in den letzten Jahren gestiegen, nicht zuletzt, da sie im Rahmen von Akkreditierungen verpflichtend geworden sind" (Kaufmann 2009, 33). In vielen Bereichen gibt es bereits etablierte Strukturen, die die Zuständigkeiten und Verantwortlichen klar regeln. Auftraggeber (extern oder intern) oder auch eine eigene Betroffenheit bzw. das Interesse an einer näheren Untersuchung eines Prozesses, Programms oder einer Maßnahme bringen somit den Evaluationsprozess in Gang, der auch als Kreislauf dargestellt werden kann (siehe Abbildung 2).

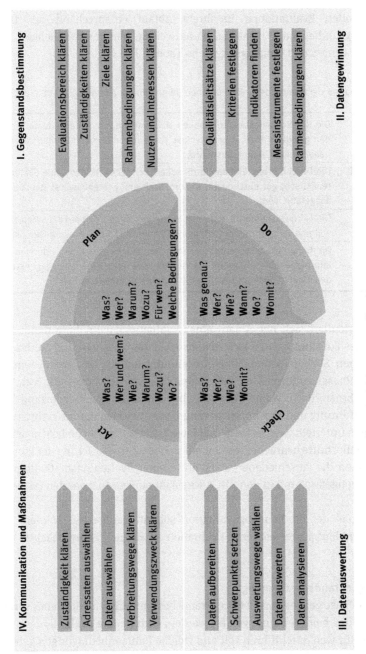

Abb. 2: Ablauf einer Evaluation nach dem PDCA-Kreislauf (eigene Darstellung).

Prinzipiell sollen Evaluationen in ihrem Ablauf entsprechend der DeGEval (2008, 10 ff.) grundlegende Eigenschaften aufweisen, nämlich Nützlichkeit, Durchführbarkeit, Fairness und Genauigkeit (siehe Tabelle 3).

Tab. 3: Eigenschaften der Standards für Evaluationen (in Anlehnung an DeGEval 2008, 10 ff.).

Nützlichkeit	Die Nützlichkeitsstandards sollen sicherstellen, dass die Evaluation sich an den geklärten Evaluationszwecken sowie am Informationsbedarf der vorgesehenen Nutzer/-innen ausrichtet.
Durchführbarkeit	Die Durchführbarkeitsstandards sollen sicherstellen, dass eine Evaluation realistisch, gut durchdacht, diplomatisch und kostenbewusst geplant und ausgeführt wird.
Fairness	Die Fairnessstandards sollen sicherstellen, dass in einer Evaluation respektvoll und fair mit den betroffenen Personen und Gruppen umgegangen wird.
Genauigkeit	Die Genauigkeitsstandards sollen sicherstellen, dass eine Evaluation gültige Informationen und Ergebnisse zu dem jeweiligen Evaluationsgegenstand und den Evaluationsfragestellungen hervorbringt und vermittelt.

Im Grunde orientiert sich der Ablauf einer Evaluationsmaßnahme damit an den Abläufen eines Forschungsprozesses, genauso wie die Verfahren und Methoden aus der empirischen Sozialforschung ihre Anwendung finden. Der Ablauf wird meist in mehreren Phasen in jeweils verschiedenen Teilschritten dargestellt (vgl. Rindermann 2009; Ernst 2008), wobei grob zwischen Planung bzw. Gegenstandsbestimmung, Durchführung und Ergebnissicherung bzw. Auswertung und Verbreitung der Informationen unterteilt werden kann und jeweils unterschiedliche Leitfragen beantwortet bzw. Teilschritte bearbeitet werden müssen. Zur Strukturierung der komplexen Abläufe können die verschiedenen Teilschritte einer Evaluationsmaßnahme nochmals zusammengefasst und in den PDCA-Kreislauf eingeordnet werden (siehe Abbildung 2).

Am Beispiel der Studiengangevaluation soll nun aufgezeigt werden, welche Schritte und Ablaufmuster bei einer Evaluation im Bereich Lehre beachtet werden müssen.

1. PLAN: Gegenstandsbestimmung
In der ersten Phase geht es um die Gegenstandsbestimmung und die damit verbundenen Aspekte, das heißt, es muss geklärt werden, warum eine Evaluation notwendig wird, wer sie für wen durchführen soll und welche Rahmenbedingungen gelten werden, aber auch, wie die Ergebnisse genutzt werden sollen (siehe Abbildung 2, erster Quadrant). In einer ersten Beschreibung des Vorhabens werden diese Fragen hierbei unter Berücksichtigung der Eigenschaften „Nützlichkeit" und „Genauigkeit" geklärt.

Im Rahmen einer Studiengangevaluation bedeutet dies, dass alle am Studiengang beteiligten Studierenden, Lehrenden und Mitglieder von Verwaltung oder sonstigen

Beratungseinrichtungen einbezogen werden, um die Qualität des Studiengangs und damit auch die Frage der Kompetenzentwicklung bei Studierenden in Erfahrung zu bringen.

Tab. 4: Überblick über die Klärungsbereiche bei der Gegenstandsbestimmung (eigene Darstellung).

Was?	Klärung der Ziele
Wer?	Festlegung der Zuständigkeiten
Warum?	Analyse der Ausgangslage
	Klärung der Motivation zur Evaluation
Wozu?	Evaluationszweck und Verwendung der Ergebnisse klären (Nutzen)
Für wen?	Anspruchsgruppen klären und deren Interessen einbinden
Welche Bedingungen?	Rahmenbedingungen abklären und Reichweite der Evaluation bestimmen

2. DO: Datengewinnung auf Basis eines Evaluationsdesigns

Sobald die Ausgangslage und der Gegenstand näher bestimmt sind, kann ein detaillierter, verschriftlichter Datenerhebungsplan bzw. Untersuchungsplan erstellt werden, der festlegt, welchen Qualitätsleitsätze gelten, welchen Fragestellungen gemäß der Vereinbarungen aus der ersten Phase der Evaluationsplanung nachgegangen werden soll und welche Zuständigkeiten festgemacht werden können. Zudem kann ein detaillierter Zeit-, Arbeits- und Budgetplan die einzelnen Schritte verdeutlichen. Die Fragestellungen werden konkretisiert durch die Operationalisierung und die Festlegung von Kriterien und Indikatoren, an denen gemessen werden soll.

Entsprechend werden dann die Form und der Inhalt der Datenerhebung in einem Datenerhebungsplan festgelegt, d. h. die Frage nach qualitativem oder quantitativem Vorgehen wird geklärt und die Entscheidung für konkrete Methoden getroffen (siehe Abbildung 2, zweiter Quadrant).

Bei einer Studiengangevaluation müssen hierbei zunächst ein Konsens über den Qualitätsbegriff hergestellt und entsprechende Fragestellungen generiert werden, die dann operationalisiert werden. Erst dann kann eine Entscheidung über Methoden und Instrumente getroffen werden, die sich an den Fragestellungen, aber auch an den Rahmenbedingungen (z. B. Größe der zu untersuchenden Gruppe, Erreichbarkeit, finan-

Tab. 5: Überblick über die Klärungsbereiche bei der Datengewinnung (eigene Darstellung).

Was?	Operationalisierung
Wer?	Datensammlung organisieren
Wie?	Entscheidung für entsprechende Methoden und Instrumente
Wann?	Klärung des Zeitpunkts zur Durchführung der Evaluation
Wo?	Klärung der Frage, wo die Evaluationsinstrumente ausgegeben werden
Womit?	Entscheidung für den Weg (Online oder Paper and Pencil)

zieller und zeitlicher Rahmen) orientieren. Da es sich bei einem Studiengang in der Regel um eine größere Gruppe handelt, sind qualitative Methoden für eine flächendeckende Evaluation nicht praktikabel. Die Eigenschaft „Durchführbarkeit" könnte dann nicht erfüllt werden. Günstiger ist hier der Einsatz von Fragebögen in *Paper-and-Pencil*-Form oder als *Online*-Version.

3. CHECK: Datenauswertung

Auf der Basis der empirischen Bestimmung der Ausgangslage und der systematischen Erstellung der Erhebungs- und Datengewinnungsinstrumente wird die Datenauswertung mit statistischen Methoden vorgenommen. „In erster Linie ist dabei von Bedeutung, die Ergebnisse entsprechend ihrer Dimensionen und nicht nur pauschal auszuwerten. Neben den Mittelwerten sollten zudem die Verteilungen angegeben werden. Besonders aufschlussreich kann für den jeweiligen Lehrenden [bezogen auf die einzelnen Lehrveranstaltungen] die Darstellung in Form von Profilen sein" (Bargel/El Hage 2000, 219).

Die Ergebnisse werden mit Schlussfolgerungen und entsprechenden Empfehlungen in einem Bericht formuliert. Die Entscheidung über geeignete Berichterstattungsformate wird getroffen und die Rückmeldung wird gemäß der Vorgaben vorbereitet (siehe Abbildung 2, dritter Quadrant).

Die Berichtsabfassung stellt den Abschluss dieser Phase dar, wobei der Bericht im Vorfeld mit dem Evaluationsteam, aber auch mit anderen Interessierten diskutiert werden kann, um die Interpretation kommunikativ zu validieren. Vor allem die Eigenschaften „Fairness" und „Genauigkeit" spielen hier eine Rolle.

Bei einer Studiengangevaluation stehen vor allem deskriptive Verfahren (Mittelwerte und Streuungsmaße) sowie Mittelwertvergleiche im Zentrum.

Tab. 6: Überblick über die Klärungsbereiche bei der Datenauswertung (eigene Darstellung).

Was?	Festlegung der Auswertungsbereiche
Wer?	Feststellung der Expertise
Wie?	Entscheidung für entsprechende statistische Verfahren und Darstellungsformen
Womit?	Entscheidung für den Weg (statistisches Programm etc.)

4. ACT: Kommunikation der Ergebnisse und Maßnahmenplanung

Abhängig von den vorausgegangenen Fragestellungen in der ersten Phase werden nun die Daten an die entsprechenden Gruppen kommuniziert und der Diskussionsprozess in Gang gesetzt. Berichte gehen hierbei an universitäre Gremien, Fachbereiche, Hochschulleitung und Studierende oder an die Öffentlichkeit über die Homepage oder Pressemitteilungen. Wichtig ist eine Rückmeldung an alle beteiligten Gruppen, die auch einen Hinweis darauf enthält, welche Konsequenzen aus der Befragung gezogen werden.

Auf der Grundlage des Feedbacks und der anstehenden Diskussion werden dann Maßnahmen geplant, die in der Folge die identifizierten Schwachpunkte beheben sollen. Erst mit diesem letzten Schritt wird die Evaluation zu einem Instrument der Qualitätsentwicklung (siehe Abbildung 2, vierter Quadrant). Relevant ist bei diesem Schritt vor allem die Beachtung der Eigenschaften „Fairness", „Nützlichkeit", „Genauigkeit".

Bei einer Studiengangevaluation werden allen universitären Gremien, den betroffenen Fachbereichen sowie der Hochschulleitung die Informationen schriftlich und gegebenenfalls mündlich zur Verfügung gestellt, damit eine Diskussion über die Konsequenzen für die Weiterentwicklung des Studiengangs in Gang gesetzt werden kann. Zudem werden die Daten den Studierenden in den Lehrveranstaltungen bzw. in einer Studierendenvollversammlung vorgestellt und die Ergebnisse diskutiert.

Tab. 7: Überblick über die Klärungsbereiche bei der Veröffentlichung und Kommunikation (eigene Darstellung).

Was?	Festlegung der Bereiche zur Veröffentlichung
Wer?	Zuständigkeit und Informationskette klären
Wem?	Beteiligte, Betroffene, Interessierte, Öffentlichkeit
Wie?	Schriftlich und mündlich
Warum?	Offenlegung und Rechtfertigung
Wozu?	Entwicklung, Transparenz, Werbung
Wo?	Fachbereich, Presse, Gremien

6 Umgang mit Evaluationsergebnissen

Angesichts der zuvor beschriebenen Spannungsverhältnisse wird deutlich, dass nur durch eine Selbstverpflichtung der Lehrenden und/oder durch den Druck, der sich durch die Qualitätssicherungsbemühungen im Rahmen des Bolognaprozesses ergibt, die Evaluationsergebnisse flächendeckend Konsequenzen nach sich ziehen werden.

Insgesamt ist aber auch der Zielkonflikt zwischen dem Forschungsinteresse der Hochschulangehörigen (vgl. Kloke/Krücken 2012, 16 ff.; Webler 2011) und der Durchführung von Lehre hinderlich für einen angemessenen Umgang mit den Evaluationsergebnissen, weil die Reputation durch die Forschungsbeiträge wesentlich höher eingeschätzt wird als besondere Leistungen in der Lehre. Dies schafft Akzeptanzprobleme im Bereich der Lehre, die mit Hinweisen auf methodische Probleme begründet werden, obwohl die Ergebnisse von Evaluationen nach Einschätzung von Kaufmann (2009, 34) „bei Einhaltung sozialwissenschaftlicher Standards weitgehend unbestritten" sind.

6.1 Problematiken bei der Umsetzung von Evaluationsvorhaben

Zusammenfassend können folgende zentrale Gründe für Widerstand gegen Evaluationen an der Hochschule im Bereich der Lehre genannt werden, die bei der Veröffentlichung und Diskussion von Evaluationsergebnissen beachtet werden müssen:
- **Probleme bei der Instrumentenerstellung**
  - Validität, Reliabilität und Objektivität: Vor allem der Einfluss von Drittvariablen (Interesse, Motivation, Vorwissen, Notenerwartungen, Gruppengröße etc.) auf die Bewertung wird immer wieder als Problem angeführt (vgl. Bargel/El Hage 2000, 216 ff.). Betrachtet man allerdings die bislang vorhanden Studien, so zeigt sich nach Kaufmann (2009), dass die studentischen Urteile zur Lehre als valide und zuverlässig bzw. reliabel gelten können. Dies bestätigen frühere Einschätzungen, wonach „die Validität studentischer Veranstaltungskritik [...] zwar nicht unumstritten, [...] aber doch mehrheitlich anerkannt" (Schmidt/Tippelt 2005, 111) ist.
- **Probleme bei der Durchführung der Datensammlung**
  - Rücklaufquote bzw. kleine Gruppen: Als problematisch wird die geringe Zahl an auswertbaren Datensätzen angesehen, die auf diese Weise nicht verwertbare, weil nicht repräsentative Ergebnisse produzieren. Gerade Online-Befragungen, die zwar zu Ressourceneinsparungen (z. B. reduzierter Papierverbrauch, Zeitersparnis bei der Auswertung) führen, können meist nur einen kleineren Teilnehmerkreis zur Beteiligung an der Umfrage motivieren. Hier müssen Anreizsysteme und Strategien gesucht werden, um die Bereitschaft zur Teilnahme zu erhöhen.
  - Expertise der Studierenden: Aufgrund der Voraussetzungen der Studierenden und der noch ausstehenden Leistungsüberprüfung wird häufig kritisiert, dass Antworten der sozialen Erwünschtheit zustande kommen. Nach Bargel/El Hage (2000, 214 ff.) kann dies jedoch nicht bestätigt werden. Einen Einfluss hat nur das Interesse am Studium bzw. am Fach auf die Lehrbeurteilung.
- **Probleme bei der Auswertung und Kommunikation der Daten**
  - Angst vor Evaluationsergebnissen: Lehrende sind häufig reserviert gegenüber den Ergebnissen, da sie den Vergleich mit anderen Lehrenden des Studiengangs, anderen Fachbereichen oder anderen Hochschulen fürchten, sodass es zu einer Abwehrhaltung und einer Absage an den Nutzen von Evaluationsergebnissen kommen kann (vgl. Henninger/Balk 2001, 5).
  - Fehlende Transparenz: Widerstände können entstehen, wenn nicht transparent ist, wer eine Evaluation durchführt und welche Ziele sie verfolgt.
  - Fehlende Bezugswerte: Bei summativen Evaluationen am Ende einer Lehrveranstaltung oder des Studiengangs wird häufig nicht klar, auf welche Aspekte sich die einzelnen Items und damit die Urteile der Studierenden genau beziehen, weil die gemeinten Aspekte aufgrund der notwendigen Kompaktheit des Evaluationsinstruments nicht eindeutig genug benannt werden können

(vgl. Henninger/Balk 2001, 3) und damit Interpretationsspielraum bei der Bearbeitung des Evaluationsinstruments lassen. Behoben werden kann dies dadurch, dass zu Beginn Erwartungen abgefragt werden und diese in das Evaluationsinstrument als Bezugswert einbezogen werden.

6.2 Gelingensbedingungen für Evaluationen

Neben den Problembereichen können aber auch verschiedene Gelingensbedingungen festgemacht werden, die im Rahmen von Evaluationen die Entwicklung der Lehre ermöglichen:

- **Beachtung der Anforderungen an eine Evaluation:** Richten sich Evaluationen bei der Konzeption, Durchführung und Verbreitung der Ergebnisse an den Anforderungen aus, die im Allgemeinen an Evaluationen gestellt werden (vgl. DeGEval 2008), also an den Aspekten Nützlichkeit, Durchführbarkeit, Fairness und Genauigkeit, so werden die Vorbehalte und Widerstände gegen Evaluationsmaßnahmen gering bleiben bzw. reduziert werden können. Wichtig ist hier vor allem, die Transparenz herzustellen und zu verdeutlichen, wie die Anforderungsbereiche in der jeweiligen Evaluation berücksichtigt worden sind.
- **Klärung von Zuständigkeiten:** Klare Zuständigkeiten und Ansprechpartner, aber auch die Benennung der Auftraggeber und der Ziele, helfen, Unsicherheit beim Umgang mit Evaluationsergebnissen und möglichen Konsequenzen bzw. Sanktionen zu verhindern. Eine gute Vorbereitung, Planung, Zielsetzung und klare Kriterien sowie die Entscheidung für transparente Feedbackschleifen befördern die Diskussion über Evaluation und damit auch den Nutzen. Diese Vorgehensweise verdeutlicht aber auch, welche Erwartungen von Auftraggebern und Betroffenen gegebenenfalls nicht erfüllt werden können. Transparenz bei den Verfahren und Instrumenten und deren Einsatzmöglichkeiten wird geschaffen, wenn einzelne Instrumente bestimmten Einsatzszenarien bzw. Zielbereichen zugeordnet werden, wie dies beispielsweise Ernst (2008, 59) vorschlägt (siehe Tabelle 8). Werden Regeln eingehalten und transparent kommuniziert und die Evaluationsinstrumente entsprechend dem Ziel eingesetzt, dann können der Sinn und die Relevanz von Evaluationen verdeutlicht werden, sodass sie auf weniger Vorbehalte treffen. Auch die häufig vorhandene Evaluationsmüdigkeit wird dann eher nicht auftreten, da mit der klaren Darstellung von Sinn und Relevanz eine Anerkennung der Tätigkeiten und Prozesse verbunden ist.
- **Rechtliche Klärung und Datenschutz bei Evaluation:** Um rechtliche Probleme und Unsicherheiten zu umgehen, wird der Umgang mit den erhobenen Daten an vielen Hochschulen in Evaluationsordnungen geregelt. Diese klären Fragen des Datenschutzes sowie der Datenverwendung und regeln die Beteiligung aller Mitgliedsgruppen der Hochschule am Evaluationsverfahren. Damit kann die Akzeptanz unter den Lehrenden gesteigert werden, da immer wieder Befürchtungen auf-

Tab. 8: Überblick über Instrumente und deren Verwendung (in Anlehnung an Ernst 2008, 59).

Instrument	Planung/ Strategie	Steuerung	Verbesserung	Bewertung	Standard-sicherung	Rechen-schafts-legung
Studentische Lehrveranstal-tungsbewer-tung			×	×	×	×
Lehrberichte/ Studienreform-berichte			×	×	×	×
Interne/ externe Eva-luation		×	×	×		
Benchmarking			×	×	×	
Akkreditierung	×	×		×	×	
Zielverein-barungen	×	×	×			

kommen, „dass Daten unzulässigerweise und ohne Zustimmung der Betroffenen" (Kaufmann 2009, 33) weiterverwendet werden.

Gerade die Verpflichtung zur Einhaltung des Datenschutzes erhöht das Vertrauen, und damit die Möglichkeit, Evaluationen erfolgreich durchzuführen. Von besonderer datenschutzrechtlicher Relevanz sind dabei nach Wettern (2007, 6) die folgenden Aspekte:
- Bestimmungen über den zu evaluierenden Personenkreis,
- Inhalt und Umfang der Auskunftspflicht,
- Erhebungsmerkmale,
- Erhebungsverfahren,
- Bewertungskriterien,
- Schlussfolgerungen aus den Bewertungsergebnissen,
- Art und Umfang der Veröffentlichung.

- **Dialogisches Vorgehen:** Evaluationsergebnisse sollen die Qualität des entsprechenden Bereichs erhöhen und zur Weiterentwicklung von Konzepten, Programmen oder Maßnahmen beitragen. Hierzu ist nach der Veröffentlichung von Daten eine Diskussion notwendig, einerseits zur Information über die Daten, andererseits zur Klärung von offenen Fragen, Missverständnissen oder Interpretationsmöglichkeiten und zur Entwicklung von Handlungsoptionen sowie entsprechenden Maßnahmen. Im Rahmen der Lehrevaluation sollen „die Ergebnisse zu einem Dialog zwischen Lehrenden und Lernenden führen, der bei den Dozenten Reflexionsprozesse auslöst, die im besten Falle dazu führen, dass beispielsweise Weiterbildungsangebote aus eigenem Antrieb in Anspruch genommen werden" (Kauf-

mann 2009, 34). Evaluation kann damit die Lehre und die Lehrkonzepte weiterentwickeln und so einen Beitrag zur Personalentwicklung leisten.
- **Einbindung aller Beteiligter bei der Evaluation:** Für Rückmeldungen von Evaluationsergebnissen ist es ein zentraler Aspekt, alle Beteiligte einzubinden. Aus der Perspektive der bisherigen Überlegungen stellt die Mitbestimmung der Lehrenden eine plausible Möglichkeit dar, die Wirkung von Evaluationsrückmeldung zu erhöhen (vgl. Henninger/Balk 2001, 15). Gerade die damit verbundene Aktivität ermöglicht es, dass sich Lehrende selbstbestimmt erleben und die Abläufe als gewinnbringend betrachten (vgl. Henninger/Balk 2001, 7).

Die Einbindung aller Beteiligten bedeutet außerdem, dass der Evaluationszirkel auch zur Seite der Studierenden hin geschlossen und transparent und so auch für diese Gruppe gewinnbringend ist: „Die Verantwortlichen melden den Studierenden die Evaluationsergebnisse konsequent zurück und Änderungs-, Optimierungswünsche und Umsetzungsmöglichkeiten werden mit ihnen diskutiert. Die Studierenden erfahren so, dass ihre Rückmeldungen ernst genommen werden. So können sie sich echte Kritik erlauben" (Scherer u. a. 2013, 1).

Durch die kontinuierlichen Feedbackschleifen trägt Evaluation auch zur Reflexion des eigenen Lernprozesses bei und ist damit auch ein Instrument zur Stärkung von Selbstlern- und Selbststeuerungskompetenzen bei Studierenden und zur Verbesserung der Lehrkompetenzen bei den Lehrenden (vgl. Zimmermann 2014).

7 Diskussion, Kritik und Ausblick

Evaluation an Hochschulen liegt im Spannungsfeld zwischen lose gekoppelten Teilsystemen und einheitlichen Handlungs- und Strategiesetzungen der Gesamtorganisation aufgrund unterschiedlicher Zwänge und Vorgaben. Veränderungs- und Entscheidungsprozesse gestalten sich daher immer zwischen dem Anspruch auf demokratische Mitbestimmung und fehlender Übereinstimmung durch die dezentrale Anordnung von Einheiten bzw. Subsystemen.

Der Bereich Lehre muss an der Hochschule trotz organisationsbedingter Unsicherheitsfaktoren und Unplanbarkeit dennoch so gestaltet sein, dass eine Wirksamkeit des Lehrhandelns überhaupt ermöglicht und unterstützt wird. Evaluation muss immer unter den einflussgebenden Aspekten universitärer Ausbildung betrachtet werden: Lehrendencharakteristika, Studierendencharakteristika, Themencharakteristika, Curriculum, institutionelle und gesellschaftliche Rahmenbedingungen. Dies bestimmt den Lehr- und Lernprozess, damit den Lehr- und Lernerfolg und letztendlich den Ausbildungserfolg mit. Die Chance besteht also darin, Beziehungen zwischen Lehrenden und Lernenden zu schaffen und damit das Lehren und Lernen zu verbessern.

Dies setzt voraus, dass sich die Organisation einerseits an vorhandenen Zielen und Leitsätzen orientiert, andererseits aber auch solche Strukturen bereitstellt, die den Aufbau und den Ablauf der Lehre garantieren. Hierzu zählen unter anderem funktionierende Prozesse im Bereich des Evaluationsgeschehens. Auf der operativen Ebene stoßen aber Organisationsentwicklungsprozesse häufig an ähnliche Grenzen autonomen Gestaltungsspielraums wie Lehrende, die selbstgesteuertes Lernen anleiten. Das bedeutet, Veränderungsprozesse lassen sich nur in „Ausnahmefällen als Top-down-Prozesse gestalten" (Altvater 2007, 21), die Einbeziehung aller Anspruchsgruppen wiederum verzögert häufig die anstehenden Prozesse erheblich.

Bisherige Reformbemühungen führten zu Fragen nach der Qualität von Lehre und Studium, Hochschuldidaktik, Hochschulforschung, Messung der Qualität der Lehre durch Evaluationsinstrumente. Auf dieser Grundlage kann ein Modell für die systemische Hochschulentwicklung angedacht werden, in das sowohl die Lehrentwicklung als auch die Personalentwicklung als bedeutsamer Faktor einfließen und das die Erfordernisse zur Weiterentwicklung der Qualität in der Lehre durch die Einbindung verschiedener Evaluationsinstrumente berücksichtigt.

Hierbei ist zu beachten, dass die Gestaltungsfreiheit der Lehrenden in Einklang gebracht werden muss mit den jeweils hochschulintern geltenden Leitbildern und Zielen. Dies ist eine besondere Herausforderung, wenn man insgesamt die Stellung von Lehre und Forschung an den Hochschulen bedenkt, und es unter anderem eines HRK-Beschlusses (2008) bedurfte, um Lehre stärker in den Fokus zu rücken. Auch die Rahmenbedingungen, denen die Hochschulen spätestens seit Bologna mit Fragen zu Durchlässigkeit, Diversität, Offene Hochschule und Employability ausgesetzt sind, müssen berücksichtigt werden.

Notwendig ist angesichts der Uneindeutigkeit der Prozesse, dass sich die Hochschule mit ihrem Qualitätsmanagement darauf einlässt, die Optionen zu erkennen, „blinde Flecken" zu finden und den Zielen entsprechend zu handeln. Die Hochschule hat mit Unterstützung eines umfassenden Qualitätsmanagements die Aufgabe, Zukunft zu antizipieren und Gegenwart zu gestalten (vgl. Gómez Tutor/ Menzer 2012, 131). Von der Zukunft her führen bedeutet dann herauszufinden, wo Potenziale versteckt sind und wo Zukunftschancen darauf warten, entdeckt zu werden, um die aktuellen Aufgaben zu erschließen und anzugehen (vgl. Scharmer 2009). Ziel ist somit die Analyse der Kernprozesse durch die Bearbeitung des jeweiligen blinden Flecks, der bei der traditionellen Herangehensweise an Veränderungsprozesse entsteht. Für die nachhaltige Gestaltung von Veränderungen sind Evaluationsprozesse unerlässlich.

8 Vertiefungsaufgaben und -fragen

1. Welche Datenquellen kommen in Betracht, wenn Sie die Qualität a) einer Lehrveranstaltung und b) eines Studiengangs erfassen wollen?
2. Diskutieren Sie die Vor- und Nachteile formativer und summativer Evaluation von Lehrveranstaltungen. Wann bietet sich welches Vorgehen an?
3. Stellen Sie Argumente zusammen, mit denen Sie der Kritik von Studierenden begegnen können, dass Studiengangbefragungen nichts nutzen und nur sehr viel Zeit kosten.
4. Begründen Sie anhand eines selbst gewählten Beispiels, warum und wie Lehrevaluation zur Studiengangentwicklung beitragen kann.

9 Literatur

Akkreditierungsrat (2013): Regeln für die Akkreditierung von Studiengängen und für die Systemakkreditierung. Beschluss des Akkreditierungsrates vom 08.12.2009, zuletzt geändert am 20.02.2013 (Drs. AR 20/2013). URL: http://akkreditierungsrat.de/fileadmin/Seiteninhalte/AR/Beschluesse/AR_Regeln_Studiengaenge_aktuell.pdf (Stand: 25.02.2015).

Altvater, Peter (2007): Organisationsberatung im Hochschulbereich – Einige Überlegungen zum Beratungsverständnis und zu Handlungsproblemen in Veränderungsprozessen. In: Altvater, Peter (Hrsg.): Organisationsentwicklung in Hochschulen. Hannover: HIS Hochschul-Informations-System GmbH. URL: http://www.his.de/pdf/pub_fh/fh-200714.pdf (Stand: 04.01.2015).

Bargel, Tino/El Hage, Natalija (2000): Evaluation der Hochschullehre. Modelle, Probleme und Perspektiven. In: Zeitschrift für Pädagogik, 41. Beiheft, S. 207–224.

Bundesministerium für Bildung und Forschung (BMBF) (1999): Der Europäische Hochschulraum. Gemeinsame Erklärung der Europäischen Bildungsminister 19. Juni 1999. Bologna. URL: https://www.bmbf.de/pubRD/bologna_deu.pdf (Stand: 19.01.2015).

DeGEval – Gesellschaft für Evaluation e. V. (2008): Standards für Evaluation. 4. Auflage. Köln: DeGEval – Gesellschaft für Evaluation e. V.

Ernst, Stefanie (2008): Manual Lehr-Evaluation. Wiesbaden: VS.

Gómez Tutor, Claudia/Menzer, Christine (2012): Vereinzelt angelegt – systemisch gedacht. Kopplungsprozesse als Ausgangspunkt einer nachhaltigen Hochschulentwicklung. In: Zeitschrift für Hochschulentwicklung 7, Heft 3, S. 124–136.

Hanft, Anke (2014): Management von Studium, Lehre und Weiterbildung an Hochschulen. Münster: Waxmann.

Heid, Helmut (2000): Qualität: Überlegungen zur Begründung einer pädagogischen Beurteilungskategorie. In: Zeitschrift für Pädagogik, 41. Beiheft, S. 41–54.

Henninger, Michael/Balk, Michael (2001): Integrative Evaluation: Ein Ansatz zur Erhöhung der Akzeptanz von Lehrevaluation an Hochschulen. Ludwig-Maximilians-Universität, Lehrstuhl für Empirische Pädagogik und Pädagogische Psychologie. München.

Hochschulrahmengesetz. Bekanntmachung der Neufassung des Hochschulrahmengesetzes vom 19. Januar 1999. Fundstelle: BGBl. I S. 185. URL: http://www.bmbf.de/pub/HRG_20050126.pdf (Stand: 09.02.2015).

Hochschulrektorenkonferenz (HRK) (2015): Akkreditierung. URL: http://www.hrk.de/themen/lehre/arbeitsfelder/qualitaetssicherung-und-entwicklung/akkreditierung/#c1624 (Stand: 14.02.2015).
Kaufmann, Benedict (2009): Qualitätssicherungssysteme an Hochschulen – Maßnahmen und Effekte Eine empirische Studie. Bonn: HRK.
Kloke, Katharina/Krücken, Georg (2012): Sind Universitäten noch lose gekoppelte Organisationen? Wahrnehmung und Umgang mit Zielkonflikten an deutschen Hochschulen aus der Organisationsperspektive unter besonderer Berücksichtigung der akademischen Lehre. In: Becker, Fred G./Krücken, Georg/Wild, Elke (Hrsg.): Gute Lehre in der Hochschule. Wirkungen von Anreizen, Kontextbedingungen und Reformen. Gütersloh: Bertelsmann, S. 13–29.
Kostka, Claudia/Kostka, Sebastian (2013): Der Kontinuierliche Verbesserungsprozess (KVP). Methoden des KVP. München: Hanser.
Kultusministerkonferenz (KMK) (2015a): Ländergemeinsame inhaltliche Anforderungen für die Fachwissenschaften und Fachdidaktiken in der Lehrerbildung (Beschluss der Kultusministerkonferenz vom 16.10.2008 i. d. F. vom 09.10.2014). URL: http://www.akkreditierungsrat.de/fileadmin/Seiteninhalte/KMK/Vorgaben/KMK_Lehrerbildung_inhaltliche_Anforderungen_aktuell.pdf (Stand: 13.01.2015).
Kultusministerkonferenz (KMK) (2015b): „Standards für die Lehrerbildung: Bildungswissenschaften" (Beschluss der Kultusministerkonferenz vom 16.12.2004 i. d. F. vom 12.06.2014). URL: http://www.kmk.org/bildung-schule/allgemeine-bildung/lehrer/lehrerbildung.html (Stand: 13.01.2015).
Müller, Stefen (2013): Workload-Erfassung als Baustein im universitären Qualitätsmanagement. In: Qualität in der Wissenschaft (QiW) 7, Heft 3/4, S. 75–83.
Rindermann, Heiner (2009): Lehrevaluation. Einführung und Überblick zu Forschung und Praxis der Lehrveranstaltungsevaluation an Hochschulen mit einem Beitrag zur Evaluation computerbasierten Unterrichts. Landau: Verlag Empirische Pädagogik.
Scharmer, Carl O. (2009): Theorie U: Von der Zukunft her führen. Heidelberg: Carl Auer.
Scherer, Theresa/Straub, Jan/Schnyder, Daniel/Schaffner, Noemi (2013): Der Einfluss von Anonymität in der Lehrevaluation durch Studierende. In: German Medical Science. Zeitschrift für Medizinische Ausbildung 30, Heft 3, S. 1–13.
Schmidt, Bernhard (2008): Qualität der Lehre an Hochschulen. In: Zeitschrift für Pädagogik, 53. Beiheft, S. 156–170.
Schmidt, Bernhard/Tippelt, Rudolf (2005): Besser Lehren – Neues von der Hochschuldidaktik? In: Zeitschrift für Pädagogik, 50. Beiheft, S. 103–114.
Stockmann, Reinhard (2002): Was ist eine gute Evaluation? Einführung zu Funktionen und Methoden von Evaluationsverfahren. Saarbrücken: Centrum für Evaluation.
Weick, Karl E. (1976): ‚Educational Organizations as Loosely Coupled Systems'. In: Administrative Science Quarterly 21, Heft 1, 1–19.
Wettern, Michael (2008): Lehrevaluation an Hochschulen. In: Datenschutz und Datensicherheit 32, Heft 1, S. 29–33.
Wolter, Andrä/Kerst, Christian (2008): Akkreditierung als Verfahren der Qualitätssicherung von Studiengängen in Deutschland. Eine Policy-orientierte Analyse. In: Zeitschrift für Pädagogik, 53. Beiheft, S. 135–155.
Webler, Wolff-Dietrich (2011): Erfassung der Qualität der Lehre. Warum so viele Versuche scheitern. In: Hochschulmanagement 6, Heft 4, S. 84–93.
Zimmermann, Tobias (2014): Durchführen von lernzielorientierten Leistungsnachweisen. In: Bachmann, Heinz (Hrsg.): Kompetenzorientierte Hochschullehre. Die Notwendigkeit von Kohärenz zwischen Lernzielen, Prüfusformen und Lehr-Lernmethoden. Bern: hep, S. 50–85.
Zollondz, Hans-Dieter (2002): Grundlagen Qualitätsmanagement. Einführung in Geschichte, Begriffe, Systeme und Konzepte. München: Oldenbourg.

Evelyn Dahme
Evaluation in der Volkshochschule

1 Volkshochschulen – Auftrag, Daten und Entwicklungstrends

917 Volkshochschulen mit über 3.000 Außenstellen im Jahr 2013 stehen für die führende Institution der Erwachsenen- und Weiterbildung in Deutschland. Sie werden überwiegend kommunal getragen; einzelne sind als eingetragene Vereine oder als GmbH organisiert. Trotz unterschiedlicher Profile eint die Volkshochschulen die Idee von Bildung in öffentlicher Verantwortung, die dem Prinzip des lebenslangen Lernens verpflichtet ist.

Die Daseinsvorsorge hinsichtlich der Erwachsenenbildung und Chancengerechtigkeit hatte sich mit dem demokratischen Staatswesen in der Weimarer Republik entwickelt. Volkshochschulen sollten Bürger/-innen unabhängig von religiösen oder politischen Überzeugungen zur Mitgestaltung animieren und befähigen. Später behinderten die Nationalsozialisten ihre Arbeit. Doch nach dem Zweiten Weltkrieg konnten die Volkshochschulen – in Ost und West unterschiedlich geprägt – schnell wieder vielfältige Bildungsangebote für Erwachsene aufbauen.

Auf den Anspruch einer flächendeckenden „Grundversorgung" mit Angeboten der Erwachsenenbildung gründet sich die öffentliche Förderung durch Kommunen und Länder mit einem Anteil von rund 40 % im Bundesdurchschnitt. Etwa ebenso viel steuern die Teilnehmenden selbst bei. Weitere Mittel kommen beispielsweise aus Projekten von Bund und Europa. Daraus werden bundesweit knapp 8.000 Mitarbeiter/-innen und 190.000 Honorarkräfte finanziert. Sie leisten jährlich rund 15 Millionen Unterrichtsstunden für neun Millionen Teilnehmende, überwiegend in Kursen mit mehreren Veranstaltungen. Obwohl seit Jahren pädagogisches Personal abgebaut wird, steigt die Resonanz der Bildungsangebote leicht an (vgl. DVV 2015).

1.1 Vielfalt und Flexibilität im Bildungsangebot der Volkshochschulen

Das klassische Programmangebot der Volkshochschulen gliedert sich in die folgenden Themenfelder:
- **Gesellschaft, Politik, Umwelt:** Mit beteiligungsorientierten Methoden bieten die Volkshochschulen einen öffentlichen Raum der Auseinandersetzung und der Mitwirkung am gesellschaftlichen Leben. An Bedeutung gewinnen integrationsunterstützende Angebote, Bezüge zur demografischen Entwicklung sowie globales Lernen und Nachhaltigkeit.

- **Kultur:** Kulturelle und künstlerische Bildungsangebote eröffnen Wege der Selbstentfaltung, Reflexion und Kommunikation. Sie regen kreative Potenziale an.
- **Gesundheit:** Die vielfältigen Veranstaltungen verfolgen einen nachhaltigen und ganzheitlichen Ansatz. Flächendeckend ermöglichen sie allen Bevölkerungsgruppen einen Zugang zum Kompetenzerwerb für den achtsamen Umgang mit ihrer Gesundheit.
- **Sprachen:** Volkshochschulen sind in Deutschland die größten Sprachenschulen. Ihre Kurse orientieren sich am Gemeinsamen Europäischen Referenzrahmen, ihre Zertifikate sind international anerkannt. Die größten Anteile stellen Englisch und Deutsch als Fremdsprache.
- **Arbeit und Beruf:** Dem beruflichen Weiterkommen dienen sowohl die traditionellen Computerkurse als auch zunehmend Kurse zur Entwicklung persönlicher Fähigkeiten. Einige können auf der Basis standardisierter Xpert-Unterrichtsmodule mit dem Europäischen Computer Pass oder Zertifikaten über kaufmännische und betriebswirtschaftliche Kompetenzen sowie persönliche Schlüsselkompetenzen abgeschlossen werden.
- **Grundbildung:** Etwa 7,5 Millionen funktionale Analphabeten in Deutschland machen die Alphabetisierung zum bildungspolitischen Schwerpunktthema. Darüber hinaus werden Kursmodule zu anderen Alltagskompetenzen angeboten, wie zum Rechnen, zur Familienbildung, zum Umgang mit dem PC oder zum Verbraucherschutz. Auf dem Zweiten Bildungsweg können Schulabschlüsse nachgeholt werden.

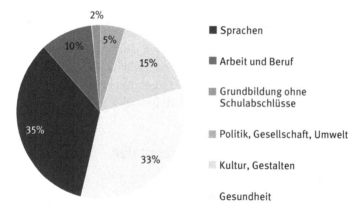

Abb. 1: Anteile der Themenfelder an Kursbelegungen in brandenburgischen Volkshochschulen im Jahr 2013 (eigene Darstellung in Anlehnung an BVV 2014).

Eine Stärke der Volkshochschulen besteht in ihrer programmatischen Flexibilität. Sie orientieren sich immer wieder neu an veränderten Teilnehmerinteressen an Bildung und Qualifizierung, erschließen sich neue Zielgruppen, neue Themen und Methoden. Sie entwickeln programmbereichsübergreifende Angebote wie die „Junge Volkshochschule", aber auch Blended-Learning-Kurse. Dass Volkshochschulen modern und zeitgemäß arbeiten, belegt die Volkshochschul-App, die das Programmangebot bundesweit mobil zugänglich macht. Im Rahmen von Projektförderungen behandeln sie aktuelle Schwerpunktthemen wie die Alphabetisierung, Eltern-Kind-Beziehungen in „Starke Eltern – Starke Kinder®", die ehrenamtliche Arbeit von Senioren oder die Förderung der Persönlichkeitsentwicklung von Jugendlichen im „TalentCampus". Einen festen Platz im Programm nehmen Veranstaltungen für Menschen mit Migrationshintergrund ein. Neben den eigentlichen Bildungsangeboten professionalisieren Volkshochschulen zunehmend Dienstleistungsfunktionen wie die Weiterbildungs- oder Lernberatung.

1.2 Volkshochschulen als Mitgestalter von qualitätssichernden Netzwerken

Als leistungsfähige *kommunale Bildungszentren* nehmen die Volkshochschulen in vielen regionalen Netzwerken und Weiterbildungsbeiräten eine führende Rolle ein und bestimmen die Entwicklung *kommunaler Bildungslandschaften* mit. Auch bundesweit sind sie gut vernetzt. Das zahlt sich vor allem in der Qualitätssicherung aus.

Die Volkshochschulen organisieren sich in Landesverbänden. Diese wiederum bilden den Deutschen *Volkshochschul-Verband e. V.*, der Mitglied im *Europäischen Erwachsenenbildungsverband* ist. Auf Bundes- und Landesebene gewährleisten Facharbeitskreise, Fortbildungen und Fachtagungen die Auseinandersetzung mit aktuellen Entwicklungen und Qualitätsstandards. Mitarbeiter/-innen tauschen sich zum Weiterbildungsbedarf und zu didaktischen Herausforderungen aus, erarbeiten strategische Orientierungen und Handlungsempfehlungen. Das enge Zusammenwirken mit verbundenen Partner(inne)n sichert die Professionalität. Zu diesem Netzwerk gehören das *Institut für Internationale Zusammenarbeit des Deutschen Volkshochschulverbandes* (DVV international), das *Grimme-Institut – Gesellschaft für Medien, Bildung und Kultur mbH*, der *Bundesarbeitskreis Arbeit und Leben* mit dem *Deutschen Gewerkschaftsbund* (DGB), das *Deutsche Institut für Erwachsenenbildung/Leibniz-Zentrum für Lebenslanges Lernen* sowie das *Goethe-Institut* und die *telc gGmbH* als Prüfungszentrale der Volkshochschulen. Einen Höhepunkt des bundesweiten Austauschs bildet alle fünf Jahre der *Deutsche Volkshochschultag*. Das Motto des XIII. Volkshochschultages im Jahr 2013 „Weiterbildung für alle!" formuliert den Kern eines hier erarbeiteten Selbstverständnisses von Volkshochschulen: die gemeinsame Idee eines offenen Zugangs zur Bildung für Menschen aller sozialen Schichten, Milieus und Kulturen (vgl. DVV 2013).

Neben der fachlichen Vernetzung trägt auch das Evaluieren des Unterrichtsgeschehens in Volkshochschulen zur Qualitätssicherung bei. Evaluation wird in der Volkshochschule pragmatischer verstanden als in der Wissenschaft. Im Folgenden wird Evaluation im Volkshochschulalltag aus der Perspektive des *Brandenburgischen Volkshochschulverbands e. V.* dargestellt. Eine seiner wichtigsten Aufgaben neben der fachlichen Begleitung und der Interessenvertretung seiner 19 Mitgliedsvolkshochschulen ist die Unterstützung von Evaluierung und Qualitätssicherung in ihren Einrichtungen.

2 Bedeutung von Evaluation in Volkshochschulen

Die Bedeutung von Evaluation in den Volkshochschulen ergibt sich vor allem aus deren Bestreben, die Qualität ihrer Arbeit zu verbessern und diese zu legitimieren. Sie ist eng mit der Qualitätsentwicklung verzahnt. Die einzelnen Einrichtungen gestalten Evaluation heterogen aus. Unterschiedliche Beweggründe und Ressourcen führen dazu, dass auch unterschiedlich umfangreich und systematisch evaluiert wird. Die vielfältigen Ansprüche an Evaluation in der Weiterbildung können beispielsweise nach ihrem Zweck unterteilt werden in Legitimationsfunktionen, Vergewisserungsfunktionen, Verbesserungsfunktionen, Kontrollfunktionen und Steuerungsfunktionen (vgl. Wesseler 1999, 673) oder analog in die Funktionen Erkenntnisgewinn über/Entwicklung des evaluierten Gegenstands, Kontrolle und Legitimation (vgl. Stockmann/Meyer 2010, 145 ff.).

2.1 Vom pädagogischen Ansatz zur organisationsbezogenen Betrachtung

Andere Einteilungen orientieren sich am Gegenstand und benennen als solchen das Weiterbildungssystem, Programme und Projekte (manchmal auch Angebots- und Teilnehmerstrukturen), die einzelne Einrichtung sowie die Mikroebene der Lehr-Lern-Interaktion. Die Evaluierung von Lehr- und Lernprozessen ist in den Volkshochschulen traditionell verankert: Die Bewertung des unmittelbaren Kurses oder der Veranstaltung steht im Arbeitsalltag im Mittelpunkt. Auf die Lehr-Lern-Interaktion fokussierten auch Wissenschaft und Forschung seit längerer Zeit. Hartz/Meisel sprechen von der „Evaluation als traditionell pädagogischem Zugang zu Qualitätsentwicklung" (2011, 38). In den letzten Jahren führte die öffentliche Debatte über die Qualität von Bildung dazu, dass sich zunehmend auch Weiterbildungseinrichtungen mit einer systematischen Qualitätssicherung auseinandersetzen. Damit rücken Ressourcen und organisatorische Abläufe als Rückgrat der professionellen Qualitätsmanagementsysteme stärker in den Blick. Die in enger Zusammenarbeit mit Volkshochschulverbänden seit dem Jahr 2000 entwickelte lernerorientierte Qualitätstestierung in der Weiterbildung (LQW®) verfolgt den Ansatz, organisationsbezogene und pädagogische Ansätze miteinander zu verbinden.

2.2 Evaluation legitimiert Volkshochschularbeit und wirkt auf Politik und Wissenschaft

Die gesellschafts- und bildungspolitische Relevanz der Evaluierung speist sich aus unterschiedlichen Ansprüchen.

Die Förderung aus Steuermitteln erfordert eine Rechtfertigung im Sinne des öffentlichen Bildungsauftrags. Da Volkshochschulen als Träger einer flächendeckenden Grundversorgung mit Weiterbildungsangeboten durch die Länder und die Kommunen gefördert werden, müssen sie ihre Eignung und Leistung belegen. In welcher Form evaluiert wird, hängt von den jeweiligen Auflagen der Fördermittelgeber ab. Dabei spielen sowohl qualitative Aspekte wie Themenvielfalt und didaktische Spezifika als auch quantitative Aspekte wie Teilnehmerzahlen und Unterrichtseinheiten eine Rolle.

Projektförderungen sind häufig an umfassende Nachweise und Datenerhebungen gebunden, die vom jeweiligen Projektziel abhängen. Als Förderer treten beispielsweise die *Europäische Union* oder die Bundes- oder Landesregierung auf, die wiederum je nach Fachgebiet unterschiedliche Anforderungen stellen. Ein Projekt-Zuwendungsbescheid von 2013 beauflagte den *Brandenburgischen Volkshochschulverband* beispielsweise mit dem Nachweis der durchgeführten Veranstaltungsmodule mit Angabe der Anzahl der Unterrichtsstunden und der Teilnehmenden sowie von durch Teilnehmer und Kursleiter unterzeichneten Teilnehmerlisten. Weiter wird gefordert: „In den Sachberichten ist neben dem allgemeinen Fortgang des Projektes über die Art und die Anzahl der durchgeführten Module, über Besonderheiten bei der Umsetzung der Module sowie über die Anzahl, das Alter und das Geschlecht der Teilnehmenden Bericht zu erstatten." (Zuwendungsbescheid zum Projekt Grundbildungs- und Alphabetisierungskurse 2013/2014 des BVV, gefördert vom ESF und dem MBJS, nicht öffentlich). Mit den Nachweispflichten der Volkshochschulen gegenüber Förderern ist die Absicht verbunden, die sachgerechte Verwendung von Steuergeldern zu kontrollieren und künftige Zuwendungen effektiv einzusetzen.

Die Evaluierung der Volkshochschularbeit hat also auch eine Steuerungsfunktion mit bildungspolitischer Relevanz. Erhebungen zu Teilnehmerzahlen und Befragungen erlauben beispielsweise Rückschlüsse zur Entwicklung von Bildungsbedarfen. Daraus können sich Förderschwerpunkte und politische Weichenstellungen ergeben. Schließlich fließen Erkenntnisse beispielsweise aus den jährlichen statistischen Basiserhebungen der Volkshochschulen, die das *Deutsche Institut für Erwachsenenbildung* bundesweit zusammenfasst, auch in Wissenschaft und Forschung ein.

Beim Nachweis zu Legitimations-, Kontroll- und Steuerungszwecken greifen meist organisations-, programm- und veranstaltungsbezogene Evaluierungen ineinander.

2.3 Chancen für erfolgreiches Lernen verbessern

Die Volkshochschulen nutzen die Evaluierung ihrer Bildungsarbeit als Grundlage für Planungs- und Optimierungsentscheidungen. Nur so können sie bedarfsgerechte Angebote unterbreiten, von denen Teilnehmerzufriedenheit und Bildungserfolg entscheidend abhängen. Themen mit großer Resonanz und gut ausgelastete Kurse werden wieder in die Planung aufgenommen und Schlussfolgerungen für günstige Rahmenbedingungen gezogen. Hierfür liefern quantitative Parameter wie Kursanzahl und Belegungen geeignete Entscheidungsgrundlagen. Die Beurteilung einzelner Veranstaltungen erlaubt Rückschlüsse auf die Eignung von Kurskonzepten, methodischen Instrumenten und Arbeitsmitteln. Die Volkshochschulen können mit ihrer Hilfe besser einschätzen, ob Kursleitende den Anforderungen gewachsen sind und welche Fortbildungen ihnen bei der Unterrichtsgestaltung helfen können. Reflektiert werden auch Kurskonzepte, Rahmenbedingungen und die Stimmigkeit von Kursbeschreibungen im Programmheft. All das ermöglicht Entscheidungen für die Vorbereitung künftiger oder Korrekturen laufender Veranstaltungen, die die Chancen für erfolgreiches Lernen verbessern. Hier handelt es sich vor allem um Vergewisserungs- und Verbesserungszwecke, für die programm- und veranstaltungsbezogene Evaluierungen den Ausschlag geben.

2.4 Rechtliche Grundlagen bestimmen den Rahmen

Die Weiterbildungsgesetze der Länder regeln die Bedingungen für die Förderung der Volkshochschulen, damit sie die Daseinsvorsorge im Bereich der Erwachsenenbildung gewährleisten können. Sie verpflichten die Einrichtungen und deren Landesverbände zur Qualitätssicherung. Das schließt die regelmäßige Evaluation und den Nachweis erhobener Daten ein. Zur Datenbasis gehören Kurse und Einzelveranstaltungen, Unterrichtseinheiten und Belegungen, die jeweils auf die verschiedenen Programmbereiche bezogen darstellbar sind. Darüber hinaus werden Altersgruppen und Geschlechterverteilung erfasst. Als Grundlage für projektbezogene Erhebungen dienen die Nebenbestimmungen zu Zuwendungsbescheiden, deren Kenntnisnahme die Träger nach Erhalt ausdrücklich bestätigen. Sie folgen Bundes- und Europarecht. Personenbezogene Daten werden entsprechend dem geltenden Datenschutzrecht nur anonymisiert erhoben und verwendet. Bestimmte Projekte setzen aber auch die Erfassung von persönlichen Teilnehmerdaten wie Namen und Adressen zu Nachweiszwecken voraus, vor allem, wenn der Förderer die Kosten in voller Höhe übernimmt.

3 Spezifika der Volkshochschulen im Hinblick auf Evaluation

Klassische Gegenstände der Evaluation in der Weiterbildung sind die Lehr- und Lernprozesse, die Bildungseinrichtungen selbst, übergreifende Programme und Projekte sowie die Bildungssysteme. Das trifft auch auf die Volkshochschulen zu. Dennoch gibt es charakteristische Unterschiede zu anderen Bildungsorganisationen, die im Folgenden erläutert werden.

3.1 Freiwilligkeit der Weiterbildung verlangt Ausrichtung am Bedarf

Die Weiterbildung funktioniert grundsätzlich auf freiwilliger Basis. Deshalb hat eine nachhaltige *Kundenbindung* eine existenzielle Bedeutung. Nur auf der Grundlage einer durchdachten Evaluation können bedarfsgerechte Angebote in hoher Qualität realisiert werden, sodass Teilnehmende gewonnen werden und wiederkommen. Dabei muss eine akzeptierte Balance zwischen deren individuellen Bedarfen und gesellschaftlich gewollten Themensetzungen gefunden werden. „Erwachsenenbildung bietet keine Hilfe an, sondern stellt Programme in differenzierter Vielfalt für unterschiedliche Niveaus zur Verfügung, um die Anschlussfähigkeit an eine sich permanent verändernde Wissensgesellschaft zu bieten", stellt Gieseke fest (2003, 205). Gesondert zu betrachten sind mit Blick auf die zielgerichtete Motivation abschlussbezogene Kurse, die beispielsweise mit Sprach- oder EDV-Zertifikaten enden.

3.2 Netzwerk hilft Qualität sichern – auch bei knappen Ressourcen

Die Volkshochschulen bilden das bundesweit stärkste flächendeckende Netzwerk von Weiterbildungsorganisationen. Über Landesverbände, den *Deutschen Volkshochschul-Verband* und anerkannte Institute und Fachpartner werden Angebote und Impulse zur Qualitätssicherung gewährleistet. Dazu gehören Hilfsmittel für eine professionelle Evaluation nach bundeseinheitlichen Kriterien wie Rahmenlehrpläne, Kompetenzprofile und Handlungsleitfäden. Koordiniert wird dieser Prozess unter anderem vom *Bundesarbeitskreis Fortbildung – Qualität – Beratung des Deutschen Volkshochschul-Verbands*, dem Vertreter aus 14 Landesverbänden und dem Dachverband angehören. Sie setzen sich kontinuierlich mit der Evaluation der Volkshochschularbeit auseinander. Der *Bundesarbeitskreis* unterbreitet Entscheidungsvorschläge für den *Organisations- und Finanzausschuss des Deutschen Volkshochschul-Verbands*, der gemeinsames Handeln der Landesverbände steuert und abstimmt. Die fachlichen Bundesarbeitskreise zu den Programmbereichen entwickeln gemeinsame Maßstäbe. Beispielhafte Orientierungen der fachbezogenen Bundesarbeitskreise liefern unter anderem das Praxishandbuch zum Programmmanagement Sprachen und die Kursmanuals für die Gesundheitsbildung. Den Transfer ihrer Arbeitsergebnisse leisten die Landesverbände für ihre Volkshochschulen.

Infolge ihrer unterschiedlichen Rechtsformen und Ressourcen reizen die Volkshochschulen die Möglichkeiten der Evaluation sehr unterschiedlich aus. Das zeigt sich beispielsweise in der Bandbreite von verwendeten Verfahren zur Qualitätssicherung – von der Selbstevaluation ausgewählter Maßnahmen in der Einrichtung bis hin zur umfassenden externen Fremdevaluation mit Zertifizierung. Hier schlägt sich die personelle und finanzielle Ausstattung der jeweiligen Volkshochschule nieder. Während einige Einrichtungen sich externen Zertifizierungen und Re-Zertifizierungen unterziehen, können andere diesen anspruchsvollen Prozess nicht leisten oder sind gehalten, andere Prioritäten zu setzen. In manchen Bundesländern ist die externe Zertifizierung im Weiterbildungsgesetz verankert.

3.3 Erfolg von Weiterbildung ist subjektiv und kaum messbar

Neben diesen Spezifika der Volkshochschulen hinsichtlich der Evaluation gibt es ein weiteres Charakteristikum, das sich generell auf Weiterbildungseinrichtungen bezieht: Der Wert von Bildungsmaßnahmen entzieht sich weitgehend messbaren Kriterien. Er hat sehr viel mit persönlicher Motivation, persönlichen Voraussetzungen und Emotionen zu tun, die nur bedingt durch den Bildungsträger beeinflussbar sind. Viele Volkshochschulen bewerten ihren Bildungserfolg nicht anhand formaler Kursabschlüsse, sondern verstehen gelungenes Lernen als Entwicklung der persönlichen Handlungsfähigkeit. Demzufolge könnte man die Qualität dieser Arbeit beispielsweise an der *Kundenzufriedenheit* messen, muss sich aber einer starken subjektiven Komponente bewusst sein, weil gerade erfolgreiche Lernprozesse als besonders anstrengend empfunden werden können. Auch Lehrende verfolgen unterschiedliche, persönlich geprägte Ziele. Dadurch ist der Lehr-Lern-Prozess sehr vielschichtig, beweglich und kaum normierbar. „Es ist äußerst schwierig, pädagogische Qualität eindeutig und nachprüfbar zu definieren, […] denn der Bildungsprozess [unterliegt] einer Reihe kaum trennscharf zu beschreibender, im Zeitverlauf sich kontinuierlich ändernder Einflussfaktoren" (Hartz/Meisel 2004, 23).

4 Zielgruppen von Evaluationen in Volkshochschulen

Evaluationen in Volkshochschulen dienen verschiedenen Zielsetzungen. Weiter oben wurde bereits die Unterscheidung in Legitimationsfunktionen, Vergewisserungsfunktionen, Verbesserungsfunktionen, Kontrollfunktionen und Steuerungsfunktionen angesprochen. Analog dazu lassen sich, wie im Folgenden dargestellt, die Adressaten nach ihren Interessen unterscheiden (vgl. Hartz/Meisel 2004).

4.1 Verbesserungen im Fokus des Volkshochschulpersonals

Das Personal der Volkshochschule strebt Bewertungen der eigenen Bildungsangebote vor allem an, um daraus Schlussfolgerungen für die weitere Arbeit zu ziehen. Zum Personal gehören Leiter/-innen, pädagogische, ehrenamtliche sowie Verwaltungsmitarbeiter/-innen, außerdem nebenberufliche und freiberufliche Kursleitende. Oft ergänzen Projektmitarbeiter/-innen den Personalbestand. In den 19 Volkshochschulen des brandenburgischen Landesverbands mit insgesamt 40 Standorten gab es im Jahr 2013 insgesamt 94 hauptamtliche Stellen und insgesamt 2.135 Kursleitende, die auf Honorarbasis tätig waren (vgl. BVV 2014).

Sie leiten aus Evaluationen beispielsweise Erkenntnisse dazu ab, welche Themen die Volkshochschule aufgreifen soll, welche Bildungsformate gut angenommen werden, wie der Service und die Lernumgebung verbessert werden können und welche Kompetenzen das Team in Fortbildungen weiterentwickeln sollte. Der Qualität der Lehr-Lern-Interaktion gilt das besondere Interesse der pädagogischen Mitarbeiter/-innen sowie der Kursleitenden, die speziell das Teilnehmer-Feedback zu Wissensvermittlung und Methoden suchen. Das Personal spricht vor allem die Vergewisserungs-, Verbesserungs- und Steuerungsfunktion an. Aber auch Kontrollaspekte der Leitung gegenüber den Mitarbeiter(inne)n und Kursleiter(inne)n spielen intern eine Rolle.

4.2 Evaluation als Praxismaßstab für Politik und Wissenschaft

Politik und Behörden einschließlich der kommunalen Träger stellen eine weitere Adressatengruppe. Hier stehen vor allem Legitimation, Kontrolle und Steuerung im Fokus. Die Palette reicht von geforderten Erhebungen, die die sachgerechte Verwendung gewährter Zuwendungen belegen sollen, bis hin zur freiwilligen Darstellung von Evaluationsergebnissen für die Werbung um Investitionen. Mit der Kontrollfunktion verbindet sich der Aufbau eines zusätzlichen Drucks, wenn öffentlich Sparmaßnahmen im Raum stehen. Wie bereits ausgeführt, nutzen Politik und Behörden die Datenbasis auch zur Steuerung politischer Entscheidungen, zum Beispiel für die Bundeskampagne zur Alphabetisierung.

Darüber hinaus verschaffen die Volkshochschulen mit ihren Evaluationsergebnissen Forscher(inne)n und Wissenschaftler(inne)n Praxismaterial. Besonders wertvoll dürften die bundesweiten statistischen Erhebungen der Volkshochschulen sein, auch weil sie seit vielen Jahren kontinuierlich geführt werden. Das vom *Deutschen Volkshochschul-Verband* mit gegründete *Deutsche Institut für Erwachsenenbildung* stellt sie jährlich zusammen und entwickelt die statistischen Kennzahlen momentan mit den Volkshochschulen weiter. Dies dient vor allem der Analyse oder Vergewisserung des Arbeitsstandes und perspektivisch der Verbesserung und Steuerung der Arbeit.

4.3 Gute Leistungen als Empfehlung für Teilnehmende

Mit den Ergebnissen ihrer Evaluationen sprechen Volkshochschulen auch potenzielle Teilnehmer/-innen an. Sie belegen damit ihre Kompetenzen und Erfolge. Geeignete Kriterien werden genutzt, um die anerkannte Qualität von Kursen, Lehrplänen und Zertifikaten zu illustrieren. Damit greifen sie die Legitimationsfunktion auf. Zur Integrationsarbeit heißt es im Internetauftritt des *Deutschen Volkshochschul-Verbands* beispielsweise über die Volkshochschulen: „Sie sind [...] der größte Partner des Bundesamtes für Migration und Flüchtlinge (BAMF) bei der Durchführung der Integrationskurse. Seit 2005 wurden bundesweit 25.621 Integrationskurse in deutschen Volkshochschulen durchgeführt, an denen 321.294 Menschen teilnahmen (Stand: Dezember 2013)" (DVV 2015).

An Bedeutung gewinnen partizipative Evaluationsprozesse in dem Maße, in dem sich Volkshochschulen ihr Selbstverständnis als demokratische Lernorte bewusst machen und die Potenziale ihrer Teilnehmer/-innen beispielsweise über Beiräte in ihre Arbeit einbinden.

5 Verfahren, Methoden und Instrumente der Evaluation

In der Alltagsarbeit der Volkshochschulen folgen chronologisch die Phasen der (Programm-) Planung, der Umsetzungsprozesse von der Organisation und Bewerbung der Angebote bis zur Kursdurchführung und schließlich die der rückblickenden Ergebnisbewertung aufeinander. Welche Verfahren, Methoden und Instrumente der Evaluation in der einzelnen Einrichtung eingesetzt werden, hängt vor allem von deren Prioritätensetzung und den verfolgten Zwecken sowie den verfügbaren Ressourcen ab. In der Regel greifen Volkshochschulen auf einen Methodenmix von quantitativen und qualitativen Elementen zurück und beziehen verschiedene Gruppen von Betroffenen und Beteiligten ein (vgl. Gutknecht-Gmeiner 2009, 13-7).

Die Volkshochschulen weisen bundesweit vielfältige Strukturen und Profile auf. Dennoch haben sich bestimmte Vorgehensweisen traditionell oder im Austausch miteinander fast überall entwickelt. Im Folgenden wird ein ausschnitthafter Einblick in Verfahren, Methoden und Instrumente gegeben, die in vielen Volkshochschulen genutzt werden. Dazu werden die Phasen der Planung, Umsetzung und Wirkungskontrolle nacheinander betrachtet, obwohl sie teilweise auch zeitlich ineinandergreifen. Sowohl die formative als auch die summative Begleitung und Evaluation kommen zur Anwendung. Unterschiede zwischen den Fachbereichen kann diese knappe Darstellung nur anreißen.

5.1 Bildungsbedarf als Ausgangspunkt für die Planung

Die Planung der Bildungsprogramme baut auf verschiedene Grundlagen auf: Ausgangspunkt ist der öffentliche Auftrag. Daneben spielen der Bildungsbedarf potenzieller Teilnehmer/-innen vor Ort sowie absehbare Entwicklungstrends eine entscheidende Rolle. Und schließlich geben das Profil der Einrichtung und die Ressourcen, in die Interessen und Kompetenzen des Personals einfließen, den Ausschlag für eine realistische Planung. Die Komplexität dieses Unterfangens beschreiben Enoch/Gieseke (2011, 2) so: „Unter Programmen verstehen wir makrodidaktisch konzipierte Angebote, die eine Mixtur von Lernarrangements, Projekten, Kursen, Gesprächskreisen, Zielgruppenkonzeptionen bereithalten und diese unter einem bestimmten Fokus bündeln: Sie sind zugleich Ausdruck eines Zeitgeistes und verweisen somit auf ein Bildungsverständnis, das zugleich einen gesellschaftlichen Interessenbezug ausdrückt".

Um den Bildungsbedarf zu evaluieren, werden verschiedene interne und externe Verfahren der Evaluation herangezogen. Besondere Aussagekraft hat die Beobachtung von Belegungstrends mittels der internen Statistik. Zu ihren Angeboten erheben die Volkshochschulen standardisierte Minimaldaten, die vom *Deutschen Institut für Erwachsenenbildung* vereinheitlicht wurden. Drei Eckpfeiler der bundesweiten Erhebungen sind Kurse, Unterrichtseinheiten und Teilnehmer/-innen. Darüber hinaus werden weitere Daten erhoben wie die Anzahl der Einzelveranstaltungen, Veranstaltungsformen und deren Dauer, der Anteil von Auftragsmaßnahmen für Unternehmen, bestimmte Zielgruppen sowie Teilnehmerangaben zu Altersgruppe und Geschlecht. Die Resonanz ihrer Bildungsangebote messen Volkshochschulen also quantitativ anhand statistischer Daten.

Qualitativ ergänzen subjektive Einschätzungen von Kursleitenden, Teilnehmenden, Volkshochschulpersonal oder auch externen Partnern diese Angaben. Sie werden intern über den Austausch von Beobachtungen in Dozentenkonferenzen oder die Abfrage von weiteren Veranstaltungswünschen in Teilnehmer-Fragebögen erfasst. Erkenntnisse über Veranstaltungsausfälle ergänzen die Bewertung. Ressourcenabhängig finden zielgerichtete externe Befragungen kommunaler Träger, Unternehmen oder auch Behörden statt.

Eine wichtige Quelle für längerfristige programmgestaltende Impulse stellen Materialanalysen dar. Dazu gehören beispielsweise Studien zur Literalität Erwachsener, zur regionalen Wirtschaftsstruktur und zum Fachkräftebedarf sowie zur demografischen Entwicklung. Sie geben Hinweise zu speziellen Bildungsbedarfen über längere Zeiträume. Der Transfer erfolgt unter anderem über die Verbandsstrukturen der Volkshochschulen, deren Fachgremien den Austausch über Fachtagungen und Materialien organisieren. Internetauftritte, Publikationen und verbandseigene Medien sichern den Zugriff jeder Volkshochschule.

5.2 Realistisch planen heißt: personelle und finanzielle Ressourcen einschätzen

Für die Planung des Bildungsangebots ist neben der Evaluierung des Bildungsbedarfs die der vorhandenen Ressourcen bedeutsam. Die öffentliche Finanzierung der flächendeckenden Grundversorgung durch Weiterbildungsangebote der Volkshochschulen ist auf niedrigem Niveau relativ gesichert. Deshalb evaluieren sie in der Regel vor allem die Verfügbarkeit geeigneter Kursleitender sowie Finanzierungsmöglichkeiten für bedarfsgerechte zusätzliche Angebote.

Für eine hohe Qualität der Bildungsangebote bilden geeignete Kursleitende eine wichtige Basis. Die Volkshochschulen arbeiten dazu mit eigenen Kursleiter-Datenbanken. Diese enthalten Angaben zu Kursangeboten, Qualifikationen und Kompetenzen von Personen, die sich als Kursleitende beworben haben oder bereits tätig sind. Ein unentbehrliches Hilfsmittel bei der Evaluierung der individuellen Eignung von Bewerbern ist das Kursleiter-Portfolio. Das *Kompetenzprofil – Lehren in der Volkshochschule* wurde vom *Bundesarbeitskreis Fortbildung – Qualität – Beratung im Deutschen Volkshochschul-Verband* entwickelt und bietet einen Rahmen zur Einschätzung von Kompetenzen und Angeboten Kursleitender. Das Portfolio umfasst persönliche Kompetenzen ebenso wie Nachweise in Form von Zeugnissen und anderen Bescheinigungen.

Die Prüfung anhand der hier aufgelisteten Kriterien stellt einen ersten Test der Bewerber/-innen dar. Als zweiten Schritt führen die Volkshochschulen in den Bewerbungsgesprächen Befragungen durch, um offene Punkte und persönliche Voraussetzungen besser einschätzen zu können. Im Zuge der praktischen Tätigkeit beurteilen Mitarbeiter/-innen die Eignung ergänzend nach Beobachtungen in Hospitationen und der Auswertung entsprechender Antworten in Teilnehmer-Fragebögen (ein Verfahren, das in die Planung hineinwirkt, vor allem aber der Prozessevaluierung zuzurechnen ist). Bestandteil der Ressourcenevaluation ist schließlich auch der Abgleich des evaluierten Bildungsbedarfs mit der Kapazität geeigneter Kursleitender.

Bei der Materialanalyse stehen in erster Linie Projekte und Förderprogramme auf dem Prüfstand. Die öffentliche Hand setzt auf Bundes- und Landesebene zunehmend auf befristete zweckgebundene Förderungen. Wegen des Legitimationsdrucks bringen sie einen hohen bürokratischen Aufwand in vielfältigen Formen mit sich und überfordern oftmals die einzelne Einrichtung. Deshalb nutzen die Volkshochschulen weitgehend ihre Verbandsstrukturen für eine Vorprüfung entsprechender Angebote hinsichtlich ihrer Eignung.

Wenn für einen ermittelten, nicht ausfinanzierten Bildungsbedarf ein passendes Förderprogramm gefunden wird, bieten sich die Verbände als Träger an und akquirieren entsprechende Projekte. Die Projektentwicklung durch die verbandlichen Interessenvertreter der Volkshochschulen verläuft oft im Austausch mit Fördermittelgebern sowie Volkshochschulen und hat den Charakter einer evaluierenden Befragung zu Bedarf und Ressourcen. Ähnliche gezielte Befragungen kommunaler Behörden oder Unternehmen zur Evaluierung spezieller zusätzlicher Weiterbildungsbedarfe vor Ort zielen auf regionale Projekte oder Auftragsmaßnahmen. Auf der Landes- oder Bundesebene koordinieren verbandliche Träger die Umsetzung von Projekten mit interessierten Volkshochschulen als Partnern auf der Basis von Weiterleitungsverträgen. Beim bundesweiten Projekt „TalentCampus" tritt beispielsweise der *Deutsche Volkshochschul-Verband* als Träger auf. Verschiedene Alphabetisierungs-Projekte werden von Landesverbänden oder auch Trägerverbünden bis hin zur kommunalen Ebene koordiniert.

5.3 Für Qualitätsverbesserungen die Umsetzung im Blick behalten

Die Prozessevaluierung zielt vor allem auf Verbesserungspotenziale hinsichtlich der Bedingungen sowie der Inhalte und Methodik der einzelnen Veranstaltung. Hier stützen sich die Volkshochschulen auf interne Datenerhebungen. Insbesondere die Teilnehmer-Fragebögen liefern auswertbare Anhaltspunkte für die Einschätzung der Veranstaltungen. Thematisiert werden beispielsweise räumliche Bedingungen, unterstützende Materialien, didaktische und fachliche Kompetenzen der Kursleitenden und Kursinhalte. Auch die Kursleitenden selbst werden nach ihren Eindrücken in den Kursen und nach Verbesserungswünschen befragt. Viele Volkshochschulen führen Dozentenkonferenzen oder andere Veranstaltungen durch, in denen Einschätzungen ausgetauscht werden. Begleitend nutzen Volkshochschulmitarbeiter/-innen eigene Beobachtungen für die Bewertung der Bildungsveranstaltungen, die sie anhand von Checklisten dokumentieren.

5.4 „Bildungsergebnisse" sind vielfältig interpretierbar und evaluierbar

Die Ergebnis- oder Wirkungsevaluierung kann sehr unterschiedlich betrachtet und durchgeführt werden. Ausgehend vom Bildungsauftrag der Volkshochschule könnte das „gelungene Lernen" als Maßstab betrachtet werden. Ein solches orientiert sich aktuell an einem Lernbegriff, der den Lerner als aktiv, dynamisch und selbstbestimmt beschreibt. Lernen ist dann gelungen, wenn sich der Lernende vor allem motiviert und selbsttätig neue Kenntnisse, Kompetenzen und Handlungsstrategien aneignet.

In diesem Rahmen gewinnen in der Evaluation der Volkshochschularbeit subjektive Aspekte an Bedeutung, die kaum evaluierbar sind. Besonders augenfällig dürfte das in Bereichen wie der politischen oder kulturellen Bildung sein. Als Maßstab für die erreichte „Lehr-Lern-Wirkung" lässt sich dann kaum mehr als die Zufriedenheit der Teilnehmenden selbst heranziehen, die über Fragebögen evaluiert wird; offen bleibt in der Regel der Transfer des Gelernten in den Alltag. Unterstellt man, dass besonders nachhaltige Lernprozesse auch besonders anstrengend sein können, wird deutlich, wie irreführend die alleinige Bewertung von Teilnehmerangaben zur Zufriedenheit sein kann. Zudem spielt dafür eine Reihe weiterer Einflüsse eine Rolle.

Diesen schwer beschreibbaren Wirkungen stehen klar messbare Ergebnisse gegenüber, die insbesondere dort eine Rolle spielen, wo Zertifikate angestrebt werden. Das ist vorrangig im Bereich der sprachlichen und der beruflichen Bildung der Fall. Hier lässt sich ein Lernfortschritt zumindest annähernd objektiv daran messen, wie weit der Teilnehmende seine Sprachkompetenzen seit dem bei Kursbeginn durchgeführten Einstufungstest bis zum Ende des Kurses weiterentwickeln konnte. Die Einschätzung orientiert sich am Gemeinsamen Europäischen Referenzrahmen und wird mit den Sprachstufen von A 1 bis C 2 beschrieben. Dem abschließend nachgewiesenen Grad der Sprachbeherrschung entspricht das Zertifikat, das nachgewiesene Kompetenzen belegt. Dennoch bleibt es ein besonderer Anspruch der Volkshochschularbeit, die Lernmotivation zu fördern, sodass Zufriedenheit mit ihrer positiven Prägung der Einstellung zum lebenslangen Lernen durchaus als ein Kriterium für gelungenes Lernen gelten kann.

Bezogen auf die gesamte Einrichtung erlaubt die Datenerhebung mittels der bereits beschriebenen Volkshochschulstatistik eine Einschätzung, ob gesteckte quantitative Ziele erreicht wurden. Dazu müssen diese formuliert sein. Außerdem analysiert man die Entwicklung von Kursen, Teilnehmerbelegungen und Unterrichtseinheiten in den verschiedenen Programmbereichen über mehrere Jahre. Schließlich geht es auch darum zu beurteilen, ob Veranstaltungsausfälle oder sinkende Teilnehmerzahlen innerhalb eines Kurses ein Indiz für Qualitätsmängel sind und gehandelt werden muss.

6 Praxisbeispiel: Evaluation von Seniorenfortbildungen im Land Brandenburg

Wie eine Evaluationsmaßnahme in der Volkshochschularbeit praktisch ablaufen kann, veranschaulicht das folgende Beispiel von Fortbildungen für ehrenamtlich interessierte Senioren im Land Brandenburg. Sie wurden als Projekt aus den „Seniorenpolitischen Maßnahmen" vom *Sozialministerium* des Landes gefördert. Der *Brandenburgische Volkshochschulverband* als Träger koordinierte die Vorhaben, die von sieben Volkshochschulen realisiert wurden.

6.1 Planung des Projekts und dessen Evaluierung

Ausgangspunkt für das Projekt war der Wunsch, angesichts der demografischen Entwicklung passende Bildungsangebote für ältere Menschen im Land zu unterbreiten. Den konkreten Bildungsbedarf leitete der *Brandenburgische Volkshochschulverband* aus dem Evaluationsbericht zum Seniorenpolitischen Maßnahmenpaket des Landes (vgl. Dangel 2011) und aus Befragungen von Senioren bei einer gemeinsamen Konferenz der Volkshochschulen mit der *Verbraucherzentrale Brandenburg* im Februar 2014 ab, deren Ergebnisse dokumentiert vorlagen.

Demzufolge wünschten sich die älteren Brandenburger eine bessere Unterstützung des gesellschaftlichen Engagements durch Weiterbildungen, zum Beispiel zu Rechts- und Versicherungsfragen im Ehrenamt sowie zu Öffentlichkeitsarbeit und Kommunikation. In Absprache mit den Volkshochschulen als den umsetzenden Anbietern, mit dem *Landesseniorenrat* als Adressaten und den zuständigen Landesministerien entwickelte der Landesverband ein Projekt, das einen Förderzuschlag als seniorenpolitische Maßnahme erhielt. In der Folge vereinbarte der *Brandenburgische Volkshochschulverband* über sogenannte Weiterleitungsverträge insgesamt 24 Bildungsveranstaltungen für Senioren in neun Volkshochschulen, die Menschen in ihrer ehrenamtlichen Arbeit unterstützen oder sie dazu ermuntern sollten. Ab dem Sommer 2014 war die professionelle Bewerbung geplant und von September bis Mitte Dezember die Durchführung.

Zum Abschluss sah der Volkshochschulverband als Träger des Projekts eine externe Evaluierung vor. Sie sollte einschätzen helfen, ob die gewünschten Wirkungen erreicht wurden und welche Potenziale für weitere Bildungsvorhaben bestehen. Im Detail waren folgende Fragen zu beantworten:
1. Wie werden Senioren am besten erreicht?
2. Trafen die Veranstaltungen den Bedarf der Teilnehmenden?
3. Welche Bildungsangebote für Senioren sind künftig sinnvoll?

Dafür erschien eine kombinierte Bewertung sinnvoll, bei der mittels Veranstaltungsstatistik, Teilnehmer-Fragebögen sowie Beobachtungen durch die Kursleitenden die Projektziele mit den erreichten Ergebnissen verglichen werden sollten.

6.2 Statistik belegt bedarfsgerechte Angebote und gelungene Werbung

Mit den Weiterleitungsverträgen reichte der Verband die statistischen Nachweispflichten des *Sozialministeriums* als Fördermittelgeber an die umsetzenden Volkshochschulen weiter. Diese dokumentierten demzufolge Termin, Ort und Dauer sowie Teilnehmerzahl jeder Veranstaltung. Der Vergleich der geplanten mit den realisierten Vorhaben erlaubte Aufschlüsse darüber, ob die Adressat(inn)en erreicht und ihr Bedarf getroffen wurde. Dabei waren quantitative und qualitative Faktoren ausgewogen zu bewerten und sinnvoll miteinander zu verknüpfen, ohne sich auf die leichter fassbare, aber einseitige statistische Auswertung zu beschränken. Im konkreten Fall ergab der statistische Vergleich folgendes Bild (siehe Tabelle 1):

Tab. 1: Teilnehmerzahlen (eigene Darstellung in Anlehnung an BVV 2014).

	Plan	Ist
Seminare insgesamt	24	15
– davon zu Recht und Versicherungen		9
– davon zu Kommunikation und Öffentlichkeitsarbeit		6
Beteiligte VHS	9	7
Teilnehmer	240	157

Die Statistik wies aus, dass rund zwei Drittel der geplanten Kurse und Teilnehmenden erreicht wurden; eine Ausfallquote von einem Drittel war bei einem neuen Angebot vertretbar. Dass an 15 Veranstaltungen durchschnittlich mehr als zehn Personen teilnahmen, bedeutete, dass einerseits die Information über die Veranstaltungen die Adressat(inn)en erreicht hatte und andererseits Inhalte und Veranstaltungsformat deren Bedarf entsprachen. Darüber hinaus zeigte die Übersicht der realisierten Veranstaltungen, dass beide Themen für Senior(inn)en im Ehrenamt angenommen wurden, Rechts- und Versicherungsfragen aber etwas stärker nachgefragt waren als Kommunikationsthemen.

Die Betrachtung geplanter, aber dann ausgefallener Veranstaltungen erlaubte weitere Rückschlüsse zur Verbesserung von Angeboten. Auffällig war im Beispiel-Projekt, dass sich die Ausfälle auf zwei Regionen mit mehreren Vorhaben konzentrierten. In nachfolgenden Befragungen erfuhren die Organisatoren allerdings nur, dass den Senior(inn)en die Seminare bekannt waren, sich diese aber aus unbekannten Gründen nicht zur Teilnahme entschließen wollten.

6.3 Teilnehmer-Fragebögen für differenzierte Einschätzung

Das Herzstück der Evaluierung bildeten Teilnehmer-Fragebögen. Durch zielgerichtete Fragestellungen konnten die gewünschten Einschätzungen vieler „Bildungsadressat(inn)en" aus erster Hand und differenziert eingeholt werden. Dabei musste berücksichtigt werden, dass Antworten sehr subjektiv sind, Teilnehmende in der Regel zum Beschönigen neigen und ihre Einschätzungen einer Gruppendynamik unterliegen. Zudem hängt der Wert der Antworten stark von der Qualität der Fragen ab.

Um die eingangs genannten Fragen nach passenden Informationswegen, dem Nutzen der Angebote für Senior(inn)en sowie sinnvollen Folgeprojekten beantworten zu können, formulierte der Verband neun Fragen und reichte die Teilnehmer-Fragebögen an die Volkshochschulen weiter. Sie sollten diese am Ende der Seminare durch die Teilnehmenden ausfüllen lassen. Nach Abschluss aller Veranstaltungen gingen insgesamt 140 ausgefüllte Fragebögen beim Verband ein, nur in Einzelfällen war das Ausfüllen verweigert oder einfach vergessen worden. Der Verband ließ sie durch die Potsdamer Agentur *Comprende* auswerten (aufgrund beschränkter finanzieller Ressourcen eine Seltenheit im Volkshochschul-Betrieb, Evaluierungen nehmen in der Regel die hauptamtlichen Mitarbeiter mit Unterstützung der Kursleitenden vor). Ziele waren die Einschätzung der Wirkung des Projekts und die Vorbereitung einer Entscheidungsgrundlage für künftige Vorhaben. Im Folgenden werden zunächst die Fragen, die Antworten und die sich daraus vor dem Hintergrund dieser Evaluationsziele ergebenden Schlussfolgerungen erläutert.

6.4 Wie werden Senior(inn)en am besten erreicht?

Die ersten beiden Fragen sollten Aufschluss darüber geben, auf welchen Wegen Senior(inn)en am besten erreicht werden und ob es gelungen ist, über die bereits ehrenamtlich Tätigen hinaus weitere Menschen für gesellschaftliches Engagement zu gewinnen.

1. **Wie haben die Teilnehmer/-innen von der Veranstaltung erfahren?**
    In der Regel werben die Volkshochschulen vor allem mit ihren Programmheften. Der Verband ließ zudem einen Werbeflyer erstellen und informierte damit gezielt die Seniorenbeiräte und Verbände, die teilweise zusätzlich durch die Veranstalter angesprochen wurden. Darüber hinaus bemühte man sich mittels landesweiter Pressearbeit auch um neue Interessenten für das Ehrenamt. Die Antworten zeigen, dass die direkten Wege am besten funktionierten: Von den 140 Senioren erfuhren 84 über die Seniorenbeiräte und 42 über die Volkshochschulen von der Veranstaltung, wenige andere über lokale Akteure. Die dafür genutzten Flyer haben ihren Zweck erfüllt. Dagegen hatte die Pressearbeit nicht den gewünschten Erfolg.

2. **Sind die Teilnehmer/-innen bereits ehrenamtlich tätig?**
Die Idee, mittels öffentlich beworbener Bildungsangebote neue Ehrenamtler/-innen zu gewinnen, ist nicht aufgegangen: Noch nicht ehrenamtlich tätig waren nur sieben der 140 Teilnehmenden, davon denken nur drei über eine gemeinnützige Betätigung nach. Erhofft hatten sich die Initiatoren des Projekts mehr. Dieses Bildungsangebot konnte Menschen scheinbar kaum in nennenswerten Größenordnungen zum Engagement in der Gesellschaft anregen.

6.5 Trafen die Veranstaltungen den Bedarf der Teilnehmenden?

Bei den folgenden fünf Fragen ging es darum, in welchem Maße das Thema, die Rahmenbedingungen und die Umsetzung dem Bedarf der älteren Brandenburger/-innen entsprachen und damit geeignet waren, das eigentliche Projektziel zu erreichen: die Unterstützung ehrenamtlich tätiger Senior(inn)en.

3. **War das Thema bedarfsgerecht?**
Von den 140 Teilnehmenden bejahten 133, dass das angebotene Seminarthema genau ihrem Bedarf entsprach. Die übrigen Sieben waren nicht dieser Meinung, können aber vernachlässigt werden, da sie keine alternativen Vorschläge vorbrachten und offenbar selbst nur unklare Vorstellungen hatten.

4. **Hat der Rahmen gestimmt?**
Weil dieser Aspekt für die Projektträger nur eine untergeordnete Rolle spielte, wurde die Frage sehr breit angelegt, sodass Teilnehmende hier als besonders förderlich oder störend empfundene Begleitumstände eintragen konnten. Grundsätzlich bescheinigten 134 Senior(inn)en mit einem Ja eine positive Atmosphäre. Aufschlussreich waren hier detaillierte Vorschläge zum Ablauf künftiger Vorhaben sowie die Konzentration von Kritik auf eine Veranstaltung, die sich offenbar auf wenig einladende Räumlichkeiten gründete.

5. **War der Referent geeignet?**
Auch dies interessierte wie bei Frage 4 vor allem deshalb, um Ursachen von Unzufriedenheit gegebenenfalls besser einordnen zu können. Hier bescheinigten 127 Teilnehmende eine gute Qualität.

6. **War es möglich, Kontakte zu knüpfen und zu pflegen?**
Das „Netzwerken" stand zwar nicht im Vordergrund der Projektziele, sollte aber ein hilfreicher Nebeneffekt der Veranstaltungen sein. Zwei Drittel der Teilnehmenden konnten in den Seminaren ihre Kontakte in der ehrenamtlichen Gemeinschaft stärken. 45 Senior(inn)en sahen diese Gelegenheit nicht, sodass hier bereits ein Potenzial für künftige Veranstaltungen erkennbar ist.

7. **War die Veranstaltung für Sie nützlich?**
Die Frage bringt auf den Punkt, ob das qualitative Projektziel erreicht wurde. Erfreulich, dass nur acht von 140 Teilnehmenden den Nutzen verneinten. 132 Senior(inn)en äußerten sich positiv. Die Volkshochschulen haben damit einen wirksamen Beitrag zu den Seniorenpolitischen Maßnahmen geleistet.

6.6 Welche Bildungsangebote für Senioren sind künftig sinnvoll?

Die letzten beiden Fragen zielten vor allem auf die Identifizierung des noch bestehenden Unterstützungsbedarfs durch den Verband und richtungsweisende Empfehlungen für künftige Projektkonzepte.

8. **Sollte es weitere Seminare geben?**
   Weitere Bildungsangebote wurden von 126 Senior(inn)en gewünscht. 36 Themenvorschläge signalisieren, dass man sich gern in vorbereitende Überlegungen einbringt. Die Vorschläge laufen überwiegend auf den bereits bisher gesetzten Schwerpunkt hinaus – Recht und Versicherungen im Ehrenamt bzw. für Vereine.
9. **Wie können die Volkshochschulen noch unterstützen?**
   Teilweise waren die Antworten bereits in den Vorschlägen zu Frage 8 angelegt. 13 weitere Hinweise verdichteten sich in den Bereichen Kommunikation/Medienkompetenz, Organisation ehrenamtlicher Arbeit und Vernetzung, vor allem mit Selbsthilfegruppen und Verbänden. Ausdrücklich wünschten sich die Senioren kontinuierliche beziehungsweise umfangreiche Bildungsangebote.

6.7 Beobachtungen und Befragungen als Korrektiv zu Fragebögen

In der Praxis bleibt für die Befragung von Kursleitenden durch die Mitarbeiter/-innen oder für die Erfassung ihrer Beobachtungen wenig Zeit. Sie erfolgen eher punktuell und können helfen, repräsentative Evaluationsmethoden wie Statistik und Fragebögen durch eine weitere Perspektive zu flankieren. Im vorliegenden Projekt dokumentierten Kursleitende und Volkshochschul-Personal ihre Eindrücke in den Sachberichten zum Projekt. Hier finden sich beispielsweise Einschätzungen wie „Die Senioren wünschen sich Unterstützung bei Kontakten mit Sozialämtern und weiteren Vereinen und Verbänden sowie auch Seminare zur Rolle der Seniorenbeiräte in den Gemeinden (Rechte, Pflichten, erforderliche Vollmachten)".

Diese Methoden helfen, auffällige Ergebnisse einzuordnen oder differenzierter zu bewerten. Im vorliegenden Fall ergab beispielsweise die nachfolgende Befragung der besonders kritisch bewerteten Veranstaltung, dass die genutzten externen Räumlichkeiten als zu kühl und ungemütlich empfunden wurden. Dieser Eindruck überlagerte offenbar die gesamte Veranstaltung in ihrer Wirkung, denn der hier kritisch bewertete Dozent bekam von Teilnehmer(inne)n einer anderen Veranstaltung und von der durchführenden Volkshochschule „gute Noten".

6.8 Bedingungen und Grenzen der Evaluierung im Projekt

Weil Dokumentationspflichten zum Beginn der Projektumsetzung in den Weiterleitungsverträgen mit den Volkshochschulen vereinbart werden, musste die Evaluierung vorher konzipiert und dann in die Verträge einbezogen werden. Das betraf sowohl statistische Erhebungen als auch qualitative Bewertungen. Voraussetzung war, dass sich alle Beteiligten bewusst machten, welche Ziele mit den Vorhaben verfolgt werden sollten. Erst dann konnten Kriterien für eine aussagekräftige Dokumentation ermittelt und geeignete Fragen für die Teilnehmerbögen verfasst werden.

Die Evaluierung erforderte die Einbindung aller beteiligten Partner, in diesem Falle der Volkshochschulen und der Kursleitenden. Diese müssen wissen, welche Daten sie wann erheben, was genau sie einschätzen und in welcher Form dokumentieren sollen. Je mehr Partner beteiligt und je länger die Kommunikationswege sind, desto mehr praktische Probleme können auftreten. Im vorliegenden Projekt setzten beispielsweise zwei Bildungsträger versehentlich eigene „Standard-Fragebögen" ein, was die zielgerichtete Auswertung erschwerte. Außerdem erforderte das Zusammenstellen der Dokumentationen aller Partner ein ständiges Erinnern und Nachhaken. Schließlich mussten die verschiedenen Methoden im Bewusstsein ihrer jeweiligen Vor- und Nachteile zusammengeführt werden, sodass ein möglichst treffendes Bild entstand. Dabei waren sowohl die begrenzte Aussagekraft der quantitativen Erfassung als auch die Subjektivität von Antworten in Teilnehmer-Fragebögen zu berücksichtigen. Vor allem aber fehlte aufgrund der sinkenden Mitarbeiterzahlen in der Praxis oft die Zeit, mittels Hospitationen und Befragungen der Kursleitenden angemessen zu evaluieren.

6.9 Schlussfolgerungen aus der Evaluation

Aus der Abschlussphase des Projekts heraus soll ein Ausblick auf den Umgang mit den Ergebnissen gegeben werden.

Einerseits werden die Volkshochschulen als Veranstalter Schlussfolgerungen aus den Ergebnissen der Teilnehmer-Fragebögen in ihrem Bereich ziehen. Das kann die Entscheidung für Kursleitende, Räumlichkeiten oder technische Hilfsmittel ebenso betreffen wie die Wahl des Wochentags, der Dauer oder des thematischen Aufbaus der Veranstaltung – oder auch die Zusammenarbeit mit Partnern wie dem örtlichen Seniorenbeirat. Diese Entscheidungen werden in der Volkshochschule getroffen, können aber im Austausch innerhalb einer landesweiten Fachbereichskonferenz qualifiziert werden.

Für die Ebene des Landesverbands bieten vor allem die Erkenntnisse aus der Beantwortung der letzten beiden Fragen zum künftigen Bildungsbedarf und die ergänzenden Beobachtungen und Befragungen eine wichtige Rolle. Dazu wird es eine gemeinsame Auswertung mit den beteiligten Landesministerien sowie dem Landesseniorenrat geben. Ausgehend von den Teilnehmerwünschen sollten weitere Bildungsangebote gefördert werden, die in enger Zusammenarbeit mit den Seniorenbeiräten zu planen sind. Dabei muss ausgelotet werden, inwieweit die bisher unterbreiteten und wieder gewünschten Themenangebote – Recht und Versicherungen im Ehrenamt sowie Kommunikation/Medienkompetenz – auszugestalten und stärker um organisatorische Aspekte zu ergänzen sind. Neu zu überdenken wären Unterstützungsofferten zu Fragen der Vernetzung. Im Ergebnis der gemeinsamen Beratung über konkrete Wege wird dann zu entscheiden sein, ob es ein neues „Seniorenprojekt" des *Brandenburgischen Volkshochschulverbands* geben wird, wie das sinnvoll hinsichtlich Ziel, Inhalt und Umfang aufzusetzen wäre und welche seiner Mitgliedseinrichtungen sich daran beteiligen.

7 Umgang mit Evaluationsergebnissen

In den Abschnitten zur Bedeutung von Evaluationen und ihren Adressat(inn)en wurde herausgearbeitet, dass diese Maßnahmen in den Volkshochschulen verschiedene Zwecke erfüllen. Davon leitet sich wiederum der Umgang mit den Ergebnissen ab. Hier entfalten Evaluationen ihren praktischen Nutzen, indem aus der Analyse der Ergebnisse und deren Bewertung spezifische Schlussfolgerungen für die Zukunft gezogen und bestenfalls umgesetzt werden.

7.1 Verbesserung und Legitimation von Veranstaltungen

Evaluationen von Veranstaltungen liefern dem Volkshochschulpersonal Anhaltspunkte, um deren Wirkung einzuschätzen. Es leitet Entscheidungen für künftige Veranstaltungen davon ab. Das kann die erneute vertragliche Verpflichtung von Kursleitenden sein, die von Teilnehmenden oder Hospitanten als geeignet eingeschätzt wurden, aber auch eine Qualifizierungsempfehlung oder im ungünstigsten Fall die Suche nach Alternativen. Hinweise aus Fragebögen oder Beobachtungen helfen, den Einsatz von Lehrmaterialien, der technischen Ausstattung und didaktischen Mitteln zu optimieren. Das erfordert die Bereitschaft aller Beteiligten und einen souveränen Umgang mit Kritik. Im Idealfall tauschen Volkshochschulmitarbeiter/-innen und Kursleitende besonders prägnante Erkenntnisse beispielsweise aus der Auswertung von Fragebögen in persönlichen Gesprächen oder einer Veranstaltung wie der Kursleiterkonferenz aus. Damit werden sowohl Aspekte der *Kontrolle* als auch der *Vergewisserung, Steuerung* und *Verbesserung* aufgegriffen. Darüber hinaus dienen Nachweise von Unterrichtseinheiten und Teilnehmerzahlen der Projektabrechnung als *Legitimation der öffentlichen Förderung*.

7.2 Bedarfsgerechte Steuerung der Programmplanung

Wichtige Anhaltspunkte liefern Evaluationsergebnisse, um Schlussfolgerungen für die strategische Entwicklung abzuleiten. Dazu ziehen die Mitarbeiter/-innen der

Volkshochschulen in erster Linie statistische Daten heran. Die Entwicklung von Teilnehmerzahlen und Unterrichtseinheiten in den verschiedenen Programmbereichen lässt auf Trends schließen, die in Planungen neuer Programme berücksichtigt werden. Über Teilnehmer-Fragebögen kann die Zufriedenheit mit bestimmten Veranstaltungsformen und didaktischen Methoden eingeschätzt werden. Das erleichtert teilnehmergerechte Entscheidungen in der künftigen Programmgestaltung. Für die Planung erfolgreicher Neuerungen ist eine sensible Reaktion auf die Kundenzufriedenheit entscheidend. Hier stehen interne Funktionen der Evaluation im Vordergrund – die Kontrolle und Vergewisserung, ob das eigene Angebot die beabsichtigte Resonanz hat, und die Steuerung zur Verbesserung des Programms.

7.3 Qualitätssicherung der Volkshochschule als Organisation

Um die Verbesserung geht es auch bei der organisationsbezogenen Evaluation – bezogen auf die gesamte Volkshochschule. Sie zielt unter anderem auf die Qualitätssicherung im organisatorischen Bereich, der den Rahmen für die Angebote der Erwachsenenbildung schafft. Auch Volkshochschulen, die nicht mit einem zertifikatsorientierten Qualitätsmanagementsystem arbeiten, binden regelmäßige Evaluierungen in ihre Arbeit ein und dokumentieren sie mit ihren Schlussfolgerungen. Eine enge Zusammenarbeit mit der Wissenschaft kann sowohl der empirischen Bildungsforschung als auch den Bildungseinrichtungen nützliche Impulse geben. So könnten moderne didaktische Erkenntnisse zügiger in die Weiterbildungspraxis einfließen, aber auch Bedürfnisse der Adressat(inn)en und Erfahrungen aus Bildungsveranstaltungen auf direktem Wege wissenschaftlich ausgewertet werden.

Eine ebenso große Rolle spielen die Evaluationen für die Legitimation der Volkshochschulen. Statistische Nachweise einer großen Resonanz der Bildungsangebote und die Auswertung qualitativer Einschätzungen in Teilnehmer-Fragebögen belegen den öffentlichen Nutzen und die Professionalität der Volkshochschulen als Einrichtungen. Damit präsentieren sie sich als leistungsfähige Bildungsträger und rechtfertigen die Förderung aus öffentlicher Hand.

8 Diskussion, Kritik und Ausblick

Der Bedeutungszuwachs der Evaluation in Verbindung mit den Qualitätsdiskussionen in der Weiterbildung ist grundsätzlich zu begrüßen. Doch die Verwertung der Ergebnisse weist noch Defizite auf, deren Beseitigung schwierig ist, aber lohnenswert wäre. Schließlich könnten mehr Transparenz und eine stärkere Verschränkung mit der Bildungsforschung nützliche Effekte haben; bislang bleiben die Daten für die Wissenschaft oft unzugänglich.

8.1 Zwischen theoretischen Chancen und praktischem Nutzen

Evaluationen sind unbestritten hilfreich und sinnvoll. In der Praxis lässt die hohe Arbeitsdichte aber oft zu wenig Zeit, um sie mit der notwendigen Intensität zielgerichtet zu entwickeln und anschließend das Potenzial der Ergebnisse umfassend auszuschöpfen. Beispielsweise werden in jeder Veranstaltung die gleichen Fragebögen eingesetzt, ohne sie an den speziellen Bedarf an Erkenntnisgewinn anzupassen. Die Auswertung läuft oftmals noch händisch und kann mangels Ressourcen nicht systematisch verfolgt werden. Besonders deutlich zeigen sich die Grenzen zwischen Anspruch und Realität an den Auswirkungen einer Förderpolitik, die sich zunehmend auf Projektförderung fokussiert. „Während direkte Subventionen von bewährten Einrichtungen zurückgeschraubt wurden, stieg gleichzeitig die Anzahl an Projekten. Letztere sind abgegrenzte Vorhaben mit klar umrissenen Zielen, Budgets, Strukturen und Umsetzungsplänen, die eine Evaluierung einerseits leichter ermöglichen, andererseits im Sinne eines stärkeren Output- und evidenzorientierten Verwaltungshandelns auch erfordern" (Gutknecht-Gmeiner 2009, 13–8). Der infolge dessen oft empfundene Druck führt gelegentlich zu ablehnenden Haltungen.

Zudem helfen auch Erkenntnisse über Verbesserungsmöglichkeiten nur dann weiter, wenn man Änderungen umsetzen kann. Oder direkter formuliert: In der Wirtschaft investiert man in Evaluation, weil man den Wert erkannt hat, in Volkshochschulen wird nur das Unerlässliche finanziert. Damit bleiben viele Chancen der Evaluation ungenutzt.

8.2 Entwicklung und Vergleichbarkeit aussagekräftiger Kriterien

Einige Methoden erfordern eine kontinuierliche Anwendung und Anpassung, um wirklich aussagekräftig zu bleiben. Das trifft vor allem auf quantitative Erhebungen wie die Jahresstatistik der Volkshochschulen zu. Nachdem in aufwendigen Prozessen durch das *Deutsche Institut für Erwachsenenbildung* bundesweit einheitliche Kriterien entwickelt wurden, stellen diese nun ein fragiles Gebilde dar, dessen Weiterentwicklung komplexe Abstimmungsprozesse erfordert. Neue Entwicklungen können einerseits nur gemeinsam vollzogen werden und führen andererseits dazu, dass die Datenreihen mehrerer Jahre nicht mehr vergleichbar sind. Notgedrungen ergibt sich daraus eine gewisse Schwerfälligkeit von Entwicklungen, damit die Kriterien bundesweit einheitlich bleiben.

Die Evaluation des eigentlichen „Nutzens" von Weiterbildung, des Transfers in den Alltag und der Nachhaltigkeit ist noch sehr schwer greifbar. In aller Regel beschränken sich Evaluationen auf Befragungen. Oft richten sich Bewertungen zudem auf ein Nützlichkeitsdenken, das die Wirkung der Bildungsprozesse auf die eigene Persönlichkeit vernachlässigt, obwohl diese Komponente künftig für die Gesellschaft weitaus wertvoller sein könnte. Einen Aspekt stellt die aktive Rolle als Prosument dar, die erst ganz allmählich Eingang in Evaluierungen findet.

Und schließlich hängt die Aussagekraft von Evaluationen von deren Zielsetzung ab, die wiederum subjektiv ist: „Da es bei Evaluation um Bewertungen geht, haben wir es im Evaluationskontext strukturell mit der Definitionsmacht der Einen über die Anderen zu tun. Komplexität, Widersprüchlichkeit und Interessenpluralität liegen demnach nicht nur im ‚Gegenstand' der Netzwerke begründet, sondern betreffen grundsätzlich auch Evaluationsmethodologie, -konzepte und ihre methodische Umsetzung" (Weber 2006, 21).

9 Vertiefungsaufgaben und -fragen

1. Der Behindertenbeauftragte einer Landeshauptstadt erkundigt sich nach der Barrierefreiheit in der Volkshochschule. Was sollte evaluiert werden? Welche Methoden erscheinen Ihnen sinnvoll? Wie verwerten Sie die Ergebnisse?
2. Sie wollen das Programm im Bereich Berufliche Bildung für das nächste Semester vorbereiten. Auf welche Evaluationsergebnisse stützen Sie sich? Mit welchen Methoden wurden diese gewonnen? Wie leiten Sie daraus ab, welche Kurse und welche Veranstaltungsformate Sie ins Programm aufnehmen?
3. Ein neuer Kursleiter hat sich mit guten Abschlüssen und Referenzen beworben. Sie setzen ihn in einem Sprachkurs ein, können aber nicht hospitieren. Welche Fragen stellen Sie den Teilnehmenden, um seine Eignung als Kursleiter für weitere Veranstaltungen festzustellen?
4. Sie betreuen im Verband das Fortbildungsprojekt für ehrenamtlich tätige Senior(inn)en. Nach 14 Veranstaltungen gehen die im Praxisbeispiel unter 6.3 bis 6.6 beschriebenen Fragebögen bei Ihnen ein. Welche Schlussfolgerungen ziehen Sie daraus für ein neues Projekt?

10 Literatur

Brandenburger entwicklungspolitische Bildungs- und Informationstage (BREBIT),
  Gemeinschaftsprojekt von NGO: Begrifflichkeiten, Definition nach RAA Brandenburg (2011).
  URL: http://www.brebit.org (Stand: 31.01.2015).
BVV – Brandenburgischer Volkshochschulverband e. V. (2014): Statistischer Jahresbericht 2013 zur
  Mitgliederversammlung, nicht öffentlich (Stand: 04.08.2014).
Dangel, Bärbel (2011): Evaluation der Seniorenpolitischen Leitlinien des Landes Brandenburg,
  Schlussbericht. URL: http://www.masgf.brandenburg.de/media_fast/4055/Anlage3_Bericht_
  lang_gs.pdf (Stand: 24.07.2015).
DVV – Deutscher Volkshochschul-Verband (DVV) (2015): Die VHS, Meldungen, Themenfelder. URL:
  http://www.dvv-vhs.de/vhs.html (Stand: 31.01.2015).

Enoch, Clinton/Gieseke, Wiltrud (2011): Wissensstrukturen und Programmforschung. In: 1. Programm- und Planungsforschung in Organisationskontexten unter intermediären Bedingungen. URL: https://ebwb.hu-berlin.de (Stand: 24.07.2015).

Gieseke, Wiltrud (2003): Programmplanungshandeln als Angleichungshandeln. In: Gieseke, Wiltrud (Hrsg.): Institutionelle Innensichten der Weiterbildung. Bielefeld: Bertelsmann Verlag, S. 189–211.

Gutknecht-Gmeiner, Maria (2009): Evaluation (in) der Erwachsenenbildung. Eine kritische Würdigung der aktuellen Praxis und Analyse möglicher Handlungsfelder. In: MAGAZIN erwachsenenbildung.at. URL: http://erwachsenenbildung.at/magazin/archiv_artikel.php?mid=1519&aid=190, S. 13-1–13-14. (Stand: 27. 7. 2015).

Hartz, Stefanie/Meisel, Klaus (2004): Qualitätsmanagement. In: Deutsches Institut für Erwachsenenbildung (Hrsg.): Studientexte für Erwachsenenbildung. Bielefeld: Bertelsmann Verlag.

Stockmann, Reinhard/Meyer, Wolfgang (2010): Evaluation. Eine Einführung. Opladen, Berlin, Toronto: Verlag Barbara Budrich.

Weber, Susanne Maria (2006): Systemreflexive Evaluation von Netzwerken und Netzwerk-Programmen – Eine methodologische Perspektive, In: REPORT. Zeitschrift für Weiterbildungsforschung 29, Heft 4, S. 17–25.

Wesseler, Matthias (1999): Evaluation und Evaluationsforschung. In: Tippelt, Rudolf (Hrsg.): Handbuch Erwachsenenbildung/Weiterbildung. 2. überarbeitete und aktualisierte Auflage. Opladen: Verlag Leske + Budrich, S. 671–686.

Nora Wegner
Evaluation in Museen und Ausstellungen – das Publikum im Mittelpunkt

1 Bedeutung von Evaluation in Museen

Besucher/-innen sind konstituierend für die Bildungsorganisationen Museen und Ausstellungsbetriebe. Denn ihre Aufgaben und Ziele können diese Einrichtungen nur erfüllen, indem sie Publikum einbeziehen. Hermann Arnhold, Leiter des Westfälischen Landesmuseums für Kunst und Kultur Münster, bringt dies explizit auf den Punkt:

> Ich sage hier klar und ohne Einschränkung: Was nützt eine sehr gute, wissenschaftlich fundierte Ausstellung, wenn keine oder eben nur sehr wenige Besucher sie anschauen und weder an der gezeigten großartigen Kunst noch an den neuen Erkenntnissen teilhaben, also alle Mühen letztlich vergeblich bleiben. In meinen Augen wäre dies weder ein verantwortlicher Umgang mit öffentlichen oder privaten Geldern, noch mit dem Bewahrungs- und Bildungsauftrag des Museums oder den Bildungs- und Unterhaltungsbedürfnissen der Besucher (Arnhold 2011, 5).

Besucherorientiertes Handeln sollte daher eine grundlegende Maxime für die Museumsarbeit sein, Untersuchungen zum Publikum eine elementare Voraussetzung. Um den Erfolg und die Wirkungen ihrer *Vermittlungsmaßnahmen* überprüfbar zu machen, spielt Evaluation gerade im spezifischen Kontext von *Museen als Bildungsorganisationen* eine große Rolle. Da Museen zudem – wie andere Kulturangebote in Deutschland – als *meritorische Güter*[1] behandelt und größtenteils von der öffentlichen Hand finanziert werden, ist auch die Überprüfung und Kontrolle ihrer Zielerreichung entscheidend. Mittels Evaluation können sie ihre Arbeit Zuwendungsgebern gegenüber legitimieren. Folglich sollte der regelmäßige Einsatz von Evaluation für Museen unabdingbar sein (vgl. Sievers 2005, 51 ff.; Wegner 2011, 191 ff.; Klein, A. 2013, 9 ff.).

Weiterhin verweisen insbesondere auch *gegenwärtige Herausforderungen* für Museen auf den hohen Stellenwert von zielgerichtetem und besucherorientiertem Handeln, das durch Evaluation unterstützt wird. Zu diesen Herausforderungen zählt vor allem der Rückgang öffentlicher Gelder, welcher starke Einschnitte der musealen Arbeit zur Folge hat. Museen sind daher auf zusätzliche Finanzierungsmöglich-

---

[1] Meritorische Güter werden wie folgt definiert: „Ein Staat, der sich wie Deutschland explizit als ‚Kulturstaat' definiert, hat aus diesem Selbstverständnis heraus ein genuines Interesse daran, dass die kulturellen und künstlerischen Güter von weiten Bevölkerungskreisen nachgefragt werden […]. Auf der Grundlage kultureller, bildungsbezogener, geschichtlicher, sozialpolitischer und staatlich-repräsentativer Erwägungen wird die Herstellung meritorischer Güter mit öffentlichen Mitteln so günstig gehalten, dass die Nachfrage stimuliert und möglichst gesichert wird" (Klein 2013, 11).

keiten angewiesen, um ihren Bestand zu sichern und ihre Aufgaben zu erledigen. Darüber hinaus stehen sie unter zunehmendem Konkurrenzdruck um Publikum und Geldgeber. Sie müssen sich nicht nur neben anderen Kultureinrichtungen behaupten, sondern auch neben weiteren Unterhaltungs- und Freizeitangeboten. Demografische Veränderungen beeinflussen ebenfalls die Arbeit von Museen. Dazu gehört, dass die Bevölkerungszahl in Deutschland sinkt oder sich Zielgruppen ändern, zum Beispiel durch eine steigende Lebenserwartung oder zunehmende Migration und Internationalisierung. Auch sich wandelnde gesellschaftliche Ansprüche und Rezeptionsweisen des Publikums, wie Eventorientierung und Medialisierung, spielen eine Rolle (vgl. Hausmann/Körner 2009; Reussner 2010; Graf/Rodekamp 2012).

Anhand der gegenwärtigen Situation im Museumsbereich zeigt sich darüber hinaus die Herausforderung *nachhaltigen Handelns* – die Rede ist in diesem Kontext gar von einer „Museumskrise" (vgl. Blomberg 2002; Rauterberg 2004): Die Anzahl der Museen nahm in Deutschland in den letzten Jahrzehnten beachtlich zu, die Besuchszahlen stiegen aber nicht entsprechend parallel an. Die Besuche verteilen sich mehrheitlich auf populäre Museen und große Sonderausstellungen, während viele kleinere Häuser nicht ausreichend besucht werden. Inzwischen gibt es sogar zahlreiche Museen, deren Finanzierung nicht mehr langfristig gesichert ist und die letztendlich von der Schließung bedroht sind (vgl. z. B. Schmitz 2012; Bernhard 2013). Hier muss gefragt werden, wie nachhaltig Museumsplanungen betrieben werden, inwieweit der tatsächliche Bedarf ermittelt, dauerhafte Nutzungskonzepte geplant und Folgekosten abgeschätzt werden (vgl. Klein 2008, 9 ff.; Glogner-Pilz/Föhl 2011, 10 ff.; Wegner 2011, 192 f.).

Um sich mit den skizzierten Entwicklungen auseinanderzusetzen, ist erneut zu betonen, dass ein wesentliches Augenmerk eines Museums auf seinen aktuellen und zukünftigen Besucher(inne)n liegen muss. Die Besuchergerechtheit seiner Angebote, die Wirksamkeit der Maßnahmen sowie die Erfüllung der gesetzten Ziele und des kulturellen Auftrags müssen überprüft werden. Dies unterstreicht die *grundlegende Bedeutung von Evaluation in Museen*. Allerdings besteht in diesem Bereich noch viel *Potenzial*, denn Evaluation wird in vielen Museen im deutschsprachigen Bereich noch nicht regelmäßig und strategisch umgesetzt. *International* ist die Anwendung, zum Beispiel in den USA oder Großbritannien, deutlich stärker verbreitet und professionalisiert (vgl. Reussner 2010). Großer Bedarf besteht auch hinsichtlich der Zugänglichkeit von Studien: Häufig werden Untersuchungen nicht veröffentlicht und es erfolgt kein Austausch zu Methoden und Ergebnissen. Bedenkt man den geschilderten Stellenwert von Museumsevaluation, muss dieses Defizit überraschen.

2 Spezifika von Museen im Hinblick auf Evaluation

Zu Besonderheiten von Evaluation in Museen ist die *Herausforderung der Messbarkeit künstlerischer Qualität* und der *Wirkungen musealer Rezeption* anzuführen. Dies drückt Klein (2013, 23) für den Kulturbereich insgesamt folgendermaßen aus:

> Wird im Kunst- und Kulturbetrieb über Evaluationen gesprochen, so landet die Diskussion meist sehr schnell an dem Punkt, an dem behauptet wird, Kunst und Kultur ließen sich nicht messen oder gar quantifizieren. Dies ist natürlich eine reine Schutzbehauptung [...]. Selbstverständlich lassen sich [...] Kunst und Kultur also „bewerten" und „beurteilen", auch wenn dies zugegebenermaßen vielleicht ein wenig schwieriger ist als in anderen Bereichen gesellschaftlichen Handelns.

Demzufolge sind für Evaluationen in Museen eine besondere *Sensibilität* für das Untersuchungsfeld sowie ein *angemessener* und *angepasster Methodeneinsatz* erforderlich. Auf diesen spezifischen Bereich der Kunst und Kultur können Messverfahren aus anderen Feldern nicht einfach adaptiert werden. Künstlerische Qualität sowie Wirkungen kultureller Angebote sind ein schwer fassbarer Evaluationsgegenstand, der nicht nur rein zahlenmäßig über quantitative Kennzahlen zu erschließen ist. Auf diesen angemessenen Methodeneinsatz für Museumsevaluation und entsprechende Untersuchungsbeispiele gehen unten stehende Ausführungen genauer ein. Ebenso wird die Rolle der Besucher/-innen als Adressaten von Evaluation thematisiert.

Es ist unzutreffend, dass sich die Arbeit und Zielerreichung von Museen nicht messen und überprüfen lassen. Die eigentliche Schwierigkeit liegt vielmehr in der *Verweigerungshaltung* vieler Akteure. In Kultureinrichtungen und -politik werden noch zu häufig Vorbehalte gegenüber Wirkungsmessungen geäußert – vielleicht sogar vorgeschoben (vgl. Sievers 2004, 101 ff.). Knüsel (2003) skizziert diese Haltung wie folgt: „Offensichtlich muss in der Kultur, wer Wirkungen messen und daraus Schlüsse für das eigene Tun ableiten will, erst eine Reihe von mentalen Mauern einreißen – Mauern, hinter denen künstlerische Misserfolge, falsch verstandenes Künstlertum oder eine falsch geleitete Förderpolitik nicht vorstellbar sind, umso mehr aber das fehlende Kulturbewusstsein der Massen und deren Mangel an Bildung alles erklärt."

3 Adressaten von Evaluationen in Museen

Auf die elementare Bedeutung von Besucherorientierung für Museen wurde bereits verwiesen. Entsprechend sind *Besucherinnen und Besucher* die wichtigsten Adressaten von Museumsevaluation. Neben dem schon erreichten Publikum zählt hierzu auch das potenzielle Publikum – *Nichtbesucherinnen und -besucher*. Darauf wird unten stehend genauer eingegangen.

Im Rahmen *besucherbezogener Museumsevaluation* bewertet das Publikum die Angebote der Museen. Dies können zum Beispiel Vermittlungsprogramme, bestimmte Gestaltungselemente in Ausstellungen, gesamte Ausstellungskonzepte oder Marketingstrategien sein. Untersuchungsgegenstände sind dabei folglich die Angebote, das Publikum nimmt den Rang von „Wertungsrichtern" ein. Definitorisch abgegrenzt werden kann hiervon *Besucherforschung*[2], bei der Besucher/-innen der primäre Untersuchungsgegenstand sind. Besucherforschung umfasst Untersuchungen zur Publikumsstruktur, zu soziodemografischen Merkmalen und Verhaltensweisen des Publikums sowie Besuchsbedingungen und Motiven (vgl. Treinen 1997, 45). Evaluationen und Studien der Besucherforschung lassen sich nicht exakt voneinander abgrenzen, die definitorische Unterscheidung ist nicht trennscharf. So werden bei Evaluationen beispielsweise auch Strukturdaten der Wertenden mit erhoben und Auskünfte über das Publikum gewonnen (vgl. Wegner 2011, 193 ff.).

Häufig ist es sinnvoll, bei Evaluationen in Museen nicht das gesamte Publikum einzubeziehen, sondern zu differenzieren und speziell für die Fragestellung interessierende *Zielgruppen* auszuwählen. Es können beispielsweise Einzel- oder Gruppenbesucher, Einheimische oder Touristen, Kinder und Jugendliche, Schulklassen oder Führungsteilnehmer sowie Sonder- oder Dauerausstellungsbesucher (vgl. Wegner 2015) unterschieden werden. Diese Differenzierung ist wichtig, um angepasste Erhebungsinstrumente zu entwickeln.

Neben Besucher(inne)n können für Evaluationen auch Einschätzungen *weiterer Stakeholder* der Museen interessant sein, wie Medien, andere Kultureinrichtungen, Geldgeber oder Kulturpolitiker. Schließlich sind auch Evaluationen innerhalb der Einrichtungen bedeutend, bei welchen die Meinungen von *Museumsmitarbeiter(inne)n* ermittelt werden.

Zusätzlich zur Möglichkeit, vorhandenes Publikum einzubeziehen, können auch *(noch) nicht erreichte Besucher/-innen* Adressaten von Museumsevaluationen sein. Derartige *Nichtbesucherstudien* werden außerhalb der Museen durchgeführt, zum Beispiel über Interviews in anderen Kultureinrichtungen oder an öffentlichen Plätzen, telefonische Interviews sowie versandte oder onlinegestützte Befragungen. Fragestellungen von Nichtbesucheranalysen sind zum Beispiel Bekanntheitsgrad und Image des Museums, mögliche Zugangsbarrieren wie auch Einstellungen zu Kulturangeboten und Nutzungsverhalten allgemein. Diese Studien können wichtige Informationen liefern, welche Untersuchungen innerhalb des Museums nicht ergeben und sollten daher verstärkt zum Einsatz kommen (vgl. Klein 1997, 28 ff.).

---

[2] Synonym zum hier verwendeten Begriff der Besucherforschung werden in der Literatur auch die Begriffe *Nutzerforschung* oder *Publikumsforschung* gebraucht (vgl. Reussner 2010, 8 ff.).

4 Verfahren, Methoden und Instrumente der Evaluation in Museen

Nach den Adressaten von Museumsevaluation werden im Folgenden verschiedene Evaluationsformen erläutert sowie Methoden und Instrumente anhand exemplarischer Untersuchungsbeispiele vorgestellt.

4.1 Formen der Museumsevaluation

Die verschiedenen *Formen der Museumsevaluation* werden nach ihrem *Einsatzzeitpunkt* unterschieden. Grundsätzlich können Evaluationen während des gesamten Arbeitsprozesses in Museen angewandt werden: Sie liefern während der Konzeption, Gestaltung, Umsetzung und Überarbeitung eines Museumsangebots hilfreiche Informationen und dienen als Entscheidungsgrundlage. Im (seltenen) Idealfall werden bei einer Angebotsplanung und -realisierung alle Evaluationsschritte durchlaufen. Bisher wird Evaluation in Museen jedoch primär rückblickend eingesetzt, indem abschließend temporäre oder unveränderliche Angebote, wie Sonderausstellungen oder Veranstaltungen sowie fertiggestellte Konzepte, untersucht werden. Hiermit wird das Potenzial allerdings nicht voll ausgeschöpft, denn Evaluationen können auch als strategisches, zukunftsorientiertes Planungsinstrument fungieren. Diese Möglichkeiten werden im Folgenden (siehe Tabelle 1) schwerpunktmäßig aufgezeigt (vgl. Klein 1991, 7 ff.; Almasan u. a. 1993, 9 ff.; Stockmann 2007; Wegner 2011, 194 ff.).

Tab. 1: Formen von Evaluation (eigene Darstellung).

Einsatzzeitpunkt	Evaluationsform
(Vor-)Planung	Vorab-/Front-End-Evaluation (Ex-ante-Evaluation)
Gestaltung/Aufbau	Formative Evaluation (On-going-Evaluation)
Nach Fertigstellung	Nachbesserungsevaluation Summative Evaluation (Ex-post-Evaluation)
Überarbeitungsbedarf	Status-quo-Evaluation

Vorab-Evaluationen (Front-End-Evaluation) ermöglichen Museen bereits während der *Planung eines Angebots*, dessen Bedarf zu prüfen und das Vorhaben aus Sicht der angestrebten Zielgruppen einzuschätzen. So können im Vorfeld zum Beispiel Vorwissen, Interesse und Erwartungen potenzieller Besucher/-innen zum Themengebiet eines neu geplanten Museums oder einer Ausstellung erhoben werden. Denkbar ist insbesondere auch die Anwendung bei der Planung von Vermittlungsmaßnahmen, um diese auf den Bedarf der Zielgruppen abzustimmen. Einstellungen und Erwartungshaltungen des zukünftigen Publikums werden auf diesem Weg in Verbindung mit den Plänen des Museums gebracht, wodurch frühzeitig die Zielfindung unterstützt wird. Mittels Vorab-Evaluationen wird ein erster Dialog zwischen Einrichtung und Adressaten ermöglicht, das heißt es werden dabei nicht bereits konkrete Umsetzungsentscheidungen getroffen. Adressaten werden demnach nicht nur rückwärtsgewandt einbezogen, wenn beispielsweise Einrichtungen schon geplant, gebaut und eröffnet sind – und es möglicherweise zu spät für Korrekturen ist (vgl. Klein 1993; Dierking/Pollock 1998). Die hohe Bedeutung frühzeitiger Evaluationen betont auch Sievers (2005, 51):

> Umsteuern setzt [...] Umdenken voraus. Aber daran scheint es noch zu hapern. Zu sehr sind die kulturpolitischen Entscheider noch einem wachstums- und angebotsorientierten Denken verhaftet und einem eher staatsmäzenatischen Gestus verpflichtet, demzufolge der Setzung des Angebotes das Interesse und die Nachfrage schon folgen werden. Vorher danach zu fragen, ist immer noch nicht durchgängig üblich. Welchem Neubau einer Kultureinrichtung, welcher Implementierung eines großen Festivals ist in den letzten Jahren schon eine solide Bedarfsermittlung vorangegangen?

Formative Evaluationen kommen ebenfalls frühzeitig, aber bereits während der konkreten *Ausgestaltung eines Angebots* zum Einsatz. Sie haben bestimmte Elemente der Ausgestaltung zum Untersuchungsgegenstand, überprüfen die Nutzergerechtheit und bewerten mögliche Alternativen. In Museen können sich Formative Evaluationen beispielsweise auf Texte und Beschilderungen, weitere Vermittlungsmaßnahmen, Anordnungen von Objekten oder Erklärungen zu interaktiven Exponaten beziehen. Im Rahmen dieser Untersuchungen werden Tests durchgeführt, inwieweit die Elemente von den Zielgruppen angenommen werden. Dabei wird die Reaktion von Testpersonen auf Entwürfe, Modelle oder Prototypen der vorgesehenen Gestaltungen analysiert (vgl. Miles 1985; Almasan 1991).

Grundlegende *Beispiele für Formative Evaluationen* an Museen finden sich beispielsweise in Almasan u. a. (1993). Bei diesen Studien wurde unter anderem die Wahrnehmung des Eingangsbereichs oder die Beurteilung von Informationsmedien und interaktiven Modellen in Ausstellungen evaluiert. Almasan (1991) stellte weiterhin eine Evaluation im *Landesmuseum Württemberg* in Stuttgart vor: Für die damals neu zu gestaltende Schausammlung wurde eine Objektgruppe mit Texten, Inszenierungen und Originalexponaten als Modell im Maßstab 1:4 nachgebaut. Die Texte wurden zusätzlich in Originalgröße erstellt. Schwerpunkte der Evaluation waren Fragen zum Verständnis und der Gestaltung der Texte sowie zum Gesamteindruck der Anordnung. Rund 100 Testbesucher/-innen wurden zum Modell mittels eines standardisierten Leitfadens befragt. Ergebnisse der ersten Untersuchungsphase waren unter anderem ein zu hohes Abstraktionsniveau der Grafiken, eine unzureichende Textgliederung sowie fehlende Zusatzinformationen. Nach einer weiteren Erhebungsphase konnte dies behoben werden. Solch ein *mehrstufiges Verfahren* ist häufig sinnvoll für Formative Evaluationen. Weiterhin können *parallel Tests* erfolgen, indem verschiedene Varianten direkt gegenübergestellt werden. So können auch Ausstellungstitel, Plakate oder Logos mittels Formativer Evaluation analysiert werden (vgl. Munro u. a. 2009, 85).

Im Rahmen von *Nachbesserungsevaluationen* werden ebensolche Tests eingesetzt. Diese sind Formativen Evaluationen ähnlich, im Unterschied hierzu erfolgen sie aber erst, wenn das Angebot fertiggestellt ist. Wie der Name sagt, dienen Nachbesserungsevaluationen dazu, vorab nicht erkannte Schwachstellen zu identifizieren und zu verbessern. Beispiele für Gegenstände einer solchen Evaluation in Museen sind Nachbesserungen von Orientierungstafeln, Leitsystemen, Erläuterungstexten oder Sitzgelegenheiten. Diese Tests sind oft einfach und wenig aufwändig durchzuführen (vgl. Munro u. a. 2009, 74 ff.).

Untersuchungen dieser Art sind eher selten (dokumentiert). *Beispiele* finden sich unter anderem in Bitgood (1996): Diese *Nachbesserungsevaluationen* beschäftigten sich mit der Platzierung und Gestaltung von Texten in einer naturwissenschaftlichen Ausstellung. Nach Eröffnung wurde zum Beispiel beobachtet, dass eine Texttafel wenig Beachtung fand. Das Publikum verstand den Text selten und konnte ihn kaum auf das dazugehörige Objekt anwenden. Schwachstellen, die sich aus der Untersuchung ergaben, waren eine zu große Entfernung zwischen Text und Objekt sowie eine wenig interessante Textgestaltung. Daraufhin wurde die Positionierung der Texttafel besuchergerecht geändert und ein neuer Text mit Abbildungen und einer Interesse weckenden Überschrift entworfen.

Summative Evaluationen werden schließlich nach Abschluss eines Projekts eingesetzt. Sie überprüfen Zielerreichung, Ertrag und Wirkungen von Angeboten. In Abgrenzung zu den frühzeitig angewandten Evaluationsformen handelt es sich hier um eine abschließende und rückblickende *Erfolgs- und Wirkungskontrolle*. Summative Evaluation ist die am häufigsten eingesetzte Evaluationsform. Meist nimmt die Evaluation das Angebot in seiner Gesamtwirkung und weniger spezifische Details in den Blick. Neben der Einschätzung von Erfolg und Wirkungen werden Erfahrungen für die Zukunft gewonnen, die künftig helfen, Fehler zu vermeiden und Angebote nutzerorientierter zu gestalten. Dieser Beitrag zur Optimierung und Weiterentwicklung stellt ein zentrales Merkmal der Evaluationsform dar.

Insbesondere im Kontext der *Vermittlung* sind Summative Evaluationen bedeutend. Sie untersuchen, in welchem Maß Ausstellungsbotschaften vom Publikum aufgenommen und verstanden wurden. Zu betonen ist jedoch, dass eine einmalige Untersuchung nur eine Momentaufnahme sein kann. Um längerfristige Wirkungen zu überprüfen, sind Folgeuntersuchungen notwendig (vgl. Munro u. a. 2009, 86 ff.; Birnkraut 2011, 43 f.).

De Perrot und Wodiunig (2014, 81) führen für Summative Evaluationen beispielhaft Fragen zur *Untersuchung dauerhafter Prozesse und Wirkungen* an:

- Ist das Projekt längerfristig überlebensfähig?
- Können die Projektpartner das Projekt selbstständig weiterführen?
- Hat das Projekt mittelfristig die Chance, sich selbst zu finanzieren oder Drittmittel zu finden?
- Wie gut ist das Projekt eingebunden? Bestehen aktive Beziehungen zum Umfeld?
- Welche Maßnahmen können dazu beitragen, die Nachhaltigkeit des Projekts zu erhöhen?

Schließlich dienen *Status-quo-Evaluationen* dazu, Stärken und Schwächen eines länger bestehenden und ersatz- oder modernisierungsbedürftigen Angebots zu evaluieren. Vor dessen Überarbeitung zielen sie auf eine *Bestandsaufnahme*, um sicherzustellen, dass Problemstellen tatsächlich behoben werden. Beispielinhalte für Status-quo-Evaluationen in Museen sind Untersuchungen von Erwartungen und Verständnis des Publikums. Auch Verweilzeiten, Laufrouten und Nutzungsverhalten können erfragt bzw. beobachtet werden. Vor allem für die Neukonzeption länger existierender Dauerausstellungen ist diese Evaluationsform sinnvoll (vgl. Klein 1991, 8 ff.).

4.2 Methoden und Instrumente der Museumsevaluation

Im Rahmen von Museumsevaluation werden die empirischen Forschungsmethoden *Befragung, Beobachtung, Inhaltsanalyse* und *Experiment* eingesetzt, wobei hauptsächlich die ersten beiden Relevanz haben.

Die am häufigsten bei Museumsevaluationen angewandte Methode ist die Befragung. Unterschieden werden kann grundsätzlich in *schriftliche* und *mündliche* Befragungen. *Instrumente schriftlicher Befragungen* sind Fragebögen, die im Museum verteilt oder ausgelegt, an eine bestimmte Zielgruppe postalisch versandt oder zum Beispiel auf der Museumshomepage online gestellt werden. Hier ist darauf hinzuweisen, dass das alleinige Auslegen von Fragebögen oft nicht ausreichend ist, um eine aussagekräftige Anzahl an Befragten zu erreichen, sondern aktives Verteilen empfohlen wird.

Mündliche Interviews werden ebenfalls mit Fragebögen oder auch weniger standardisierten Leitfäden durchgeführt. Hier kommen persönliche Interviews im oder auch außerhalb des Museums oder telefonische Interviews infrage. Geschulte Interviewer sind dabei wichtig, um Verzerrungen (Interviewereffekte) zu kontrollieren. *Gruppendiskussionen* sind eine Sonderform mündlicher Befragungen. Dies sind Diskussionen mit Experten oder Vertretern verschiedener Zielgruppen zum evaluierten Gegenstand. Gruppendiskussionen können besonders bei wenig erschlossenen Themenbereichen sinnvoll eingesetzt werden.

Welche Methode am besten geeignet ist, ist je nach Zielen und Fragestellungen der Evaluation zu prüfen. Zum Beispiel wird bei vielen Untersuchungen in Museen ein schriftlicher Fragebogen angewendet, da dieser kostengünstig und zeitsparend ist. Geht es aber darum, ein Untersuchungsfeld neu zu erschließen oder vertiefte Nachfragen zu stellen, sind mündliche Interviews zu bevorzugen. Da Museumsevaluationen häufig auf qualitative Inhalte, wie Erfolg und Wirkungen eines Angebots bezogen sind, reichen rein quantitative Vorgehensweisen oft nicht aus.

Eine weitere Methode für Museumsevaluationen stellen *Beobachtungen* dar. Sie ermöglichen, Fragestellungen zu klären, die Befragungen nicht erfassen können. Über Beobachtungen kann das Besucherverhalten in Museen erfasst werden, wie zum Beispiel Laufwege in Ausstellungen, Verweilzeiten vor Exponaten oder Umgang mit interaktiven Elementen. Dies kann zum einen mittels *teilnehmender Beobachtung* erfolgen, wenn der Beobachter eine Rolle im sozialen Feld des untersuchten Geschehens einnimmt, zum Beispiel als Führungsteilnehmer. Zum anderen ist bei *nicht teilnehmenden Beobachtungen* keine Einwirkung für die handelnden Personen erkennbar. Der Beobachter bleibt außerhalb des Handlungsfelds und ist beispielsweise mit Zählungen und Messungen betraut. Dabei agiert der Beobachter für die Testpersonen *offen* oder *verdeckt*, das heißt, die beobachteten Personen werden vorab über die Studie informiert oder nicht. Wichtig sind bei derartigen Untersuchungen geschulte Beobachter, eine systematische Erfassung in Beobachtungsprotokollen und häufig auch die Koppelung mit einer Befragung, um ergänzende Informationen zu erhalten.

Ein *Beispiel* für eine offene Beobachtung – die nicht mittels eines personalen Beobachters, sondern mittels technischer Möglichkeiten durchgeführt wurde – ist das Projekt „eMotion" vom *Institut für Design- und Kunstforschung* der *Hochschule für Gestaltung und Kunst Basel FHNW* (Tröndle u. a. 2012, 77 ff.). Im Rahmen der Beobachtung trugen Testpersonen bei ihrem Besuch einer Kunstausstellung einen Datenhandschuh, welcher ihre Laufwege durch die Ausstellung, Verweildauer und Gehgeschwindigkeit wie auch körperliche Reaktionen erfasste. Zu physischen Reaktionen zählten Veränderungen von Herzschlag und Hautleitfähigkeit, die Hinweise auf Aufmerksamkeitssteigerungen und emotionale Prozesse geben können. Rund 580 Personen wurden auf diesem Weg beobachtet, ergänzt durch Befragungen.

Aus der Studie ergaben sich zum Beispiel Unterschiede zwischen Testpersonen, die das Museum in Begleitung besuchten und über die Ausstellung sprachen sowie unbegleiteten Besuchern. Besucher/-innen in Begleitung gaben signifikant seltener an, dass sie eine „tiefe Verbindung zur Kunst aufbauen" und die „Schönheit wirken lassen" konnten. Häufiger verbrachten sie aber eine schöne Zeit mit der Begleitung und empfanden die Ausstellung als unterhaltsam. Für die gemeinschaftlichen Besucher wurden auch eine diffusere Wegeführung, eine weniger ausgeprägte Anziehungskraft der Exponate und eine geringere Betrachtungszeit (bei einer insgesamt längeren Verweildauer im Museum) analysiert. Weitere Ergebnisse bezogen sich auf unterschiedliche Arten der Ausstellungsrezeption, den Einfluss von Vorkenntnissen des Publikums oder Reaktionen auf verschiedene Exponatanordnungen (vgl. Tröndle u. a. 2012, 84 ff.; Glogner-Pilz/Wegner 2014, 428 f.).

Bei allen methodischen Verfahren ist für Museumsevaluationen meist eine Kombination von *quantitativen* (zahlenmäßigen) und *qualitativen Indikatoren* empfehlenswert. Im Vorfeld einer Evaluation werden anhand der festgelegten Zielsetzungen die zu erhebenden *Indikatoren* definiert, um die interessierenden Fragestellungen messbar zu machen: „Indikatoren sind Kenngrößen, die über einen festgelegten, nicht oder nur sehr schwer messbaren Tatbestand Auskunft geben sollen. Im Rahmen einer Evaluation werden als Grundlage von Bewertungen die durch einen Indikator empirisch gemessenen Werte mit Vergleichswerten in Bezug gesetzt" (Meyer 2007, 198). Beschränkt man sich für Museumsevaluationen auf rein zahlenmäßige Kenngrößen, wird das Untersuchungsobjekt meist nur unzureichend beschrieben. Die erforderliche Sensibilität für das Untersuchungsfeld Kunst und Kultur wurde als Spezifikum von Museumsevaluationen bereits angesprochen.

Beispiele für quantitative Indikatoren für Museen können sein: Anzahl von Ausstellungen, Besuchsstatistiken, Auslastung von Vermittlungsprogrammen, Eintrittseinnahmen, Anzahl von Medienberichten, Höhe der eingeworbenen Drittmittel, etc. Qualitative Indikatoren können demgegenüber sein: Zufriedenheit von Besuchern, Inhalte von Medienberichten, erreichte Vermittlung von Ausstellungsbotschaften, Nachhaltigkeit der Wirkungen etc.

Neben den geschilderten empirischen Verfahren können für Museen auch bereits *einfache Methoden* ausreichend sein, um erste Eindrücke ihres Publikums in Erfahrung zu bringen. Solche einfachen Möglichkeiten bieten ausliegende *Besucherbücher*, die eine schnelle Publikumsrückmeldung anregen. Auch regelmäßige *Gespräche mit den Mitarbeiter(inne)n* im Publikumskontakt verhelfen schon zu zahlreichen Informationen über Publikumsfragen, Anmerkungen und Reaktionen. Diese können durch einen kurzen Leitfaden mit zu beobachtenden Fragestellungen für das Personal weiter systematisiert werden. Darüber hinaus ist der Einsatz von *Mystery-Besuchern* eine Möglichkeit: In dem Rahmen besichtigen Testpersonen verdeckt das Museum und bewerten es anschließend (vgl. Birnkraut 2011, 73 ff.; Glogner-Pilz 2012, 45 ff.).

5 Ablauf von Evaluationsmaßnahmen in Museen

Der *Ablauf von Evaluationsstudien* im Allgemeinen wird im Folgenden kurz skizziert. Anschließend zeigen Untersuchungsbeispiele an Museen exemplarisch Einsatzmöglichkeiten der verschiedenen Evaluationsformen auf.

5.1 Ablaufphasen einer Evaluation

De Perrot und Wodiunig (2014, 76 ff.) nennen folgende Ablaufphasen einer Evaluation:
- Im Rahmen der *Vorbereitungsphase* werden der Zweck und die wesentlichen *Schlüsselfragen* der Evaluation definiert. Dabei ist besonders sorgfältig vorzugehen, da hierauf alle folgenden Schritte aufbauen. Zudem ist empfehlenswert, vorhandene Studien und Literatur hinzuzuziehen, die Orientierung und Vergleichsmöglichkeiten bieten (*Sekundäranalyse*).

- Zu bestimmende Punkte innerhalb der *Organisationsphase* sind die *Evaluationsform* je nach Einsatzzeitpunkt (Vorab, Formativ, Nachbesserung, Summativ, Status-quo-Evaluation). Ebenso wird über den *Evaluationstyp* (externe oder interne Durchführung) entschieden sowie über die geeignete *Erhebungsmethode* (z. B. schriftliche Befragung, mündliche Interviews oder Beobachtung). Zudem erfolgt die Klärung der finanziellen, zeitlichen und personellen *Ressourcen* und Zuständigkeiten (*internes Evaluationsteam bzw. externer Evaluator*).
- In der *Phase der Durchführung* werden die *Erhebungsinstrumente* (z. B. Fragebogen, Interviewleitfaden, Beobachtungsprotokoll) konzipiert. In diesem Zusammenhang erfolgt auch die Definition von *Indikatoren* zur Messung der interessierenden Fragestellungen. Schließlich werden die *Daten erhoben*, das heißt, die Befragung, Beobachtung etc. wird durchgeführt. Die *Auswertung der Ergebnisse* nimmt anschließend großen Raum ein.
- Zu den ausgewerteten Ergebnissen wird dem Empfänger der Evaluation *Bericht erstattet*. Bei Perrot und Wodiunig (2008, 86 ff.) finden sich diesbezüglich Empfehlungen zur korrekten und leserfreundlichen Formulierung, zu erforderlichen Inhalten eines Berichts und zur Präsentation (zu verweisen ist diesbezüglich z. B. auf Stockmann 2007 und Glogner-Pilz 2012).
- Die *Umsetzung* der Evaluationsergebnisse liegt schließlich in der Hand des Empfängers. Die Evaluatorin bzw. der Evaluator gibt Hinweise und Empfehlungen zur Umsetzung, entscheidet aber nicht endgültig über diese. In den folgenden Ausführungen zur Umsetzung der Ergebnisse wird dies genauer thematisiert.

5.2 Exemplarische Untersuchungsbeispiele

Wie oben erläutert, wird im Idealfall bei Planung und Durchführung von Museumsangeboten in jeder Phase die entsprechende Evaluationsform eingesetzt. An Untersuchungsbeispielen werden die beiden frühzeitig anzuwendenden Formen *Vorab-Evaluation* und *Formative Evaluation* ausgeführt. Daraufhin werden Anwendungsbeispiele *Summativer Evaluationen* aufgezeigt.

Beispiel: Planung des Stadtmuseums Stuttgart unter Einbezug potenzieller Zielgruppen

Die Planung des neu zu gründenden *Stadtmuseums Stuttgart* wird seit Beginn an von Evaluationsmaßnahmen begleitet. Zukünftige Zielgruppen bereits bei der Entwicklung des Museums zu beteiligen, ist ein wichtiger Baustein im Konzept des besucherorientierten Hauses.

Bereits mehr als zehn Jahre vor Einrichtung des Stadtmuseums wurden in einer ersten Planungsphase *Vorab-Evaluationen* durchgeführt, um den Markt zu erkunden und den anlaufenden Zielfindungsprozess zu unterstützen. Mittels schriftlicher Befragungen wurden Erwartungen und Interessenslagen von zwei wichtigen Zielgruppen des geplanten Museums – Vereine der Stadtgeschichte und Stuttgarter Schulklassen – erhoben. Zusätzlich erfolgten Gruppendiskussionen mit Vertretern verschiedener Interessensgruppen, wie Politikern, Kulturschaffenden und Journalisten. Ergebnisse dieses Prozesses waren Hinweise zu generellen Erwartungen an das Angebot eines Stadtmuseums, zu bevorzugten Inhalten und Interessenslagen (vgl. Klein/Antonatou 2003).

Die Untersuchung „*stuttgarter leben – stuttgart erleben*" einer Projektgruppe der *Universität Tübingen* (2010) führte dies fort. Im Rahmen der weiter fortgeschrittenen Museumsplanung wurde konkreter analysiert, welche Themen die Stuttgarter Bevölkerung interessieren und beschäftigen. Hierfür erfolgten etwa 80 mündliche Interviews mit verschiedenen Gruppen von Bürgern. Die Interviews ergaben die wichtigsten verbindenden Themen, wie Topografie der Stadt, Kulturangebot oder Verkehrssituation. Diese Resultate lieferten den Museumsverantwortlichen eine wichtige Grundlage für die Schwerpunktsetzung in der geplanten Ausstellung.

Dies ist nur eine Auswahl der Untersuchungen zu einem frühen Zeitpunkt bei der Konzeption des *Stadtmuseums Stuttgart*. Darüber hinaus werden beispielsweise Vorab-Ausstellungen entwickelt, um geplante Themen und Präsentationsformen zu testen (vgl. Wegner 2011, 196 f.).

Beispiel: Vorab-Evaluation für eine Dauerausstellungsplanung im Museum für Kommunikation in Bern

Folgend wird ein weiteres Beispiel einer *Vorab-Evaluation* vorgestellt (vgl. Wegner 2008, 131 ff.). Diese hatte die inhaltliche und gestalterische Planung einer Ausstellung zum Untersuchungsgegenstand. Der Einsatzzeitpunkt der Evaluation lag später im Planungsprozess als im vorherigen Beispiel. Die Dauerausstellung im *Museum für Kommunikation* in Bern sollte um einen Überblick zu 50 Jahren Computergeschichte und einen Zukunftsausblick erweitert werden. Zwei Jahre vor Eröffnung sammelte eine Vorab-Evaluation Informationen über das Interesse potenzieller Besucher/-innen an einer solchen Ausstellung. Auch der alltägliche Bezug des Publikums zum Thema sowie dessen Erwartungen und Vorwissen waren Fragestellungen. Rund 1.000 Besucher/-innen des Museums als bereits interessierte Zielgruppe wurden hierzu schriftlich befragt.

Wichtige Resultate der Vorab-Evaluation waren unter anderem alters- und geschlechtsspezifische Unterschiede beim Bezug zum Ausstellungsthema. Das allgemein geäußerte Interesse und der Bedarf an der Ausstellung waren hoch. Assoziationen zu möglichen Inhalten gaben Hinweise auf publikumswirksame Schwerpunktsetzungen. Ein zentraler Untersuchungsgegenstand waren Einschätzungen der Testpersonen zu ihren Vorkenntnissen und Interessenslagen zu geplanten Themenaspekten. Diese ergaben Inhalte mit mehr (zum Beispiel „Internet") oder weniger ausgeprägtem Vorwissen (zum Beispiel „Bioelektronik"), an denen offensichtlich großes Interesse besteht. Gleichzeitig wurden Bereiche ermittelt, über welche die Befragten wenige Vorkenntnisse hatten und zu denen zunächst auch kein ausgeprägtes Interesse festgestellt werden konnte (zum Beispiel „Schweizer Computergeschichte"). Aufgrund der Ergebnisse konnten die Ausstellungsmacher ihr ursprüngliches Konzept mit den Einschätzungen des Publikums abgleichen. Schwerpunkte bei Präsentation und Vermittlungsmaßnahmen konnten überprüft werden. Auch wurden aufwendigere und kostenintensivere Darstellungen zu Themen, die den Besuchern besonders wichtig waren, leichter begründet. Schließlich wurden Inhalte erkannt, die verstärkter Gestaltungsüberlegungen bedurften: Beispielsweise wurde das (den Besuchern wenig interessant erscheinende) Thema „Schweizer Computergeschichte" in der Ausstellung schließlich nicht als eigene Einheit aufgegriffen. Es zieht sich nun als roter Faden durch die Ausstellung, indem Exponate und Texte mit einem Schweizer Bezug extra gekennzeichnet wurden.

Dies macht deutlich, dass der Einsatz von Vorab-Evaluation ausdrücklich *nicht* bedeutet, das Ausstellungskonzept vollständig Publikumsmeinungen anzupassen. Auf wichtige, auf den ersten Blick wenig Erfolg versprechende Themen sollte keinesfalls verzichtet werden – vielmehr ist vor allem deren Darstellung und Vermittlung zu überdenken. Datenerhebung sowie konzeptionell-gestalterische Umsetzung sind dabei aufeinander aufbauende Arbeitsschritte.

Der damalige Direktor des Museums Jakob Messerli äußerte sich zum Evaluationseinsatz wie folgt: Bei der Planung „ging es immer auch um Fragen wie: Wer sind unsere Besucher? Wen wollen wir als unsere Besucher? Für wen machen wir unsere Dauerausstellungen? Welche Erzählungen sind für unsere Besucher relevant? Welche Erzählungen verstehen unsere Besucher? Welche Erzählungen faszinieren unsere Besucher? […] Für das Museum für Kommunikation hat sich diese konsequente Besucherorientierung bewährt" (Messerli 2012, 178).

Beispiel: Formative Evaluation zur Umsetzung einer Spielestation im Umweltbildungszentrum NaturGut Ophoven, Leverkusen

Um zu überprüfen, ob Ausstellungsbotschaften dem Publikum verständlich vermittelt werden, erfolgte für das *Umweltbildungszentrum NaturGut Ophoven* in Leverkusen eine *Formative Evaluation* (vgl. Munro u. a. 2009, 81 f.). Nachdem die Ziele der Ausstellung und deren Gestaltung in einem Konzept ausgearbeitet waren, stellten sich Fragen zur konkreten Ausführung einzelner Elemente. Besonders bei geplanten interaktiven Stationen kann es sinnvoll sein, die Erreichung der Zielsetzungen sowie Handhabung und Nutzergerechtheit zu überprüfen.

Um über den Bau einer Spielestation in der Ausstellung zu entscheiden, wurde in diesem Beispiel vor Einrichtung ein Modell dieser Station evaluiert. Vermittlungsziel des geplanten Strategiespiels war, dass Besucher/-innen die Konkurrenz um begrenzte Flächen in Städten verstehen. Dies sollte für alle Altersgruppen nachvollziehbar sein. Besucher/-innen sollten im Spiel verschiedene Rollen einnehmen, um die Konkurrenz aus mehreren Perspektiven zu betrachten. Die Formative Evaluation testete, ob die Botschaft bei den Spielern ankam und ihnen dieser Konflikt bewusst wurde. Zudem ging es darum, ob die Spielregeln verständlich gestaltet sind und wie mit den Utensilien umgegangen wird. Hierfür wurde kostengünstig ein Entwurf des Spieltisches und Spielfeldes angefertigt sowie Spielregeln und Kurztexte.

Am Tag der offenen Tür im Haus wurden in einem abgegrenzten Bereich zehn Spielergruppen systematisch beobachtet. Darunter waren Personen verschiedenen Alters, die anschließend auch zu ihren Eindrücken befragt wurden. So konnte ermittelt werden, dass die Testpersonen die Botschaft der Station verstanden, aber auch, an welchen Stellen kleinere Überarbeitungen vorgenommen werden sollten. Als Folge der Evaluation wurden unter anderem Texte auffälliger platziert sowie Spielregeln mit Zeichnungen veranschaulicht. Die Ausstellungsmacher konnten so die Übereinstimmungen mit ihren vorab formulierten Zielsetzungen prüfen und die Testversion anschließend besucherfreundlich überarbeiten.

Beispiel: Summative Evaluationen zur Reihe von Sonderausstellungen im Museum für Kommunikation in Bern

Das *Museum für Kommunikation* in Bern führt nicht nur bei Planungen seiner neuen Angebote Evaluationen durch, sondern auch zur abschließenden Bewertung seiner Ausstellungen. Seit etwa zehn Jahren wird dort jährlich jede große Sonderausstellung einer *Summativen Evaluation* unterzogen. Dabei werden nach der Besichtigung zwischen 1.000 und 1.500 Besucher/-innen schriftlich befragt. Dies erfolgt innerhalb mehrerer Erhebungsphasen, um ein aussagekräftiges Bild über die gesamte Publikumsstruktur sowie Einschätzungen zu Ausstellungsbeginn und zu einem späteren Zeitpunkt zu erhalten.

Summative Evaluationen haben zum Ziel – neben Publikumsmerkmalen, Besuchsbedingungen und -verhaltensweisen – schwerpunktmäßig die Zufriedenheit der Besucher/-innen zu erheben. Hierzu zählen Meinungen zur Sonderausstellung insgesamt wie auch zu bestimmten ausstellungsspezifischen Aspekten. So wurden unter anderem Audioguides, Textelemente, Filme oder interaktive Exponate zusätzlich evaluiert. Auch Einschätzungen des Publikums zum empfundenen Spaß und Lerneffekt in den Ausstellungen wurden erfragt.

Die Evaluationsergebnisse werden durch den Vergleich über mehrere Ausstellungen besonders aussagekräftig. Somit sind Verbesserungen zur nächsten Ausstellung möglich, aus bisherigen Fehlern können Optimierungspotenziale gewonnen werden. Für die Gegenüberstellung ist ein vergleichbares methodisches Vorgehen wichtig, wie ein ähnlicher Fragebogen, eine zeitgleiche Terminierung der Befragungen und eine analoge Anzahl von Auskunftspersonen. Durch den Vergleich zeigten sich Unterschiede und Gemeinsamkeiten der Urteile zu den Sonderausstellungen wie auch themenspezifische Abweichungen der Publikumsstrukturen. Es ergaben sich unter anderem Alters- und Geschlechterdifferenzen im Publikum von Ausstellungen zu den Themen Musik, Schönheit, Handynutzung, Kommunikation mit dem Jenseits oder Tier-Mensch-Kommunikation. Hinsichtlich ihrer Besuchsmotive wurde offenbar, dass ein Großteil des Publikums in den Ausstellungen „etwas lernen" möchte. Inwieweit diese Erwartungen durch die Ausstellungen erfüllt wurden, überprüfte die Evaluation.

Die regelmäßigen Evaluationen ermöglichen dem *Museum für Kommunikation*, seine Zielsetzungen rückblickend zu kontrollieren und mit dem ursprünglichen Ausstellungskonzept abzugleichen. So kann ermittelt werden, welche Zielgruppen erreicht wurden und welche zukünftig noch stärker durch Themenwahl, Ausgestaltung und Marketing anzusprechen sind. Beispielsweise zeigte sich in allen Untersuchungen die Interaktivität der Ausstellungen als wichtige Stärke, zu welcher weiterhin Schwerpunkte gesetzt werden. Auch die Aspekte inhaltliche Vielfalt, Übersichtlichkeit und abwechslungsreiche Darstellung konnten ausgebaut werden.

Beispiel: Summative Evaluation im Deutschen Museum in München zu Wirkungen von Ausstellungselementen

Eine *Summative Evaluation* überprüfte im *Deutschen Museum* in München die Wirkungen personalisierter Darstellungen in einer Ausstellung (vgl. Schwan 2009, 40 ff.; Töpper 2009). Hiermit sollte evaluiert werden, ob Ausstellungsinhalte für das Publikum interessanter und einprägsamer werden, wenn sie mit persönlichen Schilderungen verbunden sind. Ebenso zielte die Untersuchung auf längerfristige Wirkungen dieser Präsentationsweise ab, indem Besucher/-innen zu späteren Zeitpunkten nach ihren Erinnerungen an die Besichtigung gefragt wurden. Die Sonderausstellung „Leben mit Ersatzteilen" im *Deutschen Museum* beschäftigte sich mit Körperprothesen und Implantaten. Sie enthielt Videos mit Erzählungen von Betroffenen über ihren persönlichen Umgang mit den „Ersatzteilen". „Die Wirkung der Betroffenen-Interviews wurde nicht nur direkt in der Ausstellung selbst untersucht, sondern die Ausstellung begleitend noch einmal als computerbasierte virtuelle Ausstellung in digitaler Form nachgebaut und mit höher auflösenden kognitionspsychologischen Methoden im Labor untersucht" (Schwan 2009, 41).

Resultate dieser Studie waren, dass die personalisierten Darstellungen im Vergleich zu neutralen Videos bei Betrachtern mehr Interesse weckten und auch eine längere Verweilzeit bewirkten. Die Aufenthaltsdauer war auch im gesamten Ausstellungsteil länger, wenn die Filme am Eingang wahrgenommen wurden. Allerdings beurteilte das Publikum nur die Videos und nicht den übrigen Ausstellungsteil als interessanter, ein Übertrag der personalisierten Präsentation auf die anderen Elemente fand demnach nicht statt. Ebenfalls wurde untersucht, ob die Testpersonen die Inhalte der Videos und der übrigen Ausstellung nach einer gewissen Zeit besser erinnern konnten. Für die Videoinhalte konnte dies festgestellt werden, die emotionale Vermittlung blieb dem Publikum folglich besser im Gedächtnis.

6 Voraussetzungen für Museumsevaluation und Umsetzung der Ergebnisse

Nachdem zahlreiche Möglichkeiten der Evaluation für die Bildungsorganisation Museum aufgezeigt wurden, soll nun ergänzend auf *Voraussetzungen* eingegangen werden, die als entscheidend für die erfolgreiche Durchführung solcher Evaluationen angesehen werden.

Als besonders bedeutend wird die Einstellung von Museen zum Einbezug des Publikums und zu Evaluationen erachtet: *Veränderungsbereitschaft*, Mut zu kritischer Reflexion und möglicherweise sogar zum Eingeständnis von Fehlern gehören zu dieser Haltung. Diese sollte bei allen Mitarbeiter(inne)n des Museums vorhanden sein. Erreicht werden kann das, wenn das gesamte Team in die Untersuchungen involviert wird. Ein *transparenter Untersuchungsprozess*, über den alle Betroffenen von Anbeginn an informiert werden, ist demnach eine wichtige Empfehlung. Auf diesem Weg kann Evaluation als Chance begriffen werden – als Chance zu lernen, die Angebote und das Museum weiterzuentwickeln und nachhaltige Arbeit zu leisten.

Weiterhin ist eine *fundierte Planung* Bedingung für erfolgreiche Untersuchungen. Es ist ausreichend Zeit notwendig, um Studien vorzubereiten, durchzuführen, auszuwerten und ihre Ergebnisse umzusetzen. Der Zeitbedarf ist dabei abhängig von den Zielsetzungen, Fragestellungen und der notwendigen Methode. Erste Hinweise aus den Reihen des Publikums können schon mit kleinen, wenig aufwendigen Studien erhalten werden. Insbesondere frühzeitig eingesetzte Evaluationen zu Planungs- und Gestaltungsprozessen sollten aber rechtzeitig eingeplant werden, um deren Resultate noch berücksichtigen zu können. So sollte schon bei der Erstellung eines ersten Ausstellungskonzepts an die Möglichkeit der Evaluation gedacht werden. Im Idealfall werden die Studien *regelmäßig eingeplant*, um aussagekräftigere Ergebnisse als bei punktuellem Einsatz zu erhalten. Auf Vorteile eines Vergleichs wiederkehrender Untersuchungen verwies obiges Beispiel.

Neben ausreichend Zeit sind auch genügend (personelle und finanzielle) *Ressourcen* wichtig. Bei einer extern durchgeführten Untersuchung muss ein *kompetenter Evaluator*, der über Sach- und Methodenkenntnis sowie die erforderliche Sensibilität für den Untersuchungsgegenstand verfügt, eingesetzt werden. Auch bei einer von der Einrichtung selbst durchgeführten, internen Evaluation sind ausreichend Kapazitäten notwendig. Sicherlich ist es auch finanziellen Engpässen geschuldet, dass Evaluation in Museen im deutschsprachigen Bereich noch nicht systematisch verbreitet ist. Allerdings sollte sich hier die Erkenntnis durchsetzen, dass sich die Investition in fundierte und zielgerichtete Untersuchungen langfristig lohnt. Diesbezüglich sind nicht nur Museen selbst gefragt, sondern es sollte auch Aufgabe der Zuwendungsgeber sein, dies finanziell zu ermöglichen. Dann können Evaluationen ein effizienteres Arbeiten der Museen unterstützen sowie das Erreichen von Zielvereinbarungen überprüfen.

Schließlich ist eine ernsthafte *Auseinandersetzung mit den Untersuchungsergebnissen* entscheidend für erfolgreiche Evaluationen. Studien, die nur durchgeführt werden, weil sie von außen vorgegeben wurden oder die Einrichtung unter Legitimationszwang steht, sind wenig dienlich. Evaluationen sollten hingegen als Chance für langfristige, zielgerichtete Verbesserungen gesehen werden und die Bereitschaft zu deren Umsetzung beinhalten.

Die oben angeführten Beispiele verwiesen bereits auf Möglichkeiten des Umgangs mit Untersuchungsergebnissen. Es geht *nicht* um eine „eins-zu-eins"-Umsetzung aller Publikumsmeinungen und -wünsche, die inhaltliche Arbeit der Museen wird nicht rein in Besucherhand übergeben. Die künstlerische sowie kultur- und bildungspolitische Zielsetzung des Museums steht weiterhin im Vordergrund. Wenn das Publikum aber mit einbezogen wird, kann dies eine erfolgreiche Vermittlung der Angebote unterstützen – Evaluation ermöglicht einen *Dialog zwischen Publikum und Museum* und die Erreichung der gesetzten Ziele (vgl. Wegner 2011, 203f.).

7 Ausblick: Perspektiven für Museumsevaluation

Abschließend wird ein Ausblick auf *Perspektiven der Museumsevaluation* gegeben. Bisher wenig erforschte Themenbereiche und Potenziale beim Methodeneinsatz werden aufgegriffen, um zu weiterer Auseinandersetzung mit Museumsevaluation anzuregen.

So ist der Themenaspekt der *„Wirkungen" von Museumsbesuchen* bisher wenig erforscht, spielt aber für effektive Vermittlungsprozesse und die Überprüfung von Zielsetzungen der Museen eine große Rolle. Erste Beispiele wurden oben angeführt (vgl. Schwan 2009; Töpper 2009; Tröndle 2012). Hier liegt enormes Potenzial für weiterführende Untersuchungen. Gerade durch die Kombination verschiedener methodischer Zugänge, wie quantitative und qualitative Befragungen sowie Beobachtungen, können zielführende Ergebnisse erhalten werden.

Daneben sind *Nichtbesucher/-innen von Museen* zunehmend in den Blick zu nehmen, um aussichtsreich zu erschließende Zielgruppen und vorhandene Barrieren zu erkennen. Gerade wenn Museen neue Besucher/-innen erreichen wollen, ist der Einsatz dringend nahezulegen.

Generell ist der Einsatz *qualitativer Methoden*, wie Tiefeninterviews oder Gruppendiskussionen, ausbaufähig. Ebenso können *Beobachtungsstudien* verstärkt eingesetzt werden, um zum Beispiel Informationen über eine geeignete Objektanordnung, Wegeführung oder Bedienbarkeit in Ausstellungen zu ermitteln. Dies kann über andere methodische Zugänge nur schwer erhoben werden. Zudem bieten *neue Medien* Einsatzmöglichkeiten für die Forschung, wie Onlinebefragungen oder technisch gestützte Besucherbeobachtungen.

Auch sollte die *breite Palette der verschiedenen Evaluationsformen* genutzt werden. Gerade frühzeitig im Planungs- und Gestaltungsprozess eingesetzte Vorab-

Evaluationen und Formative Evaluationen sind hilfreiche Instrumente für zielgerichtete und besucherorientierte Museumsarbeit. Sie ermöglichen unter anderem, die effektive und verständliche Vermittlung von Ausstellungsbotschaften beim Publikum zu überprüfen.

Schließlich ist daran zu appellieren, dass Evaluationen *regelmäßig eingesetzt* und Studien *verglichen* werden. Dies kann einen besonders großen Erkenntnisgewinn bringen, da eine Überprüfung und Verallgemeinerung bisheriger Resultate ermöglicht wird. Museen sollten sich dem Einsatz von Evaluation weiter öffnen und miteinander über ihre Studien in Austausch treten, um die Potenziale verstärkt auszuschöpfen.

8 Vertiefungsaufgaben und -fragen

1. Gegen die Anwendung von Evaluation für Museen und andere Kultureinrichtungen bestehen immer noch Vorbehalte. Führen Sie Argumente für die hohe Bedeutung von Evaluation für Museen an.
2. Benennen Sie fünf verschiedene Evaluationsformen nach dem Zeitpunkt ihres Einsatzes, zum Beispiel im Planungs- und Durchführungsprozess einer Museumsausstellung, und beschreiben Sie diese kurz.
3. Planen Sie eine Evaluation der museumspädagogischen Maßnahmen eines Museums. Skizzieren Sie mögliche einzubeziehende Zielgruppen, Methoden und Instrumente.

9 Literatur

Almasan, Anneliese (1991): Modelle als Testinstrumente bei der Ausstellungsplanung. In: Klein, Hans Joachim (Hrsg.): Evaluation als Instrument der Ausstellungsplanung. Karlsruher Schriften zur Besucherforschung. Heft 1. Karlsruhe: Institut für Soziologie, S. 25–48.

Almasan, Anneliese/von Borzyskowski, Ellen/Schambach, Sigrid/Klein, Hans Joachim (1993): Neue Methoden der Ausstellungsplanung in Museen. Abschlußbericht. Karlsruhe: Institut für Soziologie.

Arnhold, Hermann (2011): Das Museum zwischen Sammlung und Ausstellung. Der Spagat der Museen im 21. Jahrhundert und die Chancen des Neubaus. Vortrag am 16.06.2011 in Münster (unveröffentlichtes Manuskript).

Bernhard, Henry (2013): Museen in Geiselhaft? URL: http://www.deutschlandradiokultur.de/thueringen-museen-in-geiselhaft.1013.de.html?dram:article_id=272992 (Stand: 04.02.2015).

Birnkraut, Gesa (2011): Evaluation im Kulturbetrieb. Wiesbaden: VS.

Bitgood, Stephen (1996): Nachbesserungsevaluation und der Prozeß der Ausstellungsevaluation. In: Haus der Geschichte der Bundesrepublik Deutschland (Hrsg.): Museen und ihre Besucher. Herausforderungen in der Zukunft. Berlin: Argon, S. 49–59.

Blomberg, Katja (2002): Museumskrise. Ausgelaugt – deutsche Museen auf der Suche nach neuen Konzepten. URL: http://www.faz.net/aktuell/feuilleton/museumskrise-ausgelaugt-deutsche-museen-auf-der-suche-nach-neuen-konzepten-148652.html (Stand: 07.01.2015).
De Perrot, Anne-Catherine/Wodiunig, Tina (2014): Evaluieren in der Kultur. Warum, was, wann und wie? Ein Leitfaden für die Evaluation von kulturellen Projekten, Programmen, Strategien und Institutionen. Zürich: Migros-Kulturprozent und Pro Helvetia.
Dierking, Lynn D./Pollock, Wendy (1998): Questioning Assumptions. An Introduction to Front-End Studies in Museums. Washington DC: Association of Science Technology Centers.
Glogner-Pilz, Patrick/Föhl, Patrick S. (Hrsg.) (2011): Das Kulturpublikum. Fragestellungen und Befunde der empirischen Forschung. Wiesbaden: VS.
Glogner-Pilz, Patrick (2012): Publikumsforschung. Grundlagen und Methoden. Wiesbaden: VS.
Glogner-Pilz, Patrick/Wegner, Nora (2014): Besucherforschung und Ausstellungsevaluation im Kunstbereich – Grundlagen und Befunde. In: Hausmann, Andrea (Hrsg.): Handbuch Kunstmarkt. Akteure, Management und Vermittlung. Bielefeld: transcript, S. 417–438.
Graf, Bernhard/Rodekamp, Volker (Hrsg.) (2012): Museen zwischen Qualität und Relevanz. Denkschrift zur Lage der Museen. Institut für Museumsforschung; Deutscher Museumsbund. Berlin: G+H Verlag.
Hausmann, Andrea/Körner, Jana (Hrsg.) (2009): Demografischer Wandel und Kultur. Veränderungen im Kulturangebot und der Kulturnachfrage. Wiesbaden: VS.
Klein, Armin (2008): Der exzellente Kulturbetrieb. Wiesbaden: VS.
Klein, Armin (2013): Rolle und Bedeutung von Evaluation in der Kultur und Kulturpolitik in Deutschland. In: Hennefeld, Vera/Stockmann, Reinhard (Hrsg.): Evaluation in Kultur und Kulturpolitik. Eine Bestandsaufnahme. Münster/New York: Waxmann.
Klein, Hans Joachim (Hrsg.) (1991): Evaluation als Instrument der Ausstellungsplanung. Karlsruher Schriften zur Besucherforschung. Heft 1. Karlsruhe: Institut für Soziologie.
Klein, Hans Joachim (Hrsg.) (1993): Front-End Evaluation. Ein nichtssagender Name für eine vielsagende Methode. Karlsruher Schriften zur Besucherforschung. Heft 4. Karlsruhe: Institut für Soziologie.
Klein, Hans Joachim (1997): Nichtbesucher und museumsferne Milieus: „lohnende" Gruppen des Museumsmarketing? In: Landschaftsverband Rheinland. Rheinisches Archiv- und Museumsamt (Hrsg.): Das besucherorientierte Museum. Köln: Rheinland, S. 28–43.
Klein, Hans Joachim/Antonatou, Despina (2003): Bausteine einer Markterkundung für ein Stadtgeschichtliches Museum Stuttgart. Karlsruhe: Zentrum für Evaluation und Besucherforschung.
Knüsel, Pius (2003): Der Teufel der Evaluation. In: Zeitschrift für KulturAustausch 4/2003. URL: http://www.ifa.de/tagungen/akp-konferenzen/europe-a-union-of-cultures/ziele/pius-knuesel/ (Stand: 08.01.2015).
Messerli, Jakob (2012): Besucherorientierung im Museum für Kommunikation in Bern. Die Dauerausstellung über Computer und Briefmarken. In: Natter, Tobias G./Fehr, Michael/Habsburg-Lothringen, Bettina (Hrsg.): Die Praxis der Ausstellung. Über museale Konzepte auf Zeit und auf Dauer. Bielefeld: transcript, S. 165–180.
Meyer, Wolfgang (2007): Messen: Indikatoren – Skalen – Indizes – Interpretationen. In: Stockmann, Reinhard (Hrsg.): Handbuch zur Evaluation. Eine praktische Handlungsanleitung, Münster: Waxmann, S. 195–222.
Miles, Roger (1985): Formative Evaluation und der Entwicklungsprozeß von Ausstellungselementen im British Museum (Natural History). In: Graf, Bernhard/Knerr, Günter (Hrsg.): Museumsausstellungen. Planung. Design. Evaluation. München: Deutsches Museum, S. 25–44.

Munro, Patricia/Siekierski, Eva/Weyer, Monika (2009): Wegweiser Evaluation. Von der Projektidee zum bleibenden Ausstellungserlebnis. München: oekom.
Projektgruppe des Ludwig-Uhland-Instituts für Empirische Kulturwissenschaft Tübingen (2010): Projektdarstellung ‚Stuttgarter Leben – Stuttgart erleben'. URL: http://www.stuttgarterleben.org/Stuttgarterleben/Daheim.html (Stand: 04.02.2015)
Rauterberg, Hanno (2004): Die Boom-Krise. URL: http://www.zeit.de/2004/44/Museum_2fEinleitung (Stand: 07.01.2015).
Reussner, Eva M. (2010): Publikumsforschung für Museen. Internationale Erfolgsbeispiele. Bielefeld: transcript.
Schmitz, Christoph (2012): Tabubruch Museumsschließung. URL: http://www.deutschlandfunk.de/tabubruch-museumsschliessung.691.de.html?dram:article_id=56753 (Stand: 04.02.2015)
Schwan, Stephan (2009): Lernen und Wissenserwerb in Museen. In: Kunz-Ott, Hannelore/Kudorfer, Susanne/Weber, Traudel (Hrsg.): Kulturelle Bildung im Museum. Aneignungsprozesse – Vermittlungsformen – Praxisbeispiele. Bielefeld: transcript, S. 33–43.
Sievers, Norbert (2004): Warum Evaluation im Kulturbereich so schwierig ist – fünf Thesen. In: Ermert, Karl (Hrsg.): Evaluation in der Kulturförderung. Über Grundlagen kulturpolitischer Entscheidungen. Wolfenbüttel: Bundesakademie für Kulturelle Bildung, S. 101–103.
Sievers, Norbert (2005): Publikum im Fokus. Begründungen einer nachfrageorientierten Kulturpolitik. In: Institut für Kulturpolitik der Kulturpolitischen Gesellschaft (Hrsg.): Jahrbuch für Kulturpolitik 2005. Band 5. Thema: Kulturpublikum. Bonn/Essen: Klartext, S. 45–58.
Stockmann, Reinhard (2007) (Hrsg.): Handbuch zur Evaluation. Eine praktische Handlungsanleitung, Münster: Waxmann.
Treinen, Heiner (1997): Museumsbesuch und Museumsbesucher als Forschungsgegenstand. Ergebnisse und Konsequenzen für die Besucherorientierung. In: Landschaftsverband Rheinland. Rheinisches Archiv- und Museumsamt (Hrsg.): Das besucherorientierte Museum. Köln: Rheinland, S. 44–53.
Tröndle, Martin/Wintzerith, Stephanie/Wäspe, Roland/Tschacher, Wolfgang (2012): Ein Museum für das 21. Jahrhundert. Wie Sozialität die Kunstrezeption beeinflusst und welche Herausforderungen dies für die kuratorische Praxis mit sich bringt. In: Bekmeier-Feuerhahn, Sigrid/van den Berg, Karen/Höhne, Steffen/Keller, Rolf/Mandel, Birgit/Tröndle, Martin/Zembylas, Tasos (Hrsg.): Zukunft Publikum, Jahrbuch für Kulturmanagement 2012. Bielefeld: transcript, S. 75–106.
Töpper, Jörn (2009): Filmische Personalisierung von Ausstellungsinhalten. Einfluss narrativer Interviews auf den Wissenserwerb beim selbstgesteuerten Lernen im informellen Setting. Hamburg: Dr. Kovac.
Wegner, Nora (2008): Vorab-Evaluation als Antwort auf aktuelle Herausforderungen an Museen. In: Keller, Rolf/Schaffner, Brigitte/Seger, Bruno (Hrsg.): spiel plan. Schweizer Jahrbuch für Kulturmanagement 2007/2008. Bern: Haupt, S. 131–138.
Wegner, Nora (2011): Im Dialog mit Besuchern und Nichtbesuchern. Ausgewählte Formen der Evaluation und Besucherforschung. In: Föhl, Patrick S./Glogner-Pilz, Patrick/Lutz, Markus/Pröbstle, Yvonne (Hrsg.): Nachhaltige Entwicklung in Kulturmanagement und Kulturpolitik. Ausgewählte Grundlagen und strategische Perspektiven. Wiesbaden: VS, S. 191–206.
Wegner, Nora (2015): Publikumsmagnet Sonderausstellung – Stiefkind Dauerausstellung? Erfolgsfaktoren einer zielgruppenorientierten Museumsarbeit. Bielefeld: transcript.

Steffen Höhne

Evaluationstheater? Zu Möglichkeiten und Grenzen von Evaluierung im Bereich der darstellenden Künste

1 Evaluation und Kultur – eine widerspenstige Beziehung

Evaluationen sind, so der von der Schweizer Kulturstiftung *Pro Helvetia* und dem Migros-Kulturprozent herausgegebene Leitfaden, „gezielte und zeitlich begrenzte Untersuchungen, die der Beurteilung laufender oder abgeschlossener Projekte dienen, einschließlich ihrer Konzeption, ihrer Umsetzung und ihrer Ergebnisse. Eine Evaluierung bedient sich systematischer Methoden und setzt objektive Kriterien ein, um ein Projekt zu beurteilen, und sie sucht nach Erklärungen, falls ein Prozess nicht wie gewünscht verläuft" (de Perrot/Wodiunig 2008, 15).

Was als Definition unverfänglich daherkommt, erscheint dennoch nicht unproblematisch. Denn befasst man sich mit Evaluationen im Kulturbereich, so wird man mit unterschiedlichen Assoziationen konfrontiert, die das Konzept hervorruft. Für die einen handelt es sich um ein rein technisches Instrumentarium, mit dem bisher nicht Messbares anhand von Kennzahlen messbar gemacht werden soll. Für andere ist mit Evaluation immer auch eine Kontrolle weicher Parameter impliziert, die eigentlich nicht kontrolliert werden können und vor allem – so das normative Paradigma – sollten. Gegen Evaluationsverfahren werden die gleichen Argumente eingesetzt, die auch bei Warnungen vor einer Ökonomisierung von Kunst und Kultur Verwendung finden und die letztlich auf das Kunstfreiheitsdogma zurückgeführt werden können, welches den kulturpolitischen Diskurs in Deutschland bis heute dominiert: „Kunst und Kultur wurden durch das Credo der künstlerischen Freiheit immunisiert und als ‚unevaluierbar' deklariert und auf diese Weise einer evidenzbasierten Steuerung entzogen" (Stockmann 2013, 53).

Allerdings haben sich die Rahmenbedingungen für Kunst und Kultur in den letzten Jahren entscheidend verändert. Konnte man im Bereich der öffentlichen Kulturförderung noch bis in die 1980er-Jahre hinein von wachsenden Kuturetats ausgehen, so haben sich die Bedingungen seit der Wiedervereinigung fundamental verändert. Auf einer gesamtgesellschaftlichen Ebene sehen sich Kulturinstitutionen, vor allem der öffentlich geförderten Hochkultur, durch den demografischen und technologischen Wandel, herausgefordert. Dies betrifft gleichermaßen Prozesse der Alterung und Veränderungen der Bevölkerungsstruktur durch Migration, Bevölkerungsrückgang in einzelnen Regionen bei parallelem Wachstum in anderen, begleitet von einer

Hybridisierung der Lebensformen sowie Tendenzen der Individualisierung oder Singularisierung. Diese soziodemografischen Entwicklungen führten auch zu Veränderungen auf der Ebene von Kulturkonsum, sei es durch neue erlebniskulturelle Einstellungen und Angebote (vgl. Hitzler u. a. 2008), sei es durch den technologischen Fortschritt, insbesondere die Digitalisierung (vgl. Höhne u. a. 2014).

Die Jahresstatistiken des *Deutschen Bühnenvereins* (DBV) verzeichnen einen Rückgang der Anzahl der Theater in öffentlicher Trägerschaft von 151 (1991/92) auf 142 (2012/13) bei einer Steigerung der Anzahl von Veranstaltungen von 56.984 auf 65.797, von Produktionen (Inszenierungen) von 3.387 auf 5.473. Weniger Theater haben somit eine deutliche Angebotserweiterung zwischen den Spielzeiten 1991/92 und 2012/13 vorgenommen – immerhin mit einer Steigerung des Einspielergebnisses von 13,2 % auf 18,1 %. Dies wurde aber vor allem durch die Absenkung der Personalkosten erreicht. Die Anzahl der Stellen für fest angestelltes Personal sank von 20.810 Beschäftigten auf 17.802, während parallel das nicht abhängig beschäftigte künstlerische Personal von 6.929 auf 12.924 Beschäftigungsverhältnisse stieg. Man hat es also einerseits mit einer gravierenden Verschiebung auf der Ebene arbeitsvertraglicher Bedingungen zu tun, andererseits mit einer Stagnation aufseiten des Publikums. Verzeichnet der DBV 1991/92 noch 23.512.652 Besucher, so sind es 2012/13 ungeachtet der Angebotserweiterung nur noch 20.587.283. Bezüglich der Ticketerlöse verzeichnen die öffentlichen Theater in Deutschland zudem einen Rückgang der Abonnements zwischen den Spielzeiten 1991/92 und 2012/2013 von 24,6 % auf 18,9 %, Anzeichen für eine sinkende Bindungsbereitschaft der Hochkulturkonsumenten (vgl. DBV 2001, 179; DBV 2013).

Auf die offenkundige Theaterkrise (vgl. Schmidt, T. 2011) reagierte das „System" mit einer Angebotsausweitung, die zwar Ausdruck hoher Produktivität und sicher auch Innovation, aber eben auch ungeprüfter Subventionen ist und die die Konkurrenzen der Theater untereinander sowie gegenüber anderen gesellschaftlichen Attraktoren offenbar entscheidend verstärkt (vgl. Priddat 2011, 82).

Die gesamtgesellschaftlichen Veränderungen in den letzten rund 25 Jahren haben aber auch auf der organisationalen Ebene das Aufgaben-Portfolio von Kulturinstitutionen fundamental verändert. Öffentlichkeitsarbeit, Kulturmarketing, der Wechsel vom kameralistischen System zur Kosten- und Leistungsrechnung, die Notwendigkeit alternativer Finanzierungsquellen (Fundraising, Sponsoring) sind nur einige Beispiele. Nimmt man dann noch die neuen sozialpädagogischen Erwartungen an die Hochkultur hinzu, so lässt sich konstatieren, dass von den Kulturinstitutionen nicht nur künstlerische, sondern zunehmend auch soziale bzw. pädagogische und administrativ-kaufmännische Kompetenzen erwartet werden.

2 Chancen und Risiken von Evaluation im Kulturbereich

Angesichts dieser hier nur punktuell darzustellenden Herausforderungen auf gesellschaftlicher und organisationaler Ebene sehen sich Kulturinstitutionen auch mit Anforderungen nach Evaluation ihrer Tätigkeit konfrontiert, Ausdruck eines je nach Diktion wachsenden Legitimationsbedürfnisses oder einer Legitimationszumutung. Diese Anforderung ist zunächst im Hinblick auf ihre Risiken und Chancen zu betrachten. Ein Risiko von Evaluation ist darin zu sehen, dass betriebswirtschaftliche Kriterien Bedeutung in einem Bereich erhalten, der sich von der Logik des Ökonomischen fundamental unterscheidet (vgl. Baecker 2009, 39). Damit soll natürlich nicht behauptet werden, dass Informationen über Einnahmen und Ausgaben, Auslastungsgrad oder Presseberichte und Besucherkommentare irrelevant seien. Es besteht allerdings die Gefahr einer Unterordnung des Künstlerischen unter das Primat des Ökonomischen, welches in den kulturpolitischen Legitimationsmustern im Hinblick auf Kultur von der Umwegerentabilität (vgl. Höhne 2009, 32–35) über den Standortvorteil (vgl. Mokre 2011) bis hin zum Konzept der kreativen Städte (vgl. Reckwitz 2012) immer wieder aufscheint. Immerhin handelt es sich bei dem nicht kommerziellen Kulturbereich um einen Typus von Organisation, der sich nicht auf Ziel-Mittel- oder Kosten-Nutzen-Rationalitäten reduzieren lässt und der somit evaluativen Verfahren nur bedingt unterworfen werden darf. Umgekehrt sollten die Chancen von Evaluation nicht übersehen werden, verstanden als ein Nachdenken „im Medium der Evaluation" darüber, „welche Art von Kunst in welcher Form von Kultur in welchen Situationen der Gesellschaft sinnvoll ist oder nicht" (Baecker 2008, 98).

Versteht man nun Evaluation als „ein Instrument zur empirischen Generierung von Wissen [...], das mit einer Bewertung verknüpft wird, um zielgerichtete Entscheidungen zu treffen" (Stockmann/Meyer 2010, 64), so geht es mit diesem Verfahren um eine kontinuierliche und nachhaltige Verbesserung organisationaler Abläufe und Entscheidungen im Kulturbereich. Verbesserung heißt dabei nicht Vereinfachung im Sinne von Komplexitätsreduktion oder Kontingenzminimierung. Auch einer Evaluation wird es nicht gelingen, das komplexe Geflecht von künstlerischer Produktivität, den damit verbundenen organisationalen Entscheidungen oder den jeweiligen monetären und kulturpolitischen Bewertungsprozessen in einen „linearen Kausalzusammenhang" zu stellen, der „es erlauben würde, vom Kunstwerk über dessen Präsentation und die Schaffung des dafür erforderlichen Rahmens bis zur kulturellen Absicht eine Wertschöpfungskette zu unterstellen, an der alle Beteiligten aus denselben Gründen beteiligt sind" (Baecker 2008, 100).

Insofern muss im Bereich der nicht kommerziellen darstellenden Kunst im Hinblick auf evaluative Verfahren eine strikte Abgrenzung von der betriebswirtschaftlichen Semantik und Methodik erfolgen, um eine gängige Mittel-Zweck-Erwartung und damit eine Instrumentalisierung von Kunst zu unterlaufen. Will man also betriebswirtschaftliche Verfahren der Evaluation im Kulturbereich einsetzen, so sind diese auf die Berücksichtigung der künstlerischen, kulturellen und gesellschaftlichen Kontexte festzulegen, um eine ökonomische Reduktion zum Beispiel auf monetäre Kennziffern von vornherein zu vermeiden. Evaluation im Kulturbereich muss immer auch kulturpolitische und „ästhetische, pädagogische und moralische Werte" einbeziehen (Baecker 2008, 102) und somit Möglichkeitshorizonte von Kultur erweitern. Evaluation, als Form von reflexivem Management mit Kultur, grenzt sich somit begrifflich wie konzeptuell von Controlling, Monitoring und Qualitätsmanagement deutlich ab, was in Tabelle 1 zumindest kursorisch angedeutet werden soll:

Tab. 1: Begriffsabgrenzung (in Anlehnung an Birnkraut 2011, 18).

Evaluation	Qualitätsmanagement	Monitoring	Controlling
Ganzheitliche Betrachtung, um auf Basis von qualitativ und quantitativ erhobenen Daten (z. B. aus dem Monitoring oder dem Controlling) Ergebnisse und Ziele abzugleichen und Verbesserungen/ Veränderungen zu erreichen Ziel: nachhaltige Lernstrategie für die Organisation	Informationsbereitstellung zur Verbesserung der Qualität von Prozessen und Inhalten	System zur Beobachtung von Veränderungen in organisationalen Prozessen; Vollzug der Evaluation mit Handlungsempfehlungen Ziel: nachhaltige Verbesserung und Veränderung; Einsatz im Qualitätsmanagement und in der Evaluation	Bereitstellung organisationsinterner und -externer Daten; Einsatz im Qualitätsmanagement und in der Evaluation

Natürlich handelt es sich hierbei um eine idealtypische Auflistung, allein ein Controlling-Modell wie die Balanced-Score Card weist durchaus Analyseebenen auf (z. B. Leistung und Wirkung, interne Potenziale, strategische und wirtschaftliche Steuerung, strategische Ziele), die auch im Sinne einer Evaluation eingesetzt werden können (vgl. Birnkraut 2011, 48; Höhne 2009, 108–111).

3 Spezifika von Evaluation im Kulturbereich

Geht man davon aus, dass es sich bei Kunst, z. B. einem kulturellen Projekt wie einer Theaterinszenierung, um die Markierung einer bestimmten künstlerischen Arbeit handelt, so entsteht diese immer im Kontext einer bestimmten Organisation (das Theater als Institution), deren Tätigkeit wiederum von einem Finanzierungsrahmen, von kulturellen Intentionen und von gesellschaftlichen Bedeutungen bestimmt wird (vgl. Baecker 2008, 104). Diesen Variablen lassen sich im Hinblick auf das Evaluationsparadigma veränderliche Indikatoren zuordnen, über die man eine Evaluationsanweisung erhält (vgl. Baecker 2008, 105). Hierzu gehören im Einzelnen:

- **Kritiken:** Diese werden üblicherweise nicht zur Evaluation gerechnet, die nicht den künstlerischen Inhalt zu überprüfen, sondern sich mit den Motiven einer kulturellen Verwertung zu befassen habe (vgl. Baecker 2008, 99). Die Kritik, die nicht die Strukturen des Kunstwerks wiederholt, sondern ein konkretes Angebot macht, wie über Kunst zu sprechen ist, verantwortet eine kommunikative Entfaltung des Potenzials von Kunst für die kulturelle Selbstverständigung einer Gemeinschaft. Dennoch lässt sich mithilfe des Indikators Kritik evaluativ feststellen, „ob und welche Kunstkritiken in einschlägig anerkannten Feuilletons" in unterschiedlichen Medien vorkommen (Baecker 2008, 106). Ferner lassen sich beispielsweise die Beherrschung von Technik, Repertoire, die Schlüssigkeit und Bedeutung des Bühnenbildes und der Inszenierung durchaus auch evaluativ erfassen (z. B. Expertenevaluation bei Wettbewerben durch Jurys). Kunstkritik kann somit durchaus evaluativ operieren, wenn sie als „Form kommunikativer Übertragung, die Kunst mit Diskursen in Beziehung setzt und so einen Transfer in Gang setzt, der Kunst als relevante Instanz für die Orientierung von Menschen in ihrer Gegenwart erweist" (Lüddemann 2007, 90).[1]
- **Rückkopplung:** Der Indikator Rückkopplung bezieht sich auf die Organisation und damit „die Qualität des Managements" eines Kulturprojekts. „Rückkopplungen betreffen die Art und Weise, in der ein Projekt Informationen über sich selbst produziert und auswertet" (Baecker 2008, 106), womit Aspekte des Qualitätsmanagements, der Führungs- und Autoritätsstrukturen, der arbeitsteiligen Kompetenzverteilung, Formen der Kommunikation inklusive Wege der Problemlösung, der Entscheidungsfindung und der Motivation angesprochen sind. Hier lassen sich auch strategische Ziele wie Kundenorientierung (Zufriedenheit mit dem Angebot), Wettbewerbsorientierung (Leistungserstellung auf der Basis von Marktelementen) oder Qualitätsorientierung (Nutzen der Angebote für die Kunden) erfassen.
- **Ressourcen:** Der Indikator Ressourcen bezieht sich hauptsächlich auf die Finanzierung, insbesondere auf die Kompetenzen in der Entwicklung alternativer Finanzierungsmodelle und deren Umsetzung (z. B. mit Sponsoren oder Stiftungen sowie im Bereich Fundraising).
- **Referenzen:** Der Indikator Referenzen verweist auf das Feld des Kulturellen, auf die kontextuelle Verankerung des eigenen kulturellen Angebotes mit anderen. Schließlich gewinnt jedes kulturelle Projekt „seine Identität" und seinen Wert „nur daraus, wie es sich in Beziehung zu anderen, komplementären und konkur-

---

[1] Kritisch anzumerken ist allerdings eine Entwicklung der Folgenlosigkeit von Kritik, die keine „selektiven Wirkungen" entfaltet und bei der es „eher um mediale Präsenz als um Urteilskraft" geht (Priddat 2011, 83).

rierenden Projekten bringt" (Baecker 2008, 108). Dieser Indikator erlaubt ebenfalls Hinweise auf die Wettbewerbsorientierung der Institution, verstanden als Orientierung im kulturellen Feld.
- **Resonanzen:** Der Indikator Resonanzen erlaubt Rückschlüsse auf die „gesellschaftliche Bedeutung eines kulturellen Projekts" (Baecker 2008, 108), wobei hier evaluativ zwischen den kulturellen Intentionen und ihrer jeweiligen (erwarteten, unterstellten) gesellschaftlichen Bedeutung zu differenzieren wäre (vgl. Baecker 2008, 109), bei der auf die Unterschiede zwischen (kulturpolitischer, ästhetischer) Leistungs- und Wirkungsorientierung zu achten wäre und bei der Kriterien wie Auslastungszahlen oder Besucherzufriedenheit eine Rolle spielen können.

Mit diesen Indikatoren erhält man ein Skript, das die Grenzen von zu evaluierenden Bereichen festlegen kann und das auf Evaluation als ein Konzept zweiter Ordnung verweist, welches die Komplexität von Kultur und Organisation nicht auf Fragen ökonomischer Effizienz und technischer Effektivität reduziert. Evaluation ist als ein Navigationscode zu verstehen, der darüber Auskunft geben soll, „welche Entscheidungen unter Rekurs auf welche Kriterien" den jeweiligen Variationen zugrunde liegen (Baecker 2009, 54).

In den Blick ist natürlich auch die Rolle des Evaluierenden selbst zu nehmen, der nicht nur Einstellungen, Normen und Erwartungen formuliert, an denen der zu evaluierende Bereich zu messen ist, sondern der selbst „einer Normierung seines Verfahrens und seines Verhaltens im Hinblick auf die Brauchbarkeit seines Vorgehens für das Handlungsfeld" unterliegt (Baecker 2008, 102).

Die Berücksichtigung dieser Indikatoren erfordert ferner eine Differenzierung in *qualitative* und *quantitative* Kennzahlen:
- Quantitative Indikatoren liefern Informationen über die Anzahl und Art von Inszenierungen (Premieren, Uraufführungen, neue Produkte, Wiederaufnahmen etc.), über die Akteure (Einsatz fester und freiberuflicher Mitarbeiter, Praktikanten, Honorarkräfte, Ehrenamtliche; Motivation und Motivationsgrad von Mitarbeitern, messbar über Absentismus und Wechsel, ferner Zufriedenheit mit Führung, Mitbestimmung, Aufstiegsmöglichkeiten, Gestaltungsfreiheit, Klima etc.), über die Zuschauer (Häufigkeit und Gründe eines Besuchs; Herkunft der Besuche: Einheimische, Auswärtige; Zufriedenheit von Besuchern, meist bezogen auf Service, Infrastruktur, Kommunikation, seltener auf künstlerische Qualität etc.), aber auch über die Anzahl der Medienberichte zum Beispiel über eine Inszenierung, die Anzahl und Art der Kooperationspartner und Netzwerke (Wahrnehmung in der Fachöffentlichkeit, der allgemeinen, der lokalen, regionalen, nationalen Öffentlichkeit; Rolle von Vernetzungen im Wirkungsbereich, z. B. mit anderen kulturellen, pädagogischen, wissenschaftlichen, politischen Institutionen).
- Qualitative Indikatoren liefern Informationen über Einstellungen, Bewertungen und Meinungen, ermöglichen eine Innensicht der Befragten (organisationale

Identität) und eine Außensicht (Image und Reputation) und können zu verändertem oder verbessertem Verstehen kultureller Inhalte, zum Beispiel bei pädagogischen Zielen, oder bei Einstellungsänderungen der Besucher gegenüber bestimmten Themen beitragen (bei normativen Zielen). Evaluiert werden in diesem Fall die Kategorien bzw. Attribute von Wir-Bewusstsein in einer Organisation in Relation zu den identitätskonstituierenden Maßnahmen und Programmen (*Corporate Design*, *Corporate Communication*, *Corporate Behavior*) im Hinblick auf den jeweiligen Grad an Integration. Das daraus entstehende Image einer Organisation lässt sich hinsichtlich der Wirkungen evaluieren, zum Beispiel als Glaubwürdigkeit der Organisation, Vertrauen in die Organisation, deren Akzeptanz, Reputation und Renommee.

Zu berücksichtigen ist ferner, dass viele der eben genannten qualitativen Indikatoren auch in skalierter quantitativer Form abgefragt werden können und damit eine unterschiedliche Kombination und Gewichtung verschiedener Frage- und Analyseformen möglich ist. Eine Entscheidung zugunsten einer qualitativen oder quantitativen Zurichtung ist dabei meist eine Frage der Ausrichtung der Evaluation und des ihr eingeschriebenen Erkenntnisinteresses (Innovationsaspekte, Offenheit der Fragestellung, kulturwissenschaftlich-künstlerische Orientierung), der damit zusammenhängenden spezifischen Vorgaben und Vorstellungen der die Evaluation ausführenden oder in Auftrag gebenden Institutionen und vor allem auch der für die Evaluierung zur Verfügung stehenden Ressourcen (Personal, Finanzen, Methodenkenntnis).

4 Relevanz von Evaluationen im Kulturbereich

Wendet man nun den Blick von den grundsätzlichen Überlegungen zur Evaluation auf die Bedürfnisse des Feldes, so wird in der anwendungsorientierten Literatur eine Fokussierung auf die Gründe, auf die Akteure, auf den zeitlichen Einsatz und Umfang und die Wirkungsebenen, ferner auf die Funktionen und auf die zugrunde gelegten Kriterien einer Evaluation vorgenommen. Als Gründe werden unter anderem genannt: Unterstützung und Verbesserung der Praxis, Anregung von Qualitätsmanagementprozessen, Bereitstellung von Daten für eine Konzeptentwicklung, Informationen über die Nutzerinteressen, Informationen über die Wirkung von Theater/ darstellender Kunst, Überprüfung von Wirkungshypothesen, Information und Dokumentation bezüglich der Angemessenheit von Strukturen, Anregung von Selbststeuerungsprozessen (vgl. Bockhorst 2008, 28). Häufig wird zudem eine Differenzierung zwischen Eigen- und Fremdevaluation vorgenommen, denen jeweils Vor- und Nachteile zuzuordnen sind (siehe Tabelle 2).

Thematisiert wird ferner der zeitliche Einsatz von Evaluation. In der Literatur wird in der Regel zwischen Vorab-Evaluationen (Untersuchung von etwas noch nicht Existentem wie neuen Konzepten oder Strukturen, somit vor dem Beginn eines Kul-

Tab. 2: Vor- und Nachteile von Eigen- und Fremdevaluationen (eigene Darstellung).

	Vorteile	Nachteile
Eigen-evaluation	– eigene Mitarbeiter/-innen sind mit organisationalen Abläufen vertraut – geringer Aufwand – hohe Sachkenntnis – unmittelbare Umsetzung	– internen Mitarbeiter(inne)n fehlt der Blick von außen (keine Unabhängigkeit) – Selbsttäuschung und Befangenheit (Betriebsblindheit) – interne Solidarstrukturen verhindern objektive Bewertungen – möglicherweise fehlende (Methoden)Kompetenz
Fremd-evaluation	– Neutralität – Unabhängigkeit – externer Blick gewährleistet alternative Wahrnehmung der Strukturen – Methodenkompetenz – neue, unkonventionelle Ideen	– geringe Sachkenntnis – höhere Kosten – Abwehrmechanismen der Internen (Abwehrreaktionen) – Verzerrung des Ergebnisses durch Interesse an Folgeprojekten (Akquiseproblem)

turprojektes wie einer Inszenierung) und begleitenden Evaluationen unterschieden. Bei Letzteren erfolgt eine Differenzierung zwischen prozessualer Evaluation, die „sich auf die Umsetzung und den Verlauf eines Projekts" bezieht und die auf „Zielvereinbarung, Qualitätsprüfung und Sicherung" fokussiert (de Perrot/Wodiunig 2008, 35), und formativer Evaluation, die „laufend Rückmeldungen über Verlauf und Umsetzung des Projekts" gibt. Hieran schließen sich die summative und die Ex-post-Evaluation an. Die summative Evaluation „bewertet rückblickend den Verlauf, die Ergebnisse und Wirkungen eines Projekts" und dient „zur Entscheidungsfindung [...] über die Weiterführung oder den Abbruch" eines Projektes bzw. der Qualitätssicherung (de Perrot/Wodiunig 2008, 35). Ex-post-Evaluationen sollen die „langfristigen Wirkungen eines Projekts und dessen Nachhaltigkeit erfassen" (de Perrot/Wodiunig 2008, 35).

So wäre zum Beispiel durchaus zu empfehlen, gerade medial erfolgreiche Projekte wie *Jeki* (Jedem Kind ein Instrument) oder *Rhythm is it* der Berliner Philharmoniker hinsichtlich ihrer Langfristig- und Nachhaltigkeit zu evaluieren und dabei auch zu untersuchen, inwieweit beispielsweise durch *Jeki* bestehende musikpädagogische Strukturen (Musikschulangebote im Ruhrgebiet) substituiert worden sind und welche bildungs- und kulturpolitischen sowie finanziellen Konsequenzen es hat, wenn Theaterproduktionen inzwischen einen höheren Anteil an pädagogischen als an regulären Veranstaltungen einnehmen.

Die Tabelle 3 fasst die Möglichkeiten eines zeitlichen Einsatzes von Evaluation zusammen.

Tab. 3: Zeitlicher Einsatz von Evaluationen (eigene Darstellung).

Art	Parameter	Leitfragen
Input	Aufwand/ Einsatz	Erreichung des Ziels mit den geplanten Mitteln?
Output	Ertrag/ quantitatives Ergebnis	Quantitativ messbares Ergebnis (Umsatz, Teilnehmerzahlen)?
Outcome	Qualitatives Ergebnis	Qualität eines Ereignisses, Erfüllung der qualitativen Erwartungen: Hat sich die Situation der Kulturpolitikbegünstigten verbessert?
Impact	Langfristige Wirkung	Messung von Nachhaltigkeit: Haben Zielgruppen ihr Verhalten tatsächlich verändert?

Jeglicher Evaluation wird man eine gewisse Funktionalisierung im Hinblick auf die Optimierung organisationaler Abläufe zusprechen müssen (vgl. Stockmann/ Meyer 2010, 73; Stockmann 2013, 63 f.). Konkret geht es bei Evaluationen immer um
- Erkenntnisgewinnung, die durch Bereitstellung von Informationen und deren Dokumentation organisationsrationale Entscheidungen ermöglichen,
- Kontrolle, durch die eine Überprüfung der Erreichung geplanter Ziele auf der Basis von Zielvorgaben ermöglicht wird,
- Entwicklung von Lernprozessen, da die gewonnenen Informationen Erkenntnis und Kontrolle liefern, welche die Entwicklung von Programmen und Projekten ermöglichen,
- Legitimation, da die Daten im Evaluationsprozess belegen können, mit welchen Ressourcen welche Aktivitäten umgesetzt und welche (langfristigen) Wirkungen damit erzielt wurden.

Zu unterscheiden ist dabei zwischen Evaluationen von – zeitlich befristeten – Projekten und auf Dauer angelegten Institutionen. Nach Stockmann und Meyer handelt es sich bei der Evaluation von Projekten um zeitlich begrenzte Untersuchungen, „die der Beurteilung laufender oder abgeschlossener Projekte dienen, einschließlich ihrer Konzeption, ihrer Umsetzung und ihrer Ergebnisse" (Stockmann/Meyer 2010, 15).

Evaluationen von Institutionen sind dagegen „komplexer, langfristiger und anstrengender für die Institutionen. Es geht hier um eine Mischung aus quantitativen Zahlen und qualitativen Aussagen über Prozesse, es geht um Schnittmengen zwischen Abteilungen, um Organisationsstrukturen und Führungsstrukturen, Leitbilder und ihre Umsetzung, Strategien und ihre Einhaltung" (Birnkraut 2011, 15).

Fasst man die Kriterien von Evaluation zusammen, so erhält man die in Tabelle 4 dargestellte idealtypische Übersicht.

Zu berücksichtigen bei jeder empirischen Methode sind ferner im Hinblick auf die Datenerhebung die Kriterien Objektivität, Reliabilität, Validität, Relevanz, Auf-

Tab. 4: Kriterien von Evaluationen (eigene Darstellung).

Zweckmäßigkeit	Verhältnis von Zielen und kulturpolitischen Vorgaben/Erwartungen (Politikproblem)
Effektivität	Überprüfung der Interventionshypothese
Wirksamkeit	Überprüfung der Kausalhypothese
Allokative Effizienz (Verhältnis von Outcome und Ressourcen)	Kosten-Nutzen-Analyse: Quantifizierung und Monetarisierung Kosten-Wirksamkeits-Analyse: Vergleich der Kosten alternativer Maßnahmen
Produktive Effizienz	Verhältnis von Output und Ressourcen

wand, Akzeptanz und Nachhaltigkeit. Objektivität ermöglicht eine Überprüfbarkeit der Daten/Ergebnisse durch Dritte. Reliabilität misst die Zuverlässigkeit der Erhebung oder Messung, zum Beispiel durch Erhebung der gleichen Daten zu verschiedenen Zeitpunkten oder durch unabhängige Bewerter (Retest-Reliablität). Validität bezieht sich auf die Gültigkeit der Erhebung, überprüft, ob auch das erhoben wird, was erhoben werden soll. Mit Aufwand werden die für die Durchführung notwendigen kapazitären und finanziellen Ressourcen erfasst, die seitens der Kulturinstitution aufzubringen sind (vgl. Baumgarth u. a. 2014, 258–263). Mit dem Kriterium der Relevanz kann vor allem die Gültigkeit qualitativer Kennzahlen verbessert werden, indem neben dem Geltungsbereich getroffener Aussagen auch die Grenzen ihrer Generalisierung stärker reflektiert werden.

5 Evaluation im Theater

Zunächst ist zu berücksichtigen, dass es sich bei Theatern um höchst unterschiedliche Unternehmensformen (privat, gemeinnützig bis staatlich; Gastspielbetrieb und Ensemblebetrieb), Rechtsformen (Eigenbetrieb, Regiebetrieb, Verein, Stiftung, gGmbH, AG) und Betriebsformen (von En-suite- bis Repertoiretheater) mit unterschiedlichen inhaltlichen bzw. professionellen Ausprägungen (Laienbühne bis Staatstheater) handelt. Beschränkt man sich auf Theater in öffentlicher Trägerschaft (Staatstheater, Stadttheater, Landesbühnen) mit einem festen Ensemble, so lassen sich als Sachziele die Inszenierung und Präsentation von Bühnenwerken formulieren, als Formalziele die a) dem Hochkulturparadigma gemäße Verwirklichung von institutionell relevanter Kunst, b) die für Institution und Träger relevante Erfüllung eines öffentlichen Auftrags, c) die Berücksichtigung der Publikumsbedürfnisse (Publikumsrelevanz), d) anstelle von erwerbswirtschaftlichen Formalzielen (Gewinnmaximierung) eine für Institution und Träger relevante Wirtschaftlichkeit.

Von diesen Voraussetzungen ausgehend, lassen sich eine Reihe von Indikatoren bzw. Kennzahlen heranziehen, die nach quantitativen, da statistisch erfassbaren Kriterien, nach quantitativen wie qualitativen Kriterien, da skalierbar, aber auch typisierbar, und nach rein qualitativen Kriterien differenziert werden (siehe Tabelle 5).

Tab. 5: Quantitative und qualitative Kriterien (eigene Darstellung).

Quantitativ	Quantitativ und qualitativ (skalierbar oder typisierbar)	Qualitativ
– Zahl der Besucher (Auslastung) – Besuchshäufigkeit – Anzahl medialer Berichte (Kritiken, Rezensionen) – Klicks auf der Website – Fixkostendeckung – Eigenerwirtschaftungsquote – Drittmittelquote (Sponsoring, Fundraising) – Umsatzquote pro Besucher – Verhältnis Produktionskosten/Anzahl der Aufführungen – Finanzabschluss – Korrelations- und Regressionsvariablen (bspw. Zusammenhänge Alter-Bildungsgrad, Alter-Bildungsgrad-Besuchshäufigkeit etc.)	– Bewertungen von Inszenierungen – Motivation der Besucher/-innen – Zufriedenheit der Besucher/-innen – Zufriedenheit der Mitarbeiter/-innen – Besuchsgründe – Imageuntersuchungen: Welches Bild, welche Reputation vom Theater besteht in den verschiedenen Gruppen? – Mediale Berichterstattung (Genre, Themen, kulturelle Muster, Argumentationsstrategien) – Einstellungsänderungen der Besucher gegenüber bestimmten Themen	– Verankerung im sozialen/ kommunalen Raum – Art der Kooperationen und Einsicht in Netzwerkstrukturen – Veränderung des Verstehens kultureller Inhalte – Eigensichten in Bezug auf Reflexion und Interpretation von Inszenierungen – Eigensichten in Bezug auf Strukturwandelprozesse

Beispiel: Auslastung von Theatern
Das derzeitige Einspielergebnis in den Darstellenden Künsten liegt laut DBV bei ca. 19 %, wobei sich zwischen einzelnen Häusern gravierende Unterschiede dokumentieren. Die *Bayerische Staatsoper* in München und die *Sächsische Staatsoper* in Dresden kamen in der Spielzeit 2012/13 auf ein Einspielergebnis von 37,2 % bzw. 29,8 %, während die inzwischen geschlossenen Häuser in Frankfurt/Oder und Brandenburg in der Spielzeit 1998/1999 auf ein Ergebnis von 3,2 % bzw. 6 % kamen (vgl. DBV 2013).

Beispiel: Nichtbesuchererhebungen
Erhebungen zu Nichtbesuchern verweisen in der Regel auf der Basis von demografischen Daten sowie Daten zur kulturellen Praxis und zu kulturellen Werthaltungen auf bestimmte Nutzungsbarrieren. Genannt werden zum Beispiel in einer DBV-Studie als Gründe für den Nichtbesuch einer Theateraufführung: alternative Freizeitange-

bote, mangelnde Service-Angebote, hohe Kosten, mangelnde Einbindung durch das soziale Umfeld, inhaltliche Resistenz, Informationsdefizite und Effekte der Sozialisation (vgl. DBV 2002).

Auf weitere Möglichkeiten einer theaterrelevanten Evaluation weist ein *theatersemiotischer* Ansatz wie der von Fabel (1998) hin, der im Hinblick auf die Qualität von Theater zwischen dramaturgischen, inszenatorischen, auditiv-visuellen und schauspielerischen Teilqualitäten und deren Zusammenwirken unterscheidet. Bei diesem *produktbezogenen* Qualitätsansatz liegt die Bewertung letztlich bei den (Theater-)Experten. Die Erfassung der künstlerischen Qualität einer Aufführung erfolgt über die Analyse der Zeichenträger, also der Interrelationen einzelner Momente im Kontext von Spannungsaufbau, Figurenkonstellation und Dialogen. Der *führungstheoretische* und *herstellerbezogene* Ansatz von Boerner (2002) nimmt dagegen die Stimmigkeit der einzelnen Elemente der Aufführung in den Blick. Hierzu gehören das Rhythmusproblem, das Intonationsproblem, Unfälle und Irrtümer, das Dynamikproblem, Probleme im musikalischen Ausdruck, Defizite in der Darstellung sowie Schwächen in der Inszenierungswirkung. Eine Qualitätsbestimmung erfolgt hier als Abwesenheit von Beeinträchtigungen. Eine Schwierigkeit bei diesen produktionsorientierten Ansätzen von Fabel und Boerner liegt sicher in der Bestimmung von Qualität als inhärenter Eigenschaft des Kunstwerks bzw. von dessen Inszenierung. Auf der anderen Seite gibt es durchaus Ausbildungsstandards, die in der Lehre an Kunsthochschulen eingesetzt werden und die eine Grundlage einer derart produktionsorientierten Evaluation bilden könnten.

Demgegenüber hat man es bei *wertbasierten* (Preis-Leistungs-Verhältnis) und *kundenbezogenen* Qualitätsansätzen mit einem anderen Problem, der Operationalisierung zu tun. Rekonzeptualisiert man Theater als Anforderungssystem, dann fungiert Qualität als der Grad, in dem die Anforderungen, die die vielfältigen Akteure in ihrer jeweiligen Rolle wechselseitig an sich stellen, erfüllt sind. Die Akteure im Theater sind: Zuwender, Abnehmer, Zulieferer und Wettbewerber, Kooperationspartner und Medienvertreter sowie Mitarbeiter (vgl. Vorwerk 2012). Ausgangspunkt ist hier das Verständnis des Menschen als handelnder Akteur, als Urheber von Produkten und Beteiligter an Prozessen. Der Untersuchungsfokus legt somit das Interesse auf die wechselseitigen Anforderungsbeziehungen. Qualität wird als Phänomen, nicht als Eigenschaft betrachtet, es geht um den Nachweis von Qualität als Ergebnis kollektiven Handelns aller Akteure. Ausgangspunkt ist ferner eine ganzheitliche, antihierarchische und antiorganisationale Betrachtung. Die evaluative Untersuchung integriert somit die Entstehung und Wirkung ästhetischer Prozesse und Wünsche bzw. lenkt den Blick auf reale zwischenmenschliche Strukturen statt auf die Hierarchie-Horizontale des Systems oder Feldes mit Zentrum und Peripherie, und bezieht die Theaterumwelt jenseits der Organisation mit ein. Theater wird als dynamisches System betrachtet, evaluiert werden die Prozesse kontinuierlicher Veränderung. Es geht in diesem Verfahren nun darum, spezifische Positions- und Rollenfelder in Bezug auf Strukturen und inhaltliche Anforderungsdimensionen der Institution Theater zu ermitteln. Zu diesem Zweck wird eine räumliche Kartierung der Organisation zwischen Zentrum und Peripherie vorgenommen und diese in Relation zu bestimmten Akteuren gestellt (siehe Tabelle 6).

Tab. 6: Räumliche Kartierung (eigene Darstellung).

Zentrum (Mittelpunkt) und Subzentren	Theaterleitung
	Technische Leitung, Öffentlichkeitsarbeit, KBB, Regisseure
Zwischenzonen	Verteiler: Dramaturgie (Position zwischen Akteuren einer Produktion), Solisten, Publikum (zwischen Anforderungen an künstlerische Akteure und Service-Akteure)
	Trichter: musikalische Leitung und Einstudierung (Fokus nur auf Sänger/-innen und Musiker/-innen und deren Koordination), Kulturpolitik
Peripherie	Statisten, Freundeskreise

Im Ergebnis geht es nun um die Kartierung der Zufriedenheit in Relation unterschiedlicher Rollenprofile zum Beispiel für a) notorische Qualitätsverhinderer, die eher extern verortet werden wie Kritiker, Medien, Kulturpolitik, und b) typische Qualitätsmacher.

6 Diskussion und Ausblick

Wendet man sich abschließend der Akzeptanz von bzw. den Erwartungen an Evaluationsmaßnahmen durch die Beteiligten zu, so erhält man je nach Akteursgruppe unterschiedliche Nennungen. Auf der Grundlage einer im Jahr 2011 in Weimar eingereichten Masterarbeit, in der Erwartungen an und Erfahrungen mit Controlling an Thüringer Theatern empirisch erhoben wurden (vgl. Schmidt, D. 2011), lassen sich für Evaluationsprozesse aus der Perspektive der Theaterbetriebe folgende Kriterien als sinnvoll zur Bemessung finanzieller Ressourcen ansehen: der künstlerische Anspruch an Spielplan und einzelne Produktionen (Ausgewogenheit), die regionale Bedeutung des Hauses, Kinder- und Jugendprojekte, das Profil des Hauses (kulturpolitischer Auftrag, künstlerischer Schwerpunkt), Zukunftsperspektiven (Innovation, Vorbildwirkung, Kooperationen), Berücksichtigung der Kostensteigerungen, Ausstattungs- und Investitionsbedarf, verantwortungsbewusster Umgang mit Zuschüssen, der Anteil von Eigeneinnahmen und Drittmitteln, wobei sich die Perspektive je nach Akteursgruppe durchaus ändern kann.

7 Vertiefungsaufgaben und -fragen

1. Diskutieren Sie zentrale Pro- und Kontra-Argumente von Evaluation im Hinblick auf Projekte und Institutionen der darstellenden Künste!
2. Stellen Sie qualitative und quantitative Verfahren zur Ermittlung von Besucherzufriedenheit vor!
3. Lässt sich Kunst, zum Beispiel eine Theateraufführung, inhaltlich evaluieren? Welche qualitativen Möglichkeiten gibt es hierfür?
4. Diskutieren sie künstlerische und kulturpolitische Kriterien, die für Evaluationen in Theatern herangezogen werden können.

8 Literatur

Almstedt, Matthias (2005): Operatives Controlling im öffentlichen Theater – ein Ansatz aus der Praxis. In: Zeitschrift für Controlling und Management, Sonderheft 2, S. 110–123.
Baecker, Dirk (2008): Zur Evaluation kultureller Projekte. In: Zeitschrift für Evaluation 7, Heft 1, S. 97–111.
Baecker, Dirk (2009): Zumutungen organisierten Arbeitens im Kulturbereich. In: Forschen im Kulturmanagement. Jahrbuch für Kulturmanagement, Band 1. Bielefeld: transcript, S. 31–63.
Baumgarth, Carsten/Kaluza, Marina/Lohrisch, Nicole (2014): Vom Markenaudit zum QuickCheck – holistische Tools zur Evaluation von Marken im Kulturbereich. In: Baumgarth, Carsten/Höhne, Steffen/Ziegler, Ralph Philipp (Hrsg.): Kulturbranding IV. Konzepte, Erkenntnisse und Perspektiven zur Marke im Kulturbereich. Leipzig: Universitätsverlag, S. 253–265.
Birnkraut, Gesa (2011): Evaluation im Kulturbetrieb. Wiesbaden: Spinger.
Bockhorst, Hildegard (2008): Evaluation als Instrument kulturpolitischer Steuerung – Folgerungen. In: Ermert, Karl (Hrsg.): Evaluation als Grundlage und Instrument kulturpolitischer Steuerung. Wolfenbüttel: Bundesakademie für kulturelle Bildung, S. 89–98.
Boerner, Sabine (2002): Führungsverhalten und Führungserfolg. Beitrag zu einer Theorie der Führung am Beispiel des Musiktheaters. Wiesbaden: DUV.
Deutscher Bühnenverein (DBV) (2001): Theaterstatistik 1999/2000. Heft 35. Köln: Deutscher Bühnenverein.
Deutscher Bühnenverein (DBV) (2002): Auswertung und Analyse der repräsentativen Befragung von Nichtbesuchern deutscher Theater. Köln: Deutscher Bühnenverein.
Deutscher Bühnenverein (DBV) (2013): Theaterstatistik 2012/2013. Heft 48. Köln: Deutscher Bühnenverein.
Fabel, Martin (1998): Kulturpolitisches Controlling. Ziele, Instrumente und Prozesse der Theaterförderung in Berlin. Frankfurt a. M.: Lang.
Hitzler, Ronald/Honer, Anne/Pfadenhauer, Michaela (Hrsg.) (2008): Posttraditionale Gemeinschaften. Theoretische und ethnografische Erkundungen. Wiesbaden: VS.
Höhne, Steffen (2009): Kunst- und Kulturmanagement. Eine Einführung. Paderborn: Fink-UTB.
Höhne, Steffen/Maier, Mathias/Zaddach, Wolf-Georg (Hrsg.) (2014): Musikwirtschaft 2.0. Bestandsaufnahmen und Perspektiven. Leipzig: Universitätsverlag.
Lüddemann, Stefan (2007): Mit Kunst kommunizieren. Theorien, Strategien, Fallbeispiele. Wiesbaden: VS.

Mokre, Monika (2011): Standortfaktor Kreativität. Probleme des kreativwirtschaftlichen Clustering. In: Kulturmanagement und Kulturpolitik. Jahrbuch für Kulturmanagement Band 3. Bielefeld: transcript, S. 243–263.

Perrot, Anne-Catherine de/Wodiunig, Tina (2008): Evaluieren in der Kultur. Warum, was, wann und wie? Ein Leitfaden für die Evaluationen von kulturellen Projekten, Programmen, Strategien und Institutionen. Hrsg. von Migros-Kulturprozent und Schweizer Kulturstiftung Pro Helvetia. Zürich.

Priddat, Birger P. (2011): Kulturmanagement als Organisation agonaler Kompetition. In: Kulturmanagement und Kulturpolitik. Jahrbuch für Kulturmanagement, Band 3. Bielefeld: transcript, S. 81–93.

Reckwitz, Andreas (2012): Creative Cities. Die Kulturalisierung der Stadt. In: Reckwitz, Andreas, Die Erfindung der Kreativität. Zum Prozess gesellschaftlicher Ästhetisierung. Frankfurt a. M.: Suhrkamp, S. 269–312.

Schmidt, Diana (2011): Controlling im Theater. Eine kulturpolitische Betrachtung. Masterarbeit. Weimar: Hochschule für Musik.

Schmidt, Thomas (2011): Theater im Wandel. Vom Krisenmanagement zur Zukunftsfähigkeit. In: Kulturmanagement und Kulturpolitik. Jahrbuch für Kulturmanagement, Band 3. Bielefeld: transcript, S. 161–182.

Stockmann, Reinhard (2013): Zur Methodik von Evaluationen in der Kultur und Kulturpolitik. In: Hennefeld, Vera/Stockmann, Reinhard (Hrsg.): Evaluation in Kultur und Kulturpolitik. Eine Bestandsaufnahme. Münster u. a.: Waxmann, S. 53–86.

Stockmann, Reinhard/Meyer, Wolfgang (2010): Evaluation. Eine Einführung. Opladen: UTB.

Vorwerk, Christopher (2012): Qualität im Theater. Anforderungssysteme im öffentlichen deutschen Theater und ihr Management. Wiesbaden: Springer VS.

Teil IV: **Inhaltsdimensionen von Bildungsevaluation**

Rebecca Lazarides und Sonja Mohr
Leistungsevaluation und Kompetenzmessung in Schule und Unterricht

1 Gesellschaftliche Relevanz und Spezifik von Leistungsevaluation und Kompetenzmessung in Schule und Unterricht

Die Ergebnisse von Maßnahmen zur Leistungsevaluation an Schulen werden in der Öffentlichkeit intensiv diskutiert. Großangelegte, nationale oder internationale Schulleistungsvergleichsstudien haben zum Ziel, die Erträge von Lehr-Lernprozessen zu erfassen, um Orientierungswissen für die Gestaltung dieser zu erhalten und um die Effektivität der eingesetzten Ressourcen (Bildungsbudget etc.) zu prüfen. Gesellschaftliche und bildungspolitische Debatten, die sich mit den Ergebnissen von Leistungsevaluationen in Schule und Unterricht befassen, fokussieren daher auch mögliche Entwicklungsperspektiven des gesamten Bildungssystems.

Vergleichende Schulleistungsstudien wurden in Deutschland erstmals in den 1990er-Jahren initiiert. Besonderes Interesse haben die Ergebnisse der ersten international vergleichenden PISA-Studie (*Programme for International Student Assessment*) hervorgerufen: Aufgrund des vergleichsweise „schlechten" Abschneidens Deutschlands kam es zum sogenannten PISA-Schock (die durchschnittlichen Leistungen der deutschen Schüler/-innen lagen in allen Bereichen unter dem OECD-Durchschnitt; Stanat u. a. 2002). Zuvor hatten bereits die Ergebnisse der TIMS-Studie (*Trends in International Mathematics and Science Study*) Debatten über die Wirksamkeit des Bildungssystems ausgelöst, da die Resultate der Studie unter anderem zeigten, dass die Mathematikleistungen deutscher Schüler/-innen im internationalen Vergleich nur im Mittelfeld lagen (für eine ausführliche Darstellung siehe Kohler 2005). Die TIMS-Studie war die erste, von der *International Association for the Evaluation of Educational Achievement* (IEA) durchgeführte und international vergleichende Schulleistungsstudie, an der sich Deutschland beteiligte.

Mit der Durchführung von Studien zur Leistungsevaluation an Schulen ging ein grundsätzlicher, bildungspolitisch gesteuerter Paradigmenwechsel einher. Bis dahin wurde das Bildungssystem durch den „Input" (z. B. Lehrpläne, Budgets) gesteuert. Als Konsequenz aus den internationalen Schulleistungsergebnissen sollte zukünftig der „Output" (Leistungen, Lernergebnisse, Kompetenzen) als Maßgabe für die Steuerung fungieren (BMBF 2007). Um den Output – insbesondere die Lernergebnisse von Schüler(inne)n – beurteilen zu können, beschloss die *Kultusministerkonferenz*, nationale Bildungsstandards für bestimmte Fächer (z. B. Deutsch und Mathematik) an spezifischen Schnittstellen des Bildungssystems (z. B. für den Primarbereich oder den mittleren Schulabschluss) als verbindliche Kriterien festzulegen (vgl. KMK 2004a). Diese sollen Bildungsziele – als Kompetenzen – benennen und festschreiben. Sie dienen der Orientierung und haben eine Entwicklungs- sowie eine Monitoringfunktion.

Um die empirische Prüfung der bildungspolitischen Vorgaben zu erreichen und um den Leistungsbegriff in Schule und Unterricht zu spezifizieren, galt es zunächst, ein allgemeingültiges Verständnis darüber zu erlangen, was Schulleistungen sind. Um den zu evaluierenden Output über zu messende Wissensbestände zu definieren, wurde der Leistungsbegriff durch das Konzept der Kompetenz ersetzt (vgl. Weinert 2001, 27).

Angeregt durch die *Kultusministerkonferenz* erschien im Jahr 2001 ein von Franz E. Weinert erarbeitetes Kompendium, das eine Bestandsaufnahme zur Leistungsmessung und zu Leistungsstudien darstellte. Der darin formulierte *Kompetenzbegriff* bildet die Grundlage für die Formulierung der *Bildungsstandards* (vgl. BMBF 2007) sowie für den Großteil der in den folgenden Jahren durchgeführten empirischen Untersuchungen.

Weinert definiert Kompetenz als „die bei Individuen verfügbaren oder durch sie erlernbaren kognitiven Fähigkeiten und Fertigkeiten, um bestimmte Probleme zu lösen, sowie die damit verbundenen motivationalen, volitionalen und sozialen Bereitschaften und Fähigkeiten, um die Problemlösungen in variablen Situationen erfolgreich und verantwortungsvoll nutzen zu können" (BMBF 2007, 27 f.). Schüler(inne)n sollten demnach – so Weinert – als Ertrag der schulischen Lehr-Lernprozesse folgende Kompetenzen erwerben: fachliche Kompetenzen (in den Unterrichtsfächern), fachübergreifende Kompetenzen (z. B. Teamfähigkeit) sowie Handlungskompetenzen, die den flexiblen Einsatz von Kenntnissen und Fertigkeiten ermöglichen. Diese Handlungskompetenzen stehen dabei in Zusammenhang mit den kognitiven, sozialen, motivationalen, volitionalen und moralischen Aspekten.

In der Expertise des BMBF zu den nationalen Bildungsstandards wird dieses Verständnis von Kompetenz am Beispiel der Fremdsprachenkompetenz illustriert: Die verschiedenen Facetten der Kompetenz nach Weinert (Fähigkeit, Wissen, Verstehen, Können, Handeln, Erfahrung, Motivation) werden daran deutlich,

- wie gut man kommunikative Situationen bewältigt (Handeln und Erfahrung),
- wie gut man Texte unterschiedlicher Art versteht (Verstehen) und
- selbst adressatengerecht Texte verfassen kann (Können),
- aber unter anderem auch in der Fähigkeit, grammatische Strukturen korrekt aufzubauen und bei Bedarf zu korrigieren (Fähigkeit und Wissen),
- oder in der Intention und Motivation sich offen und akzeptierend mit anderen Kulturen auseinander zu setzen (Motivation) (BMBF 2007, 72 f.).

Derzeit beteiligt sich Deutschland beispielsweise an folgenden international vergleichenden Studien zur Leistungsevaluation und Kompetenzmessung: *Progress in International Reading Literacy Study* (PIRLS bzw. IGLU – *Internationale Grundschul-Lese-*

Untersuchung), Trends in International Mathematics and Science Study (TIMSS), *Programme for International Student Assessment* (PISA). Darüber hinaus wurden auch einige nationale Untersuchungen entwickelt und umgesetzt, z. B.: *Deutsch-Englisch-Schülerleistungen-International* (DESI), *Nationales Bildungspanel* (NEPS), *Vergleichsarbeiten in der 3. und 8. Jahrgangsstufe* (VERA-3, VERA-8).

2 Bedeutung von Leistungsevaluation und Kompetenzmessung in Schule und Unterricht

Gesellschaftlich wird den Ergebnissen der im vorangegangenen Abschnitt genannten Studien zur Leistungsevaluation und Kompetenzmessung an Schulen seit dem Beschluss einer *Gesamtstrategie zum Bildungsmonitoring* durch die KMK (2006) eine besondere Relevanz zugeschrieben. Die Evaluation von Kompetenzen soll demnach vor allem dem Bildungsmonitoring (Feststellung von Ergebnissen des Bildungssystems) dienen, aber auch die Weiterentwicklung des Bildungssystems ermöglichen. In der Gesamtstrategie wurden folgende vier Schwerpunkte bzw. Maßnahmen festgelegt:
- Internationale Schulleistungsuntersuchungen (verantwortet von der IEA oder OECD)
- Zentrale Überprüfung des Erreichens der Bildungsstandards im Ländervergleich (verantwortet vom *Institut zur Qualitätsentwicklung im Bildungswesen*)
- Vergleichsarbeiten zur landesweiten Überprüfung der Leistungsfähigkeit einzelner Schulen (verantwortet vom *Institut zur Qualitätsentwicklung im Bildungswesen*)
- Gemeinsame Bildungsberichterstattung von Bund und Ländern, erarbeitet unter Federführung des *Deutschen Instituts für Internationale Pädagogische Forschung* (vgl. Autorengruppe Bildungsberichterstattung 2014).

Die Schwerpunkte verdeutlichen die herausragende Bedeutung, die Evaluation für das Bildungsmonitoring hat. Neben dem Monitoring sollen Evaluationsergebnisse auch zur Unterrichts- und Schulentwicklung beitragen. Die KMK betont in ihrer Gesamtstrategie die Notwendigkeit der Verbindung dieser beiden Funktionen. So müsse sichergestellt werden, „dass Informationen über die Qualität des Bildungssystems so weit wie möglich auch für die Entwicklung jeder einzelnen Schule genutzt werden können" (KMK 2006, 6).

2.1 Nutzung von Evaluationsergebnissen für das Bildungsmonitoring

Erfolgreiches Bildungsmonitoring setzt voraus, dass „Formen der Beobachtung des Bildungssystems" implementiert werden, die die Erfassung des Outputs (Ergebnisse des Lernens) ermöglichen (KMK 2006, 6). Die KMK sieht vor, die unterschiedlichen internationalen Leistungsvergleichsstudien zu nutzen, um die Leistungsfähigkeit des deutschen Bildungssystems beurteilen zu können. Damit wird angestrebt, die internationale Anschlussfähigkeit Deutschlands zu sichern, zum Beispiel indem die Bildungsstandards an die in internationalen Schulleistungsvergleichsstudien gesetzten Maßstäbe (Kompetenzen) angepasst werden. Getestet werden in unterschiedlichen internationalen Studien unter anderem die Leistungen der Schüler/-innen der 9. Jahrgangsstufe (PISA) sowie der 4. Jahrgangsstufe (PIRLS/IGLU, TIMSS).

Internationale Schulleistungsvergleichsstudien sind zwar anschlussfähig an die deutschen Bildungsstandards, decken jedoch nicht alle Fächer sowie Schnittstellen des Bildungssystems ab. In der Verantwortung des *Instituts zur Qualitätsentwicklung im Bildungswesen* (IQB), das die Arbeiten der Länder in der Bundesrepublik Deutschland bei der kontinuierlichen Weiterentwicklung und Sicherung von Bildungserträgen im Schulsystem unterstützt, liegt daher die ländervergleichende Testung für den Primarbereich in der 3. Jahrgangsstufe, für den Hauptschulabschluss in der 8. Jahrgangsstufe sowie für den Mittleren Schulabschluss in der 9. Jahrgangsstufe. Im Hinblick auf das nicht in allen Bundesländern eingeführte Zentralabitur existiert keine derartige länderübergreifende Evaluation der Leistungen von Schüler/-innen. Die dargestellten nationalen Testungen werden – wenn möglich – an die internationalen Studien gekoppelt.

Alle diese Untersuchungen sollen mittels repräsentativer Stichproben Ergebnisse für vergleichende Analysen liefern (z. B. im Zeitverlauf oder als Schulartenvergleich). Rückschlüsse auf einzelne Schulen sind nicht möglich. Demgegenüber ist das Ziel der Vergleichsarbeiten, alle Schulen und Klassen zu erfassen, damit Schulen und Lehrkräfte konkrete Ansatzpunkte für die eigene Unterrichtsgestaltung erhalten.

Die Evaluationsergebnisse der Schulleistungsvergleichsstudien werden im zweijährigen Rhythmus im Bericht „Bildung in Deutschland" aufbereitet. Ziel ist, „den Beitrag von Bildung in Deutschland für die Persönlichkeitsentwicklung des Einzelnen, für die Humanressourcen der Gesellschaft sowie für Chancengleichheit und soziale Integration empirisch belegt" darzustellen (KMK 2006, 23).

2.2 Nutzung von Evaluationsergebnissen für die Gestaltung kompetenzorientierten Unterrichts

Die Aufstellung von Bildungsstandards (vgl. KMK 2004a) hat dafür gesorgt, dass die Schulen bzw. Lehrkräfte vor der Herausforderung standen, diese für die Gestaltung

des Unterrichts zu nutzen. Zu dieser Frage hat die KMK gemeinsam mit dem IQB eine Konzeption zur Nutzung der Bildungsstandards für die Unterrichtsentwicklung erstellt (vgl. KMK/IQB 2013). Darin soll zunächst über die Darstellung kompetenzorientierter Aufgaben (die wiederum die Testung von Kompetenzen ermöglichen) ein Verständnis der Kompetenzorientierung (bzw. des Kompetenzstufenmodells) erreicht werden. Ein „datengestützter Entwicklungskreislauf", den Schulen für die Gestaltung und Verbesserung des Unterrichts nutzen können, sollte nach Maßgabe der Konzeption folgende fünf Stufen durchlaufen (vgl. KMK/IQB 2010, 19):
- Überprüfung des Lernstandes (z. B. mithilfe der VERA-Studien, siehe auch Abschnitt 5),
- Auswertung der Ergebnisse in den Fachgruppen,
- Austausch über mögliche Ursachen unter den Lehrkräften,
- gemeinsame Festlegung von Zielen und Maßnahmen,
- Umsetzung der Maßnahmen im Unterricht.

Mögliche Maßnahmen finden sich ebenfalls in der Konzeption und bieten damit Anregungen für die Unterrichtsgestaltung.

3 Kriterien und Indikatoren für die Evaluation von Leistungen und Kompetenzen

Als *Kriterien* für die Evaluation von Schulleistungen – insbesondere für die Einordnung und Interpretation der Evaluationsergebnisse – werden in allen Studien komplexe Kompetenzstrukturmodelle herangezogen. *Indikatoren* für die Evaluation der Kompetenzen von Schüler(inne)n sind die Ergebnisse der durchgeführten Tests oder Vergleichsarbeiten. Die in Abschnitt 1 erwähnten nationalen und internationalen Schulleistungsvergleichsstudien verfolgen dabei unterschiedliche Ziele: Die Indikatoren (Testergebnisse) werden entweder für den (z. B. internationalen) Vergleich genutzt und erfüllen eine Monitoringfunktion (Systemmonitoring), oder sie werden herangezogen, um Lehrkräften und Schulen bzw. Landesinstituten Informationen für die Unterrichts- und Schulentwicklung zu liefern.

Die Feststellung der Kompetenzen von Schüler(inne)n anhand der Testergebnisse basiert auf komplexen *Kompetenzstufen-* bzw. *Kompetenzniveaumodellen*. Sie beschreiben, welche Anforderungen Schüler/-innen mit einem bestimmten Testwert in einem spezifischen Bereich mit hinreichender Sicherheit bewältigen können (vgl. Watermann u. a. 2003). Es wird also nicht davon ausgegangen, dass die Anzahl gelöster Aufgaben ein valider Indikator für das individuelle Kompetenzniveau Lernender ist (vgl. Hartig u. a. 2008), sondern *Kompetenzniveaus* oder *-stufen* beziehen sich auf die individuelle Fähigkeit zur Bewältigung verschiedener situationsspezifischer Anforderungen mit unterschiedlichen Schwierigkeitsgraden und sind inhalts- bzw.

kriteriumsorientiert (vgl. Hartig/Klieme 2006). Der Modellierung solcher Kompetenzniveaus liegen *Kompetenzstrukturmodelle* zugrunde, die Annahmen über einzelne Teilkompetenzen der übergeordneten zu messenden Kompetenz formulieren. Die Festlegung von Teilkompetenzen, durch die sich eine Kompetenz abbilden lässt, geht zurück auf theoretische Vorüberlegungen zu den Inhalten und Anforderungen, die mit der Bewältigung von kompetenzrelevanten Situationen verbunden sind (vgl. Hartig/Klieme 2006). So wird beispielsweise die Fähigkeit zur „Rezeption" als eine Teilkompetenz der in der DESI-Studie (Deutsch Englisch Schülerleistungen International) erfassten übergeordneten „Sprachkompetenz" verstanden, da für die Lösung von Testaufgaben in den Bereichen „Hören" und „Verstehen" (kompetenzrelevante Situationen) eben diese Fähigkeit zur Wahrnehmung und Verarbeitung sprachlicher Inhalte notwendig ist (vgl. Hartig/Klieme 2006). Der in den PISA-Studien verwendete Begriff der Kompetenzstufen bezeichnet dasselbe wie der Begriff des Kompetenzniveaus, der in der DESI-Studie gewählt wird – beide Begriffe beschreiben Abschnitte auf kontinuierlichen Kompetenzskalen, die einer inhaltsbezogenen bzw. kriteriumsorientierten Beschreibung der erfassten Kompetenzen dienen (vgl. Hartig 2007).

Im Folgenden werden für das Fach Mathematik zwei Kompetenzstufenmodelle exemplarisch vorgestellt: Das Modell der PISA-Studie sowie das Modell zu den deutschen Bildungsstandards (VERA-Studien). Grundsätzlich dient die Zuordnung zu Kompetenzstufen der qualitativen Beschreibung von Testergebnissen bzw. Leistungen.

In der PISA-Studie werden in allen getesteten Leistungsbereichen jeweils fünf Kompetenzstufen unterschieden. Für die mathematische Grundbildung sind dies:
1. Rechnen auf Grundschulniveau
2. Elementare Modellierungen
3. Modellieren und begriffliches Verknüpfen auf dem Niveau der Sekundarstufe I (Standard mathematischer Grundbildung)
4. Mehrschrittige Modellierungen auf der Basis anspruchsvoller Begriffe
5. Komplexe Modellierung und innermathematisches Argumentieren (vgl. Stanat u. a. 2002, 37).

Die Zuordnung zu einer Stufe erfolgt anhand des Testwertes der Schüler/-innen. Indikatoren für die Evaluation der Leistungsbereiche sind die eigens für die Studie konstruierten Aufgaben (Testhefte). Indikatoren für die Interpretation der Evaluationsergebnisse im Rahmen der PISA-Studie sind die Testergebnisse der ausgewählten Schüler/-innen (es handelt sich um eine Stichprobenerhebung).

Der VERA-3 Studie (Grundschule; 3. Jahrgangsstufe) werden die nationalen Bildungsstandards zugrunde gelegt. Darin werden Kompetenzen beschrieben, die Schüler/-innen nach der dritten Jahrgangsstufe erreichen sollten. Für das Fach Mathematik werden allgemeine und inhaltsbezogene mathematische Kompetenzen unterschieden. Die Kompetenzen werden in verschiedene Kompetenzbereiche diffe-

renziert. Der Kompetenzbereich „Argumentieren" (allgemeine mathematische Kompetenz) umfasst beispielsweise folgende Standards:
- mathematische Aussagen hinterfragen und auf Korrektheit prüfen,
- mathematische Zusammenhänge erkennen und Vermutungen entwickeln,
- Begründungen suchen und nachvollziehen (vgl. KMK 2004b, 8).

Das Kompetenzstufenmodell, welches vom IQB entwickelt wurde, umfasst fünf Stufen. Für das Fach Mathematik sind dies folgende:
1. Technische Grundlagen (Routineprozeduren auf Grundlage einfachen technischen Wissens)
2. Mindeststandard: Einfache Anwendungen von Grundlagenwissen (Routineprozeduren in einem klar strukturierten Kontext)
3. Regelstandard: Erkennen und Nutzen von Zusammenhängen in einem vertrauten (mathematischen und sachbezogenen) Kontext
4. Regelstandard plus: Sicheres und flexibles Anwenden von begrifflichem Wissen und Prozeduren im curricularen Umfang
5. Optimalstandard: Modellierung komplexer Probleme unter selbständiger Entwicklung geeigneter Strategien (vgl. KMK/IQB 2013, 11).

Für die VERA-Studien werden die Bildungsstandards isofern als *Kriterien* genutzt, als dass diese in Testaufgaben für die Vergleichsarbeiten übersetzt wurden (Beispielaufgaben siehe KMK/IQB 2013). Die Besonderheit der VERA Studien im Vergleich zu PISA liegt zum einen darin, dass es sich um eine Vollerhebung aller Schüler/-innen einer Jahrgangsstufe handelt. Zum anderen erhalten die Lehrkräfte differenzierte Rückmeldungen. In den VERA-Studien wird – im Gegensatz zur PISA-Studie, bei der das Monitoring von Schulleistungen im Vordergrund steht, – nach Maßgabe der KMK der Anspruch verfolgt, die Ergebnisse auch für Schulentwicklungsprozesse zu nutzen (vgl. KMK 2010). Die Ergebnisse sind der Indikator für die Beurteilung des Lernstandes der Schüler/-innen. Sie sind damit auch unmittelbar anschlussfähig an und nutzbar für Prozesse der Unterrichts- und Schulentwicklung.

4 Verfahren, Methoden und Instrumente der Evaluation von Leistungen und Kompetenzen

4.1 Verfahren und Methoden zur Erfassung von Kompetenzen

Die Messung individueller Kompetenzen ist Gegenstand der Kompetenzdiagnostik bzw. der pädagogischen Diagnostik, wird jedoch auch zum Zweck der Evaluation von Bildungssystemen genutzt. Kompetenzdiagnostik konzeptualisiert Bildungsprozesse „im Sinne formaler, institutionalisierter Lernprozesse, und sie bezieht sich immer auf Lern- und Handlungsbereiche (Domänen), die durch Bildungsziele vorstrukturiert sind" (Klieme/Leutner 2006, 881). Kompetenzmessung zur Evaluation im Bildungsbereich hingegen befasst sich mit der Beurteilung konkreter Maßnahmen vor dem Hintergrund vorher definierter Ziele (vgl. Klieme/Leutner 2006).

In beiden Bereichen – dem der Kompetenzdiagnostik und dem der Evaluation – werden häufig dieselben Verfahren und Methoden genutzt. Zur Kompetenzmessung im Rahmen der Kompetenzdiagnostik bei Übergangsentscheidungen werden beispielsweise Leistungsbeurteilungen in Form von Noten bzw. Zeugnissen genutzt, aber gelegentlich auch Ergebnisse aus Tests, Beobachtungen, Interviews und Portfolios verwendet (vgl. Ditton 2008). Sollen Kompetenzen im Zuge schulinterner Evaluationen gemessen werden, kommt dabei ebenfalls ein breites Spektrum möglicher Erhebungsmethoden infrage, zu denen Präsentationen, Gruppendiskussionen, Arbeitsproben oder Interviews gehören. In nationalen und internationalen Schulleistungsvergleichsstudien hingegen werden zur Erfassung der Kompetenzen zumeist standardisierte Testformate genutzt. Neben schriftlichen Tests gehören dazu auch Gruppenaufgaben und computergestützte sowie über Telefon durchgeführte Tests, die z. B. in der internationalen DESI-Studie eingesetzt werden (vgl. Klieme u. a. 2006). Die Antworten auf die in standardisierten Tests formulierten Aufgaben können in verschiedener Form erfolgen – in der DESI-Studie sind dies beispielsweise geschlossene (Multiple Choice) und offene Formate (freie schriftliche Angaben) (vgl. Hartig u. a. 2008). Bei der Entwicklung von Testaufgaben ist sowohl curriculare Validität der Aufgaben als auch die Berücksichtigung zugrunde liegender Kompetenzmodelle zentral. Kompetenzmodelle bilden die Grundlage für psychometrische Modelle zur Messung spezifischer (Teil-)kompetenzen.

4.2 Psychometrische Modelle und Messinstrumente

Die Psychometrie beschreibt Methoden der Item- und Testanalyse und befasst sich mit Fragen des Messens psychologischer Konstrukte (vgl. Rost 2004). Psychometrische Modelle zur Kompetenzmessung basieren auf Vorüberlegungen zur inhaltlichen Struktur der zu erfassenden Kompetenzen (*Kompetenzstrukturmodelle*) sowie auf Definitionen der mit den Kompetenzen verbundenen Anforderungsniveaus (*Kompetenzniveaumodelle*).

Da Kompetenzniveaumodelle sich auf die individuelle Fähigkeit zur Bewältigung situationsspezifischer Anforderungen beziehen (vgl. Hartig/Klieme 2006), müssen psychometrische Modelle, die einer Kompetenzmessung zugrunde liegen, sowohl situationale Faktoren, wie die Art der Testaufgabe, als auch individuelle Faktoren, wie das für die Lösung der Aufgabe notwendige Vorwissen, einbeziehen (vgl. Klieme/Leutner 2006).

Psychometrische Modelle, die sowohl Aufgabenschwierigkeiten als auch Personenmerkmale auf einer gemeinsamen Skala berücksichtigen und sich daher als

Grundlage der Kompetenzmessung eignen, sind beispielsweise Modelle der probabilistischen Testtheorie bzw. der *Item Response Theory* (IRT) (vgl. Geiser/Eid 2010; Rost 2004). Ein Vorteil der IRT-basierten Raschskalierungen gegenüber der klassischen Testtheorie, die sich nur auf die Anzahl der gelösten Aufgaben bezieht, ist, dass die gemessene individuelle Kompetenz immer im Hinblick auf die jeweilige situative Anforderung betrachtet wird (vgl. Klieme/Hartig 2007). Bei der Bildung eines Testwertes, die auf der klassischen Testtheorie basiert, lässt sich kein Bezug zwischen der Kompetenz einer Schülerin (z. B. Prozent der gelösten Aufgaben) und der Schwierigkeit einer Aufgabe (z. B. Prozent der Schüler/-innen, die diese Aufgabe gelöst haben) herstellen (vgl. Hartig 2007).

Ein Modell der IRT, das sich besonders zur Messung von Kompetenzen eignet, da es sowohl die Modellierung von Items (Aufgaben) mit dichotomem (z. B. falsch gelöst/richtig gelöst) als auch ordinalem (z. B. falsch gelöst/teilweise richtig gelöst/vollständig richtig gelöst) Auswertungsformat innerhalb desselben Tests erlaubt (vgl. Hartig u. a. 2008), ist das *Raschmodell* (vgl. Rasch 1960). Im Raschmodell wird angenommen, dass die Lösungswahrscheinlichkeit eines Items von der Schwierigkeit des Items sowie von Personenmerkmalen wie z. B. Kompetenz oder Intelligenz abhängt (vgl. Geiser/Eid 2010).

Die mittels *Rasch-skalierter* Messinstrumente gewonnenen numerischen Werte auf Kompetenzskalen sollen schließlich im Sinne fachbezogener Kompetenzen interpretiert werden können. Hierfür ist die Bildung unterschiedlicher Kompetenzniveaus notwendig, bei der Kompetenzskalen in einzelne Abschnitte unterteilt werden, die jeweils qualitativ unterschiedliche Anforderungsniveaus abbilden (vgl. Hartig 2007). Die Entwicklung von Kriterien, anhand derer einzelne Kompetenzniveaus voneinander abgegrenzt werden können, ist ein gegenwärtig noch in Entwicklung befindliches Forschungsgebiet (vgl. Hartig/Klieme 2006). In den PISA-Studien werden Kompetenzniveaus beispielsweise anhand externer Bezugsgrößen (z. B. festgestellter Leistungsmittelwerte von Jahrgangsstufen) oder anhand vorab ermittelter Aufgabenschwierigkeiten voneinander abgegrenzt. Im Falle der Lesekompetenz wurden in den PISA-Studien beispielsweise fünf Kompetenzniveaus bzw. -stufen definiert, die jeweils verschiedene Aufgaben mit zwischen den Niveaus differierendem Schwierigkeitsgrad beinhalten. Der stets gleiche Abstand zwischen den Niveaus beträgt 80 Punkte. Schüler/-innen, die Leseleistungen auf Kompetenzstufe III erreichen, sollen in der Lage sein, über die Aufgaben aus den Kompetenzstufen I und II hinaus „bei längeren Texten vorgegebene Absatzüberschriften in die richtige Reihenfolge zu bringen" oder „bei komplexeren Texten aus mehreren vorgegebenen Alternativen das zutreffende Textthema auszuwählen" (Jude u. a. 2013, 212). Dieses Kompetenzniveau entspricht den Regelstandards für den Mittleren Schulabschluss in Deutschland (vgl. Jude u. a. 2013). Der Mittelwert von Kompetenzskalen in den PISA-Studien liegt basierend auf Normierungsstudien an repräsentativen Stichproben in der Population der befragten Schüler/-innen in Deutschland zumeist bei 500 Punkten (Standardabweichung, das heißt durchschnittliche Abweichung vom Mittelwert: 100 Punkte) (vgl. Hartig/ Klieme 2006).

Bezogen auf die Interpretation der Befunde von Schulleistungsvergleichsstudien sind Fragen nach der Abgrenzung und Definition von Kompetenzniveaus von großer Bedeutung – so wurden beispielsweise in Publikationen zur PISA-2000-Studie jene Schüler/-innen, deren Leistungen im Lesetest unter dem ersten Kompetenzniveau lagen, als Risikogruppe betrachtet (vgl. Artelt u. a. 2001). Um die Messung von Kompetenzen mittels quantitativer Testwerte in Schulleistungsvergleichsstudien angemessen bewerten zu können, müssen konzeptuelle und methodische Schlüsselprobleme in den Blick genommen werden. Als solche bezeichnet Helmke (2001) beispielsweise die Notwendigkeit, die in *large scale assessments* generierten quantitativen Testwerte durch differenzierte und detaillierte Fallanalysen, beispielsweise durch Videoanalysen und ethnografische Fallstudien, zu ergänzen.

5 Exemplarischer Ablauf einer Evaluationsmaßnahme und Gelingensbedingungen

Die Evaluation der gemeinsamen Bildungsstandards von Schulen, die zum Schuljahresbeginn 2004/2005 in den Ländern der Bundesrepublik eingeführt wurden, geschieht im Rahmen regelmäßiger internationaler (z. B. PISA, TIMSS) und nationaler (KMK-Ländervergleiche) Leistungsstudien, aber auch durch länderübergreifende Vergleichsarbeiten. Zu den Gelingensbedingungen für die Durchführung von Schulleistungstests und für den damit verbundenen zuverlässigen und validen Einsatz von Instrumenten zur Kompetenzmessung zählt, dass Aufgabenstellungen und Bewertungsverfahren präzise festgelegt und vorerprobt sind. Folglich nimmt der Prozess der Aufgabenentwicklung eine bedeutsame Rolle ein. Pant u. a. (vgl. 2013, 19) beschreiben diesen Prozess in Bezug auf die KMK-Ländervergleiche in fünf Schritten:

1. **Aufgabenentwicklung durch Lehrkräfte:** Lehrkräfte aus allen 16 Bundesländern erstellen nach Schulungen durch Expert(inn)en der Fachdidaktik, Erziehungswissenschaft, empirischer Bildungsforschung und Psychometrie geeignete Testaufgaben. Für die einzelnen Aufgaben werden mehrere Teilaufgaben (Items) erstellt. Die Lehrkräfte testen zur Optimierung und Weiterentwicklung der Aufgaben die Testsets in einzelnen Schulklassen (Präpilotierung).
2. **Begutachtung der Aufgaben:** Die Testaufgaben werden von Expert(inn)en aus Bildungsforschung und Fachdidaktik begutachtet und beurteilt – dieser Schritt ist die Grundlage für die Korrektur und Weiterentwicklung der Aufgaben.
3. **Empirische Erprobung der Aufgaben (Pilotierung):** Die Aufgaben (Itempool) werden an hinreichend großen Stichproben eingesetzt, sodass Aufgabenschwierigkeiten mit Modellen der IRT berechnet werden können. Nach statistischer Aus-

wertung dieser Daten werden problematische Items überarbeitet oder entfernt. Der empirisch erprobte Aufgabenpool stellt die Grundlage der Normierungsstudie sowie der späteren Ländervergleichsstudien dar.
4. **Normierung des Aufgabenpools:** Durch die Erfassung der Itemwerte einer repräsentativen Stichprobe (z. B. N = 14.000 für die Ländervergleiche im Fach Mathematik) können in statistischen Auswertungsprozessen auf Grundlage von IRT-Modellen die Eigenschaften der Aufgaben (z. B. Aufgabenschwierigkeit) festgestellt werden. Basierend auf den Resultaten der Normierungsstudien werden Skalen für länderübergreifende Evaluationen der Kompetenzen Lernender entwickelt.
5. **Entwicklung von Kompetenzstufenmodellen**, auf deren Basis die Leistungen der Lernenden inhaltlichen Kompetenzniveaus zugeordnet werden, basieren auf den Daten aus Pilotierungs- und Normierungsstudien. Die Grenzen zwischen den Kompetenzniveaus werden für die KMK-Ländervergleiche in Zusammenarbeit von Expert(inn)en aus den Erziehungswissenschaften, der empirischen Bildungsforschung, Schulverwaltung und Schulpraxis festgelegt.

Hinsichtlich des konkreten Ablaufes der Evaluationsmaßnahmen soll hier auf die länderübergreifenden VERA-Studien eingegangen werden. In den VERA-Studien wird jährlich der Lernstand in den dritten (VERA 3) und achten (VERA 8) Jahrgangsstufen aller allgemeinbildenden Schulen und Klassen in Deutschland verpflichtend erfasst.

Seit 2008 werden die Testhefte mit Aufgabenstellungen, Lösungen und didaktischen Kommentierungen für die Lernstanderhebungen vom IQB für die Bundesländer erstellt (vgl. IQB 2010). Im Rahmen der VERA-Studien wird sowohl in der dritten als auch in der achten Jahrgangsstufe mindestens ein Fach verpflichtend getestet, weitere Fächer können freiwillig zusätzlich getestet werden. Handelt es sich bei dem obligatorisch zu testenden Fach um das Fach Deutsch, werden in jedem Fall die Lesekompetenzen der Schüler/-innen erfasst. Handelt es sich um das Fach Mathematik, so werden in VERA 3 mindestens zwei und in VERA 8 alle fünf inhaltlichen Kompetenzbereiche erfasst („Zahlen und Operationen und Daten, Häufigkeit und Wahrscheinlichkeit", vgl. KMK 2012).

Wichtig hierbei ist, dass in den Tests nicht die aktuellen Unterrichtsinhalte erhoben werden, sondern dass eine Messung der Kompetenzen Lernender stattfindet – daher eignen sich die Testergebnisse nicht zur Benotung der Schüler/-innen. Die Durchführung erfolgt durch die Lehrkräfte der jeweiligen getesteten Klassen, nur in Hamburg werden die Vergleichsarbeiten zentral vom Landesinstitut durchgeführt. Die Ergebnisse der Vergleichsarbeiten werden nach Eingabe der anonymisierten Testwerte den Lehrkräften mitgeteilt und sollen weiterhin auch an die Schüler/-innen, die Eltern sowie schulische Gremien weitergegeben und mit diesen Akteuren hinsichtlich der damit verbundenen Schlussfolgerungen diskutiert werden. Die Landesinstitute sollen diesen Prozess begleiten, beispielsweise durch die Unterstützung bei der Interpretation der Testergebnisse sowie durch Hilfe bei der Planung notwendiger Maßnahmen zur Schulentwicklung und Individualdiagnostik.

Eine wichtige Frage für die Nutzung der Ergebnisse von Vergleichsarbeiten zur Unterrichtsentwicklung ist, welche Funktion die beteiligten Lehrkräfte den Vergleichsarbeiten zuschreiben. So verdeutlichen Ergebnisse einer Studie von Richter, Böhme, Becker, Pant und Stanat (2014), dass Lehrkräfte, die VERA 3 als Instrument zur Unterrichtsentwicklung betrachten, ihren Unterricht stärker auf den Erwerb von Kompetenzen ausrichten und im Unterricht häufiger Differenzierungsmaßnahmen zur Förderung Lernender mit geringem Kompetenzniveau implementieren. Werden die Vergleichsarbeiten neben der Möglichkeit zur Unterrichtsentwicklung auch als Instrument externer Kontrolle erlebt, tendieren Lehrkräfte dazu, eine wahrgenommene Verengung des Lehrplans zu berichten. Allerdings zeigen die Resultate der Forschergruppe, dass die befragten Grundschullehrkräfte (N = 1757) den Vergleichsarbeiten weder die Funktion der Unterrichtsentwicklung noch die Funktion des Kontrollinstruments klar zuschreiben.

Als eine wichtige Voraussetzung dafür, dass die Evaluation von Kompetenzen im Bildungsbereich ihre gesetzten Ziele erreicht und im Falle der VERA-Studien zu einer Weiterentwicklung von Unterricht führt, müssen Ziele und Möglichkeiten mit beteiligten Akteuren, wie Lehrkräften, klar kommuniziert werden. Damit einhergehende Fragen der Kommunikation von Zielen und Ergebnissen von Schulleistungsuntersuchungen sind von großer Bedeutung für die Schul- und Unterrichtsentwicklung, wobei bei der Diskussion der Potenziale solcher Ergebnisrückmeldungen auch klare Grenzen deutlich werden.

6 Umgang mit Evaluationsergebnissen: Chancen und Grenzen

Schulleistungsstudien im Rahmen des Bildungsmonitorings liefern Informationen zu Kompetenzen, Einstellungen, sowie zu Rahmenbedingungen von Schule und Unterricht und zu den Zusammenhängen zwischen diesen Konstrukten (vgl. Watermann u. a. 2003). Zu den Maßnahmen der Qualitätsentwicklung im deutschen Bildungssystem, die durch Schulleistungsstudien initiiert wurden, gehören ein verstärktes Bildungsmonitoring, also die quantitative Erfassung des bildungsbezogenen Outputs auf der Systemebene, die kontinuierliche Bildungsberichterstattung sowie die intensive Förderung der Bildungsforschung (vgl. Stanat 2008), wie auch die Generierung von Steuerungswissen und Impulsen für die Unterrichtsentwicklung (vgl. McElvany/Rjosk 2013). Zu den Grenzen des Umgangs mit den Ergebnissen standardisierter Schulleistungsstudien gehört, dass sie sich kaum für die Bewertung von Einzelschulen eignen (vgl. Watermann u. a. 2003) und dass ihre Ergebnisse zwar Basisinformationen für die Bewertung und Steuerung von Bildungssystemen zur Verfügung stellen, sich jedoch nicht direkt in bildungspolitische Reformen oder Schulentwicklungsprozesse transferieren lassen und somit auch keine Rückschlüsse über den tatsächlichen praktischen Nutzen bildungspolitischer Innovationen zulassen (vgl. Stanat 2008).

Watermann u. a. (2003) benennen als Chancen und Möglichkeiten von Schulrückmeldungen im Rahmen der PISA-2000-Studie die Teilhabe der Schulen am Prozess der Auswertung der Untersuchungsergebnisse, die Verfügbarkeit einer Momentaufnahme von Eingangsvoraussetzungen (z. B. sozioökonomischer Hintergrund der Lernenden), Prozessmerkmalen (z. B. Lernmotivation) und Leistungsstand des erhobenen Jahrgangs an der teilnehmenden Schule, sowie die Möglichkeit zum Vergleich mit Schulen, die ähnliche Eingangsbedingungen aufweisen. McElvany und Rjosk (2013) beschreiben, dass die Ergebnisse aus Vergleichsarbeiten und internationalen sowie nationalen Schulleistungsstudien durchaus Rückmeldungen an Schulen zur Erreichung von Bildungsstandards und Leistungsständen ermöglichen, jedoch eine systematische Untersuchung der Unterrichtsentwicklung nicht ersetzen können. Bei der Diskussion der Grenzen des Umgangs mit den Ergebnissen wird in diesem Sinne auch darauf verwiesen, dass die Schulrückmeldungen keine Evaluation der Einzelschule darstellen, da weder die jeweiligen pädagogischen Ziele der teilnehmenden Schulen, noch die Wirksamkeit von Schul- und Unterrichtsentwicklungsmaßnahmen im Rahmen längsschnittlicher Untersuchungen berücksichtigt werden (vgl. Watermann u. a. 2003). Des Weiteren verweisen Watermann u. a. (2003) darauf, dass die Schulrückmeldungen im Rahmen der PISA-Studien nicht als inhaltliche Rückmeldung für die Schulentwicklung an einzelnen Standorten verstanden werden kann, da für Schulentwicklung neben datenbasierten Rückmeldungen auch externe Unterstützungsfaktoren sowie notwendige institutionelle Voraussetzungen bestehen müssen. Weitere Herausforderungen bei der Interpretation der Resultate aus Schulleistungstests bestehen in der korrekten Darstellung der Ergebnisse (Signifikanzen mit Effektstärken) sowie in der korrekten Interpretation ihres Nutzens. Dabei geht es ausdrücklich nicht um die Nutzung im Sinne einer Individualdiagnostik (vgl. McElvany/Rjosk 2013).

Das damit einhergehende Spannungsfeld zwischen dem systembezogenen Ziel bildungspolitischer Steuerung einerseits und dem Interesse an individuellen kompetenzdiagnostischen Rückmeldungen seitens der Lehrkräfte und Schulen andererseits prägt auch die Diskussion um den Umgang mit Evaluationsrückmeldungen im Bereich der Kompetenzmessung (vgl. Klieme/Leutner 2006). Um Lehrkräften gelingend Rückmeldungen aus Schulleistungstests zu vermitteln, sind vor diesem Hintergrund verschiedene Kriterien der Rückmeldungen von Bedeutung – dazu zählen unter anderem die Art der Ergebnisdarstellung (übersichtlich, kurz), die Wahl der Vergleichsform (inhaltsbezogen), die Darstellung von Kontextdaten (z. B. Verfügbarkeit von Informationen zur Unterrichtswahrnehmung Lernender etc.) oder der Abstand zwischen Erhebung und Rückmeldung (kurzer zeitlicher Abstand) (vgl. Altrichter 2010).

7 Diskussion, Kritik und Ausblick

Mit der systematischen und kontinuierlichen Evaluation des Bildungssystems in Deutschland gehen verschiedene Chancen für das Schulsystem und die Unterrichtsentwicklung einher; es werden jedoch auch Herausforderungen deutlich. Die externe Evaluation von Bildungsstandards im Rahmen der Schulleistungsvergleichsstudien ist ein wichtiger Bestandteil der Schulentwicklung, da sie eine systematische Überprüfung länderübergreifender Bildungsstandards ermöglicht. Da teilnehmende Lehrkräfte Kompetenzrückmeldungen zu ihren Klassen erhalten, bieten sich auch Möglichkeiten der Unterrichtsentwicklung (vgl. Pant u. a. 2013). Durch die Definition von Kompetenzen rücken statt bloßer Stoffvermittlung vor allem fachdidaktische, pädagogische und psychologische Überlegungen zu funktionalen Fähigkeiten in den Vordergrund, die Schüler/-innen in Schule und Unterricht vermittelt werden sollen (vgl. Reinheckel 2010, 120). Mit komplexen Modellen zur theoretischen und inhaltsbezogenen Konzeptualisierung von Kompetenzen geht die Entwicklung komplexer psychometrischer Messmodelle einher, die eine situationsbezogene und an den individuellen Fähigkeiten orientierte Erfassung der Kompetenzen von Schüler(inne)n ermöglichen (vgl. Hartig/Klieme 2006).

Forschungsarbeiten diskutieren die „Outputorientierung" des Bildungssystems jedoch auch sehr kritisch. So wird die Frage aufgeworfen, inwieweit regelmäßige Vergleichsarbeiten in den Ländern der Bundesrepublik neben Chancen einer Weiterentwicklung des Unterrichts auch länderbezogenen konkurrenzbedingten Leistungsdruck auf Schule und Unterricht mit sich bringen (vgl. van Essen 2013, 388). Damit einhergehend wird auch auf die Gefahr einer Veränderung der Schulkultur verwiesen, die sich auf Grund regelmäßiger Evaluationen und Vergleichsstudien möglicherweise zu stark an outputorientierten Lehr-Lernprozessen im Sinne eines „Teach to the test" ausrichtet (vgl. Werning 2010). Auch eine mögliche Verengung des Kompetenzbegriffes und der zu starken Fokussierung der Förderung von Lernenden auf vordefinierte Bildungsstandards durch verstärkte Orientierung an psychologischen Konzepten und dem Output von Bildungsinstitutionen wird diskutiert (vgl. Haertel/Schuermann 2011).

Die Berücksichtigung solcher Fragen ist auch angesichts neuerer Entwicklungen im schulischen Bildungssystem von Bedeutung, zu denen beispielsweise die im Jahr 2012 von der KMK beschlossene Einführung und Evaluation von Standards für die Allgemeine Hochschulreife gehört, die ab dem Schuljahr 2014/2015 in der gymnasialen Oberstufe umgesetzt werden sollte und ab dem Schuljahr 2016/17 länderübergreifend eine Grundlage für die Abiturprüfungen darstellen wird (vgl. KMK 2012). Diskutiert werden die Auswirkungen der Vergleichsarbeiten in den Ländern der Bundesrepublik aber auch im Hinblick auf ihre Bedeutung für bildungspolitische Entwicklungen wie die Umsetzung von Inklusion im Schulsystem. Schulen stehen in diesem Kontext vor der Herausforderung, die unterschiedlichen Ansprüche zu vereinbaren, die sich aus regelmäßigen Evaluationen von Leistungen und der damit verbundenen Selektionsfunktion einerseits und der Forderung nach inklusiven Lernarrangements andererseits ergeben (vgl. Werning 2010).

An den aufgeführten Chancen und Herausforderungen von Evaluation von Leistungen und Kompetenzen in Schule und Unterricht wird deutlich, dass die „Outputorientierung" des Bildungssystems zwar die Möglichkeit systematischer Rückmeldungen und konsistenter Qualitätssicherung von Bildungsinstitutionen eröffnet. Es werden jedoch auch Unterstützungsbedarfe seitens der Bildungsinstitutionen und seitens der Lehrkräfte deutlich. Insbesondere ergeben sich diese aus der Forderung nach der Umsetzung scheinbar unvereinbarer Entwicklungstendenzen, die sich auf die Ausrichtung an einer selektiven, outputorientierten Charakterisierung von Lehr-Lernprozessen einerseits und die Forderung nach einer differenzierten, heterogenitätsbezogenen, inklusiven Förderung einzelner Schüler/-innen andererseits beziehen.

Auf der Mikroebene kann ein Ansatzpunkt für die Optimierung des Nutzens von Schulleistungsstudien für Lehrkräfte und Unterrichtsentwicklung beispielsweise bereits in der übersichtlichen, kurzen Ergebnisdarstellung, der Wahl inhaltsbezogener Vergleichsformen oder in einem kurzen Abstand zwischen Erhebung und Rückmeldung bestehen (vgl. Altrichter 2010). Auf einer eher übergeordneten Ebene ist es notwendig, dass Grundkenntnisse der Evaluation von Leistungen und Kompetenzen in Schule und Unterricht und ihre kritische Reflexion weiterhin inhaltlicher Bestandteil der Lehrkräfteausbildung sind.

Bei der Interpretation der Ergebnisse von Schulleistungsevaluationen und der Diskussion ihres Nutzens im Hinblick auf die Entwicklung des Bildungssystems ist von zentraler Bedeutung, dass diese zwar Basisinformationen für die Bewertung und Steuerung von Bildungsprozessen und -institutionen zur Verfügung stellen, dass sich jedoch keine direkten Rückschlüsse auf bildungspolitische Entwicklungs- und Veränderungsprozesse daraus generieren lassen (vgl. Stanat 2008).

8 Vertiefungsaufgaben und -fragen

1. Welche Entwicklungen führten zur „Outputorientierung" des deutschen Bildungssystems?
2. Erläutern Sie die Bedeutung von Bildungsstandards in Bezug auf die Evaluation von Leistungen und Kompetenzen in Schule und Unterricht.
3. Wodurch ist das Kompetenzverständnis charakterisiert, das internationalen und nationalen Schulleistungsvergleichsstudien zugrunde liegt? Gehen Sie auch auf die Begriffe Kompetenzstrukturmodell und Kompetenzniveaumodell ein.
4. Welche Chancen und welche Herausforderungen ergeben sich aus einer kontinuierlichen Evaluation des Bildungssystems?

9 Literatur

Autorengruppe Bildungsberichterstattung (2014): Bildung in Deutschland 2014. Ein indikatorengestützter Bericht mit einer Analyse zur Bildung von Menschen mit Behinderungen. URL: http://www.bildungsbericht.de/daten2014/bb_2014.pdf (Stand: 05.01.2015).

Altrichter, Herbert (2010): Schul-und Unterrichtsentwicklung durch Datenrückmeldung. In: Altrichter, Herbert/Maag Merki, Katharina (Hrsg.): Handbuch Neue Steuerung im Schulsystem. Wiesbaden: VS, S. 219–254.

Artelt, Cordula/Stanat, Petra/Schneider, Wolfgang/Schiefele, Ulrich (2001): Lesekompetenz: Testkonzeption und Ergebnisse. In: Baumert, Jürgen/Klieme, Eckhard/Neubrand, Michael/Prenzel, Manfred/Schiefele, Ulrich/Schneider, Wolfgang/Stanat, Petra/Tillmann, Klaus-Jürgen/Weiß, Manfred (Hrsg.): PISA 2000. Wiesbaden: VS, S. 69–137.

Baumert, Jürgen/Artelt, Cordula/Klieme, Eckhard/Neubrand, Michael/Prenzel, Manfred/Schiefele, Ulrich/Schneider, Wolfgang/Tillmann, Klaus-Jürgen/Weiß, Manfred (Hrsg.) (2002): PISA 2000 – Die Länder der Bundesrepublik Deutschland im Vergleich. Opladen: Leske + Budrich.

Bundesministerium für Bildung und Forschung (BMBF) (2007): Zur Entwicklung nationaler Bildungsstandards. URL: http://www.bmbf.de/pub/zur_entwicklung_nationaler_bildungsstandards.pdf (Stand: 05.01.2015).

Ditton, Hartmut (2008): Kompetenzdiagnostik bei Übergangsentscheidungen. In: Prenzel, Manfred/Gogolin, Ingrid/Krüger, Heinz-Hermann (Hrsg.): Kompetenzdiagnostik. Wiesbaden: VS, S. 187–199.

Geiser, Christian/Eid, Michael (2010): Item-Response Theory. In: Wolf, Christof/Best, Henning (Hrsg.): Handbuch der sozialwissenschaftlichen Datenanalyse. Wiesbaden: VS, S. 311–332.

Haertel, Tobias/Schürmann, Ramona (2011): Prüfungen – endlich auf der Agenda. Aber auch richtig? In: Zeitschrift für Hochschulentwicklung 6, Heft 3, S. 288–293.

Hartig, Johannes (2007): Skalierung und Definition von Kompetenzniveaus. In: Klieme, Eckhard/Beck, Bärbel (Hrsg.): Sprachliche Kompetenzen. Konzepte und Messung. DESI-Studie (Deutsch Englisch Schülerleistungen International). Weinheim u. a.: Beltz, S. 83–99.

Hartig, Johannes/Klieme, Eckhard (2006): Kompetenz und Kompetenzdiagnostik. In Schweizer, Karl (Hrsg.): Leistung und Leistungsdiagnostik. Berlin Heidelberg: Springer, S. 127–143.

Hartig, Johannes/Jude, Nina/Wagner, Wolfgang (2008): Methodische Grundlagen der Messung und Erklärung sprachlicher Kompetenzen. In: Klieme, Eckhard (Hrsg.): Unterricht und Kompetenzerwerb in Deutsch und Englisch. Ergebnisse der DESI-Studie. Weinheim und Basel: Beltz, S. 34–54.

Helmke, Andreas (2001): Internationale Schulleistungsvergleichsforschung. Schlüsselprobleme und Perspektiven. Einleitung in den Thementeil. In: Zeitschrift für Pädagogik 47, Heft 2, S. 155–160.

Institut zur Qualitätsentwicklung im Bildungswesen (IQB) (2010): Vergleichsarbeiten 2010. 8. Jahrgangsstufe (VERA-8) Englisch: Didaktische Handreichung zu Testheft II. URL: http://dtserv3.compsy.uni-jena.de/__C12577C1002BE73B.nsf/0/86C5E3CC64394D24C1257802006A1D0E/$FILE/EK8_Didaktisches_Material_B.pdf (Stand: 05.01.2015).

Jude, Nina/Hartig, Johannes/Schipolowski, Stefan/Böhme, Katrin/Stanat, Petra (2013): Definition und Messung von Lesenkompetenz. In: Jude, Nina/Klieme, Eckard (Hrsg.): PISA 2009 – Impulse für die Schul- und Unterrichtsforschung. Weinheim: Beltz, S. 200–228.

Klieme, Eckhard/Eichler, Wolfgang/Helmke, Andreas/Lehmann, Rainer H./Nold, Günter/Rolff, Hans-Günter/Schröder, Konrad/Thomé, Günther/Willenberg, Heiner (2006): Unterricht und Kompetenzerwerb in Deutsch und Englisch. Zentrale Befunde der Studie Deutsch Englisch Schülerleistungen International (DESI). DIPF: Frankfurt a. M.

Klieme, Eckhard/Leutner, Detlev (2006): Kompetenzmodelle zur Erfassung individueller Lernergebnisse und zur Bilanzierung von Bildungsprozessen. In: Zeitschrift für Pädagogik 52, Heft 6, S. 876–903.

Klieme, Eckhard/Hartig, Johannes (2007): Kompetenzkonzepte in den Sozialwissenschaften. In: Prenzel, Manfred/Gogolin, Ingrid/Krüger, Heinz-Hermann (Hrsg.): Kompetenzdiagnostik. Wiesbaden: VS, S. 11–29.

Kultusministerkonferenz (KMK) (2004a): Bildungsstandards der Kultusministerkonferenz. Erläuterungen zur Konzeption und Entwicklung. München: Luchterhand.

Kultusministerkonferenz (KMK) (2004b): Bildungsstandards im Fach Mathematik für den Primarbereich. Beschluss der Kultusministerkonferenz vom 15.10.2004. München: Luchterhand.

Kultusministerkonferenz (KMK) (2006): Gesamtstrategie der Kultusministerkonferenz zum Bildungsmonitoring. Sekretariat der Ständigen Konferenz der Kultusminister der Länder in der Bundesrepublik Deutschland (KMK) in Zusammenarbeit mit dem Institut zur Qualitätsentwicklung im Bildungswesen (IQB). München: Luchterhand.

Kultusministerkonferenz (KMK) (2010): Konzeption der Kultusministerkonferenz zur Nutzung der Bildungsstandards für die Unterrichtsentwicklung. Sekretariat der Ständigen Konferenz der Kultusminister der Länder in der Bundesrepublik Deutschland (KMK) in Zusammenarbeit mit dem Institut zur Qualitätsentwicklung im Bildungswesen (IQB). Köln: Carl Link.

Kultusministerkonferenz (KMK) (2012): Vereinbarung zur Weiterentwicklung von VERA (Beschluss der Kultusministerkonferenz vom 08.03.2012). URL: http://www.kmk.org/fileadmin/veroeffentlichungen_beschluesse/2012/2012_03_08_Weiterentwicklung-VERA.pdf (Stand: 05.01.2015).

Kultusministerkonferenz (KMK)/Institut für Qualitätsentwicklung im Bildungswesen (IQB) (2013): Kompetenzstufenmodell zu den Bildungsstandards im Fach Mathematik für den Primarbereich (Jahrgangsstufe 4). URL: https://www.iqb.hu-berlin.de/bista/ksm/KSM_GS_Mathemati_2.pdf (Stand: 05.01.2015).

Kohler, Britta (2005): Rezeption internationaler Schulleistungsstudien. Münster: Waxmann.

McElvany, Nele/Rjosk, D.P. Camilla (2013): Wann kann Kompetenzdiagnostik negative Auswirkungen haben? In: Zeitschrift für Erziehungswissenschaft 16, Heft 1, S. 65–70.

Pant, Hans Anand/Stanat, Petra/Pöhlmann, Claudia/Böhme, Kathrin (2013): Die Bildungsstandards im allgemeinbildenden Schulsystem. In: Pant, Hans Anand/Stanat, Petra/Schroeders, Ulrich/Roppelt, Alexander/Siegle, Thilo/Pöhlmann, Claudia (Hrsg.): IQB-Ländervergleich 2012: Mathematische und naturwissenschaftliche Kompetenzen am Ende der Sekundarstufe I. Münster: Waxmann, S. 13–22.

Rasch, Georg (1960): Probabilistic models for some intelligence and attainment tests. Kopenhagen: Nissen & Lidycke.

Reinheckel, Susann (2010): Kompetenzentwicklung in der Schule – Zur Notwendigkeit eines umfassenden Kompetenzverständnisses. In: Hartung, Olaf/Steininger, Ivo/Fink, Matthias C./Gansen, Peter/Priore, Roberto (Hrsg.): Lernen und Kultur. Wiesbaden: VS, S. 115–126.

Richter, Dirk/Böhme, Kathrin/Becker, Michael/Pant, Hans Anand/Stanat, Petra (2014): Überzeugungen von Lehrkräften zu den Funktionen von Vergleichsarbeiten: Zusammenhänge zu Veränderungen im Unterricht und den Kompetenzen von Schülerinnen und Schülern. In: Zeitschrift für Pädagogik 60, Heft 2, S. 225–244.

Rost, Jürgen (2004): Psychometrische Modelle zur Überprüfung von Bildungsstandards anhand von Kompetenzmodellen. In: Zeitschrift für Pädagogik 50, Heft 5, S. 662–678.

Rychen, Dominique S./Salganik, Laura H. (2001): Defining and Selecting Key Competencies. Seattle/Toronto/Bern/Göttingen: Hogrefe & Huber.

Stanat, Petra/Artelt, Cordula/Baumert, Jürgen/Klieme, Eckhard/Neubrand, Michael/Prenzel, Manfred/Schiefele, Ulrich/Schneider, Wolfgang/Schümer, Gundel/Tillmann, Klaus-Jürgen/Weiß, Manfred (2002): PISA 2000: Overview of the Study. Design, Method and Results. URL: https://www.mpib-berlin.mpg.de/Pisa/PISA-2000_Overview.pdf (Stand: 19.01.2015).

Stanat, Petra (2008): Entstehung und Umsetzung von Innovationen im Bildungssystem als Konsequenz aus Bildungsmonitoring, Bildungsberichterstattung und vergleichenden Schulleistungsstudien – Möglichkeiten und Grenzen. In: Landesinstitut für Schule und Medien Berlin-Brandenburg (LISUM, Deutschland), Bundesministerium für Unterricht, Kunst und Kultur (bm:ukk, Österreich), Schweizerische Konferenz der kantonalen Erziehungsdirektoren (EDK, Schweiz) (Hrsg.): Bildungsmonitoring, Vergleichsstudien und Innovationen. Von evidenzbasierter Steuerung zur Praxis. Berlin: Berliner Wissenschafts-Verlag, S. 11–24.

Van Essen, Fabian (2013). Soziale Ungleichheit, Bildung und Habitus. Heidelberg: Springer.

Watermann, Rainer/Stanat, Petra/Kunter, Mareike/Klieme, Eckhard/Baumert, Jürgen (2003): Schulrückmeldungen im Rahmen von Schulleistungsuntersuchungen: Das Disseminationskonzept von PISA-2000. In: Zeitschrift für Pädagogik 49, Heft 1, S. 92–111.

Weinert, Franz E. (2001): Vergleichende Leistungsmessung in Schulen – eine umstrittene Selbstverständlichkeit. In Weinert, Franz E. (Hrsg.): Leistungsmessungen in Schulen. Weinheim und Basel: Beltz, S. 17–31.

Werning, Rolf (2010): Inklusion zwischen Innovation und Überforderung. Zeitschrift für Heilpädagogik 61, Heft 8, S. 284–291.

Henning Schluß
Evaluation (inter-)religiöser Kompetenz

1 Gesellschaftliche Relevanz und Spezifik religiöser und interreligiöser Kompetenz

Der Religionsunterricht gehört, folgt man einer Einteilung von Heinz-Elmar Tenorth (2008, 160), zu den „unnützen" Fächern. Gleichwohl wird die Bedeutung interkultureller und interreligiöser Bildung in der globalisierten und pluralisierten Gesellschaft für nahezu alle Bevölkerungsschichten immer größer. Insbesondere Konflikte, deren interkulturelle und interreligiöse Dimension in den letzten Jahrzehnten wieder stärker herausgestellt wurde, machen darauf aufmerksam, dass dieser Bildungsbereich von zentraler öffentlicher Bedeutung ist (vgl. Schluß 2010a; EKD 2014; Schluß u. a. 2015). Gleichzeitig ist die Kirchenmitgliedschaft in Deutschland rückläufig. Insbesondere in Ostdeutschland ist nur eine Minderheit Mitglied einer christlichen Kirche. Aber auch in verschiedenen westdeutschen Großstädten gehört mittlerweile die Mehrheit der Menschen keiner Konfession mehr an (vgl. Käbisch 2014).

Insofern ist der Religionsunterricht (RU) insgesamt einer gegenläufigen Dynamik ausgesetzt. Einerseits geht die Bedeutung des traditionellen Bildungsauftrages des konfessionellen Religionsunterrichtes in Deutschland zurück, die Kinder der Eltern, die der jeweiligen Konfession angehören, mit dieser Konfession bekannt zu machen. Andererseits wächst dem Religionsunterricht immer mehr eine Bildungsaufgabe im Bereich der verschiedenen Religionen zu, die in dieser Weise häufig kein anderes Schulfach übernehmen kann. Die insbesondere im Osten Deutschlands große Zahl derjenigen, die am Religionsunterricht teilnehmen, die oder deren Eltern aber selbst keiner Konfession angehören, verdeutlicht dieses Interesse an der Bildungsaufgabe des Religionsunterrichts. Die historisch gewachsene rechtliche Sonderstellung des RU als des einzigen Unterrichtsfaches, das das Grundgesetz (GG) ausdrücklich erwähnt, vermag noch immer dieser gewandelten Aufgabe zu entsprechen, auch wenn oder besser weil sich die innere Struktur und Ausrichtung des RU seit der Gründung der Bundesrepublik Deutschland erheblich gewandelt hat. Der konfessionelle Religionsunterricht wird in Deutschland in einer gemischten Verantwortung von Kirchen und Staat angeboten. Wie diese gemischte Verantwortung jeweils ausgestaltet wird, obliegt den Bundesländern (vgl. Rothgangel/Schröder 2009). Auch in den wenigen Ländern, die von der generellen Regelung des GG Art. 7.3 nicht betroffen sind, weil bei ihnen vor dem Inkrafttreten des Grundgesetzes eine andere Regelung galt (GG Art. 141), gibt es in der einen oder anderen Weise religionsbezogene Unterrichtsfächer an der Schule.

Während es zur religiösen Kompetenz nicht nur in Deutschland eine breite Debatte gibt und auch kompetenzorientiert unterrichtet wird (vgl. Obst 2009), ist der Begriff der interreligiösen Kompetenz vergleichsweise neu (vgl. Willems 2015).

Erläutert werden muss, in welcher Beziehung religiöse Kompetenz und interreligiöse Kompetenz stehen. Hier soll die Position vertreten werden, dass religiöse Kompetenz unvollständig ist, wenn sie interreligiöse Kompetenz nicht umfasst. Interreligiöse Kompetenz ist damit ein Teil religiöser Kompetenz. Das bedeutet nicht, dass interreligiöse Kompetenz nicht auch gesondert erforscht werden könnte. Sie steht aber nicht gleichberechtigt neben der religiösen Kompetenz insgesamt, sondern ist eine Teilkompetenz, die insbesondere in Bezug auf religiöse Pluralität wichtig ist. Interreligiöse Kompetenz zielt damit vor allem auf die Aspekte religiöser Kompetenz, wie die Fähigkeit zur Perspektivübernahme, zum Verständnis des Anderen und der Möglichkeit des In-Beziehung-Setzens zu eigenen Überzeugungen, zum eigenen Glauben und zur Religion, der man sich zugehörig fühlt, aber auch zu anderen Bereichen des gesellschaftlichen Zusammenlebens, die selbst nicht religiös konnotiert sind (vgl. Heimbrock u. a. 2001). Somit ist interreligiöse Kompetenz nicht denkbar, ohne dass Aspekte religiöser Kompetenz in ihr zum Zuge kommen, sondern sie soll hier verstanden werden als der Anwendungsfall von religiöser Kompetenz in der pluralen Welt, in der wir leben (vgl. Schluß u. a. 2015).

2 Bedeutung von Evaluation für den schulischen Religionsunterricht

Im Bereich der sogenannten „weichen" Unterrichtsfächer, für die keine deutschlandweit verbindlichen Bildungsstandards vorliegen, wurde besonders intensiv diskutiert, ob sich die Gegenstände dieser Unterrichtsfächer überhaupt für eine Standardisierung einschließlich der damit verbundenen Evaluation eignen würden. Wie in den Fächern Kunst oder Musik, so ist auch in Bezug auf den Religionsunterricht eingewendet worden, die Leistungen dieser Fächer ließen sich nicht wie Mathematik oder Naturwissenschaften evaluieren (vgl. Feindt u. a. 2009). Gleichwohl wurden aber in allen diesen Fächern Noten gegeben. Eine Evaluation der Leistungen der Schüler/-innen fand also sehr wohl statt, allerdings wurde bestritten, dass sich diese auf fachspezifische Kompetenzen beziehen könnte, die den Kern eines Unterrichtsfaches ausmachen würden, wie dies die Klieme-Expertise für die Entwicklung von kompetenzorientierten Standards fordert (vgl. Klieme u. a. 2003). Im Bereich des evangelischen Religionsunterrichts war das *Comenius-Institut* in Münster der Ort, an dem diese Debatte zentral geführt wurde.

Immer stärker schälte sich als zentrales Argument für die Erarbeitung von Modellen von Kompetenzen und Standards und deren Evaluation heraus, dass es für das Selbstverständnis des Religionsunterrichts als schulisches Unterrichtsfach von entscheidender Bedeutung sei, sich von dieser Entwicklung nicht abzukoppeln. Gerade in einem herausgehobenen Fach wie dem Religionsunterricht, das an der Schule aufgrund seiner doppelten Verantwortlichkeit von Staat und Kirche immer in der Gefahr steht, ein Fremdkörper zu bleiben, sei es besonders wichtig herauszustellen, dass es sich als Schulfach nicht von anderen Schulfächern unterscheidet, sondern dass auch in ihm ein Kern identifiziert werden kann, der fachspezifisch kompetenzorientiert formuliert, in Standards zusammengefasst und empirisch evaluiert werden kann. Den Religionsunterricht von seinem schulischen Bildungsauftrag her zu verstehen, entspricht auch dem kirchlichen Verständnis des evangelischen Religionsunterrichts, wie es sich etwa in der Denkschrift „Identität und Verständigung" (vgl. EKD 1994) niedergeschlagen hat. Auch die katholische Bischofskonferenz hat zeitnah ein eigenes Kompetenzkonzept verabschiedet, das in die Lehrplanentwicklungen der Länder für den katholischen Religionsunterricht in der einen oder anderen Weise eingeflossen ist (vgl. Deutsche Bischofskonferenz 2006; Sajak 2012).

Im europäischen Forschungskontext finden sich sowohl deskriptive als auch analytische Zugänge zur Evaluation religionsbezogener Unterweisung (vgl. Council of Europe 2008). Dabei ist zu berücksichtigen, dass in diesem Bereich die unterrichtliche Organisation besonders heterogen ist. Während etwa der Unterricht in Mathematik und in der Muttersprache, aber auch in Musik oder Kunst durchaus vergleichbar organisiert ist, ist dies in der Domäne Religion nicht der Fall. Auch aufgrund kultureller Traditionen haben die Länder Europas sehr unterschiedliche Strukturen entwickelt (vgl. Rothgangel u. a. 2014; Schwillus u. a. 2014). Die Ergebnisse der beiden europaweiten Projekte *Religion in Education* (REDCo) und TRES (*Teaching Religion in a multicultural European Society*) liegen bereits vor (vgl. Jackson u. a. 2007; Valk u. a. 2009; Ziebertz/Riegel 2009). REDCo untersucht die Frage, wie Religion und Werte zu Dialog oder Spannungen in Europa beitragen. Das Projekt zielt darauf, einen besseren Einblick zu gewinnen, wie Menschen in Europa mit unterschiedlichen religiösen, kulturellen und politischen Hintergründen zusammenleben und in einen Dialog mit gegenseitigem Respekt eintreten können. Auch wenn das Projekt damit auf die Bürgerschaft insgesamt ausgerichtet ist, ist das zentrale Forschungsfeld gleichwohl der Bereich religiöser Bildung. Bislang erbrachte es zwei zentrale Befunde: 1. Die Mehrheit der Schüler/-innen schätzen die religiöse Heterogenität in ihren Gesellschaften, obwohl eine Reihe von Vorurteilen zum Ausdruck gebracht wurden. 2. Die wichtigste Quelle für Informationen über Religionen und Weltanschauungen ist in der Regel die Familie, gefolgt von der Schule.

3 Kriterien und Indikatoren für die Evaluation des Religionsunterrichts

Exemplarisch sollen im Folgenden Kriterien und Indikatoren für die Evaluation religiöser Kompetenz vorgestellt werden, wie sie in verschiedenen Modellen entwickelt wurden: Der Bildungsplan von Baden-Württemberg aus dem Jahr 2004, die vom *Rat der Evangelischen Kirche in Deutschland* im Jahr 2006 verabschiedeten Einheitlichen Prüfungsanforderungen (EPA) für das Abitur in evangelischer Religionslehre (KMK 2006), das vom *Comenius-Institut* im Jahr 2006 vorgelegte Modell religiöser Kompetenz sowie der „Orientierungsrahmen Kompetenzen und Standards für den Evangelischen Religionsunterricht in der Sekundarstufe I" (EKD 2010).

1. Der Baden-Württembergische Bildungsplan war der erste Gesamtplan, der die neue Kompetenzorientierung auf der Ebene der Lehrpläne umzusetzen versuchte. Er definierte fachspezifische Kompetenzen nach der aus den 1970er-Jahren stammenden globalen Unterscheidung zwischen Sach-, Methoden-, Selbst- und Sozialkompetenz und kombinierte diese mit einem Modell, das hermeneutische, ethische, kommunikative und ästhetische Kompetenzen voneinander abgrenzt (vgl. Ministerium für Kultus, Jugend und Sport Baden-Württemberg 2004). Auch wenn die Reformziele zum Teil nachvollziehbar sind, ist an dem Plan doch problematisch, dass er Kompetenz nach zwei unterschiedlichen Modellen definiert und mit Differenzierungen arbeitet, die weder in noch zwischen den Modellen trennscharf abgrenzbar sind.

2. Die „Einheitlichen Prüfungsanforderungen" (EPA) hat der *Rat der Evangelischen Kirche in Deutschland* für das Abitur im Fach Evangelische Religionslehre verabschiedet (KMK 2006).

3. Das von einer von Vertretern der Länder und der Landeskirchen paritätisch zusammengesetzten Kommission erarbeitete Kerncurriculum will einen „Orientierungsrahmen" bereitstellen, der fachspezifische Kompetenzen beschreibt und „Anregungen und Hilfen" für die „Lehrplangestaltung" bietet (EKD 2010, 14). Der Orientierungsrahmen beschreibt eine relativ große Anzahl Teilkompetenzen und differenziert religiöse Kompetenz in (1) Wahrnehmungs- und Darstellungsfähigkeit, (2) Deutungsfähigkeit, (3) Urteilsfähigkeit, (4) Dialogfähigkeit und (5) Gestaltungsfähigkeit.

   Diese werden auf (A) „religiös bedeutsame Erfahrungen und Fragen der Schülerinnen und Schüler", (B) „plural religiöse Lebensentwürfe und Weltdeutungen", (C) „religiös geprägte Ausdrucksformen in der Gegenwartskultur" und (D) „religiös-ethische Herausforderungen in Kultur, Wissenschaft, Politik und Wirtschaft" als spezifische Bezugsfelder oder Gegenstandsbereiche religiöser Kompetenz auslegt (EKD 2010, 13–16). Die Ausdifferenzierung in Teilkompetenzen und Gegenstandsfeldern kann unter didaktischen Gesichtspunkten durchaus überzeugen, unter bildungs- und kompetenztheoretischen Fragestellungen muss allerdings bezweifelt werden, ob sich alle angesprochenen Fähigkeiten gehaltvoll voneinander abgrenzen und als Teilkompetenzen religiöser Kompetenz empirisch trennscharf erheben lassen.

4. Noch größer ist die Anzahl von Teilkompetenzen in einem von einer Expertengruppe am *Comenius-Institut* entwickelten Modell (vgl. Fischer/Elsenbast 2006), das zunächst zwischen fünf „Dimensionen der Erschließung von Religion" unterscheidet, nämlich (1.) Perzeption (Wahrnehmen und Beschreiben), (2.) Kognition (Verstehen und Deuten), (3.) Performanz (Gestalten und Handeln), (4.) Interak-

tion (Kommunizieren und Urteilen) und (5.) Partizipation (Teilhaben und Entscheiden), und diese dann noch einmal nach vier Gegenstandsbereichen ((A) subjektive Religion der Schüler/-innen, (B) Bezugsreligion des Religionsunterrichts, (C) andere Religionen und Weltanschauungen sowie (D) Religion als gesellschaftliches und kulturelles Phänomen) ausdifferenziert.

Die erhöhte Anzahl von Teilkompetenzen kommt in diesem Modell dadurch zustande, dass die subjektive Religion als ein standardisierbarer und evaluierbarer Sachverhalt gedeutet und die Inhaltsbereiche B bis D so mit diesem kombiniert werden, dass schließlich ein Tableau von insgesamt zwölf Komponenten oder religiösen Teilkompetenzen entsteht:
- subjektive Glaubensüberzeugungen,
- religiöse Deutungsoptionen für Widerfahrnisse des Lebens,
- Einsatz religiöser Argumente in konkreten Entscheidungssituationen,
- Grundformen religiöser Sprache,
- theologische Leitmotive und Schlüsselszenen des evangelischen Christentums,
- Grundformen religiöser Praxis,
- lebensfeindliche Formen von Religion,
- sich mit anderen Überzeugungen begründet auseinandersetzen und mit anderen Religionen respektvoll kommunizieren und kooperieren können,
- Zweifel und Kritik an Religion artikulieren und auf ihre Berechtigung hin prüfen können,
- religiöse Hintergründe gesellschaftlicher Traditionen und Strukturen erkennen und darstellen,
- religiöse Grundideen (zum Beispiel Menschenwürde, Nächstenliebe, Gerechtigkeit) erläutern und als Grundwerte in gesellschaftlichen Konflikten zur Geltung bringen,
- religiöse Motive und Elemente in der Kultur (z. B. Literatur, Bilder, Musik, Werbung, Filme, Sport) identifizieren, ideologiekritisch reflektieren und in ihrer Bedeutung verstehen (vgl. Fischer/Elsenbast 2006, 32 ff.).

Kritisiert wurde an diesem Modell unter anderem, dass „subjektive Religion" zwar zu den unverzichtbaren religiösen und daher auch im Unterricht zu thematisierenden, nicht aber zu den standardisierbaren und im Dual richtig/falsch evaluierbaren Wirklichkeitsbereichen zu rechnen ist. Hervorzuheben ist, dass das *Comenius-Institut* diese kritische Diskussion zum eigenen Kompetenzmodell selbst angeregt und dokumentiert hat (vgl. Elsenbast/Fischer 2007).

5. Der Orientierungsrahmen „Kompetenzen und Standards für den Evangelischen Religionsunterricht in der Sekundarstufe I" (EKD 2011) definiert acht Kompetenzen und schließt inhaltlich eng an die EPA aus dem Jahre 2006 (KMK 2006) und an das Kerncurriculum für das Fach Evangelische Religionslehre in der gymnasialen Oberstufe (EKO 2010) an. Die Kompetenzen umfassen:

- die Fähigkeit, den eigenen Glauben und die eigenen Erfahrungen wahrzunehmen und zum Ausdruck zu bringen sowie vor dem Hintergrund christlicher und anderer religiöser Deutungen zu reflektieren,
- ein angemessenes Verständnis der Grundformen biblischer Überlieferung und religiöser Sprache,
- die Kenntnis individueller und kirchlicher Formen der Praxis von Religion und die Fähigkeit, an diesen zu partizipieren,
- die Fähigkeit, über das evangelische Verständnis des Christentums Auskunft zu geben,
- eine Wahrnehmung ethischer Entscheidungssituationen im individuellen und gesellschaftlichen Leben, welche die christliche Grundlegung von Werten und Normen versteht und in Handlungen übersetzt,
- die Auseinandersetzung mit anderen religiösen Glaubensweisen und nicht religiösen Weltanschauungen sowie die Fähigkeit, mit Kritik an Religion umzugehen und die Berechtigung von Glauben aufzeigen zu können,
- die Fähigkeit, mit Angehörigen anderer Religionen sowie mit Menschen mit anderen Weltanschauungen respektvoll kommunizieren und kooperieren zu können und
- die Fähigkeit, religiöse Motive und Elemente in der Kultur identifizieren, kritisch reflektieren sowie ihre Herkunft und Bedeutung erklären zu können (EKD 2011, 18; vgl. auch EKD 2010, 24).

All diese Modelle beinhalten zwar Vorschläge, wie der Religionsunterricht kompetenzorientiert zu gestalten sei, und schlagen eine Vielzahl auszudifferenzierender Teilkompetenzen vor. Sie zielen jedoch nicht auf eine empirische Überprüfung bzw. erweisen sich aufgrund ihrer Komplexität als weitgehend ungeeignet für eine diese Teilkompetenzen testende Evaluation der Leistungen von Schüler(inne)n.

4 Zur Entwicklung von Evaluationsverfahren, -methoden und -instrumenten

Bei der Entwicklung von Evaluationskonzepten zur Erhebung (inter-)religiöser Kompetenz bestand eine erste Herausforderung darin, die fachspezifische Kompetenz des schulischen Unterrichtsfaches so zu beschreiben, dass ihr Anspruch als die das Fach inhaltlich bestimmende Fähigkeit deutlich wird (vgl. Klieme u. a. 2003). Darüber hinaus ist es entscheidend, im sensiblen Bereich von Wertüberzeugungen das schulische Indoktrinationsverbot so zu respektieren, dass individuelle Glaubensüberzeugungen nicht Teil dieser Kompetenzbeschreibungen werden (vgl. Willems 2007). Die in F.E. Weinerts Kompetenzdefinition zentralen „motivationalen und volitionalen Aspekte" (Weinert 2001, 207) dürfen folglich nicht Teil des fachspezifischen Kompetenzbegriffs sein (vgl. Schluß 2010b), sondern dieser muss auf den kognitiven Bereich beschränkt bleiben. Gleichzeitig ist wichtig, dass der Kompetenzbegriff nicht zu eng gefasst wird und sich auf die Wiedergabe von Kenntnissen beschränkt. Im Kontext religiöser Kompetenz ist deshalb ein reflexives Kompetenzmodell nötig, das auch den Umgang mit erworbenem Wissen erfasst (vgl. Krause u. a. 2008) und an die Schüler/-innen die Anforderung stellt, die Spezifik des religiösen Weltzugangs gegenüber anderen Weltzugängen, z. B. wissenschaftlichen, technischen oder ökonomischen, zu erfassen und sich auch probabilisitisch darin zu bewegen.

Religiöse Deutungskompetenz, wie sie durch schulischen Unterricht zu fördern ist, kann sich deshalb nie nur auf die Bezugsreligion des jeweiligen konfessionellen Unterrichts beschränken, sondern muss sich ebenso auf andere Religionen und auf religiöse Aspekte in Kultur und Gesellschaft beziehen. Dieser dreifache Ansatz religiöser Deutungskompetenz war bereits für das sogenannte „Berliner Kompetenzmodell" konstitutiv, das in den beiden DFG-Projekten RU-Bi-Qua (Qualitätssicherung und Bildungsstandards für den Religionsunterricht an öffentlichen Schulen, am Beispiel des Evangelischen Religionsunterrichts) und KERK (Konstruktion und Erhebung Religiöser Kompetenz) entwickelt wurde (vgl. Benner u. a. 2011). Er wurde in Berlin und Brandenburg auch in den Lehrplan des Religionsunterrichts übernommen (vgl. EKBO 2007). Bei der Erfassung (inter-)religiöser Kompetenz können verschiedene Methoden und Instrumente eingesetzt werden, von denen an dieser Stelle eine exemplarische Auswahl vorgestellt und diskutiert werden soll.

4.1 Einsatz von Vignetten

Bereits bei Kohlberg wurden die Stufen der moralischen Entwicklung mithilfe von Dilemma-Geschichten erhoben. Die Forschungsprojekte RU-Bi-Qua und KERK orientierten sich an diesem Verfahren und wählten Gleichnisse und andere Texte zur Grundlage der Fragekomplexe. Dieses Verfahren der *Vignetten* (vgl. Atria u. a. 2006) erlaubt es, komplexe Handlungsabläufe zu imaginieren und die Testpersonen aufzufordern, aus einer bestimmten Perspektive zu antworten und insofern Perspektiven zu übernehmen. Ein Problem besteht allerdings darin, dass dadurch die Erhebung (inter-)religiöser Kompetenz von der Lesekompetenz abhängig wird, denn die Vignetten müssen in der Regel gelesen werden. Möglich wäre es, auf Bilder auszuweichen, die im Test zu interpretieren sind. In der Interpretation von Bildern verfügten die Testpersonen gleichsam über eine internationale Sprache, ein eigenes Zeichensystem, das der Verkehrssprache nicht bedarf. Allerdings besteht bei Bildinterpretationen häufig das Problem mangelnder Eindeutigkeit. Zwar gibt es plausible Interpretationen, oft aber sind andere ebenso plausibel. Auch wenn es im Bereich der Religion häufig keine eindeutig richtige oder falsche Antwort gibt, muss es der Anspruch eines geschlossenen Tests sein, die richtigere Antwort eindeutig von den falscheren Antworten abzuheben, sodass von den Schüler(inne)n erwartet werden kann, die „richtigste" Antwort anzukreuzen.

Eine Alternative bestünde darin, statt Vignetten in schriftlicher Form Vignetten in Form von Videos einzuspielen. Damit soll nicht verkannt werden, dass auch das Verständnis von Video-Vignetten der Sprachkompetenz in der Verkehrssprache bedarf. Allerdings stellt die gesprochene Sprache eine deutlich kleinere Hürde dar als die geschriebene. Das Problem, dass mithilfe textlich anspruchsvoller Vignetten weniger (inter-)religiöse Kompetenz als vielmehr Lesekompetenz erfasst wird, kann damit vermieden werden. Es gilt, also Methoden zu entwickeln, die die Erhebung (inter-)religiöser Kompetenzen weitgehend von vermeintlich zugrunde liegenden Kompetenzen abkoppeln. Video-Vignetten scheinen dazu besonders geeignet zu sein, weil sie in der Lage sind, komplexe Sachverhalte zu schildern, ohne komplexes Leseverstehen vorauszusetzen. Damit soll nicht gefordert sein, die Schriftlichkeit der Tests oder gar des Unterrichts gänzlich aufzugeben. Aber die Schriftlichkeit um andere Formen der Kommunikation zu ergänzen, ist notwendig, damit die (inter-)religiöse Kompetenz auch losgelöst von der Lesekompetenz erarbeitet und erhoben werden kann und sie nicht nur auf die Hochkultur bezogen bleibt, sondern ihre Alltagsrelevanz Gegenstand des Unterrichts und der Tests wird.

4.2 Begründungen im Rahmen von Gruppendiskussionen

Bei den Erhebungen in den Forschungsprojekten Ru-Bi-Qua und KERK wurden die von Schüler(inne)n gezeigten Leistungen als Outputs erhoben (vgl. Benner u. a. 2011), aber in der Regel blieb offen, welche Überlegungen zum Ankreuzen einer bestimmten Lösung geführt hatten und ob diese Überlegungen bei der Aufgabenstellung so erwartet wurden. Wenn das nicht der Fall ist, kann im Testheft eine Lösung angekreuzt werden, die in der Auswertung als falsch erscheint, obschon die dahinterliegende Überlegung durchaus stichhaltig sein kann. Andersherum ist denkbar, dass eine falsche Überlegung zu einer richtigen Antwort führt. Solche Effekte können durch sorgfältige Aufgabenkonstruktion mit aufwendigen Pretests und zuerst offenen Antworten einerseits und andererseits durch eine größere Zahl an Aufgaben, die funktional äquivalent sind, in gewissem Maße aufgefangen werden. Letztlich bleibt aber unbefriedigend, dass man mit Kompetenztests nur etwas über die gezeigte Leistung, nicht aber über die hinter diesen Ergebnissen stehenden Überlegungen erfährt. Diesbezüglich könnte das kohlbergsche Verfahren anregend sein, nicht die gegebene Antwort auf die zugrunde gelegten moralischen Dilemmata für entscheidend zu halten, sondern die Begründung dieser Antwort (vgl. Colby/Kohlberg 1986).

Gerade (nachträgliche) Denkbewegungen und Argumentationsgänge ließen sich etwa durch *Gruppendiskussionen* hervorrufen, wie sie Bohnsack (2014) beschrieben hat. Diese Verfahren können die Methoden der quantitativen Erhebung von Kompetenzen als gezeigten Leistungen von Schüler(inne)n nicht ersetzen, aber sie können sie sinnvoll ergänzen. Für die Erhebung (inter-)religiöser Kompetenz scheinen solche interpretativen Verfahren deshalb besonders bedeutsam zu sein, weil der Kreis der am Test Teilnehmenden heterogen ist und nicht erwartet werden kann, dass vor dem Hintergrund unterschiedlicher religiöser und kultureller Konzepte die Schüler/-innen die gleichen Überlegungen anstellen werden.

4.3 Auseinandersetzung mit fiktionalen Religionen

Am schwierigsten scheint es zu sein, die Befangenheit in Gebräuchen der vertrauten Religion bzw. Konfession aufzubrechen und die Perspektivübernahme unter Hintanstellung von Stereotypen, Vorurteilen und aktuellen Konflikten zu vollziehen. Dabei ist einerseits deutlich, dass eben diese Aufladung des interreligiösen und interkulturellen Feldes eine besondere Schwierigkeit dieses Diskurses darstellt, der keine neutralen Positionen kennt. Auch die a-theistische Position ist eben keine neutrale Position im religiös-weltanschaulichen Feld, sondern eine Position neben anderen, die schlechtestenfalls den religiösen Positionen ihre Positionalität vorhält, sich selbst Objektivität zuspricht und damit die eigene Positionalität missversteht oder verkennt (vgl. Kehrer 2014 und die Diskussion hierzu). Einerseits scheint in dieser aufgeladenen Atmosphäre der rationalitätsbezogene Diskurs besonders nötig, andererseits scheint er gerade hier besonders gefährdet zu sein. Wie ist es also zu leisten, die motivationalen und volitionalen Aspekte des Kompetenzbegriffs bei der Erhebung des fachspezifischen Kompetenzbegriffs als einer bestimmten Fähigkeit zumindest probabilistisch außen vor zu lassen?

Eine Möglichkeit wäre es, diese Kompetenzen nicht nur an vorfindlichen positiven Religionen zu entwickeln und zu testen, sondern auch an *fiktionalen Religionen*. Gedacht ist hier an religiöse Konzepte, die in einem fiktionalen Umfeld geschildert werden. Als Beispiel soll der Religionskonflikt zwischen den Anhängern der „Religion der Sieben" und dem „Feuergott" gelten, der sich in der zweiten Staffel des Fantasy-Epos „Game of Thrones" von David Benioff und D.B. Weiss entwickelt. Diese unter älteren Jugendlichen populäre und aufwendig verfilmte Fernsehserie beruht auf den Romanen „Das Lied von Eis und Feuer" von George R.R. Martin (2010 ff.). Um die Abhängigkeit von der Lesekompetenz zu minimieren, wird in diesem Beispiel auf die Verfilmung und nicht auf die Romanvorlage eingegangen.

In der Fernsehserie geht es in einer an das Mittelalter erinnernden Fantasiewelt um den Konflikt verschiedener Familien und ihrer jeweiligen Vasallen um den Thron der „sieben Königreiche". Nachdem in der ersten Staffel die religiöse Dimension lediglich angedeutet wird, wird sie in der zweiten Staffel zu einem zentralen Handlungselement. Neben die weithin etablierte Religion, den Glauben an die „Sieben", tritt nun ein neuer, offenbar weit mächtigerer Glaube an den „Herrn des Lichts", der seinen Anhängern jedenfalls vorübergehendes Kriegsglück beschert. Insbesondere im Norden des Landes ist auch noch ein Glauben an die „alten Götter" verbreitet, eine animistisch anmutende Religion, in der alte Bäume verehrt werden. Der Glaube an die alten Götter und die etablierte Religion der Sieben gehen weithin konfliktfrei miteinander um und können nebeneinander koexistieren, auch wenn deutlich wird, dass die Religion der Sieben die fortschrittlichere Religion ist und nur noch die Alten und die Traditionsverbundenen aus dem Norden den alten Göttern anhängen.

Auch wenn es sich dabei eindeutig um Fantasiereligionen handelt, so enthalten diese Momente, die in den vorfindlichen positiven Religionen vorkommen und auch zwischen ihnen zu Konflikten führen. Nicht nur für die Evaluation (inter-)religiöser Kompetenz, sondern auch für didaktische Prozesse des Lehrens und Lernens kann es daher sinnvoll sein, die Fähigkeit zur Perspektivübernahme oder zur Deutung an solch einer oder mehreren fiktionalen Religionen zu stärken, zu erproben und zu testen. Dass persönliche Eingebundenheit und die damit möglicherweise verbundenen Affekte hier eine untergeordnete Rolle spielen, kann ein entscheidender Vorteil eines solchen Verfahrens sein. Damit soll nicht plädiert werden für eine Religionspädagogik, deren Gegenstand nur noch fiktionale Religion ist, damit die wirklichen Religionskonflikte ausgespart bleiben. Plädiert werden soll vielmehr für ein Konzept – sowohl für didaktische Prozesse des Lehrens und Lernens als auch für Testverfahren in der Evaluation –, das auf fiktionale Religionen zurückgreift, denen man leidenschaftsloser begegnen kann, weil alle Beteiligten um deren Fiktionalität wissen und keine Wahrheitsansprüche im Spiel sind bzw. die Wahrheitsansprüche der fiktionalen Religion Teil des Spiels, aber eben nicht Teil des Lebens sind.

5 Exemplarischer Ablauf einer Evaluationsmaßnahme

In der kompetenzorientierten Unterrichtsforschung zum Schulfach Religion beziehen sich einige Projekte auf die von Jürgen Baumert vorgeschlagene Ausdifferenzierung unterschiedlicher Rationalitätsbereiche schulischen Unterrichts: „In der Substanz geht es um die Orientierungswissen vermittelnde Begegnung mit kognitiver, moralisch-evaluativer, ästhetisch-expressiver und religiös-konstitutiver Rationalität" (Baumert u. a. 2001, 21). Die Projekte RU-Bi-Qua und KERK, die in Berlin und Brandenburg eine Vollerhebung durchführen in Bezug auf religiöse Kompetenz bei Schüler(inne)n, die am evangelischen Religionsunterricht in der 8. Klasse teilnahmen, knüpften an diese Unterscheidung an (vgl. Benner u. a. 2011). Hier wurde religiöse Kompetenz in die Teilkompetenzen *religiöse Deutungskompetenz* und *religiöse Partizipationskompetenz* unterschieden, wobei letztere die Fähigkeit zum In-Beziehung-Setzen zu religionsbezogenen Handlungen, Institutionen und Situationen meint und nicht die tatsächlich praktizierte oder angezielte Teilnahme. Darüber hinaus wurden als gesonderte Teildimension *Kenntnisse über religiöse Phänomene und Zusammenhänge* erfragt und in einem begleitenden Fragebogen die Erfahrungen mit religiöser

Tab. 1: Schema der Teilkompetenzen (eigene Darstellung).

Religiöse Deutungskompetenz	Religiöse Partizipationskompetenz
Erfahrungen mit Religion	
Religionskundliche Kenntnisse	
Hermeneutische Fähigkeiten	Reflexion und Stellungnahme zu religiösen Partizipationsmöglichkeiten

Praxis im familiären Umfeld, in der Gemeinde oder auch Erfahrungen mit Formen religionsbezogenen Unterrichts erhoben.

Die empirische Erhebung zeigte, dass der Bereich der Kenntnisse und der Bereich der Deutungskompetenz trennscharf in eigenen Rasch-Skalen abgebildet werden konnten. Eine gesonderte Skalenbildung im Bereich der religiösen Partizipationskompetenz war nicht möglich, was auch daran gelegen haben mag, dass zu wenig geeignete Testaufgaben vorhanden waren. Da sich die Ergebnisse zur religiösen Partizipationskompetenz nicht trennscharf von denen zur religiösen Deutungskompetenz unterscheiden ließen, wurden beide Teildimensionen religiöser Kompetenz in der empirischen Auswertung zu einer Skala zusammengefasst. Letztlich bestätigte sich damit eine Erfahrung, die schon im Rahmen von PISA 2000 gemacht wurde: „Die Erfassung solcher Handlungskompetenzen ist vergleichsweise schwierig und wird sich in der Regel auf Teilaspekte konzentrieren müssen" (Baumert u. a. 2001, 22).

Nach einer Entwicklungsphase des Konzepts im Forschungsprojekt RU-Bi-Qua, in der unter anderem bereits Niveaustufen für die hermeneutischen Fähigkeiten empirisch ermittelt und hermeneutisch beschrieben wurden, konnte im Folgeprojekt KERK der Test in einer repräsentativen Stichprobe eingesetzt werden. Der Test wurde an ca. 1600 Schüler/-innen an 60 Schulen in Berlin und Brandenburg durchgeführt. Die besondere Situation des Religionsunterrichts in beiden Bundesländern – er ist dort kein ordentliches Unterrichtsfach nach Art. 7, 3 (1) GG, sondern findet unter Berufung auf die sogenannte Bremer Klausel (Art. 141 GG) in Verantwortung der Religionsgemeinschaften statt – war für die Testdurchführung nicht unerheblich und zeigte sich auch in den besonderen organisatorischen Hürden, die in beiden Bundesländern zu nehmen sind. Gleichwohl haben die Ergebnisse gezeigt, dass es durchaus möglich ist, Konzepte zur empirischen Erhebung religionsbezogener schulischer Bildung und religiöser Kompetenz in einem konfessionellen Religionsunterricht zu entwickeln (vgl. Benner u. a. 2011).

6 Umgang mit Evaluationsergebnissen

Die ersten Adressaten der Evaluationsergebnisse sind die *Evaluierten* selber. Dies ist nicht nur eine forschungsethische Selbstverständlichkeit, den Beforschten die Ergebnisse der Forschung mitzuteilen, sondern auch ein funktional bedeutsames Prinzip. Schulen, Lehrkräfte sowie Schüler/-innen lassen sich auf ein zeitraubendes Testprocedere ein, das die Abgeschlossenheit des Unterrichts stört und Unterrichtszeit raubt. Würden sie keine Ergebnisse zurückgemeldet bekommen, würde die Wahrscheinlichkeit sinken, dass sie sich noch einmal für künftige Erhebungen zur Verfügung stellen. Bei allen Rückmeldungen ist darauf zu achten, dass der jeweils vereinbarte Grad der Anonymität streng gewahrt bleibt. Zwischen einer möglichst konkreten Rückmeldung und der Wahrung der jeweils vereinbarten Anonymität ist dabei eine Balance zu finden. Bei diesen Rückmeldungen ist es wichtig, dass die Schulen entnehmen können, wo sie im Verhältnis zu einer Vergleichsgruppe stehen, wo Mängel und wo Stärken liegen.

In aller Regel wollen auch die *Genehmigungsbehörden* über die Ergebnisse informiert werden (Schulämter, Ministerien, Kirchen). Auch hier ist die jeweils vereinbarte Anonymität so zu wahren, dass nicht Rückschlüsse auf Schulen, Lehrkräfte und Schulklassen gezogen werden können, wenn das nicht vereinbart war.

Die *Fachöffentlichkeit* ist nicht nur über die jeweiligen Ergebnisse, sondern auch über die angewandten Methoden zu informieren. Im Idealfall werden die Daten selbst der Fachöffentlichkeit zur Verfügung gestellt und damit Metaanalysen zugänglich gemacht. Dies widerspricht aber häufig dem Anspruch, die mit viel Aufwand entwickelten Testaufgaben nicht preiszugeben. Das Bemühen um intersubjektive Überprüfbarkeit, die das wissenschaftliche Arbeiten kennzeichnet, und der Schutz geistigen Eigentums stehen hier nicht selten in einem Spannungsverhältnis, das es zu balancieren gilt. Oft ist der Faktor Zeit hier ein Lösungsbaustein, indem Aufgaben und Datensätze erst nach dem Abschluss der eigenen Auswertungsarbeiten der wissenschaftlichen Öffentlichkeit zur Verfügung gestellt werden.

Schließlich hat auch die *Öffentlichkeit* durchaus ein Interesse an Evaluationsergebnissen. Hier gilt es jedoch auch für die Forschenden sehr sensibel zu sein. Evaluationsergebnisse können zuweilen in einer Weise öffentlich „ausgeschlachtet" werden, die nicht in der Intention der Wissenschaftler/-innen liegen. Oft werden die Rahmenbedingungen der Erhebungen nicht mit dargestellt und es kommt zu einer stark verzerrten und verkürzten Wahrnehmung.

7 Diskussion und Ausblick

Bislang hat die kompetenzorientierte Unterrichtsforschung im RU die interreligiöse und interkonfessionelle Perspektive sowohl auf der Ebene der Forscherkooperation als auch auf der Ebene der untersuchten Religionsunterrichte kaum im Blick. Hier wären in der Weiterentwicklung der vorhandenen Instrumente (internationale) Kooperationen von Religionspädagogiken unterschiedlicher Konfessionen und Religionen hilfreich. Neben einer Auslegung des Modells zur religiösen Kompetenz im evangelischen Religionsunterricht auf andere Religionsunterrichte wäre die interreligiöse Komponente stärker herauszuarbeiten. Hier wäre insbesondere zu prüfen, ob die Perspektivübernahme nicht als eine eigene Teilkompetenz der (inter-)religiösen Kompetenz gefasst werden sollte (vgl. Kenngott 2011) und ob sich empirisch erhärten ließe, dass die Fähigkeit zur Perspektivübernahme trennscharf als Skala von den anderen Teilkompetenzen (inter-)religiöser Kompetenz unterschieden werden kann.

In einem empirisch überprüfbaren Modell interreligiöser Kompetenz sollte diese als fachspezifische Kompetenz eines schulischen Unterrichtsfaches verstanden werden, die sich erstreckt auf die Bezugsreligion/Konfession, andere Religionen/Konfessionen und Religion im Verhältnis zum interkulturellen und sozialen Raum. Zentral wird es darum gehen, in diesen Bereichen
- die religionsbezogenen Phänomene, Prozesse, Handlungen und Interaktionen angemessen deuten zu können oder kulturelle Phänomene, Prozesse, Handlungen und Interaktionen religionsbezogen deuten zu können,
- sich in eine andere Religion oder Weltanschauung, auch in ein agnostisches Weltbild hineinversetzen zu können (Perspektivübernahme) und
- Handlungsmöglichkeiten in den entsprechenden Institutionen und Kontexten zu antizipieren, zu entwerfen und diskursiv zu vertreten.

Auch wenn diese drei Aspekte theoretisch sinnvoll zu trennen sind, weisen sie doch sehr enge Bezüge auf, die es erlauben, sollte sich empirisch eine trennscharfe Unterscheidung dieser Aspekte nicht erhärten lassen, sie unter dem Oberbegriff „religiöse Interpretationskompetenz" zusammenzufassen.

Ein fachspezifischer Kompetenzbegriff eines Unterrichtsfaches ist nicht sinnvoll vorstellbar, ohne dass in ihm auch fachbezogene Kenntnisse impliziert sind. Auch wenn das Abprüfen von Kenntnissen den Kompetenzbegriff unterbietet, der ja gerade auf den Umgang mit den erworbenen Kompetenzen zielt, so bleibt doch die Voraussetzung, um mit Kenntnissen kompetent umgehen zu können, über diese Kenntnisse allererst zu verfügen. Um das Verhältnis von religiöser Interpretationskompetenz und religionsbezogenen Kenntnissen feststellen zu können, bleibt es unerlässlich, diese Kenntnisse auch zu erheben. Die gesonderte Erfassung von Kenntnissen ist im Bereich (inter-)religiöser Kompetenz auch deshalb bedeutsam, weil plausibel ist, dass Kenntnisse und Interpretationskompetenz weit auseinanderliegen können. So ist es vorstellbar, dass zwar heilige Texte auswendig aufgesagt, sie aber kaum reflexiv und diskursiv interpretiert werden können. Auch andersherum ist denkbar, dass kaum Kenntnisse, aber erhebliche Interpretationsfähigkeiten vorhanden sind.

Religionsbezogene Einstellungen, zu denen auch der persönliche Glaube gehört, sind kein Teil einer abzuprüfenden und zu bewertenden fachspezifischen Kompetenz, die den Kern eines Unterrichtsfaches wiedergibt (vgl. Schluß 2011). Gleichwohl gehören sie zu den Anteilen eines allgemeinen Kompetenzbegriffs, die Weinert (2001, 207) „motivational und volitional" nennt. Sie bilden insofern eine wichtige Voraussetzung für den unterrichtlich relevanten fach- oder domänenspezifischen Kompetenzbegriff, die auch in gewissen Grenzen erhoben werden können, um die jeweilige Ausprägung der religiösen Interpretationskompetenz besser verstehen zu können. Sie sind zwar Bestandteil eines allgemeinen Kompetenzbegriffs, aber eben nicht des – in Standards definierten und zu bewertenden – fachspezifischen Kompetenzbegriffs des Religionsunterrichts. Damit ließe sich ein Tableau zur Erhebung (inter-)religiöser Kompetenz in etwa folgendermaßen darstellen (siehe Tabelle 2):

Tab. 2: Tableau zur Erhebung (inter-)religiöser Kompetenz (eigene Darstellung).

	Voraussetzungen und Einflussfaktoren		Religiöse Interpretationskompetenz		
	Religionsbezogene Einstellungen	Religionsbezogene Kenntnisse	Religiöse Deutungskompetenz	Perspektivübernahme	Religiöse Partizipationskompetenz
Bezugsreligion/ Konfession					
Andere Religionen/ Konfessionen					
Religion im interkulturellen und sozialen Raum					

Noch weithin ungeklärt ist momentan der Umgang mit den unterschiedlichen kulturellen, religiösen, unterrichtsfachspezifischen Voraussetzungen. Auch wenn deutlich ist, dass ein interreligiöses Projekt einen Vergleichsmaßstab braucht, zeigt der Blick auf die religionspädagogische Unterweisung allein in Europa, dass die Modelle höchst unterschiedlich sind und nicht, wie zum Beispiel PISA, entsprechende Unterrichtsfächer voraussetzen können. Insofern ist es auch nicht unproblematisch, eine Hierarchie der erfolgreichen und weniger erfolgreichen Konzepte religionsbezogener Unterweisung zu erstellen, weil Ergebnisse wie „Islamische Schüler/-innen sind interreligiös weniger kompetent als jüdische" im gesellschaftlichen Umfeld kaum neutral diskutiert werden würden (vgl. die Diskussion um Khorchide 2009).

Wie ist also eine seriöse vergleichende Erhebung interreligiöser Kompetenz möglich, die einerseits auch bildungspolitisch nutzbare Erkenntnisse zu liefern vermag, aber andererseits nicht populistischer Instrumentalisierung Vorschub leistet? Dazu wird es nötig sein, Frageformate zu entwickeln, die die jeweiligen religionsspezifischen Stärken entsprechend im Kompetenzmodell berücksichtigen. Wie damit umzugehen ist, dass die Teilbereiche religiöser Kompetenz innerhalb der Religionen durchaus unterschiedlich gewichtet werden können, ist eine offene Frage. Gibt es hier einen allgemeinverbindlichen Maßstab, der die reflexive Deutungskompetenz zur eigentlichen fachspezifischen religiösen Kompetenz macht? Mit Cassirer ließe sich dies so beschreiben, dass den unterschiedlichen religiös-kulturellen Praxen unterschiedliche symbolische Formen zugrunde liegen, die nicht verlustlos ineinander zu übersetzen sind, sondern ihrer je eigenen „symbolischen Prägnanz" (vgl. Cassirer 1929/2010, 230 ff.) verpflichtet bleiben. Dabei ist es heute vielleicht noch deutlicher als am Anfang des 20. Jahrhunderts, dass auch innerhalb bestimmter symbolischer Formen (wie Religion oder Recht) erhebliche Übersetzungsprobleme auftreten können. Was etwa in der christlichen Tradition innerhalb der Form „Religion" verhandelt wird, könnte im Islam eher unter die Form „Recht" fallen, womit Recht und Religion durchaus unterschiedlich konnotiert sind. Zu klären wäre, was es für die Erhebung (inter-)religiöser Kompetenz bedeutet, wenn beispielsweise nicht die Reflexionsfähigkeit als zentrales Moment der Mündigkeit im Glauben gesehen wird, sondern die richtige und sachgerechte Wiedergabe heiliger Texte oder eine korrekte Ausführung einer bestimmten religiösen Praxis den Kern der religiösen Konzeption bildet.

8 Vertiefungsaufgaben und -fragen

1. Vergleichen Sie die unterschiedlichen Modelle religiöser Kompetenz und arbeiten Sie Gemeinsamkeiten und Unterschiede heraus. Versuchen Sie anschließend, ein gemeinsames Modell zu entwickeln.
2. Finden Sie eine geeignete Vignette, mit der Sie unterschiedliche Teildimensionen religiöser Kompetenz erfragen können. Entwickeln Sie Skizzen für solche Items.
3. Diskutieren Sie das Verhältnis von religiöser und interreligiöser Kompetenz. Was würden Sie mit Bezug auf den konfessionellen Religionsunterricht testen und weshalb?
4. Erörtern Sie die Frage, ob und, wenn ja, wie sich die Evaluation religiöser Kompetenz in weltanschaulich neutralen Fächern wie Philosophie oder Ethik von der Evaluation religiöser Kompetenz im Religionsunterricht unterscheiden sollte.

9 Literatur

Atria, Moira/Strohmeier, Dagmar/Spiel, Christiane (2006): Der Einsatz von Vignetten in der Programmevaluation – Beispiele aus dem Anwendungsfeld „Gewalt in der Schule". In: Flick, Uwe (Hrsg.): Qualitative Evaluationsforschung. Reinbek: Rowohlt, S. 233–249.

Baumert, Jürgen/Stanat, Petra/Demmrich, Anke (2001): PISA 2000: Untersuchungsgegenstand, theoretische Grundlagen und Durchführung der Studie. In: Deutsches PISA-Konsortium: PISA 2000. Basiskompetenzen von Schülerinnen und Schülern im internationalen Vergleich. Opladen: Leske + Budrich, S. 15–68.

Benner, Dietrich/Schieder, Rolf/Schluß, Henning/Willems, Joachim (Hrsg.) (2011): Religiöse Kompetenz als Teil öffentlicher Bildung. Paderborn: Schöningh.

Bohnsack, Ralf (2014): Rekonstruktive Sozialforschung. Einführung in qualitative Methoden. 9. Auflage. Opladen, Toronto: Budrich.

Cassirer, Ernst (1929/2010): Philosophie der symbolischen Formen. Dritter Teil: Phänomenologie der Erkenntnis. Hamburg: Meiner.

Colby, Ann/Kohlberg, Lawrence (1986): Das moralische Urteil: Der kognitionszentrierte entwicklungspsychologische Ansatz. In: Bertram, Hans (Hrsg.): Gesellschaftlicher Zwang und moralische Autonomie. Frankfurt a. M.: Suhrkamp, S. 130–162.

Council of Europe (2008): Recommendation CM/Rec(2008)12 of the Committee of Ministers to member states on the dimension of religions and non-religious convictions within intercultural education. URL: https://wcd.coe.int/ViewDoc.jsp?id=1386911&Site=CM (Stand: 01.08.2015).

Deutsche Bischofskonferenz (2006): Kirchliche Richtlinien zu Bildungsstandards für den katholischen Religionsunterricht. Bonn: Sekretariat der Deutschen Bischofskonferenz.

Elsenbast, Volker/Fischer, Dietlind (Hrsg.) (2007): Stellungnahmen und Kommentare zu „Grundlegende Kompetenzen religiöser Bildung". Münster: Comenius-Institut.

Evangelische Kirche Berlin-Brandenburg-schlesische Oberlausitz (EKBO) (Hrsg.) (2007): Rahmenlehrplan für den Evangelischen Religionsunterricht in den Jahrgangsstufen 1 bis 10. URL: http://www.akd-ekbo.de/files/Rahmenplan2007_0.pdf (Stand: 01.08.2015).

Evangelische Kirche in Deutschland (EKD) (1994): Identität und Verständigung. Standort und Perspektiven des Religionsunterrichts in der Pluralität. Eine Denkschrift. Gütersloh: Gütersloher Verlagshaus.

Evangelische Kirche in Deutschland (EKD) (2010): Kerncurriculum für das Fach Evangelische Religionslehre in der gymnasialen Oberstufe – Themen und Inhalte für die Entwicklung von Kompetenzen religiöser Bildung. EKD Texte 109, Hannover. URL: https://www.ekd.de/download/ekd_texte_109.pdf (Stand: 16.11.2015).

Evangelische Kirche in Deutschland (EKD) (2011): Kompetenzen und Standards für den Evangelischen Religionsunterricht in der Sekundarstufe I. Texte 111. URL: https://www.ekd.de/download/ekd_texte_111.pdf.pdf (Stand: 01.08.2015).

Evangelische Kirche in Deutschland (EKD) (2014): Religiöse Orientierung gewinnen. Evangelischer Religionsunterricht als Beitrag zu einer pluralitätsfähigen Schule. Gütersloh: Gütersloher Verlagshaus.

Feindt, Andrea/Elsenbast, Volker/Schreiner, Peter/Schöll, Albrecht (Hrsg.) (2009): Kompetenzorientierung im Religionsunterricht. Münster: Comenius-Institut.

Fischer, Dietlind/Elsenbast, Volker (Redaktion) (2006): Grundlegende Kompetenzen religiöser Bildung Zur Entwicklung des evangelischen Religionsunterrichts durch Bildungsstandards für den Abschluss der Sekundarstufe I. Münster: Comenius-Institut.

Heimbrock, Hans-Günter/Scheilke, Christoph Th./Schreiner, Peter (Hrsg.) (2001): Towards Religious Competence. Diversity as a Challenge for Education in Europe. Münster: Lit.

Jackson, Robert/Miedema, Siebren/Weisse, Wolfram/Willaime, Jean-Paul (Hrsg.) (2007): Religion and Education in Europe. Developments, Contexts and Debates, Münster: Waxmann.
Käbisch, David (2014): Religionsunterricht und Konfessionslosigkeit. Eine fachdidaktische Grundlegung. Tübingen: Mohr Siebeck.
Kehrer, Günter (2014): Atheismus, Religion und Wissenschaft – Ein Problemfeld zu klärender Verhältnisse. In: Erwägen Wissen Ethik 25, Heft 1, S. 3–12.
Kenngott, Eva-Maria (2011): Perspektivenübernahme: Zwischen Moralphilosophie und Moralpädagogik. Wiesbaden: VS.
Khorchide, Mouhanad (2009): Der islamische Religionsunterricht zwischen Integration und Parallelgesellschaft: Einstellungen der islamischen ReligionslehrerInnen an öffentlichen Schulen. Wiesbaden: VS.
Klieme, Eckhard u.a. (2003): Zur Entwicklung nationaler Bildungsstandards. Berlin: Bundesministerium für Bildung und Forschung.
Krause, Sabine/Nikolova, Roumiana/Schluß, Henning/Weiß, Thomas/Willems, Joachim (2008): Kompetenzerwerb im evangelischen Religionsunterricht. Ergebnisse der Konstruktvalidierungsstudie der DFG-Projekte RU-Bi-Qua/KERK. In: Zeitschrift für Pädagogik 54, S. 174–188.
Kultusministerkonferenz (KMK) (2006): Einheitliche Prüfungsanforderungen in der Abiturprüfung Evangelische Religionslehre. URL: http://www.kmk.org/fileadmin/veroeffentlichungen_beschluesse/1989/1989_12_01-EPA-Ev-Religion.pdf (Stand: 01.08.2015).
Martin, George R.R. (2010 ff.): Das Lied von Eis und Feuer. München: Blanvalet.
Ministerium für Kultus, Jugend und Sport Baden-Württemberg (2004): Bildungspläne. URL: www.bildung-staerkt-menschen.de/service/downloads/Bildungsplaene (Stand: 01.08.2015).
Obst, Gabriele (2009): Kompetenzorientiertes Lehren und Lernen im Religionsunterricht. Göttingen: Vandenhoeck & Ruprecht.
Rothgangel, Martin/Schröder, Bernd (Hrsg.) (2009): Evangelischer Religionsunterricht in den Ländern der Bundesrepublik Deutschland. Empirische Daten – Kontexte – Entwicklungen. Leipzig: Evangelische Verlagsanstalt.
Rothgangel, Martin/Jackson, Robert/Jäggle, Martin (2014): Religious Education at Schools in Europe. Part 2: Western Europe. Göttingen, Wien: Vandenhoeck & Ruprecht.
Sajak, Clauß Peter (Hrsg.) (2012): Religionsunterricht kompetenzorientiert. Beiträge aus fachdidaktischer Forschung. Paderborn: Schöningh.
Schluß, Henning (2010a): Religiöse Bildung im öffentlichen Interesse – Analysen zum Verhältnis von Pädagogik und Theologie. Wiesbaden: VS.
Schluß, Henning (2010b): Der Beitrag der empirischen Bildungsforschung zur Bildungstheorie et vice versa. In: Pädagogische Rundschau 64, S. 233–244.
Schluß, Henning (2011): Kompetenzorientierung im Religionsunterricht – Herausforderungen eines religionspädagogischen Paradoxons. In: Theo-Web 10, Heft 2, S. 172–179.
Schluß, Henning/Tschida, Susanne/Krobath, Thomas/Domsgen, Michael (Hrsg.) (2015): Wir sind alle „andere". Schule und Religion in der Pluralität. Göttingen: Vandenhoeck & Ruprecht.
Schwillus, Harald/Sterck-Degueldre, Jean-Pierre/Meyer, Guido (Hrsg.) (2014): Katholischer Religionsunterricht in Europa. Unterschiedliche Kontexte, ein gemeinsames Ziel? Berlin: Logos.
Tenorth, Heinz-Elmar (Hrsg.) (2008): Bildungsstandards außerhalb der „Kernfächer". Herausforderungen für den Unterricht und die fachdidaktische Forschung – Zur Einleitung in den Thementeil. In: Zeitschrift für Pädagogik 54, S. 159–162.
Valk, Pille/Bertram-Troost, Gerdien/Friederici, Markus/Béraud, Céline (Hrsg.) (2009): Teenagers' perspectives on the role of religion in their lives, schools and societies. A European quantitative study. Münster: Waxmann.
Weinert, Franz E. (Hrsg.) (2001): Leistungsmessung in Schulen. Weinheim/Basel: Beltz.

Willems, Joachim (2007): Indoktrination aus evangelisch-religionspädagogischer Sicht. In: Schluß, Henning (Hrsg.): Indoktrination und Erziehung – Aspekte der Rückseite der Pädagogik. Wiesbaden: VS, S. 79–92.

Willems, Joachim (2015): Interreligiöse Kompetenz an der öffentlichen Schule. In: Schluß, Henning/Tschida, Susanne/Krobath, Thomas/Domsgen, Michael (Hrsg.): Wir sind alle „andere". Schule und Religion in der Pluralität. Göttingen: Vandenhoeck & Ruprecht, S. 19–36.

Ziebertz, Hans G./Riegel, Ulrich (Hrsg.) (2009): How Teachers in Europe Teach Religion. An International Empirical Study in 16 Countries. Münster: Lit.

Gabriele Weiß
Evaluation ästhetischer und kultureller Bildung

1 Gesellschaftliche Relevanz und Spezifik der Evaluation von ästhetischer und kultureller Bildung

Der jahrelangen Forderung nach mehr Anerkennung und Wertschätzung der ästhetischen und kulturellen Bildung wird seit ca. zehn Jahren entsprochen, was zur Folge hat, dass ihre Bedeutung im individuellen Bildungsprozess auf dem Prüfstand steht. Es wird kaum mehr daran gezweifelt, dass ästhetische Erfahrungen bildende Wirkungen haben können, aber eine Zwangsläufigkeit ist damit nicht gesichert. Damit ästhetische und kulturelle Bildungsprozesse mit mehr Sicherheit zu Wirkungen und Kompetenzen führen, gilt es die pädagogischen Handlungsweisen auf ihre Qualität hin zu evaluieren.

Soll der Gegenstand von Evaluationen ästhetische und kulturelle Bildung sein, dann steht an erster Stelle die Frage, was damit bezeichnet wird. Kulturelle Bildung hat den Begriff ästhetischer (oder auch musischer) Bildung heute weitgehend ersetzt. Dabei fungiert „kulturelle Bildung" zunehmend als Containerbegriff, der durch eine zu weite Fassung seine Spezifik verliert, wenn alles „Menschliche" damit gemeint ist. So wird er gern ergänzt zu „künstlerisch-kultureller Bildung", um damit die musischen Fächer von den anderen unterscheiden zu können. Kulturelle Bildung sei „Bildung im Medium der Künste" meinen Eckard Liebau u. a. (2013, 13). Um damit kulturelle Bildung jedoch nicht auf die Künste zu reduzieren, sondern zum Beispiel auch jugendkulturelle und informelle Bildung im Alltagsgeschehen zu erfassen, wird das Adjektiv „künstlerisch" wieder in „ästhetisch" transformiert. Kulturelle Bildung sei jene Bildung, „in der der Zusammenhang von Wahrnehmung, Ausdruck, Darstellung und Gestaltung der Welt vorrangig unter ästhetischen Gesichtspunkten in Rezeption und Produktion zum Gegenstand wird" (Liebau u. a. 2013, 13). Kulturelle Bildung ist Bildung in ästhetischen Dimensionen, *mit* ästhetischen Rezeptions- und Ausdrucksweisen und *durch* ästhetisch ansprechende Gegenstände und Inhalte oder gestaltete Welt. Die Domäne des Ästhetischen umfasst dabei nicht mehr nur das schöne, sondern zum Beispiel auch das fantasievolle, kreative, originelle und innovative Wahrnehmen und Gestalten.

Diesen Veränderungen in der theoretischen und begrifflichen Fassung von ästhetischer Bildung korrespondieren Veränderungen im wissenschaftlichen Diskurs. Im Zuge der sozialwissenschaftlichen Wende in der Erforschung von Bildungsprozessen sahen sich die vielversprechenden Wirkungsbehauptungen von ästhetischer Bildung der Forderung ausgesetzt, auch empirisch nachgewiesen werden zu müssen. Um bildungspolitisch die gesellschaftliche Bedeutung der kulturellen Bildung zu erhöhen, werden vor allem Transferleistungen, das heißt, Wirkungen, die über das genuin Ästhetische hinausgehen, zur Argumentation herangezogen. Dass kulturelle Bildung persönlichkeitsbildend sei und kognitive, emotionale und vor allem soziale Kompetenzen bilde, sind alte „Versprechungen des Ästhetischen" (vgl. Ehrenspeck 1998), nur wird heute daran gearbeitet, diese in ihren Möglichkeiten zu beweisen.

Der Bedarf an Evaluationen in ästhetischer und kultureller Bildung ist aber auch eine Folge der Veränderung von Kulturen und der damit einhergehenden Verunsicherungen. Pluralität, die keine Orientierung mehr gibt, erzeugt das gesellschaftliche Bedürfnis nach gesicherten Prognosen und Orientierung in einer weitgehend so wahrgenommenen Risikogesellschaft (vgl. Lamprecht 2012, 301). Mit diesem Herantreten an ästhetische Bildung vollzieht sich jedoch gleichzeitig eine Instrumentalisierung – ästhetische und kulturelle Bildung muss ihren gesellschaftlichen oder ökonomischen Nutzen abwägen.

Ein weiterer Grund, warum Evaluation im Bereich der ästhetisch-kulturellen Bildung an Relevanz gewinnt, ist die Ressourcenknappheit an Finanzen, Mittel, Zeit und Personal. Der gesellschaftliche Bedarf an Evaluation resultiert aus differenten ökonomischen Begrenzungen. Gelder werden erst freigegeben, wenn sicher ist, dass die Maßnahmen effektiv und effizient sind. Das gesteigerte Interesse an Evaluation kommt also einerseits aus einem ökonomischen Interesse, welches Steuerung und Kontrolle bedeutet, und andererseits aus dem gesellschaftlichen Interesse an Wirkungsforschung.

Um den instrumentalisierenden Effekt der Evaluation zu kaschieren, gibt es noch einen „Alibigrund" für Evaluation in der ästhetischen Bildung: ihre Qualitätssicherung oder Qualitätsverbesserung sowie die qualifizierende und optimierende Rückwirkung auf die Praxis und deren Akteure. Qualitätsverbesserung und Professionalisierung sind wünschenswerte Anliegen, wenn aber die Möglichkeit pädagogischer Initiierung von ästhetischer Bildung in Zweifel steht, sind standardisierte Kriterien weder für den pädagogischen noch für den ästhetischen Prozess sinnvoll.

Doch der Wunsch nach Evaluation kommt auch aus den eigenen Reihen der ästhetischen Bildung. Eine der konkreten historischen Hauptursachen für die verstärkte Evaluierung von ästhetischer und kultureller Bildung war die Marginalisierung der künstlerischen Schulfächer aufgrund der bildungspolitischen Aufmerksamkeit auf die in der PISA-Studie getesteten Fächer. Es war zwar klar, dass musische Fächer nicht so zu testen sind wie die anderen, aber das Nichttesten dieser Fächer schien ihnen die Berechtigung überhaupt zu nehmen (in einem verpflichtenden Unterricht und einem selektierenden Schulsystem), Relevanz für sich zu beanspruchen. Schon über Jahre gab es das Problem und die Diskussion der Leistungsbewertung und Notenvergabe in diesen Fächern. Und nun sollte ein Vergleich über Ländergrenzen hinweg erfolgen, auch wenn ein „ästhetischer Output" schon zwischen zwei Individuen kaum vergleichbar ist. Somit verfolgten diese Schulfächer das paradoxe Ansinnen, Testungen zu befürworten, obwohl sie das Messen ihres Outputs weder in Kompetenzen noch in Standards begrüßen konnten. Ihnen blieb also die Wahl zwischen Marginalisierung oder Vermessung, wobei die letztere Alternative doch wenigstens von Profis aus den eigenen Reihen entworfen werden sollte.

Neuere Publikationen betonen nicht nur die gesteigerte Bedeutung und Aufmerksamkeit, sondern auch die Expansion der organisierten ästhetischen und kulturellen Bildung (vgl. Fink u. a. 2012, 9). Expansion erfolgt einerseits inhaltlich in differente Bereiche. Nicht nur die mit Schulfächern abgedeckten Bereiche Sport, Musik, bildende Kunst und Literatur, sondern auch Theater, Tanz, Neue Medien, digitale Videocollage, Computeranimationen, Architektur, Akrobatik oder Spiel gewinnen an Aufmerksamkeit. Damit erfolgt ein Übergang in alltägliche Kulturpraktiken oder auch handwerkliche Tätigkeiten zur Herstellung kultureller Gebrauchsgegenstände. Hinzu kommen einmalige Veranstaltungen wie Happenings, Musicals, Festivals und Konzerte, kurz Events genannt, sowie Streetart, Graffiti oder Poetry Slams. Die Expansion erfolgt andererseits aber auch in Bezug auf die Zielgruppen (zum Beispiel frühe Kindheit und Alter). Da der ästhetischen und kulturellen Bildung so große Bedeutung zugesprochen wird, steigt der Legitimationsdruck, die angenommene Wirksamkeit auch in allen Bereichen und bei allen Zielgruppen zu beweisen, was die Evaluationsforschung sowie die generelle Forschung zu ästhetischer Bildung grenzenlos ausdifferenziert.

2 Bedeutung von Evaluation für ästhetische und kulturelle Bildung

Hildegard Bockhorst nennt folgende *Gründe für Evaluationen* im Bereich der kulturellen Bildung: Sie seien gut, um die Praxis zu unterstützen und zu verbessern, dafür erhalten sie die Ausgangsdaten einer Konzeptentwicklung, blicken auf die Nutzerinteressen und erheben mit diesen gleichzeitig den Erfolg. Für die Organisation seien sie gut, um Qualitätsmanagement- und Selbststeuerungsprozesse anzuregen und um zu erfahren und zu dokumentieren, ob die Strukturen auch so funktionieren wie versprochen. Prozessintern helfen Evaluationen, herauszufinden, wie Künste wirken, das heißt, sie können überprüfen, welche Wirkungsbehauptungen im Hinblick auf Kompetenzen wissenschaftlichen Qualitätsstandards standhalten (vgl. Bockhorst 2008, 90 f.).

Bedeutung erlangte die Evaluation für die ästhetische und kulturelle Bildung aufgrund ihrer Legitimierungsfunktion. Hier stellt sich jedoch die Frage, was diese Form der Legitimierung für die ästhetische Bildung bedeutet. Für viele Akteure in der Kunst- und Kulturvermittlungsarbeit ist Evaluierung ein Schreckgespenst, und ihre Bedeutung liegt im Negativen, insofern etwas nicht Messbares messbar gemacht werden soll, Kontrolle über etwas ausgeübt werden soll, was unkontrolliert vonstattengeht, und Legitimation für etwas erzeugt werden soll, was sich zweckfrei versteht. Fragt man aber umgekehrt, was die Nichtevaluation für ästhetische und kulturelle Bildung bedeutet, dann wird schnell klar, dass eine Marginalisierung dieses Bereichs droht. Evaluation ist ein neues Paradigma der Wissenschaft. Wer sich verweigert, macht sich überflüssig. Die Konsequenz hieraus lautet meist: Wenn schon evaluieren, dann durch Expert(inn)en aus dem eigenen Bereich, denn Evaluationsforschung ist in der Regel Auftragsforschung, die einer vorab formulierten Fragestellung folgt und eine extern gesetzte Funktion erfüllt.

Auch interne Ziele von Evaluationen kreisen darum, herauszufinden, ob ein Prozess, ein Projekt oder eine Sache gelungen ist. Ein Gelingen oder der Erfolg gibt dem Geschehen seine Werthaftigkeit. Aussagen darüber, ob etwas gelungen oder misslungen ist, können nur aufgrund einer vorherigen Ziel- und Zwecksetzung erfolgen. Dies ist jedoch eines der umstrittensten Themen im Bereich der Ästhetik: Inwiefern verfolgen deren Praktiken einen Zweck, um einen damit verbundenen Nutzen erzielen zu wollen. Selbst die prozessinterne Evaluation beurteilt, ob es sich lohnt bzw. es von Nutzen ist, diesen Prozess in dieser Weise durch- und weiterzuführen oder nicht. Will man demnach ästhetische Bildung evaluieren, wird eine normative Formulierung ihres Gebrauchswertes unumgänglich.

Tobias Fink u. a. fassen die normativen Ansprüche an kulturelle Bildung folgendermaßen zusammen: „Kulturelle Bildung soll [...] eben nicht ‚nur' ohne direkten Gebrauchswert selbstbildend und kreativ sein, sondern vor allem auch gesellschaftlich erwünschte Soft-Skills wie Konzentrationsfähigkeit, Teamfähigkeit, Sprach- und Kommunikationsfähigkeit" (Fink u. a. 2012, 14) üben. Kulturelle Bildung soll also Transferleitungen und bestimmte Kompetenzen erzeugen. Für die Frage nach der Evaluation kultureller Bildung heißt das, dass sie in den Zusammenhang von Transfer-, Kompetenz- und Wirkungsforschung gerückt wird. Ob jedoch Evaluationsforschung im Bereich der kulturellen Bildung mit Transfer- und Wirkungsforschung gleichgesetzt werden kann, steht auf einem anderen Blatt.

Diese Schwierigkeit besteht bei jeder Evaluation im Bildungsbereich, wenn es nicht nur um technologische, sondern um normative Vorgaben geht. Das angestrebte, aber nie in Gänze zu erreichende Ideal muss in ein konkretes Ziel umformuliert werden, welches dann noch „auf seine Beobachtbarkeit hin operationalisiert" (Meder 2004, 409) wird. Zuerst sieht man sich also mit der Schwierigkeit konfrontiert, ein Ideal im Bereich der ästhetischen Bildung zu legitimieren. Sodann stellt sich die Frage, wie dieses beobachtbar und messbar zu machen ist. Ein messbarer Zuwachs, eine signifikante Verbesserung, Entwicklung, ein Fortschritt oder auch lediglich eine Veränderung als Differenz von einem Ausgangszustand zu einem Zielzustand sind in ästhetischen Bildungsprozessen schwer bis gar nicht zu erheben. Nicht nur Künstler, sondern auch Vermittler und Kunstpädagogen sind oft der Meinung, dass künstlerische Qualität und deren Verbesserung nicht gemessen werden können. Sie befürchten, eine Evaluation würde objektive Kriterien aufstellen, was Kunst oder „schön" ist. Diese Befürchtung entkräftet Gesa Birnkraut, indem sie betont, dass nicht die künstlerische Qualität eines Produktes, sondern „funktionale Prozesse, effektiver Umgang mit den Ressourcen und gute interne und externe Kommunikation" bei einer Evaluation auf dem Prüfstand stünden (Birnkraut 2011, 8). Aber auch für diese Seite der Begutachtung bedarf es Kriterien. Diese werden entweder vorgegeben oder optimalerweise im Prozess der Evaluation gebildet.

3 Kriterien und Indikatoren für die Evaluation von ästhetischer und kultureller Bildung

Um die Umsetzung der generellen Ziele von Evaluationen, die Sicherung und Verbesserung von Qualität, messen und bewerten zu können, sind Maßstäbe für die Qualität ästhetischer und kultureller Bildung nötig. Obwohl Anne Bamford wesentlich zur Etablierung von Beurteilungen im Sektor künstlerischer Bildung beigetragen hat, meint sie dennoch, dass es „keine festen, akzeptierten Standards [gibt], die man universell als gültige Merkmale für die Qualität von künstlerischer Bildung etablieren könnte" (Bamford 2010, 114). Wenn Kriterien der Qualität von ästhetischer Bildung benannt werden, dann ist darauf zu achten, dass sie nicht auf alle Formen anwendbar sind, sondern situativ an das konkrete Praxisfeld angepasst werden müssen.

Die entscheidende Frage bei der Suche nach Qualitätskriterien in der ästhetischen Bildung ist, auf welcher Ebene sie greifen. Geht es um die Qualität der ästhetischen Rezeption wie Produktion der Teilnehmer, geht es um die Qualität der pädagogischen Maßnahmen zur Ermöglichung von ästhetischer Bildung oder geht es um die Qualität der Evaluation von ästhetischer Bildung? Letztere orientiert sich an den Vorgaben der Evaluationsstandards der Deutschen Gesellschaft für Evaluation von 2002 und kann hier vernachlässigt werden. Aber die Differenz, ob man nach Qualitätskriterien sucht für die ästhetischen Bildungsprozesse der Subjekte oder deren pädagogische Initiierung, ist entscheidend und soll im Folgenden an drei Möglichkeiten der Kriterienbildung vorgestellt werden.

1. Anne Bamford leitet ihre Qualitätskriterien aus einer mit Fragebögen weltweit erhobenen Studie zur Durchführung von Projekten und Maßnahmen kultureller Bildung ab. Ihre Kriterien gelten vorrangig den pädagogischen Maßnahmen, die in einem schulischen oder außerschulischen Projekt zum Gelingen beitragen:
   – Die Wahrscheinlichkeit des Gelingens von künstlerischer Bildung steigt, wenn eine „*aktive Partnerschaft* mit kreativen Menschen und Organisationen" (Bamford 2010, 117) eingegangen wird. Jedes der Qualitätsmerkmale kann wiederum konkreter differenziert werden. Wie sähe eine gute Partnerschaft aus? Sie sollte möglichst nachhaltig, langfristig, authentisch, wechselseitig etc. sein.
   – Die Wechselseitigkeit verweist auf ein weiteres Gütekriterium: Ein Projekt künstlerischer Bildung sei dann gut, wenn die professionellen Akteure eine *begleitende Fort- und Weiterbildung* erfahren (vgl. Bamford 2010, 118). Das

kann extern professionell erfolgen oder aus dem wechselseitigen Austausch. Die Künstler/-innen lernen von den Pädagog(inn)en und umgekehrt. Es spiele jedoch grundsätzlich eine entscheidende Rolle, ob sich die künstlerisch Schaffenden als pädagogisch Tätige und die pädagogisch Tätigen als künstlerisch Schaffende gegenseitig anerkennen.

- *Gemeinsam geteilte Verantwortung* bei der Planung und Implementierung (vgl. Bamford 2010, 119) des Vorhabens bildet ein drittes Gelingenskriterium für Programme künstlerischer Bildung.
- Außerdem seien solche Programme dann gut, wenn unter der Idee der Inklusion *ein Zugang für alle Kinder* gesichert wird, und nicht nur für begabte und/ oder interessierte (vgl. Bamford 2010, 118). Ein bloßes Angebot erscheint oft als zu wenig, eine verpflichtende Teilnahme als zu viel an pädagogischem Bemühen.
- Ein fünftes Kriterium seien *flexible Organisationsstrukturen* (vgl. Bamford 2010, 119) aufseiten der Bildungsinstitutionen wie der kulturellen Institutionen, damit differente Orte und Zeitabläufe sich der ästhetischen und kulturellen Bildung anpassen können. Das heißt konkret, wenn jemand mehr Übung oder längere Zeit für seine Rezeption wie Produktion braucht, dann wird nach individuellen Lösungen gesucht. Damit verbunden ist die Einbindung des Projekts vor Ort mit der kreativen Nutzung vorhandener urbaner und institutioneller Ressourcen und der Möglichkeit der *öffentlichen* Aufführung, Ausstellung und *Präsentation* der Werke.

Zu diesen organisatorischen und strukturellen Bedingungen für gelingende Projekte der ästhetischen Bildung kommen methodische Kriterien hinzu, welche diejenigen, die ein Projekt durchführen, beachten sollten:

- Als Erstes ist es die *Projektstruktur* selbst, die sich als förderlich darstellt, weil sie dem ästhetischen Tun einen Rahmen und nach außen sichtbaren Sinn verleiht, wie etwa die Einbindung in Aktivitäten des urbanen Standortes.
- Zweitens sollte die Maßnahme die Teilnehmer zu *forschendem Lernen* anregen (vgl. Bamford 2010, 122) – pädagogisch gesprochen: Interesse wecken –, um sich so weiter mit dem jeweiligen Sujet ästhetisch auseinanderzusetzen. Hier sind flexible und experimentelle Lehrmethoden gefragt, die zu aktivem, kreativem Schaffen anregen.
- Drittens sind die *Reflexion und wechselseitige Bewertung des Geschaffenen* zu nennen. Die Zusammenarbeit der sich ästhetisch Bildenden steht im Vordergrund und ein teamorientiertes Schaffen sollte Wettbewerbsstrukturen einschränken. Damit ist nicht gemeint, dass die Kinder ihre eigene Arbeit und die der anderen nicht kritisch reflektieren und bewerten sollen, denn auch das will gelernt sein. Damit nehmen einige Kriterien von Bamford den Charakter von Kompetenzen an. Die *Fähigkeit, kritisch* über ästhetische Figurationen *zu urteilen* und eine *sprachliche Kompetenz* (ob als ästhetische Ausdrucksweise oder ein Vokabular zum kommunikativen Austausch über die Kunst) können

als ästhetische Kompetenzen gesehen werden. Kompetenzen verlagern den Fokus der Erfassung vom Pädagogen zum Lernenden. Nicht mehr die pädagogische Maßnahme (Input) wird beobachtet, sondern das Resultat (Output) beim Adressaten.
2. Leopold Klepacki und Jörg Zirfas äußern sich sehr vorsichtig zu der Frage, was man im Umgang mit Kunst lernen kann, und nennen die Fähigkeiten bewusst nicht ästhetische Kompetenzen, sondern Lerndimensionen (vgl. Klepacki/Zirfas 2009, 118 ff.). Dennoch wird der Wechsel vom Bildungsbegriff zum Kompetenzbegriff deutlich, da *Lern*vorgang und *Lern*inhalt in den Vordergrund rücken. Klepacki und Zirfas bleiben auf einer allgemeinen Ebene, die in jedem künstlerischen Feld erprobt werden kann. Wenn ästhetische Bildung bewertet werden soll, so könne gefragt werden: Was *lernt* man in derartigen Bildungsprozessen? Erst im jeweiligen künstlerischen Medium können die vier Lernmöglichkeiten konkret zu Kriterien operationalisiert werden:
   - Wenn ästhetische Bildung erfolgreich ist, dann lernen die Teilnehmer die ästhetischen Figurationen zu lesen, das heißt sie können ästhetischen Zeichen deuten. Mollenhauer prägte dafür den Begriff der „ästhetischen Alphabetisierung" (Mollenhauer 1990).
   - Zweitens lerne man ein Können. Wird ästhetische Alphabetisierung mit einem Wissen verbunden, so meint das Können performative Verkörperungsformen, in welchen „die mit der Kunst verbundenen sinnlich-leiblichen, die sozio-rituellen sowie stilistisch-inszenatorischen Effekte" (Klepacki/Zirfas 2009, 120) in den Übungen angesprochen werden. Die Autoren nennen es eine „ästhetische Pragmatik", weil das Einstudieren von Praktiken oder Beherrschen von Techniken einen zielorientierten Gebrauch bis zur virtuosen Ausdrucksmöglichkeit intendiert.
   - Diese „Fingerfertigkeiten" (Dietrich u. a. 2012, 28) sind verbunden mit der dritten Lerndimension: „Leben lernen – ästhetische Biographik" (Klepacki/Zirfas 2009, 120). Man lerne im Umgang mit Kunst zu leben, weil eine zunehmend ästhetisierte Lebenswelt die Fähigkeit herausfordert, sein Leben zu gestalten.
   - Da dies ein Leben lang erfolgt, wird viertens das Lernen selbst gelernt, „sodass sich Lernkompetenzen herausbilden" (Klepacki/Zirfas 2009, 122).

So kann in einem eingeschränkten Maße (weil nicht umstandslos messbar) von ästhetischen Kompetenzen gesprochen werden: es geht um ein Lesen-Können, Ausdrücken-Können, Leben-gestalten-Können und um ein Lernen-Können in ästhetischen Formen. Dieses Können kann dann für mehr oder weniger gut befunden werden, womit die Probleme einer qualitativen Evaluation erst beginnen. Solange die pädagogische Maßnahme als Prozess evaluiert wird, besteht keine Gefahr der Standardisierung von ästhetischen Qualitäten. Wenn aber das Können des Subjekts in den Fokus der Begutachtung rückt, dann werden Kriterien des guten oder weniger gelungenen Outputs nötig, die wiederum der ästhetischen Figuration Vorgaben und Maßstäbe vorschreiben. Denn ob jemand etwas (gut) kann oder nicht, zeigt sich an dem performativ oder materiell Hergestellten. Deshalb die Vorsicht von Klepacki und Zirfas, wirklich ästhetische Kompetenzen zu formulieren. Es bedeutet einen erheblichen Unterschied, wenn Kriterien festlegen, ob in der pädagogischen Inszenierung die vier Lerndimensionen angesprochen werden oder ob am Ende beim Adressaten Kompetenzen nachzuweisen sind.

3. Eine dritte Art von Kriterien für die Qualität der kulturellen Bildung entwirft Johannes Bilstein. Qualität bedeutet auch für ihn, die Frage nach „Bedingungen des Gelingens kultureller Bildung" (Bilstein 2013, 61) zu stellen. Er formuliert seine Qualitätskriterien aus den Künsten heraus, weil eine Begründung der Kriterien aus den nachzuweisenden Kompetenzen nicht ausreiche (vgl. Bilstein 2013, 61). Damit geht es nicht mehr um die Qualität der pädagogischen Maßnahmen, sondern um die Qualität der ästhetischen Bildungsprozesse der Subjekte. Bilstein verlagert die Frage nach Qualitätskriterien auf den Bildungsprozess des sich ästhetisch bildenden Individuums, nicht wie Bamford auf die pädagogischen Arrangements (Input) und nicht wie Klepacki und Zirfas auf das intendierte Können (Output) der Lernenden. Bilstein nennt hier sieben Kriterien, ohne allerdings Hinweise zu gegeben, wie diese operationalisiert und fixiert werden könnten.

- Ein erstes Kriterium ist die *leibliche und sinnliche Wahrnehmung*, welche mit dem griechischen Ausdruck „Aisthesis" benannt wird. Nun stellt sich die Frage, ob dies ein Qualitätskriterium ist oder wie daraus eines wird, denn es ist kaum möglich, an die leibliche Wahrnehmung einen Maßstab anzulegen, welcher diese als gut, hoch, allumfassend oder wie auch immer beurteilt. Selbst für die Identifizierung einer ästhetischen Erfahrung wäre das leibliche und sinnliche Wahrnehmen nicht hinreichend.
- Ein zweites Kriterium ist die *Kontingenzerfahrung*, womit über die ästhetische Bildung eine Befreiung von Konventionen und Mustern erfolgen könne. Kulturelle Bildung könne man „auch daran messen, ob ihr dieser Befreiungsakt vom Material, von den eigenen Konventionen, von den Erwartungen der anderen gelingt, ob sie Kontingenz repräsentiert und ermöglicht" (Bilstein 2013, 62).
- Ein drittes Kriterium ist die in kultureller Bildung zu erwerbende *Sensibilität für Wahl, Entscheidung und Selektion*. Die Beurteilung der Produkte, was gut und gelungen ist und was verworfen wird, ist eine Frage des Geschmacks. An diesen Begriff wagt sich Bilstein jedoch nicht, wenn es um eine qualitative Bewertung (gut oder schlecht) geht.
- Das vierte Kriterium ist die *Prozess-Sensibilität*. Gute kulturelle Bildung legt mehr Wert auf den Prozess als auf das Produkt.

Zwei weitere Kriterien sind Erfahrungen, die gemacht werden können: Kulturelle Bildung sei dann gut, wenn sie *Erfahrungen der Ganzheitlichkeit* ermöglicht, und *Begeisterung* im Sinne von Enthusiasmus und Inspiration auslöst. Erscheinen Erstere als überhaupt nicht empirisch erfassbar, so sind Begeisterung, Interessiertheit und Enthusiasmus Kriterien, die vom Aussehen, der Mimik und Gestik abgelesen werden müssten.

Ein letztes Kriterium tanzt gewissermaßen aus der Reihe: Kulturelle Bildung müsse sich daran messen lassen, inwiefern sie zur „Selbst-Gestaltung" bzw. Lebensführung beträgt. Auch Klepacki und Zirfas sehen das Leben-Lernen in Form einer Stilisierung seiner selbst als Qualitätskriterium ästhetischer Bildung. Als Menschen sind wir, so Bilstein, Werk unserer selbst, wir stellen uns selbst her, gestalten uns, geben unserem Leben einen bestimmten Stil. Kulturelle Bildung müsse sich daran messen lassen, inwiefern sie dabei hilft. Bilstein erhebt damit an die Sphäre des Ästhetischen den Anspruch, die dort möglicherweise erworbenen Kompetenzen (etwa eine gewisse Sensibilität) prinzipiell in den Alltag integrieren zu können. Dieser Anspruch erscheint aus philosophischer Sicht zumindest nicht unproblematisch, jedenfalls dann nicht, wenn man davon ausgeht, dass das Ästhetische durch eine spezifische Differenz zum Alltag bestimmt ist. Die ästhetische Sphäre selbst und die in ihr herrschenden spielerischen Praktiken des So-tun-als-ob werden gerade (nur) durch ein gewisses Absehen von der Realität möglich. Denn die Freiheiten, die in der ästhetischen Sphäre gegeben sind, durch das Absehen von der Realität, sind in der Realität nicht gegeben. Das selbst gestaltete Leben kann nicht mal eben so einfach verworfen werden wie ein misslungenes Kunstwerk (vgl. Weiß 2006). Doch die viel schwierigere Frage ist: Wie soll Selbst-Gestaltung evaluiert werden, wie soll kulturelle Bildung ihr Gelingen beweisen? Wann ist das Kunstwerk „Leben" gelungen? Diese Fragen führen weit ab von der Beurteilung ästhetischer Bildung, weil sie dazu tendieren, die Kriterien aus dem Ästhetischen anstatt aus der Bildung herzuleiten. Beides ist umstritten und schwierig, aber die Evaluation von pädagogischen Maßnahmen hat mehr Chancen auf Erfolg, weil diese sich beobachten und erheben lassen.

Ganz anders als Kriterien für gute ästhetische *Bildung* sehen Kriterien aus dem Bereich des Kultur*managements* aus. Um davon eine Vorstellung zu bekommen, sei im Folgenden ein Beispiel für die Evaluation eines Theaters zitiert. Kriterien der Evaluation sind hier unter anderem die „professionelle Führung des Theaters, Nachweis eines regelmäßigen Spielbetriebs, Erkennbarkeit eines spezifischen künstlerischen Profils innerhalb der Hamburger Privattheaterszene, Darstellung eines nachhaltigen, zielgruppenorientierten Theaterkonzeptes, Nachweis der Akzeptanz, gemessen an der Auslastung, Nachweis lokaler, regionaler und überregionaler Kooperationen mit Theatern, Festivals etc., Nachweis eines kontinuierlichen Qualitätsmanagements und einer regelmäßigen Erfolgskontrolle und die Darlegung eines Finanzierungsplans" (Birnkraut 2011, 35). Solche Kriterien des Managements kommen den organisatorischen Kriterien eines gut inszenierten Projekts künstlerischer Bildung von Bamford wiederum nahe.

4 Verfahren, Methoden und Instrumente für die Evaluation von ästhetischer und kultureller Bildung

Es gibt keine allgemeingültigen Regeln dafür, wie Evaluieren per se richtig wäre. Für die Evaluation von ästhetischer und kultureller Bildung heißt das in besonderem Maße, dass Kriterien im Prozess der Evaluation mit den Akteuren gemeinsam zu kreieren sind und offen bleiben müssen für Veränderungen. Diese Offenheit trifft auch auf die Variation der Verfahren und Instrumente zu. Damit eine Evaluation als solche in der Praxis oder auch als Forschung anerkannt wird, sollte sie in erster Linie systematisch sein, das heißt methodisch vorgehen. Die gewählten Methoden folgen erneut Qualitätsansprüchen wie der Objektivität, Reliabilität und Validität bei (empirisch-quantitativen) sozialwissenschaftlichen Methoden. Diese Kriterien der Wissenschaftlichkeit von Evaluationen sind in der ästhetischen und kulturellen Bildung insofern nur bedingt anwendbar, als allgemeingültige Aussagen sich aus einer Vergleichsstudie nur dann ziehen lassen, wenn zentrale Untersuchungsbedingungen gleich sind. Dass die Art der Maßnahme, die Akteure und Teilnehmer zum Beispiel in Alter oder sozialem Milieu, Kontext, Zeit im ästhetischen Bereich vergleichbar sind, ist unwahrscheinlich. So könnte es angebracht sein, dass die Evaluation in ästhetischer Bildung selbst eine ästhetische Form annimmt, wie es in der Forschung schon angedacht wurde (vgl. Kämpf-Jansen 2012).

Bei der Evaluation von ästhetischer und kultureller Bildung ist wie bei anderen Evaluationen auch zu differenzieren, ob das Produkt oder der Prozess auf seine Qualität erforscht wird, oder die Wirkung bzw. der Entwicklungsprozess beim Teilnehmer. So nennt sich die Forschung bei Produkten *Qualitätsforschung*, bei Prozessen *Begleitforschung* und bei subjektiven Entwicklungserfolgen *Wirkungsforschung*. Es herrscht eine uferlose Methodenvielfalt, deren Kreativität gerade dem Gegenstand entspricht. Die einzige Empfehlung zur Methodenwahl, die sich wiederholt findet, lautet, dass qualitative Methoden bevorzugt geeignet wären.

Um das Gelingen einer pädagogischen Maßnahme zur ästhetischen Bildung zu erfassen, wird an erster Stelle der Adressat befragt. Ganz klassisch können zum Beispiel *Fragebögen* erstellt werden, die mit geschlossenen oder offenen Fragen bevorzugt in der Besucherforschung eingesetzt werden, um Gründe für Erfolg oder Misserfolg herauszufinden. Dabei zielt die Befragung der Besucher oder Teilnehmer zwar auf die Qualität des Angebots (Aufführung, Ausstellung, Workshop oder Kurs) aus Sicht der Zielgruppe, doch ist daraus nicht unbedingt auf die Kompetenz oder Professionalität der Veranstalter zu schließen. So kann beispielsweise eine Rentnerin nach einem Malkurs die höchste Punktzahl für ihre Zufriedenheit mit dem Kurs vergeben, aber bei den offenen Fragen schreiben: „Malen kann ich zwar immer noch nicht, aber die Zeit in der Gruppe war sehr unterhaltsam und hat mich von meiner Einsamkeit befreit".

Eine weitere Methode, um die Sicht der Akteure zu erheben, ist das persönliche Gespräch in Form von *Einzelinterviews* oder *Gruppendiskussionen*. Dabei könnten Veranstalter und Nutzer gemeinsam oder getrennt befragt werden. Diese Form kann optimal genutzt werden, um am Anfang einer Evaluation die eigenen Ansprüche an die Qualität herauszufinden, um mit diesen dann die Umsetzung in der Praxis zu evaluieren.

Um die Praxis zu bewerten, müssen die Strukturen der ablaufenden Prozesse und die Praktiken der Akteure erfasst werden. Dies kann mit Methoden des *Videografierens* oder der *teilnehmenden Beobachtung* erfolgen. Alternativ berichten die Akteure selbst in mündlicher (narratives Interview) oder schriftlicher Form (Tagebuch, offener Fragebogen) über ihre Handlungsweisen. Die teilnehmende Beobachtung (auch komplexe Ethnografie genannt) ist im Bereich der Evaluation von ästhetischer und kultureller Bildung am häufigsten erprobt, womit ihre Weiterentwicklung noch keineswegs abgeschlossen ist. Dabei kann man sich als Beobachter erstens statisch zu einem Raum/Objekt verhalten, zweitens einen Rezipienten (oder produktiv Tätigen) mit Aufmerksamkeit „verfolgen" sowie drittens eine Verlaufsbeobachtung der Interaktion zwischen den Akteuren und Objekten anfertigen.

Die Formen der *dokumentarisch- und rekonstruierend-qualitativen Evaluation* (vgl. Bohnsack 2010) im Bereich der ästhetischen und kulturellen Bildung können auf die Befürchtung, dass die Realisierung vorab festgelegter Kriterien kontrolliert würde, entgegnen, dass diese Kriterien erst aus der beobachteten Praxis gewonnen werden. So kann Qualität ein performatives und dynamisches Konstrukt werden, welches während der Erfassung seine Gestalt ändert. *Dokumentiert* und *rekonstruiert* wird in einer hermeneutischen Tradition, die versucht, ein instrumentelles Verständnis des Handelns abzubauen, indem zuerst phänomenologisch-deskriptiv dokumentiert und auf dieser Grundlage anschließend interpretiert und rekonstruiert wird. Teilnehmende Beobachtung agiert somit in ihrem Anfang häufig *phänomenologisch* (vgl. Lippitz 1987; Peez 2005, 19). Sie erstellt als Datenmaterial ethnografisch (dichte) Beschreibungen, die möglichst werturteilsfrei die sich zeigenden Praktiken sehen lassen. Damit fungiert sie unter anderem als ein Instrument dafür, überhaupt herauszufinden, was man untersuchen will. Dabei darf jedoch nicht vergessen werden, dass jede Beobachtung „immer schon" von Interpretation infiltriert ist. Die Interpretation, so Bohnsack, rekonstruiert das implizite Wissen der Akteure und macht es explizit. Hierbei wissen nicht die Evaluatoren mehr als die Akteure, sondern die Akteure wissen nicht immer das, was sie eigentlich wissen (vgl. Bohnsack 2010, 49). In der Explikation dieses Wissens erfolge immer eine Rekonstruktion, die weder ein genaues Abbild der Wirklichkeit sei noch eine Konstruktion. Man weiß darum, dass diesem Wissen immer eine Perspektivität bzw. Standortgebundenheit innewohnt. Neben dem Wissen liegen in der beobachteten Handlungspraxis auch immer die Interessen und Werthaltungen der Akteure. Ziel sei es, dass „das die Handlungspraxis orientierende Erfahrungswissen der Evaluationsbeteiligten zur begrifflich-theoretischen Explikation" gebracht wird (Bohnsack 2010, 47 f.).

Diese Explikation wird dann *responsiv* allen vermittelt, was insofern einer Moderation gleicht, als die Formulierungen zur Verständlichkeit reformuliert werden müssen (vgl. Lamprecht 2012, 17). *Rekonstruktiv-responsive Evaluation* ist darauf angelegt, Evaluationen von ihrem hierarchischen und machtförmigen Impetus etwas zu befreien und damit weniger Kontroll- und Erziehungsfunktionen zu erfüllen als vielmehr konstruktiv Bildungsmöglichkeiten zu eröffnen. Dies kann durch kommunikative Vermittlungsformen wie etwa durch Rückantwort von Ergebnissen an die Akteure geschehen. Eine derart moderierende oder dialogisierende Evaluation kann so bestenfalls eine Erkenntnis-, Entwicklungs- oder Lernfunktion für die beteiligten Akteure selbst bekommen. Denn die Evaluation wird nicht von außen, sondern als „gemeinsam gestalteter Interaktionsprozess" (Lamprecht 2012, 27) vollzogen. Responsiv heißt vor allem: „Entscheidungen fallen nicht nach vorab festgelegten, dem Forschungsprozess vorgeordneten (,preordinate') Standards, sondern in Reaktion, als ,Response' auf die von den Evaluationsbeteiligten, den Stakeholdern eingebrachten Anliegen, Orientierungen und Interessen" (Bohnsack 2010, 40). Die Responsivität in den Evaluationen gibt deren Ergebnissen vielmehr den Charakter einer Reflektion und Orientierung als eines technisch-instrumentellen Wissens, das rezeptartig angewendet werden könnte. Der rückmeldende Gesprächscharakter bzw. die Moderation muss nicht unbedingt auf einen Konsens zielen. Vielmehr wird gerade umgekehrt die Innovation darin gesehen, dass die verschiedenen Perspektiven der Akteure überhaupt in ein Gespräch gebracht werden.

Der Vorteil, ästhetische und kulturelle Bildungsprozesse in Form von *Gruppendiskussionen*, *Gesprächsanalysen* oder Herangehensweisen nach Maßgabe der *Grounded Theory* zu evaluieren, liegt also insgesamt darin, dass nicht von außen eine Frage an die Praxis gestellt wird, sondern dass die Frage aus den jeweils beobachteten Praktiken selbst heraus entstehen kann. Die sich performativ ergebenden Kriterien bilden den Maßstab der Begutachtung und eine Theorie wird im Feld selbst generiert. Zwar wird auch hierbei oft die Vieldeutigkeit der Daten reduziert und homogenisiert, jedoch ist die Chance einer differenzentfaltenden Heterogenisierung der Daten größer als bei von vornherein feststehenden Maßstäben.

Um der Gefahr, mit unangemessenen Kriterien eine Praxis zu beurteilen, noch stärker zu entgehen, kann auch eine *Selbstevaluation* versucht werden. Allerdings birgt dies neue Risiken, wie die „fehlende Distanz und Objektivität, oder blinde Flecken in der Wahrnehmung der eigenen Tätigkeit, [und] fehlende Methodenkenntnisse" (Merchel 2010, 47). Neben der Responsivität und Performativität spielt bei der Evaluation in ästhetischer und kultureller Bildung dennoch die *Partizipation* eine große Rolle. Forscher und Beforschte begegnen sich auf Augenhöhe, indem die Akteure als Experten für ihre Handlungspraxis ernst genommen und an der Gestaltung von Zielen und Design der Forschung beteiligt werden. „Andererseits müssen die Beteiligten sich der Situation aussetzen, beobachtet und bewertet zu werden. Eine Asymmetrie in den Beziehungen bzw. Rollen zwischen Evaluierenden und Evaluierten ist nahezu unumgänglich" (Hill 2014, 71).

Auf einer anderen Ebene liegen *Evaluationen der ästhetischen Erfahrung* (vgl. Dietrich 1996; Peez 2005) bei den sich bildenden Teilnehmern. Subjektive Erfahrungen erschließt man, indem man Erfahrende zu ihren Erfahrungen befragt. Ästhetische Erfahrungen sind flüchtig, unberechenbar und von den Subjekten selbst nur bedingt in Worte zu fassen. Das heißt, sie müssen immer rekonstruiert werden, da die leibliche Verbundenheit eine nötige Distanz zur unmittelbaren Erfassung verhindert. Insofern schließt es sich aus, eine ästhetische Erfahrung zu machen und diese gleichzeitig empirisch zu erfassen, denn wenn über die Empfindung reflektiert wird, befindet man sich schon nicht mehr in dieser Empfindung. Das *Video-Stimulated-Recall-Interview* (vgl. Fink/Tegtmeyer 2014, 111) etwa dient in diesem Zusammenhang dazu, dass die Befragten sich selbst beobachten und so ihre Empfindungen bei der Expression rekonstruieren können. Eine andere neue Form stellen Vignetten dar, welche ästhetische Erfahrungen in Form von autobiografisch-ästhetischen Narrativen zu kurzen und prägnanten, aber detailreichen Präsentationen formen. Diese können damit besser vergleichend interpretiert und vielleicht auch bewertet werden. Diese Formen der Evaluationsforschung über ästhetische Erfahrungen erforschen vielmehr ästhetische Bildung, als sie zu evaluieren.

5 Exemplarischer Ablauf einer Evaluation

Exemplarisch soll eine Evaluationsmaßnahme im Feld des Museums konstruiert werden, weil dieser Kulturbereich sich als Erster schon in den 1970er-Jahren der empirischen Forschung öffnete (vgl. Keuchel 2012, 39).
1. Beginnen sollte jede Evaluation von ästhetischer und kultureller Bildung mit der *Erfassung ihres Gegenstandes*: Was genau soll evaluiert werden? Im Feld des Museums kann unter anderem die Qualität der Vermittlungsarbeit (gelegentlich noch Museumspädagogik genannt) evaluiert werden. Um diese genauer zu bestimmen, sucht man nach Indikatoren, welche die Qualität der Vermittlungsarbeit ausdrücken könnten, und beginnt damit schon mit der Formulierung möglicher Kriterien. Von Bamford könnte man zum Beispiel folgende Kriterien übernehmen:
   – Gibt es aktive Partnerschaften mit Schulen, Vereinen, Jugendclubs?
   – Werden die Vermittler/-innen weitergebildet?
   – Wie flexibel sind die Organisationsstrukturen?
   – Wie wird die Gemeinde eingebunden und wie werden die Ressourcen vor Ort genutzt?
2. An zweiter Stelle sollte das *Ziel der Evaluation formuliert* werden. Wenn es sich nicht um Auftragsforschung handelt, könnte das Ziel (und eventuelle Unterteilungen) gemeinsam mit den Beteiligten im Museum festgelegt werden. Damit einher geht ein Verständnis über den Zweck bzw. das Warum der Evaluation. Was will die Evaluation herausfinden, bewirken, oder anders formuliert, auf welche Frage-

stellung sucht sie eine Antwort? Der Zielfixierung folgen die Erstellung eines Zeitplans und die Einschätzung aller Ressourcen. Das exemplarische Ziel soll darin bestehen, die Qualität der Vermittlungsarbeit zu verbessern. Der Zweck Evaluation ist dabei aber nicht mangelnde Publikumsnachfrage, sondern die Unzufriedenheit der Vermittler/-innen selbst. Damit kommen zu den eher strukturellen Fragen methodische hinzu: Im Anschluss an Bamford könnte man fragen, wie es gelingt, die Besucher/-innen zum forschenden Lernen anzuregen. Im Anschluss an Klepacki und Zirfas könnte man nach den Zielen der Vermittlung fragen: Lernen die Teilnehmenden ästhetische Figurationen lesen? Lernen sie Fingerfertigkeiten, das heißt werden sie aktiv schöpferisch tätig?

3. Damit sind schon einige mögliche *Kriterien vorformuliert*, die erfüllt sein müssen, damit eine Antwort und Bewertung erfolgen kann. Diese Kriterien können bei einer Evaluation der ästhetischen und kulturellen Bildung erst in der Auseinandersetzung mit dem Gegenstand angemessen formuliert und konkretisiert werden.

4. Demzufolge wird an vierter Stelle der hier konstruierten Evaluation die Suche nach den *Stakeholdern* der Vermittlungsarbeit im Museum stehen und die Kontaktaufnahme mit ihnen für Gespräche. Es kann eine Zeit dauern, bis in einem großen Museum alle Mitarbeiter der Vermittlungsabteilung versammelt sind; man könnte deshalb versuchen, an einer Dienstberatung teilzunehmen. Bei einem solchen Treffen sollten sich die Evaluatoren vorstellen, ihr Vorhaben als zu ergänzenden Entwurf präsentieren, um durch Transparenz die wohlwollende Mitarbeit zu gewährleisten.

5. Da Vermittler/-innen im Museum zwar Experten in dem sind, was evaluiert werden soll, aber nicht Experten im Evaluieren, sollten schon Vorschläge für das Vorgehen und konkrete Methoden, eventuell auch Beispiele bereits erfolgter Evaluationen vorgestellt und angeboten werden. *Die Wahl der Methoden* sollte jedoch mit den Beteiligen gemeinsam abgestimmt und besprochen werden. Für die weitere Konkretisierung unseres Beispiels legen wir folgendes Vorgehen fest:
    - unstrukturierte teilnehmende Beobachtung im Museum,
    - Einzel-Interviews mit den Kunstvermittler(inne)n,
    - Auswertung der Daten und endgültige Kriterienbestimmung,
    - strukturierte teilnehmende Beobachtung,
    - Gruppendiskussion,
    - Feedbackrunde.

6. Für die endgültige Festlegung der Kriterien erfolgt als erstes eine *unstrukturierte teilnehmende Beobachtung*, welche die täglichen pädagogischen Praktiken der Vermittler bei Museumsführungen in Beobachtungsprotokollen festhält. Diese Phase der Forschung dient der offenen Erkundung der Vermittlungspraktiken im Feld. Was geht vor sich, wenn eine Vermittlerin versucht, eine Beziehung zwischen Exponat und Besucher herzustellen? Wie geht sie vor? Welche pädagogischen, didaktischen, unterhaltenden oder motivierenden Handlungen vollziehen

die Akteure? Dieser offene und interessierte Zugang in der ersten Erhebungsphase dient gleichzeitig der Implementierung der Evaluationsforschung in die alltäglich stattfindende Praxis. Dabei werden Daten erhoben, die eine Hintergrundfolie für die zu präzisierenden Kriterien einer Bewertung bilden.

7. Mit einiger Einsicht in die Vermittlungspraxis im Museum werden mit den Beteiligten *narrative Interviews* geführt, wie sie selbst ihre Vermittlungsarbeit einschätzen, um herauszufinden, was die eigenen Ansprüche an die Qualität sind. Zentral und etwas herausgehoben, weil anders angelegt, erfolgt ein Einzelinterview mit der Leiterin oder dem Verantwortlichen der Vermittlungsabteilung. Dieser Person werden vorab folgende Fragen geschickt, damit eine Vorbereitung erfolgen kann: Gibt es ein Konzept der Vermittlungspraxis im Museum? Wie kam es zu diesem Konzept? Welchen Inhalt hat es? Auf welche Ansätze oder Literatur stützt es sich?

8. Nach der Analyse der ersten Datenerhebung werden die endgültigen Kriterien erstellt, nach denen evaluiert werden soll. Sie bilden den Fokus für eine gezielte strukturierte Beobachtung, evtl. mit einem vorbereiteten Beobachtungsblatt, in welchem schon mögliche Inhalte vorformuliert sind (wie Gruppengröße, Alter der Adressaten, homogene oder heterogene Gruppe). In unserem Beispiel wurde über die Interviews ermittelt, dass die Unzufriedenheit der Akteure nicht auf der organisatorischen Ebene, sondern in der konkreten Vermittlungssituation liegt. Kunstvermittler/-innen beklagten sich über die mangelnde Aufmerksamkeit und empfanden dann ihre eigene Vermittlung als gelungen, wenn alle bis zum Schluss mit leuchtenden Augen dabei waren. Die Konkretisierung der Kriterien könnte mit Bilstein vorgenommen werden, wobei der Beobachterfokus auf die Teilnehmer erweitert wird. Wie und wann kommt es zu Begeisterung bzw. Interessiertheit? Wie werden Möglichkeiten von leiblich-sinnlichen Erfahrungen in die Vermittlung eingebaut? Kommt es zu Kontingenzerfahrungen? Konkreter: Wann schwindet die Aufmerksamkeit von wie vielen? Was machen die Teilnehmer dann (stören sie oder beschäftigen sie sich selbst)? Wie reagieren die Vermittler/-innen, auf einer Skala von „Ignorieren" bis „Disziplinieren".

9. Anlass für eine *Gruppendiskussion* wäre ein bestimmtes strittiges Problem. So hatte sich herausgestellt, dass viele der Vermittler Probleme mit der schwindenden Aufmerksamkeit ihrer Gruppe haben und es unterschiedliche Auffassungen dazu gibt, wie man damit umgeht. In einer Gruppendiskussion könnten die verschiedenen schon beobachteten Reaktionsweisen miteinander konfrontiert werden. Dabei könnte sich zeigen, dass es auch an der Einstellung und Haltung der Vermittler/-innen liegt, ob Unzufriedenheit entsteht. Das zugrundeliegende ältere Konzept, möglichst viele für alles zu begeistern, verzerrt womöglich den Blick auf die eigenen Stärken.

10. Für die eventuell zyklisch durchzuführende Datenanalyse müssen die Daten aufbereitet, die Beobachtungsprotokolle geordnet und die Interviews transkribiert werden. Für die Darstellung der Auswertung und *Rückmeldung* müssen die Ergebnisse noch einmal bearbeitet werden. Vor allem gilt, es zu überprüfen, ob die

Anonymität gewahrt bleibt. Die Rückmeldung als responsives Gespräch mit allen Beteiligten bietet diesen einen Einblick in ihnen selbst Verborgenes ihrer eigenen Handlungspraxis und kann insofern Handlungsempfehlungen bzw. Alternativen aufzeigen.

6 Umgang mit Evaluationsergebnissen

Für den Umgang mit Evaluationsergebnissen im Bereich der ästhetischen und kulturellen Bildung muss eine Trennung zwischen der Bewertung von Qualität in einer Evaluation und der Empfehlung für die politisch-praktische Handlungsebene erfolgen. Die Frage nach dem Umgang mit Evaluationsergebnissen folgt der Frage nach dem Zweck der Evaluation: Geht es um Monitoring der Qualität oder um die Kontrolle einer Zielerreichung, um Mittelvergaben zu rechtfertigen?

Der Umgang mit den Ergebnissen bestimmt sich aus der Funktion, welche die Evaluation erfüllen soll. Allgemein wird von ihr erwartet, dass sie ästhetische Lehr-Lernprozesse transparent macht, bildende Wirkungen dokumentiert, Zusammenhänge bzw. Transfers aufzeigt, um Entscheidungen zu treffen.

Wie alle Evaluationen, hat sie auch im ästhetisch-kulturellen Bereich eine *Erkenntnisfunktion*, indem sie eingrenzt, was alles ästhetische Bildung sein kann und wie sie sich gestalten und initiieren lässt.

Eng damit zusammen hängt die *Entwicklungsfunktion (Optimierungsfunktion)*, mit welcher über die Qualitätsverbesserung von Bildungsmöglichkeiten, -räumen und -voraussetzungen entschieden werden kann. Diese Dialog-/Lernfunktion der Evaluierung bedient vor allem das Ziel der nachhaltigen Verbesserung. Neue Impulse sollen den Prozess optimieren, aus Erfolgen und Scheitern soll gelernt werden. Zwar müssen Vorgaben und Ziele gesetzt und kontrolliert werden, aber Evaluation als Begleitforschung bietet eine kollegiale, unterstützende und konstruktive Hilfestellung.

Die *Legitimierungsfunktion* gibt dem gesamten Evaluationsgeschehen einen Rahmen für die Versicherung und Vergewisserung vor sich und anderen, dass es sinnvoll ist, was man tut. Evaluation hat damit die Funktion, Rechtmäßigkeit zu sichern, wenn oder weil Legitimitätszweifel bestehen. „In diesem Sinne geht es Evaluation weniger um die Erstellung von Befunden als Startpunkte für Handlungsstrategien, sondern mehr um die Tatsache, dass überhaupt evaluiert und damit Legitimation geschaffen wird" (Seyfried/Pohlenz 2013, 57). Gerade weil in der ästhetischen Bildung die Möglichkeit und Effizienz der Evaluation höchst fraglich ist, tendiert sie dazu, ein Ritual zu werden, das heißt, den Zweck zu erfüllen, zu glauben, dass sie nützlich sei. Wenn Evaluation als Ausdruck einer bestimmten Ordnung der Orientierung dient, was sinnvollerweise zu tun ist (vgl. Schwarz 2006, 224), dann ist dieser Bedarf nirgends größer als in der ungewissen ästhetischen und kulturellen Bildungslandschaft. Die Aussage, dass Rituale Ordnung und Zusammenhalt stiften und einen Sinn herstellen, wo fragmentarische Strukturen die Komplexitätsbeherrschung verweigern, trifft präzise die

Funktion der Evaluation in der kulturellen Bildung, denn deren Komplexität lässt sich selbst in der Erforschung weder in ein einheitliches Feld noch einen begrenzenden Rahmen bringen.

Die *Kontrollfunktion* ist in der ästhetischen Bildung am meisten umstritten, denn sie prüft in der Regel den Erfolg und misst zwischen Ist- und Soll-Zustand vor allem quantitativ. Selbst wenn man dieses Messverfahren dem besonderen Gegenstand anpasst, bleibt als Folge von Kontrollverfahren die Internalisierung von Effizienzdenken. Thomas Höhne arbeitet heraus, „dass Evaluation tief in sozialen Praktiken der Subjekte verankert ist und dort ‚Haltungen' kreiert" (Höhne 2005, 1). Evaluationspraktiken sind Rationalisierungs- und Disziplinierungspraktiken, bis die Subjekte sich selbst kontrollieren und evaluieren und unter permanentem Rechtfertigungsdruck stehen, ständig effektiv handeln zu müssen (vgl. Höhne 2005, 12). Dass ein derartiger Effekt gerade im ästhetischen Betätigungsfeld kontraproduktiv ist, resultiert aus der gegenteiligen Rolle des Ästhetischen zu Rationalität, Effizienz, Nutzen und Zweckhaftigkeit.

Mit der Evaluationsforschung und deren Ergebnissen entstehen auch neue Autoritäten in den vorherrschenden Wissensformen. Evaluationen werden zu selbstverständlichen Prüfverfahren (vgl. Schwarz 2006, 11), die ritualisiert beschworen werden, weil sie handlungsorientierendes und anwendungsbezogenes Wissen versprechen. Die Zweckrationalität des Evaluierens wird nicht mehr infrage gestellt und es kommt sogar zu umgekehrten Phänomenen, dass die Verweigerung einer Evaluation schon dem Eingeständnis gleichkommt, in irgendeiner Weise den Anforderungen und somit normativen Vorgaben nicht zu entsprechen.

Die große praktische Bedeutung von Evaluationen darf nicht dazu führen, dass die Differenz zwischen Common Sense und wissenschaftlicher Beobachtung eingeebnet wird. Die rekonstruktive Methode trägt dieser Differenz beispielsweise dadurch Rechnung, dass sie weder beansprucht, beliebige Konstruktion noch abbildhafte Repräsentation zu sein. Vielmehr versteht sie sich selbst als eine standortgebundene Interpretation des Alltags – und damit steht sie in Differenz zu ihm. Der Bruch mit dem Common Sense ist ein Qualitätskriterium der Evaluation selbst (vgl. Bohnsack 2010, 35 f.).

Negative Folgen einer Evaluation können sein, dass es zu Alibi-Handlungen kommt, um ein bestimmtes Kriterium (etwa hohe Besucherzahlen) zu erfüllen. Die paternalistische Zwangsbeglückung und Zielgruppenorientierung vermeintlich bildungsferner Schichten führt zu Stigmatisierung und Pädagogisierung. Wenn die Qualität nur daran gemessen wird, ob eine Auslastung herrscht und Besucherzahlen steigen, dann wird allein auf quantitativ messbare Kriterien geschaut und nicht auf inhaltliche, ästhetische oder pädagogische, die (wenn überhaupt) nur qualitativ zu erheben sind. Ein Museum kann Besucherzufriedenheit und hohe Auslastung haben, weil ein Event stattfand, aber ob die Vermittlung der ausgestellten Exponate oder Kunstwerke gelungen ist, bleibt dabei offen. So ist eine Institution nicht unbedingt dann gut, wenn sie die Erwartungen der Besucher erfüllt und dabei ihr eigenes Profil untergräbt (vgl. Birnkraut 2011, 63).

7 Diskussion, Kritik und Ausblick

Transferwirkungen sind in der ästhetischen und kulturellen Bildung zwar der gefragteste Grund von Evaluationen, aber auch am wenigsten nachzuweisen, weil dafür Längsschnittstudien erforderlich wären und generell nur bedingt sichergestellt werden kann, dass die Transferleistung ausschließlich Folge der erfassten kulturellen Bildung ist. Selbst die Beschränkung der Forschung auf die unmittelbare Wirkung (Wirkungsforschung) kämpft im Bildungsbereich und noch einmal mehr im Bereich der ästhetischen Bildung um ihre Reliabilität (Zuverlässigkeit) und Validität (Gültigkeit). Drei Gründe, warum dies immer problematisch bleiben wird, sind zu erwähnen:

Wirkungen müssen „am Subjekt" gemessen werden, und da ästhetische Erfahrungen hochgradig individuierend und ihre Expressionen originell und neu sind, verweigern sie sich standardisierten Erhebungen. „Wir können einander nicht in die Köpfe gucken, immer schließen wir von Handlungen auf Fähigkeiten, von einer Performanz auf die dahinter vermutete Kompetenz" (Dietrich 2012, 52).

Christian Rittelmeyer betont, dass zwischen Ursache und Wirkung immer die individuelle Freiheit steht, und so ist zumindest Skepsis angebracht gegenüber der Kausalgesetzlichkeit des Transfers (vgl. Rittelmeyer 2013, 50).

Transferleistungen zielen stets auf eine Hineinführung in die Kultur und verkürzen den ästhetischen Bildungsprozess um das Herausfallen aus der Kultur. Wenn z. B. behauptet wird, dass künstlerische Aktivitäten die „Integration in die Gemeinschaft" fördern, dann verkürzt dies ästhetische Bildung um die Erfahrung der Distanzierung von alltäglicher Lebenswelt. Ästhetische Bildung verliert ihre außerordentliche Dimension, wenn sie daraufhin reduziert wird, lediglich in vorhandene Ordnungen zu integrieren.

Zur kritischen Diskussion steht die Evaluation von allen Bildungsprozessen als *ein technologisches* Verfahren, denn „dann evaluiert sie verfahrenstechnisch die Planung, kausalanalytisch die Realisierung und deskriptiv-analytisch das Ergebnis" (Meder 2004, 399). Das Technologische ist verbunden mit Zweckrationalität und Kausalschemata, wobei diese Formen hinsichtlich ihrer Gegenstandsangemessenheit nicht hinterfragt werden. Norbert Meder wirft – und hier bezieht er sich auf Kant – der technologischen Evaluation vor, dass ihre logischen Kategorien nicht notwendigerweise der zu evaluierenden „Sache" entsprechen. Die von einer Evaluation äußerlich an den Gegenstand herangetragenen Bestimmungen dürfen nicht zu Bestimmungsmomenten des Gegenstands verabsolutiert werden, weil die Kategorien aus Verstandesurteilen nicht 1:1 in Bestimmungsmomente der sinnlichen Anschauung operationalisiert werden können. Eine Vermessung jeglicher Evaluationsgegenstände führt zwangsläufig zu einer Informationsreduktion. Um fokussiert mit vergleichbaren Kriterien überhaupt bewerten zu können, muss das Einzigartige und Besondere ausgeblendet werden. Die Kritik von Meder an einer solchen technologischen Evaluation ist außerdem, dass sie ihre Rahmenbedingungen, Ziele und Kriterien nicht infrage stellt. In der kulturellen Bildung sind Veränderung, Neues, Originelles und Kreatives geradezu vorgesehen. Deshalb darf eine Forschung sich ihrer Kategorien und Bewertungskriterien (gleichviel, ob sie vorab bestimmt sind oder sich erst in der Forschung ergeben) nie sicher sein. Sie selbst muss sich öffnen für performative und experimentelle, vielleicht sogar ästhetische Forschungspraktiken. Außerdem verhindert der performative Charakter ästhetisch-kultureller Bildung dauerhafte Verallgemeinerungen. Ergebnisse einer Evaluation von kultureller Bildung haben einen so schnellen Verfallswert, dass sie größtenteils nur noch online publiziert werden, was umgekehrt den Evaluatoren eine ästhetische Kompetenz abverlangt in der Darstellung.

8 Vertiefungsaufgaben und -fragen

1. Erarbeiten und diskutieren Sie verschiedene Qualitätskriterien für ästhetische und kulturelle Bildung (im Anschluss an Bamford, Klepacki/Zirfas und Bilstein). Wenden Sie diese Kriterien anschließend auf ein dokumentiertes Projekt aus dem Bereich ästhetischer und kultureller Bildung an (siehe etwa den Dokumentarfilm „Rhythm is it!").
2. Suchen Sie sich einen ästhetischen Bereich (Musik, Theater, Bildende Kunst etc.), einen Standort (schulisch, außerschulisch) und eine Zielgruppe (Kleinkind, Jugendliche, Rentner) und entwerfen Sie einen möglichen Evaluationsplan mit konkreten Kriterien.
3. Diskutieren Sie Chancen und Grenzen der Evaluation im Bereich ästhetischer und kultureller Bildung.

9 Literatur

Bamford, Anne (2010): Der Wow-Faktor. Eine weltweite Analyse der Qualität künstlerischer Bildung. Münster: Waxmann.

Bilstein, Johannes (2013): Qualitätskriterien aus den Künsten. In: Bundesministerium für Bildung und Forschung (BMfBF) „Perspektiven der Forschung zur kulturellen Bildung", S. 61–63. URL: http://www.bmbf.de/pub/Perspektiven_der_Forschung_zur_kulturellen_Bildung.pdf (Stand: 10.11.2015).

Birnkraut, Gesa (2011): Evaluation im Kulturbetrieb. Wiesbaden: VS.

Bockhorst, Hildegard (2008): Evaluation als Instrument kulturpolitischer Steuerung – Folgerungen. In: Ermert, Karl (Hrsg.): Evaluation als Grundlage und Instrument kulturpolitischer Steuerung. Wofenbüttel: Bundesakademie für kulturelle Bildung, S. 89–98.

Bohnsack, Ralf (2010): Qualitative Evaluationsforschung und dokumentarische Methode. In: Bohnsack, Ralf/Nentwig-Gesemann, Iris (Hrsg.): Dokumentarische Evaluationsforschung. Theoretische Grundlagen und Beispiele aus der Praxis. Opladen: Budrich, S. 23–63.

Dietrich, Cornelie (1996): Zur Qualität ästhetischer Erfahrung bei Kindern. In: Bundesvereinigung kultureller Jugendbildung e. V. (BKJ) (Hrsg.): Qualitäten in der kulturellen Bildungsarbeit. Theoretische Annäherung und Folgen für die Praxis. Remscheid: BKJ, S. 21–26.

Dietrich, Cornelie/Krinninger, Dominik/Schubert, Volker (2012) (Hrsg.): Einführung in die Ästhetische Bildung. Weinheim: Beltz Juventa.

Dietrich, Jochen (2012): Eine Wissenschaft vom Einzigartigen? Überlegungen zu einer ethnographisch inspirierten Methode qualitativer Bildungsforschung. In: Fink, Tobias/Hill, Burkhard/Reinwand, Vanessa-Isabelle/Wenzlik, Alexander (Hrsg.): Die Kunst, über Kulturelle Bildung zu forschen. München: Kopaed, S. 51–63.

Ehrenspeck, Yvonne (1998): Versprechungen des Ästhetischen. Die Entstehung eines modernen Bildungsprojekts. Opladen: Leske + Budrich.

Fink, Tobias/Hill, Burkhard/Reinwand, Vanessa-Isabelle/Wenzlik, Alexander (Hrsg.) (2012): Die Kunst, über Kulturelle Bildung zu forschen. München: Kopaed.

Fink, Tobias/Tegtmeyer, Inken (2014): Tanzerleben erheben – eine methodologische Herausforderung. Evaluation eines Tanzprojektes zu Modernem Tanz mit Schulklassen. In: Liebau, Eckart/Jörissen, Benjamin/Klepacki, Leopold (Hrsg.): Forschung zur Kulturellen Bildung. Grundlagenreflexion und empirische Befunde. München: Kopaed, S. 109–113.

Hill, Burkhard (2014): Evaluationen in der Kulturellen Bildung. In: Liebau, Eckart/Jörissen, Benjamin/Klepacki, Leopold (Hrsg.): Forschung zur Kulturellen Bildung. Grundlagenreflexion und empirische Befunde. München: Kopaed, S. 69–78.

Höhne, Thomas (2005): Evaluation als Wissens- und Machtform. Gießen. URL: http://geb.uni-giessen.de/geb/volltexte/2005/2105/pdf/HoehneThomas_Evaluationt.pdf (Stand: 25.07.2015).

Kämpf-Jansen, Helga (2012): Ästhetische Forschung. Marburg: Tectum.

Keuchel, Susanne (2012): Empirische Forschung in der kulturellen Bildung unter besonderer Berücksichtigung quantitativer Forschungsansätze. In: Fink, Tobias/Hill, Burkhard/Reinwand, Vanessa-Isabelle/Wenzlik, Alexander (Hrsg.): Die Kunst, über Kulturelle Bildung zu forschen. München: Kopaed, S. 36–50.

Klepacki, Leopold/Zirfas, Jörg (2009): Ästhetische Bildung: Was man lernt und was man nicht lernt. In: Liebau, Eckart/Zirfas, Jörg (Hrsg.): Die Kunst der Schule. Über die Kultivierung der Schule durch die Künste. Bielefeld: transcript, S. 111–139.

Lamprecht, Juliane (2012): Rekonstruktiv-responsive Evaluation in der Praxis. Neue Perspektiven dokumentarischer Evaluationsforschung. Wiesbaden: VS.

Liebau, Eckart/Jörissen, Benjamin/Hartmann, Sylke/Lohwasser, Diana/Werner, Felix/Klepacki, Leopold/Wagner, Ernst (2013): Forschung zur kulturellen Bildung. In: Bundesministerium für Bildung und Forschung (BMBF): Perspektiven der Forschung zur kulturellen Bildung. Dokumentation der Fachtagung am 6. und 7. Juni 2013 in Berlin. Berlin: BMBF, S. 13–18. URL: http://www.bmbf.de/pub/Perspektiven_der_Forschung_zur_kulturellen_Bildung.pdf (Stand: 25.07.2015).

Lippitz, Wilfried (1987): Phänomenologie als Methode? In: Lippitz, Wilfried/Meyer-Drawe, Käte (Hrsg.): Kind und Welt. Phänomenologische Studien zur Pädagogik. Frankfurt a. M.: Athenäum, S. 101–130.

Meder, Norbert (2004): Wissenschaftstheoretische Überlegungen zur Evaluationsforschung. In: Vierteljahrsschrift für Wissenschaftliche Pädagogik 80, Heft 2/3, S. 398–414.

Merchel, Joachim (2010): Evaluation in der Sozialen Arbeit. München: Reinhard.

Mollenhauer, Klaus (1990): Die vergessene Dimension des Ästhetischen in der Erziehungs-und Bildungstheorie. In: Lenzen, Dieter (Hrsg.): Kunst und Pädagogik. Darmstadt: Wissenschaftliche Buchgesellschaft, S. 3–17.

Peez, Georg (2005): Evaluation ästhetischer Erfahrungs- und Bildungsprozesse. Beispiele zu ihrer empirischen Erforschung. München: Kopaed.

Rittelmeyer, Christian (2013): Bildende Wirkungen ästhetischer Erfahrungen: Wie kann man sie erforschen? Biographische, erlebnisanalytische und volitionale Aspekte. In: Bundesministerium für Bildung und Forschung (BMBF): Perspektiven der Forschung zur kulturellen Bildung. Dokumentation der Fachtagung am 6. und 7. Juni 2013 in Berlin. Berlin: BMBF, S. 49–50. URL: http://www.bmbf.de/pub/Perspektiven_der_Forschung_zur_kulturellen_Bildung.pdf (Stand: 25.07.2015).

Schwarz, Christine (2006): Evaluation als modernes Ritual. Zur Ambivalenz gesellschaftlicher Rationalisierung am Beispiel virtueller Universitätsprojekte. Hamburg: Lit.

Seyfried, Markus/Pohlenz, Philipp (2013): Professionalisierung von Qualitätsentwicklung und Evaluation der Hochschule – zwischen Kontrolle und Selbstreflexion. In: Hense, Jan/Rädiker, Stefan/Böttcher, Wolfgang/Widmer, Thomas (Hrsg.): Forschung über Evaluation. Bedingungen, Prozesse und Wirkungen. Münster: Waxmann, S. 43–64.

Weiß, Gabriele (2006): Ästhetische Freiheit. Anmerkungen zum Verhältnis von ästhetischer und pädagogischer Praxis. In: Vierteljahrsschrift für wissenschaftliche Pädagogik 82, Heft 4, S. 470–481.

Ekkehard Nuissl
Evaluation in der berufsbezogenen Weiterbildung

1 Gesellschaftliche Relevanz

Berufliche Fort- und Weiterbildung steht im Mittelpunkt aller Vorstellungen einer wettbewerbsfähigen Wissensgesellschaft. In nationalen Programmen wird Weiterbildung insgesamt, vor allem aber die berufsbezogene Fort- und Weiterbildung eng mit der gesellschaftlichen Entwicklung verbunden. Tragend ist dabei der Gedanke einer kompetenten *work force*, die nicht nur den Anforderungen des sozialen und ökonomischen Wandels gerecht wird, sondern selbst auch innovativ zum gesellschaftlichen Fortschritt beiträgt.

In den konzeptionellen Entwürfen der *Europäischen Union* (EU) der vergangenen 20 Jahre, aber eigentlich auch schon seit der Gründung der EU als Europäische Wirtschaftsgemeinschaft im Jahr 1957, ist das berufs- und betriebsbezogene Lernen von größter Bedeutung. 1995 erschien das Weißbuch „Lehren und Lernen. Auf dem Weg zur kognitiven Gesellschaft" (Europäische Kommission 1995), in dem nachdrücklich auf die Bedeutung von Weiterbildung für die sozialen und ökonomischen Ziele der *Europäischen Union* hingewiesen wurde.

Im *Adult Education Survey* (AES), der vor einigen Jahren das deutsche *Berichtssystem Weiterbildung* (BSW) als europaweite Erfassung zur Weiterbildung abgelöst hat, wenn auch systematisch darauf aufbauend (eine Intervallbefragung zur Weiterbildungsteilnahme von Erwachsenen im Abstand von drei Jahren), spielen die berufliche und die betriebliche Weiterbildung gegenüber der allgemeinen Weiterbildung eine weit größere Rolle als zuvor. In den Ergebnissen des jüngsten AES haben Erwachsene in Deutschland deutlich mehr an berufsbezogener Weiterbildung teilgenommen als an allgemeiner Weiterbildung: Im Berichtsjahr 2012 erreichte die betriebliche Weiterbildung eine Teilnahmequote von 33 %, die individuelle berufsbezogene Weiterbildung 12 % und die „nicht berufsbezogene" Weiterbildung 13 % (vgl. Reichart 2014, 105 f.).

In größeren Unternehmen in Deutschland (mehr als 500 Beschäftigte) nehmen jährlich mehr als 55 % der Beschäftigten an geplanter beruflicher Weiterbildung teil. Die europaweite Erhebung *Continuing Vocational Training Survey* (CVTS), welche auch informelle Bildung einschließt, kommt noch auf deutlich höhere Beteiligungsquoten (vgl. Statistisches Bundesamt 2013). Die Quoten sind nach wie vor steigend (vgl. Brose 2014).

Diese Entwicklung ist eine reale, statistisch gesprochen, auch wenn sie zum Teil durch Modifikationen des Erhebungsverfahrens und andere Kategorien unterstrichen wird. Die berufsbezogene Weiterbildung dominiert mittlerweile die Weiterbildungsak-

tivitäten der Menschen. Dies gilt auch in demografischer und thematischer Hinsicht (vgl. DIE 2014):
- In den jüngeren Altersgruppen überwiegt deutlich die berufsbezogene Weiterbildung, aber auch bei den Älteren (ab Mitte 50) hat sie zugenommen.
- Hinsichtlich des Geschlechts gibt es keinen Unterschied in berufsbezogener Weiterbildung mehr, sofern Berufstätigkeit gegeben ist.
- Betriebliche Weiterbildung hat zugenommen, insbesondere in großen und mittleren Betrieben.
- Berufsbezogene Weiterbildung bezieht sich mittlerweile immer weniger nur auf Anpassung, umfasst auch „Kernkompetenzen" und sozial ausgerichtete Bildungsinhalte.

Die Existenz des AES und die über ihn ermittelten Daten belegen nicht nur die Bedeutung des Bereichs der Weiterbildung für die Mitgliedsstaaten der Europäischen Union, sondern auch die Bedeutung ihrer Evaluation. Über die Erhebungen des AES (und anderer, von Eurostat ermittelter Daten der EU) werden Entwicklungen, aber auch Defizite gegenüber formulierten Zielen deutlich. Sie lassen sich in den Kontext anderer übernationaler *Large Scale Surveys* wie PISA und dem *Programme for the International Assessment of Adult Competencies* (PIAAC) stellen, in denen die Daten des Bildungsbereiches evaluativ ermittelt und gezielt in politische Handlungen integriert werden.

2 Spezifika der Evaluation berufsbezogener Weiterbildung

Weiterbildung ist, wie alle Bildung, zwar – in den neueren Definitionen – eine Dienstleistung, aber ein „unkomplettes" Produkt. Weiterbildungsangebote sind gewissermaßen ein „Bausatz", der erst noch fertiggestellt werden muss. Die Bestandteile des „Bausatzes" sind die einsetzbaren Ressourcen wie die Qualifikation der Lehrenden, die Qualität des Lehrmaterials, der Unterrichtsräume und ihrer Ausstattung, die didaktische Planung sowie das Angebot vor allem in Form einer Leistungsbeschreibung. Darüber, wie der Lehr-Lern-Prozess tatsächlich abläuft und wie die Lehrenden den Lehrstoff vermitteln, ist damit noch nichts gesagt. Potenzial- und Angebotsanalysen lassen nur „gewisse" Schlüsse auf die Durchführung zu.

Das wesentliche Evaluationsproblem der Weiterbildung geht jedoch darüber hinaus. Der „Bausatz" wird nur durch die Aktivitäten der Lernenden erstellt. Das Ziel von Weiterbildung, ein Lernergebnis, können nur die Lernenden selbst erzeugen. Die „Zuständigkeit" für den individuellen Ertrag eines Lehrangebots liegt nicht nur bei den Lehrenden, sondern auch bei den Teilnehmenden: Sie sind Miterzeuger des immateriellen Produkts Weiterbildung, sie sind „Prosumenten" – sie produzieren das

Lernergebnis und konsumieren das Angebot. Dieses generelle Spezifikum gilt für alle Weiterbildung, nicht nur die berufsbezogene Weiterbildung.

Die Spezifika berufsbezogener Weiterbildung beginnen bereits mit dem Begriff „Berufsbezug". Er wird in der Weiterbildung heute eher verwendet als der Begriff der „beruflichen" Bildung, wie er in der beruflichen Ausbildung selbstverständlich ist. Grundlage war zunächst der Weiterbildungsbegriff des Deutschen Bildungsrates von 1970, der sich 1974 in der Begrifflichkeit der *Bund-Länder-Kommission für Bildungsplanung* (BLK) wiederfand: „Weiterbildung ist die Fortsetzung oder Wiederaufnahme organisierten Lernens nach Abschluss einer ersten Bildungsphase und nach Aufnahme einer Berufstätigkeit" (BLK 1974). Im engeren Sinne ist für berufliche Weiterbildung nach wie vor die Begrifflichkeit des *Berufsbildungsgesetzes* (BBiG) relevant, das diese Lernaktivitäten eng an Abschlüssen und Prüfungen orientiert.

Immer mehr aber wurden mit beruflicher Weiterbildung alle Aktivitäten verbunden, die dazu dienten, beruflich relevante Kompetenzen zu erhalten, anzupassen, zu erweitern oder zu verbessern – in den Blick gerieten so erweiterte Handlungsfelder und arbeitsintegrierte Lernprozesse. Dieser Entwicklung ist der Begriff der „berufsbezogenen" Weiterbildung verpflichtet, der weniger direkt und eng mit dem Beruf (oder einer analog zu definierenden Arbeitstätigkeit) verbunden ist. In der Tat ist in den Bildungsaktivitäten Erwachsener eine direkte Verbindung mit ihrer beruflichen Tätigkeit nicht immer eindeutig herstell- oder sichtbar. Das liegt vor allem daran, dass hier die Eckdaten des Berufs, die in der Ausbildung curricular bestimmend sind, gleichwertig neben den Bildungsintentionen der Lernenden stehen, gewissermaßen eine Überschneidung zweier Systeme vorliegt.

Erschwert wird die Evaluation berufsbezogener Weiterbildung auch dadurch, dass ein dritter Faktor ins Spiel kommt: der Betrieb. Mit dem Begriff der betrieblichen Bildung wird versucht, alle Aspekte berufsbezogener Bildung in den Betrieben, also Ort, Art, Intention und Didaktik in vergleichbarer Weise zu erfassen. „Allgemeines Ziel der betrieblichen Weiterbildung ist es, dem Unternehmen dasjenige Potenzial an Arbeitskräften zur Verfügung zu stellen, das zur Erreichung des Betriebszieles erforderlich ist" (Wittwer 2010, 39). Zur betrieblichen Weiterbildung gehören nicht nur die institutionalisierten, sondern auch die informellen Lernprozesse. Da nicht alle diese Lernaktivitäten in den Betrieben, vor allem den kleinen und mittleren Betrieben, stattfinden können, werden sie vielfach ausgelagert und begrifflich als „außerbetriebliche Weiterbildung" gefasst.

Unter berufsbezogener Weiterbildung sind daher letztlich drei Bereiche zu verstehen: die berufsbezogene Weiterbildung, die hauptsächlich individuell ist, die betriebliche Weiterbildung, welche Fortbildungen innerhalb der Betriebe erfasst, und die außerbetriebliche Weiterbildung, welche betriebsbezogene Inhalte vermittelt. Evaluationen von berufsbezogener Weiterbildung haben diese unterschiedlichen Kontexte in Rechnung zu stellen.

Hinsichtlich der Evaluationsobjekte sind in der berufsbezogenen Weiterbildung drei Merkmalsträger zu unterscheiden, die im Folgenden erläutert werden:

- die Maßnahmen bzw. Weiterbildungsangebote hinsichtlich Qualität, Akzeptanz und Outcome,
- die Weiterbildungsaktivitäten der Individuen hinsichtlich Effektivität, Effizienz und Zielerreichung („Erfolg"),
- das Management der „Human Resources" in den Betrieben hinsichtlich Erhalt und Entwicklung vorhandener Kompetenzen.

2.1 Maßnahmen berufsbezogener Weiterbildung

Maßnahmen oder Angebote von Weiterbildung sind außerordentlich vielfältig unter allen denkbaren Gesichtspunkten: Ort, Zeit, Dauer, Didaktik, Inhalte, Abschlüsse und anderes mehr. Versuche, Maßnahmen der Weiterbildung zu kategorisieren, folgen daher hauptsächlich einem Darstellungsinteresse, weniger einer immanenten Logik der Angebote (vgl. Huntemann/Ambos 2014). Das Darstellungsinteresse kann sich auf Inhalte beziehen (dann folgt die Kategorisierung Inhalts- oder Themenbereichen) oder auf Maßnahmeformen (dann folgt die Kategorisierung Merkmalen von Zeit und Ort) oder auf Zugänglichkeit (dann folgt die Kategorisierung Merkmalen des Zugangs) und so fort.

Im Kontext der Evaluation berufsbezogener Weiterbildung empfiehlt sich eine Kategorisierung nach Inhalts- und Themenbereichen, da sich dadurch am ehesten der Aspekt des „Berufsbezugs" herstellen lässt. Themen sind Lerngegenstände, sie sind der „Stoff", der im Mittelpunkt des pädagogischen Prozesses steht. Die vorliegenden Versuche, Themenstrukturen zu systematisieren, unterscheiden sich stark (vgl. Zeuner/Faulstich 2009, 218 ff.). Am häufigsten wird auf eine Zweigliederung der Themenstruktur rekurriert, einerseits die berufliche und berufsbezogene Weiterbildung, andererseits die allgemeine, politische und kulturelle Weiterbildung. Eine deutliche Unschärfe entsteht jedoch dadurch, dass sich der Berufsbezug in vielen Fällen nicht aus Ziel und Didaktik der Maßnahme ergibt, sondern aus dem Verwendungszweck der Lernenden – am auffälligsten etwa im Sprachenbereich, der traditionell der allgemeinen Weiterbildung zugerechnet wird, von vielen Lernenden aber aus beruflichen Gründen in Anspruch genommen wird.

Eine Evaluation der Maßnahmen beruflicher und berufsbezogener Bildung kann daher weniger dem Funktionszusammenhang des Angebots folgen als vielmehr generellen Regeln der Überprüfung der Qualität, wie sie in unterschiedlichen Qualitätsmanagement- und Qualitätssicherungsverfahren wie etwa ISO, EFQM und LQW beschrieben und festgelegt ist (vgl. Hartz/Meisel 2004; Hartz 2011).

Allerdings ist diese allgemeine Qualitätsprüfung zu ergänzen um das Kriterium der Passung zu den beruflichen Kontexten der Maßnahme selbst als auch der Lernenden. Dies gilt umso mehr, wenn es sich um eine „Auftragsmaßnahme" handelt, also eine gezielte Form außerbetrieblicher beruflicher Weiterbildung, deren Qualität sich nach der Genauigkeit der angeforderten Lerninhalte und Lernergebnisse bemisst.

2.2 Individuelle berufsbezogene Weiterbildung

Es gibt unterschiedlichste Gründe, warum und mit welchem Ziel Menschen sich fort- und weiterbilden. Anders als in der allgemeinen Weiterbildung, die hier das Problem komplexer Motivationsbündel zu bewältigen hat, lassen sich berufsbezogene Fort- und Weiterbildungen im Allgemeinen in einen beruflichen Funktionszusammenhang stellen, der auch die Evaluation der angestrebten Ziele ermöglicht. Hier lassen sich fünf Gruppen bilden:

1. **Wissenserweiterung:** Die Lernenden sind am Inhalt interessiert, etwa an einem Kurs zur Computerkompetenz oder – hier als Beispiel – an einem Sprachkurs. Anbieter sind überwiegend Sprachschulen (private Bildungseinrichtungen), Volkshochschulen und *community centers*, Universitäten. Im Sprachbereich dominieren die „großen" Sprachangebote wie Englisch und Spanisch, Zunahmen verzeichnen Chinesisch und Arabisch (in Europa!). Die Angebote finden entweder als längerfristige Kurse statt (zwei Stunden pro Woche) oder als kompakte Seminare (zum Beispiel am Wochenende); sie umfassen in der Regel etwa 30 Unterrichtsstunden und folgen einer interaktiven Methodik des Sprachenlernens. Der Zugang ist offen, jedoch unterliegen die Teilnehmenden einem Eingangssprachtest. Die Finanzierung erfolgt hauptsächlich durch die Teilnehmenden, jedoch sind auch Zuschüsse beteiligter Betriebe möglich. Teilnehmer/-innen an Sprachkursen erhalten in der Regel ein Zertifikat, das vom Nachweis der erreichten Sprachkompetenz (nach europäischem Sprachportfolio) bis zur Teilnahmebescheinigung reichen kann.
2. **Zusatzqualifikation:** Sie wird hauptsächlich von Personen angestrebt, die eine (gute) Ausbildung bereits abgeschlossen haben und sie erweitern wollen. Beispiele sind etwa Pädagog(inn)en, die sich zusätzlich einer Beraterschulung unterziehen. Anbieter sind domänenspezifisch arbeitende Einrichtungen, im Falle der Pädagog(inn)en etwa private Beraterfirmen, Verbände oder Hochschulen. Die Angebote sind – verglichen mit dem Durchschnitt der non-formalen Angebote insgesamt – relativ langfristig und aufwendig, bis zu einem Jahr Dauer, und umfassen bis zu 600 Unterrichtsstunden, die meist in Kompaktform (an Wochenenden) angeboten werden. Der Unterricht ist stark stoffbezogen mit hohen Anteilen an Frontalinput, aber auch mit hohem Anteil an praktischen Übungen. Der Zugang ist in der Regel offen. Die Finanzierung erfolgt durch die Teilnehmenden, in manchen Fällen unterstützt durch den Arbeitgeber. Die Rechtsgrundlage besteht – sofern es sich um berufsbezogene Zusatzqualifikationen handelt – aus entsprechenden Vorschriften in Gesetzen und Verordnungen. Eine solche Zusatzqualifikation wird immer mit einem Zertifikat abgeschlossen.
3. **„Updating":** Dieses Ziel ist kennzeichnend für Absolventen einer bestimmten beruflichen Qualifizierung, etwa für Ärzte, Lehrkräfte oder Juristen; sie alle benötigen in regelmäßigen Abständen eine systematische Schulung in neuen Entwicklungen ihres professionellen Handlungsfeldes. Die Anbieter sind meist iden-

tisch mit den Einrichtungen, die auch die Erstausbildung organisiert hatten, also etwa Hochschulen; es können aber auch – wie im Falle der Lehrkräfte – arbeitsfeldspezifische Einrichtungen der Fortbildung sein (wie etwa Lehrerseminare). Dauer und Größe dieser Angebote sind meist überschaubar, etwa ein oder zwei Wochenendseminare (dies ist die übliche Form für die berufstätigen Adressaten), die Methodik ist eher stofforientiert und frontal. Der Zugang ist eingeschränkt auf die Inhaber der entsprechenden beruflichen Qualifikation. Die Finanzierung erfolgt meist mit Unterstützung der Betriebe, in denen die Adressaten arbeiten. Die Rechtsgrundlage sind Verordnungen zur Berufsausübung, so sind etwa Ärzte und Lehrkräfte zur aktualisierenden beruflichen Fortbildung verpflichtet. Der Abschluss besteht meist in einer Teilnahmebescheinigung.
4. **Spezialisierung:** Spezialisierungen streben besonders Personen an, die bereits eine ausgewiesene (und eher höhere) Kompetenz in einem bestimmten Feld erworben haben. Viele Berufe und Tätigkeiten im sozialen, gesundheitlichen und technischen Bereich weisen solche Spezialisierungen auf. Als Beispiel könnte eine Physiotherapeutin dienen, die sich für eine bestimmte Therapiemethode spezialisiert. Anbieter sind meist private Einrichtungen, die ihrerseits auf den jeweiligen Bereich spezialisiert sind. Die Angebote sind meist von längerer Dauer, größerem Umfang (bis zu 800 Stunden und mehr) und umfassen hohe Anteile kognitiven Lernens mit starken Anteilen von praktischen Übungen. Der Zugang beschränkt sich – in der Regel – auf Inhaber einer analogen Grundqualifikation, kann aber auch offen sein. Die Finanzierung ist meist individuell und privat, Rechtsgrundlagen bestehen nur dann, wenn die Spezialisierung in einem existierenden Berufsfeld erfolgt und ihre Ausübung bestimmten Regulierungen unterliegt.
5. **Aufstiegsfortbildung:** Hier handelt es sich in der Regel um Berufstätige, die bereits einige Stufen der Karriereleiter erklommen haben und sich für eine weitere rüsten. In der Regel sind die Inhalte hier solche der sozialen Kompetenzen, Menschenführung, Problemlösung, Teamarbeit, Rhetorik und vieles mehr, das auf der nächsten Hierarchiestufe stärker verlangt wird. Die Angebote sind eher von kürzerer Dauer, werden oft aber auch längerfristig konzipiert und im Intervall angeboten. Zugang und Finanzierung variieren sehr stark.
6. **Umschulung:** In manchen Fällen, nicht selten veranlasst durch externe Berufsberatung etwa der *Bundesagentur für Arbeit*, suchen Erwachsene eine Qualifikation in einem anderen Beruf, eine „Umschulung". Diese Art beruflicher Bildung ist meist eine regelrechte Berufsausbildung, fällt also nicht unter berufsbezogene Weiterbildung; in manchen Fällen jedoch findet sie als Weiterbildung unter Verwendung von Qualifikationselementen des bestehenden Berufes statt.

Evaluierungen berufsbezogener Fort- und Weiterbildungen bei Individuen verfolgen im Grundsatz das Interesse, zu überprüfen, ob die angestrebten Ziele erreicht wurden (vgl. Heinrich/Greiner 2006).

2.3 Betriebliche und außerbetriebliche Fort- und Weiterbildung

Evaluation der Fort- und Weiterbildung im betrieblichen Kontext (also nicht nur betriebliche, sondern auch außerbetriebliche Bildung) wird als ein Instrument oder besser: als eine komplexere Methode verstanden, den Erfolg von Bildungsmaßnahmen zum Erreichen betrieblicher Ziele zu erfassen. Evaluation steht daher in den Betrieben, auch den öffentlichen Betrieben, in engem Zusammenhang mit Steuerungsverfahren der Erfolgsmessung und des Qualitätsmanagements wie Controlling, Monitoring, Balanced Scorecard, Audit und Benchmarking. Nach Stockmann (2007, 97) gehört Evaluation damit zum Instrumentensatz einer „modernen, an Rationalitätskriterien orientierten Unternehmensführung".

Bildungsevaluation wird in diesem Sinne als Bildungscontrolling und damit als Teil des betrieblichen Controllings verstanden, in dem Bedarfsabklärung, Zielbestimmung, Planung und Umsetzung eine zentrale Rolle spielen. Damit folgt dieser Typ der Evaluation den betrieblichen Interessen und ist entsprechend in betriebliche hierarchische Strukturen eingebunden. Damit sind jedoch auch die Evaluationsverfahren und -ergebnisse stark eingeschränkt und auf den engen Blick des betrieblichen Nutzens konzentriert.

Für die Betriebe sind die Ergebnisse der Evaluationen jedoch – wie diejenigen der anderen „Controllingverfahren" auch – von großem Wert. Sie liefern Erkenntnisse darüber, ob die Planungen und Bedarfsanalysen angemessen waren, ob die Auswahl der Personen für die Weiterbildung geeignet war und ob der Outcome der Bildungsaktivitäten in die betriebliche Systematik der Human-Resources-Strategie passt. Natürlich ermöglicht eine solche Evaluation auch, die Relation zwischen Investition (in die Bildungsaktivitäten) und materiellem Nutzen zu beschreiben.

Die Evaluation der Fort- und Weiterbildungsmaßnahmen hat hier für den Betrieb einen mehrfachen Nutzen:
- Zum einen wird der Erfolg der Weiterbildung anhand der erworbenen Kompetenzen der Lernenden identifiziert und bewertet.
- Zum Zweiten kann die Passgenauigkeit der erworbenen Kompetenzen auf die betrieblichen Kompetenzbedarfe hin überprüft werden.
- Zum Dritten kann in einem zirkulären Prozess der Organisationsentwicklung, in dem Evaluation eine große Rolle spielt, der nächste Schritt der Kompetenzentwicklung besser geplant werden.
- Zum Vierten können weitere Angebote zielgerichtet geplant und konzipiert werden (einschließlich der Pädagog(inn)en, Anbieter und didaktischen Programme).
- Zum Fünften kann über die Dokumentation des Erfolgs der Weiterbildung innerhalb des Betriebs die Notwendigkeit und der Sinn von Fortbildung evident legitimiert werden.

Im Bereich der betrieblichen Weiterbildung erhöht sich die Komplexität durch den Umstand, dass die Anbieter es hier in jeder Maßnahme mit unterschiedlichen Kunden zu tun haben, die dem Angebot mit unterschiedlichen Erwartungen und Interessen, also auch unterschiedlichen Vorstellungen von Qualität, begegnen. Auch können die Standpunkte von Vorgesetzten, die eine Weiterbildung aufgrund definierter Anforderungen genehmigen oder gar anweisen, durchaus von den übergreifenden strategischen Gesichtspunkten der Personalentwicklung abweichen. Für den internen oder externen Weiterbildungsanbieter stellt sich dann die Frage, ob sich alle Interessen und Anforderungen erfüllen lassen oder ob bestimmte Ziele Vorrang vor anderen erhalten müssen.

3 Kriterien und Indikatoren

Entsprechend der unterschiedlichen Objekte der Evaluation (vgl. Scriven 2013; Wottawa/Thierau 1990) sind auch die Kriterien und Indikatoren in drei Gruppen aufzuteilen: die Gruppe der Maßnahmen, die Gruppe der individuellen Fortbildungsziele und die Gruppe der betrieblichen Kompetenzziele.

3.1 Maßnahmen und Angebote

Hinsichtlich der Maßnahmen und Angebote der (berufsbezogenen) Weiterbildung werden Indikatoren verwendet, wie sie in den verbreiteten Qualitätsmodellen des Bildungsbereichs, vor allem der Weiterbildung, beschrieben sind. Dabei geht es insbesondere um das EFQM-Modell sowie die deutsche Weiterentwicklung des LQW („Lernerorientierte Qualität der Weiterbildung", vgl. Hartz 2011). Die Indikatoren der Normenreihe ISO 9000, zu Beginn der 1990er-Jahre auch in die Weiterbildung eingeführt, sind heute als zu wenig bildungsspezifisch weniger im Gebrauch.

Im EFQM-Modell besteht ein Kreislauf von den „Befähigern" (Führung, Mitarbeiter, Politik und Strategie, Partnerschaften und Ressourcen) über die „Prozesse" (didaktisches Handeln) hin zu den „Ergebnissen" (differenziert nach Personal/Dozenten, Kunden/Lerner und Gesellschaft) und den „Schlüsselergebnissen", zurückgeführt als „Innovation und Lernen" wieder auf die „Befähiger". In der Anwendung des Modells auf die Evaluation von Angeboten und Maßnahmen differenzieren sich insbesondere die Ergebnisse für die Lernenden und die Gesellschaft, sie werden höher gewichtet.

Noch konsequenter in dieser Richtung ist das LQW-Modell. Es geht davon aus, dass das Lernen und die Lernenden im Mittelpunkt stehen, daher auch insbesondere dort Kriterien für Qualität zu definieren sind. Aspekte wie Lernerzufriedenheit und Lernerfolg (bei aller Schwierigkeit der Operationalisierung) spielen dabei eine große Rolle. In der Realität haben die Anbieter von Weiterbildung die Möglichkeit, sich für eines der Qualitätsmanagement-Modelle auf dem Markt zu entscheiden, dabei spielen die Kosten und die Umsetzbarkeit im jeweiligen Weiterbildungsbetrieb eine wichtige

Rolle. Immer stärker jedoch ist der Druck auf die Anbieter, ein Modell des Qualitätsmanagements (unter Einschluss evaluativer Verfahren) zu implementieren.

Die Kriterien für die Maßnahmen und Angebote befinden sich im Wesentlichen auf folgenden Dimensionen:
- Bedarfsgerechtigkeit: Inwieweit passt das Angebot zu den Bedarfen und Bedürfnissen der Zielgruppen und Teilnehmenden?
- Zufriedenheit: Wie zufrieden sind die Lernenden mit der Maßnahme und ihrer Realisierung?
- Lernförderung: In welchem Maße unterstützt die didaktische Umsetzung der Maßnahme das Lernen der Teilnehmenden?
- Lernerfolg: In welchem Umfang erreichen die Lernenden die in der Maßnahme intendierten Lernziele?
- Lernzuwachs: Inwieweit konnten die Lernenden durch die Maßnahme ihre Kompetenzen erweitern, ergänzen oder erneuern?
- Transfer: In welchem Ausmaß lassen sich die Lernergebnisse auf die Alltagswelt und die Berufspraxis der Lernenden übertragen?
- Kosten und Nutzen: In welcher Relation stehen Kosten und Nutzen der Maßnahme, auch im Vergleich mit alternativen Angeboten? (vgl. Balzer/Beywl 2014, 68 f.).

3.2 Individuelle Ziele

Die individuellen Ziele einer berufsbezogenen Weiterbildung sind außerordentlich heterogen, sie lassen sich ähnlich wie die oben genannten Funktionskontexte gruppieren. Ob beruflicher Aufstieg, Kompetenzerweiterung, Aktualisierung der Kenntnisse oder Spezialisierung – die individuellen Ziele berufsbezogener Weiterbildung sind abhängig vom bereits erworbenen Qualifikationsstandard, vom ausgeübten Beruf und von der beruflichen Perspektive der Einzelnen. In Zeiten des „selbstgesteuerten Lernens" entwickeln sich immer mehr Tendenzen, eigene Qualifikationsprofile individuell zu kombinieren.

Kriterien und Indikatoren der Evaluation der berufsbezogenen Bildung sind individuell festzulegen. Dabei sind die Felder *Lernergebnis* (Outcome, Kompetenzerwerb), *Lernerfolg*, *Passung des Angebots auf die Lerninteressen* und *Praxistransfer* von besonderer Bedeutung.

3.3 Betriebliche Ziele

Betriebliche Weiterbildung kann in einer Reihe von Kennziffern statistisch erfasst werden. Noch vor wenigen Jahren wurden hier „Input-Werte" ermittelt, also etwa die Anzahl der Teilnehmenden, die Teilnehmerstunden oder die Kosten pro Teilnehmer/-in. Solche Zahlen verraten zwar viel über betriebliche Weiterbildungsaktivitäten, aber wenig über deren Resultate. Heute wird im Wesentlichen mit „Outcome-Werten" gearbeitet, also mit den Ergebnissen von Weiterbildungsaktivitäten – den erworbenen Kompetenzen der Lernenden.

Zu den traditionellen Input-Faktoren gehören neben den Lerninhalten auch die Lernformen. Es kann für den Erfolg entscheidend sein, ob Lerninhalte als externes Seminar, als Inhouse-Schulung, als E-Learning oder als Coaching am Arbeitsplatz realisiert werden. Auch die Qualität der Dozenten ist wichtig. Vor allem aber spielen Lernvereinbarungen mit den Teilnehmenden eine große Rolle, etwa Regelungen zu Arbeitsausfallzeiten, bei arbeitsplatznahen Lernformen etwa Vereinbarungen über (störungsfreie) Lernzeiten. Schließlich ist das betriebliche Umfeld wichtig für die Effektivität von Weiterbildungen.

Weiterbildung ist für Betriebe eine Investition; die Möglichkeiten jedoch, ihren Nutzen durch Zahlen zu belegen, sind begrenzt:
- Erfolgskriterien wie die Anwendung des Gelernten im betrieblichen Alltag lassen sich nur schwer operationalisieren.
- Betriebsrelevante Kriterien wie die Verbesserung der Atmosphäre im Betrieb oder die Erhöhung der Führungskompetenz sind quantitativ kaum messbar.
- Ein Erfolg zeigt sich unter Umständen erst in einem längeren zeitlichen Abstand zur Maßnahme.
- Beobachtbare Effekte basieren möglicherweise auf anderen Faktoren als der Weiterbildungsteilnahme.
- Der Aufwand einer Evaluation ist aufgrund der methodischen Schwierigkeiten sehr hoch, nicht selten zu hoch.

Vielfach wird die Evaluation von betrieblicher Weiterbildung gleichgesetzt mit betrieblichen Controlling-Verfahren („Bildungscontrolling"). Dies ist jedoch nicht ganz richtig, auch wenn Gemeinsamkeiten vorliegen (siehe Tabelle 1). Weiterbildungs-Controlling
- dient der zielorientierten Gestaltung und Steuerung betrieblicher Weiterbildung,
- zielt auf Nutzenoptimierung,
- organisiert eine Rückkoppelung zwischen Planung, Analyse und Kontrolle,
- bezieht Bildungsarbeit auf grundlegende Unternehmensprozesse,
- erfasst, bewertet und überprüft somit Bildungsarbeit nicht nur mittels pädagogischer, sondern auch ökonomischer Kriterien (vgl. Krekel/Gnahs 2000).

Die Vielfalt der Begriffe zur Bildungsevaluation im betrieblichen Bereich ist groß (etwa Evaluationscontrolling, Personalentwicklungscontrolling, Weiterbildungscontrolling, Transfercontrolling oder Qualitätscontrolling). Letztlich geht es aber immer um die Akzentuierung einer stärker ökonomischen und betrieblichen Ausrichtung einerseits und einer Evaluation der Lernerfolge und Lernprozesse andererseits.

Tab. 1: Merkmale von Evaluation und Controlling (in Anlehnung an Zalenska 2009, 36–39).

Merkmale	Evaluation	Controlling
Aufgaben und Funktionen	Handlungsoptimierung, Entscheidungshilfe	Transparenz, Steuerung, Koordination, Prognose
Instrumente	Sozialwissenschaftliche Methoden: Befragungen jeglicher Form, Beobachtung, kommunikative Verfahren, Tests, Expertenrating etc.	Betriebswirtschaftliche Methoden: Kostenanalyse, Deckungsbeitragsrechnung, Kennzahlen, Budgetierung, Planungssysteme etc.
Messung	Es interessieren hauptsächlich qualitative Kriterien.	Gemessen werden hauptsächlich monetäre oder quantitative Größen.
Einbindung Beteiligter	Häufig starker Einbezug Beteiligter oder Betroffener	Mittlere Einbindung Beteiligter oder Betroffener
Perspektive	Kurz- bis mittelfristig; Anfang und Ende definiert	Kurz-, mittel- und langfristig; kontinuierliche Institution

4 Verfahren, Methoden, Instrumente

Bei der Evaluation von Weiterbildungsmaßnahmen *(Evaluationsobjekt A)* ist der Blick auf die Bewertung des Lernprozesses und des Lernergebnisses ausgerichtet. Die Evaluation konzentriert sich auf die Anwendung von Methoden empirischer Sozialforschung wie Befragung und Beobachtung (vgl. Nuissl 2013). Ziele sind meist die Bewertung der Wirksamkeit einer Maßnahme und die Verbesserung der Qualität von Angeboten.

Zu unterscheiden sind dabei die formative Evaluation, deren Ergebnisse direkt in den weiteren Verlauf der Maßnahme einmünden und zu deren Verbesserung beitragen, und die summative Evaluation, welche am Ende der Maßnahme eine Gesamtbeurteilung ermöglicht.

In der *formativen Evaluation* der Maßnahme liegt der Fokus insbesondere auf dem Fortgang des Lernprozesses und der damit eng zusammenhängenden Atmosphäre in der Lerngruppe. Probate Verfahren sind hier:
- Blitzlicht, eine kurze mündliche Rückmeldung, die strengen Regeln folgt;
- Stimmungsbarometer, meist visualisiert, zu Aspekten wie Klima, Thema, Methode etc.;
- Partnerinterview zum Fortgang des Lerngeschehens;
- kulturelle Verfahren (Malen, Skulpturen, Rollenspiele) zum Lernprozess, die gemeinsam erarbeitet und interpretiert werden;
- Schreiben (Sätze) zum Verlaufe des Lernprozesses und der eigenen Zufriedenheit;
- Fragebogen zum Verlauf, nicht jedoch zum Ergebnis.

Diese Verfahren ermöglichen es, kritische Kommentare frei zu äußern, sie konkret auf den gemeinsamen Lernprozess zu beziehen und als persönliche Eindrücke zu formulieren.

In der *summativen Evaluation* am Ende der Maßnahme sind im Wesentlichen zwei Richtungen denkbar: „rückwärts" als kritische Reflexion des Kurses oder der Maßnahme und „vorwärts" in Richtung auf Anwendbarkeit, Nutzen und Transfer des Gelernten. Für den ersten Zweck werden meist ähnliche Verfahren wie bei der formativen Evaluation angewendet, für den zweiten eher Verfahren, die Phantasie und Kreativität freisetzen:
– der Fragebogen in einer prospektiven Ausrichtung;
– das „Kofferpacken", bei dem die Lernenden Zettel in einen Koffer legen, auf welche sie geschrieben haben, was sie mitnehmen;
– die Abschiedsgeografie, eine Landschaft, welche die Lernerfahrungen in ihrer Anwendung zeigt (vgl. Geißler 2005).

Beim *Evaluationsobjekt B*, den „Lernenden", geht es weniger um den Prozess der Maßnahme als vielmehr um deren Produkt, das Lernergebnis, das am ehesten individuell feststellbar ist. Die Genauigkeit variiert dabei von hoch (vor allem bei kognitiven Lernergebnissen) bis niedrig (etwa bei Einstellungsmodifikationen oder Deutungsmustern). Entsprechend variieren auch die Verfahren zur Feststellung der individuellen Lernergebnisse – von Tests und Prüfungen im traditionellen Sinn als Leistungsmessungen kognitiver und praktischer Fertigkeiten bis hin zu (Gruppen-)Gesprächen, Diskursen und Beobachtungen zur Erkundung von Einstellungen und Verhaltensweisen.

Solange das Lernziel von den Lernenden selbst formuliert und intendiert ist (etwa als Wissenserweiterung oder Updating), erfolgt auch die Evaluation individuell – oft (wie bei der Aufstiegsfortbildung) mit entsprechend zeitlichem Abstand.

In der betrieblichen Weiterbildung *(Evaluationsobjekt C)* spielen die Beziehungen von Kompetenzbedarf, Unternehmensstrategie und Bildungsinvestition eine große Rolle. Evaluationen beziehen sich hauptsächlich darauf, mit welchem Aufwand an Investitionen Kompetenzbedarfe befriedigt werden können und inwieweit erzielte „Outcomes" der Bildung diese Bedarfe befriedigen.

Die wesentlichen Instrumente sind, in der Frequenz der Anwendung in den Betrieben, wie in Abbildung 1 dargestellt verteilt.

Welche sozial- und wirtschaftswissenschaftlichen Methoden zweckmäßigerweise zum Einsatz kommen, hängt entscheidend von der Fragestellung ab, also ob etwa auf die Art der Seminarorganisation, das Ausmaß des Lernzuwachses, die erfolgreiche und dauerhafte Anwendung des Wissens am Arbeitsplatz oder auf den Return-on-Investment fokussiert wird.

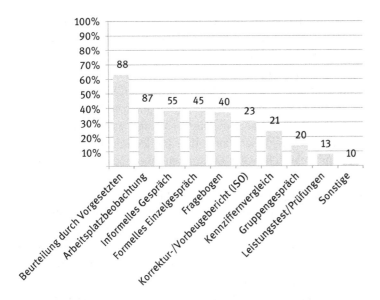

Abb. 1: Verfahren der Bildungsevaluation im Betrieb (f-bb 2014, 128).

5 Exemplarischer Ablauf

Für die Darstellung eines exemplarischen Ablaufs der Evaluation berufsbezogener Weiterbildung wird auf den betrieblichen Kontext zurückgegriffen. Betriebliche Weiterbildung ist komplex und enthält nahezu alle Elemente, die bei einer Evaluation der Maßnahmen oder der individuellen berufsbezogenen Weiterbildung zum Tragen kommen. Das *Forschungsinstitut Berufliche Bildung* hat in einem Studienbrief für die *Technische Universität Kaiserslautern* die wichtigsten Merkmale eines solchen Ablaufs beschrieben (vgl. f-bb 2014). Der Ablauf einer betrieblich veranlassten berufsbezogenen Weiterbildung erfolgt im Wesentlichen in vier Schritten:
- Bildungsanalyse im Betrieb: Soll-Analyse,
- Kompetenzanalyse der Beschäftigten: Ist-Analyse,
- Soll-Ist-Vergleich und die Bildungskonzeption,
- Evaluation des Outcomes und der „Passung".

5.1 Bildungsanalyse im Betrieb

In der Bildungsanalyse wird zunächst festgelegt, um welche Kompetenzbereiche es geht. Heute geht man – wie dies auch im Deutschen Qualifikationsrahmen beschrieben ist – von vier Säulen der Kompetenz aus: dem fachlichen Wissen, den fachlichen Fertigkeiten, den sozialen Kompetenzen (zum Beispiel Teamfähigkeit) und den Selbststeuerungskompetenzen (zum Beispiel Pflichtbewusstsein). In den meisten Betrieben findet eine solche Analyse nicht bezogen auf einzelne Mitarbeiter/-innen, sondern auf (aggregierte) Einheiten, etwa Abteilungen, statt. Die Analyse setzt eine enge Zusammenarbeit aller Beteiligten auf allen Hierarchieebenen voraus.

Die Bildungsanalyse kann sich auf die bestehende Situation beziehen (Schwachstellen-Analyse) oder aber zukünftige strategische Planungen berühren. Für die bestehende Situation ist es wichtig, zwischen latenten und manifesten Bildungsstärken und -schwächen zu unterscheiden. Analysen zielen besonders auf die latenten Bildungsstrukturen. Diese Analysen beginnen damit, dass Indikatoren definiert werden, mit denen die Stärken und Schwächen der Bildungssituation beschrieben werden können.

Bildungsanalysen resultieren – quasi als Initialzündung – in der Regel aus Informationen über Schwachstellen im Betrieb und im betrieblichen Ablauf. Indikatoren sind hier etwa Reklamationen, Ausschuss im Produktionsbereich, Mitarbeiterbeschwerden, Betriebsklima, Krankenstand, Arbeitsmittelnutzung, Umsatzrückgang und anderes mehr. Nicht immer verweisen solche Indikatoren auf einen Bildungsmangel und -bedarf, sind aber in Relation dazu zu sehen.

Gegenüber der Bildungsanalyse ist die strategische Bedarfsermittlung eine unternehmenspolitische Entscheidung. Bildungsbedarfe ergeben sich hier nicht aus einer Bildungsanalyse, sondern aus einer Initiative des normativen oder strategischen Managements. Wenn etwa eine Fusion mit einem ausländischen Unternehmen ansteht, ergeben sich zwangsläufig Bildungsbedarfe im sprachlichen und kulturellen, wohl aber auch im fachlichen und sozialen Bereich.

Solche strategischen Bedarfsdefinitionen sind im Prinzip ohne Ergebnisse einer bereits vorliegenden Bildungsanalyse möglich, stehen aber immer in Beziehung zum bestehenden Kompetenzprofil im Unternehmen. Sie sind Anlass für Bildungsanalysen, falls solche noch nicht vorliegen. Die Schwierigkeit liegt darin, dass die strategisch definierten Bedarfe „operationalisiert" werden müssen, um betriebliches Weiterbildungshandeln zu ermöglichen. Falls etwa ein neues Marktsegment im Ausland eröffnet wird, ist zu klären, in welchem Ausmaß entsprechende Sprachkompetenzen im Betrieb aufgebaut werden müssen.

Die Methoden der Bedarfsermittlung sind vielfältig, im Einzelfall nicht unbedingt präzise, in der Kombination aber sehr aussagekräftig. Die wesentlichen Methoden sind:
- **Befragung:** In der Regel ist eine Instanz im Betrieb (Human-Resources-Abteilung) mit der Bildungsanalyse befasst. Sie befragt innerbetriebliche Stakeholder mit unterschiedlichen Verfahren und je bezogen auf deren Kompetenzbereiche.
- **Moderation:** In aktiver Gruppenarbeit mit gezielten Fragen kann ergebnisorientiert eine große Sammlung von Ergebnissen zu Bildungsfragen erreicht werden, sofern die richtige Auswahl der Teilnehmenden erfolgt und eine kompetente Moderation vorhanden ist.
- **Beobachtung:** Über Beobachtungen von Arbeiten und Arbeitsabläufen können Erkenntnisse über Abläufe und Strukturen, aber auch Qualifikationsanforderun-

gen gewonnen werden. Wichtig sind transparente und festgelegte Kategorien, nach denen beobachtet wird.
- **Informationsmaterialien:** Vorliegende Daten wie etwa Verbesserungsvorschläge der Mitarbeitenden, Leistungsbewertungskriterien, Reklamationen und Statistiken können für die Analyse herangezogen werden.
- **Arbeitsplatzanalyse:** Einzelne Arbeitsplätze können auf ihre Anforderungsstruktur, aber auch auf Möglichkeiten der Erweiterung und Bereicherung hin beobachtet werden, einschließlich einer Befragung der Arbeitsplatzinhaber.
- **Zukunftsarbeitsplätze:** Kreativität und Innovation vor allem auch der Beschäftigten können für die Konzeption von Zukunftsarbeitsplätzen genutzt werden.

Weitere Verfahren sind denkbar und werden angewandt. Sie stehen jeweils im betrieblichen Zusammenhang, ihre Ergebnisse müssen nicht unbedingt in Weiterbildungsaktivitäten fließen.

5.2 Kompetenzanalyse der Beschäftigten

Für eine Kompetenzanalyse der Beschäftigten bedarf es jeweils einer Definition dessen, was unter Kompetenz verstanden wird. Es setzt sich immer mehr die Begrifflichkeit des Deutschen Qualifikationsrahmens durch, auch in der Anwendung in betrieblichen Kontexten. Danach sieht ein einfaches Kompetenzmodell wie in der Tabelle 2 aus.

Tab. 2: Kompetenzmodell nach dem Deutschen Qualifikationsrahmen (in Anlehnung an f-bb 2014, 34).

Kompetenz	Definition und Beispiel
Fachliche Kompetenz	Durch Zertifikate und Zeugnisse ausgewiesene fachspezifische Fähigkeiten, Fertigkeiten und Kenntnisse in einem Arbeitsfeld *Bsp.: Betriebswirtschaftslehre, Statistik, Maschinenbau*
Methodische Kompetenz	Fähigkeiten zur Planung und Durchführung der Arbeit – Arbeitstechniken, Verfahrensweisen und Lernstrategien sachgerecht, situationsbezogen und zielgerichtet einsetzen *Bsp.: Moderation, Projektmanagement, Präsentation*
Sozialkommunikative Kompetenz	Fähigkeit, kommunikativ, kooperativ und selbstorganisiert zu handeln, sich kreativ gruppen- und beziehungsorientiert auseinanderzusetzen, neue Pläne, Aufgaben und Ziele zu entwickeln *Bsp.: Teamfähigkeit, Kooperationsfähigkeiten, Gesprächsführung, Führungskompetenz*
Persönliche Kompetenz	Fähigkeit, sich selbst einzuschätzen, produktive Einstellungen und Werthaltungen, eigene Begabungen, Motivationen, Leistungsvorsätze zu entfalten und sich im Rahmen der Arbeit und außerhalb kreativ zu entwickeln und zu lernen *Bsp.: Selbstbehauptungsfähigkeit, Umgang mit Stress, Fähigkeit zur Perspektivenübernahme, Selbstorganisation*

Erkenntnisse über die vorhandenen Kompetenzen der Mitarbeiter/-innen werden gewonnen aus den Personalakten und den Personalinformationssystemen des Betriebes. Zu Letzteren tragen insbesondere die Einschätzung der Mitarbeiter/-innen durch Vorgesetzte, die Selbsteinschätzung der Mitarbeiter/-innen und die Kompetenzanalyse im Team bei. Dabei spielen nicht nur die Leistungsbeurteilungen eine Rolle, sondern vor allem auch die Potenzialbeurteilungen – also welche Entwicklungsmöglichkeiten bei den jeweiligen Mitarbeitenden vorhanden sind. Dies ist nicht nur im Hinblick auf Weiterbildung wichtig, sondern auch für weitergehende betriebliche Veränderungen – Umsetzungen, Aufstieg, Arbeitsplatzerweiterung etc.

5.3 Soll-Ist-Analyse

Die Ergebnisse der Bildungsanalyse und der Kompetenzanalyse sind in einer Soll-Ist-Analyse zusammenzufassen. Diese Soll-Ist-Analyse kann betrieblich auf unterschiedlichen Ebenen erfolgen, etwa für Abteilungen oder Arbeitsgruppen. Auch daraus können sich Weiterbildungsbedarfe ergeben. Am deutlichsten wird dies jedoch in den personenbezogenen Soll-Ist-Vergleichen, wie das Beispiel in Abbildung 2 aus einer Studie des Forschungsinstituts Betriebliche Bildung zeigt.

Anhand dieses Profils kann man Qualifikationslücken definieren und individuelle Bildungsbedarfe festhalten. Wichtig ist dabei, nicht nur den Bedarf zu definieren, sondern auch die Motivation zu sichern.

Auf der Basis der Soll-Ist-Analyse ist eine Bildungskonzeption zu erstellen. Betrieblich bedeutet das: Bei Bildungsbedarfen, die nur bei einzelnen Mitarbeiter/-innen festzustellen sind, muss nach geeigneten außerbetrieblichen Angeboten gesucht werden, an denen sie teilnehmen können. Bei Bildungsbedarfen, die eine größere Zahl von Mitarbeitenden betreffen (wie etwa die Sprachfrage im Zuge einer Unternehmensfusion), sind inner- oder außerbetrieblich geeignete Maßnahmen anzufragen oder zu entwickeln. Die Teilnahme an Weiterbildungsmaßnahmen kann zwar faktisch „verordnet" werden, wenn sie zum Bestandteil des Arbeitsplatzes deklariert wird; erfolgreicher jedoch ist es, wenn die Lernenden selbst motiviert sind – nur sie sind es, die lernen.

5.4 Erfolgsevaluation

Ob die Weiterbildungsmaßnahme erfolgreich war, ist für den Betrieb natürlich eine wichtige Frage, aber schwierig genug zu beantworten (vgl. Balzer 2012). In der Regel werden daher verschiedene Verfahren angewendet, um diesen Erfolg zu überprüfen. Der Erfolg einer Weiterbildungsmaßnahme liegt zuallererst im Lernerfolg der Teilnehmenden. Daher richtet sich das Evaluationsinteresse der Betriebe hauptsächlich darauf. Ein entsprechendes, oft angewandtes Verfahren basiert auf dem Modell

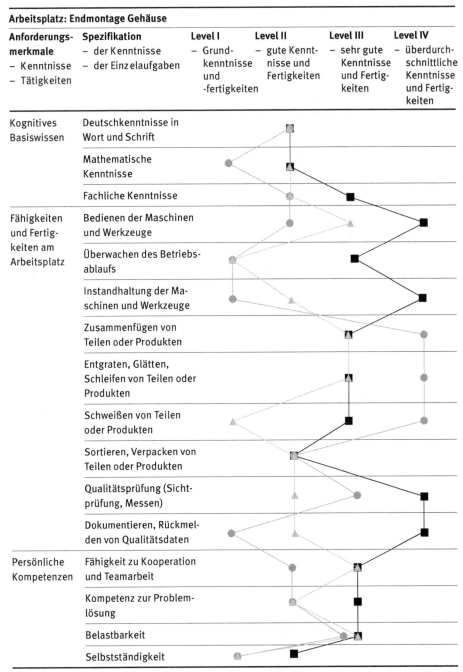

▲ = Ist-Profil des Mitarbeiters   ● = Aktueller Bedarf   ■ = Künftiger Bedarf

Abb. 2: Mitarbeiterprofil (Soll-Ist-Analyse) (in Anlehnung an f-bb 2014, 38).

von Donald L. Kirkpatrick aus dem Jahr 1955 (vgl. Kirkpatrick/Kirkpatrick 2006). Das Modell
- setzt auf Stufe 1 mit der individuellen Ebene an (Mitarbeiterperspektive). Dabei wird die Zufriedenheit der Teilnehmenden mit einer Weiterbildungsmaßnahme gemessen.
- geht auf Stufe 2 an die Erhebung des Lernerfolgs, der auf die besuchte Maßnahme zurückgeführt werden kann.
- klärt auf Stufe 3 die wichtige Frage des Transfererfolgs: Inwieweit werden erworbene Kompetenzen im Berufs- und Arbeitsalltag auch eingesetzt? Der Transfererfolg stellt für Unternehmen eines der wichtigen Bewertungskriterien dar.
- macht auf Stufe 4 den Unternehmenserfolg zum Thema. Ziel ist es zu beurteilen, welcher konkrete, monetär bezifferbare Nutzen für das Unternehmen auf die Weiterbildungsmaßnahmen zurückzuführen ist. Auf dieser Stufe ist das Weiterbildungscontrolling im engeren Sinne zu verorten.

Dem Modell von Kirkpatrick in Abbildung 3 lassen sich auch die entsprechenden Methoden der Evaluation zuordnen:

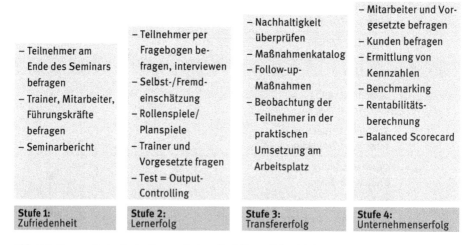

Abb. 3: Instrumente der Evaluation nach dem Modell von Kirkpatrick.

Stufe 1: Zufriedenheit

Die Teilnehmerzufriedenheit hängt von unterschiedlichen Faktoren ab. Die Organisation der Bildungsangebote (zum Beispiel die Konzeption von Seminaren und Lernmaterialien, Umgebungsfaktoren wie Räumlichkeiten und Atmosphäre, Unterbringung und Verköstigung) spielen ebenso eine Rolle wie die Person des Trainers oder Dozenten sowie seine fachliche Qualifikation, sein didaktisches Geschick und sein Einfühlungsvermögen. Bewertungsbögen (Fragebögen), Seminarberichte oder Lerntagebücher ermöglichen solche Einschätzungen der Teilnehmerzufriedenheit ebenso wie Gruppendiskussionen oder spätere gemeinsame Reflexionen in betrieblichen Kontexten.

Stufe 2: Lernerfolg
Die Messung des Lernerfolgs entspricht einem ersten Kontrollbedürfnis ebenfalls direkt im Anschluss an eine Weiterbildungsmaßnahme. Bei einer betrieblichen Umsetzung der vermittelten Lerninhalte ist der Lernerfolg eine unerlässliche Voraussetzung. Um den Lernerfolg messen zu können, ist es allerdings erforderlich, den Kompetenzstatus der Teilnehmenden zweimal zu überprüfen: vor der Weiterbildung und nach der Weiterbildung (vgl. Widmer u. a. 2009). Schon bei einfachen Prüfverfahren bedeutet das einen hohen Aufwand pro Teilnehmer/-in. Bei großen Teilnehmerzahlen empfiehlt es sich daher, die Messung des Lernerfolgs nur an einer Stichprobe durchzuführen.

Bei Weiterbildungen, die explizit den Erwerb von Wissen und Kenntnissen zum Ziel haben, kann der Lernerfolg noch relativ einfach, zum Beispiel durch ein Set von Multiple-Choice-Fragen, evaluiert werden. Die Vorher-Nachher-Methode kann jedoch nie mit letzter Sicherheit klären, ob ein gemessener Lernerfolg Folge der stattgefundenen Weiterbildung ist (positive Gewissheit) oder durch andere Umstände verursacht wurde. Lässt sich allerdings kein Lernerfolg feststellen, war die Weiterbildung ein Misserfolg (negative Gewissheit). Wesentlich schwieriger ist eine Evaluation des Lernerfolgs, wenn die Weiterbildung der Entwicklung sozialer oder personaler Kompetenzen dienen sollte. Ein Erfolg von Weiterbildungen dieses Typs lässt sich nur sehr bedingt durch Wissensfragen erfassen. Lernerfolgskontrolle verfügt über mehrere Instrumente (vgl. Reischmann 2006):

- **schriftliche Teilnehmerbefragung:** Teilnehmerfragebögen geben Auskunft darüber, wie der in der Maßnahme erreichte Aufbau von Kenntnissen, Fähigkeiten und Fertigkeiten subjektiv bewertet wird.
- **mündliche Teilnehmerbefragung (Interview):** Sie wird einzeln oder in Gruppen nach Beendigung der Maßnahme durchgeführt und dient demselben Zweck wie die schriftliche Befragung.
- **Rollenspiele:** In praktischen Übungen oder in realen Arbeitssituationen erhalten die Teilnehmenden fiktive oder reale Aufgaben, die es zu bewältigen gilt.
- **Tests oder Prüfungen:** Tests dienen ebenfalls einer objektiven Bewertung des Erlernten.

Stufe 3: Transfererfolg
Beim Messen des Transfererfolgs soll überprüft werden, inwieweit eine Verhaltensänderung bei den Teilnehmenden wahrzunehmen ist und Gelerntes am Arbeitsplatz wirksam wird. Allerdings gibt es nur wenige gut funktionierende Instrumente der Transferkontrolle, welche die Übertragung der Weiterbildungsinhalte an den Arbeits-

platz systematisch begleiten und dauerhaft installieren. Zur Anwendung kommen beispielsweise:
- **das Transfertagebuch:** Es dokumentiert einerseits die in der Weiterbildung vermittelten Inhalte und enthält andererseits die geplanten konkreten Schritte zur Umsetzung des Gelernten sowie die Erfahrungen mit diesen Schritten.
- **die 360-Grad-Beurteilung:** Bei diesem Verfahren geht es um die Analyse von Verhaltensänderungen. Dementsprechend findet die erste Messung kurz vor der Bildungsmaßnahme, eine weitere zum Beispiel nach zwölf Monaten statt. Befragt werden (mithilfe eines standardisierten Fragebogens) nicht nur die Mitarbeiter/-innen selbst, sondern auch Führungskräfte und Kollegen. Dann wird untersucht, inwieweit Verbesserungen (oder auch Verschlechterungen) auf die Weiterbildungsteilnahme zurückzuführen sind. Voraussetzung dafür ist, dass das Erfragte im Bewertungszeitraum auch beobachtbar ist.
- **das Assessment Center:** Elemente des Assessment-Center-Verfahrens (bei Einstellungen) können auch zur Beurteilung des Transfererfolgs eingesetzt werden. Den Teilnehmenden werden tätigkeitsnahe oder reale Aufgaben übertragen, die unter Anwendung des Gelernten ausgeführt werden. Auswertungsgespräche decken Transferschwierigkeiten im Arbeitsfeld auf und bereiten weitere Transferaktivitäten vor. Die Beobachtung sollte – nach vorher festgelegten Kriterien – durch eine neutrale Instanz und nicht durch Kollegen oder gar Vorgesetzte erfolgen.

Stufe 4: Unternehmenserfolg

Die Stufe 4 beschreibt die weitere Perspektive des Unternehmens und damit den Standpunkt des Weiterbildungs-Controllings im engeren Sinn. Es geht hier darum, den monetären Nutzen einer Weiterbildungsmaßnahme zu ermitteln.

Weiterbildungsauswertungen auf dieser Stufe werden in der Praxis nur selten durchgeführt und sind auch theoretisch umstritten. Ziel dieser höchsten Evaluationsebene ist es, den Erfolg betrieblicher Qualifizierungen in Kennzahlen, letztlich in Geldgrößen auszudrücken. So soll der „Return on Investment (ROI)" – im Qualifizierungszusammenhang auch als „Return on Education (ROE)" bezeichnet – die Frage beantworten, ob als Folge einer bestimmten Weiterbildung mehr Werte für das Unternehmen geschaffen wurden als die Weiterbildung gekostet hat. Nur wenn das der Fall ist, handelt es sich bei Qualifizierungen um eine monetär lohnende Investition.

In der Praxis ist es schwierig und kostenaufwändig, die benötigten Daten zu erheben, zu organisieren und zu analysieren, um eine eindeutige Zuordnung betrieblicher Wertschöpfung zu einer konkreten Qualifizierungsmaßnahme vornehmen zu können. Es ist auch zweifelhaft, ob solch eine Zuordnung überhaupt möglich ist. Zum einen wird damit argumentiert, dass die Anzahl der potenziellen Wirkfaktoren zu groß und ihre Verkettung zu komplex ist, um einen eindeutigen Wirkungszusammenhang identifizieren zu können. Zum anderen äußern Pädagog(inn)en und Bildungsexpert(inn)en ihre grundsätzliche Skepsis gegenüber Versuchen, Kenntnisse und Kompetenzen in Geldgrößen messen zu wollen.

6 Umgang mit Evaluationsergebnissen

Evaluationsergebnisse zur berufsbezogenen Weiterbildung sind hauptsächlich für die Individuen, die sich davon einen beruflichen Nutzen versprechen, und die Betriebe von Interesse. Die Anbieter sind daran interessiert, positive Evaluationsergebnisse vorweisen zu können, um auf dem Markt zu reüssieren.

Mit den Evaluationsergebnissen gehen in der Regel diejenigen gezielt um, die eine solche Evaluation in Auftrag gegeben oder selbst vorgenommen haben. Damit ist auch impliziert, wem die Ergebnisse der Evaluation vorgestellt werden: dem Auftraggeber. In betrieblichen Zusammenhängen sind dies die Unternehmens- oder Abteilungsleitung, in Weiterbildungseinrichtungen die Leitungen der Institutionen, bei individuellen Evaluationen die Lernenden selbst.

Natürlich hängt die Präsentation der Evaluationsergebnisse vor allem davon ab, wer oder welche Institution die Evaluation durchgeführt hat. Hier werden – den Standards der *Deutschen Gesellschaft für Evaluation* (2002) folgend – vorzugsweise neutrale Personen und Instanzen beauftragt. Sie bemühen sich meist, in der Präsentation nicht nur die Auftraggeber, sondern auch die Betroffenen zu berücksichtigen, also eine Form der Transparenz herzustellen (vgl. Stockmann/Meyer 2010; Sanders 2006).

Gewöhnlich gilt für den Umgang mit Evaluationsergebnissen das Ziel der Nutzung. Die Nutzung von Ergebnissen formativer Evaluation liegt im prozessualen Fortschritt des Evaluationsobjekts, also etwa der direkten Rückmeldung an Lehrende zur Verbesserung des Lehr-Lern-Prozesses in der Weiterbildungsmaßnahme. Etwas anderes ist die Nutzung der Ergebnisse der summativen Evaluation (die allerdings auf lange Sicht gesehen auch zur formativen Evaluation werden können). Bei der Nutzung dieser Ergebnisse unterscheiden Beywl und Balzer (2014, 119 ff.) zwischen einer konzeptionellen und einer instrumentellen Nutzung. Eine *konzeptionelle Nutzung* liegt dann vor, wenn die Ergebnisse in das Fachwissen einfließen, in Reflexionen und weitere Planungen, ohne dass konkrete Veränderungen oder Verbesserungen vorgenommen werden. Eine *instrumentelle Nutzung* liegt vor, wenn direkt Veränderungen auf der Basis der Ergebnisse vorgenommen werden. Solche Veränderungen können – als Folge berufsbezogener Weiterbildung – im Betrieb Veränderungen der Arbeitsplätze oder Platzierungen von Beschäftigten sein oder weitere Aufträge zu Bildungsmaßnahmen an externe Anbieter. Anbieter können aufgrund der Ergebnisse ihre Maßnahmen verändern, neu konzipieren und zuschneiden, die Lernenden selbst können gezielt weiter an der Entwicklung ihres Kompetenzprofils arbeiten oder weitere Berufskarrieren einschlagen.

Eine wichtige Frage ist auch, ob die Ergebnisse der Evaluation mit Empfehlungen verbunden sind (vgl. Nuissl 2013, 106 f.). Empfehlungen sind darauf zu prüfen, ob sie widerspruchsfrei und durch die Ergebnisse gestützt sind, ob sie legitimiert und realistisch sind, ob sie verbindlich und umsetzbar sind.

7 Diskussion und Kritik

Evaluation berufsbezogener Fort- und Weiterbildung unterliegt den gleichen Anforderungen an Qualität und Legitimation wie alle Evaluation. Und sie hat die gleichen Schwierigkeiten zu lösen wie andere Evaluationen auch:
- Festlegen eines legitimen Rahmens,
- genaue Definition des Evaluationsobjekts,
- Ermitteln eines geeigneten Zugangs,
- Entwickeln passender Instrumente,
- Sammeln aussagekräftiger Daten,
- schlüssige Interpretation der Daten,
- Formulieren sinnvoller Ergebnisse und
- Präsentieren realistischer Empfehlungen.

In der berufsbezogenen Weiterbildung kommt allerdings – in Ergänzung zu den grundlegenden Schwierigkeiten der Bildungsevaluation – die doppelte Blickrichtung hinzu: einerseits der Blick auf die Lernenden, andererseits der Blick auf den Beruf (oft Pars pro Toto vertreten durch den Betrieb). Die Kriterien und Indikatoren sind daher miteinander zu verschränken und sinnvoll auf ein abstraktes Drittes, die „Karriere", zu *beziehen*.

Hier kommen wesentliche Elemente biografischer Entwicklung und sozialer Existenz zum Tragen. Nach wie vor beziehen Menschen grundlegende Identitätskonzepte aus dem von ihnen ausgeübten Beruf. Berufswahl und Berufsausübung sowie Erfolg im Beruf sind wichtige Quellen, aus denen sich Selbstbewusstsein und Einstellungen speisen. Die Evaluation beruflicher Fort- und Weiterbildung ist hier in der gleichen Gefahr wie die berufliche Fort- und Weiterbildung selbst: in dem sensiblen Spannungsfeld von Beruf und Person die Letztere unterzubewerten und damit die Anforderungen beruflicher Qualifikation über die Bedürfnisse der Menschen zu stellen. Diese Gefahr besteht nicht nur in der großen Linie, im Konzept von Evaluation, sondern im Detail, in der Operationalisierung von Kriterien, Indikatoren und Erhebungsverfahren. Hier liegen die Aufgaben einer sozial verantworteten Evaluation.

8 Vertiefungsaufgaben und -fragen

1. Ein mittelgroßer Betrieb der Werkzeugfertigung möchte sein Geschäftsfeld nach Indien erweitern, wo eine große Nachfrage nach seinen Produkten besteht. Er muss, um dies zu bewerkstelligen, die Kompetenzen seiner Belegschaft erweitern

(zum Beispiel Sprachen, Geschäftskultur etc.). Stellen Sie fest, welche Kompetenzen nötig sind, um den indischen Markt zu öffnen, und welche davon vermutlich nicht im Betrieb vorhanden sind (ein fiktiver Soll-Ist-Vergleich, jedoch mit einem Konzept für eine Ist-Analyse). Konzipieren Sie Maßnahmen inner- und außerbetrieblicher Fortbildung, um die erforderlichen Kompetenzen aufzubauen, und formulieren Sie Maßnahmen im Anschluss (Arbeitsplätze, Bildungscontrolling).
2. Eine Weiterbildungseinrichtung will Maßnahmen außerbetrieblicher Fortbildung anbieten. Der Anbieter verhandelt mit einem konkreten Betrieb über solche Maßnahmen unter Zugrundelegung entsprechender Ergebnisse der Bildungsbedarfsanalyse des Betriebs. Auf welcher Ebene liegen die Vereinbarungen zwischen Betrieb und Anbieter, welche Operationalisierungen muss nun der Anbieter leisten, um eine Maßnahme zu realisieren?
3. Eine deutsche Lehrkraft (Unterrichtsfächer Englisch und Latein) will sich innerhalb der Europäischen Union einen neuen Arbeitsplatz suchen, ihr Wunschland ist Italien. Was muss sie tun, um die nötigen Anforderungen kennenzulernen, und wie kann sie sich über entsprechende Fortbildungen darauf vorbereiten?

9 Literatur

Balzer, Lars (2012): Der Wirkungsbegriff in der Evaluation – eine besondere Herausforderung. In: Niedermair, Gerhard (Hrsg.): Evaluation als Herausforderung der Berufsbildung und Personalentwicklung. Linz: Trauner, S. 125–141.

Balzer, Lars/Beywl, Wolfgang (2014): Evaluation in der Weiterbildung. Studienbrief an der Technischen Universität Kaiserslautern.

Bund-Länder-Kommission für Bildungsplanung (BLK) (Hrsg.) (1974): Bildungsgesamtplan. Band 1. Stuttgart: Klett.

Brose, Nicole (2014): Betriebliche Weiterbildung. In: Deutsches Institut für Erwachsenenbildung (DIE) (Hrsg.): Trends der Weiterbildung 2014. DIE-Trendanalyse 2014. Bielefeld: Bertelsmann, S. 153–166.

Deutsche Gesellschaft für Evaluation (DeGEval) (Hrsg.) (2002): Standards für Evaluation. Köln: Zimmermann-Medien.

Deutsches Institut für Erwachsenenbildung (DIE) (Hrsg.) (2014): Trends der Weiterbildung 2014. DIE-Trendanalyse 2014. Bielefeld: Bertelsmann.

Europäische Kommission (1995): Lehren und Lernen. Auf dem Weg zur kognitiven Gesellschaft. Weißbuch zur allgemeinen und beruflichen Bildung. Luxemburg: Amt für amtliche Veröffentlichung der Europäischen Gemeinschaft.

Forschungsinstitut Berufliche Bildung (f-bb) (2014): Berufliche Weiterbildung in Deutschland. Studienbrief an der Technischen Universität Kaiserslautern.

Geißler, Karlheinz A. (2005): Schlußsituationen. Die Suche nach dem guten Ende. Weinheim/Basel: Beltz.

Hartz, Stefanie/Meisel, Klaus (2004): Qualitätsmanagement. Bielefeld: Bertelsmann.

Hartz, Stefanie (2011): Qualität in Organisationen der Weiterbildung. Eine Studie zur Wirkung und Akzeptanz von LQW. Wiesbaden: VS.

Heinrich, Martin/Greiner, Ulrike (Hrsg.) (2006): Schauen, was 'rauskommt. Kompetenzförderung, Evaluation und Systemsteuerung im Bildungswesen. Wien: Lit.

Huntemann, Hella/Ambos, Ingrid (2014): Angebots- und Themenstrukturen in der Weiterbildung. In: Deutsches Institut für Erwachsenenbildung (DIE) (Hrsg.): Trends der Weiterbildung 2014. DIE-Trendanalyse 2014. Bielefeld: Bertelsmann, S. 81–102.

Kirkpatrick, Donald L./Kirkpatrick, James D. (2006): Evaluating Training Programs. The Four Levels. Third Edition. San Francisco: Berrett-Koehler.

Krekel, Elisabeth M./Gnahs, Dieter (2000): Bildungscontrolling in Deutschland: Ansätze, Stellenwert und Perspektiven. In: Bötel, Christina/Krekel, Elisabeth M. (Hrsg.), Bedarfsanalyse, Nutzenbewertung und Benchmarking. Zentrale Elemente des Bildungscontrollings. Bielefeld: Bertelsmann, S. 11–20.

Nuissl, Eckhard (2013): Evaluation in der Weiterbildung. Bielefeld: Bertelsmann.

Reichart, Elisabeth (2014): Weiterbildungsbeteiligung und Teilnahmestrukturen. In: Deutsches Institut für Erwachsenenbildung (DIE) (Hrsg.): Trends der Weiterbildung 2014. DIE-Trendanalyse 2014. Bielefeld: Bertelsmann, S. 103–134.

Reischmann, Jost (2006): Weiterbildungs-Evaluation – Lernerfolge messbar machen. 2. Auflage. Augsburg: ZIEL.

Sanders, James R. (Hrsg.) (2006): Handbuch der Evaluationsstandards. Die Standards des „Joint Committee on Standards for Educational Evaluation". Übersetzt und für die deutsche Ausgabe erweitert von Wolfgang Beywl und Thomas Widmer. 3. Auflage. Wiesbaden: VS.

Scriven, Michael (2013): Key evaluation checklist (KEC): URL: http://www.michaelscriven.info/images/KEC_3.22.2013.pdf (Stand: 15.08.2015).

Statistisches Bundesamt (2013): Berufliche Weiterbildung in Unternehmen. Vierte europäische Erhebung über die berufliche Weiterbildung in Unternehmen (CVTS4). URL: https://www.destatis.de/DE/Publikationen/Thematisch/BildungForschungKultur/Weiterbildung/WeiterbildungUnternehmen5215201109004.pdf?__blob=publicationFile (Stand: 15.08.2015).

Stockmann, Reinhard (Hrsg.) (2007): Handbuch zur Evaluation. Eine praktische Handlungsanleitung. Münster: Waxmann.

Stockmann, Reinhard/Meyer, Wolfgang (2010): Evaluation. Eine Einführung. Opladen: Barbara Budrich.

Widmer, Thomas/Beywl, Wolfgang/Fabian, Carlo (Hrsg.) (2009): Evaluation. Ein systematisches Handbuch. Wiesbaden: VS.

Wottawa, Heinrich/Thierau, Heike (1990): Lehrbuch Evaluation. Bern u. a.: Huber.

Wittwer, Wolfgang (2010): Betriebliche Bildung. In: Arnold, Rolf/Nolda, Sigrid/Nuissl, Ekkehard (Hrsg.): Wörterbuch Erwachsenenbildung. Bad Heilbrunn: Klinkhardt, S. 39.

Zalenska, Lesya (2009): Bildungsbedarfsanalyse in Unternehmen. Köln: Lohmar.

Zeuner, Christine/Faulstich, Peter (2009): Erwachsenenbildung – Resultate der Forschung. Entwicklung, Situation und Perspektiven. Weinheim: Beltz.

Carl Deichmann
Evaluation politischer Bildung

1 Gesellschaftliche Relevanz und Spezifik der politischen Bildung

Bei Überlegungen zur Evaluation der politischen Bildung ist davon auszugehen, dass schulische und außerschulische politische Bildung als Elemente des komplexen politischen Kommunikationsprozesses anzusehen sind (siehe Abbildung 1). Die Bestandteile des gesamtgesellschaftlichen Kommunikationsprozesses sind zudem Einflussfaktoren auf die schulische und außerschulische politische Bildung. Lehrkräften, Dozent(inn)en fällt die Aufgabe der Moderation zwischen der Alltagswelt der jungen Bürger/-innen und der Politik zu. Sie sollten in politischen Lernprozessen die verschiedenen Einflussfaktoren mit Blick auf das Ziel der politischen Bildung berücksichtigen, das in der Fähigkeit zur aktiven Wahrnehmung der Bürgerrolle durch die Entwicklung eines demokratischen politischen Bewusstseins besteht (vgl. Deichmann 2004a, 22 ff.). Wichtige Einflussfaktoren sind die politischen und kulturellen Eliten, die Medien, das Internet (soziale Netzwerke) und die Peergroups in der Alltagswelt der Lernenden. Durch die Gestaltung der Politik sowie durch die vielfältigen Interpretationen der politischen Realität aller politischen Interaktionspartner wird das politische Bewusstsein der Lernenden geprägt und die politische Identität des Individuums entwickelt (siehe Abbildung 2).

Die intendierte schulische und außerschulische politische Bildung als Teil des gesamtgesellschaftlich-politischen Kommunikationsprozesses zeichnet sich jedoch im Vergleich zu den anderen Kommunikationsprozessen dadurch aus, dass sie mithilfe der politikdidaktischen Professionalität (politikdidaktisches Wissen; siehe Abbildung 1) den Teilnehmenden analytische und methodische Fähigkeiten und Fertigkeiten sowie eine Urteilskompetenz (vgl. Detjen 2013, 49 ff.) zu vermitteln sucht. Diese Kompetenzen sollen die politisch Lernenden dazu befähigen, ihre Bürgerrolle besser wahrnehmen zu können. Die gesellschaftliche Relevanz der politischen Bildung im gesamtgesellschaftlichen Kommunikationsprozess besteht damit in ihrem fundamentalen Einfluss auf die Generierung und Stabilisierung der demokratischen politischen Kultur.

Will die Evaluation politischer Bildung dem skizzierten komplexen politischen Kommunikations- und Lernprozess gerecht werden, ist sie auf die beiden Forschungskonzepte der politischen Kulturforschung bezogen, aus denen sie jeweils eigene Untersuchungsstrategien und Vorschläge für die Praxis entwickelt.

Im *ersten Forschungskonzept* wird im klassischen Sinne der Political-Culture-Forschung unter der politischen Kultur das Verteilungsmuster der Orientierungen verstanden, das die Mitglieder einer Gesellschaft gegenüber ihrem politischen System,

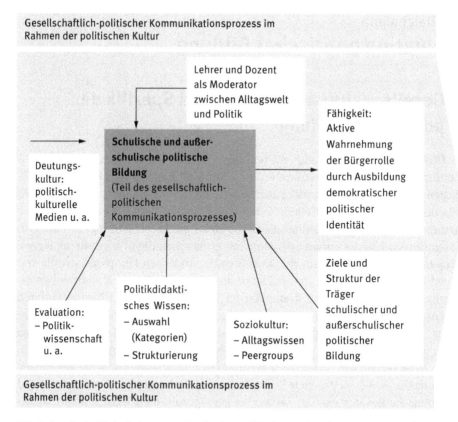

Abb. 1: Gesellschaftliche Relevanz und Evaluation politischer Bildung (eigene Darstellung).

seinen Teilbereichen, seiner Politik und ihrer eigenen Rolle in diesem System haben. Damit erfasst dieser Begriff nicht nur das, was in der Politik geschieht, sondern das, was die Mitglieder der Gesellschaft darüber denken: Überzeugungen darüber, was vor sich geht, und Ansichten über Werte und Ziele, die in der Politik verfolgt werden sollen (vgl. Almond/Verba 1963, 16 f.; Greiffenhagen/Greiffenhagen 1997, 167 ff.). Die gesellschaftliche Relevanz und Funktion der politischen Bildung wird in diesem Zusammenhang wiederum sehr deutlich: Sie leistet ihren Beitrag zur Ausbildung der Muster von politischen Orientierungen. Diese finden ihren Niederschlag in den regelmäßig durchgeführten Befragungen zur Beliebtheit der Politiker und zur Einstellung zu verschiedenen Politikbereichen oder etwa in den regelmäßig durchgeführten Shell Jugendstudien (vgl. Shell Deutschland Holding 2010). Die Ergebnisse dieser quantitativen empirischen Studien haben zudem Bedeutung für die Ausgestaltung der Evaluation der politischen Lernprozesse.

Das *zweite Forschungskonzept* geht von der Prämisse aus, dass der klassische Political-Culture-Ansatz zu kurz greift, wenn man die Faktoren für die politische Identitätsbildung und für die Herausbildung der politischen Deutungsmuster erfassen möchte. Deshalb ist diese Konzeption einer „interpretativen" politischen Kulturforschung mit dem wissenssoziologischen Erklärungsansatz verbunden (vgl. Rohe 1994, 162 ff.; Berger/Luckmann 1966; Löffler 2003, 127 ff.). Der auf die Forschungskonzeption der Politikdidaktik ausgerichtete Ansatz erlaubt es, durch die Differenzierung zwischen der Deutungs- und der Soziokultur den Zusammenhang zwischen der kollektiven Ebene (den Deutungen durch die politische und kulturelle Elite) und der individuellen Bewusstseinsbildung (in der Alltagswelt, der Soziokultur) zu bestimmen. Das Konzept bindet damit die politikdidaktische Diskussion über das Verhältnis zwischen Mikro- und Makrowelt in das politikdidaktische Konzept der politischen Kultur ein (vgl. Gagel 2005, 102 ff.; Deichmann 2004a) und schafft damit die Voraussetzung für die Evaluation politischer Lernprozesse. Mit dem Konzept der interpretativen Kulturforschung und dem in ihm enthaltenen Fokus auf die Unterscheidung zwischen Soziokultur und Deutungskultur erschließt sich der Prozess der Identitätsbildung der politisch Lernenden für die Evaluation.

Als konstitutive Elemente des politischen Bewusstseins können *Deutungsmuster* (vgl. Oevermann 2001, 3 ff.; Flick 2002, 300 ff.) diagnostiziert werden. Politische Deutungsmuster sind subjektive Orientierungen, die auch als Hintergrundwissen zu bezeichnen sind, welche sich durch eine für das Individuum schlüssige, logische Struktur auszeichnen. Sie besitzen allerdings auch einen intersubjektiven Charakter, weil sie von vielen Menschen, welche in ähnlichen Situationen ähnliche Erfahrungen gemacht haben, geteilt werden. Es sind nicht isolierte Meinungen oder Einstellungen zu konkreten politischen Gegenständen, sondern „in sich nach allgemeinen Konsistenzregeln strukturierte Argumentationszusammenhänge" (Oevermann 2001, 5).

Auf der Folie der Deutungsmuster interpretieren die Individuen die soziale und politische Realität, in die sie eingebunden sind. Jugendliche entwickeln im Prozess politischer Identitätsbildung politisches Bewustsein und Verhaltensdispositionen (siehe Abbildung 2), die in unterschiedlicher Weise in konkretes, von „außen" zu

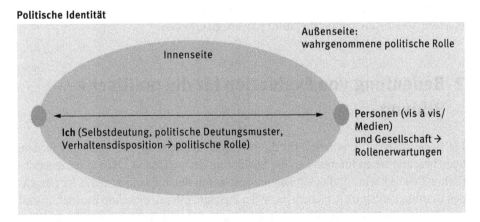

Abb. 2: Prozess politischer Identitätsbildung (eigene Darstellung).

beobachtendes politisches Handeln einmünden. Die Evaluation politischer Bildung wird deshalb ihr Erkenntnisinteresse auf die Außen- und die Innenseite der politischen Identität richten müssen.

Die *Außenseite* besteht aus dem konkreten, beobachtbaren sozialen und politischen Engagement, aber auch aus dem sprachlichen Handeln (vgl. Deichmann 2015, 74 ff.). Beides kann in empirischen Untersuchungen erfasst werden, welche die Kenntnisse und artikulierten Einstellungen dokumentieren. Die Innenseite der politischen Identität, die diesen Handlungen bzw. den geäußerten Meinungen zugrunde liegenden Deutungsmuster, können nur mithilfe qualitativer Methoden evaluiert werden, zum Beispiel durch die Analyse von Unterrichtsprotokollen im Rahmen der Unterrichtsforschung.

Dabei ist von dem politischen Bewusstseinsbildungsprozess im Rahmen der Identitätsbildung als einem Interaktionsprozess auszugehen (vgl. Berger/Luckmann 2007, 20 ff.; Mead 1973, 195 ff.), der sich formal aus vier Elementen zusammensetzt (vgl. Deichmann 2015, 83 ff.):

1. die Übernahme der Rolle anderer Personen, die das Individuum typisiert,
2. die Ausrichtung des eigenen Denkens und Handelns an der tatsächlichen oder vermuteten Reaktion anderer Personen, die dem Individuum als typisch für „den Anderen" erscheint (Reziprozität),
3. die Bedeutung der Gemeinschaft für die eigene Bewusstseinsbildung und schließlich
4. die Übertragung der wechselseitigen Perspektive auf gesamtgesellschaftliche Interaktionen.

An diesen Überlegungen muss die politische Bildung ansetzen und diese beiden Seiten näher beleuchten, will sie die Kompetenzen der politisch Lernenden angemessen fördern und anschließend evaluieren. In diesem Zusammenhang ist sodann auch die Interdependenz (Übereinstimmung und Unterschiede) zwischen den bei den Lernenden entdeckten politischen Deutungsmustern und den gesellschaftlichen Deutungsmustern, welche die politische Kultur prägen, zu erfassen.

2 Bedeutung von Evaluation für die politische Bildung

Die Bedeutung der Evaluation für die politische Bildung besteht einerseits in dem oben beschriebenen Interesse an der Evaluation des politischen Handelns, des politischen Bewusstseins und des Zusammenhangs mit den die politische Kultur prägenden Deutungsmustern. Andererseits ist der Zusammenhang zwischen Evaluation und dem Selbstverständnis der politischen Bildung als Schulfach klärungsbedürftig. Denn wenn die Leistungsfeststellung und die Evaluation zur Bewertung der im Unterricht erreichten Kompetenzen gehören, dann ist festzustellen: Es besteht eine Diskrepanz zwischen dem Leitziel der schulischen politischen Bildung – einem schülerorientierten, die aktive Wahrnehmung der Bürgerrolle fördernden Politikunterricht – und der Leistungsbeurteilung in der Schule (vgl. Deichmann 2009a, 9 ff.; Rothe 1981, 172 ff.; Goll 2010, 161 ff.).

Oft wird die Leistungsbeurteilung durch die Lehrkraft als „undemokratisches" Relikt eines allein auf die Kenntnisvermittlung ausgerichteten Unterrichts angesehen und leider auch manchmal erfahren. Deshalb hat die Kritik an der Leistungsbeurteilung und Leistungsfeststellung und die Forderung nach einer Beteiligung der politische Lernenden an der Evaluation im Sinne des Zieles der Fähigkeit zur aktiven Wahrnehmung der Bürgerrolle eine lange Tradition in der politikdidaktischen Diskussion, die im Rückblick als „didaktische Wende" von der Stofforientierung zur Lernzielorientierung erscheint (vgl. Gagel 1995, 132 ff.). Schon Anfang der 1970er-Jahre forderte Kurt Gerhard Fischer (1973, 98 f.), politische Bildung müsse den *Kenntniserwerb* der Schüler fördern, allerdings gleichzeitig zu politischen *Erkenntnissen und Einsichten* führen: „nicht die gedächtnismäßige Reproduktionsfähigkeit bezeugt eine geistige Leistung, sondern die Beherrschung der Qualifikationen. Hier ist jedoch nicht gemeint, dass Zeugnisnoten erteilt werden sollen; sie sind für den Bereich der politischen Bildung ipso facto anachronistisch; es sollte ein Repertoire von Gesichtspunkten der Selbsterfahrung und -einschätzung durch Schüler entwickelt werden" (Fischer 1973, 116). Gleiches gilt für die außerschulische politische Bildung (vgl. Hafeneger/Hufer 2005).

3 Kriterien und Indikatoren für die Evaluation der politischen Bildung

3.1 Leistungsmessung und Evaluation im situativen Kontext

Leistungsmessung und Evaluation sind in ihrer Bedeutung für die politische Bildung exakter zu untersuchen, wenn nach den Objekten der Bewertung, den bewertenden Subjekten und Institutionen, den Erkenntnisinteressen sowie nach den Methoden der Bewertung unterschieden wird. Dabei zeichnet sich die *Leistungsmessung* durch ihren *situativen Charakter* aus (siehe Tabelle 1). Sie ist mit dem situativen Charakter des politischen Lernprozesses verbunden. Die für konkrete soziale Situationen typischen Strukturen (Berger/Luckmann 2007, 36 ff.; Mead 1973, 45 ff.) bestehen bei der Leistungsbewertung und -beurteilung im Unterricht, bei Prüfungen in der Schule, aber auch bei der Bewertung politischer Lernprozesse in vergleichbaren Situationen anderer Bildungseinrichtungen. Deshalb sollten sich Lehrende und Lernende über die folgenden *Aspekte ihrer Interaktionssituation* bewusst sein:

Einige Interaktionspartner haben sich zusammengefunden, um ein gemeinsames Ziel zu verfolgen. Sie haben je unterschiedliche Erwartungen bezüglich der Zielverwirklichung und des Ablaufs des Interaktions- und Kommunikationsprozesses. Schüler und Seminarteilnehmer sind zwar bestrebt, etwas zu lernen, und Lehrer sowie Dozenten wollen sie zu entsprechenden Lernerfolgen führen. Doch über die konkreten Ziele und Inhalte, über die Intensität des Lernprozesses und über die Kontrolle des Lernerfolges gibt es bei Lehrenden und Lernenden oft unterschiedliche Auffassungen.

Die Lernsituation und die Prüfungssituation sind einerseits vorstrukturiert durch *objektive* Elemente. Hierzu gehören die behandelten Gegenstände und die Lernziele bzw. Kompetenzen, aber auch die in den entsprechenden Schulgesetzen und Schulordnungen vorgegebenen Bestimmungen für die Leistungsüberprüfung (Häufigkeit und Dauer; Gegenstände und Lernzielebenen; analytische, methodische und Beurteilungskompetenz etc.). Zu den objektiven Elementen gehören zudem die vorgegebenen Rollendefinitionen, welche auch, aber nicht ausschließlich von den entsprechenden juristischen, das heißt letztlich politischen Vorgaben abhängen. Die Schülerrolle ist dadurch wesentlich bestimmt, dass Schüler/-innen leistungs- und lernbereit sein sollen und sich Prüfungen unterziehen müssen. Die Wahrnehmung der Lehrerrolle ist mit der Erziehungsfunktion, aber auch der Selektionsfunktion der Schule verbunden. Diese Rollen lassen sich sehr unterschiedlich gestalten. So kann bei der Leistungsbeurteilung durch die Lehrkraft eher der Schwerpunkt auf der Selektion oder eher auf dem pädagogischen, dem fördernden und beratenden Aspekt liegen. Die *subjektive* Perspektive der Unterrichts- und der Prüfungssituation ist in der Struktur der Interaktion begründet. Diese zeichnet sich dadurch aus, dass sie nicht (nur) dem Prinzip der *actio – reactio* folgt.

Besonders in Prüfungssituationen ist die Interaktionsstruktur nach dem Prinzip der Reziprozität ausgerichtet. Prüflinge versetzen sich in die Rolle des Interaktionspartners und stellen sich die Frage, „was die Lehrkraft hören will". In dieser Situation geht es nicht nur um die Vorstellungen über die Sachaspekte, sondern auch über subjektive Faktoren wie Formulierungen, Gliederungen des Vortrages bis hin zu Mimik und Gestik.

Umgekehrt richtet sich das Verhalten des Prüfenden auch aus an seiner Meinung über die Erwartungshaltung des Prüflings ihm, dem Prüfenden, gegenüber. Vielleicht will er die seiner Meinung nach existierende Auffassung, er sei ein geschickter Prüfer, durch die Anordnung der Fragen, die Impulse etc. bestätigen, oder er wählt Themengebiete aus, von denen er meint, dass der Prüfling diese (nicht) beherrscht etc. Die genannten Aspekte sind nicht nur konstitutive Elemente der Unterrichtssituation, in der sich politische Lernprozesse und Prüfungen vollziehen. Es handelt sich zudem um Gesichtspunkte für die Evaluation von Situationen der Leistungsbewertung und Leistungsbeurteilung.

Grundsätzlich muss in diesem Zusammenhang unterschieden werden zwischen Situationen der politischen Bildung in Schulen und bei öffentlichen Trägern (zum Beispiel Volkshochschulen), in denen Prüfungssituationen entstehen können, und in Institutionen, die politische Lernprozesse organisieren, die stärker an die politischen und weltanschaulichen Interessen und damit die Wertorientierungen der Trä-

Tab. 1: Aspekte der Evaluation (eigene Darstellung).

Objekte der Bewertung	Bewertende Subjekte und Institutionen	Erkenntnisinteressen	Methoden der Bewertung
Schüler/-innen	Lehrkräfte	Eingebundenheit in Ziele der Schule, Lehrpläne und politikdidaktische Diskussion Bewertung des (eigenen) Unterrichtserfolgs	Epochalnoten auf der Basis von Beobachtung Mündliche und schriftliche Leistungsnachweise
Schüler/-innen Lehrkräfte Schule als Institution Lehrpläne	Schüler/-innen Lehrkräfte Eltern Gemeinsame Veranstaltungen mit Eltern und Lehrkräften (Konferenzen) Öffentlichkeit	Verbesserung des Lernerfolgs Bewertung des Unterrichtserfolgs und der Leistungen öffentlicher Schule Bewertung des politischen Verhaltens der Jugendlichen	Selbstevaluation von Schüler/-innen und Lehrkräften: Fragebögen, Unterrichtsprotokolle etc. Kollegiale Unterrichtsbeobachtungen Alltagsdiskussionen
Schüler/-innen Lehrkräfte Dozenten und Seminarteilnehmer der außerschulischen politischen Bildung	Wissenschaft	Ergebnisse des politischen Sozialisationsprozesses (der politischen Bildung) Politische Kommunikations- und Interaktionsprozesse Einstellungen zum politischen System, zu politischen Prozessen, politisches Handeln, politische Sprache	Fremdevaluation mit Methoden empirisch-quantitativer Sozialforschung: Außenseite der politischen Identität Qualitative empirische Unterrichtsforschung: Innenseite der politischen Identität
Schüler/-innen Lehrkräfte	(Kultus-)Bürokratie Vertreter des Kultusministeriums (im Rahmen der Referendarausbildung)	bei Examenslehrproben und Prüfungen: fachdidaktische, methodische Aspekte, starker Lehrplanbezug Durchführung einer „guten Stunde", die nach Lernzielen und Kompetenzen ausgerichtet ist	Unterrichtsbeobachtung: stark bezogen auf Wahrnehmung der Lehrerrolle, Motivation und Umgang mit den Schüler/-innen und ausgerichtet an formalen Kriterien (z. B. Methoden, Medieneinsatz)
Prüfungen und Prüfungsaufgaben Lehrpläne	Fachdidaktische Kommissionen Fachberater und Fachschulräte	Verbindung von schulpolitisch-pädagogischen Aspekten (Schulentwicklung, Kompetenzen) und allgemeinen fachdidaktischen Aspekten mit Möglichkeiten der Unterrichtspraxis	Subjektive Erfahrungen der Mitglieder Manchmal Befragungen und Erfahrungen aus Diskussionen mit Lehrkräften, etwa im Rahmen von Fortbildungen
Programme und Veranstaltungen der außerschulischen politischen Bildung	(Programm-)Beiräte bei Institutionen außerschulischer politischer Bildung	Übereinstimmung der Ziele der Institutionen mit Programmen und Methoden der Veranstaltungen	Beobachtung und Diskussionen

ger gebunden sind. Hierzu gehören die freien Träger (Parteien, Kirchen, Gewerkschaften und Wirtschaftsverbände) sowie die alternativen Träger, welche die im Zuge der Friedens-, Frauen- und Alternativbewegung der 1970er-Jahre entstandenen Bildungshäuser, Bildungswerkstätten sowie Bildungsläden unterhalten (vgl. Hufer 2014; Hafeneger 2014).

In Abgrenzung zu den Begriffen der Leistungsmessung, Leistungsbewertung oder Leistungsbeurteilung ist es deshalb sinnvoll, solche Situationen mit dem *Begriff der Evaluation* zu erfassen, in denen die Bedingungen, der Verlauf und die Ergebnisse des politischen Lernprozesses, aber auch Prüfungssituationen nach intersubjektiv überprüfbaren Kriterien bewertet werden.

3.2 Orientierung an Lernzielebenen

Leistungsbewertung und Evaluation sollten sich an den Lernzielebenen orientieren, wie sie in den „Einheitlichen Prüfungsanforderungen in der Abiturprüfung Sozialkunde/Politik" (Sekretariat Kultusministerkonferenz 1992, 13 ff.) enthalten sind. Eine Orientierung hieran empfiehlt sich auch deshalb, weil die Prüfungsanforderungen mit der in der politischen Bildung bewährten Ausdifferenzierung der Lernzielebenen nach *Kenntnissen, Erkenntnissen* und *Einsichten* (vgl. Fischer 1973, 102 ff.) sowie mit der Kompetenzdiskussion in der Politikdidaktik (vgl. Autorengruppe Fachdidaktik 2011; Detjen u. a. 2012) korrespondieren. Nicht zuletzt werden damit die politischen Deutungsmuster als Ziele angestrebt und somit umgekehrt evaluierbar.

Der *Anforderungsbereich I* umfasst die Wiedergabe von Sachverhalten aus einem abgegrenzten Gebiet im gelernten Zusammenhang, die Beschreibung und Darstellung geübter Arbeitstechniken in einem eingeschränkten Gebiet und einem wiederholenden Zusammenhang. *Anforderungsbereich II* bezieht sich auf selbständiges Erklären, Bearbeiten und Ordnen der Sachverhalte sowie selbstständiges Anwenden und Übertragen des Gelernten auf vergleichbare Sachverhalte. *Anforderungsbereich III* verlangt planmäßiges Verarbeiten komplexer Gegebenheiten mit dem Ziel, zu selbstständigen Begründungen, Folgerungen und Wertungen zu gelangen (vgl. Sekretariat Kultusministerkonferenz 1992, 14). Wenn diese Anforderungsbereiche den Teilnehmer/-innen an politischen Lernprozessen bekannt sind und als Orientierungsmuster im Unterrichts- und Seminargespräch, bei der Aufgabenstellung für individuelle Arbeiten oder Gruppenarbeiten präsent sind, wird eine wichtige Voraussetzung für die Transparenz der Leistungsüberprüfung geschaffen.

3.3 Kompetenzorientierung

Gleiches gilt, wenn sich der Unterricht und die Bewertungen zusätzlich zu den Lernzielebenen an einem Kompetenzmodell, das zwischen Sach-, Selbst-, Sozial-, und Methodenkompetenz unterscheidet, und an Bildungsstandards orientieren (vgl. Abs 2005, 9 ff.; Deichmann 2004b; Griese 2011, 186 f.). Die Fähigkeit zur aktiven Wahrnehmung der Bürgerrolle als übergeordnetes Ziel der politischen Bildung (vgl. Deichmann 2004a, 22 ff.) erfährt durch ein Modell des Kompetenzerwerbs eine breite Unterstützung und wird dadurch für Bewertungen im Unterricht operationalisierbar.

Die Entfaltung *der Selbstkompetenz* im Sinne eines reflektierenden, handlungsfähigen politischen Aktivbürgers setzt das Zusammenspiel und die Ausformung aller Kompetenzbereiche voraus, weil die Selbstkompetenz darin besteht, den eigenen Entwicklungsstand beurteilen zu können und daraus Konsequenzen für die subjektive Lernstrategie zu ziehen (vgl. Deichmann 2004b, 61 ff.) („In welchen Wissensbereichen muss ich weiterarbeiten?" „Welche Arbeitsmethoden beherrsche ich noch nicht?" etc.).

Über *Sachkompetenz* verfügen die jungen Bürger dann, wenn sie die notwendigen Kenntnisse, Erkenntnisse und Einsichten über die mehrdimensionale Struktur des Politischen besitzen und elementare Grundkenntnisse zum politischen System und seinen Teilbereichen sowie zu den internationalen Beziehungen erworben haben.

Unmittelbar mit der Sachkompetenz verbunden, ohne *Methodenkompetenz* jedoch nicht zu realisieren, ist die analytische Fähigkeit, sich selbstständig mithilfe von fachdidaktischen Kategorien (vgl. Deichmann 2004a, 12 ff.) politische Probleme und Konflikte strukturiert zu erschließen und die Entscheidung zu treffen, welche Informationen nötig sind, um ein begründetes Urteil bilden zu können. Da Politik sowohl eine subjektive Dimension als auch (neben der Wertedimension) eine schwer zu durchschauende Dimension der Interaktionen und Institutionen besitzt, besteht ein zentrales Ziel darin, Methoden- und *Sozialkompetenz* dadurch zu erwerben, dass die politisch Lernenden politische Prozesse in Form von Plan- und Rollenspielen simulieren und anschließend analysieren können. Damit wird neben der Einsicht in die Struktur politischer Prozesse auch die politische Handlungskompetenz der jungen Bürger ausgestaltet.

Die jeweilige Gewichtung der Kompetenzbereiche bei der Bewertung (etwa der prozentuale Anteil der Sach- und Methodenkompetenz bei einer schriftlichen Leistungsüberprüfung) hängt von den konkreten Lernzielen in der Unterrichtsreihe/ Seminarkonzeptionen ab: Stand der Erwerb spezifischer Methodenkenntnisse, zum Beispiel die Fähigkeit zur Auswertung von Statistiken, im Mittelpunkt des Lernprozesses, sollte die Überprüfung dieses Kompetenzbereiches im Vergleich zu Leistungsüberprüfungen, in denen die Analyse eines politischen Problems und die damit geforderte Sachkompetenz überprüft wird, einen viel höheren prozentualen Anteil einnehmen. Die konkrete Gewichtung gehört zum Ermessensspielraum des Pädagogen. Allerdings sollten die Beurteilungsmaßstäbe und die Gewichtung den Lernenden vor der Leistungsüberprüfung bekannt sein. Auch muss die Leistungsüberprüfung alle Lernzielebenen umfassen.

4 Verfahren, Methoden und Instrumente der Evaluation in der politischen Bildung

4.1 Selbstevaluation der Lernenden

Nicht zuletzt unter Gesichtspunkten der politischen Kultur besteht die Notwendigkeit, eine Evaluationskultur in den Bildungsinstitutionen aufzubauen. Diese sind als ein zentrales Element einer demokratischen Kultur zu sehen. Selbstevaluation der an den politischen Lernprozessen Beteiligten im Rahmen einer internen Evaluation (vgl. Moser 1999, 207; Hafeneger/Hufer 2005, 161 f.) bedeutet, den Versuch zu unternehmen, von der subjektiven Betroffenheit und Eingebundenheit in den Interaktionsprozess möglichst stark zu abstrahieren und den Prozess als solchen – einschließlich der Bedeutung der eigenen Rolle – zum Gegenstand der Analyse zu machen. Auch wenn es sich hierbei um eine pragmatische Evaluation, um eine direkte Bezugnahme auf die Bedürfnisse und die Problemstellungen der Praxis handelt (vgl. Moser 1999, 207), so sollen durchaus Methoden angewendet werden, die sich an denen der qualitativen empirischen Sozialforschung orientieren und dadurch intersubjektiv überprüfbar sind.

Die Selbstevaluation der Schüler/-innen und Seminarteilnehmer/-innen hat eine doppelte Funktion in der politischen Bildung. Einerseits liefert sie Erkenntnisse über den Unterricht/das Seminar, welche, zusammen mit den Erkenntnissen von Lehrkräften und verbunden mit Daten der Fremdevaluation, zu konkreten Verbesserungen im jeweiligen Unterricht für die entsprechende Lerngruppe führen können. Die Erkenntnisse sind auf die Organisation der Lernprozesse in anderen Lerngruppen übertragbar. Andererseits trägt die Selbstevaluation der politisch Lernenden dazu bei, das allgemeine Lernziel der aktiven Wahrnehmung der Bürgerrolle zu realisieren, indem zusätzliche Partizipationsmöglichkeiten eröffnet werden.

Im Rahmen einer solchen Selbstevaluation untersuchen die politisch Lernenden mithilfe eines Fragebogens das politische Interesse und die politische Aktivität der eigenen Lerngruppe bzw. Interesse und Aktivität ihrer Mitschüler/Seminarteilnehmer, die Akzeptanz der politischen Bildung, die Methodenhäufigkeit und Methodenbewertung, die Unterrichtswirklichkeit und die Kritik an ihr und fordern Änderungen der Unterrichtsverhältnisse und der Unterrichtsmethoden. Unter den genannten pädagogischen Gesichtspunkten ist es empfehlenswert, die Fragen auf konkrete Unterrichtseinheiten und deren Phasen zu beziehen. Denn nur bei solchen Konkretisierungen können beispielsweise die Fragen nach dem eigenen Beitrag in der Gruppenarbeit, in der Darstellung der Arbeitsergebnisse im Plenum und in der Abschlussdiskussion beantwortet werden. Selbstevaluation korrespondiert in diesem pädagogischen Sinne mit dem Ziel des methodischen Lernens. Erst vor diesem selbstkritischen, die eigene Rolle und deren Ausgestaltung im Unterrichtsprozess gewichtenden Hintergrund lässt sich auch von Schüler/-innen und Seminarteilnehmer/-innen sachbezogen die Lehrer-

und Dozentenrolle beurteilen, woraus Verbesserungsvorschläge für die weitere Unterrichtsgestaltung resultieren können:
- Wo hätte die Lehrkraft Informationen geben sollen?
- Hätten die Schüler/-innen und Seminarteilnehmer/-innen mit Kurzreferaten oder eigenen Beiträgen den Lehrervortrag ersetzen können?
- Hätten etwa handlungsorientierte Methoden oder die Textlektüre verstärkt werden müssen?
- Wie kann die Lehrkraft dazu beitragen, die Zusammenarbeit in den verschiedenen Arbeitsgruppen zu fördern?

4.2 Selbstevaluation der Lehrkräfte

Diese Variante der Selbstevaluation gehört zur pädagogischen Arbeitskultur und setzt bei der einzelnen Lehrkraft an, da der Unterricht einen eigenständigen Rückkopplungs- und Reflexionsprozess erfordert. Die im Rahmen des Lehramtsstudiums (Schulpraktika) und im Referendariat erworbene Fähigkeit, den – mit möglichst großer Selbstbeteiligung der Schüler/-innen – geplanten Unterricht im Lichte des erarbeiteten kognitiven und methodischen Zielhorizontes hinsichtlich seines Erfolges zu reflektieren, sollte an Schulen im Sinne dieser Arbeitskultur auch unter den Gesichtspunkten der Schulentwicklung weiterentwickelt werden. Trotzdem bleibt die Verbesserung des Unterrichts im Mittelpunkt des Interesses. Neben den Methoden der individuellen Unterrichtsbeobachtung, zum Beispiel in Form von Unterrichtstagebüchern über den Verlauf des selbst gehaltenen Unterrichts, und der Reflexion über Verbesserungen sollten verstärkt Methoden der gegenseitigen, kollegialen Unterrichtsbeobachtung und gemeinsamen Analyse (vgl. Schratz 2001, 113 ff.) verwendet werden.

Soll dies zur Qualitätsentwicklung des politischen Lernprozesses beitragen, dann müssen die entsprechenden Projekte auf Freiwilligkeit beruhen, nicht für die dienstlichen Beurteilungen dienen und intensiv vor- und nachbereitet werden. Sinnvoll ist dabei die Konzentration auf eine Fragestellung, beispielsweise auf die Verbesserung der Unterrichtsmethode mit dem Ziel der Förderung der Selbsttätigkeit der Teilnehmer/-innen an Veranstaltungen der schulischen und außerschulischen politischen Bildung. Die gemeinsame Vorbereitung der kollegialen Unterrichtsbeobachtung besteht in der Festlegung von Indikatoren für die Beobachtung (vgl. Schratz 2001, 119). Bei der Beobachtung sollte ein Protokoll angefertigt werden, das als Grundlage für die gemeinsame Besprechung und Weiterarbeit (weitere Beobachtung, Konsequenzen für den Unterricht etc.) dient. Die optimale Methode besteht in Video-Aufzeichnungen, die sodann gemeinsam analysiert werden.

4.3 Wissenschaftliche Evaluation

Die wissenschaftliche Evaluation ist eine *Fremdevaluation* durch Personen, die nicht in die Interaktionsprozesse integriert sind. Bei ihr sind sowohl die Standards der quantitativen als auch diejenigen der qualitativen sozialwissenschaftlichen Forschung zu berücksichtigen. Die wissenschaftliche Evaluation bezieht sich damit einerseits auf die Ergebnisse der politischen Bildung und des politischen Sozialisationsprozesses, andererseits werden die Kommunikations- und Interaktionsprozesse der politischen Bildung mit qualitativen Methoden untersucht.

Die in *quantitativen Untersuchungen* oft festgestellte Distanz der Jugendlichen zur repräsentativen Parteiendemokratie (vgl. Shell Deutschland 2010) bei gleichzeitiger starker Identifizierung mit den Grundwerten der Demokratie – soziale Gerechtigkeit, Menschenrechte etc. – darf zwar nicht mit den in der jeweiligen Lerngruppe vorhandenen Orientierungen gleichgesetzt werden. Die Ergebnisse solcher Studien benennen aber wichtige Beobachtungsgesichtspunkte für die Analyse der Lernprozesse. So regen diese Befragungen dazu an, die Voreinstellungen von Schüler(inne)n und Seminarteilnehmer(inne)n zur Wertedimension (Freiheit, Gleichheit, Gerechtigkeit, Rechtsstaatlichkeit), zu den einzelnen politischen Institutionen sowie zur politischen Ordnung, aber auch zu grundsätzlichen Fragen der internationalen Beziehungen und konkreten Konfliktlösungen zu testen, um daraus gemeinsam Konsequenzen für die Zielbestimmung und Struktur der schulischen und außerschulischen politischen Bildung zu ziehen.

In der Unterrichtsforschung werden ebenfalls quantitative Methoden angewendet. Die auf breiten Stichproben beruhenden und zu verallgemeinerungsfähigen Aussagen berechtigenden Untersuchungen beziehen sich zum Beispiel auf die Verwendung von Materialien im Politikunterricht oder auf die (geringe) Wirkung der fachdidaktischen Theorien auf die Gestaltung des Politikunterrichts (vgl. Deichmann 2004, 235 ff.). Die Ergebnisse sind dann unmittelbar für Konzeptionen der Aus- und Weiterbildung von Politiklehrkräften bedeutsam, wenn die festgestellten Defizite, zum Beispiel die mangelnde Berücksichtigung des kategorialen Wissens oder der Lernzielebenen, in die Planung der politischen Lernprozesse eingebunden werden.

Die *qualitative Unterrichtsforschung* erlebt seit Mitte der 1990er-Jahre in der Politikdidaktik einen Aufschwung (vgl. Schelle 1999, 249 ff.), weil sie unmittelbar das Verhalten aller am Unterrichtsprozess beteiligten Interaktionspartner beobachtet – etwa durch Wortprotokolle, Videoaufzeichnungen, regelmäßige Hospitationen in Form teilnehmender Beobachtungen oder die Analyse von Gruppengesprächen (vgl. Flick 2002, 67 ff.) – und dieses Verhalten im Horizont politikdidaktischer Theorien analysiert und interpretiert. So wird einerseits der wissenschaftliche Anspruch einer Fremdevaluation eingelöst, andererseits besteht die Möglichkeit, die Voreinstellungen aller Beteiligten zum Lerngegenstand, ihre Deutungsmuster und politischen Ordnungsvorstellungen, ihre Vorstellungen über den wünschenswerten Verlauf der Unterrichtskommunikation und den tatsächlichen Verlauf sowie die Ergebnisse des politischen Lernprozesses zu analysieren, um hieraus politikdidaktische Konsequenzen zu ziehen (vgl. Fischer/Lange 2014; Grammes 2007). Qualitative Unterrichtsforschung kann somit dem Unterricht als einer situativen Kommunikationsstruktur wie dem Interesse an einer praxisorientierten Umsetzung gewonnener Erkenntnisse gerecht werden.

5 Idealtypischer Verlauf einer Evaluationsmaßnahme

5.1 Struktur qualitativer Unterrichtsforschung

Orientiert an der Interdependenz von Alltagswelt (Soziokultur) und Deutungskultur (siehe Abbildung 1) und der in diesem Kontext ablaufenden politischen Identitätsbildung der Individuen (siehe Abbildung 2) versucht die qualitative politikdidaktische Forschung, eine Lücke zu schließen, die sich zwischen den Ergebnissen der Meinungsforschung und den „hinter" den geäußerten Meinungen stehenden Deutungen der Individuen auftut. Idealtypisch hat der Forschungsprozess die folgende Struktur (vgl. Deichmann 2009b):

1. **Vergegenwärtigung des wissenschaftlichen Wissens ohne Vorwegnahme möglicher politischer Deutungen:** Voraussetzung für das Verständnis des alltagsweltlichen Deutungswissens ist eine Vergegenwärtigung des wissenschaftlichen Wissens und der Entwicklung von Forschungsfragen, ohne mögliche Deutungen der Interaktionspartner vorwegzunehmen. Die eigene Weltsicht und ihr wissenschaftliches Wissen dürfen die Forschenden nicht „überwältigen" und den Blick für die zu rekonstruierenden Deutungen der Lehrenden und Lernenden verengen.
2. **Schaffung der Interaktionssituation und Dokumentation des Interaktionsprozesses:** Es müssen geeignete qualitative Methoden ausgewählt werden, um die den entsprechenden Äußerungen (Interpretationen/Meinungen) zugrundeliegenden Deutungen zu analysieren. Es sollte eine Situation geschaffen werden, in der die freie Meinungsäußerung möglich ist, ja gefördert wird (Diskussion, etwa in einem Kreisgespräch, in dem die politisch Lernenden frei und ohne detaillierte Vorgaben ihre Einstellungen zu dem anstehenden Thema ausbreiten können; Provokation von Meinungen zu einem aktuellen Fall; Simulation eines Falles; schriftliche Stellungnahmen und anschließende Diskussion der Meinungen u. a.). Eine Dokumentation der Interaktion ist notwendig, damit die Interpretation systematisch, in Form einer Sequenzanalyse, in Anlehnung an die Methode der objektiven Hermeneutik (vgl. Oevermann 2001, 35 ff.) erfolgen kann.
3. **Rekonstruktion der Deutungsmuster:** Mithilfe der Sequenzanalyse des Interaktionsprozesses sollen die Deutungsmuster der Interaktionspartner interpreta-

tiv erfasst werden. Dieser Aspekt der Sequenzanalyse besteht darin, über die bewusstseinsprägenden Elemente der politischen Sprachsymbole hinweg einen Zugang zum Deutungswissen der Interaktionspartner zu erhalten.

4. **Interpretation der rekonstruierten Deutungsmuster vor dem Hintergrund des wissenschaftlichen Wissens:** Die folgenden Leitfragen helfen, in diesem Schritt des Forschungsprozesses die Struktur der Deutungsmuster zu rekonstruieren.
    – Welche Teile der Aussagen der Interaktionspartner beziehen sich auf tatsächlich vorhandene Gegenstände, deren Existenz nicht bezweifelt werden kann?
    – Welche Überprüfungsmöglichkeiten gibt es hierfür?
    – In welchen Teilen der Aussagen nehmen die Interaktionspartner Interpretationen vor?
    – Schließen sich die Interaktionspartner bei den Interpretationen vorgegebenen Sprachmustern und Legitimationsebenen an? Wenn ja, welchen?
    – Übernehmen sie (unbefragt und unkritisch?) Interpretationen anderer?
    – Schließen sich die Interaktionspartner in ihren Aussagen (welchen?) Interessen anderer an? Argumentieren sie insofern ideologisch, als sie sich den Macht- und Herrschaftsinteressen bestimmter (welcher?) Gruppen anschließen, ohne dass sie sich darüber bewusst sind?

Zur weiteren Interpretation der rekonstruierten Deutungsmuster können die folgenden Leitfragen dienen, die sich auf Gründe für die vorgenommenen Deutungen beziehen und dabei auch Rückschlüsse auf wissenschaftliches Wissen und auf die Deutungen der Elite erlauben:
– Bestehen wichtige Gründe für die entsprechenden Deutungen im Zusammenhang mit dem anstehenden Thema in der eigenen Interessenlage der Interaktionspartner?
– In welcher Weise ist diese Interessenlage durch das Milieu (Freundesgruppe, Familie und deren soziale Interessenlage, Interessenlage als Auszubildender, als Konsument etc.) geprägt?
– In welcher Weise sind die politischen Deutungen von religiösen Vorstellungen und von Mythen beeinflusst (etwa von der Idee, dass das Gute siegt, oder vom Vertrauen in die „Vaterfigur" des Politikers)?
– In welcher Weise sind die politischen Deutungen von Elementen der symbolischen Politik beeinflusst (der Themenwahl, die vielleicht von den „wirklichen" Problemen ablenkt; der Konzentration auf Personen, wobei die zu lösenden Fragen der Sozial-, Wirtschafts- und Außenpolitik etc. in den Hintergrund treten; der Vorgabe eines Wertekonfliktes in der politischen Diskussion, der aber eigentlich nicht vorhanden ist etc.)?
– Kann man eine grundlegende Struktur der Deutungsmuster bei den politischen Aussagen erkennen? Auf welchen Prinzipien und Werten gründen diese?

5. **Ableitung politikdidaktischer Konsequenzen:** Im letzten Schritt steht die Frage im Zentrum, welche Schlussfolgerungen sich aus den Ergebnissen der Analyse ergeben. Dies wird im vorletzten Abschnitt dieses Beitrags erläutert, wenn es um Konsequenzen aus der wissenschaftlichen Evaluation geht.

5.2 Struktur prozessualer Leistungsbewertung

In der prozessualen Leistungsbewertung im Politikunterricht besteht eine Möglichkeit, die Diskrepanz zwischen dem Leitziel der aktiven Wahrnehmung der Bürgerrolle und der Leistungsüberprüfung zu reduzieren (vgl. Deichmann 2009a, 18 ff.). Die Beobachtung und Beurteilung mündlicher Leistungen sollte sich im Politikunterricht in besonderer Weise an der Konzeption des kommunikativen Unterrichts und an der Struktur des politischen Lernprozesses, der als Problemlösungsprozess verstanden wird, ausrichten. Die Lehrkraft nimmt im Unterrichtsprozess zwei Rollen ein. Sie organisiert und steuert den Lehr-Lern-Prozess und wirkt an der Problemlösung mit. Sie ist Teil der Lerngruppe mit einem besonderen Status. Sie nimmt aber auch die Rolle des teilnehmenden Beobachters wahr (vgl. Otten 2011), der unter den sich aus der Lernziel- und Kompetenzorientierung ergebenden Gesichtspunkten die Leistungen der Schüler/-innen beobachten, beurteilen und bewerten will, um daraus pädagogische Konsequenzen für Beratung und Förderung zu ziehen. Eine systematische Ausbildung und ein entsprechendes Training unter Gesichtspunkten der qualitativen Unterrichtsforschung bilden hierfür die entsprechende Voraussetzung (vgl. Deichmann 2009b, 86 ff.; Kuhn 2009, 9 ff.).

Am Beispiel einer Unterrichtsstunde in Klasse 10 soll die prozessuale Leistungsbewertung verdeutlicht werden. Die Prinzipien dieser prozessualen Leistungsbewertung gelten ebenso für die außerschulische politische Bildung. Die Problemfrage der Unterrichtsstunde lautet: „Hat die Oppositionspartei A auf dem letzten Bundesparteitag ihre Chancen verbessert, bei der nächsten Bundestagswahl die Regierung abzulösen?". Das Unterrichtsgespräch bezieht sich auf die folgenden Impulse, welche schon als Arbeitsaufträge die vorbereitende Hausaufgabe strukturiert haben:

1. **Wiedergabe von Informationen:** Aussagen der führenden Politiker, Wahlen zum Vorstand: Wer hat welche Funktionen erhalten? Wie wurde gewählt?
2. **Funktionszusammenhänge:** Welche politischen Tendenzen lassen sich aus den Aussagen und Wahlen erkennen (Positionen der Partei zu den anstehenden Fragen, die auf dem Parteitag behandelt werden sollten)? Wie ist die Machtverteilung im neuen Vorstand (mehr sozialpolitisch orientierte Politiker oder mehr Politiker, welche dem Wirtschaftsflügel angehören etc.)?
3. **Beurteilung und Zukunftsperspektiven:** Welche politische Bedeutung könnte der Parteitag für die weitere Entwicklung des Parteiensystems und für das Verhältnis von Regierung und Opposition haben? In welcher Weise könnte sich die politische Ordnung in Deutschland weiterentwickeln, wenn die Lösungen, die von

der Partei für die anstehenden grundsätzlichen und aktuellen Fragen beschlossen wurden, durchgesetzt würden?

Einstiegsphase

Der Kommunikationsablauf richtet sich nach diesen Impulsen, weshalb die erbrachten Leistungen auf den entsprechenden Abstraktionsniveaus von der Lehrkraft, die das Unterrichtsgespräch moderiert, gut zu beobachten sind. Nach einer spontanen Meinungsäußerung zu der bewusst allgemein gestellten Frage: „Welche politische Bedeutung hat der Bundesparteitag der Partei A?" müssen sich alle Schüler/-innen an dem Unterrichtsgespräch beteiligen. Sie werden von der Lehrkraft nur kurz aufgerufen, ohne dass diese in das Gespräch eingreift, sondern lediglich einige Impulse gibt. Die Antworten (Informationen und Meinungen) der Schüler/-innen bleiben als Thesen im Raum stehen und bilden den Gegenstand des weiteren Unterrichtsgesprächs. Bei erklärenden Erläuterungen zu den Aussagen der Politiker wird auf Vorwissen zurückgegriffen oder die Lehrkraft hilft im Notfall mit einer kurzen Definition aus.

Die Beobachtungsaufgabe der Lehrkraft bei aktuellen Themen besteht darin, zu überprüfen, ob bei den Schüler/-innen eine Wissensstruktur über die aktuelle Politik aufgebaut wird. In besonderer Weise beobachtet und unterstützt sie auch leistungsschwächere Schüler/-innen:
– Sind die Schüler/-innen in der Lage, die Informationen aus aktuellen Berichten sachlich richtig und strukturiert wiederzugeben?
– Welches Deutungs- und Ordnungswissen schlägt sich in ihren Äußerungen nieder?
– Sind die Schüler/-innen in der Lage, bei der Wiedergabe der Informationen die entsprechenden Fachbegriffe zu verwenden und (bei deren Verwendung oder auf Nachfrage) zu definieren?
– Sind sie in der Lage, die Aussagen (Informationen und Argumente) ihrer Vorredner bei ihren Aussagen zu berücksichtigen (auf ihnen aufzubauen, auf sie Bezug zu nehmen, sie zu kritisieren)?
– Fördern sie den Kommunikationsprozess, indem sie noch zu klärende Fragen aufzeigen oder ihre Mitschüler auch um weitergehende Informationen und Begründungen bitten?

Analysephase

In der Kommunikation auf dieser zweiten Anspruchsebene geht es um die folgenden Aufgaben, um die Analysefähigkeit der Schüler/-innen zu beobachten und zu beurteilen:
– Sind die Schüler/-innen in der Lage, die Informationen, die sie zusammengetragen haben, politisch einzuordnen und zu gewichten?

In diesem Zusammenhang richtet sich die Beobachtung auf den Tatbestand, dass die in der Alltagswelt entstandenen und in der Einstiegsphase artikulierten Deutungen

auf einem höheren Abstraktions- und Rationalitätsniveau in die Struktur des politischen Systems einzuordnen und zu der Wertedimension der politischen Ordnung in Beziehung zu setzen sind (vgl. Deichmann 2015, 89 ff.).
– Sind die Schüler/-innen in der Lage, politisches Problemwissen und kategoriales Wissen zu aktualisieren, indem sie einen Bezug zu den politischen Interessen und Bedürfnissen herstellen, welche die politischen Prozesse bedingen?

In der Impulsgebung, in der Beobachtung und in der Korrektur der Schülerleistungen schlagen sich die politikdidaktischen und methodischen Fähigkeiten der Lehrkraft nieder, die das Spannungsverhältnis zwischen den verschiedenen Dimensionen der politischen Realität – den subjektiven Bedürfnissen und Interessen, den Interaktionen und Institutionen sowie den regulativen Ideen und Werten – als politikdidaktisches „Suchinstrument" für den Politikunterricht wirksam machen und die Interdependenz dieser Realitätsdimensionen für die Problematisierung der Unterrichtsgegenstände nutzen kann (vgl. Deichmann 2004a, 110 ff.; Deichmann 2015, 40 ff.).

Beurteilungs- und Transferphase
Die Beobachtung auf der dritten Abstraktionsstufe der Kommunikation, einer offenen Diskussion, bezieht sich besonders darauf, ob die Schüler/-innen einen Transfer zur Ausgangsfrage nach der politischen Bedeutung des Parteitages vollziehen können. Da die wichtigsten Eingangsthesen durch Folien oder durch ein Tafelbild visualisiert wurden, ist die Lerngruppe nun in der Lage, diese Thesen wieder aufzunehmen. Ist in dem Sinne ein Lernfortschritt festzustellen, so muss gefragt werden, ob die Schüler/-innen (wie viele und wer?) in der Lage sind, die eingangs gestellte Problemfrage zu beantworten. Vertiefend kommt die Behandlung der Dimension des politischen Ordnungswissens hinzu, die mit der Frage nach der Weiterentwicklung der politischen Ordnung der Bundesrepublik bei Realisierung der Problemlösungsansätze der Partei zu erfassen ist. In einem allgemeinen, die hier anstehende aktuelle Stunde überschreitenden Sinne bezieht sich die Beobachtung und Beurteilung des Zukunftswissens auf die Fähigkeit zum strategischen Denken.

6 Umgang mit Evaluationsergebnissen

Konsequenzen aus der wissenschaftlichen Evaluation
Sowohl das Verstehen der Phänomene der sozialen Welt durch Lehrkräfte sowie Dozenten in der außerschulischen politischen Bildung als auch die Ergebnisse der qualitativen Unterrichtsforschung bilden Voraussetzungen für die Entwicklung geeigneter politikdidaktischer Strategien im normativen Kontext des Leitzieles der politischen Bildung. Nachdem zum Beispiel im Forschungsprozess der qualitativen Unterrichtsforschung die rekonstruierten Deutungsmuster der Interaktionspartner hin-

sichtlich ihrer Struktur und hinsichtlich ihrer Begründung aufgearbeitet worden sind, werden die Deutungsmuster vor dem Hintergrund des wissenschaftlichen Wissens interpretiert, um daraus politikdidaktische Konsequenzen zu ziehen. Diese bestehen in der Entwicklung von Lehr-Lern-Modellen (vgl. Fischer/Lange 2014; Grammes 2007), welche den Unterricht oder die Seminararbeit in der außerschulischen politischen Bildung verbessern können (vgl. Hauk 2015, 156 ff. als Beispiel aus dem Lernbereich „Medien").

Konsequenzen aus der Leistungsbewertung
Eine Konsequenz aus der Bewertung von Schülerleistungen im Politikunterricht besteht darin, eine schulinterne Evaluations- und Beratungskultur zu entwickeln. Sie entsteht sowohl im Unterricht der einzelnen Lehrkräfte als auch in schulinternen Fortbildungsveranstaltungen, in denen der Unterricht, orientiert an den Methoden der qualitativen Unterrichtsforschung, analysiert und beurteilt wird. Die schulinterne Evaluations- und Beratungskultur kann sich aus dem Unterricht entwickeln, wenn die Leistungsbewertung in das Unterrichtsgespräch integriert ist. Dies geschieht, indem einzelne Schüler/-innen aufgefordert werden, sich in der entsprechenden Phase des Unterrichtsprozesses zu beteiligen, bzw. wenn sie bei entsprechendem Engagement gelobt und in ihrer Arbeit bestärkt werden. Nach einigen Unterrichtsstunden werden die Leistungen individuell qualifiziert (Epochalnote). Die Beurteilung hat die Form der Beratung, die sich auf die Frage bezieht, in welcher Weise einzelne Schüler ihre Unterrichtsbeiträge verbessern können. Zusammen mit den vielfältigen individuellen mündlichen Leistungen ergibt sich ein umfassendes Bild über den Leistungsstand eines Schülers.

7 Diskussion und Ausblick

Die vorangegangenen Überlegungen haben verdeutlicht, dass zur Verbesserung der politischen Bildung in einer demokratischen politischen Kultur die permanente Weiterentwicklung ihrer Evaluation notwendig ist. Dabei ist in der Zukunft sowohl die Intensivierung der qualitativen Forschung in der schulischen als auch in der außerschulischen politischen Bildung notwendig. Hinzu kommt eine stärkere Berücksichtigung der Forschungsergebnisse sowohl der quantitativen als auch der qualitativen Evaluationsforschung bei der Planung politischer Lernprozesse in beiden Bereichen der politischen Bildung. Hierfür müssen organisatorische Voraussetzungen für eine engere Kooperation zwischen der universitären Forschung in der Politikdidaktik und in der Erziehungswissenschaft einerseits sowie den Lehrerseminaren, den Schulen und den Institutionen der außerschulischen politischen Bildung andererseits geschaffen werden.

8 Vertiefungsaufgaben und -fragen

1. Diskutieren Sie die gesellschaftliche Relevanz der schulischen und außerschulischen politischen Bildung. Berücksichtigen Sie dabei den Zusammenhang zwischen der politischen Kultur und dem Leitziel der politischen Bildung sowie die Außen- und die Innenseite der Bürgerrolle (siehe Abbildung 2).
2. Nach welchen Kriterien und Indikatoren sollte sich nach Ihrer Meinung die Evaluation der schulischen und außerschulischen politischen Bildung ausrichten? Unterscheiden Sie bei der Beantwortung der Frage zwischen verschiedenen Formen der Evaluation und differenzieren Sie nach den Objekten der Bewertung, den bewertenden Subjekten und Institutionen, den Erkenntnisinteressen und den Methoden der Bewertung. Diskutieren Sie anschließend deren Gemeinsamkeiten und Unterschiede.
3. Schildern Sie den exemplarischen Verlauf einer Evaluationsmaßnahme der schulischen und außerschulischen politischen Bildung. Diskutieren Sie mögliche Ergebnisse einer Evaluation im Lichte des allgemeinen Zieles der politischen Bildung.
4. Gehen Sie von den Beispielen der Evaluation der politischen Bildung aus (siehe Aufgabe 3) und beurteilen Sie die wissenschaftliche Evaluation sowie die Leistungsbewertung unter den Gesichtspunkten der Verbesserung der Evaluationskultur in der politischen Bildung.

9 Literatur

Abs, Hermann Josef (2005): Arten von Standards in der politischen Bildung. In: GPJE (Hrsg.): Testaufgaben und Evaluation in der politischen Bildung. Schwalbach/Ts.: Wochenschau Verlag, S. 9–22.

Almond, Gabriel A./Verba, Sidney (1963): The Civic Culture: Political Attitudes and Democracy in Five Nations. Princeton: Princeton University Press.

Autorengruppe Fachdidaktik (2011): Konzepte der politischen Bildung. Eine Streitschrift. Mit Beiträgen von Anja Besand, Tilman Grammes, Reinhold Hedtke, Peter Henkenborg, Dirk Lange, Andreas Petrik, Sibylle Reinhardt, Wolfgang Sander. Bonn: Bundeszentrale für politische Bildung.

Berger, Peter L./Luckmann, Thomas (1966/2007): Die gesellschaftliche Konstruktion der Wirklichkeit. Eine Theorie der Wissenssoziologie. Frankfurt a. M.: Fischer.

Deichmann, Carl (2004a): Lehrbuch Politikdidaktik. Wien/München: Oldenbourg.

Deichmann, Carl (2004b): Politisches Wissen und politisches Handeln – Orientierungen für Bildungsstandards und für ein Kerncurriculum in der politischen Bildung. In: GPJE (Hrsg.): Politische Bildung zwischen individualisiertem Lernen und Bildungsstandards. Schwalbach/Ts.: Wochenschau Verlag, S. 51–68.

Deichmann, Carl (2009a): Leistungsbeurteilung im Politikunterricht. Schwalbach/Ts.: Wochenschau Verlag.

Deichmann, Carl (2009b): Hermeneutische Politikdidaktik und qualitative Forschung. In: Oberreuter, Heinrich (Hrsg.): Standortbestimmung Politische Bildung. Schwalbach/Ts.: Wochenschau Verlag, S. 175–195.

Deichmann, Carl (2015): Der neue Bürger. Politische Ethik, politische Bildung und politische Kultur. Wiesbaden: Springer VS.

Detjen, Joachim (2013): Politikkompetenz Urteilsfähigkeit. Schwalbach/Ts.: Wochenschau Verlag.

Detjen, Joachim/Massing, Peter/Richter, Dagmar/Weißeno, Georg (2012): Politikkompetenz – ein Modell. Wiesbaden: Springer VS.

Fischer, Kurt Gerhard (1973): Einführung in die politische Bildung, Stuttgart: Metzler.

Fischer, Sebastian/Lange, Dirk (2014): Qualitative empirische Forschung zur politischen Bildung. In: Sander, Wolfgang (Hrsg.): Handbuch politische Bildung, Schwalbach/Ts.: Wochenschau Verlag, S. 90–101.

Flick, Uwe (2002): Qualitative Sozialforschung. Eine Einführung, Reinbek: Rowohlt.

Gagel, Walter (1995): Geschichte der politischen Bildung in der Bundesrepublik Deutschland 1945–1989. Opladen: Leske + Budrich.

Gagel, Walter (2005): Einführung in die Didaktik des politischen Unterrichts. Opladen: Leske + Budrich.

Goll, Thomas (2010): Leistungsbeurteilung in der politischen Bildung – fachliche Aspekte und Beteiligungsmöglichkeiten. In: Beutel, Silvia-Iris/Beutel, Wolfgang (Hrsg.): Beteiligt oder bewertet? Leistungsbeurteilung und Demokratiepädagogik. Schwalbach/Ts.: Wochenschau Verlag, S. 144–165.

Grammes, Tilman (2007): Interpretative Fachunterrichtsforschung. In: Reinhardt, Volker (Hrsg): Forschung und Bildungsbedingungen. Baltmannsweiler: Schneider Verlag Hohengehren, S. 39–49.

Greiffenhagen, Martin/Greiffenhagen, Sylvia (1997): Politische Kultur. In: Bundeszentrale für politische Bildung (Hrsg.): Grundwissen Politik. Bonn: Bundeszentrale für politische Bildung, S. 167–238.

Griese, Christiane (2011): Schulentwicklung. In: Griese, Christiane/Marburger, Helga: Bildungsmanagement. Ein Lehrbuch, München: Oldenbourg, S. 171–192.

Hafeneger, Benno (2014): Politische Bildung in der außerschulischen Jugendbildung. In: Sander, Wolfgang (Hrsg.): Handbuch politische Bildung. Schwalbach/Ts.: Wochenschau Verlag, S. 222–230.

Hafeneger, Benno/Hufer, Klaus-Peter (2005): Für eine demokratische und partizipatorische Qualitätsdebatte – Bildungsstandards und Evaluation in der außerschulischen politischen Bildung. In: Redaktion Politische Bildung & kursiv – Journal für politische Bildung (Hrsg.): Bildungsstandards – Evaluation in der politischen Bildung. Schwalbach/Ts.: Wochenschau Verlag, S. 158–172.

Hauk, Dennis (2015): Politische Bildung in der digitalen Mediengesellschaft. Politikdidaktische und empirische Fundierung eines medienzentrierten Lehr-Lernmodells. Dissertation, Friedrich-Schiller-Universität Jena.

Hufer, Klaus-Peter (2014): Politische Bildung in der Erwachsenenbildung. In: Sander, Wolfgang (Hrsg.): Handbuch politische Bildung. Schwalbach/Ts.: Wochenschau Verlag, S. 231–238.

Kuhn, Hans-Werner (2009): Politikdidaktische Hermeneutik. Potenziale empirischer Unterrichtsforschung. In: Oberreuter, Heinrich (Hrsg.): Standortbestimmung Politische Bildung. Schwalbach/Ts.: Wochenschau Verlag, S. 195–216.

Löffler, Berthold (2003): Politische Kultur als Teil der gesellschaftlich konstruierten Wirklichkeit. Eine theoretische Skizze. In: Dornheim, Andreas/Greiffenhagen, Sylvia (Hrsg.): Identität und politische Kultur. Stuttgart: Kohlhammer, S. 127–138.

Mead, George Herbert (1973): Geist, Identität und Gesellschaft aus der Sicht des Sozialbehaviorismus. Frankfurt a. M.: Suhrkamp.
Moser, Heinz (1999): Selbstevaluation und Schulentwicklung. In: PÄD Forum, Juni 1999, S. 206–210.
Oevermann, Ulrich (2001): Zur Analyse der Struktur von sozialen Deutungsmustern. In: Sozialer Sinn 2, Heft 1, S. 3–33.
Otten, Tina (2011): Teilnehmende Beobachtung: der „ethnologische Blick" auf den Unterricht. In: Zurstrassen, Bettina (Hrsg.): Was passiert im Klassenzimmer? Methoden zur Evaluation, Diagnostik und Erforschung des sozialwissenschaftlichen Unterrichts, Schwalbach/Ts.: Wochenschau Verlag, S. 9–21.
Rohe, Karl (1994): Politik. Begriffe und Wirklichkeiten. Eine Einführung in das politische Denken. Stuttgart: Kohlhammer.
Rothe, Klaus (1981): Didaktik der politischen Bildung. Hannover: Landeszentrale für Politische Bildung.
Schelle, Carla (1999): Unterrichtsforschung. In: Weißeno, Georg (Hrsg.): Lexikon der politischen Bildung. Band 1: Didaktik und Schule. Schwalbach/Ts.: Wochenschau Verlag, S. 249–252.
Schratz, Michael (2001): Methodenkoffer. Erste Hilfe zur Selbstevaluation. In: Friedrich Jahresheft XIX, S. 113–139.
Sekretariat der ständigen Konferenz der Kultusminister der Länder in der Bundesrepublik Deutschland (Hrsg.) (1992): Beschlüsse der Kultusministerkonferenz. Einheitliche Prüfungsanforderungen in der Abiturprüfung Sozialkunde/Politik (Beschluss der KMK vom 1.12.1989). Neuwied: Luchterhand.
Shell Deutschland Holding (Hrsg.) (2010): Jugend 2010. Eine pragmatische Generation behauptet sich. 16. Shell Jugendstudie. Frankfurt a. M.: Fischer.

Anja Henningsen und Uwe Sielert
Evaluation sexueller Bildung

1 Bedeutung und Grundlagen sexueller Bildung

Auch wenn sexualpädagogische Arbeit in unserer Gesellschaft vornehmlich dann thematisiert wird, wenn es gilt, Probleme zu bearbeiten, versteht sie sich inzwischen selbst als sexuelle Bildungsarbeit (vgl. Sielert 2015). Die zahlreichen anspruchsvollen Entwicklungsaufgaben von Kindern, Jugendlichen und Erwachsenen in einer auch sexualmoralisch offenen Gesellschaft machen wesentlich mehr aufklärende und erziehende Hilfestellungen zur (Selbst-)bildung erforderlich als das in weniger komplexen Gesellschaften notwendig war. Sexualmoralische Erziehung meint dabei nicht eine didaktisch geschickte Werteübertragung, sondern intendiert die Befähigung zu einer eigenen Position angesichts der Kenntnis verschiedener Werteperspektiven und die Auseinandersetzung um eine persönlich tragfähige Vorstellung vom gelungenen Sexualleben. Die Entwicklung einer solchen persönlichen Überzeugung ist entwicklungspsychologisch ein anspruchsvoller Bildungsprozess, der sich aus sehr vielen einzelnen Kompetenzen zusammensetzt.

1.1 Pädagogische Settings als Ermöglichungsräume für sexuelle Bildung

Die sexualpädagogische Begleitung beginnt mit dem Vertrauen in die auch sexuelle Bildbarkeit der Menschen von Anfang an, unterstützt die Erfahrung von Selbstwirksamkeit während der sexuellen Identitätsentwicklung, fördert das Vertrauen in sich selbst und das Einfühlungsvermögen in andere Menschen, klärt alters- und situationsangemessen auf über wichtige sexualitätsrelevante bio-psycho-soziale Prozesse wie auch potenzielle Risiken und Gefahren.

Das Gelingen solcher Bildungsprozesse von Kindern und Jugendlichen ist abhängig von vertrauensvollen und sinnlich-sozialen Beziehungen, um die sich in der Regel schon die Eltern bemühen, die aber auch in Schulen und Einrichtungen der außerschulischen Jugendarbeit und Erziehungshilfe – freilich in einer professionell reflektierten Weise – von Bedeutung sind. Nicht immer, vor allem nicht durchgehend, gelingt es den unmittelbaren familiären Bezugspersonen, angesichts sexueller Informationsbedürfnisse oder Konflikte ins Vertrauen gezogen zu werden, und ein nicht unerheblicher Anteil von Heranwachsenden, vor allem Jungen und Jugendliche mit Migrationshintergrund, hat keine Vertrauensperson für persönliche sexuelle Themen. Die Schule wird meist als die wichtigste Informationslieferantin angegeben, und sehr persönliche Fragen werden mit Freund(inn)en besprochen, die aber nicht selten überfordert sind und oft nicht weiterwissen (vgl. BZgA 2010, 11 ff.). Umso bedeutsamer sind niedrigschwellige Angebote im Bereich der Sozialen Arbeit, in Kinder- und Jugendgruppen einer sexualitätssensiblen Erziehungshilfe und personale wie anonym nutzbare virtuelle Beratungsmöglichkeiten.

1.2 Sexuelle Bildung braucht sexuell gebildetes Personal

Tatsächlich hilfreich sind Pädagog(inn)en nur dann, wenn sie selbst Gelegenheit hatten, sich ihrer persönlichen sexuellen Sozialisation, ihres Sexualitätskonzepts und sexualmoralischen Wertposition bewusst zu werden. Die Bedeutung des sowohl angeleiteten als auch eigenständigen lebenslangen Lernens aller Erwachsenen, vor allem aber der pädagogisch Tätigen, wird mit dem Begriff der sexuellen Bildung unterstrichen. Dadurch wird hervorgehoben, dass sich sexuelle Identität in allen Lebensaltern angesichts der jeweiligen Entwicklungsaufgaben modifiziert und der persönlichen Gestaltung aufgegeben ist. Die Begleitung von Kindern und Jugendlichen in ihrem intimsten Persönlichkeitsbereich ist angesichts der beschriebenen Situation eine sehr anspruchsvolle Aufgabe, auf die durch selbstreflexive Bildungsprozesse vorbereitet werden muss.

Als sexuelle Bildungsaufgabe formuliert, geht es um die Notwendigkeit einer auf sich selbst bezogenen Sexualanamnese, weil Erziehende das Verhalten anderer immer durch die Brille ihrer eigenen sexuellen Identität betrachten. Hinzu kommt die Notwendigkeit, das eigene Verständnis von Sexualität zu reflektieren, denn es macht einen Unterschied, ob jemand damit nur einen Trieb und – je nach ideologischer Vorbildung – Gefährliches oder Befreiendes verbindet oder ein zwar leiblich präsentes, aber gleichzeitig gedanklich und emotional bildbares Geschehen. Dann gelingt es vielleicht auch als Pädagogin und Pädagoge, der eigenen Sinnlichkeit Raum zu lassen und gleichzeitig Einfluss zu nehmen auf erotische und sexuelle Gefühle. Sexuelle Bildung in diesem Sinne hilft zu verstehen, warum sich in dieser oder jener Situation erotische Anziehung einstellt; zu entscheiden, ob die Emotion angemessen ist oder nicht und im Wissen darum, ein Gefühl zu haben und nicht das Gefühl zu sein, auch zu lernen, das Gefühl zu regulieren (vgl. Hochschild 1983; Giesenbauer 2006). An dieser Stelle wird unter anderem deutlich, wie sehr sexuelle Bildung gewaltpräventiv wirken kann, ohne dass die Lernprozesse unter der Überschrift „Gewaltprävention" angeboten werden.

1.3 Sexuelle Bildung geschieht in organisationalen Kontexten

Neben der personalen Dimension sexueller Bildungsarbeit wirken in pädagogischen Kontexten viele institutionelle und konzeptionelle Rahmenbedingungen auf die sexuelle Bildung der Mitglieder einer Organisation. Gemeinsame Grundwerte und das Vorhandensein eines sexualpädagogischen Konzepts, das Austragen von Konflikten, aber auch das Vertrauen unter den Generationen, die Kommunikation zwischen den Geschlechtern, die allgemeine Atmosphäre und der Umgangston miteinander sowie die Möglichkeit der externen Beratung und Hilfe wirken entscheidend auf die Offenheit und Bereitschaft zur Reflexion sexuellen Verhaltens und die Ausbildung sexualmoralischer Haltungen. Zu den Aufgaben sexueller Bildungsförderung gehört also auch die Arbeit an der Sozial- und Sexualkultur mit dem Ziel eines Gedeihraums für ein selbstbestimmtes und zugleich sexualethisch verantwortetes Sexual- und Beziehungsleben.

Einrichtungen, die die Implementation klarer Partizipations-, Transparenz- und Kontrollregeln mit einer die sexuelle Bildung aller fördernden Sexualpolitik flankieren, können eine für Kinder und Jugendliche stärkende Sexualkultur auf den Weg bringen. In *pädagogischen Kontexten* müssen spezifische Formen der Sexualität tabuisiert werden, nämlich jene, die zwischen Erwachsenen und Minderjährigen stattfinden und die über die intime Kommunikation einer fruchtbaren pädagogischen, die Klient(inn)en für ihr eigenes Leben freisetzenden Beziehung hinausgehen. Solche Grenzen zu erspüren und einzuhalten, kann nicht nur ein formales Reglement der Interaktionen zuwege bringen, sondern muss als Ergebnis sexueller Bildung erworben werden. Gleiches gilt für die sexuelle Kommunikation von Kindern und Jugendlichen untereinander, die auch nur durch das altersangemessene Zugeständnis von sexueller Selbstbestimmung, also die Abwesenheit von Fremdbestimmung, und durch eine begleitende Sexualerziehung zu einer lustfreundlichen Sexualkultur beitragen können.

2 Bedeutung von Evaluation für sexuelle Bildung

Die Frage der Qualität von Sexualpädagogik als Theorie und Sexualerziehung als Praxis ist selbstverständlich nicht neu. Schon zu Beginn und dann noch einmal in den 1960er-Jahren des 20. Jahrhunderts stritten diverse gesellschaftliche Gruppierungen – je nach politischer Ausrichtung – um die Frage, ob Sexualität eher unterdrückend (repressiv), realistisch informierend (affirmativ) oder Sexualität befreiend (emanzipatorisch) auszurichten sei. Als Legitimationsgrundlage dienten meist theologische, medizinische und sexualpolitische Diskurse, die mit pädagogischen Konsequenzen ausgestattet in Familien, in der Jugend- und Erwachsenenbildung sowie der schriftlichen Ratgeberliteratur umgesetzt wurden (vgl. Sielert 2015). Erst nach der rechtlichen und bildungspolitischen Verankerung von Sexualaufklärung in der Schule durch die Empfehlungen der *Kultusministerkonferenz* 1969 und diverse Schulgesetze und Richtlinien der Bundesländer (vgl. Sielert 2015) kam es zu vereinzelten empirischen Studien, die sich mit der Bedeutung und Wirksamkeit von Sexualerziehung beschäftigten und somit als Vorläufer sexualpädagogischer Evaluation bezeichnet werden können (vgl. BZgA 1980; Kluge 1981; Glück u. a. 1990). Im Mittelpunkt dieser quantitativen Studien standen neben dem Hauptthema „Jugendsexualität" vereinzelte Aussagen von Jugendlichen, Eltern und Lehrkräften zur Sexualerziehung in der Schule. Die Wirksamkeit der sexualerzieherischen Praxis konnte aus diesen Studien immer nur indirekt erschlossen werden. Eine Tatsache, die sich auch in der weiteren Entwicklung von Sexualpädagogik nicht wesentlich geändert hat. Die Jugendstudien der *Bundeszentrale für gesundheitliche Aufklärung* wurden etwa alle zwei bis vier Jahre fortgeschrieben (vgl. BZgA 1992; 1994; 1996; 2001; 2006; 2010; 2014) und die eine oder andere empirische Studie kam hinzu, in der auch nach Sexualerziehung gefragt wurde (vgl. Schmidt/Schetsche 1989; Schmid-Tannwald/Kluge 1998; Milhoffer 1999; Dannenbeck/Stich 2002).

2.1 Zum gegenwärtigen Stand von Wirkungsforschung in der Sexualpädagogik

Das tatsächliche Vorkommen von Sexualerziehung in einzelnen Bildungsräumen oder gar ihrer Wirksamkeit im Alltag von Kindern und Jugendlichen bleiben bis heute nach einem empirisch gesättigten Verständnis von Evaluation unerforscht. Lediglich eine regional begrenzte Studie zur Sexualerziehung in Grundschulen Schleswig-Holsteins wurde am *Institut für Pädagogik* der *Christian-Albrechts-Universität zu Kiel* angefertigt (vgl. Henningsen/Sielert 2012). Angesichts der zunehmenden Professionalisierung von Sexualpädagogik (vgl. Sielert 2011) und der medialen Diskurse zur sexualisierten Gewalt, Kindersexualität und sexueller Vielfalt seit 2010 (vgl. Henningsen/Tuider/Timmermanns 2016) ist jedoch zu erwarten, dass das Interesse an empirischen Wirksamkeitsstudien über den Zusammenhang von sexualisierter Gewalt und dem gewaltpräventiven Charakter der Sexualpädagogik sowie an Evaluationen in einzelnen pädagogischen Handlungsfeldern vonseiten der Bildungs- und Jugendhilfepolitik zunimmt. Immerhin hat das *Bundesministerium für Bildung und Forschung* (BMBF) zu diesem Zweck fünf Juniorprofessuren finanziert, von denen sich zwei Forschungsgruppen (Kiel und Merseburg) speziell mit diesem Themenbereich beschäftigen.

Zudem sind einige Forschungsprojekte der Förderlinie „sexualisierte Gewalt in pädagogischen Kontexten" des BMBF explizit mit wirkungsorientierter Programmevaluation befasst. Obwohl sexuelle Bildung eher ein Randthema innerhalb dieser geförderten Projekte darstellt, enthalten die dort durchgeführten und zur Zeit dieses Beitrags noch nicht abgeschlossenen Evaluationsprojekte höchstwahrscheinlich Aussagen, die Rückschlüsse auf die qualitätssichernde Gestaltung sexueller Bildungsangebote ermöglichen:

- „Gegen sexualisierte Gewalt im Sport. Entwicklung und Evaluation von Maßnahmen zur Prävention von sexualisierter Gewalt in Sportverbänden und -vereinen in Deutschland", *Deutsche Sporthochschule Köln*

- „Entwicklung, Implementierung und Evaluation eines schulbasierten Gruppenprogramms zur Prävention von sexualisierter Gewalt in der Primarstufe", *Universität Duisburg-Essen, Universität Bielefeld*, Prof. Dr. Petra Kolip
- „Entwicklung und Evaluation eines Programms der Primärprävention sexuellen Missbrauchs durch eine Förderung von personalen Ressourcen bei Kindern im Vorschulalter und die Qualifizierung pädagogischer Fachkräfte", *Technische Hochschule Nürnberg*, Prof. Dr. Simone Pfeffer/Prof. Dr. Christina Stock
- „Sexualisierte Übergriffe und Schule – Prävention und Intervention", *Universität Paderborn*, Prof. Dr. Barbara Rendtorff

Zudem analysieren einige Forschungsprojekte der Förderlinie kontextspezifische Risiko- und Schutzfaktoren in pädagogischen Einrichtungen. Auch diese Expertise kann zukünftig Qualitätsmanagement und Organisationsevaluationen unterstützen:
- „Peer Violence. Sexualisierte Gewalt unter Jugendlichen im Kontext der Jugend- und Jugendverbandsarbeit", *Universität Kassel*, Prof. Dr. Elisabeth Tuider, *Universität Hildesheim*, Prof. Dr. Wolfgang Schröer, *Hochschule Landshut*, Prof. Dr. Mechthild Wolff
- „Institutionelle Risikokonstellationen sexueller Gewalt in familialisierten pädagogischen Kontexten", *Universität Duisburg-Essen*, Prof. Dr. Fabian Kessl
- „Erhebung von Erfahrungen zu sexualisierter Gewalt von Jugendlichen und Heranwachsenden in Einrichtungen der Jugendhilfe und Internaten und Ableitung von Handlungsempfehlungen für die Praxis der Kinder- und Jugendarbeit in Institutionen", *Universitätsklinikum Ulm*, Prof. Dr. Jörg Fegert, *Universität Frankfurt a. M.*, Prof. Dr. Sabine Andresen
- „Kultur des Hinhörens – Bestimmungsfaktoren und positive Beeinflussungsmöglichkeiten in stationären Einrichtungen der Jugendhilfe", *Deutsches Jugendinstitut e. V. München*

Andere Erkenntnisse zu sexualkulturellen Gestaltungsweisen in Schule und Jugendhilfe liefert die Evaluation der Initiative „Berlin tritt ein für Selbstbestimmung und Akzeptanz sexueller Vielfalt". Die Evaluationsstudie analysiert, inwiefern Diskriminierung, Mobbing und Gewalt gegenüber Lesben, Schwulen, bi-, trans- und intergeschlechtlichen Personen (LSBTI) wahrgenommen und präventiv bearbeitet werden können. Es wird aufbauend ein Good-Practice-Modell konzipiert, das Faktoren und Anregungen zur strukturellen Verankerung der Initiative bietet. Der umfassende Ansatz zur Akzeptanzförderung gegenüber sexueller Vielfalt sieht Maßnahmen für Schlüsselpersonen auf den Ebenen der Politik, Verwaltung und Trägerschaft vor (ces – centrum für qualitative evaluations- und sozialforschung e. V. 2012).

2.2 Aktuelle Bedingungen und Möglichkeiten zur Evaluation sexueller Bildung

Was sexuelle Bildung ist, kann man nur bestimmen, wenn man eine Vorstellung davon hat, was sexuelle Bildung sein soll. Schon diese Grundlage jeder pädagogischen Qualitätsbestimmung erfordert eine möglichst wissenschaftlich fundierte und bildungspolitisch kommunikativ erarbeitete Übereinkunft, die im gesellschaftlichen Entwicklungsprozess immer wieder herbeigeführt werden muss. Die Reichweite und Bewertungskriterien für die Evaluation sexueller Bildung sind also immer ein Ergebnis von Aushandlungsprozessen zwischen diversen Akteur(inn)en bzw. „Stakeholdern" in dem jeweiligen makro-, meso- oder mikrosozialen Handlungsfeld.

Ob eine Evaluation von Sexualpädagogik im deutschen Schulsystem auf dem Hintergrund des oben skizzierten kritisch-reflexiven Konzepts von „sexueller Bildung" mit der angedeuteten Komplexität (Sexualkultur, sexuelle Bildung des Personals, Bildungswirkungen bei Schüler(inne)n) gewünscht, finanziert und strategisch in den kommenden Jahren umgesetzt wird, ist noch nicht abzusehen. Dazu müsste vonseiten der Sexualpädagogik als erziehungswissenschaftlicher Disziplin auf allen bildungs- und wissenschaftspolitischen Ebenen noch sehr viel Überzeugungsarbeit geleistet werden.

Die empirische Bildungsforschung wird in erster Linie für die Evaluation schulischer Leistungen angesichts der Vermittlung arbeitsmarktkompatibler Qualifikationen subventioniert und weniger zur Evaluation von Persönlichkeitsbildung, die bei der Bewältigung des Beziehungs- und Liebeslebens hilfreich sein kann. Von Seiten der psychologisch dominierten Bildungsforschung ist das Interesse an der Evaluation sexueller Bildung auch deshalb gering, da sie ohnehin kaum Erfahrungen mit der methodischen Erfassung emotional aufgeladener und komplexer Bildungsprozesse vorweisen kann. Hinzu kommen die Befürchtungen wertkonservativer Kräfte, ein stärkeres Engagement des Staates in diesen Bereichen bedeute eine unzulässige Einmischung in die Privatsphäre der Menschen und Beschneidung familiärer Erziehungsrechte. Sexuelle Bildung durch schulische Erziehung wird aus dieser Perspektive durch zum Teil heftige Angriffe auf entsprechende Curricula, Bildungspläne und Fachgesellschaften extrem kritisiert und letztlich als unnötig betrachtet (Henningsen/Tuider/Timmermanns 2016, 12 ff.). Die in diesem Zusammenhang immer wieder verbreiteten Fehlinformationen darüber, was Kinder angeblich schon in Grundschulen über sexuelle Praktiken, sexuelle Orientierungen und familienzersetzenden Theorien zu lernen hätten, müssten eigentlich Grund genug sein, umfassende quantitative und qualitative Evaluationen in Auftrag zu geben. Faktisch haben wir jedenfalls keine empirisch gesättigten Informationen darüber, was an Schulen sexualpädagogisch tatsächlich angeboten wird. Erfahrungsgemäß haben aber weder die lautstarken Gegner einer öffentlich verantworteten sexuellen Bildung ein Interesse daran, ihre Position wissenschaftlich prüfen zu lassen, noch begibt sich die Schuladministration gern auf diesen Sektor der Persönlichkeitsbildung, um breitenwirksame Evaluationen in Auftrag zu geben. Die Erwartungen an eine Qualitätsoffensive im Bereich der sexuellen Bildung dürfen also auf makrosozialer Ebene des Bildungssystems – so notwendig sie auch wäre – nicht zu hochgeschraubt werden.

2.3 Qualifizierte Programme zur Selbstevaluation können ein Anfang sein

Ein Beginn kann mit der Umsetzung dezentraler Prozesse der Bildungsevaluation in einzelnen Organisationen unter Einbezug möglichst vieler Akteurinnen und Akteure (*Stakeholder*) und mithilfe qualifizierter Selbstevaluationsstrategien initiiert werden. Dezentral deshalb, weil damit die Befürchtung der staatlichen Steuerung von Lebensweisen reduziert werden kann und die jeweiligen Bildungseinrichtungen ihre zivilgesellschaftliche Einbettung nutzen können. Dazu gehört auch die konsensorientierte Erarbeitung eines Konzepts sexueller Bildung mit allen davon betroffenen Beteiligten, das als Maßstab evaluativer Wirkprozesse dienen kann. Evaluation bedeutet dann folgerichtig auch eine gemeinschaftliche Anstrengung, das Ergebnis dieser Bildungsarbeit in einem informierten Prozess intersubjektiver Qualitätskontrolle zu dokumentieren.

Der Staat kann sich dabei als Land oder Kommune auf ein Mindestmaß der Regulierung von Lebensweisen berufen, das darin besteht, für die Umsetzung grundgesetzlich garantierter Rechte zu sorgen. Das heißt vor allem, Gefährdungen der Gesundheit, Diskriminierung und Gewalt zu verhindern und Selbstbestimmung durch die Förderung sexueller Vielfalt zu stärken. Sexuelle Minderheiten führen entsprechende Kämpfe um Schutz und Anerkennung. Da solche Hilfestellungen nur in konkreten Sozialräumen und Lebenswelten wirken, geht es vor allem um die Förderung prozeduraler Steuerungsprozesse, mit denen Schulen und Einrichtungen der Sozialen Arbeit in die Lage versetzt werden, ihre Anstrengungen zur Sexualerziehung und sexuellen Bildung zu evaluieren. Die öffentliche Hand kommt dadurch gleichzeitig ihrer Aufgabe nach, die Effektivität und Effizienz der Ressourcengewährung einzufordern. Zur Förderung des Kinderschutzes wurden in der Jugendhilfe entsprechende Prozeduren der Prävention sexualisierter Gewalt zum Bestandteil der institutionellen Förderung. Auch in den Schulen werden solche Konzepte zunehmend implementiert. Da Gewaltprävention im Bereich intimer Kommunikation nicht ohne sexuelle Bildung erfolgreich sein kann, werden sich diese Formen prozeduraler Steuerung auch in der Sexualerziehung verbreiten können.

Die Disziplin der Erziehungswissenschaft und insbesondere der Sexualpädagogik stehen in der Pflicht, ihre Definitionsmacht über die „Erbringungsleistung" sexueller Bildung einschließlich fachlicher Standards zur Evaluation zu formulieren. Das alles unter Berücksichtigung des Ziels der (auch sexuellen) Bemündigung von Kindern, Jugendlichen und Erwachsenen bzw. in den Bereichen der Sozialen Arbeit der Rückgewinnung von Integrität und Selbstbestimmung. Sexualpädagogik hat die Aufgabe, die Selbstevaluationsprozesse mit fachlich qualitativen Impulsen zu versorgen, die sich wiederum vor den Klient(inn)en als angemessen legitimieren müssen. Eine jede Schule, ein Jugendzentrum, ein Heim der Erziehungshilfe oder auch eine Familienbildungsstätte – sie alle brauchen eine auf den jeweiligen Auftrag, die Zielgruppe(n) und besondere Situation abgestimmte Selbstevaluationshilfe mit angemessenen Evaluationskriterien, methodischen Anregungen und kommunikativen Auswertungsmustern.

Gemäß der oben skizzierten Strategie der Gestaltung von Sexualkultur in pädagogischen Einrichtungen sollten Modelle der Selbstevaluation die Strukturen, Kulturen und Organisationsdynamiken der gesamten Einrichtung, die Kommunikationsweisen und Kompetenzen des Personals wie auch die Umgangsformen und sexuellen Qualifikationen der Klientel berücksichtigen. Inwiefern die Kinder, Jugendlichen oder auch Erwachsenen als Zielgruppe, also „Endabnehmer" der sexuellen Bildungsprozesse langfristig und nachhaltig mit den notwendigen Kompetenzen der sexuellen Lebensführung ausgestattet werden, müssen gesonderte biografische und ethnografische Studien nachweisen. Eine Bildungs-(organisations-)evaluation wäre damit überfordert.

3 Verfahren, Methoden und Instrumente der Selbstevaluation sexueller Bildung im Handlungsfeld der Heimerziehung

Aufgrund der im vorangegangenen Kapitel sowohl inhaltlich als auch pragmatisch begründeten Entscheidung, bei der Bildungs-(organisations-)evaluation sexueller Bildung auf systematische Selbstevaluationsprozesse zurückzugreifen, soll dieser methodische Ansatz im Folgenden näher skizziert werden.

3.1 Grundsätzliches zur Selbstevaluation sexueller Bildung

Selbstevaluation zielt als ein Bestandteil der Praxisforschung zum einen auf die Verbesserung der systematischen Selbstreflexion und des fachlichen Handelns von haupt- und ehrenamtlich Tätigen in pädagogischen Arbeitsfeldern. Auf der persönlichen Ebene geht es dabei um die Auseinandersetzung mit dem professionellen bzw. fachlichen Selbstverständnis, um das Hinterfragen und Verbessern des beruflichen Handelns und um die Reflexion der Beziehungen zu anderen Personen. Selbstevaluation eignet sich zum anderen auch für Organisationen bzw. Organisationseinheiten. In diesen komplexeren Systemen kann Selbstevaluation sowohl Prozesse der Team- und Organisationsentwicklung unterstützen als auch den Erfolg der bisherigen Maßnahmen kontrollieren, ihre Legitimation auf eine breitere Basis stellen und zu ihrer Optimierung beitragen. Selbstevaluation stößt an ihre Grenzen, wenn große Organisationen evaluiert werden sollen. Das Evaluationsfeld sollte jedenfalls so überschaubar sein, dass alle Beteiligten mit einem vertretbaren organisatorischen und zeitlichen Aufwand einbezogen werden können und die notwendigen Kommunikationswege mit einem angemessenen Zeit- und Organisationsaufwand zu beschreiben sind.

Im Vergleich zu Ansätzen der Fremdevaluation bietet Selbstevaluation einige wesentliche Vorteile, darunter beispielsweise die folgenden:
– Die Identifikation der Beteiligten mit dem Evaluationsprozess ist höher.
– Es werden praxisrelevante Fragen mit unmittelbarem Nutzen für die Mitarbeitenden behandelt.
– In der Regel werden leicht anwendbare Methoden und Verfahren eingesetzt. Dabei wird neben der empirischen Sozialforschung auch auf Instrumente der Erwachsenenbildung, Supervision und Unternehmensberatung zurückgegriffen.
– Mit Selbstevaluationsmaßnahmen können gleichzeitig mehrere Wirkungsdimensionen angesprochen werden, die sowohl individuelle als auch organisations- und sogar umfeldbezogene Dimensionen einbeziehen.

Gleichzeitig ist mit der Selbstevaluation die Gefahr der mangelnden Distanz verbunden, der möglichen Betriebsblindheit der Beteiligten und der Versuch, das Bestehende einfach fortzuschreiben. Um solche Prozesse der Selbsttäuschung zu vermeiden, bietet es sich an, zu bestimmten Zeitpunkten der Maßnahme externe Unterstützung hinzuzuziehen.

Methodisch systematische Selbstevaluation ist mehr als Selbstreflexion und ersetzt keine Supervision oder psychologische Beratung. Selbstevaluation lässt sich zwar in begrenztem Umfang auch als Instrument der Team- und Organisationsentwicklung einsetzen, allerdings ist sie nicht in der Lage, unbewusste Prozesse der Beteiligten zu thematisieren und zu bearbeiten. Die Beteiligten sind zugleich Untersuchende und Untersuchte, sodass ihnen unbewusste Prozesse verschlossen bleiben. Die Konzentration auf kognitiv zu erfassende und zu bearbeitende Ebenen schließt natürlich nicht aus, dass durch die entstehende Dynamik bei der Durchführung von Selbstevaluationen auch unbewusste Prozesse ausgelöst und auf andere Ebenen einwirken. Bei Fragen zur sexuellen Bildung ist das relativ häufig der Fall, sodass auch aus diesem Grund externe Prozessbegleitung in Anspruch genommen werden sollte.

3.2 Selbstevaluation in der Heimerziehung

Ein Selbstevaluationsmodell zur sexuellen Bildung in der stationären Kinder- und Jugendhilfe erfordert ein konkretes Bild von strukturellen Herausforderungen, die grundsätzlich im sexualpädagogischen Handeln vorhanden sind und sich darüber hinaus im Praxisalltag der Heimerziehung in besonders intensiver Weise zeigen. Der folgende Vorschlag zu einer exemplarischen Selbstevaluation orientiert sich folglich an den spezifischen Parametern dieses Handlungsfelds, ist jedoch mit leichten Varia-

tionen auch auf andere pädagogische Bereiche übertragbar. Die Qualität sexueller Bildung ist in allen Bereichen abhängig von:
- rechtlichen und administrativen Rahmenbedingungen, Vorgaben und institutionellen Strukturen (Qualitätsbereich 1),
- ihrer Bedeutung im Gesamtkonzept der Einrichtung (Qualitätsbereich 2),
- den Aushandlungsprozessen im Team und der einrichtungsübergreifenden Kooperation (Qualitätsbereich 3),
- den professionellen Arbeitsbeziehungen des Personals untereinander und mit den Klient(inn)en (Qualitätsbereich 4),
- den sexualpädagogischen Bedarfen und Bedürfnissen von Kindern und Jugendlichen (Qualitätsbereich 5),
- der Partizipation, den Rechten und dem Schutz von Intimität (Qualitätsbereich 6).

4 Kriterien und Indikatoren für die Evaluation der Inhaltsdimension „Sexuelle Bildung in der Heimerziehung"

Im Folgenden werden die Parameter für die Selbstevaluation zur Qualitätssicherung in der stationären Kinder- und Jugendarbeit in den einzelnen Qualitätsbereichen zunächst skizziert und anschließend in praktisch verwendbare Evaluationsbögen übertragen (siehe Tabelle 1 bis 6). Die einzelnen Arbeitsbögen enthalten konkrete Einschätzungsfragen, die jedoch an die besondere Beschaffenheit der jeweiligen Einrichtung angepasst werden müssen.

Qualitätsbereich 1: Rechtliche und administrative Rahmenbedingungen sexueller Bildung

Gemäß der rechtlichen Regelungen wird auch Sexualerziehung durch den umfassenden Erziehungsauftrag des *Kinder- und Jugendhilfegesetzes* (KJHG, SGB VIII) gerahmt. Im Zuge der im § 11 SGB VIII definierten Leistungen der Jugendhilfe besteht ein Auftrag zur sozialen Bildung, zur Befähigung zur Selbstbestimmung und gesellschaftlicher Mitverantwortung sowie zu sozialem Engagement. Gleichsam gilt es, im formulierten erzieherischen Kinder- und Jugendschutz des § 14 SGB VIII gefährdende Einflüsse fernzuhalten sowie Heranwachsende zu Selbstschutzfähigkeiten zu ermutigen. An diesen Auftrag knüpft die Bereitstellung sexueller Bildungsangebote an. Je nach Interessen- oder Konfliktlage sind Informations- und Beratungsangebote notwendig, die sich sowohl an Heranwachsende als auch an Erziehungs- und Sorgeberechtigte wenden.

Schärfer gefasst, kann der Verzicht auf sexualpädagogische Angebote auch als eine „Verletzung der Fürsorge- oder Erziehungspflicht" nach § 171 StGB gewertet werden, wenn Pädagog(inn)en untätig bleiben, obwohl sie sexuelle Auffälligkeiten oder Problemsituationen bei Heranwachsenden erkennen, auf die sie erzieherisch regulierend Einfluss nehmen sollten (vgl. Groh-Mers 2012, 139). Maßnahmen sind in jedem Fall zu ergreifen, wenn der Verdacht besteht, dass Heranwachsende sich prostituieren, sexuelle Gewalt ausüben oder davon betroffen sind. Sexualpädagogische Unterstützung kann demzufolge als verpflichtendes Angebot verstanden werden.

In der Bereitschaft, über das dringend Notwendige und Gefahren Abwendende hinaus, Reflexionsanlässe zu bieten, zeichnet sich der optionale Teil sexualpädagogischer Bildungshilfe ab. Pädagog(inn)en reagieren damit auf kritische bis krisenhafte Lebensereignisse, die sich trotz Bildungsangeboten und primärpräventiver Maßnahmen bei Heranwachsenden einstellen können. Unterstützungsbedarf kann sich beispielsweise abzeichnen, wenn bei jugendlichen Bewohner(inne)n ein handfester Beziehungskonflikt besteht, ein Mädchen von der ersten Regelblutung überrascht wird oder starker Liebeskummer aus der Bahn wirft. Diese unterstützenden und moderierenden Angebote bei Konflikten können von pädagogisch Tätigen arrangiert werden. Sie sind ein Indiz für eine grundsätzliche Gesprächsoffenheit zwischen Professionellen und Heranwachsenden.

Neben diesem optionalen Handeln, das eher abhängig von der Erziehungshaltung ist, besteht allerdings eine verpflichtende und unmittelbare Handlungsnotwendigkeit in explizit krisenhaften Situationen, wie beispielsweise einer ungewollten Schwangerschaft oder sexuellen Übergriffen. Spätestens an dieser Stelle benötigen Pädagog(inn)en neben einer Verfahrenssicherheit auch Kenntnis über weiterführende Unterstützung.

Die Schutz- und Aufsichtspflicht rahmt ebenfalls das sexualpädagogische Arbeiten in einer stationären Einrichtung. Wie viel Freiraum kann für die psychosexuelle Entwicklung gewährt werden? Wo muss allerdings auch Privatsphäre eingeschränkt werden, um der Aufsichtspflicht zu entsprechen? In Wohngruppen kann es zu einvernehmlichen Beziehungen und sexuellen Kontakten kommen, allerdings auch zu sexuellen Übergriffen. Häufiger Kristallisationspunkt der balancierten Intimsphäre sind die gewährten oder aber auch verwehrten Rückzugsräume für Heranwachsende, um einfach mit sich allein zu sein, eigene sexuelle Erfahrungen zu machen oder partnerschaftliche Sexualität zu haben. Es entsteht folglich die Frage: Welche Formen der Sexualkontrolle innerhalb der Einrichtung sind notwendig und zuträglich? Welche Formen gehen über dieses Ziel hinaus?

Zu Unsicherheiten von Pädagog(inn)en mag der § 180 StGB (Förderung sexueller Handlungen Minderjähriger) führen, der geleisteten Vorschub ahndet, wenn sexuelle Handlungen unter Minderjährigen ohne Rücksprache mit gesetzlichen Vertreter(inne)n gewährt oder die Gelegenheit dazu verschafft werden. Als „Vorschub" sind beispielsweise der Besuch eines Bordells, das Aushändigen von Pornografie oder die Aufforderung zu sexuellen Handlungen zu bezeichnen (vgl. Groh-Mers 2012, 139). Dies ist bei einem professionellen Verständnis sexualpädagogischer Arbeit allerdings nicht zu erwarten.

Eine Ergänzung finden die rechtlich verbindlichen Vorgaben durch das im Jahr 2012 in Kraft getretene *Bundeskinderschutzgesetz*. Vorgesehen ist das Recht von Kindern, sich zu beteiligen und zu beschweren. Durch die zunehmend wichtiger gewordene Menschenrechtsorientierung werden Rechte von Menschen anerkannt, deren Partizipation besonders bedroht ist, so auch Kinder oder Menschen mit Behinderung.

Die sexualpädagogischen Angebote bewegen sich zwischen der Förderung von Heranwachsenden in ihrer sexuellen Selbstbestimmung und der Gewährung eines schützenden Rahmens in der jeweiligen Einrichtung. Für die hieran orientierte Evaluation sexueller Bildung existieren mehrere Betrachtungsebenen der institutioneller Rahmung, individuellen professionellen Handlungsweisen und den Bedarfen von Heranwachsenden, die es im Folgenden zu durchleuchten gilt.

Tab. 1: Qualitätsbereich 1: Rechtliche und administrative Rahmenbedingungen sexueller Bildung (eigene Darstellung).

Mögliche Qualitätsaspekte	Wichtig auch für uns? Beispiele	Optimierbar? Wenn ja, wie?
Sexuelle Bildung ist aus dem KJHG (SGB VIII) ableitbar.		
Bei mangelnder Prävention und Intervention kann die Verletzung der Fürsorgepflicht nach § 171 StGB vorliegen.		
Kritische und krisenhafte Ereignisse werden durch eine flexible Sexualpädagogik aufgefangen.		
Es werden genügend Bildungshilfen für die (auch) sexuellen Selbstentfaltungs- und Gestaltungsmöglichkeiten der Heranwachsenden zur Verfügung gestellt.		
Eingriffe in die Intimsphäre werden bei uns nur durch den Schutzauftrag gerechtfertigt.		
Kinder und Jugendliche werden als Rechtsträger/-innen anerkannt.		
Kindern und Jugendlichen werden sexuelle Rechte zuerkannt und bekannt gemacht.		

Qualitätsbereich 2: Bedeutung sexueller Bildung im Gesamtkonzept der Einrichtung

Die Initiierung eines einrichtungsinternen Selbstevaluationsprozesses zum Umgang mit Sexualität erfolgt häufig, wenn akute Ereignisse wie beispielsweise die Aufdeckung von sexuellem Missbrauch aktives Handeln dringend einfordern. Pädagogische Teams handeln dann aus einer akuten Problemsituation heraus, die unvorbereitet überrascht sowie zugleich überfordert. Obwohl die zeitnahe und proaktive Aufarbeitung notwendig ist, um durch Fehleranalysen pädagogische Handlungsqualität herzustellen, fällt auf, dass eine Bereitschaft zur Auseinandersetzung mit sexualitätsrelevanten Themen oftmals erst entsteht, wenn massive Probleme den Weg bereiten.

Die Träger der jeweiligen Einrichtungen haben Einfluss darauf, ob Sexualpädagogik in den Rahmenrichtlinien erwähnt wird oder nicht. Das ist oft auch abhängig von einer konfessionellen oder gesinnungspolitischen Bindung der Einrichtung und ihrer Position zu Sexualität und Lebensplanung. Die träger- und einrichtungsspezifisch gerahmte Sexualkultur steht zudem in einer Wechselwirkung mit der Kommunikations- und Interaktionsweise der dort arbeitenden Pädagog(inn)en. Hier entstehen Interferenzen mit Auswirkungen auf die sexualitätsbezogene Gesprächsbereitschaft und -gestaltung von pädagogisch Tätigen untereinander, aber auch mit den Heranwachsenden. Damit schafft die Einrichtungskultur auch Korridore für professionelle Arbeitsbeziehungen.

Zu Zielen, Didaktik und Methoden, die explizit sexualpädagogisch ausgerichtet sind, wird in institutionellen Konzepten und Regelwerken zu selten Stellung genommen (vgl. Groh-Mers 2012, 138). Zu kritisieren ist, dass sexuelle Bildung und die psychosexuelle Förderung keine oder lediglich eine geringe Rolle spielen. Strukturell mangelt es in den pädagogischen Einrichtungen an sexualpädagogischen Konzepten, „in denen Inhalt, Form und Rahmenbedingungen der Bearbeitung des Themas Sexualität mit den Kindern definiert bzw. festgeschrieben sind" (Bundschuh 2010, 57). Viel eher finden aufgrund der gesetzlichen Vorgabe zur Implementation von Schutzkonzepten Präventionsaspekte Eingang in die Konzepte, die sich auf die Bearbeitung sexualisierter Gewalt konzentrieren. In diesem klar zu befürwortenden Schritt wird sexuelle Bildung aber lediglich in den Dienst der Gewaltprävention gestellt. Ohnehin ist zu kritisieren, dass Heimerziehung vornehmlich limitierend in das sexuelle Verhalten und Lernen von Kindern und Jugendlichen eingreift, sodass eher von sexualpädagogischer Intervention statt sexueller Bildung gesprochen werden kann (vgl. Groh-Mers 2012). Tabuisierende und gewaltfokussierende Auseinandersetzungen bergen die Gefahr, sexualpädagogische Arbeit nicht ausgewogen zu tarieren. In einem Spektrum von Schutz vor Gefährdungen, Intervention bei Krisen und Regelungen des sexuellen Verhaltens von Heranwachsenden wird die Förderung sexueller Selbstbestimmung vernachlässigt. Neben gewaltpräventiven Maßnahmen braucht es aber sexuelle Bildung, um den rechtlich intendierten Anspruch ausreichender Förderung abzudecken. Dieser Mangel und die Einseitigkeit an sexualitätsbezogenen Gesprächsangeboten stehen oft in wechselseitiger Wirkung mit den Unsicherheiten der pädagogischen Fachkräfte. Ohne eine angemessene Gesprächskultur und sexualitätsbezogenes Wissen bleibt das Tabu über Sexualität bestehen und der Qualifizierungsprozess in Einrichtungen halbiert.

Tab. 2: Qualitätsbereich 2: zwischen sexueller Bildung und Gewaltprävention (eigene Darstellung).

Mögliche Qualitätsaspekte	Wichtig auch für uns? Beispiele	Optimierbar? Wenn ja, wie?
Sowohl die Trägerschaft als auch die Einrichtung vertreten Sexualpädagogik sichtbar in den eigenen Konzepten, Positionspapieren oder Rahmenrichtlinien.		
Ein Schutzkonzept ist vorhanden und integriert Sexualpädagogik oder es existiert ein eigenes sexualpädagogisches Konzept.		
Das Team kennt die Position des Trägers zur sexualpädagogischen Arbeit.		
Im Team ist eine grundsätzliche Gesprächsbereitschaft über Sexualpädagogik vorhanden.		
Probleme im Kontext von sexuellen Verhaltensweisen werden angesprochen und bearbeitet.		
Die Sexualität und psychosexuelle Entwicklung der Heranwachsenden werden jenseits von Problemlagen thematisiert.		
Eine akzeptable träger- und/oder einrichtungsspezifische Sexualkultur ist erkennbar.		
Unser Team setzt sich kritisch mit den eigenen sexualpädagogischen Umgangsweisen und Handhabungen auseinander.		
Das Team bewertet die sexualpädagogischen Absichten hinsichtlich ihrer Legitimität, Ethik, Menschenbild und Rechtssituation.		
Das Team überprüft die sexualpädagogische Arbeit in Hinsicht auf Absichten und den Grad ihrer tatsächlichen Verwirklichung.		

Qualitätsbereich 3: Aushandlungen im Team und einrichtungsübergreifende Kooperation

In einem pädagogischen Team herrschen oft vielfältige Positionen zum Umgang mit der eigenen Sexualität und derjenigen von Kindern und Jugendlichen. Mehr Kommunikation zwischen pädagogischen Fachkräften eröffnet Transparenz für sexualitätsbezogene Haltungen, Werte und Verhaltensweisen, die im kollegialen Gespräch reflektiert aber auch kritisiert werden. Eine Initiierung und Moderation von regelmäßigen Gesprächen schaffen Akzeptanz für Standpunkte und Sicherheit für „Rückendeckung". Allerdings braucht es eine grundsätzliche vertrauensvolle Atmosphäre, um über Handlungsunsicherheiten, die auch im Spannungsfeld Sexualpädagogik entstehen, sprechen zu können. Hilfreich ist in jedem Fall ein gewisser Grad an Gelassenheit sowie Fehlerfreundlichkeit, um eventuelle Probleme zu thematisieren und damit überhaupt erst bearbeitbar zu machen.

Externe Expertise kann sinnvoller Weise zur Unterstützung der Auseinandersetzungsprozesse eingeladen werden. Dies ist nicht nur im Falle wiederkehrender Supervision förderlich, sondern auch auf dem Weg zu einem sexualpädagogischen Konzept oder im Selbstevaluationsprozess.

Insgesamt wird für die professionelle Arbeit ein Netzwerk angeraten, das Themenvielfalt und wechselseitige Expertise bietet. Unterstützende Kooperationen können die sexualpädagogische Arbeit mit Kindern und Jugendlichen in der Einrichtung

Tab. 3: Qualitätsbereich 3: Aushandlungen im Team und einrichtungsübergreifende Kooperationen (eigene Darstellung).

Mögliche Qualitätsaspekte	Wichtig auch für uns? Beispiele	Optimierbar? Wenn ja, wie?
Das Team kennt die externen Institutionen und Möglichkeiten für die Unterstützung sexualpädagogischer Arbeit.		
Pädagog(inn)en arbeiten einander bei sexualpädagogischer Prävention und Intervention kompetent zu.		
Sexualpädagogik ist ein wiederkehrendes Thema in Teamsitzungen.		
Der soziale und ethnische Hintergrund der Heranwachsenden wird beachtet.		
Das Team setzt sich aus unterschiedlichen Persönlichkeiten zusammen und repräsentiert diverse (sexuelle) Identitäten (Frauen, Männer, Hetero-, Homosexuelle ...).		
Das Team weist besondere sexualpädagogische Qualifikationen auf.		
Das Team arbeitet auch mit Fachleuten anderer Institutionen (Schule, Jugendamt, Ärzt(inn)en, Therapeut(inn)en, pro familia ...) zusammen.		
Das Team hat die Möglichkeit, belastende Situationen im Kollektiv/durch Supervision zu reflektieren.		
Kolleg(inn)en unterstützen sich gegenseitig beim Beziehungsaufbau zu den Kindern und Jugendlichen.		
Die Zusammenarbeit im Team basiert auf gegenseitigem Vertrauen, Wertschätzung, Toleranz, Offenheit und angemessener Konflikt- und Kritikbereitschaft.		
Alle Kolleg(inn)en haben die Möglichkeit, ihre Position zu artikulieren.		
Thematische Vielfalt ist innerhalb der sexuellen Bildungsangebote und den Kooperationen mit Fachberatungsstellen vorhanden. Darunter sind z. B.: – Sexualität und Interkulturalität – Sexuelle Orientierungen – Sexualität und Medien – Gesundheit/Prävention – Prävention von sexualisierter Gewalt – Intervention bei sexuellem Missbrauch bzw. Verdacht darauf – Rechtliche Belange		

bereichern. Multiprofessionelle Angebote anderer Institutionen bieten verschiedene Reflexions- und Gesprächschancen, die Heranwachsende mit ihren jeweiligen Fragestellungen erreichen. Darunter sind möglicherweise sexualpädagogische Projekte durch *pro familia*, örtliche Aidshilfen, Gynäkolog(inn)en oder Fachstellen bei Gewalterfahrungen. Auch die Rückkopplung mit Schulen und therapeutischen Fachkräften kann vonseiten des Heims ratsam sein. Durch die Öffnung und vielfältige Vernetzung der Einrichtung werden für Kinder und Jugendliche Brücken geschlagen, die sie motivieren, fachliche Angebote eher in Anspruch zu nehmen und entsprechend ihrer Anliegen auf unterschiedliche Gesprächspartner/-innen zurückzugreifen (vgl. Tabelle 3).

Qualitätsbereich 4: Professionelle Arbeitsbeziehungen in der stationären Kinder- und Jugendarbeit
In Kleinstheimen, sozialpädagogischen Wohngruppen oder größeren Internaten können aufgrund der institutionellen Besonderheiten diverse Herausforderungen entstehen, die in einem selbstevaluativen Prozess über Nähe und Distanzverhältnisse integriert werden sollten. Die quasi-familialen Settings setzen auf eine verstärkte Beziehungsarbeit und ein enges Zusammenleben. Heranwachsende können so vielfältig von Bildungsimpulsen durch erwachsene Bezugspersonen erreicht werden. Den Grundbedürfnissen nach Vertrauen, Nähe und Geborgenheit wird in solchen familiären Settings entgegen gekommen. Andererseits birgt dieses Modell potenziell das Risiko verschwimmender Grenzen zwischen professioneller Rolle der Pädagog(inn)en und ihrer ganzen Person. Starke emotionale Involviertheit kann den objektiven Blick trüben, Handeln wird nicht mehr professionell, sondern eher persönlich motiviert oder Grenzen von angemessenem und unangemessenem Körperkontakt verschwimmen. All diese persönlich-emotionalen Verstrickungen senken das Qualitätsniveau pädagogischer Arbeit und müssen professionell kontrolliert werden.

Um die ausgewogene Balance von Nähe und Distanz zu gewähren, braucht es eine grundsätzliche Reflexion der pädagogischen Beziehungsgestaltung. Ein sehr distanziertes Verhalten kann emotionale Kälte suggerieren und Desinteresse für die Anliegen von Heranwachsenden signalisieren. Eine professionelle Arbeitsbeziehung entsteht in diesem Fall gar nicht erst. Fraglich ist daher, wie eine Beziehungsform aufgebaut werden kann, die nicht zu stark von Affekten und Emotionen durchzogen ist und damit Fachlichkeit garantiert, zudem aber auch Heranwachsenden Angenommensein und Ansprechbarkeit signalisiert. Dieses Beziehungsverhältnis ist aus sexualpädagogischer Sicht auf zweierlei Determinanten zu überprüfen. Zum einen dient die Überprüfung der jeweils individuellen haltungsprägenden Bilder von Sexualität im Allgemeinen sowie der von Kindern und Jugendlichen im Besonderen einer zunehmenden Klarheit und damit Berechenbarkeit pädagogischen Handelns. Viele impulsive und emotionsgesteuerte Reaktionen werden vermeidbar, wenn ihre biografischen und persönlichen Ursachen geklärt werden. Zum anderen sind die Kommunikationsweise und -bereitschaft zu betrachten, durch die überhaupt erst Sexualitätsassoziiertes thema-

Tab. 4: Qualitätsbereich 4: professionelle Arbeitsbeziehungen (eigene Darstellung).

Mögliche Qualitätsaspekte	Wichtig auch für uns? Beispiele	Optimierbar? Wenn ja, wie?
Die Pädagog(inn)en verfügen über Wissen über die psychosexuelle Entwicklung von Kindern und Jugendlichen, sexualisierte Gewalt und rechtliche Regelungen.		
Das Bild von Kindern/Jugendlichen und ihrem sexuellen Verhalten wird auf mögliche Vorurteile überprüft.		
Die Pädagog(inn)en bieten Gesprächsanlässe und zeigen sich gesprächsbereit.		
Die Pädagog(inn)en verfügen über ein methodisches Repertoire für sexuelle Bildungsangebote.		
Intimgrenzen werden bei sich und anderen wahrgenommen und akzeptiert.		
Destruktive Entwicklungen der Sexualität bei den Kindern und Jugendlichen werden erkannt.		
Persönliche Grenzen zwischen Personal und Klientel werden gesetzt und vertreten.		
Auf Einzelfälle wird in Fallbesprechungen eingegangen.		
Auf die gerechte Behandlung aller Kinder und Jugendlichen wird geachtet.		
Die Pädagog(inn)en können selektiv authentisch mit Kindern und Jugendlichen kommunizieren und handeln.		
Die Pädagog(inn)en sind sich ihrer Beispielfunktion bewusst.		
Die Pädagog(inn)en sind sich ihrer eigenen sexuellen Tabus bewusst.		
Die Pädagog(inn)en setzen sich mit ihrer Position zu den fragwürdigen Seiten der Sexualität von Kindern und Jugendlichen auseinander.		
Die Pädagog(inn)en wissen, wie sie mit übergriffigen Jugendlichen und Betroffen von sexualisierter Gewalt umgehen.		
Individuelle sexuelle Entwicklungen und Entscheidungen können akzeptiert und berücksichtigt werden.		
Die Pädagog(inn)en reflektieren die bei ihnen selbst aufkommenden Gefühle angesichts problematischer Verhaltensweisen von Kindern und Jugendlichen.		
Die Pädagog(inn)en reflektieren die eigenen Normverletzungen und gehen korrigierend damit um.		

tisierbar wird. Ohne ein vertrauensvolles Verhältnis können Gespräche sowohl von Pädagog(inn)en als auch von Heranwachsenden nur schwer initiiert werden. Kindern und Jugendlichen erleichtert es, Fragen zu stellen, wenn ihre Anliegen und Bedürfnisse wertgeschätzt werden.

Dabei gilt es, authentisch zu bleiben und Grenzen zu ziehen, wenn Fragen zu persönlich werden oder aus anderen Gründen nicht beantwortet werden können (vgl. Weidinger u. a. 2006, 199). Im Gegenzug können bohrende Nachfragen ebenso für Kinder und Jugendliche unangenehm sein, sodass diese ebenfalls in der Lage bleiben sollten, ihre Gesprächsbedarfe zu dosieren. Ihre Anliegen können vielfältig und unterschiedlich umfangreich sein. Manches Mal sind Fragen mit einer Antwort bearbeitet, manches Mal braucht es eine prozessbegleitende Unterstützung. Auch hier ist auf eine angepasste Dosierung zu achten.

Wenn Kinder und Jugendliche sich professionellen Bezugspersonen mit gravierenden Problemen wie Übergriffen und Missbrauch offenbaren, sind ruhige und sachliche Reaktionen umso wichtiger (vgl. Deegener 2014). Um auf die Anfragen der Heranwachsenden hilfreich zu reagieren, sind professionelle Bezugspersonen gefordert, ihre Zuständigkeit realistisch einzuschätzen und bei Bedarf in eine therapeutische Bearbeitung weiterzuvermitteln (vgl. Tabelle 4).

Qualitätsbereich 5: Sexualpädagogische Bedarfe und Bedürfnisse von Kindern und Jugendlichen
Kinder und Jugendliche, die in Erziehungseinrichtungen leben, blicken häufig auf krisenbehaftete Biografien zurück. Sie sind in besonderer Weise vulnerabel, da in ihrem familiären Umfeld Probleme bestehen oder sie selbst in Konflikte involviert sind. Der Anteil von Heranwachsenden mit Missbrauchs- und Misshandlungserfahrungen ist in stationären Kinder- und Jugendhilfeeinrichtungen demzufolge vergleichsweise höher als im Querschnitt der Bevölkerung. Daraus können sich Bedarfe entwickeln, auf die Pädagog(inn)en angemessen reagieren müssen. Sexualpädagogische Bildungsangebote erscheinen auch vor diesem Hintergrund sinnvoll, da sie in primärpräventiver Weise auf die Stärkung von Heranwachsenden abzielen und gleichzeitig auch als tertiärpräventive Maßnahme zu verstehen sind, durch die Heranwachsende mit Missbrauchserfahrungen stabilisiert werden können.

Grundsätzlich entsteht das Ziel, Kinder und Jugendliche bei ihrer sexuellen Identitätsbildung zu unterstützen. Konkreter geht es beim Identitätslernen darum, ein sexuelles Selbstkonzept zu entwickeln, Selbstwertgefühl zu erlangen und Selbstwirksamkeit zu erfahren. Für Kinder besteht das sexuelle Identitätslernen aus alltäglichen, nicht immer pädagogisch kontrollierbaren Erfahrungen, zu deren Bewältigung sie pädagogische Unterstützung brauchen. Hilfreich können dabei Informationen sein, die der Selbsteinschätzung dienlich sind: Wissen über körperliche Veränderungen in der Pubertät, über Körperfunktionen sowie Wissen über sexuelle und geschlechtliche Vielfalt verschaffen Orientierung und oftmals auch eine Entlastung, „ganz normal zu sein" oder „in Ordnung zu sein, wie man ist". Selbstwertgefühl kann sich entwickeln, wenn die Auseinandersetzung mit dem Selbst in eine angemessene Akzeptanz mündet. Die Selbstannahme des Körpers und der eigenen Gefühle kann durch positive Bestätigung der Pädagog(inn)en verstärkt werden. Kinder und Jugendliche mit realistischem Selbstkonzept und akzeptablem Selbstwertgefühl spüren meist genügend

Selbstwirksamkeit, sind zur Selbstbestimmung fähig, können eigene Interessen vertreten und sind wehrhaft gegenüber Grenzüberschreitungen. Sexuell selbstbestimmt zu handeln, ist somit eine wertvolle Erfahrung, die initiiert und begleitet werden kann, indem Raum für Informationen, Wahrnehmung von Gefühlen und Körpererfahrungen gegeben wird. Um freundschaftliche und partnerschaftliche Beziehungen aufzubauen, sind soziale Kompetenzen notwendig sowie Vorstellungen von stärkenden und tragfähigen Beziehungen. Sexuelles Lernen und soziales Lernen gehen hier Hand in Hand und ermöglichen konstruktive Selbstzugänge. Eine so ausgerichtete sexualpädagogische Begleitung bearbeitet bei dieser vulnerablen Gruppe von Kindern und Jugendlichen elementare Bedürfnisse und wirkt korrigierend angesichts erfahrener Schädigungen sexueller Identität.

Wenn bereits elementare Erfahrungen gemacht wurden, die das intensive Gefühl bei Kindern und Jugendlichen hinterlassen, ungeliebt, ungewollt oder wertlos zu sein, brauchen sie besonders intensive Begleitung durch pädagogische Bezugspersonen, die ihnen Wege zur Selbstannahme zeigen. Auffälliges Verhalten von Kindern und Jugendlichen resultiert oftmals aus zerstörerischen Erfahrungen der Vernachlässigung, Gewalt oder sexuellen Übergriffen. Pädagog(inn)en sind gefordert, die kompensatorischen Verhaltensweisen und Ausdrucksweisen von Traumatisierungen zu erkennen und helfend zu agieren. Kinder und Jugendliche können aufgrund von Missbrauchserfahrungen äußerst destruktive Interaktionsweisen zeigen, wie beispielsweise stark abweisendes oder aggressives Verhalten in Konfliktsituationen mit anderen Heranwachsenden oder auch pädagogisch Tätigen. Traumatische Reaktionen bis hin zu posttraumatischen Belastungsstörungen deuten ebenso auf einen möglichen erlebten Missbrauch hin.

Sexuell auffälliges Verhalten ist eine weitere denkbare Reaktion. Um solche Verhaltensweisen einzuordnen, brauchen Erziehende es eine diagnostische Kompetenz, die auf Wissen über psychosexuelle Entwicklung und ihren altersentsprechenden Ausdrucksweisen beruht. Heranwachsende mit schwierigen Sexualbiografien können dazu neigen, übergriffig gegenüber anderen zu sein. Mithilfe einer Sexualanamnese kann genauer eingeschätzt werden, ob ein mögliches Gefährdungspotenzial von Heranwachsenden ausgeht. Dabei ist auf die bisherigen sexuellen Erfahrungen zu schauen, um festzustellen, welche Gründe hinter den Übergriffen liegen. Obwohl nicht ausschließlich von einem linearen Zusammenhang zwischen früheren Betroffenenerfahrungen und späteren Täter/-innenlaufbahnen gesprochen werden kann, deutet das sexuell grenzverletzende Verhalten eventuell auf eine eigene Missbrauchs- und Misshandlungsbiografie hin (vgl. Mosser 2012). Auch pädophile Neigungen zeichnen sich bereits im Jugendalter ab und können zur Erklärung sowie Bearbeitung des Problems dienen.

All diese Formen kompensatorischen und teilweise destruktiven Handelns können durchbrochen werden, wenn das Erleben und Verhalten der Kinder und Jugendlichen verstanden und nicht ausschließlich abwehrend und sanktionierend beantwortet wird. Auch der extreme Wunsch nach körperlicher Nähe und Geborgenheit kann eine Folge sexueller Traumatisierung sein und pädagogisch Tätige ebenso herausfordern, sich angemessen zu verhalten. Innerhalb sexueller Bildungsimpulse können hilfreiche Botschaften und Informationen gegeben werden, die entstandenen Ekel, Scham, Schmerz und Sprachlosigkeit mindern.

Tab. 5: Qualitätsbereich 5: sexualpädagogische Bedarfe und Bedürfnisse von Kindern und Jugendlichen (eigene Darstellung).

Mögliche Qualitätsaspekte	Wichtig auch für uns? Beispiele	Optimierbar? Wenn ja, wie?
Wertschätzung und Sicherheit als sexualpädagogische Grundlage		
Über Sexualität mit Kindern und Jugendlichen reden		
Hilfen bereitstellen, um die Fähigkeit, zu lieben und geliebt zu werden, zu entwickeln		
Orientierung sexueller Aufklärung an den inhaltlichen Bedarfen der Kinder/Jugendlichen (Verhütung, Schwangerschaft, Krankheiten etc.)		
Körperliche und psychische Veränderungen während der Pubertät thematisieren		
Die Suche der Kinder und Jugendlichen nach der eigenen sexuellen und geschlechtlichen Identität fördern		
Selbstbefriedigung als natürlichen Akt der Selbstliebe und Bedürfnisbefriedigung zum Thema machen		
Aufklärung über sexuelle Orientierungen und vorherrschende Vorurteile bearbeiten		
Informationen über Rechte und gesetzliche Bestimmungen vermitteln		
Emotionen und Beziehungen zum Thema machen		
Geschlechterrollenklischees kritisch hinterfragen		
Bieten eines geschützten Raumes für das in der Pubertät kennzeichnende Suchen und Ausprobieren von Neuem		
Unterstützung bei der Neudefinition von Beziehungen zu Gleichaltrigen jeden Geschlechts während des Übergangs in die Pubertät		
Auseinandersetzung mit Schönheitsidealen und deren Realität bieten		
Abhängigkeitsverhältnisse in Beziehungen thematisieren		
Gewalterfahrungen zum Thema machen und taktvoll in geschütztem Raum ansprechen		

Qualitätsbereich 6: Partizipation, Rechte und Intimität
Durch die grundsätzliche Verpflichtung zur Umsetzung der Kinderrechte entsteht die Aufforderung, Heranwachsenden nach und nach mehr Mitsprache und Entscheidungsfreiheit einzuräumen. Sie sind konsequenterweise auch Träger/-innen sexueller Rechte und in angemessenem Maß in ihrer sexuellen Selbstbestimmtheit zu för-

dern. In Anlehnung an die sexuellen und reproduktiven Rechte bedeutet dies, den Anspruch auf sexuelle Bildung und Informationsgabe zu erfüllen. Kinder und Jugendliche benötigen Wissen, um ihre Entscheidungen zu fundieren. Das Verständnis für körperliche Veränderungen im Leben, die Funktionsweise des Körpers, die Entstehung einer Schwangerschaft, die Anwendung und Wahl des passenden Verhütungsmittels, die Einordnung von diskriminierendem oder übergriffigem Verhalten, die Erkenntnis über sexuelle Orientierungen und geschlechtliche Identitäten unterstützen Heranwachsende.

Zur sexuellen und persönlichen Selbstbestimmung kann auch die Familienplanung und -gründung gezählt werden. Wenn beispielsweise Jugendlichen eine auf Sicherheit zielende Wahl von Verhütungsmitteln abgesprochen oder ihnen mangelnde Fähigkeit, Elternschaft zu übernehmen, attestiert wird, wird ihnen Entscheidungsfähigkeit deutlich aberkannt. Wie eine Studie über Jugendschwangerschaften (vgl. BZgA 2009) belegt, führen nicht hauptsächlich Verhütungspannen zu Schwangerschaften, sondern viel mehr fehlende Zukunftsperspektiven, Sehnsüchte und positive Verklärungen, die in wertschätzenden Gesprächen zu bearbeiten sind. Berufliche Perspektiven und ein realistisches Bild von Mutterschaft und Vaterschaft bilden die Basis für eine fundierte Entscheidung Jugendlicher.

Die Zuerkennung von Privat- und Intimsphäre Heranwachsender steht in einem Spannungsverhältnis mit der Schutz- und Aufsichtspflicht der Pädagog(inn)en. Hintergründig entsteht die Frage, welche Aushandlungsprozesse für Kinder und Jugendliche grundsätzlich möglich sind, um sich zurückzuziehen oder sich sexuelle Entwicklungsfreiräume zu verschaffen. Die gewährten oder verhandelbaren Freiräume erscheinen stark abhängig vom jeweiligen Bild der pädagogisch Tätigen über das sexuelle Verhalten von Kindern und Jugendlichen. Wenn ein empathischer Kontakt zu ihnen besteht, ihre Bedarfe verstanden werden, Pädagog(inn)en ansprechbar sind und angesprochen werden, können sexualitätskontrollierende und rechtebegrenzende Handlungsweisen auf ein Maß minimiert werden, das dem tatsächlichen Schutzbedarf entspricht.

Dennoch ist nicht zu vergessen, dass Heranwachsenden ein ausreichendes Maß an Sicherheit und körperlicher sowie seelischer Unversehrtheit zu gewähren ist. Dies bezieht sich auf sexistische Diskriminierungen jedweder Art, die sowohl durch andere Kinder und Jugendliche, aber auch durch pädagogische Fachkräfte verübt werden können. Solche destruktiven Formen lassen sich durch vertrauensvolle Verhältnisse zu Bezugspersonen durchbrechen und heilsamer bearbeiten als durch ein System der Kontrolle. Der gleichzeitig entspannte aber auch wachsame Umgang mit Sexualität in Bezug auf die eigene Person, Kolleg(inn)en und Heranwachsende fördert eine Kultur der Achtsamkeit, die Korridore für Tabuisierungen, Heimlichkeiten oder Übergriffe schrumpfen lassen. Eine solche Sexualkultur entsteht ausschließlich partizipativ durch die Ausgestaltung von Fachkräften und Heranwachsenden, braucht eine konzeptionelle Verbindlichkeit sowie Orte und Zeiten der Reflexion, damit sie nachhaltig sexuelle Entwicklungsprozesse ohne Schädigungen gewährleisten kann. Partizipation fördert die allseitige Kommunikation und damit auch wechselseitiges Verständnis zwischen Heranwachsenden und pädagogischen Fachkräften.

Tab. 6: Qualitätsbereich 6: Partizipation, Rechte und Intimität (eigene Darstellung).

Mögliche Qualitätsaspekte	Wichtig auch für uns? Beispiele	Optimierbar? Wenn ja, wie?
Es bestehen Foren zur Mitsprachegestaltung von Kindern und Jugendlichen.		
Die Kinder und Jugendlichen sind in der Lage, ihre Kritik zu äußern.		
Kommunikation kann „auf Augenhöhe" (Gesprächsführung, Pragmatik, Sprachcodes ...) geschehen.		
Die Pädagog(inn)en nehmen Diskussionsbedarf von Heranwachsenden wahr, greifen diesen auf und nutzen ihn für konstruktive Lösungen.		
In der Einrichtung gibt es Beschwerdemöglichkeiten wie z. B. einen anonymen Kummerkasten oder Streitschlichter/-innen.		
Pädagog(inn)en machen Telefonnummern und Anschriften von Beratungsinstitutionen („Nummer gegen Kummer" ...) zugänglich.		
Pädagog(inn)en machen Informationsmaterialen zugänglich (z. B. Materialien der BZgA, Homepages).		
Bei Kindern und Jugendlichen besteht ein grundsätzliches Verständnis für die Regelungen von Privat- und Intimsphäre.		

5 Idealtypischer Ablauf einer Selbstevaluationsmaßnahme

Das zugrunde gelegte Selbstevaluationsmodell wurde in Anlehnung an die von Uwe Sielert und Janine Megow entwickelte Handreichung zur kooperativen Qualitätsentwicklung an Ganztagsschulen in Schleswig-Holstein entwickelt (vgl. Serviceagentur „Ganztägig lernen", 2008).

5.1 Ausfüllen der Checklisten durch im Handlungsfeld Heimerziehung tätige Einzelpersonen

Die in den oben skizzierten Qualitätsbereichen jeweils am Abschnittsende angeführten Evaluationsbögen werden von den involvierten pädagogischen Mitarbeiter(inne)n sowie Betreuenden, der Heimleitung sowie den Verantwortlichen des Trägers ausgefüllt. Diese Aufgabe erfolgt einzeln, um jeder Person die Möglichkeit zu geben, sich auf das eigene Erleben und die eigene Perspektive zu besinnen, um sich der persönlichen

Position bewusst zu werden und sie unbeeinflusst von anderen zu Papier bringen zu können.

Bei der Vorgehensweise empfiehlt es sich, sukzessive *alle* Qualitätsbereiche durchzuarbeiten. Dabei besteht keine verpflichtende Reihenfolge. Der Prozess kann je nach Dringlichkeit, inhaltlichem Interesse oder nach dem vorliegenden Vorschlag strukturiert werden. Eine selektive Auseinandersetzung bietet den Nachteil, dass eventuell Brisantem oder Herausforderndem ausgewichen wird oder gute Arbeit eine Abwertung erfährt, weil sie als selbstverständlich hingenommen wird.

Die Arbeitsbögen konkretisieren die jeweils in den Qualifikationsbereichen erörterten Teilthemen und bestehen aus drei Spalten:
- In der ersten Spalte werden mögliche *Qualitätsaspekte* exemplarisch vorgegeben, wie sie aus den Qualitätskriterien und fachlichen Standards abgeleitet werden können.
- In der zweiten Spalte wird das Fachpersonal gebeten, für bereits beachtete bzw. *umgesetzte Qualitätsaspekte* konkrete Beispiele zu nennen.
- Die dritte Spalte steht für eigene *Optimierungsvorschläge* zur Verfügung und bietet auch die Möglichkeit, zunächst die je individuelle Zufriedenheit oder Unzufriedenheit mit dem bestehenden Ist-Zustand auszudrücken.

In abgewandelter Form können die Checklisten der Qualitätsbereiche 4, 5 und 6 auch genutzt werden, um mit den Kindern und Jugendlichen innerhalb der Einrichtung die Qualität der sexualpädagogischen Gesprächsangebote und die Interaktionsweisen zu evaluieren. In diesem Fall können ihnen sprachlich an das Verständnis der Jugendlichen angepasste Checklisten ausgehändigt werden. Hier bietet es sich entweder an, anonym ausgefüllte Checklisten zu einer Grundlage für eine Gruppendiskussion zusammenzufassen oder eine offene Verfahrensweise zu wählen, wie im folgenden Prozess mit Mitarbeitenden.

5.2 Handlungsbedarf aus der Sicht der einzelnen Mitarbeitenden ermitteln

Nach der individuellen Bearbeitung der Checklisten aus allen oder ausgewählten Qualitätsbereichen schließt sich die Ermittlung des Handlungsbedarfs an. Zwischen den vielen Themen in den Checklisten und dem, was für die eigene Einrichtung weiter verfolgt werden soll, besteht meistens ein Unterschied, sodass innerhalb der Qualitätsbereiche eine Reduktion der Themenaspekte vorgenommen werden kann. Das geschieht zunächst aus der Sicht jeder einzelnen Mitarbeiterin und jedes einzelnen Mitarbeiters. Nachdem die Teammitglieder die Checklisten für ihren ausgewählten Bereich ausgefüllt haben, können sie ihre Aussagen, Bewertungen und Einschätzungen nochmals überdenken und auf dem dafür vorgesehenen Arbeitsbogen 1 schriftlich festhalten.

Dabei kann folgende Vorgehensweise hilfreich sein:
- Zuerst markieren die Teammitglieder diejenigen Qualitätsaspekte, die sie priorisieren und wie sie selbst bzw. andere damit umgegangen sind.
- In einem weiteren Schritt kennzeichnet jedes Teammitglied zusätzlich diejenigen Aussagen, die seiner Meinung nach bereits den gewünschten Stand erreicht haben und beibehalten werden sollen.
- Anschließend überlegt jedes Teammitglied, welchen weiteren Handlungsbedarf bzw. welche Optimierungsnotwendigkeit es für die ausgewählten Qualitätsaspekte sieht.
- Im letzten Schritt überträgt jedes Teammitglied seine bzw. ihre Überlegungen einzeln in den folgenden Arbeitsbogen 1 ein. Dabei erfolgt möglichst eine Beschränkung auf die Aspekte, die ihm bzw. ihr besonders wichtig sind (siehe Tabelle 7).

Tab. 7: Arbeitsbogen 1: Qualifikationsbereich: Individuelle Perspektive (eigene Darstellung).

Wie sieht meine/unsere Praxis zu einzelnen Aspekten bisher aus?	Was möchte ich erhalten bzw. sichern?	Was möchte ich verbessern?

Bei Bedarf können auch weitere Informationen eingeholt werden. Nicht immer sind alle am Prozess Beteiligten interessiert oder in der Lage, gleichberechtigt teilzunehmen. Und nicht immer gelingt es, die Situation übersichtlich zu präsentieren. Insofern sollten bewährte Instrumente hinzukommen: Fragebögen, Beobachtungen, Gruppendiskussionen, Geschichten oder Fotodokumentationen zu bestimmten Themen der sexuellen Bildung.

5.3 Handlungsbedarf im Team ermitteln

Im Anschluss an die Dokumentation wird im Team über den Handlungsbedarf entschieden. Dazu trägt das Team die Überlegungen zusammen und stellt die Gemeinsamkeiten und Unterschiede in der Bewertung fest. Hierbei kann es hilfreich sein, wenn eine externe Fachkraft die Moderation übernimmt. Ein möglicher Ablauf dieser Teamsitzung kann folgendermaßen aussehen:
- Es werden Moderationskarten in zwei unterschiedlichen Farben benutzt, auf denen in einer Kartenfarbe die bewährten Aspekte, auf der anderen Kartenfarbe die zu verändernden Aspekte festgehalten werden.
- Die Moderationskarten werden geordnet und sichtbar für alle aufgehängt. Ein Clustern bei ähnlichen Themen kann die Übersicht vereinfachen.

- Mit einer Punktabfrage ergibt sich eine Gewichtung derjenigen Aspekte, die vorrangig gesichert oder verbessert werden sollen (Fokussierung des Handlungsbedarfs).

Für die Dokumentation der Ergebnisse eignet sich der Arbeitsbogen 2 (siehe Tabelle 8).

Tab. 8: Arbeitsbogen 2: Qualifikationsbereich: Perspektive im Team (eigene Darstellung).

Was wollen wir erhalten bzw. sichern?	Was möchten wir verbessern?

5.4 Ziele ermitteln und festlegen

Konkrete Zielbeschreibungen sind Voraussetzung für die weitere Operationalisierung, das heißt, für die Erfassung durch mess- oder beobachtbare Merkmale (Indikatoren). Die gemeinsame Zielentwicklung hat zudem für die praktische Umsetzung von Veränderungen oder für den Erhalt und die Sicherung guter Praxis eine weitere wichtige Funktion: Sie konkretisiert die bisherigen Überlegungen der Mitarbeiter/-innen, bietet Orientierung und bereitet praktische Schritte vor. Zielentwicklung ist daher – genauso wie die gemeinsame Ermittlung eines Handlungsbedarfs – immer auch eine Form der Konsensbildung im Team.

Qualitätsentwicklungsziele sind auf einen in der Zukunft liegenden Zustand ausgerichtet. Es ist hilfreich, sich diese Zukunftsrichtung zu vergegenwärtigen, denn es fällt oft schwer, Ziele von Maßnahmen abzugrenzen. Es ist wichtig, Ziele „SMART" (vgl. Doran 1981) zu formulieren.

SMARTe Ziele formulieren heißt:
S **spezifisch:** klare Eingrenzung der Thematik
M **messbar:** Zielerreichung lässt sich beobachten, messen, evaluieren
A **attraktiv:** Konsens und Transparenz
R **realistisch:** Berücksichtigung zeitlicher, finanzieller, räumlicher, personeller, politischer Bedingungen
T **terminierbar:** Festlegung eines realistischen Zeitrahmens

Zielformulierung im Team: Anregungen zum Vorgehen
- Die ausgefüllten Arbeitsbögen zur Ermittlung des Handlungsbedarfs aus der Teamsicht dienen als Grundlage für die Zielformulierung. Deshalb könnte es hilfreich sein, sich diese Ergebnisse gemeinsam im Team noch einmal zu vergegenwärtigen.

- Unter Verwendung des SMART-Rasters werden Handlungsziele formuliert (Arbeitsbogen 3, siehe Tabelle 9).

Tab. 9: Arbeitsbogen 3: SMART Handlungsziele formulieren.

Leitziel
Spezifisch
Messbar
Attraktiv
Realistisch
Terminierbar
Handlungsziel

Nach der Zielformulierung werden konkrete Handlungsschritte im Team geplant. Das Team setzt Prioritäten und entscheidet gemeinsam, welche Ziele vorrangig bearbeitet werden sollen.
- Um die Handlungsschritte konkret umzusetzen, ist die Erstellung eines Maßnahmenplans notwendig. Dieser Maßnahmenplan (Arbeitsbogen 4, siehe Tabelle 10) schreibt Schritte zur Zielerreichung fest, verankert Verantwortlichkeiten, Zeitras-

Tab. 10: Arbeitsbogen 4: Maßnahmenplan (eigene Darstellung).

Ziel
Was?
Wer?
Mit wem?
Bis wann?
Erfolgskontrolle/Meilenstein/Überprüfung

Tab. 11: Arbeitsbogen 5: Zielevaluation (eigene Darstellung).

Handlungsziel
(Beispiele)?
Evaluationsdatum
Zielprozess abgeschlossen? (Ja/nein)
Prozess braucht noch Zeit Wie lange? (Datum)
Zielveränderung/Neue Zielsetzung
Integration ins Heimprogramm

ter und Meilensteine zur Überprüfung des Geplanten. Für jedes Handlungsziel sollte ein eigener Bogen benutzt werden.
- Zur Überprüfung der Zielerreichung und des Umsetzungsstandes steht als Hilfsmittel der Arbeitsbogen Zielevaluation (Arbeitsbogen 5, siehe Tabelle 11) zur Verfügung.

6 Diskussion, Kritik und Ausblick

Die selbstevaluative Verfahrensweise lässt deutlich werden, dass von allen Beteiligten Mut zur Auseinandersetzung und Ausdauer in der Konsensfindung gefordert sind. Eine Organisationsentwicklung durch Selbstevaluationsprozesse verlangt daher einen Fokus auf die kommunikativen Verhandlungen. Durch die Schaffung von Kommunikationsräumen entstehen sexuelle Bildungsprozesse der beteiligten Personengruppen. Eine Kultivierung dieser Kommunikation und Interaktion kann auf den verschiedenen Ebenen der Einrichtung differenziert betrachtet werden: Wie kommuniziert die Leitung, wie die Kolleg(inn)en und wie wird mit Kindern und Jugendlichen kommuniziert?

Wesentlich herausfordernder als die individuelle Diagnose des Status quo ist die gezielte Veränderung von sexualitätsbezogener Kommunikation. Damit eine Initialzündung oder sogar Verstetigung der bewussten Auseinandersetzung mit sexueller Bildung geschehen kann, braucht es pädagogische Fachkräfte, die sich verantwortlich und motiviert fühlen, Wandlungsprozesse zu gestalten. Dabei stellt sich die Frage, wie sowohl Initiierende als auch Mittragende zu gewinnen sind.

Eine verpflichtende Selbstevaluation innerhalb der Einrichtung, die durch die Leitung als Top-down-Strategie gegenüber dem pädagogischen Team durchgesetzt wird, hat ebenso wenig Chancen einen Wandel anzuregen wie das vereinzelte Engagement einer/s oder zweier Kolleg(inn)en. Voraussetzung für eine Kulturveränderung ist die Beteiligung aller. Die Erzeugung einer solchen organisationalen Grundhaltung ist eher Ziel als Startpunkt. Nichtsdestotrotz braucht es eine grundständige Akzeptanz, sich auf eine gemeinsame Selbstevaluation einzulassen. An dieser Stelle sei auf das Konzept der lernfähigen Organisation verwiesen, welches dann in Betracht gezogen werden sollte, wenn es um die Veränderbarkeit von Institutionen durch die Institutionalisierung von Lernsystemen geht (vgl. Merchel 2005, 143 ff.).

Die Aneignung einer förderlichen Sexualkultur erscheint eher möglich, wenn sie durch externe spezialisierte Fachkräfte vermittelt wird. Sie schaffen eine Wissensbasis und sorgen für einen Kommunikationsraum, der die interpersonellen Verhandlungen von sexualitäts- und wertebezogenen Positionen öffnet. Mit externer Unterstützung können blinde Flecken eher verkleinert und eine Betriebsblindheit überwunden werden. Dazu gehört auch, dass unangenehme Prozesse angegangen werden und das Team sich nicht vornehmlich auf der Betrachtung von Gelingendem ausruht.

Neben der potenziellen Trägheit in Organisationen, die es erschwert, das Thema anzupacken, existiert die Hürde, ausreichend Ressourcen wie Geld und Zeit für Kulturveränderungen bereitstellen zu können oder zu wollen. Auch hier stocken Prozesse und geraten in eine Abhängigkeit von zugesprochener Relevanz.

Eine hohe Wahrscheinlichkeit für Veränderungsprozesse liegt in dem Entwicklungsbedarf, der aus einer Krise entsteht. Wenn ein Fall sexualisierter Gewalt aufgedeckt wurde, kann durch Aufarbeitung ein Lern- und Veränderungsprozess entstehen (vgl. Wolff 2014). Herausfordernd ist dann, aus den identifizierten Risiken und Fehlerquellen einen Konsens herzustellen, der nicht nur die Kontrolle, sondern auch sexuelle Selbstbestimmungsrechte der Heranwachsenden berücksichtigt. Die organisationale Selbstentwicklung aus dem eigenen Wunsch heraus ist dagegen unbelasteter und ebnet eher den Weg zu einer offenen kommunikativen Auseinandersetzung.

Abschließend ist festzustellen, dass die Bereitschaft, sich auf Verhandlungen von sexualitätsbezogenen Einstellungen einzulassen, in einer deutlichen Wechselwirkung mit dem Sozialklima einer Organisation steht. Ohne die grundsätzliche Wertschätzung der Kolleg(inn)en entsteht kein offener Dialog, auch wenn er mit Nachdruck initiiert wird. Die enge Verbindung zwischen Sexual- und Sozialkultur kann sich also in einer Organisation wechselseitig stabilisieren oder destabilisieren. Ein gut arbeitsfähiges Team ist damit sicherlich für die Qualifizierung sexueller Bildungsarbeit zu gewinnen.

7 Vertiefungsaufgaben und -fragen

1. Entwerfen Sie die Selbstevaluationsfragebögen für eine spezifische Einrichtung der Erziehungshilfe Ihrer Wahl unter Berücksichtigung der besonderen Rahmenbedingungen und Situation.
2. Übertragen Sie das Beispiel der Selbstevaluation aus der Heimerziehung auf ein anderes pädagogisches Handlungsfeld.
3. Worauf muss eine externe Fachberatung im Selbstevaluationsprozess einer pädagogischen Einrichtung achten, um alle Akteurinnen und Akteure in einen selbstkritischen und fruchtbaren Evaluationsprozess einzubinden?

8 Literatur

Bundeszentrale für gesundheitliche Aufklärung (BZgA) (1980, 1992, 1994, 1996, 2001, 2006, 2010): Jugendsexualität. Köln: BZgA.

Bundeszentrale für gesundheitliche Aufklärung (BZgA) (2009): Schwangerschaft und Schwangerschaftsabbruch bei minderjährigen Frauen. Köln: BZgA.

ces – centrum für qualitative evaluations- und sozialforschung e. V. (2012): Bildung und Aufklärung zu Diversity stärken. Ergebnisbericht zur Evaluation der Zielerreichung der Initiative: Berlin tritt ein für Selbstbestimmung und Akzeptanz sexueller Vielfalt-Handlungsfeld Bildung und Aufklärung stärken. URL: https://www.berlin.de/imperia/md/content/lb_ads/gglw/isv/bericht_evaluation_ah2u3_hf_bildung_bf.pdf?start&ts=1418735145&file=bericht_evaluation_ah2u3_hf_bildung_bf.pdf (Stand: 21.7.2015)

Dannenbeck, Clemens/Stich, Jutta (2002): Sexuelle Erfahrungen im Jugendalter. Köln: BZgA.

Bundschuh, Claudia (2011): Sexualisierte Gewalt gegen Kinder in Institutionen. Nationaler und internationaler Forschungsstand. Expertise im Rahmen des Projekts „Sexuelle Gewalt gegen Mädchen und Jungen in Institutionen". München: Deutsches Jugendinstitut e. V.

Deegener, Günter (2014): Kindesmissbrauch – erkennen, helfen, vorbeugen. 6. Auflage. Weinheim und Basel: Beltz.

Doran, George T. (1981): There is a S.M.A.R.T. way to write management's goals and objectives. Management Review 70, Heft 11, S. 35–36.

Giesenbauer, Björn & Glaser, Jürgen (2006): Emotionsarbeit und Gefühlsarbeit in der Pflege – Beeinflussung fremder und eigener Gefühle. In: Böhle, Fritz/Glaser, Jürgen (Hrsg.): Arbeit in der Interaktion – Interaktion als Arbeit. Wiesbaden: VS Verlag für Sozialwissenschaften, S. 59–84.

Glück, Gerhard u. a. (1990): Heiße Eisen in der Sexualerziehung. Wo sie stecken und wie man sie anfasst. Weinheim: Deutscher Studienverlag.

Groh-Mers, Tanja (2012): Sexualpädagogik in ambulanter und stationärer Erziehungshilfe. In: Schmidt, Renate-Berenike/Sielert, Uwe (Hrsg.): Sexualpädagogik in beruflichen Handlungsfeldern. Köln: Bildungsverlag EINS.

Henningsen, Anja/Sielert, Uwe: (2012): Sexualerziehung in Grundschulen. URL: http://www.sozialpaedagogik.uni-kiel.de/de/downloads/expertise-langfassung-1_2015 (Stand: 21.7.2015)

Henningsen, Anja/Tuider, Elisabeth/Timmermanns, Stefan (2016): Sexualpädagogik kontrovers. Weinheim und München: Juventa Beltz.

Hochschild Arlie (1983): The Managed Heart. Berkeley and Los Angeles, California: University of California Press.

Kluge, Norbert (1981): Sexualpädagogische Forschung. Paderborn: UTB-Taschenbuchverlag.

Merchel, Joachim (2005): Organisationsgestaltung. Grundlagen und Konzepte zur Reflexion, Gestaltung und Veränderung von Organisationen. Weinheim und München: Juventa.

Milhoffer, Petra (1999): Wie sie sich fühlen, was sie sich wünschen. Eine empirische Studie über Mädchen und Jungen auf dem Weg in die Pubertät. Weinheim: Juventa.

Mosser, Peter (2012): Sexuell grenzverletzende Kinder – Praxisansätze und ihre empirischen Grundlagen. Eine Expertise für das Informationszentrum Kindesmisshandlung/Kindesvernachlässigung (IzKK). München: Deutsches Jugendinstitut e. V.

Semper, Renate (2010): Mit Kindern und Jugendlichen mit Gewalterfahrungen über Sexualität sprechen. In: Die Kinderschutzzentren (Hrsg.): Sexualisierte Gewalt an Kindern und Jugendlichen. Ein altes Thema und seine neuen Risiken in der medialen Ära. Bundesarbeitsgemeinschaft der Kinderschutz-Zentren, Köln, S. 95–100.

Schmidt, Renate-Berenike/Schetsche, Michael (1998): Jugendsexualität und Schulalltag. Opladen: Leske + Budrich.

Schmid-Tannwald, Ingolf/Kluge, Norbert (1998): Sexualität und Kontrazeption aus Sicht Jugendlicher und ihrer Eltern. Köln: BZgA.

Serviceagentur „Ganztägig lernen" Schleswig-Holstein (2008): Impulse für Qualität: Handreichung zur kooperativen Qualitätsentwicklung an Ganztagsschulen in Schleswig Holstein. Erarbeitet von Prof. Dr. Uwe Sielert und Dipl.-Päd. Janine Megow von der Christian-Albrechts-Universität zu Kiel.

Sielert, Uwe (2015): Einführung in die Sexualpädagogik. 2. überarbeitete Auflage. Weinheim und Basel: Beltz Juventa.

Sielert, Uwe (2011): Qualitätsentwicklung der Sexualpädagogik. In: Griese, Christiane/Marburger, Helga (Hrsg.): Bildungsmanagement. Ein Lehrbuch. München: Oldenbourg, S. 307–324.

Weidinger, Bettina/Kostenwein, Wolfgang/Dörfler, Daniela (2006): Sexualität im Beratungsgespräch mit Jugendlichen. Wien: Springer Verlag.

Wolff, Mechthild (2014): Missbrauch von Kindern und Jugendlichen durch Professionelle in Institutionen. Perspektiven der Prävention durch Schutzkonzepte. In: Böllert, Karin/Wazlawik, Martin: Sexualisierte Gewalt. Institutionelle und professionelle Herausforderungen. Wiesbaden: Springer VS.

Autor(inn)en

Prof. Dr. **Bernd Benikowski**, Professor für Soziale Arbeit an der SRH Hochschule für Logistik und Wirtschaft, Hamm. Geschäftsführender Gesellschafter der gaus gmbh und der TZZ GmbH, Dortmund. Schwerpunkte: Sozial- und Gesundheitswirtschaft, Personalentwicklung und Sozialmanagement.

Evelyn Dahme, Diplom-Germanistin, Leiterin der Geschäftsstelle des Brandenburgischen Volkshochschulverbandes e. V., Potsdam. Schwerpunkte: Adressatenorientiertes Bildungsmanagement und Programmentwicklung.

Prof. Dr. **Carl Deichmann**, em. Professor für Didaktik der Politik am Institut für Politikwissenschaft der Friedrich-Schiller-Universität Jena. Schwerpunkte: Theorie politischer Kultur, Geschichte der SED-Diktatur, politische Ethik, hermeneutische Politikdidaktik in ihrer Bedeutung für die Unterrichtsforschung.

Dr. **Ergin Focali**, Diplom-Pädagoge, Gastprofessor und Dozent u. a. an der Alice-Salomon-Hochschule Berlin, Fachhochschule Potsdam, im Pestalozzi-Fröbel-Haus Berlin, Technische Universität Berlin. Schwerpunkte: Frühkindliche Bildung und Entwicklung, Interkulturelle Pädagogik, Theorien der Interkulturalität.

Dr. **Susanne Giel**, freiberufliche wissenschaftliche Mitarbeiterin und Gesellschafterin des Instituts für Evaluation Dr. Beywl & Associates GmbH (Univation), Köln. Schwerpunkte: Evaluationsforschung, Modelle der theoriebasierten Evaluation, Theorie und Praxis der Selbstevaluation.

Dr. **Claudia Gómez Tutor**, Diplom-Pädagogin, Geschäftsführende Beauftragte des Zentrums für Lehrerbildung der Technischen Universität Kaiserslautern. Schwerpunkte: Professionalisierungsprozesse in der Lehrkräftebildung, Hochschuldidaktik.

apl. Prof. Dr. **Christiane Griese**, Akademische Rätin am Institut für Erziehungswissenschaft der Technischen Universität Berlin. Schwerpunkte: Schul- und Unterrichtsentwicklung, Professionalisierungsprozesse im Bildungsbereich, Managementfunktionen im Bildungsbereich.

Prof. Dr. **Anja Henningsen**, Juniorprofessorin für Sexualpädagogik mit dem Schwerpunkt Gewaltprävention an der Christian-Albrechts-Universität Kiel. Schwerpunkte: Theorie der Sexualpädagogik, Gewaltprävention, Professionalisierungstheorien, Ethik, Diversity.

Prof. Dr. **Steffen Höhne**, Professor für Kulturmanagement und Leiter des Studienfaches Kulturmanagement der Hochschule für Musik „Franz Liszt" Weimar. Schwerpunkte: Kulturpolitik, historische und systematische Kulturwissenschaft.

Prof. Dr. **Rebecca Lazarides**, Gastprofessorin für das Fachgebiet Pädagogische Psychologie am Institut für Erziehungswissenschaft der Technischen Universität Berlin. Schwerpunkte: Schulische Lehr-Lernprozesse, Motivation und Interesse Lernender im mathematischen Bereich, familiäre und schulische Entwicklungskontexte für schulisches Lernen.

Prof. Dr. **Helga Marburger**, Professorin für Interkulturelle Erziehung und Bildung am Institut für Erziehungswissenschaft der Technischen Universität Berlin. Schwerpunkte: Bildungsmanagement, Interkulturelle Öffnung, Theorie und Konzepte Interkultureller Bildung.

Dr. **Sonja Mohr**, wissenschaftliche Mitarbeiterin am Fachgebiet Pädagogische Psychologie am Institut für Erziehungswissenschaft der Technischen Universität Berlin. Schwerpunkte: Projektarbeit im Bereich der empirischen Bildungsforschung, insbesondere zur Entwicklung professioneller Kompetenz von Lehrpersonen, quantitative und qualitative Methoden in der Evaluationsforschung.

Thomas Müller, M.A., wissenschaftlicher Mitarbeiter am Institut für Erziehungswissenschaft der Technischen Universität Berlin. Schwerpunkte: Wissenschaftstheorie der Erziehungswissenschaft, Pädagogische Implikationen der Neurowissenschaften, Forschung und Politik im Kontext aktueller Bildungsreform.

Dr. **Jörg Nicht**, wissenschaftlicher Mitarbeiter am Fachbereich Erziehungswissenschaft und Psychologie der Freien Universität Berlin. Schwerpunkte: Schulische Netzwerkforschung, sozialwissenschaftliche Aspekte im Sachunterricht, Sozialtheorie des Unterrichts.

Prof. Dr. Dr. h. c. **Ekkehard Nuissl von Rein**, Seniorprofessor an der Technischen Universität Kaiserslautern und Professor für Erwachsenenbildung an den Universitäten Florenz (Italien) und Torun (Polen), 1991 bis 2011 Direktor des Deutschen Instituts für Erwachsenenbildung (DIE) in Bonn. Schwerpunkte: Lehr-Lern-Forschung, Weiterbildungspolitik, internationale Erwachsenenbildung.

Prof. Dr. **Henning Schluß**, Professor für Bildungsforschung und Bildungstheorie an der Universität Wien. Schwerpunkte: Bildungstheorie und Bildungsforschung, religiöse, ethische und politische Bildung, Forschungen zum Öffentlichkeitsbegriff, zur Bildungsreform und zur historischen und vergleichenden Unterrichtsforschung (Videographie und Unterricht).

Prof. Dr. **Uwe Sielert**, Professor für Pädagogik mit dem Schwerpunkt Sozialpädagogik an der Christian-Albrechts-Universität Kiel. Schwerpunkte: Pädagogik der Vielfalt, Sexualpädagogik, Genderpädagogik (Jungen- und Männerarbeit), Schulsozialarbeit.

Prof. Dr. **Karsten Speck**, Professor am Institut für Pädagogik, Arbeitsgruppe Forschungsmethoden in den Erziehungs- und Bildungswissenschaften an der Carl von Ossietzky Universität Oldenburg. Schwerpunkte: Methoden empirischer Sozialforschung, Professionalisierung und Organisationsentwicklung.

Dr. **Nora Wegner**, Kulturwissenschaftlerin und -managerin. Leiterin des Büros Kulturevaluation Wegner, Karlsruhe. Schwerpunkte: Publikums-/Besucherforschung, Evaluation im Museums- und Kulturbereich, Museumsmarketing.

Prof. Dr. **Gabriele Weiss**, Professorin für Erziehungswissenschaft, Schwerpunkt Allgemeine Pädagogik an der Universität Siegen. Schwerpunkte: Erziehungs- und Bildungstheorie und Bildungsphilosophie, Grundlagen- und Theoriearbeit in Allgemeiner Pädagogik, Ästhetische Bildung und Erziehung.